Plato

as Dramatic Poet

J. Gordon

戈登等 著

戏剧诗人柏拉图

张文涛 选编　刘麒麟 黄莎等 译

華東師範大學出版社

华东师范大学出版社六点分社　策划

目　录

导言：柏拉图的诗人面容（张文涛）/ 1

戏剧诗人柏拉图

戈登　作为诗人和戏剧人的柏拉图（黄莎 译）/ 33
布朗德尔　戏剧与对话：柏拉图对话的戏剧形式及其解读问题（张文涛 译）/ 71
吉利德　《斐多》的戏剧结构（刘麒麟 译　张文涛 校）/ 135
戈登　柏拉图对形象的运用（黄莎 译）/ 213
奈丁格尔　远距离的看：柏拉图的写实性模仿与想象性模仿（王琴 译）/ 263

柏拉图与诗的传统

佩恩　作为神话拟剧的《克力同》（罗晓颖 译）/ 295
纳吉　泛雅典娜节上的荷马与柏拉图（乔戈 译）/ 328

麦加希　　柏拉图的俄耳甫斯世界(卓新贤 译)/356
奈丁格尔　　柏拉图对雅典悲剧的运用和批评(张如贵 译)/389
奈丁格尔　　柏拉图与雅典喜剧(胥瑾 译)/443

重审诗与哲学之争

格里斯渥德　　柏拉图论诗和修辞(张文涛 译)/483
辛奈柯　　古老的纷争:《王制》卷十中苏格拉底对诗的批评(罗晓颖 译)/524
德内恩　　解决诗与哲学的古老纷争:柏拉图的奥德赛(刘麒麟 译 张文涛 校)/555

导言：柏拉图的诗人面容

设想柏拉图的作品丢了，哲学从亚里士多德开始，我们就根本无法想象这样一位古代哲人，他同时也是一位艺术家。

——尼采《柏拉图对话研读入门》

一、哲人的诗人面容

柏拉图是诗人？

如今，凡研究哲学的谁不知道，柏拉图是西方哲学史上的一位伟大哲人，诗人之名从何说起？的确，在坊间流行的无数西方哲学史撰中，尽管柏拉图都位居要席，但我们很难见到柏拉图是诗人、柏拉图的哲学著作是诗作这种说法，遑论认真对待者了。但是，此种状况很可能是现代哲学史书写者这些专门家的偏见所致，因为，在诗人笔下，柏拉图的真正本色早就得到过很好的揭示，比如，19世纪的大诗人雪莱就说：

> 柏拉图在本质上是一个诗人——他的意象真实而壮丽，他的语言富有旋律，凡此都达到了人们可能想象的最强程度。①

比雪莱早两百多年的博学的诗人、学者锡德尼爵士，说得更细致：

> 任何好好研究柏拉图的人都会发现，虽然他作品的内容和力量是哲学的，它们的外表和美丽却最为依靠诗。因为全部都是依靠对话，而在对话中他虚构了许多雅典的善良市民，来谈那种他们上了大刑也不肯吐露的事情；此外，他那富有诗意的会谈细节的描写，如一个宴会的周到安排，一次散步的高情逸致等等，中间还穿插着纯粹的故事，如古格斯的指环等，不知道这些东西是诗的花朵的人，是从未进过阿波罗花园的了。②

雪莱和锡德尼都写过为诗辩护的名作，尽管二人都清楚柏拉图在《王制》（旧译《理想国》）中对诗的著名批评，其辩护立场亦有所不同，但他们对柏拉图作品诗性特征的认定和推崇，却几乎没有两样。

其实，前述偏见恐怕也仅仅来自今人，距离柏拉图更近的古人，远为清楚哲人柏拉图的诗人面容。

比如，公元3世纪的第欧根尼·拉尔修在其著名的柏拉图传记中，就为我们透露了很多消息。据他说，柏拉图的对话写作

---

① 雪莱，《诗之辩护》，见《缪灵珠美学译文集》（第三卷），中国人民大学出版社，1998，页139。

② 锡德尼，《为诗辩护》，钱学熙译，人民文学出版社，1998，页6。

受到了两名西西里诗人的深远影响,一位是喜剧诗人爱庇卡摩斯(Epicharmus),另一位叫索福戎(Sophron),写的是风格诙谐的拟剧(mime)。①学习、模仿他们的柏拉图,极善于在其写作中塑造各种生动活泼的人物形象,描绘宴饮、诉讼、演说等等雅典公众熟悉的日常生活场景,就不足为怪了。因此,仅仅从这种渊源来看,我们已可清楚,柏拉图写的哲学对话,其实是文学戏剧,而且可能稍偏喜剧风格。

不过,柏拉图的戏剧怕不只有喜剧意味。公元1世纪左右,亚历山大的星象学家、柏拉图主义者忒拉绪洛斯(Thrasyllus),将柏拉图的全部对话按四联剧(Tetralogy)形式编为后来成为权威的九卷集,②似乎就在暗中提示柏拉图戏剧对话的悲剧底色,因为,由三部悲剧加一部萨提儿剧(笑剧)组成的四联剧,本为阿提卡悲剧竞赛的正规体例。忒拉绪洛斯似乎意在改进此前拜占庭的阿里斯托芬(Aristophanes of Byzantium)的柏拉图对话三联剧(纯粹三部悲剧)编例,但是,三联剧也好,四联剧也好,这种内部分歧倒更显得是对柏拉图作品的悲剧意味、至少戏剧本性的进一步肯定。

柏拉图笔下的苏格拉底视荷马为悲剧诗人的领袖(《王制》598d),既然如此,我们可以想见,柏拉图的写作怕是不会不与作为希腊诗之开端的荷马史诗有深厚渊源。其实,这一点古人也

---

① 参第欧根尼·拉尔修,《名哲言行录》(上),马永翔等译,辽宁人民出版社,2003,页175—180。详参 J. Gordon, *Turning Toward Philosophy: Literary Device and Dramatic Structure in Plato's Dialogues*, The Pennsylvania State University Press, 1999,页63以下。另外,其实早在上个世纪30年代,就已有有心人全面而细致地梳理过柏拉图的写作与爱庇卡摩斯及索福戎的关系了:J. M. S. McDonald, *Character－Portraiture in Epicharmus, Sophron, and Plato*, The University Press of Sewanee Tennessee, 1931(此书为作者的博士论文)。

② 参第欧根尼·拉尔修,《名哲言行录》(上),前揭,页201以下;详参 H. Tarrant, *Thrasyllan Platonism*, Cornell University Press, 1993。

早就明白告诉过我们。比如公元3世纪时罗马治下的希腊人朗吉努斯(Longinus),在其诗学名著《论崇高》中就特别说道:

> (就模仿荷马并同他竞赛而论),尤以柏拉图为出类拔萃,他引导荷马那源泉的无数小溪流入他自己的文章里。……要不是他全心全意要与荷马竞夺锦标,柏拉图决不能在他的哲学芳园里使得百花齐放,也不能同荷马一起踯躅于诗歌和词藻的幽林。①

关于柏拉图之为诗人,不妨再看一个证据。一般认为,柏拉图主义者、新柏拉图主义者这些柏拉图后学,大多是教条性的形上学家,都热衷于从柏拉图的对话中抽绎、发展形而上学体系。尽管这种看法不无道理,但鲜有人注意的是,其实,他们并非都不知道自己的宗师写的是诗。比如,5世纪时著名的新柏拉图主义者普若克洛斯(Proclus),就不仅领会了柏拉图写诗的精神,而且进一步加以发扬,直接写起颂诗(祷歌)来,其气魄可谓直追荷马的颂神诗。在普若克洛斯眼里,柏拉图的《蒂迈欧》和《帕默尼德》这些对话,完全就是一首首庄严宏伟的颂神诗,哲人柏拉图,当然是个诗人。②

就文本而言,柏拉图的哲学戏剧的确与雅典戏剧相当一致,主体部分都是不同人物之间的对话,所以,对话与戏剧二词在这里基本可以换用。不过区别是有的,雅典戏剧、尤其悲剧中的对

---

① 朗吉努斯,《论崇高》,见《缪灵珠美学译文集》(第一卷),中国人民大学出版社,1998,页97—98。

② 参R. M. Van Den Berg, *Proclus' Hymns: Essays, Translatioins, Commentary*, Leiden, 2001,页23—26。直到19世纪,这种颂诗写作传统还被可谓最后一个著名的新柏拉图主义者托马斯·泰勒(Thomas Taylor)继承着。

白都是押韵的诗句，但柏拉图的对话是散文。因此，拉尔修援引亚里士多德的看法，认为柏拉图的"对话文体处于诗歌和散文之间"(《名哲言行录》，前揭，页 192)。其实在《诗学》中，亚里士多德将他的老师柏拉图写的那种苏格拉底对话就归在诗的行列，尽管它不押韵，但它与索福戎等人的拟剧一样，都出自模仿，而模仿在亚里士多德看来才是诗的根本。①

据说，青年柏拉图是个悲剧诗人，但他在决意跟随苏格拉底学哲学时候，一把火烧掉了自己的全部诗作。这似乎表明了柏拉图与诗决裂的绝然姿态。但柏拉图真的放弃诗艺了吗？现在看来，事情恐怕没这么简单。对柏拉图的写作技艺理解深透的现代哲人、诗人尼采就看得很清楚，柏拉图恰恰将各种希腊诗艺集于了一身：

> 如果说悲剧吸收了一切早前艺术种类于自身，那么，这一点在特殊意义上也适用于柏拉图的对话，它通过混合一切既有风格和形式而产生，游移在叙事、抒情与戏剧之间，散文与诗歌之间，从而也打破了同一语言形式的严格的古老法则。②

总体而言，柏拉图的写作从其汲取养份的文学类型，至少有六种：史诗、抒情诗、悲剧、喜剧、演说术和历史散文。③ 就神话

---

① 亚里士多德，《诗学》，罗念生译，人民文学出版社，2002，页 4(1147b)，并参同页罗念生注 5。

② 尼采，《悲剧的诞生》，周国平译，北京三联书店，1986，页 59。

③ 参 Martha C. Nussbaum, *The Fragility of Goodness*, Cambridge University Press, 1986，页 123。另参 A. W. Nightingale, *Genres in Dialogue: Plato and the Construct of Philosophy*, Cambridge, 1995。

诗人而言，柏拉图的写作与之相关的，除了荷马，还有俄耳甫斯、赫西俄德和品达。另外，柏拉图的写作与(伊索)寓言这种文类也有不小关系。[①] 通过模仿、戏仿、挪用等手段，柏拉图将这些诗艺统统吸收进来，或继承发展，或批评改造，最终创造出了一个极为特别的对话世界、戏剧世界。

不过，如果说柏拉图的哲学作品是戏剧，是诗，那么，这是一种什么样的诗？说柏拉图是诗人，我们自然不是要否定他是哲人，但将柏拉图的哲学作品视为诗，对我们理解柏拉图的哲学来说，这究竟意味着什么？

如果按照亚里士多德的看法，诗是模仿，那么，柏拉图的诗模仿什么？至少可以说，柏拉图的诗模仿的对象之一就是行动中的哲学生活。[②] 也就是说，柏拉图的哲学对话，用诗的方式展示了哲学生活本身。在他无形的戏剧舞台上，哲人苏格拉底是一个主角(英雄)，苏格拉底通过沉思和言谈在其生死中践行的哲学生活，就是柏拉图哲学戏剧的首要情节(故事)。

因此，柏拉图通过戏剧写作向我们表明的是，哲学首先不是一套"观念"，一种通过概念、推理来构成的"思想体系"、"形而上学体系"，而是不断地思考这些观念或体系、无止境地追求智慧的行为本身。如果称前者为"言辞"、后者为"行动"，那么，哲学就不只是"言辞"，更是"行动"，而且首先是"行动"。只有将"言辞"和"行动"结合起来，才能完整理解哲学的含义，如果只着眼

---

① 如参 L. Kurke,"Plato, Aesop, and the Beginnings of Mimetic Prose", *Representations*, Berkeley Spring 2006，页 6—52。

② 按 J. Gordon(前揭书，页 77—78)的说法就是："苏格拉底的对话是对哲学行动的一种模仿，通过语言媒介，它模仿以使人转向哲学生活为目的的对话。模仿的对象是哲学对话；媒介是语言；形式是对话；效果是将人引向哲学生活。这种诗必需的要素应该是：思想、性格、情节、言词、场景。"

于观念甚至观念体系，就已经落入第二义了。所以，哲学首先意味着一种生活或生活方式，一种以沉思和言谈为行动的特殊生活方式。如果说，雅典与耶路撒冷之争中的雅典指的就是哲学，那么，通过柏拉图，我们至少可以懂得“雅典”一词作为生活方式的这种原初含义。

这里要强调的是，柏拉图的戏剧写作方式对理解这一点具有根本意义。为什么？我们可以换个角度来回答。亚里士多德的《形而上学》不是对话或戏剧，不是诗，而是纯粹的哲学“论文”，由此，在其中我们看到的就不是哲人的生活、哲人以思考和言谈为主要行动的哲学生活本身，而是这一生活所产生的思维结果。因此可以说，“论文”写作实质上掩盖、遮蔽了哲学的“行动”本性，“言辞”似乎成了哲学的唯一特性。如果我们仅仅从哲学言辞（哲学思想、哲学体系）来理解哲学的含义，哲学作为行动、作为生活方式的真正本性就被遗忘了。阅读柏拉图展示哲人生活的哲学戏剧，就有助于我们回忆起这一本性。但是，如果我们仍然用阅读亚里士多德的哲学论文的方式来阅读柏拉图的哲学戏剧，那么，我们就面临着再次的遗忘。不幸得很，这种再次遗忘正是我们大多数搞哲学的人一拿起柏拉图的书就会患上的阅读病症。

不仅如此。进一步看，论文体书写在掩盖哲学的生活方式本性的同时，也掩盖了这种生活是出现于或存在于一个更大的背景——我们的日常生活共同体、政治生活共同体——中这个基本的事实。描写一种生活，就必然要触及这种生活的背景，触及与这种生活相关的其他生活——道理很简单，人不能生活在真空中，而世上的生活绝不止一种。因此，通过用戏剧、用诗来描写哲人的生活，柏拉图同时就让我们看到了哲人生活的日常境遇、政治境遇。如果说前述那种掩盖的意义是哲学性的，那么，论文体哲学书写对这一境遇的掩盖其意义就是政治性的，或者说，政治哲学性的。所以，阅读柏拉图的哲学戏剧，同样有助于我们回忆起哲学的这种生存境遇，回忆起哲学生活天然的日常、政治处境，用柏拉图自己的话说，就是哲学生活的洞穴处境。

显然，这种回忆可能使我们对哲学的含义和本性获得更深入的认识。不过有个条件，这就是，我们得在意识到哲学生活的这种原初处境之后，反思一个问题：哲学这种生活方式是否人人都能够过、都愿意过、都应该过的生活方式？[①] 比如，在读柏拉图的哲学戏剧时，我们就可以想一个问题：苏格拉底那种生活，是人人都能够、愿意、应该过的吗，无论是他那个时候还是现在？我们可以通过深入体会来寻找答案，不过，对本文来说，结果如何并不重要，因为，对理解柏拉图戏剧写作的重大意义来说，仅仅提出这个问题已然足够了。

关于柏拉图，现代哲人怀特海说过一句名言："欧洲哲学传统最可信赖的一般特征在于，它是由对柏拉图的一系列注脚构成的。"[②]这话或许不无道理，但是，现代形上学家怀特海在说这话之前，真的读懂柏拉图了吗？甚至，欧洲哲学传统关于柏拉图的那一系列注脚，有没有注对？很可能，这句广为流传、广为接受的名言，正反讽性地暗示着一个误解柏拉图的长久历史。

是恢复柏拉图诗人面容的时候了。

---

① 就是说，古代哲学教我们懂得哲学是一种生活方式，但这是不是等于说"古代哲学给我们的教诲就是：呼请每一个人都来改变自己"？见 Pierre Hadot, *Philosophy as a Way of Life: Spiritual Exercises from Socrates to Foucault*, trans. by M. Chase, Blackwell, 1995，页 275，重点为笔者所加。

② 怀特海，《过程与实在》，杨富斌译，中国城市出版社，2003 年，页 70。

二、哲学解读的文学转向

其实，西方学界为恢复柏拉图的诗人面容而做出努力，迄今已有半个多世纪，只是我们有所不知罢了。

这种努力直接针对的就是关于柏拉图的那种"现代哲学史书写偏见"。这到底是种什么样的偏见？它是如何来的？抵制或消除这种偏见、恢复柏拉图诗人面容的努力其概况怎样？大致搞清这些问题，有助于培养我们在重新读解柏拉图时应该具有的历史感觉或历史意识。

在现代柏拉图研究兴起之前，柏拉图的思想除了作为后来西方思想史发展的基因而流传衍变之外，就"经学"统绪而言，主要是由柏拉图主义尤其新柏拉图主义来传承的。总体上，新柏拉图主义可以说是一种带有宗教信仰性质的形而上学体系，现代柏拉图研究尽管以拒绝新柏拉图主义为起点，但仍然以承接对柏拉图思想的这种"体系性"理解为预设或前题。①

现代柏拉图研究起源于德国，发端于 J. Brucker（*Historia Critica Philosophiae*，1742）及 G. Tennemann（*System der Platonischen Philosophie*，1792—95），在随后的 K. F. Hermann（*Geschiche und*

---

① 关于新柏拉图主义的柏拉图解释的兴衰史、18 世纪以来的现代柏拉图解读史，可分别参看 E. N. Tigerstedt 的两本书：*The Decline and Fall of the Neoplatonic Interpretation of Plato*，Helsinki，1974；*Interpreting Plato*，Almqvist & Wiksell 1977。关于现代柏拉图的解读历史与方法传统，还可参 A. C. Bowen，"On Interpreting Plato"，见 C. L. Griswold JR. ed.，*Platonic Writings*，*Platonic Readings*，Pennsylvania，1988，页 43－48；D. Nails，*Agora, Academy, and the Conduct of Philosophy*，Netherlands 1995，页 53－138；C. C. W. Taylor，"The Origins of Our Present Paradigms"，见 J. Annas and C. Rowe ed.，*New Perspectives on Plato, Modern and Ancient*，Washington，2002，页 73－92；以下参考上述资料处不再详细出注。

System der Platonischen Philosophie，1839）、尤其黑格尔的学生策勒尔（E. Zeller，*Die Philosophie der Griechen*，1844—52）的手中，典型体现了现代哲学的思想意识、以探寻思想“体系”为宗旨的现代柏拉图研究传统，就已经完全确立起来了。对柏拉图作体系性理解面临的一个最大困难是，柏拉图写的不是论文，而是戏剧性对话，由此，这体系必须由研究者来重构。可是，怎么来克服柏拉图思想在同篇对话之中或不同对话之间所出现的种种矛盾、断裂乃至鸿沟呢？发展论（Developmentalism）与编年论（Chronology）就是为解决这一困难而出场的，于是就有了一直影响至今的将柏拉图对话按早、中、晚三期进行（相对乃至绝对）编年的通行做法。分期与编年开始时多依赖历史考订（尤其实证性的历史传记研究，代表如 Wilamowitz 及 A. E. Taylor）与思想思辨，经过 19 世纪中晚期 Jowett 的学生 Campbell 的语言风格分析法（Stylometry）努力后，编年法获得了长足进展，20 世纪中后期更借助电脑技术的威力继续影响学界。① 除此之外，就是运用去伪法，把实在难以纳入体系的对话判定为伪作（有如 A. E. Allen 这种激进到怀疑柏拉图对话仅 9 篇为真者），如果还是不行，就只有怀疑柏拉图会不会思想了（比如后来的 E. Robinson）。

19 世纪就有人怀疑这种通过发展论来抹平矛盾建立统一体系的做法是否可靠，比如英国著名希腊史家格罗特（G. Grote）就对柏拉图对话采取了逐篇解读、保留困难，而不企图强行建构体系的做法，②格罗特被人称作怀疑派，可这种怀疑或许也可以

---

① 据 D. Nails 前揭书页 115 统计，从 1792 年（Tennemann）到 1981 年（C. Kahn）间，共出现了 132 种排序方案！页 58—61 对比例举了 11 个名家的分期及相对编年方案，页 134 对比例举了 2 家绝对编年方案。

② 其三卷本大著 *Plato and Other Companions of Socrates* 首版于 1865 年（笔者所见为 Thoemmes Press 1998 年重印本）。

理解为慎重。还有另外一种意见,也不同意发展论,这就是所谓的意图论或统一论,发端于施莱尔马赫(F. Schleiermacher),[①]后来一定程度上可以肖里(P. Shorey)为代表,[②]否认柏拉图思想是从幼稚发展为成熟的,认为他的写作与思想一开始就有一种统一的意图(与格罗特一样,施莱尔马赫和肖里的方式也是逐篇解读)。另外,20世纪五、六十年代德国学者K. Gaiser和J. Krämer,创建了柏拉图研究中代表一种独特进路的图宾根学派(如今以T. A. Szlézak为代表,德国之外也有影响,比如英国的J. N. Findlay及意大利的G. Reale),其基本论点为,柏拉图的确有个统一的体系,但这不全在成文的对话作品中,更包含在其口传教诲中,成文对话则"隐微"地指向口传教诲(图宾根派隐微论的最大麻烦,就是成文的对话作品最终将变得不那么重要)。[③]

与重构"体系"相关的做法,就是搜寻"学说",这是现代柏拉图研究受现代哲学意识支配的另一个面相。比如,策勒尔就具体从"辩证法,或理式学说"、"物理学"、"伦理学"、"宗教和艺术"等现代学科视角入手,搜寻柏拉图的种种相关学说(Doctrines),来建构柏拉图思想体系的总体图景,比如《王制》被他归到了伦理学中。[④] 也以《王制》为例,现代无数相关的研究,都在致力于抽绎、搜寻这篇对话中的种种学说:正义学说、国家学说、政体学

---

① F. Schleiermacher, *Introductions to the Dialogues of Plato*, trans. by B. Dobson, Arno Press, 1836/1973(德文初版于1804)。

② P. Shorey, *The Unity of Plato's Thought*, Chicago 1903/1968; *What Plato Said*, Chicago, 1933/1978。

③ 图宾根学派的代表性著作如J. Krämer, *Plato and the Foundations of Metaphysics*, New York 1990; J. N. Findlay, *Plato: The Written and Unwritten Doctrines*, London, 1974, 2000。

④ 见E. Zeller, *Plato and the Older Academy*, trans. by S. F. Alleyne and A. Goodwin, London, 1888。

说、知识学说、理念学说、回忆学说、神学学说、宗教学说、心理学说、教育学说、文学学说、美学学说,乃至音乐学说、体育学说、数学学说、天文学说……

总之,现代柏拉图研究的传统方法可以概括为:编年辨伪、重构体系、划分学科、归纳学说。这就是现代柏拉图研究的传统偏见,亦即前文所说的关于柏拉图的那种“现代哲学史书写偏见”。

体系一学说进路完全忽略了柏拉图写作的最表面特征:柏拉图写的乃是对话,是运用诸多文学手法写就、包含情节发展与冲突的戏剧,因而,以这种忽略为基础的读法不可能真正读懂柏拉图。情况在上世纪 30 年代发生了根本转变。自那以来,西方学界的柏拉图研究发生了可谓天翻地覆的变化,从那时起,“文学形式转向”在方法论上成为西方柏拉图对话解读的主流取向。如今,这种解读已积累丰厚、硕果累累,可以说,一个名符其实的柏拉图对话的文学解读传统已然建立起来。①

---

① 关于这一转向,可参 G. A. Press 为 R. Hart 及 V. Tejera 所编 *Plato's Dialogues: The Dialogical Approach*(New York 1999)写的序言“The Dialogical Mode in Modern Plato Studies”(页 1—28),作者以整个柏拉图解释史(从柏拉图身后一直到当下)为背景,对此转向做了扼要描述;又参 G. A. Press 所编 *Plato's Dialogues: New Studies and Interpretations*(Rowman 1993),尤其 Press 的前言、导论(页 1—17)及“Principles of Dramatic and Non—Dogmatic Plato Interpretation ”(页 107—128),H. S. Thayer 的“Meaning and Dramatic Interpretation”(页 47—61),以及 V. Tejera 的“The Hellenistic Obliteration of Plato's Dialogism”(页 129—147);亦参 C. Griswold 编的 *Platonic Writings, Platonic Readings*,前揭;下文参考上述资料处不再出注。就对柏拉图对话的具体解释而言,这个传统累积的文献已相当多,这里不可能详细介绍,除了上面 Tejera、Press、Griswold 编的三种集子及其所附参考文献外,可以参看 Amihud Gilead 所著 *The Platonic Odyssey: A Philosophical—Literary Inquiry into the Phaedo*(Amsterdam,1994)一书的一个文献性长注 39(页 143—148),这里提供了一般而言关于柏拉图对话、具体而言关于《斐多》的文学—戏剧解释进路的大量文献。

其实,这种转向的源头可以追溯到19世纪的施莱尔马赫。在现代柏拉图研究史上,施莱尔马赫第一次明确提出,柏拉图对话中的论辩与意图必须从对话的戏剧性质与文学手法去理解。① 施氏此言在当时近乎空谷足音,直到百多年后,克莱因(Jacob Klein)才在《柏拉图〈美诺〉注疏》中重拾坠绪,并将其发扬光大。② 此前,尽管也有名家奢言"柏拉图对话的文学形式与哲学内容",但其实只是说说而已,终究还是直奔形上主题而去,③关键是,就算百余年来也有不少人对柏拉图对话的"戏剧特性"有所注意(如参克莱因书页4注10中的勾沉),但是,正如克莱因所发现的,几乎没有人真正就单个对话来关注其中实际发生着的剧情。

采用文学—戏剧进路来解读柏拉图哲学作品的根本原因和根本正当性在于,柏拉图是怎么写的,我们就应该怎么读。既然柏拉图写的不是哲学论文,我们就不应该用阅读亚里士多德式哲学论文的方式来阅读柏拉图的哲学戏剧。既然柏拉图通过戏剧写作向我们表明,哲学是言辞和行动的结合,那么反过来,我们的阅读只有同时关注言辞和行动、甚至首先关注行动,才能理解柏拉图的意图。要关注"行动",就必须、也只有从对话外在的文学形式入手,将对话作为一幕幕戏剧来解读。由于关注的对象远远不只对话中对话者们讨论的各种论题、概念、他们辩证推理的过程及其困难等等言辞性因素,这种解读由此提出了很多

---

① F. Schleiermacher, *Introductions to the Dialogues of Plato*,前揭,页1—48。

② J. Klein, *A Commentary on Plato's Meno* (Carolina 1965),此书尽管面世较晚,但自30年代中期以来,克莱因就不断在朋友间和课堂上传布自己疏释《美诺》的文学形式解读原则。

③ 比如J. Stenzel,"The Literary Form and Philosophical Content of the Platonic Dialogue",见氏著*Plato's Method of Dialectic* (Oxford 1940)页1—22;参Klein前揭书,页19。

极有意义的问题，比如：柏拉图作者声音的匿名性问题、隐藏声音与写作的限度及其克服问题、戏剧演示与哲学生活和哲学教育问题、柏拉图与传统诗或诗人的关系问题、文学虚构与历史事实的关系问题，如此等等，不一而足，而这些问题，几乎都是过去的体系一学说方法不可能或难以真正碰触到的。①

具体实践这种文学一戏剧解读方法，至少得注意两个大的方面。一方面，就解读方法而言，要关注戏剧、文学特性，就得注意对话通过时间、地点、人物、场景、情节发展、戏剧冲突、戏剧结构、叙述方法、叙述框架等戏剧要素所体现出来的戏剧特性，以及通过措辞、用典、征引、比喻（隐喻）、形象、戏仿、寓言、神话创作等文学手法所体现出来的文学特性（所以值得提出的是，柏拉图作品之为诗，除了对话、戏剧这一总体含义外，也进一步包括上述种种具体的戏剧性、文学性含义）；同时，除了关注内部文本语境（包括同篇对话内和不同对话间的），还要适当考虑外部历史语境。另一方面，就解读原则而言，极为重要的是，必须将每一篇对话作为一个相对独立的整体来做逐篇解读，即便解读某篇对话的一部分甚至一个细节，也必须首先将其放到这篇对话的整体中来理解。② 不难看出，后一个方面其实是前一方面的自然结果。

文学一戏剧解读方法给此前的体系一学说方法带来了致命打击：由于柏拉图总是带着戏剧面具说话（匿名性），无论把哪个人物的言论直接当作柏拉图自己的立场，都成问题；因而，那些通过强行跨越各篇对话独立而特殊的剧情鸿沟，抽绎、建构出来

---

① 可参 Ruby Blondell, *The Play of Character in Plato's Dialogues*, Cambridge, 2002，页1—53。

② 所以，文学一戏剧进路的柏拉图解读的大量成果往往都体现为对某篇对话从论证、情节、结构等方面进行细致疏解。

的种种学说、体系，多半都是研究者自己的，而非柏拉图自己的；体系一学说论是现代柏拉图研究的理论预设，如今，预设既难成立，发展论、编年论、辨伪论这些后续假设自然也就面临着皮之不存、毛将焉附的处境了。

不妨仍以《王制》为例做个简要说明。从文学一戏剧进路来看，在《王制》中，就算苏格拉底讲了一个关于美好城邦(Kallipolis)或“理想国”的故事(myth)，除了反思作者柏拉图与叙述者苏格拉底绝非可以直接等同的关系外，关于这个故事本身仍然问题多多：苏格拉底是对谁、由于什么原因、在什么情况下讲出来的？苏格拉底的讲述与格劳孔和阿德曼托斯这两位青年的性格有无关系？苏格拉底讲完关于美好城邦的故事后戏剧并未就此结束，后来的剧情发展与前面的美好城邦言论有何关联？在美好城邦这个“理想”的共同体外，《王制》本身还有一个主要由苏格拉底、格劳孔、阿德曼托斯三人组成的戏剧中的话语共同体，这两个共同体有何关系？如此等等。如果真正把《王制》当作一部戏剧来读的话，这些问题都是必须要问的。最终，柏拉图真的在《王制》中系统地提出了一种政治方案、表达了一种政治学说吗？

不过，有个问题须得特别注意。

既然采取文学一戏剧进路的根本原因在于用柏拉图自己的方式理解柏拉图，根本目的在于把握柏拉图的意图，那么，运用这种方法时就应该处处牢记这一目的。但实际情况往往并非如此。比如，很多解读者都强调对话之于论辩结果的开放性质(反对对话具有表达体系性学说的封闭性质)，同时，也强调对话形式的一个重要功能，即呼请读者亲自参予进去，与对话中的人物一起思考，过哲思的生活，最终得出自己的答案。显然，这两种强调很容易与现代解释学倡导的合法偏见或(交互)主体性原则结合起来，甚或就来自于兹。① 因此，文学—戏剧—对话进路如果不加限制，就容易、甚至必然会与现代乃至后现代解释学一样，走向怎样解释都有理的相对主义结果。②

也就是说，如果不始终将把握柏拉图的意图作为我们的解释意图，而是将文学—戏剧进路理解、发展为一种独立于这一意图(表面看似乎价值中立)的解释方法，那么，这一方法本身不能保证我们不是在将自己的观念强加给柏拉图，我们由此远离柏拉图的距离，就绝不比体系—学说进路所导致的小。在实际的阅读和解释实践中，我们应随时警惕可谓无处不在的、足以促使我们遗忘把握柏拉图意图这一最终目的的解释学危险，坚决抵制各种来自现代、后现代的具有塞壬歌声般魅力的相对主义解释学诱惑。③

三、哲学与诗的分与合

恢复哲人柏拉图的诗人面容，必然要面临一个极大的麻烦——柏拉图自己对诗、诗人就有严厉批评。但凡读了点柏拉图的人都知道，柏拉图要将诗人驱逐出他的理想国，那么，“将柏拉图的对话理解为文学，如何与他对诗的明显敌意协调起来呢?”④

---

① 文学—戏剧进路的源头在施莱尔马赫，而一般认为施氏恰恰也是现代解释学的开端，这二者的关联显然意味深长。

② 比如J. A. Arieti的书*Interpreting Plato: The Dialogues as Drama*(Maryland, 1991)就比较典型。

③ 关于现代解释学理解古典时的自负及其路向，可参刘小枫<“误解”因“瞬时的理解”而称义>一文，见《读书》2005年第11期。

④ M. Nussbaum,“Philosophy and Literature”，见D. Sedley编，*The Cambridge Companion to Greek and Roman Philosophy*, Cambridge, 2003，页228。

可以说,“诗与哲学之争”这个柏拉图明确提出而且立场鲜明的问题,是阻碍人们理解柏拉图之诗人面容的最大障碍。批评诗人而自己又是一个诗人,这无论如何是个矛盾,很多解释者由此认为柏拉图逻辑不清,思想混乱。的确,这个矛盾像团乱麻,若理不清,本文前面的说法显然既难服人,亦难服己。

至少应该搞清几个相关的问题:一,诗与哲学之争的根本含义是什么?[①] 二,柏拉图写诗的根本原因和意图是什么?三,这种行为和意图如何与他对诗的批评协调一致——如果说在柏拉图这里,最终诗与哲学可能同时呈现出纷争和融合(分与合)的两面关系,那么除了分之外,究竟什么是合?显然,这些问题都很大,牵涉面极广,这里不可能深入讨论,只希望做些初步而简要的思考,尽量将相关线索提示出来。

如何来理解诗与哲学之争的根本含义?

柏拉图批评得最厉害的诗人是荷马。但荷马仅仅是我们今天意义上的诗人吗?在柏拉图之前,希罗多德就已说过:

> 荷马和赫西俄德……把诸神的家世教给希腊人,把它们的一些名字、尊荣和技艺教给所有的人,并且说出了它们

---

① 就晚近译介过来的文献而言,最有助于理解这个问题的是 S. Rosen 的《诗与哲学之争》(张辉译,华夏出版社,2004,英文原版为 1988)。另外,A. C. Danto 的《艺术的终结》(欧阳英译,江苏人民出版社,2001,书名准确译应为“哲学对艺术的剥夺”,英文原版为 1986),以及 M. Edmundson 的《文学对抗哲学——从柏拉图到德里达:为诗一辩》(王柏华等译,中央编译出版社,2000,英文原版为 1995),都试图在新的历史语境下重提诗哲之争,也都持反对哲学、为诗辩护的立场,但都对这一争论的实质含义缺乏准确把握,尤其后者,简直在把水越搅越浑。R. Rorty 的《偶然、反讽与团结》(徐文瑞译,商务印书馆,2003)则实质上可视为后现代语境中对诗进行的新一轮辩护。缪勒的《文学的哲学》(孙宜学等译,广西师范大学出版社,2001)和桑塔亚那的《诗与哲学:三位哲学诗人卢克莱修、但丁及歌德》两个文献可算与此问题有一点点关联。

的外形。(《历史》[上],王以铸译,商务印书馆,1959,页135)

神是生活的最高指向,关于神的言说就是神学,通过对诸神世系及其特性的描述或书写,荷马(以及赫西俄德)神学就为希腊民族、希腊的城邦政治共同体划定了一种由诸神来保证的特殊生活。因此,荷马的诗实质上是一种“诗体神学”,诗人荷马其实是希腊正统神学、政治神学的奠基人。①

就是说,诗在根本上意味着一种生活方式。《王制》中的苏格拉底就提到,荷马被视为全希腊的“教育者”,“在管理人们生活和教育方面”应当向他学习,“应当按照他的教导来安排我们的全部生活”(606e)。既然在柏拉图这里,哲学根本上也是一种生活方式,那么,哲学与诗的根本分歧就在于:什么才是真正好的生活方式;关于这一点,是诗人知道得更好,还是哲人知道得更好。由于诸神是诗这种生活方式的最高保证,哲人苏格拉底在质疑诗人荷马时当然就对其笔下的诸神提出了质疑,并同时讲述了哲人自己对神的真正本性的看法(如参《王制》卷二和卷三)。

所以,诗与哲学之争的根本含义是生活方式之争:诗代表的是民众的习俗生活,是城邦中多数人过的那种宗法生活,与城邦这个政治共同体密不可分;哲学则代表一种新兴的生活,是少数人过的那种追求智慧的生活,与城邦政治共同体必然要发生冲撞。由于哲学与诗的冲突根本上是与城邦这个政治共同体的冲突,因此,哲学与诗之争根本上是一个政治问题或政治哲学问题。如果可以将诗所代表的神学一政治生活类比为耶路撒冷,

---

① 关于这个问题可特别参看 J. Adam, *The Religious Teachers of Greece*, New Jersey, 1965。

那么，哲学与诗之争可谓雅典内部的“雅典与耶路撒冷之争”。①

诗这种生活方式在柏拉图笔下的苏格拉底看来为什么不是最好的？因为，用哲学的目光看，诗拥抱的是“意见”，诗站在身体和爱欲一边、“在每个人的灵魂里建立起一个恶的政治制度”（《王制》605b），诗持守洞穴内的世界。所以，在哲人看来，引导人走出洞穴、用灵魂的高贵部分追求智慧、追求最高的“好”的哲学生活，优于诗所规定和倡导的生活。

可既然批评诗，为什么又要写诗呢？柏拉图写诗的原因和意图究竟是什么？

有一点先要明确，说柏拉图的作品是诗，除了指对话、戏剧这一总体含义外，也包括形象、比喻、寓言、神话等等具体的文学手段和其他修辞手法。由于一方面这里诗的含义非常丰富，柏拉图写诗的原因和意图因而绝不会单一，另一方面，欲真正理解柏拉图某篇对话内部的诗（比如其中的神话）的用意，必须要深入到上下文中去做具体解读，因此，我们下面的种种尝试只能起到提示作用。

柏拉图写诗的意图首先是哲学的，或者说，意在呈现什么是哲学或哲学生活。

既然荷马式的生活方式是用诗来表现的，哲学这种生活方式也要用诗来表现——柏拉图写戏剧的首要意图就是针对着荷马，用诗来展示一种新的生活，即在言谈、问答和辩驳（辩证法）中寻求知识的哲学生活。荷马的诗将英雄的德性（比如勇敢）树立为最高的生活伦理，柏拉图的诗则通过塑造新的英雄形象（苏格拉底），提出了新的生活德性（比如智慧）。与此相关的是，通过

---

① 参 Thomas Pangle，“Introduction”，见氏编 *Leo Strauss: Studies in Platonic Political Philosophy*，The University of Chicago Press，1983，页 20。

写以哲学生活为题材或主题的戏剧诗，柏拉图一方面让我们看到了哲学生活那种与意见生活、洞穴生活尖锐冲突的政治处境，另一方面也让我们看到了哲学生活自身的传衍方式——促使灵魂转向的哲学教育，这教育既针对着戏剧之内众多的对话者，也针对着戏剧之外更多的读者，包括当时学园中的学生和今天的我们。①

不仅如此。柏拉图或其笔下的苏格拉底常常使用各种具体的诗或诗性语言，比如形象、寓言和神话，其原因或意图又是什么呢？或许，根本原因涉及到哲学生活的内在限度——理性的局限问题。哲人要追求绝对的知识或整全的智慧，但只有神才拥有的绝对知识或整全智慧是属人的理性能够完全把握到的么？比如，灵魂的知识就属于哲人要探究的那类最重要的知识，但哲人能够靠理性来获得关于灵魂的整全知识吗？在《斐多若》中，当苏格拉底略略证明了一下灵魂不死，准备向斐德若说出灵魂的样子时，悄然地改变了策略：

> 不过，要说灵魂是什么样的，只得靠神力之助，而且描述起来会很长，好在描述一下灵魂与什么相似，人还是力所能及，而且几句话就可以说完。（《斐德若》，246a3，刘小枫译文，未刊稿）

苏格拉底接着就为斐德若讲了那个关于灵魂的辉煌而壮丽的神话故事。后来，在回顾这段讲述时，苏格拉底又明确说道：

---

① 关于对话形式与学园中的哲学教育，可参 D. Nails, *Agora, Academy, and the Conduct of Philosophy*，前揭，页 213—238。

> 在表达情爱的经历时,我们用了一些比喻,由此兴许让我们逮住了某种真实的东西,虽然也可能使得咱们走岔了道。(《斐德若》,265b6,同上)

理性思考诚然可以无止境,但是,就算哲人一直将其理性追问持续到生命的终点,理性的根本限度依然无法克服,何况,由于种种原因,哲人常常需要在某个时候说出真理,终止理性求证的无果局面。因此,无论哲人是要说服自己(哲学思考),还是要说服别人(哲学教育),或是为了别的什么目的,理性言辞(Logos,"长的路")都无法作为最终或唯一的手段,诗的语言(Mythos,"短的路")对哲学来说是必需的。这样,我们就可能理解,为什么《王制》中苏格拉底要接二连三地运用太阳、分线、洞穴这些比喻来讲形而上学的道理,[①]为什么《王制》甚至要用一个形式上极为传统的神话故事来结束全书,为什么《斐多》的开头和结尾都在谈诗……不仅比喻、神话可做如此理解,对话形式其实也是这样。[②] 另外,对学习知识来说,诗的语言之所以必需,还有个来自于柏拉图笔下的苏格拉底的内在理由:获得知识得靠回忆,而诗提供的影像和故事可以直接触动我们的回忆,开启我们的记忆。

不过,柏拉图写诗的意图不仅是哲学的,也是政治或政治哲学的。

荷马的诗为城邦规定了一种政治性生活方式,与荷马竞争

---

① 可参 J. Howland, *The Republic: The Odyssey of Philosophy*, New York, 1993, 页 120、146。

② 如参 H. L. Sinaiko, "Dialogue and Dialectic: The Limitations on Human Wisdom", 见氏著, *Reclaiming the Canon: Essays on Philosophy, Poetry, and History*, Yale University Press, 1998, 页 323—336。

的柏拉图,其写诗的意图因此就不可能不是政治性的。什么意思?政治性的含义是说,柏拉图意在用诗为城邦这一政治共同体的生活方式重新奠定基础,换言之,重新立法。对此,我们同样有古人之言为证:

> 柏拉图的母亲叫珀里克提娥涅(Perictione),是立法者梭伦的后代,柏拉图写《王制》和《法义》(旧译《法律篇》),正是在模仿梭伦。①

其实,在《法义》中,柏拉图借其笔下人物之口已说得非常清楚:

> 最尊敬的客人啊,我们自己都是悲剧作家,我们的悲剧是我们能够创作出来的最好作品。不管怎么说,我们整个政治制度的建设,都是对一种最好和最高尚的生活的模仿——至少,这种生活我们认为才是真正的悲剧。如今,你们是诗人,我们也是同一种类型的诗人,作为最好的戏剧的艺术家和表演者,我们是你们的对手,这种戏剧,只有真正的法律才能使其臻于完善。(817b,张智仁、何勤华译文,《法律篇》,上海人民出版社,2001,有改动,下同)

整部《法义》正是柏拉图意在重新塑造政治共同体生活方式的立法诗。

---

① *Anonymous Prolegomena to Platonic Philosophy, Introduction, Text, and Indices* by L. G. Westerink, Amsterdam, 1962,页 2。这部作品的作者据考可能是 6 世纪后半叶著名柏拉图后学奥林匹奥多洛斯(Olympiodorus)的某个学生。

不仅如此。“诗”对于立法和建立政治制度来说还有进一步的意义。为什么呢?如果说“最好和最高尚的生活”是由神(们)来保证或体现的、“神是万物的尺度”(《法义》,716c),那么:

> 一切事情中最重要的事情,就是获得关于神们的正确思想。有了这种思想,你就可以过一种好的生活,否则,你得过一种坏的生活。(《法义》,888b)

但是,即便立法者可能通过理性证明来获得关于神们的正确思想(如《法义》893b—896d),比如神们是存在的、他们关心人且不受人献祭或祈祷与否的影响,问题是,要让城邦中的其他人相信这些思想(这是城邦生活安定的保障),仅仅靠向他们展示理性的证明就可能或足够了吗?有没有更好的方式?

> 西多尼亚人讲的那个故事不是极容易说服人们吗——尽管它几乎不可信?其他故事不也一样说服了成千上万的人吗?……其实,这个故事是个很好的例子,它向立法者表明,劝服年轻人相信任何事都是可能的,只要他去尝试。立法者应当考虑让人相信对城邦最有利的东西,应当发明歌曲、故事、论说等各种方式来让整个共同体都谈论这些东西,让人们尽可能口吻一致,一生都不改变。(《法义》,663e—664a)

那个故事柏拉图在《法义》中没有具体讲,或许是因为他已经在《王制》中讲过一遍了,这正是那个著名的“高贵的谎言”,当时,苏格拉底说它是腓尼基人的“传说”,是“诗人告诉我们”的一个“故事”(《王制》,414c—415d)。

为什么要用故事？根本原因恐怕仍然在于理性的限度。理性之局限的含义不仅是哲学的，更是政治的，前者是说，人都有此局限，后者是说，大多数人更有此局限。后一点意味着，不可能让大多数人靠理性来想明白哲人立法的理据和基础，更好、更适当的方式是利用故事的吸引力、感染力来对大多数人进行劝服或教育。故事、诗由此成了城邦政治教育的更好甚至最好方式（诗教）。当故事"口头相传"地"流传下去"，当"子孙后代迟早相信"了故事（《王制》，415d），一种（新的、"最好和最高尚的"）习俗或宗法（Nomos）就可能依此被塑造或建立起来。由此可以理解什么叫"高贵的谎言"："谎言"是说，这个故事未必真有其事，"高贵"是说，这个故事的意图在于让政治共同体走向一种由哲人一立法者来引导的高贵生活。这种生活可能是什么样的？《法义》这首新的立法诗做了最全面的展示。

"谎言"问题还可以稍作解释，出发点是哲学生活与政治生活在本性上的不同。理性的局限使得哲学生活可能永远没有尽头、永远没有最终的结论，但是，政治生活显然不能处于这种局面，政治问题具有明显的紧迫性。① 这种差异导致的结果是双方面的。一方面，就哲学而言，其追问本性可能让哲学否认城邦持有真正的真理，这种否认反过来会让哲学陷入危险。哲学书写因而具有危险性，这种危险性包含在了柏拉图笔下的苏格拉底在《斐德若》中所讨论的书写的普遍弊端（275e）中。除非不写，这种危险性得不到根本避免，不过，用戏剧、对话这种诗的方

---

① 参 Leo Strauss, *The City and Man*, The University of Chicago Press, 1964, 页106。

式来写,[1]则可以在某种程度上避免——因为现在话都出自剧中人物之口,并非直接就是作者之辞。因此,戏剧对话的匿名性在根本上具有政治含义。另一方面,就政治而言,既然政治问题不容延缓,那么政治生活秩序的基础就不能一直论证下去,必须在某个时候要给予出来,这样,立法者的立法行动就不能完全听命于理性(《城邦与人》,前揭,页136),而必须借助神话、故事、寓言,就是说,借助诗。所以对政治来说,更重要的不是知识、论证(Logos)、哲学和真理,而是意见、神话(Mythos)、诗和谎言。这里真理与谎言的关系或许可以如此来理解:谎言并非完全不是真理,只是并非完全或最后的真理,因为完全或最后的真理只有神才拥有,所以,谎言绝非与真理背道而驰,毋宁说,谎言即"正确的意见"。

对理解生活来说,诗的确太重要了,因为,与哲学论证相比,诗这种方式更能提供或容纳整全的"知识"——荷马的《伊利亚特》和《奥德赛》两部诗合起来就可谓涵盖了人的全部生活。如果哲学要追求关于人的生活的整全知识,就要向诗学习;如果说,追求关于人之生活的整全知识就是柏拉图笔下的苏格拉底所说的、哲学在离开纯数理纯物理探究之后的"第二次起航"(《斐多》,99d),那么,哲学的第二次起航便离不了诗。

现在我们可以来看最后一个问题了。既然柏拉图批评诗和写诗都有其正当理由,那么这二者究竟如何协调起来呢?

最直接了当的回答就是,柏拉图写的是一种新诗,不同于荷马的旧诗。由此,就柏拉图与荷马而言,哲学与诗之争可以转换

---

① 关于柏拉图为什么批评写作之后仍然写作、由此为什么采用对话这种文学形式来写,也可以参看古人的证词,见 *Anonymous Prolegomena to Platonic Philosophy*,前揭,页24—26。

为两种诗、新诗与旧诗之争，就柏拉图自己而言，已经没有了哲学与诗的冲突。

换个角度可能理解得更透彻些。从柏拉图思想和写作的整体来看，哲学与诗之争，从根本上说，不在于非此即彼，而在于孰高孰低。换言之，存在着两种诗，一种可称之为自律诗，一种可称之为臣服诗；与哲学冲突的是自律诗，与哲学合解的是臣服诗（《城邦与人》，前揭，页 136）。在哲学看来，诗不应是自律的，而应成为他律的——律于哲学。律于哲学的意思是说，诗应该从表现一种臣服于激情、欲望的生活方式，转向表现一种臣服于理性的生活方式。如果诗能如此从自律转向他律，转向对哲学的臣服，那么，诗和哲学就没有冲突了。

最具臣服性的诗，是以哲人的生活为题材或主题而且赞同这种生活的小说、诗歌或戏剧，最伟大的榜样，当然就是柏拉图的对话（《城邦与人》，前揭，页 137）。尼采在看到柏拉图对话将各种希腊诗艺集于一身的时候，心里很清楚，这些诗艺现在全都成了柏拉图哲学的“婢女”。就在本文前面引用过的那段话之后，尼采带着些酸涩语气继续说道：

> 柏拉图对话犹如一叶扁舟，拯救遇难的古老诗歌和她所有的孩子，他们挤在这弹丸之地，战战兢兢地服从舵手苏格拉底，现在他们驶入一个新的世界，沿途的梦中景象令人百看不厌。柏拉图确实给世世代代留下了一种新艺术形式的原理，小说的原型；它可以看作无限提高了的伊索寓言，在其中，诗对于辩证哲学所处的地位，正如后来许多世纪里辩证哲学对于神学所处的地位相似，即处在婢女的地位。（《悲剧的诞生》，前揭，页 59）

后来，当伯纳德特（Seth Benardete）说“归根到底，小说就是没有苏格拉底的柏拉图对话”时，或许就是在化用尼采——不过，得看是什么时候的小说，伯纳德特随即举的例子是公元2世纪著名的罗马作家阿普列乌斯（Apuleius）：“阿普列乌斯写了第一本关于追根究底的小说。”[①]可是，想想比如我们今天的情况，就会发现，真正“以哲人的生活为题材或主题而且赞同这种生活的小说、诗歌或戏剧”即便不是完全没有，似乎也太少了，为什么？这一状况说明了什么？前个问题一时还不好回答，后者倒不难：这说明，至少在今天，诗与哲学之争的结果绝非什么哲学赢了，[②]事实明摆着，是诗赢了。

回到柏拉图。诗与哲学在柏拉图这里的融合，可以进一步从“模仿”问题来看。模仿是诗的根本特征，《王制》卷十对诗的批评就是从这一根本特征着手的，可是，柏拉图自己的诗又如何可能免于这一批评呢？传统诗的根本错误不在模仿本身，而在于模仿低级或坏的对象，不在于说谎，而在于说低级的谎。模仿论表面关涉的是艺术技艺问题，根本关涉的是立法与统治的政治技艺问题——诗的低级谎言作用于政治，问题就大了。作为政治技艺，统治与立法应当模仿最好、最高尚的对象，说高贵的谎言。比如在《王制》中，苏格拉底言辞中的城邦就不是对任何地上城邦的模仿，而是对理念城邦的模仿（592b），因此，苏格拉底的模仿就比诗人那种模仿的模仿要高一级；[③]又如，《法义》中作为对“一种最好和最高尚的生活的模仿”（817b）的宗法制度建设，实际上是对神的模仿。因此，模仿不仅无损于柏拉图诗的品

① 以上参 Seth Benardete，《苏格拉底与柏拉图：爱欲的辩证法》，张文涛译，载刘小枫、陈少明编《经典与解释》第8辑，华夏出版社，2005，页155。

② 前面注31中提到的 Danto、Edmundson 等人都做如此判断。

③ 参 H. L. Sinaiko，*Reclaiming the Canon*，前揭，页315。

质,反而更是其高贵品质的保证。

其实,即便在柏拉图与荷马之间,哲学与诗的冲突或许也没有我们想象的那么大。比如,柏拉图对《伊利亚特》和《奥德赛》这两部作品的态度就有微妙差别,对前者批评激烈,对后者则不乏好感,似乎更想对之进行利用和改造,一个突出的例子就是《王制》卷十最后的伊尔(Er)神话中所描绘的奥德修斯对其来世生活方式的选择(620c—d)。又如,《法义》中欲建立和保存的新的宗法生活方式很多都仍然是传统性、荷马式的(如城邦神仍然是宙斯、赫拉等等,节日、歌唱、竞赛、献祭、祈祷这些城邦的传统习俗和宗教仪式都仍然保留着),哲学与诗在这里的融合意味着哲学与城邦、政治、宗教、神学的融合。[①]再如,前文提到过的新柏拉图主义大家普若克洛斯,在领会和发扬柏拉图写诗精神的同时,也在竭力调和宗师和荷马的冲突——柏拉图其实和荷马没有冲突;这种调和应当不是完全空穴来风。[②]

关于柏拉图与诗哲之争这个论题,著名学者罗森(S. Rosen)说:

---

① 可参 Walter Burkert,"Philosophical Religion and Polis Religion:Plato's *Laws*",见氏著,*Greek Religion*,trans. by J. Raffan,Harvard University Press,1985,页 332—337。另外,《法义》的例子或许意味着,诗表现一种臣服于理性的生活,其方式可以是明显的——比如描绘苏格拉底哲学生活的那些对话,也可以是隐秘的——比如《法义》。

② 其具体的调和方法这里就不再进一步论述了,简要论述可参 W. Trimpi,*Muses of Mind:The Literary Analysis of Experience and Its Continuity*(Princeton,1983)页 210—215,及 T. Whittaker,*The Neo — Platonists:A Study in the History of Hellenism, with a Supplement on the Commentaries of Proclus*(Thoemmes Press 1918)页 296—298。其实,新柏拉图主义者(又如波菲利[Porphyry])调和柏拉图与荷马的方式关键在于隐喻解经——神话隐喻着哲学的真理(这种隐喻解经直接影响了早期基督教对荷马诗的"收编"以及基督教自己的隐喻解经路子);不过,值得思考的一个问题是,融合诗与哲学的方式在柏拉图这里与新柏拉图主义者那里是否一致。

> 哲学没有诗,正像诗没有哲学一样,是不适宜的,或无法衡量的。在最终的分析中,哲学与诗并没有争纷。但最终的分析不是最初的分析。(《诗与哲学之争》,前揭,页34)

的确,最终的分析不等于最初的分析。无论怎样,哲学与诗在柏拉图这里都呈现出一种既分又合的复杂关系,纷争只是这一复杂关系中我们比较熟悉的一个面相而已,而融合则是远未真正引起我们注意、遑论重视的另一个面相。如果意识不到这种复杂关系,我们就很难在整体上把握柏拉图的作品和思想。一个极好的例子就是《王制》第十卷——苏格拉底刚刚严厉批评了诗,随即又用诗(伊尔神话)来教育格劳孔。面对这一明显矛盾,人们往往要么百思不得其解,要么干脆装睁眼瞎,不理会这个矛盾——不骂柏拉图就已经很客气了。问题是,少有人在更大的层面上去全面而深入地思考,到底是苏格拉底或柏拉图自相矛盾呢,还是我们根本就没真正弄懂苏格拉底或柏拉图的意图?

现在我们可以明白了:这里,哲人当然是在批评诗人,但同时哲人也漂亮地向诗人展示,我们不仅能够写诗,更要写诗,写赞美更好更高尚生活的诗,再说了,用这种实际行动来对拙劣乃至邪恶的诗人进行批评和抵制,难道不比再强大的理论都更彻底、更有效么?

笔者选编这部文集的首要意图,即欲恢复柏拉图的诗人真容,其次是提醒读者,对柏拉图的对话应当如尼采所说的那样,“学会正确阅读”,最后,亦希望诗与哲学的复杂关系这个问题能够成为学界重新认识柏拉图的一个基本起点或入口。选编过程中,刘小枫师多有帮助,程志敏兄亦热情予以文献支持,特此致谢；同时，如果没有各位译者帮忙，笔者编选这本文集的构想也不会如此顺利实现，在此，要特别感谢张如贵、卓新贤、胥瑾、黄莎、刘麒麟诸位友人的倾情相助。

张文涛

2006年岁末辞旧迎新之际

戏剧诗人柏拉图

作为诗人和戏剧人的柏拉图

戈登（J. Gordon)

内容体现任务；形式体现手段。

——黑贝尔(F. Hebbel)

Journals（《札记》)(1838)

一谈到柏拉图和诗人，人们就容易就想起《王制》(*Republic*)中的著名(对某些人来说也许是臭名昭著的)段落。诗人们被赶出城邦，哲人王篡改、利用他们的作品达到自己的政治目的。正因为这些段落，许多人斥责柏拉图，认为他是诗人的敌人。然而我坚信，当我们谈及柏拉图及诗时，应该看到，他的作品就总体而言，本身就显著地具备诗的特征。可是我们常常忽略了这一事实。柏拉图是哲人，同时也是诗人和戏剧人。他作品对白中的戏剧和诗的成分，绝不仅仅是一种“形式”，而是在本质上与他的哲学任务相连。① 该哲学任务的成功有赖于对白中的戏剧和

① 我暂不细辨诗和戏剧这两个词在古代用法中的差别。诗，ποίημα，可被视为更大的概念，从字面理解，意为被制作、制造或创作之物。戏剧，δραμα，严格地说，指舞台上进行的表演或行动。在后文，我将留意这些术语的起源和多种含义。参 Liddel and Scott(1985)；亦参亚里士多德《诗学》，I. 1—4(1447a) 及Ⅲ. 4—5(1448a)。

诗的成分。

在本文第一部分,我将援引古人的资料来证明,以古人的标准,完全有理由视柏拉图为一位诗人。在第二部分,我将重新研究《王制》中批评诗人及其作用的章节,并以此说明,对话者对诗的批判与柏拉图的诗人身份并不矛盾。在第三部分,我将审视亚里士多德对悲剧诗的功能性定义以及他所认定的悲剧诗的六个要素。同时,我也将阐述关于苏格拉底对话的一种类似定义,并且会说明,这六要素是否在柏拉图的作品中起作用,以及怎样起作用。在最后一部分,我将列举五条对话更一般的诗的、戏剧的特征,并论证他们对柏拉图哲学必不可少的重要性。诗人、戏剧人和戏剧评论人都敏锐地意识到观众、表演和接受的重要意义。不幸的是,在涉及柏拉图的对话时,许多哲人(尽管有例外)都对以上认识无动于衷。与他们不同,我力求论证,柏拉图对话的戏剧和诗的成分怎样在读者或观众中发挥哲学功能,以及这些成分对于实现柏拉图哲学的目标有怎样的必要性。[①] 这一哲学目标,我认为,就是让读者参与到哲学交流之中,使他们最终转向对生活的探询。柏拉图正是凭借对话的戏剧性和诗性完成了这个目标,否则,情形将完全两样。

一、作为诗人和戏剧人的柏拉图

人们常常听说亚里士多德有如是评价,说柏拉图的对话是“诗和散文的糅合”。这种说法事实上源于第欧根尼(Diogenes Laer-

① 作为一种文字或口头现象,柏拉图对话的地位引起了很多学者的讨论:Havelock(1963);Ryle(1966);最近如 Hershbell(1995,25—39);West(1995,41—60);Waugh(1995,61—67)。

tius)对亚里士多德评述的引用。[1] 事实上,我们在亚里士多德的《诗学》和他的著作中找不到这样的明确表述。然而,《诗学》中确有一段话,看来好像可以作为第欧根尼陈述的来源,至少可以确定,这两者是一致的。亚里士多德这段话的另一个功劳就是,他举了一个有力的例子,把柏拉图归入众多希腊诗人的行列之中。

按照他的通常做法,亚里士多德在《诗学》开头,寻求论题的本质或首要原则,以及论题的各种类型。然后他列出了一系列被称为模仿的类型。[2] 他提及史诗、悲剧、喜剧、酒神颂歌、笛或竖琴等乐器演奏,还有舞蹈,将它们都归入模仿类。这些模仿性艺术,有些运用语言和韵律,也有些用到曲调和韵律但不用语言,其他的则将两种手段结合起来(《诗学》,Ⅰ.1—6,1447a)。然后,亚里士多德说:

> 但是,不论这种艺术是否运用有格律的言词,所用格律是一种还是多种,直到今天它都没有一个共同的名称。因为对于索福戎(Sophron)、克塞纳科斯(Xenarchus)的拟剧(mimes)和苏格拉底对话,我们没法找到一个统一适用的名称。(《诗学》,Ⅰ.7,1447b)

尽管他的原话并没明说柏拉图的对话是"诗和散文的糅

---

① μεταξὺ ποίηματος … καὶ πεξοῦ λόγου, Diogenes Laertius (1991,Ⅲ.37),下文引作 *Lives*(《生平》)。

② 这个用在亚里士多德《诗学》中的术语引起的讨论足以写成几部著作。在这里我不想就此话题多做论述,因为这会让我偏离本文的重点。我直接采用该词的音译"mimesis"。如想理解此词,首先应参考以下几位的观点,Havelock(1963),Kauffman(1979,esp. 36—40),Kosman(1992a),Woodruff(1992)。我在本文陈述的有关柏拉图的观点与 Woodruff 所持观点存在本质不同;Havelock 将模仿视为"柏拉图哲学词汇中最让人困惑的词语"(20)。

合”，但亚里士多德在这里暗示了，对话与诗相似，因为它们同为一种模仿类型，同时，对话也与散文相似，因为它们都没有严格的韵律。这仿佛就是第欧根尼主张的来源，他把这种看法归于亚里士多德。

但是，亚里士多德在这几段论述中更为引人注目的观点是：以上作品之所以被称为诗，并不是因为具备节奏、韵律、曲调、语言等要素，而是因为它们具备模仿性。在他宣称开始讨论诗的首要原则后，他立即开始介绍模仿这个概念，而且在这部分的结尾，他将各种模仿性艺术的差异归结为再现手法的不同，由这两点可以看出，各种诗性艺术的本质，就是其模仿性。在《诗学》的开篇，亚里士多德只是尽量明显地暗示诗的本质是模仿，然而在以后的论述中，他明确指出：

> 显然，从我们的讨论可以获得下面结论，诗人必定是一个“创造者”，但他创造的不是诗剧，而是故事。因为他的诗人身份来源于他的“再现”。（《诗学》，Ⅸ.9，1451b）

第欧根尼撰写的柏拉图传已明确假定柏拉图是个诗人：他不仅明确地用诗的术语来界定柏拉图的对话写作艺术，还将柏拉图和特别具有诗特征的实践和行为联系起来，而且将柏拉图的才智与另两位西西里诗人相提并论。通过研究第欧根尼文本中的这三个方面，我得出的观点是，我们应该认真对待他试图联系柏拉图与诗的传统的这种努力。特别在当代，当大家都普遍认为柏拉图是反对诗、提倡纯理性的代表人物时，这种反思就尤为重要。尽管许多学者质疑第欧根尼所著传记中的一些细节，认为其中存在或少或多的问题，但第欧根尼对他所研究的人物提出的理论框架，却不能被轻易忽视。他的柏拉图传促使人们去思考，为什么他特意将柏拉图的生平置于诗的框架之中。对该传记这三方面的研究揭示出一些理由，以解释我们为什么应该将柏拉图视为一位诗人，或者至少是一位从诗的传统中成长起来的作家。

第欧根尼认为，柏拉图应该为“创造和完善这种对话形式而受到嘉奖”，因为他“让这种写作形式臻于完美”。① 第欧根尼将柏拉图完善的这种艺术形式定义为：

> 对话是这样一种言辞（形式），它由关于某一哲学或政治论题的提问和回答构成，对参与者的性格（τῆς ... ἠθοποιίας ... προσώπων）和言词选择（τὴν λέξιν）有应有的关注）。

第欧根尼在这里提到的柏拉图对话的这些根本要素，我们会把它们和诗明确联系以来，这一点意义非凡。要知道，在亚里士多德的《诗学》中，人物性格和言词与其他四个要素一起被列为悲剧诗的六大必需要素。② 而且，在第欧根尼的文中被译为“人物”

---

① 《生平》，Ⅲ.48。谈到关于谁是对话的创始人时，第欧根尼首先向读者提供了两个名字：埃里亚的芝诺（Zeno）和 Styra 的 Alexamenus。然而，紧接着他又提出了自己的观点，认为有第三种可能，即柏拉图，其理由见本段对他论述的引用。将芝诺和 Alexamenus 定为对话录创始人的原因比较复杂；第欧根尼引用了 Favorinus 的观点，而 Favorinus 则曾引用过亚里士多德已遗失的对话《论诗人》（*On Poets*）。不管怎样，亚里士多德的名为《论诗人》的对话，对回答谁是对话的首创人这个问题很有参考价值，这一点对我的论文极有意义。

② 《诗学》Ⅵ.9（1450a）各处。悲剧的六大要素即：情节、性格、言词、思想、场景和歌曲（μῦθος καὶ ἤθη καὶ λέξις καὶ διάνοια καὶ ὄψις καὶ μελοποιία）。关于性格的更完整的阐述出现在《诗学》XV.1ff.（1454a），关于语言的完整阐述见 XIX.7ff.（1456b）。我将在本文第三部分详尽阐述亚里士多德的诗的六要素，以及它们和柏拉图对话中各要素的关系。

(person,προσώπων)的这个词,在戏剧术语中常被译为"角色"(Persona),而且,在希腊的戏剧表演中,该词还被用来特指舞台上演员佩戴的面具。因此,毫无疑问,在第欧根尼所下的定义中,对话这种在柏拉图的作品中臻于完美的写作形式清楚明白地就是诗。①

同时,第欧根尼还介绍了特拉绪洛斯(Thrasylus)的观点。特拉绪洛斯认为,柏拉图的对话是以古希腊四联剧(tetralogies)的形式发表的,而诗歌也以同种方式在各种节日上演。通过这点,第欧根尼找到了对话和古希腊诗的进一步联系。更让人惊奇的是,第欧根尼宣称,许多对话确实就是在节日中写成的。②无论我们是否相信他的陈述,事实证明了这一点。用这种方式看待对话,就是要将它们与那些伟大诗人的著作相联系。第欧根尼引发了一些话题,比如,对话是否被归入像四联剧这样的传统诗歌形式,或者对话是否在节日上演。仅仅通过这些话题,我

① 有人也许会就此持反对意见,理由是第欧根尼在定义"对话"时,仅仅借用了柏拉图的术语和措辞,所以这个定义并非他独创。但如果这种说法成立,它并不会削弱、反而会印证我的观点。如果第欧根尼果真借亚里士多德的《诗学》来定义"对话",那就意味着,第欧根尼试图找到一些有助于定义柏拉图对话本质的材料,而他找到的是亚里士多德关于诗的伟大著作。

② 《生平》,Ⅲ.56。他特别提到酒神节(the festival Dionysia)、勒纳节(the Lenaea)[中译编者按:这是古代雅典纪念酒神的一个节日,举行于阿提卡的7月,即Lenaion月(相当于1月份的后半部分和2月份的前半部分),在节上的喜剧表演后,接着就进行公共会饮]、泛雅典娜节(the Panathenaea)和基特里节(Chytri)[中译编者按:Chytri为古希腊塞浦路斯地区的一个小城,此地以崇拜阿波罗、阿尔特弥斯、阿佛洛狄特闻名]。除此以外,好像并没有其他相关佐证,所以第欧根尼的观点不可能无懈可击。但即便如此,人们也必定会思考这种说法的起因,思考为什么第欧根尼借用或杜撰这种说法,并将它和柏拉图的生平、创作联系起来。参见Schleiermacher关于第欧根尼观点的论述(1836,20)。第欧根尼提供了几种可行的分类方式,将组成四联剧的对话进行分类。有趣的是,第欧根尼提供的分类与当代人以为的对话的写作顺序并不一致。显然,自古以来,学者们就一直致力于对话的排序和分类,为此花费了大量时间和精力。直到现在,学者们都没有就此问题达成一致。如想对当代关于该论题的各种观点有一个清楚明了的概览,参见Nails(1992)杰出而全面的处理。

们就可以看出，第欧根尼确实把柏拉图描绘成了一位诗人。

我们应感激第欧根尼的另一个原因，是他讲述了那个著名的传说。在这个传说中，柏拉图是一位胸怀大志的悲剧家，似乎为了哲学，他烧光了自己所有的悲剧作品。

> 当他即将以他的悲剧参加一个竞赛时，他在狄俄尼索斯剧院前，听到了苏格拉底的演讲。而后，他将自己的悲剧付之一炬，说道："到这儿来吧，噢，火神，柏拉图现在需要你。"据说，自那以后的二十年间，他一直在苏格拉底门下学习。（《生平》，Ⅲ.5—6）

至少可以看出，柏拉图确实有过写悲剧的雄心，或者，也许他的确完成过一些悲剧作品。显然，他并不缺乏选择这条人生道路所需的天份；他的对话就是他在悲剧创作方面惊人天份的证明。我们永远无法读到柏拉图本来该写或已写成的悲剧作品，但是人们会像我一样相信，如果传说属实，当他烧毁他的悲剧时，他并没有放弃诗。相反，他找到了兼顾两者的一条道路，他可以当苏格拉底的学生，过他的哲学生活，同时，继续写诗。

最后，第欧根尼向读者呈现了两个特殊场合，在这两个场合，柏拉图向公众宣读了他的对话。这一事实证明了对话的表演性。① 可以想象，一批年轻听众被柏拉图所吸引，专心倾听他

---

① 第一处提到了柏拉图当众朗诵《吕西斯》（*Lysis*），第二处提到他朗诵《论灵魂》（*On the Soul*），分别见《生平》，Ⅲ.35 和Ⅲ.37。关于《论灵魂》的朗诵，据第欧根尼记录，最后只有亚里士多德留下来，其他人都提前离开了。在古希腊，当一个人阅读时，他会读出声，不像今天人们常常自己默读，所以，读对话即要求对某些人、某些观众朗读，即便只剩朗诵者一人，他也要独自为自己朗诵。我们知道诗的其他形式，例如史诗，是由一位朗诵者或讲解员——史诗吟诵者（rhapsode）——当众表演的。参 Waugh（1995）。

的对话，然后加入到热烈的讨论中。也可以想象，柏拉图在朗诵他对话时，一定注意营造一种戏剧效果，比如，运用抑扬的音调，丰富的面部表情和身体动作，来表现人物性格、行动或对话者之间的交流。因此在表演的时候，对话具有诗歌的另一个特征。这种推论看起来十分合理，主要是因为，人们无法想象用另一种方式来朗诵对话。比如说朗诵时音调平板，毫无变化，不注意不同角色的不同特色，缺乏身体或面部表情。很难想象，对话不是植根于戏剧的表演性。

除了论述柏拉图对话与诗的这些大致的相似点，在介绍他的生平和作品时，第欧根尼还将两位西西里喜剧诗人爱庇卡摩斯(Epicharmus)和索福戎与柏拉图联系起来。亚里士多德在谈及苏格拉底对话时，也提到过索福戎，这一点表明了两者之间的联系。[①] 我想论证的是，柏拉图的作品与西西里的诗歌传统正好吻合，而且，对话作为一种写作形式与爱庇卡摩斯和索福戎的联系，远胜过它与柏拉图同时代哲人的作品的联系。柏拉图从爱庇卡摩斯和索福戎的作品中借鉴了戏剧手段和风格，更重要的是，这些手段和风格在柏拉图的哲学任务中起到了关键作用。

第欧根尼就爱庇卡摩斯和柏拉图的联系进行了较长的讨论，[②]对爱庇卡摩斯作品的研究显示出，将他的戏剧和柏拉图的对话相联系具有充分理由。爱庇卡摩斯大约生活在公元前 550—460 年，其戏剧依格律写成，可分为三种：日常生活中的场景和人

---

① 《诗学》，Ⅰ.7(1447b)在注释 7 曾引用过。参见 Klein(1989，3，18 各处)，他曾将对话看作是一种模仿；Tejear(1984，93—94 各处)也认为对话是一种理性的模仿，并且还特别将它们和爱庇卡摩斯以及索福戎的作品联系起来。

② 《生平》，Ⅲ.9—17。第欧根尼在这些段落中大量引用了 Alcimus 的文本[中译编者按：参《生平》，Ⅲ.12 以下]。

物，神话戏写（myth travesties），以及关于哲学或修辞的喜剧。[①]爱庇卡摩斯所用的角色名字与角色类型相关，例如，一位粗暴的体育教师的名字是 Kolaphos（Κόλαφος），意为拳头或打击（fist / punch）。爱庇卡摩斯还塑造了不少人物，比如乡巴佬，易上当的傻子，迷信的女人，势利小人，趋炎附势者，酒鬼，贪吃的人，伪英雄（sham hero），以及墨守宗教陈规的人，比如西西里人，锡巴里斯人（Sybarite）和科林斯人。他还描绘了一系列场景和事件，比如宴会，宗教仪式，人与人的纠纷，伪英雄奥德修斯，以及语言之谜。[②] 柏拉图在他的对话中曾两次提到爱庇卡摩斯的名字，一次是在《泰阿泰德》152e，另一次是在《高尔吉亚》505e。在《泰阿泰德》那个段落中，苏格拉底提到了喜剧诗人中的爱庇卡摩斯，而一种已经成为或正在成为新的潮流的学说可以归于这个诗人。《高尔吉亚》那个段落也顺带将某些残篇归于爱庇卡摩斯。除此之外，对话的许多段落似乎都与人们所知的那些爱庇卡摩斯残篇相呼应。所以，可以肯定，柏拉图对爱庇卡摩斯相当熟悉，而且，对话的一些段落也让人想到爱庇卡摩斯的一些段落。[③]

为了证明爱庇卡摩斯与柏拉图拥有共同的哲学背景，第欧根尼引用了爱庇卡摩斯的预言，将它作为最终证据：

> 有一天，人们会记起我的话；有人会将这些话从现在的格律形式中解放出来，并且赋予它们象征权力的紫袍，用优

---

① McDonald（1931，77）。神话戏写就是“把日常生活中的场景和人物以滑稽的方式转换到神和英雄们的世界中”（同上，2）。

② 这个例子虽小，但很有代表性，参 McDonald 完整的讨论（1931，5—74），以及他的表格式总结（同上，75 以下）。

③ 若欲参考证明该论点的完整段落，参 McDonald（1931，119—28）。

美的词句润饰它们：此人将不可战胜，将轻易地征服其他人。（《生平》，Ⅲ.17）

第欧根尼在文中明确提到，他相信那个“人”就是柏拉图。就算这是爱庇卡摩斯的原话，也不能证明柏拉图在思想领域对爱庇卡摩斯存在依赖；第欧根尼在历史年代上的错误是显而易见的。不过，以上引文的确强调了柏拉图与诗人爱庇卡摩斯之间的紧密联系，这正是第欧根尼的一个意图。

索福戎是继爱庇卡摩斯之后的另一位西西里诗人，他大约崛起于公元前440—430年，其拟剧的一些残篇流传至今。索福戎的拟剧篇幅短小，常常描绘日常生活和人物类型，虽然并不按严格的格律写成，但读起来是带韵律的散文。他的拟剧与爱庇卡摩斯的戏剧的另一不同之点是情节这一元素。[①] 爱庇卡摩斯的戏剧显然讲述了完整的故事，而索福戎的大多数拟剧仅仅是“场景描绘和人物塑造”。[②] 根据描绘的人物类型的不同，索福戎的拟剧分为男人拟剧和女人拟剧。[③] 与爱庇卡摩斯的一些作品一样，索福戎的人物名字常常是暗示人物类型的双关语。例如，Rhonka（Ρόγκα）是个懒散、愚蠢、懵懂的女孩，她的名字意为“打鼾”（snore）（同上，90）。渔夫之子 Cothonias（Κωθωνόας）的名字是个文字游戏，既有“鮈鱼”（gudgeon）、一种鱼的意思，又指一种酒杯，由此暗示他是个喜欢发酒疯的酒鬼（同上，102）。他描绘的人物中，有女裁缝，贫穷的演说家，岳母，

---

① 亚里士多德把情节创造归功于爱庇卡摩斯，《诗学》，Ⅴ.5—6(1449b)，尽管他在文中论证这点遇到了一些困难。又参亚里士多德在《诗学》Ⅲ.5 的相关论述。

② McDonald (1931,80)。又参 Haslam(1972)。

③ 尚不清楚的是，这种划分是源于索福戎，还是源于他之后的评论家。参 McDonald (1931,80—81,134—36)。

贪吃者，情妇，老人，头痛患者，挥霍者和信使。[1] 他的拟剧描绘了一些场景，比如，老人谈论他们的年龄，商品买卖，参加宗教节日，渔夫和农民之间的辩论，妇人交换闲言碎语，还有喝酒。索福戎的拟剧描写普通人的日常小事，依靠无格律的日常对话塑造生动的人物形象。

关于索福戎，第欧根尼告诉我们，柏拉图是第一个将当时已被遗忘的拟剧带到雅典的人，同时，他也是沿用索福戎的拟剧风格塑造人物的第一人。第欧根尼宣称，“其拟剧的一个复本……实际上是在(柏拉图)的枕下发现的”。[2] 柏拉图睡在索福戎的作品上面这个故事本身也许不足信，但是，柏拉图和索福戎之间的联系是大有可能存在的。柏拉图的对话虽然没有直接提及索福戎，但在《王制》451c 中他曾提到“男人剧”(men-drama)，而且在《高尔吉亚》493a 中，他则曾提到，某个聪明的故事讲述者可能是西西里或意大利人。所有这些段落都被用来证明柏拉图曾提到索福戎，并且深受他的直接影响。[3]

虽然证据并不确实，讨论仅建立在推测和对零散资料的分析上，但是史料显示，柏拉图和索福戎之间的确极有可能存在联系。柏拉图曾在叙拉古(Syracuse［译按］意大利西西里岛东部一港口

---

① 同样，这又是一个虽小但有代表性的例子。见 McDonald 的完整论述(1931，79—113)以及他的表格式总结(114ff)。

② 《生平》，Ⅲ.18。在第欧根尼之前，提供类似证据证明柏拉图和索福戎之间的联系的代表人物有：Duris(约前 340—270 年)，*Athenaeus*，Book Ⅺ，Chapter Ⅲ，504b；Timon of Phlius(约前 320—230 年)，见 John Tzetzes，*Chiliades*，Ⅹ.806—10；Balerius Maximus(公元 1 世纪前五十年)，*Facta et Dicta Memorabilia*，Ⅷ.7.3；Quintilian(公元 35—95 年)，*Insttitutio Oratiora*，Ⅰ.Ⅹ.17。当然，以上每一个代表的理论可能都来源于比他们更早的前辈，所以不能单单凭借持该论点的人数过分估计证据的充分性。如想得到论证以上证据(特别是 Duris 和 Timon)的可靠性和可信性的讨论，参 McDonald (1931，129—34)。

③ McDonald (1931，134，注释 27—31)。

城)停留,还在那里学习过许多文学大师的作品。至少,我们有理由相信他熟悉索福戎的拟剧,并且,在读过索福戎的作品,看过其作品上演以后,柏拉图不大可能不受影响。他的人物塑造让人联想起索福戎的风格,而且有可能就是受到了索福戎风格的影响。尤其在比较柏拉图的对话和拟剧那丰满的人物形象以及拟剧对日常对话的描摹时,我们可以找到他们之间显著的联系。①

论及写作风格,柏拉图与西西里喜剧诗人——比如爱庇卡摩斯和索福戎——的共同点,远远多于他与同时代哲人的共同点。柏拉图详细描写普通人在日常生活中的对话,用这种方式来塑造丰满的人物形象。柏拉图在其人物之间建构起来的对话,是复杂的综合体,它反映了人物的年龄、成熟程度、方言以及种种偏见,而所有这些都与说话人物的身份相符。这些对话的场景,设置在雅典和它周围那些雅典人经常出入的场所中。其种种场合,有宴会、宗教节日、法庭诉讼、公共演说,如此之类。②

和索福戎、爱庇卡摩斯一样,柏拉图的对话者的名字也与他的人物类型紧密相联。③ 例如,有个人物名叫 Euthyphro,意为“思维直接的人”(straight thinker),它讽刺的是,该人辩论时总是绕圈子,其结论总是回到起点;另有个人物,名叫 Erixymachus,意为“憋住”(hold back)或“极力避免”(fight off),在《会饮》(*Sym-*

---

① 如想参考完整讨论,见同上,129—41。

② McDonald (1931,382—84)也记录了柏拉图和这两个喜剧作家重要的不同,他总结道:“柏拉图的人物几乎全是生活在城市的男性,属于有闲或有职业的阶层,至少也是富有的劳动力雇佣者……是那些受过教育的不用双手劳动的人。”(384)

③ 如想参考关于名字与它的所指的联系是自然的还是约定俗成的讨论,可参《克拉底鲁》(*Cratylus*)。亦参 Tejera (1984,273ff.)。

posium)中他必须止住阿里斯托芬打嗝;[①]Polus 则是个雄心勃勃的年轻人,一路跑来参加高尔吉亚这里的辩论;还有一个名叫 Trasymachus 的"大胆家伙"(daring operator),在《王制》前面的场景中证明他"在战斗中的勇敢"(boldness in battle)。[②] 正如爱庇卡摩斯和索福戎一样,柏拉图对许多人物的处理都带有些许喜剧色彩。柏拉图对话的这些特征,以及他受这些特征影响的极大可能性,都显示出,他继承了爱庇卡摩斯和索福戎在戏剧对话和人物塑造上的传统。

虽然柏拉图的对话讨论的是爱利亚派和赫拉克利特的哲学思想,[③]但在写作上,他和这些哲人少有相似之处,与公元前 5 世纪和 4 世纪雅典的另一种思想潮流、智术师们的写作,也大为不同。[④] 这些思想家在写作风格上都是创新者,他们各人都选择了一种独特的风格,以完善和促进种种观点的表达。例如,柏拉图和赫拉克利特的作品就鲜有共同之处。这位古代的制谜手

---

① 这个例子是 Drew Hyland 介绍给我的。

② 以上有些人物是历史人物,但放在这儿不一定削弱我的论点。柏拉图沿用他们的名字是他塑造人物的一种技巧。比如,Thrasymachus 就很可能是个历史人物。然而,关于其人物——即名字意义与刻画出来的形象特点相符的人物——的史料是准确的还是来自柏拉图在《王制》中的刻画,这个问题的答案尚不清楚。如果后一种情况属实,那证明就成了一个循环过程。参亚里士多德《修辞学》,Ⅱ.23.29,这里,亚里士多德在讨论这个论题(τοπος)时提到了 Thrasymachus,讨论中用到了名字的意义。关于对这个历史人物的讨论和提及他的史料,参 Guthrie(1956,294—98)。

③ 柏拉图的对话也讨论毕达哥拉斯的观点,但我在此处的论点是关于风格的反差,如果用毕达哥拉斯的例子,就不能论证我的观点,因为毕达哥拉斯没留下文字材料,人们也没有把某种特殊的风格和毕达哥拉斯学派联系起来。

④ Kerferd(1981, 94)至少把高尔吉亚置于"哲学史的主流"中,因为高尔吉亚的作品直接讨论了帕墨尼德的本体论问题。不管我们是否把哲人的范畴扩大,以便将某个、某些或所有智术师归为哲人,他们的确代表了希腊一批思想家和作家,很难把柏拉图置于他们的写作传统中。

(Riddler)用神秘难解的格言来写作,这种写作方式与他的观点——人可能懂得很多事,但仍然不懂得道理(logos)——是一致的。帕墨尼德(Parmenides)反对感官认知的证据,宣称他直接从女神(她在她的信众心中说话)那里得到了引起争议的“真理”,而他则用格律体诗句来写作。芝诺沿用爱利亚传统,但在论辩时用的是缜密的反证法,这样就产生了今天著名的悖论。而且,尽管柏拉图明显可以轻而易举地模仿智术师那种好争好战的风格,还有他们那词藻浮华的演讲创作,但他却在对话上花了大量的时间,来对智术师这种话语的价值进行清算。非常清楚的是,如果我们要把柏拉图置于文学传统中的一个位置,显然不能把他和这些哲人放在一起。要是把他放在西西里喜剧诗人的文学传统中,与爱庇卡摩斯和索福戎放在一起,就合适得多。[①] 柏拉图选择了戏剧这个媒介,以散文体对话来描绘人们的生活;他巧妙运用喜剧色彩来处理人类最严肃的主题。麦克唐纳(McDonald)大胆地称柏拉图的对话为“哲学拟剧”(philosophical mimes),因为在其中,“哲学的思辨与各种人物的性格特征、兴趣以及日常活动,交织在一起”。[②] 以这种标准来看,柏拉图当然是一位

---

① 我必须谈到阿里斯托芬在我描述的这段历史中扮演的角色,以及他对柏拉图可能造成的影响。与爱庇卡摩斯和索福戎相比,现代观众更熟悉阿里斯托芬,而且在时间和空间上他都离柏拉图离更近。柏拉图当然有可能受到他的影响,这也支持了柏拉图属于诗传统的论点。在《申辩》19b—c 中,苏格拉底将自己在雅典人中的坏名声归结于阿里斯托芬的喜剧,尽管并没有点明,但显然指的是《云》。柏拉图在《会饮》中也有对阿里斯托芬细致、巧妙而充满喜剧性的描绘。若欲参考有关爱庇卡摩斯和索福戎对阿里斯托芬之可能性影响的讨论,参 McDonald (1931,135 注释 35ff)。如果阿里斯托芬受到过这两位诗人任何一位的影响,那么第欧根尼宣称的观点,即柏拉图是将索福戎的拟剧介绍到雅典的第一人,就会被削弱了。

② McDonald(1931,143)。参 Klein(1989,3,18)和 Tejera(1984)。

诗人。①

二、重省柏拉图的作品:对诗的批评

如果我到现在为止的论述还有些份量,那就应该对柏拉图对话中对话者批评诗以及诗人的那些段落进行一些说明。我应该证明一个事实,那就是这些段落与柏拉图是诗人的事实并不矛盾。我会着重讨论《王制》中的有关段落,因为那是其对话中能找到的对诗最彻底、最著名、最完整的批评。②

为了描绘过不义生活的益处,格劳孔(Glaucon)和阿德曼托斯(Adeimantus)几乎完全依赖于诗人,反复引用诗人们的诗句(荷马:363a—b,364d;赫西俄德:363a—b;364d;艾斯库罗斯:361b;默塞俄斯[Musaeus]:363c;阿尔基洛库斯[Archilochus]:365c;俄耳甫斯[Orpheus]:364e)。很显然,如果没有诗人站在他们一边,他们说的过不

① 另一个重要的问题——虽然超出了本文范围——就是,柏拉图写的是哪种诗。我们应把对话看作是喜剧,悲剧抑或其他形式的希腊诗?尽管我在此处用喜剧来与柏拉图的对话在文学风格和技巧方面作类比,我最终认为,柏拉图的对话的确同时显示了悲剧和喜剧的特性,虽然我们很难把他的对话精确地纳入任何一类中。关于其对话怎样综合悲、喜剧元素的更详细讨论,参 Hyland(1968);Hyland(1995),特别是第 5 章;以及 Seeskin(1984)。相反,Nussbaum(1988,122—35)认为,柏拉图的对话是一种戏剧(theater),这种戏剧用来代替悲剧,作为伦理教育的典范。为了区分对话和悲剧,Nussbaum 指出,悲剧会影响我们,让我们付出感情和情绪,而对话只会用到我们的智慧和智力。我认为他的观点很奇怪,原因有二。其一,柏拉图的对话当然需要我们情感的参与(例如,羞愧、幽默、优越感和自卑感等),而且,就像本文表明的那样,它们当然要促使我们与其互动。其二,希腊悲剧看来也需要智慧的参与,所以在这个基础上说对话与悲剧不同也难以成立;Nussbaum 自己关于希腊悲剧的论述就足以证明这点!

② 许多学者都研究过《王制》这篇对话,特别是这些段落。我仅仅想根据我论文的观点,即柏拉图是个诗人,来简要论述这些段落。关于各类细致透彻的讨论,参 Bloom(1986); Elias(1984); Hyland(1995);Nussbaum(1986);Partee(1981);Rosen(1988)。

义生活的情形就会显得空洞无力，缺乏生动的例证。这样，《王制》中的这几幕就戏剧化地描绘出，诗人及其艺术可以怎样被用来实现不好的目的。格劳孔和阿德曼托斯用诗人和诗为不义生活辩护的这一幕，让苏格拉底开始考虑，哪种诗可以在正义的城邦中存在。所以，可以推论出，苏格拉底对诗的批判源于这些特殊的诗例，在这些例子中，诗把不义的生活描绘得诱人而且有益。如果是这样的话，我们就不必把苏格拉底的批评看作是对所有诗的反对。

事实上，尽管苏格拉底对诗有所批评而且主张限制诗，他清楚地声明并不是在反对所有诗和诗人。在第一段关于诗的讨论中，苏格拉底开始的话告诉我们，在城邦中，诗人创作的高尚故事将被保留，只有坏的才会被清除（377b—c）。接下来，第三卷的剩余部分一直在批判诗的某些特殊方面，而不是针对诗本身。当被问及为什么必须清除现存的大部分故事时，苏格拉底告诉阿德曼托斯，“人们应首先并且主要责难”一种情况，即当“某人在言谈时，想象（εἰκάζῃ）并表达出了神和英雄的坏品质”（377d—e）。关于怎样谈论和描写诸神，苏格拉底提供了详细的指导（379a—393a）；他展示了正确形式的模仿，要求城邦的诗遵从这种形式（393b—397—b）；然后他讨论了诗在韵律、和谐度及格律方面的应该遵循的规范（397b—402a）。苏格拉底告诉我们，“不能在坏的形象（εἰκόσι）中养育”城邦的护卫者，以免“在他们的灵魂中积聚起大量的恶”（401b—c）。[①] 护卫者应当避免接触的最大的恶，是坏的诗，而不是诗本身。经常吸收坏的诗，就会导

① Shorey把εἰκόσι译为“象征”（symbols）。为了我后面讨论的问题，我将这个术语译为“形象”（images）。关于对诸神的正确信念，参《游叙弗伦》6a—b，在这里，苏格拉底称自己之所以被迫害是因为他拒绝相信有关诸神的坏故事。

致灵魂的腐败，最大的恶就会降临每一个人。相反，护卫者应常常接触高尚的艺术家，他们用真正的美培养护卫者，他们的诗是有益的。这样一来，或许"好作品中的某些东西就会触动他们的视觉和听觉，就像微风从美好的地方带来健康一样"(401c—d)(Bloom英译，1968)。很难说，这些话是一个在根本上完全鄙视诗这种文学形式的人对诗的反对之辞。

有迹象表明，当第十卷(595—608a)恢复了对是否应允许诗和诗人进入城邦的讨论时，苏格拉底对诗进行的应该是更一般性的批评。他看来是在说明，模仿本身是有问题的，因为它不仅远离真相，而且诉诸情感(603a—b,605a—vb)。在第十卷中，坏诗能导致极恶的声音反复回响：苏格拉底说，模仿"拥有腐蚀人的强大力量，少有例外，即便是本质较好的一类人也难逃其影响"，这也"就是为什么要警告世人的主要原因"(605c)。通过一系列类比，苏格拉底证明，作为模仿者，悲剧诗人模仿对其并无真正知识的那些好事物和坏事物。而且，悲剧诗不仅描绘而且发泄了情绪和感情，而在舞台之下，我们将会、也应该为表露出这样的情绪和感情而感到羞耻。但即便在关于诗这个问题的第二次思考的结尾，仍然存在拯救诗的希望。苏格拉底欢迎任何可证明诗在健全的城邦中具有一席之地的论述。苏格拉底认识到诗的强大魅力，他邀请诗的拥护者为诗的利益用散文体讲话，证明诗不仅可以使人愉悦，而且对城邦的治理也有用(607c—e)。所以，尽管诗有腐蚀灵魂的潜在可能性——我们已经见识了年轻人怎样用诗来为不义的生活辩护——诗可以为城邦的的利益服务，也有可能为城邦中的个体灵魂服务。在《克力同》中，苏格拉底曾推断，能带来最大的恶的事物，也能带来最大的善(44d)。[①] 根据苏格拉底的推论，既然诗能导致最大的恶，那它也能成为让人类灵魂受益的源头。苏格拉底对诗的限制，恰恰证明了诗的巨大力量，我们完全可以由此推断，凭借其巨大力量，诗可以导致最大的善和最大的恶。我们面临的难题是，怎样才能找到那种既有益又美丽的诗(607e—608d)。柏拉图的对话就是那种能产生最大善的诗，在接下来的两部分，我将探究和阐明，它们能以何种方式启迪灵魂，带来最大的善。

三、柏拉图的作品和亚里士多德的《诗学》

如果我们把柏拉图看作诗人，认为他的作品带有诗性，那就有理由参考他同时代关于希腊诗的权威著作，看看在把柏拉图的对话视为诗的情况下，这些权威著作会告诉我们什么。在《诗学》的开头，亚里士多德给出了悲剧诗的定义，从中引出并列举了六个要素。[②] 在定义悲剧诗时，他说道：

---

① 在《克力同》中，苏格拉底想贬低大多数人置他于死地的能力。他想让克力同相信，死并不是人能遭遇的最大的恶。苏格拉底宣称多数人并不能造成最大的恶，因为如果是这样的话，他们也可以造成最大的善，这样苏格拉底就贬低了他们的力量。如此推测起来，最大的恶不是死亡，而是灵魂的堕落；而最大的善，就是灵魂的提升和启迪。亦参《斐多》107d："因为灵魂进入另一个世界时，只带了他所受的教化，从死者开始另一个世界中的旅程时，就已经受益或受害于这一教化。"

② 我注意到援引亚里士多德《诗学》的一些问题。在讨论悲剧诗时，他的文章在规范性和描述性方法之间摇摆不定，而且写于柏拉图的对话之后。同样，《诗学》中分析到的许多诗都先于它产生。我分析亚里士多德著作的主要目的是三方面的：相对说来它和柏拉图的对话是同时代的；它是体现希腊人对诗的观点的代表性作品；由于几千年来剧作家和批评家都在很大程度上依赖这一著作，所以它仍然不失为戏剧和诗的学术研究的可靠参考框架。总之，我认为，援引具有如此地位的《诗学》，所带来的好处远大于所面临的困难。

> 悲剧是对于一个严肃、完整、有一定长度的行动的模仿，它的媒介是语言，具有各种悦耳之音，分别在剧的各部分使用；模仿方式是借人物的动作来表达，而不是采用叙述法；借引起怜悯和恐惧来使这种情感得到净化。（《诗学》，Ⅵ.2、1449b）

这个精练的定义在本质上是实用的，它说明了悲剧诗的模仿对象、媒介、形式和效果。它的对象是严肃的行动；媒介是语言；形式不是叙述体而是戏剧体；效果是净化各种情感。① 从这个定义出发，亚里士多德引出决定悲剧本质的六个根本元素。“任何悲剧都具备这六个组成部分，并且它们将决定 这个悲剧的品质。这六个要素是：情节、性格、言词、思想、场景、歌曲。”②

现存的亚里士多德《诗学》的原文——且称之为《诗学》Ⅰ——讨论的是悲剧诗，推定存在的《诗学》Ⅱ打算讨论喜剧诗，因此，我希望能探究出研究苏格拉底对话的《诗学》Ⅲ会是什么样子。③ 把苏格拉底对话从功能上定义为诗的一种类型，并且将苏格拉底对话的元素与悲剧诗的六要素作比较，不仅有助于我们找出了悲剧诗与对话的异同，同时也为我们研究诗在柏拉图对话中的哲学功用，开启了一扇门。以亚里士多德的定义为范例，我们可以对苏格拉底对话的模仿对象、媒介、形式和效果

---

① Louis Mackey 向我指出，这个定义也提及了所有亚里士多德式的原因（causes）：动力因（efficient cause）＝严肃行动，质料因＝语言，形式因＝戏剧，目的因（final cause）＝净化。

② 《诗学》，Ⅵ.9（1450a），μῦθος καὶ ἤθη καὶ λέξις καὶ διάνοια καὶ ὄψις καὶ μελοποιία。

③ Charles Young 建议我用这一特殊框架来组织表述这部分的观点。

给出如下定义：

> 苏格拉底的对话是对哲学行动的一种模仿，通过语言媒介，它模仿以使人转向哲学生活为目的的对话。

模仿的对象是哲学对话；媒介是语言；形式是对话；效果是将人引向哲学生活。这种诗必需的要素应该是：思想、性格、情节、言词、场景。

亚里士多德相信，情节（μῦθος）在悲剧诗的六要素之中具有最重大的意义。性格的意义第二重要。在阐述情节的基础性作用及其和性格的关系时，亚里士多德告诉我们：

> （六要素中）最重要的是情节，即事件的安排；因为悲剧所模仿的不是人，而是人的行动、生活、幸福与不幸，幸与不幸于行动；悲剧的目的不在于模仿人的品质，而在于模仿某个行动；剧中人物的品质是由他们的性格决定的，而他们的幸与不幸，则取决于他们的行动。他们不是为了表现性格而行动，而是在行动的时候附带表现性格（《诗学》，Ⅵ.12—13、1450a）。

亚里士多德从人的行动来看待生活。就大多数情况而言，个人的幸福取决于他或她的行动，因此，描绘人类幸福与不幸的悲剧，很大程度上依赖于对人类行动的描绘。亚里士多德给与情节以首要地位，这使得他认为，不研究性格，悲剧也可以存在，但若是没有行动（由情节来描绘），悲剧则绝不可能存在（《诗学》，Ⅵ.14、1450a）。亚里士多德进一步告诉我们，情节就是悲剧的目的，①悲剧最主要的目的，就是通过描述人的行动来讲一个故事。因此，悲剧诗的“灵魂”是情节(《诗学》，Ⅵ.19－21、1450a－b)，而性格的地位在其后。但柏拉图的对话看起来与之相反：一段对话不可能没有性格研究，但可以没有太多的行动。

亚里士多德告诉我们，思想“出现在对话(人物)提出一个论点或陈述一个观点的时候”(《诗学》，Ⅵ.8、1450a)。正如我对苏格拉底对话的定义那样，思想(διάνοια)在苏格拉底对话中被给与的首要地位，正如情节在悲剧诗中被亚里士多德给与的首要地位。对柏拉图来说，思想与性格发生关联，而亚里士多德认为，在悲剧诗中，情节与性格发生关联：在柏拉图的对话中，思想是首要的，性格出现于思想中。在柏拉图的对话中，对人物性格的大部分描绘，都是通过他们的思想、观点和信念(远多于他们的行动)来进行的，这些都可以归在亚里士多德所说的思想这一大类下。柏拉图的对话最杰出、最巧妙的一点是，对话者的性格是通过他们的想法、观点、信念、故事和论点来表现的。对话常常就是性格研究，它精妙地描绘出所涉人物心理上的复杂性和深度。尽管对话描绘的一系列行动也很有意义，但它们常常由人物的性格和信念引起，很少有情节作为文学手段控制其他要素的情况。② 有时对话的确描绘了对话者重要的行动，这时，他们的行动反映其性格，而他们的性

---

① τέλος，同上，Ⅵ.13(1450a)。唤起怜悯和恐惧也可算作另一种目的，亚里士多德把这种目的描述为：“在情节建构中的一种目标”(Ων δὲ δεῖ στοχάζεσθαι … συνιστ-άντας τοὺς μύθους)，XⅢ.1 (1452b)。

② 我并不是想忽视情节或行动。没有情节的参与就不会有柏拉图的对话。我的目的是在这样的对比中显示出情节和诗的其他元素的关系，即根本上讲，诗的哪些元素位置更高，或者独立于其他元素。

格又是其信念和思想的结果。对话表明，我们的信念和思考方式，决定着我们所过的生活，决定着我们发展出的性格类型。

关于思想、性格和情节的相对重要性，亚里士多德和柏拉图持不同观点，这种不同值得我们进一步研究。亚里士多德对悲剧诗持有规范性观念，认为从根本上说，情节先于性格，而在柏拉图的对话中，情节的地位相对较低。他们的分歧反映出，两人对理想的人类生活持不同的看法。

对亚里士多德而言，伦理道德深深根植于行动中。这些行动可以通过训练和实践来培养。很大程度上，我们凭借一定的外部条件，重复好的行动，学习从中得到快乐，这样我们就达到了一种美好的人类生活（《尼各马可伦理学》）。这种理论与我们从柏拉图对话中得到的印象形成鲜明对比。伦理道德以及美好的人类生活都来自于根植在灵魂中的信念和观念，有了美好的灵魂就会有好的行动。通过辨证法式的审查，我们检验我们的灵魂——我们的自我——由此来启发灵魂。以上就可以解释，为什么相对于情节和行动，柏拉图的对话更强调思想和性格。从人物的所信所想，我们得以了解和判断他们。每一段对话都包含对对话者性格的深刻洞察，而且，每一段对话都促使读者把注意力集中在自己和对话者的性格上。当人物在表达自己的观点和信念时，读者的注意力集中在人物性格上，同时，读者也开始考虑自己的信念，相信这些信念的原因，由此开始思考自己灵魂的状态。所以，古希腊悲剧通过讲述的故事和描述的行动来支配观众，而柏拉图的对话对读者更强大的控制力则来源于对人物思想和性格的逐步展示。我们可以看到，在亚里士多德理想的悲剧诗和柏拉图的对话中，情节和性格的相对重要性是不同的，这种不同表明，亚里士多德和柏拉图就达到人类生活中善的方式持不同观点。①

尽管和对话的其他要素相比，情节的功能和重要性是相对的，但我并不否认，行动在对话中具有根本性意义。实际上，对话中存在的行动对哲学的影响力具有重要作用，因为对柏拉图来说，哲学需要戏剧性元素，而戏剧性又尤其存在于行动中。②如果仔细研究亚里士多德关于悲剧中行动的说明，我们也会得到关于行动在柏拉图对话中的角色和功能这个问题的启发。我希望将注意力集中在柏拉图文本中行动的两个而非一个层面上：一种行动在对话中被描述，这就是情节；同时，在对话与读者之间存在着另一种相互行动。柏拉图对话中这两个层面的行动，都是为了实现他的哲学目标，即把人们的灵魂引向对生活的探询。

根据亚里士多德的说法，情节中行动的两个最重要的特征就是“逆转”和“发现”，而这两个特征在柏拉图的对话中起着相当重要的作用。“逆转”的正规定义是“一种情形转向自己的反面”(《诗学》,X. 11. 1、1452a)，亚里士多德《诗学》的前部分最容易涉及到这个概念，在亚里士多德看来，悲剧的合适长度就是“允许命运由坏转好，或由好转坏”(《诗学》,Ⅶ. 7. 12、1451a)。因此，我们可以把逆转看作情节的一面，其中包含着命运的转变。亚里士多德将“发现”定义为“从无知到知识的转变，注定好运或厄运的人得到友谊或憎恨的过程。当它和逆转同时发生时，效果尤

---

① 参 Gadamer(1986,60—62)，他想要弱化亚里士多德和柏拉图在道德途径上两极对立的状态——柏拉图赞同理智化方式而亚里士多德强调习惯化方式。我大体同意 Gadamer 的观点，后面我关于柏拉图对话中展示的行动和行动的评论证明了这点。但同时我也坚持认为，在思想和行动方面，古希腊悲剧和柏拉图对话之间存在着显著区别。

② 戏剧这个词源于动词词根 δράω，意为“我做”。参前面戏剧的定义，注释 1。

其显著"(《诗学》Ⅺ.4、1452a)。

对亚里士多德而言,索福克勒斯的《俄狄浦斯王》中逆转和发现的结合概括了诗的这些手法。在该剧开头,俄狄浦斯王相信自己已经逃出了笼罩在他生活上的杀父娶母的可怕预言。所有迹象都表明他得到了好的命运。尔后,一个信使的话却逆转了俄狄浦斯王的命运,讽刺的是,这位信使的原意是让俄狄浦斯再次确信他的好运。从信使那里,俄狄浦斯发现,他所认为的父母并不是自己的亲生父母,通过杀死拉伊俄斯(Laius)、娶伊娥卡斯特(Jocasta)为妻,他的确实现了那个可怕的预言(《俄狄浦斯王》950—1185)。俄狄浦斯命运的逆转与他新的发现同时发生,他从对自己生活和身份的无知,转向了清醒的认识。

在柏拉图的对话中,我们并没有看到关于俄狄浦斯的命运由好向坏逆转的直接评述,但是对所有那些看来有智慧、富有、声名显赫、权高位重的对话者(事实上他们真正的命运,用苏格拉底的话来说,灵魂的命运,并未与自己的期待相合)来说,逆转确实在起作用。《会饮》在谈到阿尔喀比亚德(Alcibiades)的生活时,《美诺》在谈到阿尼都斯(Anytus)的生活时,《申辩》在谈到米利都(Meletus)的生活时,都清楚地出现了这种好运逆转的暗示性例子。这种逆转不是在对话中被戏剧性地描绘出来,而是通过暗示表达出来,并有赖于细心的读者去发掘出它们完整的暗示意义。因此,在柏拉图的逆转和亚里士多德所说的逆转之间,存在着重要区别,不仅柏拉图的逆转需要读者或观众来发现,而且在很大程度上,对话者或剧中角色自己,都没有发现这种逆转(参《诗学》,Ⅺ.8、1452b)。

通过主要用苏格拉底的方式思考好运和厄运,对话的确描述出了苏格拉底自己的逆转。例如,我们可想想苏格拉底自己的幸运或不幸。控告他的人,他的陪审员和一些朋友都认为,死是降临于人的最大不幸。但《申辩》、《克力同》和《斐多》,用戏剧的方式来说,都逆转了他的死亡命运、降临到一个人头上的最坏的厄运,并反映出他自己的观点,即人的灵魂、由此一个人的生命的质量,而非单纯的生或死,才是至关重要的事情。在这些戏剧中,苏格拉底面临的死亡、这一看起来的不幸,得到了逆转。苏格拉底并不知道死刑之后什么在等着他,但他至少有可能得到更好的命运,不管怎样,死都不是可怕的事情。① 在《斐多》中,苏格拉底有点过于武断地说死后一定有好的命运在等着他,但几乎所有对话都在赞扬他的此生,都在宣布他此生的丰富和幸福,尽管在生的背景中始终潜伏着死的威胁。这一点极具意义,它把对话和古希腊悲剧截然分开了。根据亚里士多德对古希腊悲剧的定义,悲剧之所以为悲剧,就在于为它描述了好人的殒落。②

亚里士多德用来说明发现的例子并未展示任何一种知识;它们展示的是在发现身份的过程中所获得的知识。同样,俄狄浦斯又可以作为一个范例。引起他命运逆转的戏剧性转折点,是由重新认识伊娥卡斯特和拉伊俄斯的真实身份所导致的。柏拉图对话中的发现同样也是对身份的发现,而且在对话中,它扮演着一个关键性的哲学角色。我们可以区分对话中的三种发现。在第一种情况中,对话者发现了自己的身份,在第二种情况中,读者发现了对话者的身份,在第三种情况中,读者发现了自己的身份。③

关于第一种完全发生在文本之内的发现,自信的、以智慧著

---

① 《申辩》,38e—42a;《克力同》,48b;整篇《斐多》,但尤其 115c—118。

② 《诗学》,Ⅲ.4(1448a);ⅩⅢ.2—13(1452b—1453a)。

③ 我注意到第一种发现在以上阐述的第一个行动层次发生,全部在对话内部发生;第二和第三种发现在第二个行动层次,即在文本和读者之间发生。

称的人物在面对苏格拉底的提问时，都会陷入无能为力的困惑和苦恼中。尽管对话者逐渐发现自己的无知的希望一直存在，但是对话者很少成功地从对自我的无知转向对自己的认识，虽然苏格拉底有时会公然地试图帮助对话者发现自己的身份。游叙弗伦也许提供了一个清楚的例子，表明了一个对话者顽固地坚持自己的专家形象（《游叙弗伦》，3c，4e—5a 各处），领会不到苏格拉底的挖苦和批评。人们可以预想到这样的结果，因为《申辩》已告诉我们，苏格拉底试图证明神喻有错的结果表明，那些被别人认为有智慧或自以为有智慧的人，实际并无智慧，而且他们对此毫无意识（《申辩》，21b—23c）。然而也有一些情况，对话描述了对话者的自我发现。例如《会饮》中的阿尔喀比亚德，《普罗塔戈拉》中的希波克拉底（Hippocrates），《美诺》中的美诺，还有《泰阿泰德》中的泰阿泰德。

但是读者的确常常发现对那些看似有智慧有权力的人却犯错的明显描述，这就构成了第二种类型的发现，它发生在于文本和读者的互动中。例如，人们不需花费多少时间就能发现，高尔吉亚，这个伟大的智术师，在苏格拉底辩证法的挑战下，很快就被遏制住了（《高尔吉亚》，448a—461a）。就此而言，游叙弗伦也许是对话者中最容易被看透的一位。尽管他自称是虔诚和宗教方面的专家，读者很快就看出他在这点上对自己身份的迷惑，而且他几乎不懂什么是虔诚。伊翁（Ion）的情况也一样。这位史诗吟诵者自称是精通荷马史诗的专家，欲为苏格拉底表演和阐释荷马史诗，却没有成功，因为苏格拉底的质疑不仅揭示出史诗吟诵这种艺术不构成真正的知识，而且伊翁自己也仅仅是神的工作发挥作用的一个媒介。如果读者能如此看出对话者们的弱点，发现他们真正的身份，读者就有希望进入下一步，通过与对话的互动，来发现关于自己及其生活的真相。所以，最有意义的一点是，对话关乎自我发现，即第三种类型的发现。

在理想状况下，读者从柏拉图对话中发现自己的身份。读者们看到，对话者认为他们懂得实际上他们不懂的东西，结果阻碍了他们灵魂的提升，傲慢让他们无法进入真正的探询。在最好的情况下，读者由此看到自己同样的弱点，并纠正了它们，最终转向了哲学生活。当然有些情况下，读者并没实现自我发现，甚至有这种情况，就是读者和对话者一样被苏格拉底惹恼了，感到灰心丧气。

严格说来，我们不能说苏格拉底或柏拉图式的发现是从无知到知识的转变，而应该是我们和对话者从无知状态（这种状态伴随着拥有知识的错觉）转向认识到无知的状态。尽管总体而言，从错觉到认识仍然是真正的发现，因为它是一个对认知觉醒过程的描述。最后，按照亚里士多德自己的标准，柏拉图对话的读者所经历的是最好的一种发现，那就是伴随着逆转（读者的命运从坏转向好）的发现。对话为读者提供了一个机会，让他能够从对表面知识的错误自信转向新的发现，发现自己能转向对生活的探询，从而提升自己的灵魂。这种源于对自我身份发现的新意识，在读者开始乐于探询新生活的那一刻起，就成为了好运的开始。

这是一种有用的方式，通过这种方式，亚里士多德诗元素中的情节、性格和思想得以与柏拉图的对话并置讨论，这样就可以揭示出柏拉图利用这些诗的技术的方案和方式。不论是在悲剧诗中还是在对话诗中，这三个元素都是最重要的，虽然根据诗的不同功能和形式，它们之间相比时，重要性的顺序有所不同。但是，也存在一些其他的元素，不仅对这两种形式的诗都适用，也对柏拉图的方案具有重要意义。

人物表达思想的方式本身就是柏拉图对话的一项重要技

艺，同时也是其哲学方案不可或缺的重要部分。因此，我转向对言词(λέξις)的研究。亚里士多德曾两次定义言词。第二次定义的范畴比第一次更广。第一次他告诉我们，对他来说，言词的意思是"用韵律表达的话"(《诗学》，Ⅵ.6、1449b)。这是个比较狭窄的定义，它无法适用于柏拉图的对话，因为它不是按照韵律来写的。但是，后来亚里士多德又说，"有关言词的研究题目之一是说话的种种模式，是关于如何正确演说的知识"。① 通过对话，柏拉图能掌握适合于他所描绘的人物的言语和演说模式。对话充满了人所周知的希腊式演说词。《会饮》也许是最能清楚体现柏拉图这种能力的一篇对话。其中每一段发言都包含着不同的语汇，说话风格和感受力，反映出说话者的性格。因此，每一段发言都会唤起不同的感受，微妙地从喜剧到悲剧，从哲学的思辩到滑稽的闹剧。比如，《斐德若》表明，柏拉图很好地掌握了希腊演说家吕西斯(Lysias)的风格。《普罗塔戈拉》则比其他对话更好地显示出柏拉图具有模仿由智术师兴起的逗乐和演讲风格的才能；仅仅在这一篇对话中，我们就领略了希庇阿斯(Hippias)的晦涩，普罗狄克斯(Prodicus)的书卷气，以及普罗塔戈拉的机敏，当然，在苏格拉底对诗的分析中，还领略了他"盛过智术师"的论辩技巧。

但对谈话的精通，即对词汇的诗性的掌握，不仅仅是柏拉图习得的一种技巧，也为他的哲学目标服务。柏拉图的作品反复强调探询过程以及性格塑造中的表达方式。请牢记，信念造就性格，但重要的不仅仅是我们相信什么，还包括我们通过何种途径得以坚信这些信念，以及以何种方式来维护和检验这些信念。

---

① 同上，ⅩⅨ.7(1456b)。在言词的定义之后，是一长段关于各种观点的详细说明，讨论的论题很接近我们说的语法。它们和诗学有什么直接关系并不清楚。对这几段的议论，参 Bywater(1945，68ff)。

在《斐多》中，苏格拉底劝克力同要用适当的方式说话，特别是要用适当的词汇和表达：

> 因为，亲爱的克力同，你可能清楚，这些错误的用词不仅仅因为它们自身的原因不合时宜，也因为它们会将恶传染给灵魂(115e)。

在《斐德若》中，苏格拉底在讲述其蝉之歌的故事前说：

> 每个人都清楚，至少，写演说词这个行动本身并不可耻……之所以可耻，我认为，是由于说或写得不好、不体面或很糟糕。(αἰσχρῶς τε καὶ κακῶς)(258d)

在对话中，辩证法话语从头到尾作为久经考验的信念来源而受到鼓励；其他形式的话语，如果不能带来灵魂的提升，或者竟怂恿人们坚持站不住脚甚或有害的信念，就会受到贬损。① 所以，对话表明，我们说话的方式，我们与他人交谈的方式，对我们灵魂的发展有重要意义。柏拉图对词汇和言词的精通，因此是和他精妙细致的性格描绘，和他从哲学上强调对话模式是发展灵魂的一种重要的话语方式，分不开的。

亚里士多德告诉我们，歌曲制作(μελοποιία)是"丰富"悲剧最重要的因素，②但柏拉图的对话并没有这个因素，所以它在此处与本文没有太多联系。在提到歌曲制作的同时，亚里士多德

---

① 这个主题贯穿在所有作品中，例如，《美诺》75b—d，76b—c；整篇《普罗塔戈拉》；《斐德若》242dff，258c，259—结尾；《泰阿泰德》172c—173b。

② 直译为"使其甜美"(sweeten)(ἡδυσμένον, τῶν ἡδυσμάτων)，《诗学》，Ⅵ.3 和 Ⅵ.27(1449b 和 1450b)。

也提到了场景(ὄψις)。虽然他介绍了六个要素，并说它们都必不可少，①但后来他又说，“场景固然很有效，但不是十分适合于艺术，也与诗无关。实际上，悲剧的效果并不依赖于演员的表演。”(《诗学》, Ⅵ. 28、1450b)再后来，他又告诉我们，场景和音乐“让快乐更加生动；不管是通过朗诵还是表演，这种生动性(τὸ ἐναργὲς)都能体会得到。”(《诗学》, ⅩⅩⅥ. 10—12、1462a—b, τῇ ἀναγνώσεί … τῶν ἔργων)亚里士多德对这种依赖于公开表演的文化艺术形式作出这种评述很让人吃惊。第一种评述直接指出悲剧在效果上并不依赖于场景。后一种评述则证明，不管诗是否被表演，场景对诗都有效果，这暗示出，在戏剧文本的阅读中，视觉想象扮演着重要角色。读者或观众的想象是场景展开的唯一看似合理的场所，“不管通过朗诵还是表演”，它都是诗的一部分。戏剧通过读者或观众的想象而变得生动；读者在自己的想象中创造场景。

这些评述与是否应将柏拉图的对话看作诗这个问题关系颇大，因为它们暗示，在表演之外，参与戏剧欣赏的读者和观众在想象中创造着场景、人物、行动，如此等等，从而形成自己的戏剧体验。柏拉图的对话将诗的生动性用许多戏剧技巧表现了出来。无论如何，场景依然是对话的一部分，它通过读者的想象来实现，而想象由阅读戏剧得到激发。所以，读者的个人体验是柏拉图实现其哲学目标的重要组成部分。

四、柏拉图的作品：创造(Making)和践行(Doing)

诗(poetry)和戏剧(drama)的希腊术语及其英语同源词，分别

---

① 在《诗学》Ⅵ. 5，他特别说明场景和歌曲是必要的(ἀνάγκης)，在Ⅵ. 9他告诉我们所有悲剧诗都必定(ἀνάγκη)包含这六个组成部分。

源于意为“创造”(to make)和“践行”(to do)的希腊词根动词。诗是由艺术家创造(made)或创作(created)的东西,而戏剧则是对一种行动(action)、一种践行(doing)的再现。从字面来理解,柏拉图的对话毫无疑问兼有诗和戏剧的特性。但创造和践行对我的目的而言还有更深远的意义。通过研究作为诗人和戏剧人的柏拉图,我想问的是,他的作品在创造什么,又在践行什么?

通过把我们创造成哲人,让我们践行哲学,柏拉图实现了他的目标,把我们引向了对生活的探询。柏拉图试图通过对话必不可少的戏剧元素来实现其目标。这就达到了我所谓的“柏拉图的哲学”。它不是一套学说,不是一套体系,而是创造和践行。依靠诗和戏剧要素,对话试图将我们创造成哲人,通过对话,我们参与到践行哲学的行列中。下面,我将阐述一些方式,通过这些方式,对话让我们成为哲人,让我们与对话一起践行哲学,如果脱离了对话的戏剧元素和诗的元素,所有这些方式都不可能实现其目的。

首先,我将讨论对话最显著的一个特点,但具有讽刺意味的是,这个特点也最容易被忽略:柏拉图从未直接用自己的声音写作。所有语言、观点、笑话、缺点、假设、故事、神话和论点,都是由戏剧人物来表达的。即使是亚里士多德,也把这种诗的技巧看作是更优越的诗的标志——作者脱离了单纯的叙述,即自己叙述事件,转而让人物用他们自己的声音说话(《诗学》,XXVI.13—14、1460a)。对话的这种特征显然也适用于戏剧,它插入到读者和作者之间,避免了用柏拉图自己看待论题的观点来解读对话。柏拉图的写作因此排除了那种可称之为检视“柏拉图的观点”的活动。柏拉图将自己的观点藏了起来,他拒绝充当权威。

因此,读者必须转向内心来解答对话提出的问题,依靠自己和文本来让对话产生意义。鲍恩(Alan C. Bowen)描绘了我们作为读者面临的困难。在阅读柏拉图的对话时，我们参与了两个活动。第一项活动是阐释性的，即试图解读对话的意义，第二项活动是哲学性的，即思考对话，把它作为我们的指导，按照鲍恩的说法，就是“两者都不包括对柏拉图哲学思想的理解”。[①] 鲍恩继续强调一种观念，即，柏拉图的文本不能当作某种知识的来源，即以柏拉图作为权威的知识。鲍恩解释说，当读者与柏拉图的对话进行交流时：

> 他为自己而思考；他并没发现柏拉图的想法。与亚里士多德以及其后的哲人不同，柏拉图的文本并不要求读者必须在柏拉图的学校中学习他的哲学；相反，它要求读者凭自己的能力成为一个哲人。(Bowen 1988,62)

对话是学习的一种工具，通过它，个人和文本进行交流，读者同文本一起进行哲学思考。柏拉图故意保持读者与作者的距离，促使读者在文本之外寻求文本提出的问题的答案，经由这个过程，读者参与到践行哲学的活动中。

第二，通过对丰满的戏剧人物的刻画，对话让读者开始严肃思考人物(性格)的本性。我前面讨论柏拉图和诗人索福戎、爱庇卡摩斯的联系时说到过，柏拉图最杰出的文学本领之一，就是他能刻画细致、精妙、丰满、往往很深刻的人物形象。他巧妙地运用描述性的名字，为读者和观众提供了一些关于人物个性和习惯的线索。对戏剧性格(人物)的强调促进了对道德性格的思考。由于对话中的一些人物都是通过其思想、观点和言谈来刻

---

① Bowen(1988,59—60)，参 Hyland(1968)。

画的，所以读者的注意力总是集中在这些对话者的性格上。这样，读者常常将对话者的性格和苏格拉底以及读者自己的性格作比较。由此，读者就从文本转向了自己。我前面讨论过亚里士多德对“发现”这种技巧的解释，它表明，对话的作用就是发现对话者的真正性格，最终发现自我。许多对话者一直显现出一些性格特征，比如自大、不愿参与论辩、言过其实、以自我为中心、缺乏美德。读者想要通过与这些人物的比较得出利于自己的结论，就必须面对困难的自省，反躬自问是否和对话中描绘的人物持有同样信念，是否不经检验就古板地坚持某些信念，一句话，自己是否显示出了和对话者一样的性格特点。苏格拉底的榜样一直在对话中若隐若现，他的性格为读者提供了一个范例，展示出那种反省式生活的美德。因此，柏拉图用人物刻画起到了一部分作用，让苏格拉底的自我认识行动对读者产生作用。总而言之，对话的作用是让我们知道我们是谁，通过自省的生活，我们可以成为什么样的人。柏拉图戏剧性格的塑造就是使人们向这个方向发展的工具。

第三，对话让读者在其中扮演了一个角色。就像鲍恩描述的那样，读者被迫站在对话者的位置上，斟酌他们的话，评价他们，最终确定自己的立场（Bowen，1988）。鲍恩关于柏拉图对话的读者的看法，听起来与伊塞尔（Iser）关于漫游视点视角的描述几乎相同。当读者参与到对话欣赏的时候，在对话中选定一个角色就是读者要做的事情之一。每一次阅读，对话就增加一个戏剧角色。当读者进入到那些集市（agora）、体育场（palastra）、宴饮（banquet）中去，开始自己思考苏格拉底问题的答案，并评价对话者的回答时，演员表中就增加了一个角色。读者可以成为苏格拉底问题的回答者，可以进一步向对话者提问，也可以改进对话者的回答，最重要的是，在阅读对话之后，读者可以自己践行哲人的角色。

第四，通过参与对话中的戏剧，读者得到了生动的人类经验。海兰德(Drew Hyland)描述过这种对话的方式，通过它读者可以有机会直接体验哲学活动(Hyland，1968)。海兰德认为极具意义的一点是，对话传达的内容远远多于哲学理辞(logoi)或哲学论证。对话再现的是真正的哲学对谈，所以，对话传达给读者的是哲学的经验。柏拉图之所以选择对话这种写作形式，是因为，对话是唯一可以把将其哲学经验传达给读者的媒介。

> 就因为这个原因，那种把柏拉图要么视为哲人(陈述论点并由此分析论点)要么视为艺术家(描绘性格、戏剧场景和神话等等)的传统两分法是行不通的；因为，柏拉图否认了这种两分法的前提，即把哲学视为“论证”(arguments)(一系列命题)的这种看法。至少，对哲学经验的具体描述与对论证的揭示一样，是柏拉图“学说”的一个重要方面。(Hyland，1968，42—43)

以这种方式，对话演示了哲学生活(见 Press，1995b)，事实证明，对话的戏剧成分对柏拉图的哲学方案来说不可或缺。

通过对话这种独特的戏剧性质，柏拉图为读者提供了哲学经验，而在海兰德看来这一经验并非是间接性的，对话提供的是直接具体的哲学经验。我们与对话一起践行着哲学。亚里士多德宣称，观众通过悲剧诗直接体验同情和恐惧，但这与海兰德的观点并不完全一致。我所理解的海兰德的观点是，凡是对话者经历体验的，读者/观众就会经历体验。比较而言，亚里士多德所描述的观众对同情和恐惧的体验，来自和戏剧更为间接的交流(参《诗学》，XⅢ.1—XⅣ.19、1452b—1454a)。俄狄浦斯自己在他的困境中并没体会到同情和恐惧，尽管当其人生随着戏剧展开时，观众体验到了这些感情。相反，柏拉图对话的读者，却和对话中的对话者一道体验了哲学。他们的经验可以包括对话描绘的对话者所经历的一切：愤怒、沮丧、自大、对苏格拉底的反感、窥探的兴趣、加入对话的真实欲望、思想的激发和转变。

践行哲学的具体体验，直接来自于"践行"，这正是戏剧的本质。就像海兰德暗示的那样，理解了柏拉图的作品，就不会把哲学和戏剧分开。而且，戏剧提供的直接体验帮助柏拉图进一步传达了一个观念，就是说，哲学是牢牢根植于人类的生活与经历的概念，而非从生活和经历中抽象出来的概念。人的生活并不仅仅是一种方法、一个程序或一种论证，我们看见人的生活在眼前上演，并且我们也愿意参与其中，这才是恰切的哲学背景。

最后，作为诗或戏剧的哲学，为我们提供了一种意义的含混性，这种含混性让读者开始践行哲学。一篇对话的"意义"当然不会用一个统一的声音来传达，也绝不会明示给读者。对话是由几个不同人物的观点组成的；这些观点让读者置身于困惑中；这些困惑带来分歧，提供差异，挑战着我们的理解力。即便是那些苏格拉底说出来的、看起来直接明了的话，也都是在毫不直接明了——常常神秘、荒谬、让人迷惑——的戏剧背景下展开的，读者不得不努力在戏剧的语境下来理解这些言语。[①] 于是，就需要解释，需要不同解释的可能性。因此，含混性这一诗的特征，激发读者开始阐释活动——至少，这就迈出了探询生活的第一步。这种阐释性活动是对话激起的另一种践行活动。

总之，视柏拉图为诗人和戏剧人的这种看法，展示了创造和

---

① 很显然，那些编写苏格拉底的历史的人并不赞同这样的观点，他们把"他（苏格拉底）的哲学"和柏拉图的对话分开。例如见 Vlastos（1991）和 Benson（1992）。参 Gadamer（1980，111）："意义的多重性包含了建设性的不明确。"

践行的双重意义。作为诗人，柏拉图不仅创造或创作出了对话，还试图将我们塑造成哲人。对话具有的戏剧表现力不仅再现了苏格拉底和对话者的一种践行活动（a doing），而且也引发了读者在阅读对话过程中的一种践行活动，而且，我们希望还不仅止于此。柏拉图创造哲人的任务再一次强调了辩证法和身份之间的关联。通过诗的手段，柏拉图的辩证法实践有利于创作、创造出更好的身份。

最后，我想回到黑贝尔，本文以他的一条札记开头。黑贝尔是19世纪的诗人、戏剧人、文学批评家和小说家。其隐秘难解的札记——"内容体现任务；形式体现手段"——富藏着柏拉图哲学方案的意义。① 尽管黑贝尔的这条札记建立在分割形式和内容的抽象思想上，但是，通过将形式和内容在戏剧建构中的功能联系起来，这条札记的意义把两者结合了起来。形式和内容一起提供着任务和手段，缺少任何一方面，另一方面都不再具有效果或有意义的功能。在柏拉图这里，对话的内容呈现了我们的任务，即通过让我们的灵魂得到启迪，也就是说，得到理性、辩证法和美德的提升，来过我们的生活。对话的形式则提供了手段，提供了达到这一任务的方式。如果说，对话的形式展示了手段，那么，戏剧的形式就在促使我们去践行这些事情：去探询，去相信，去思考我们自身，去质疑，去直面真实的自我。手段存在于热切的哲学践行中。

（黄　莎　译）

---

① Hebbel(1813－1863)是一个柏拉图对话研究者。Hebbel 创作的一部戏剧作品叫《古格斯(Gyges)和他的戒指》(写于 1854 年)。这是一部根据柏拉图《王制》所叙述的古格斯故事写成的戏剧。不过，这条札记并非为柏拉图或其对话而作，毋宁是对剧本写作的一个普遍性评论。

引用文献

Aristotle. 1982. *Poetics*, trans. W. Fyfe. Cambridge, Mass. : Harvard University Press.

Benson, H., ed. 1992. *Essays on the Philosophy of Socrates*. New York.

Bloom, A., trans. 1968. *The Republic of Plato*. New York.

Bowen, A. 1988. "On Interpreting Plato." In *Platonic Writings / Platonic Readings*, ed. C. Griswold Jr. New York.

Diogenes Laertius. 1991. *Lives of Eminent Philosophy*, Vol. I, trans. R. D. Hicks. Cambridge.

Elias, J. 1984. *Plato's Defense of Poetry*. Albany.

Gadamer, H. 1986. *The Idea of the God in Platonic — Aristotelian Philosophy*, trans. and with an introduction by P. Christopher Smith, New Haven.

Guthrie, W. K. C. 1956, "Introduction." In *Protagoras and Meno*. London.

Haslam, M. 1972. "Plato, Sophron, and the Dramatic Dialogue." *Bulletin of the Institute of Classical Studies* 19: 17—23.

Havelock, E. 1963. *Preface to Plato*. Cambridge.

Hershbell, J. 1995. "Reflections on the Orality and Literacy of Plato's Dialogues." In *The Third Way: New Directions in Platonic Studies*, ed. J. Gonzalez. Lanham.

Hyland, D. 1968. "Why Plato Wrote Dialogues." *Philosophy and Rhetoric* 1(January): 38—50.

——. 1995. Finitude and Transcendence in the Platonic Dialogues. Albany.

Kaufmann, W. 1979. *Tragedy and Philosophy*. Princeton.

Kerferd, G. 1981. *The Sophistic Movement*. New York.

Klein, J. 1989. *A Commentary on Plato's Meno*. Chicago.

Kosman, A. 1992a. "Acting: Drama as the Mimesis of Praxis." In *Essays on Aristotle's Poetics*, ed. A. Rorty. Princeton.

Liddell and Scott. 1985. *Greek—English Lexicon*. Oxford.

McDonald, J. 1931. *Character Portraiture in Epicharmus, Sophron, and Plato*. Sewannee.

Nalis, D. 1992. "Platonic Chronology Reconsidered." *Bryn Mawr Classical Review* 3: 314—27.

Nussbaum, M. 1988. *The Fragility of Goodness: Luck and Ethics in Greek Tragedy and Philosophy*. New York.

Partee, M. 1981. *Plato's Poetics: The Authority of Beauty*. Salt Lake City.

Press, G. 1995b. "Plato's Dialogues as Enactments." In *The Third Way: New Directions in Platonic Studies*, ed. J. Gonzalez. Lanham.

Rosen, S. 1988. *The Quarrel Between Philosophy and Poetry*. New York

Schleiermacher, F. 1836. *Introductions to the Dialogues of Plato*. trans. William Dobson. Cambridge.

Seeskin, K. 1984. "Socratic Philosophy and the Dialogue Form." *Philosophy and Literature* 8, no. 2: 181—94.

Tejera, V. 1984. *Plato's Dialogues One By One: A Structural Interpretation*. New York.

Vlastos, G. 1991. *Socrates, Ironist and Moral Philosopher*. Ithaca.

Waugh, J. 1995. "Neither Published Nor Perished: The Dialogues as Speech, Not Text." In *The Third Way: New Directions in Platonic Studies*, ed. J. Gonzalez. Lanham.

West, E. 1995. "Plato's Audiences, or How Plato Replies to the Fifth-Century Intellectual Mistrust of Letters." In *The Third Way: New Directions in Platonic Studies*, ed. J. Gonzalez. Lanham.

Woodruff, P. 1992. "Aristotle on Mimesis." *Essays on Aristotle's Poetics*, ed. A. Rorty. Princeton.

戏剧与对话：柏拉图对话的戏剧形式及其解读问题

布朗德尔(Ruby Blondell)

一、"戏剧人"柏拉图

所有对柏拉图的作品进行体系性综合或排序的企图，都受到种种问题的困扰，这些问题证明，变化多端可谓柏拉图作品最为显著的特征。不过，柏拉图所有的作品都有一个共同点：具有"戏剧"形式。因此，澄清一个"戏剧性"作品对于柏拉图解读可能意味着什么，就很重要了。"戏剧性"这一说法遍及当代柏拉图对话讨论，尤其是在近来兴盛的"文学性"解释中。不过，这一说法其实可能具有误导性含义，尤其是，它很少受到仔细的检省。

柏拉图的哲学对话更多得益于古希腊戏剧，包括悲剧和阿里斯托芬喜剧。① 其他我们证据不太多的戏剧文类，也可能对

① 关于悲剧尤参 Kuhn 1941 和 1942；Raphael 1960：79—88；Patterson 1982：78—81；Nussbaum 1986：插曲 1；Irwin 1988。关于喜剧参 Mader 1977；Clay 1944：37—41；Nightingale 1995：87—92 和第 5 章；Hyland 1995：128—36；Rowe 1997；Michelini 2000a。

柏拉图很重要，比如萨提儿剧（satyr play），爱庇卡摩斯（Epicharmus）的喜剧，还有拟剧（mime）。[①] 但柏拉图的模子不只限于戏剧。通过模仿、挪用和戏仿，他的作品也具有了所有其他古代希腊的文学形式——最明显的是史诗，但也有演说术和抒情诗这些文类。[②] 不过，柏拉图的对话却无法和这些文类中的任何一种径直等同。正如奈丁格尔（Nightingale）所说，在柏拉图的作品中，“哲学和‘外来’话语文类的边界，不断地被创造、瓦解、再度创造着”。在其特性形成时期，柏拉图与戏剧的关系尤为复杂。他明显曾浸淫其中，但同样明显的是，他的对话构成了一种特殊的文类，与戏剧既有显著的区别，又有惊人的相似。柏拉图既欲挪用戏剧，亦欲批评戏剧、取代戏剧。

从一个关于青年柏拉图的文学开端的古代故事中，可以很好地捕捉住这一关系中的一些含混性。据说他创作抒情诗，酒神颂歌（dithyrambs），还有悲剧，也画画；但当他即将进入雅典悲剧竞赛时，听了苏格拉底的话，然后把他的诗付之一炬，同时还改编了荷马的一行诗句：“来吧，赫斐斯托斯（火神）；柏拉图现在需要你。”（Diog. Laert. 3. 5. ）[③]不管其真实性如何，这类轶事都提供了关于古代人对柏拉图之反应的启发性证据。这一点简明地告诉我们，悲剧在柏拉图的思想形成中具有可以设想的重要性，

---

① 拟剧对柏拉图对话的影响很难估计，因为我们证据不足（尽管亚里士多德在《诗学》1447b 9—13 将两者联系起来；亦参 Riginos 1976：174—6）。可进一步参考 McDonald 1931：80；Haslam 1972；Clay 1994；Gordon 1999：68—73。

② 注意，几乎每一种诗类都曾被古代批评家们归之于柏拉图这个作家自己（Riginos 1976：43—8）。柏拉图与荷马及史诗英雄主义传统的关系，已经被讨论得很多了（参最近的 Hobbs 2000）。关于其他的文类尤参 Nightingale 1995，下文引自页 195。

③ 参 Aelian *VH* 2. 30，*Anon. Prol.* 3. 17—20（Westerink），*Comm. Alc.* 2. 76—9（Westerink）。

也告诉我们柏拉图作为一个戏剧人的潜能，他对悲剧这一文类的批评性态度，以及悲剧和哲学的潜在不和。这告诉我们，在某种意义上，对话是对戏剧的一种替代，但也告诉我们，它们完全不同。而且这暗示着，哲学是从诗的灰烬中诞生的。古代批评家们将对话编排成今天仍然采用的四联剧（tetralogies）形式，同样也传达出了这种复杂的理解，即便他们声称（尽管并不令人信服），柏拉图自己就是按这种形式来发表其对话作品，以响应戏剧节中的四联剧形式的。①

因此，关于柏拉图解释的这种"文学"进路，必须一开始就要询问，将柏拉图的对话称为"戏剧"，到底是什么意思。很多提议性解释，都无益于区分柏拉图的对话——或戏剧自身——和其他想象性作品。② 这些解释的首要之处在于下述这种观念，即对话的戏剧特质在于种种观点之见的张力或者交互关系之间，而不在于一种清晰的主张或任何一种观点的支配性。这一点也与对戏剧的一种通常看法很一致，即戏剧内在地关涉着冲突。这种假设，产生于古希腊的剧场实践，在剧场上，很多戏剧都包含着一种或多种 agones［竞争］，或者半正式的论争，角色双方都在某些核心问题上持针锋相对的立场。许多柏拉图论者之所以如此想当然地认为对话即"戏剧"，就是因为——也只因为——对话体现着种种观念的冲突。按这种方式，明显可能将各篇对话区分为更具"戏剧性的"或不太具"戏剧性的"，而且，这种评价也的确常常出现，通常是在论及"晚期"对话之不足的时

① 在悲剧竞赛中，每个剧本都产生出三部悲剧，再跟一部萨提儿剧，这样，一个戏剧人的总共参赛作品是四部悲剧，或者一个四联剧。关于这点，及对柏拉图对话的其他古代编排方式，参 Diog. Laert. 3. 56－62，Anon. Prol. 24－6。

② 例如 Arieti 1995：121（"那些首先意在激发灵感的作品"）。Press 承认，按照他的标准，但丁、莫尔和塞万提斯也都是"戏剧"作家（1995：141－4）。

候。比如,据莱勒(Ryle)就说,“柏拉图对话的戏剧形式变得越来越只是一种样子了。它们没有结局。它们是对谈,而不是战斗。”(1966:194)“战斗”这个词倒是颇具启发性。

这个标准有其实际用处,不过,对于辨别作为一种文类的柏拉图对话的特殊戏剧性是什么,并无多大用处。首先,它让很多对话都全无资格是“戏剧性的”(正如莱勒对晚期对话的判断所表明的),因为这些对话并不都包含一种强烈的观念冲突或性格冲突。反之,没有任何东西能挡得住一种传统的论文体清楚地讲述冲突中的种种观念,并由此在这种意义上成为“戏剧性的”。仅用来指观念冲突的“戏剧”的用法,是第二义的,是一个来自人物间冲突的隐喻。要在原初的意义上成为戏剧性的,冲突必须体现在人物上。这一点可谓戏剧的定义性特征:对人物的想象性再现。这一标准反映着古代和现代的剧场实践,而且可在理论上回溯至希腊人自己。根据柏拉图和亚里士多德,诗的模仿展现行动中的人物(《王制》,603c,《诗学》,1448 a1;参下文)。在《王制》中,戏剧性模仿的定义性标准,是对他人的扮演,结果,依据于所包含的直接引语的性质,叙述多多少少成了“模仿性的”了(392d—393d)。[①] 现代戏剧理论,即便在明确违背古代的模仿概念时,也同样关注对人物的(再)展现(参 Beckerman 1977:7—8,17—21)。在包括那些来自表演者自身生活的所有戏剧形式中,表演者们都通过想象,抛出一副和自己不同的面具。在这个意义上,甚至独白也可以是戏剧性的。如果这种独白也暗中发出其他声音,在想象性人物担任起作家或演员的、“扮演”他人的角色这个意义上,它就在一个元层面(metalevel)上也成了“戏剧性的”。

---

① 亚里士多德也意识到了模仿的这一含义(《诗学》,14.60a 5—7)。

随之,戏剧性模仿恰恰就是对作者声音的抑制。① 就作为一种有意识的自我展示而言,在作者自己声音意义上的一个哲学讲演,或者一篇论文中的演示,当然可以是剧场性的(theatrical),但它不是戏剧(drama),因为,它没有展示出一种想象性行动,而仅仅就是它所体现的行动自身。当然,在转述了其他声音的第二义上,或者在体现出观念冲突的引申义上,它也可以是"戏剧性的"。但在柏拉图对话那种根本方式上,它不是"戏剧性的",前者的形式,是一种剧场稿本(theatrical script)。② 可以说,当有位批评家宣称"那原初的文本就是一部戏剧",从而抹去了稿本和演出的戏剧间之剧场性区分的时候,他就是这个意思(Seeskin 1987:ix,重点为引者所加)。有的批评家则直接从"对话形式"到"戏剧形式"到"柏拉图写作戏剧"(A. A. Krentz 1983:33,重点为引者所加)。这样说更准确些,有一种属于某些特定人物的戏剧角色,这些人物用他们自己的声音说话,其身份不同于潜在作者或表演者,由此,他们上演出(用 Beckerman 的话说)一幕"虚构的故事"或"想象的行为"来。正如《王制》中的苏格拉底会说的那样,他们是"模仿性的",因为一个读者或表演者必须轮流采用每一个说话人的声音。因此,柏拉图的对话是"戏剧性的",此乃关于这些作为文本之作品的一个简单的形式性事实。可以说,对于某些批评家而言,正是这种形式"更适合于一种舞台演出,而非哲学论证"(Howland 1993:25)。

---

① 我是在作者"我"的意义上讲的,作者"我"对立于隐含作者,后者的声音永远无法被抑制(参下文)。我的意思也不是要把这两者的任何一个和生理性作者相等同。关于这些,可参 Booth 1961: ch. 3;Riffaterre 1983:4—5;Foucault 1984;Nehamas 1987。

② 注意那时比如悲剧文本流行于市,所以柏拉图应该知道这样一种稿本应该是什么样的。

从一种纯粹形式的视角来看，这种和剧场稿本的相似性并无问题，至少对于那种直接性对话来说是如此。至于那种报告性对话，情况要含糊些，因为它们的特征是一种控制性的叙述声音，转述或者报告其他人物说的话。不过这个声音决不是柏拉图自己的。[①]这样，在我所界定的意义上，总有至少一位戏剧人物。报告性对话与小说类型相似，后者采用一种虚构性叙述声音，从而在叙述者和作者之间建立起距离。我们也可以比较悲剧中报信人的话，或者荷马的诗，它们包含着很多长段的插入故事，由某一个人物来讲述。[②] 这种叙述，与柏拉图的报告性对话一样，通常进而把直接性言词放到其他人物的口中，由叙述者来转述。由此，在上面所注意的第二义上，这种享有特权的人物将其他人物也戏剧化了。但是，只要叙述者是虚构的，这些作品仅仅借助于其形式，也仍然在更基本的意义上是“戏剧性的”。

对于柏拉图解释来说，这一简单的形式事实有其逻辑结果，其主要者即，任何人物的声音都不能在任何直接意义上等同于作者的声音（参 Press 2000a，尤其他自己的文章，2000b）。由于柏拉图像一个剧作家那样，从不用自己的声音说话，所以，与不能把哈姆雷特或波洛尼乌斯（Polonius）的话归于莎士比亚相比，任何柏拉图笔下人物所表达的观点更不能直接归于柏拉图自己。与荷马一样，柏拉图“隐藏了自己”（《王制》，393c2）。要是柏拉图愿意，他可以轻易地通过一个等同于自己的人物来传达他“自己

---

① 就是说，这一叙述声音决不能等同于隐含作者的声音（参 Kosman 1992a：82—5）。可与比如希罗多德和修昔底德对比，二人都通过命名作者为叙述者，来开始其历史（Tigerstedt 1977：93）。

② 最有意义的是《奥德赛》中的奥德修斯，他叙述了很多自己的冒险故事，由此担任起一个类似但不同于作者的角色。另一个重要例子是《伊利亚特》卷 9 中的福尼克斯（Phoenix）说的话，它很好地表明了虚构性叙述者的性格（character）和个人计划（personal agenda）如何可以控制其故事的讲述。

的”观念，而不是转而通过其他说话人。[①] 但事实上，（柏拉图的）作者声音的自我退避是绝然彻底的，戏剧形式清楚明白。柏拉图不仅在其所有作品中都没让自己成为一个人物，而且还不时以某种方式提请读者注意他自己的缺席。当我们被确实告知“柏拉图”不在场时（《斐多》，59b），这最明显。但在其他地方，这种缺席也更间接地提示出来，比如在《帕墨尼德》和《王制》中通过他兄弟的在场（参 W. A. Johnson 1998：583）。在《泰阿泰德》中，柏拉图通过让欧几里德（Eukleides）成为中心对话的“作者”，强调了自己的缺席。更为微妙的是，有些对话将苏格拉底连同其对话者来表现，让有思想的读者推断出，在那虚构出来的假定的历史事件中，柏拉图自己本来就不在场。[②]

当然，这决不意味着，柏拉图自己从来都没有坚持过他在对话中探索的那些看法。很明显，对话中遍布着的种种观念，足以激起柏拉图的兴趣去做看来值得的探询，而且乍眼看去，柏拉图似乎在其生命的某些时期，自己就持有不少这些观念。他亦运用戏剧和修辞技巧（尤其是性格化/人物化），在听众中为某些说话者及其态度和观点挣得同情，并让我们远离他人。这些令人同情的人物，尤其苏格拉底，讲述着某些持久而根本的主题，比如灵魂不朽，很难相信，这一主题不归在柏拉图对一些型式（shape）或形式（form）持久的个人信仰中。[③] 换句话说，我怀疑，比起波洛尼乌斯或哈姆雷特这一人物所传达的莎士比亚的观点来，苏格拉底这一人物更多地传达了柏拉图自己的观点。然而，由于

① 亚里士多德似乎是他自己（已佚）对话中的一个人物（参西塞罗 *Ad. Att.* 13. 19. 4）。

② 比如《克力同》、《游叙弗伦》、《伊翁》、《大希庇阿斯》（参 Vlastos 1991：50）。

③ 像 Gerson 一类的下述主张是极误导人的，说一种“反代言人”的立场意味着，对于读者所得的结论，必须认为柏拉图是无甚关系的（2000：209）。

前述那简单的形式原因，我们既无权假设柏拉图笔下任何人物的声音就是作者的声音，也无权从对话自身中推断出这一等同。怎样做都是一种基本的方法论错误。

以将对话当作对话来解释而言，这一点是根本性的，对当前很多解释者来说也不言自明。不过这一点仍需强调，因为，它与关于柏拉图的影响极大的教条性解释传统背道而行，这一传统，将(对话中)主要说话人的观点都归诸于柏拉图个人。这个传统始于古代，即学园和亚里士多德，而且是古代批评中的主要潮流。[①] 古代批评家如此对待柏拉图，实在无甚奇怪，因为，这就是他们惯常对待所有类型的戏剧文本的方式：从上下文中将人物的话转引出来，将其端绪与作者的整合到一起。有些现代戏剧解释者也采取相似进路，试图断定哪个或哪些人物、人物的哪个或哪些讲词，直接代表剧作家。于是，多兹(E. R. Dodds)把欧里庇德斯的“哲学性”人物的观点等同于欧里庇德斯自己的，多兹说，“如果我们发现，这些思考中的种种人物的思想，都来自于同一种对待生活的根本态度，那么，我们就有理由假定，这一态度就是作者的”。[②] 并非一致的是，这个论点部分构成了多兹的下述企图，即认为欧里庇德斯的特点在于是一个“哲学性”戏剧人——欧里庇德斯似乎在呼唤一种“哲学性”文本，为了在分析中辨识作者自己的观点，人们需要这样一种文本。对“哲学性”之含义的这种理解，部分构成了“第一人称论文”这种遗产，它自

---

① 如 *Diog. Laert.* 3.52，*Anon. Prol.* 10—11；进一步参 Tejera 1993：9—12；Press 1997；H. Tarrant 2000。但在古代解释中，也有反教条的一路(如 Diog. Laert. 3.51)；参 Howland 1991：190—97；Press 1996a：508—9，2000a：1—2；Cooper 1997：xxii—xxiv，及本文以下。

② Dodds 1973：80(出版于 1929)。亦参比如 Bowra 1944：9—12；Ausland 2000：183—4。

柏拉图时代以来就统治着哲学写作的传统,而柏拉图自己却远离于此。这种遗产由于下述原因得到了加强:当时学园环境中的职业哲人,需要获得具有确定性的观点和论证,而且,为了仔细剖析这些观点和论证,它们得可以归到某个确定之人的名下。①

在戏剧批评中,这种(代言人)分析方式如今似乎简单而过时了。然而,在柏拉图研究中,仍旧可以随时发现它,很多读者想当然地以为,柏拉图的主要人物,尤其苏格拉底,是柏拉图自己观点的代言人,而且颇有影响的学者也捍卫这种立场。② 这一点可以理解。除了论文已成为哲学性话语写作的流行模式这一事实,在柏拉图文本中,每部作品的主要人物所占有的鲜明比例,远远超过了现存古代戏剧和大部分后来戏剧中任何单一人物所占有的比例。苏格拉底不仅仅是波洛尼乌斯,甚或一个哈姆雷特。苏格拉底比一个单独作家所有作品中的任何人物都占有更广的角色范围,这的确是事实,不过,尽管由于很多原因这一事实意义不小,它却并未改变戏剧形式的基本含义。在《智术师》和《政治人》中占统治地位的爱利亚来访者,其强烈的教诲方式,亦未表明他就是柏拉图的代言人。就算按照比如坎贝尔(Campbell),从这一事实也不能说,来访者比苏格拉底更有教诲性,其语调"比起对话来更具论文方式"(Campbell 1867:i. xxiii),说对话自身成了一种论文。戏剧形式不过在一种不同的方式中得

① 比如,Kraut 似乎认为,我们必须将主要人物视为柏拉图的代言人,要不然,我们就无法知道柏拉图相信什么(1992:29;亦参 Brisson 1995:349)。Levi 认为,哲学的职业化,导致了作为一种形式的哲学对话的消亡(1976:19—20)。

② 比如 Rowe 1984:4;Kraut 1992:25—30;Irwin 1992:77—8;Gerson 2000。参下述诸人的批评:Nails 1995:39—42;Mulhern 2000:225 n.;Press 2000b:35—7。

到了展开。[①] 尽管这些作品有一种缩减意义上的“现实主义”，但在严格的形式条件下，它们恰恰不是论文。并且，爱利亚来访者亦恰非柏拉图。

很多迹象表明，柏拉图自己意识到了作者与人物的区分，由此也意识到了他自己的实践的含义，关于形式的这番论述，可以得到这些迹象的支持。这些暗示中最突出的，是《王制》(392c—394c)中对模仿和叙述的著名的形式性区分，以及《泰阿泰德》的奇特开场，在那里，前述区分被明确运用于一个是柏拉图写作的、但又未被归诸柏拉图的“苏格拉底”对话(143b－c；参《王制》394b)。依据于这种意识，柏拉图对“戏剧性”形式的选择，有自我意识地提出了下述问题：一个人究竟能否代表他人说话。他进而通过对形式的各种运用，将此主题结构性地问题化了，比如，通过运用报告方式(例如《王制》中的苏格拉底)，通过让一个人物扮演另一个人物(例如在《泰阿泰德》中苏格拉底扮演普罗塔戈拉)，或者，通过为他所戏剧化的观念和话语发展一条复杂的转换链(例如在《会饮》和《帕墨尼德》中)。所有这些策略，都让人注意到作者、叙述者和人物的非同一性，由此进而将作为作者的柏拉图分离于其笔下人物的种种声音。这样，通过他的实践，柏拉图暗示出一种关于作者和人物之区分的、比之于标准的古代观点更为微妙的意识，标准的古代观点认为——这至少通过柏拉图自己的人物在他们的实践中做出了例证——作者及其人物是同一的。

柏拉图对声音和责任这类事情的关注，也反映在一个话语层面上：一种对观念的言词性传递(无论口头还是书面)普遍的不

---

① 见 Stenzel 1940：75—8；Miller 1980：x—xii；及参 Corlett 1997：431—2。

信任，因为言词的作者无法在场来为它们进行解释和辩护。[①]最为声名卓著的例子，是《斐德若》中对书写的批评。另一个尤为生动的例子出现在《泰阿泰德》中，苏格拉底想象“普罗塔戈拉”抱怨说，普罗塔戈拉未能自己说话而是被一个懵懂无知的小孩子来代表了：

> 精神些，我的好人……如果能的话，就攻击我实际说的那些话吧，反驳它……你一直在谈论猪和狒狒，你对待我著作的反式，让你自己的猪脑子露了出来，你还劝说你的听众以你为榜样。这样做是不对的。（《泰阿泰德》，166c）

这个抱怨，是转借他人之口时再转借他人之口说出来的：是苏格拉底放到已去世的普罗塔戈拉口中，又是虚构的作者欧几里德放到苏格拉底口中，更是柏拉图放到欧几里德口中——在对话的开场白中，多年后它被欧几里德的奴隶大声读了出来。[②]于是，普罗塔戈拉不可思议地远非在“自己”讲话，无论在这里，还是在《泰阿泰德》任何其他地方。这个段落以典型的反讽方式，表现出柏拉图对责任问题的全心关注，一个人要为自己的言词和观念负责（尤其在他死后）。

这一点甚至适用于一个以自己的声音来写作的作者，正如普罗塔戈拉看来就做过的那样。在《小希庇阿斯》中，当苏格拉

① 参《美诺》71d，《普罗塔戈拉》347b－348a，《斐德若》275de，《泰阿泰德》171d。

② 转借他人之口（*Ventriloquism*）不只是一种现代隐喻方式（参 *Soph.* 252*c*，*Ar. Wasps* 1016－22）。［译按］*Ventriloquism* 原意为腹语术，本文作者使用这个词取的关键意思是，在腹语术中话是从说话人肚皮中的另外一张口、而非自己的口中说出来的，因而这话并非说话人自己真正的声音，或者说，说话人自己的声音由此被隐藏起来了。

底谈及另一个第一人称叙述者时，这叙述者（译按，指荷马）并不在场，所以我们无法问他，他的意思是什么（365c）。在这类段落中，苏格拉底坚持一个人要用他自己的声音说话，且由此要为自己的话负责——尽管事实上苏格拉底常常自己似乎并不这么做。[①] 不过，选择戏剧形式，就足以阻断任何对传递作者自己观点的轻意假设。柏拉图笔下的普罗塔戈拉可以抱怨他未得允许自己来讲话，但是，柏拉图自己甚至也小心翼翼地避免这样做，从而，柏拉图告诫我们，要是我们企图直接从他置于其人物口中的那些言词里，提取出他自己的观点，我们也蠢得像猪一样了。

在思考柏拉图对话的“戏剧”形式时，迄今为止，我一直在关注对话形式上相似于剧场稿本的解释学含义。但是，这一相似也提出了表演模式的问题。这类事或许看来与哲学解释无关，然而，关于表演模式的种种假设，已被用于支持种种关于对话的教育目的理论了。[②] 而且，这些假设对批评家关于特定对话的解释，常常产生默认的影响。

在其完成性形式中，戏剧“不是一个既成之物，而是一个发生中的事件”，对此事件，一个或多个表演人的在场关乎根本（Beckerman 1970：12，6—10）。虽然，任何文本——包括小说，诗歌，甚至哲学论文——都可以搬上舞台，但“戏剧”这个词通常意味着，首先，创作者对其戏剧作品的原初意图，在于使其得到表演，其次，只有通过表演，戏剧作品才能实现其全部的艺术含义。[③] 这些标

---

① 尤见《普罗塔戈拉》347b—348a，并参 Griswold 1999a。

② 比如，关于表演的特殊假设，既是 Miller 认为对话乃有意非戏剧性（non—histrionic）的基础（1999：254），也是 Gordon 认为戏剧性表演（histrionic performance）对对话意图中的效果作出了重要贡献的基础（1999：68）。

③ 关于戏剧文本和表演文本的关系，见比如 Elam 1980：208—10。塞涅卡的戏剧并非意在表演，这种可能性，及其相关的学术文献，使得塞涅卡的戏剧成了证明上述规则的一个特例。

准——至少对实践性目的而言——足以用于区分开最为现代的戏剧文本和其他类型的、用于私下阅读的、比如小说或哲学作品的文本。但是，在古代雅典的条件下，这种区分其实更含糊些，因为，那时的日常生活中流行着多种表演形式。在文化上最具优势的戏剧文类(dramatic genres)，是用于公共的竞赛性表演的，在一个大型剧场中，宗教节日上，而且包括下面这些结构和形式特性，比如舞台搭建、舞蹈区域、服饰、面具、合唱歌，还有舞蹈。因此，这种戏剧文类在最完整的意义上是剧场性的(theatrical)，它既包括了一种建制性语境，也包括了根本性的视觉、听觉和动觉元素。在这种意义上，柏拉图的对话明显不是剧场性的。但是，在柏拉图时代的雅典，还有很多其他种类的戏剧表演，比如色诺芬《会饮》中的情爱拟剧，这是在一种私人性酒会上来表演的。①

反过来说，史诗的“叙述性”文类也普遍在公共集会中上演，常常在宗教节日中进行比赛。表演者们回忆诗行(与读念稿本相反)，后来渐渐有了专门的服饰。据我们所知，表演者们并不用服饰或小道具来区分特定的人物。但是，这种表演在风格上看来已经高度戏剧化、情感化了，包括将直接性言词“演出来”。②甚至散文性话语，比如对诗歌的解释，也可以在比如奥林匹克运动会上，在公共的竞赛性语境中表演出来。智术师的作品和那

---

① *Xen. Symp.* 7，9。Hershbell 1995：28—9 正确地提出，会饮或酒会可能影响了柏拉图对戏剧形式的选择(亦参 *Tecusan* 1990)。

② 参 *Ion* 535a—e。在《伊翁》中，苏格拉底将诵诗人等同于演员(532d，536a；参 *Arist. Rhet.* 1403b22)。在《王制》中，苏格拉底将作者等同于表演者(395c—398b，392e—393c)，他谈到，作者不仅在言词上，也在声音和姿态上“模仿”人物(397b1—2；参 HH Apollo 162—3)。关于可用于不同演员、诵诗人、演说人的表演风格，参 *Arist. Poet.* 1461b29—1462a4；Herington 1985：10—15；Pickard—Cambridge 1988：167—76；Wiles 1991：18—26；Boud 1994；Hall 1995。

些史撰作品，通过在以书面形式流通前被大声朗读而得以“出版”，而且，柏拉图的作品可能也同样如此。[①] 甚至在私下场合，一个人也可能向聚会的朋友们阅读自己喜爱的书，在色诺芬笔下，苏格拉底就这样做了(《回忆苏格拉底》，1.6.14)。如同默然无声的阅读，一个人的独自阅读也会发生，不过，这与其说是规则，不如说是例外。[②] 总而言之，在某种意义上，几乎所有的古希腊文本都是可以表演的。至少，这意味着，这些文本都是大声说出来的，为了迎合或者娱乐某种类型的听众。

在这个最小的层面上，柏拉图的对话事实上极可能是被表演过的。不过，对于柏拉图对话与众不同的“戏剧”性质，这一最低意义上的表演概念，对我们所告甚少，因为，它很少或无关于区分柏拉图对话和其他希腊文类，比如史撰，也包括不同声音中的种种直接性言词。如果不知道一种特殊的表演性语境，我们就不能用表演的事实或概念来把柏拉图的作品界定为任何更为具体意义上的“戏剧”。然而，我们没有具体的证据，证明对话的表演模式或许让这些对话或多或少密切相似于古代的剧场戏剧，而不同于史诗或史撰的私下或公共性表演。[③] 而且，我们也不知道，在表演者(们)竭力通过声音、姿态、服饰或其他戏剧方式来“扮演”人物的意义上，柏拉图对话的表演在何种程度上是“戏剧性的”。

在这里，直接性对话和报告性对话的区分可能意义重大，因

---

① 参 E. C. Turner 1952:19—20; Baltes 1993:17。关于哲学作品口头表演的证据，见 Ryle 1966:24—7。关于柏拉图大声阅读自己作品的轶事，见 *Diog. Laert.* 3.35—7。

② 关于前者，见 Knox 1968:24—7；关于后者，见 Harris 1989:84, Dickey 1996:31。

③ 看来，柏拉图的对话不太可能像雅典戏剧那样表演于宗教性语境，不过，近来有人认为，它们是纪念苏格拉底之祭仪的一部分(White 2000)。

为，下述这点是令人信服的，这一区分相应于一种（有意的）表演模式上的差异。乍眼看去，下述这点不太可能，即有人会创作一部叙述出来的对话，尤其是一部有着《会饮》或《帕墨尼德》那样复杂的叙述结构的对话，来将其作为一部戏剧搬上舞台，在这部戏剧中，不同的说话人采用不同的角色。① 与叙述性史诗的表演进行类比，在这种情形下，则是一个演员独自轮流戴上每个人物的面具。关于直接性戏剧作品，普鲁塔克所报告的罗马的新时尚正是这种做法，即让奴隶靠记忆来进行复述，而与"叙述性"对话相反："奴隶们使用一种表演（*hupokrisis*）模式，它适合于剧中人物（*prosopa*）的性格（*ethos*），同时调适声音，姿态，并妥帖如熨地说出来。"（Mor. 711bc）从希腊人那里不太搞得清楚的是，是一个还是多个奴隶表演不同的角色，不过，除非不同的演员表演各个部分，"戏剧性"对话和"叙述性"对话间的区分，似乎就无甚依据。② 阿特纳乌斯③讲过一个类似的故事，说有位主人让他的厨师们用心学习柏拉图的对话，并在餐饮服侍的时候复述出来，而且每位厨师表演一个不同的部分（9.381f－382a）。不过，普鲁塔克和阿特纳乌斯——都写作于公元2世纪末——很少被算作柏拉图自己时代的证据（见 de Vries 1984：144）。即

---

① Rush Rehm 1992年出品的《会饮》（在 Atlanta，GA）的效果，通过删去叙述者和间接性话语的标志，以及缩短一些讲辞的长度，得到了很大的提升。Leo Aylen 和 Jonathan Miller 的电影《会饮》（《酒会》）也同样如此。

② 关于对柏拉图对话的这一区分的古代含义，亦见 Diog. Laert. 3.50，Anon. Prol. 20。普鲁塔克的罗马听众为如此运用柏拉图对话的这种想法而感到惊异，然而，不是表演的模式，而是场景——丰裕的食物和美酒、柏拉图作为聚会的娱乐——让人们哄乱一团（*Mor. 711cd*）。

③ ［译按］Athenaeus，即 Athenaeus of Naucratis，是公元2世纪末一个用希腊语写作的作家，对其生平人们所知不多，流传下来的作品主要是一部逸事性质的文集《博学者的会饮》（*Deipnosophistae*，*Banquet of the Learned*），书中保存了很多关于古代世界极有价值的信息。

便算，他们也不及我们得自于柏拉图自己的最为接近的证据，即《泰阿泰德》的开场。这儿，在一种即席的场景中，一个奴隶向忒尔西翁（Terpsion）和欧几里德大声朗读后者所写的一部直接性对话（143b）。不管人们是否期望这样一个奴隶能对声音和其他手段进行一种演员般的调适，这种所有“角色”共用一个表演者的表演模式，比起正规戏剧的表演，都更接近于古代史诗的表演。

尽管我们只有这个单薄的证据，但在我看来，似乎在柏拉图自己的时代，甚至“直接性”对话也是由一个叙述者来表演的。不过，下述这点极有可能，而且，从柏拉图全部作品的范围广泛的各种风格来看，在事实上也很有可能：柏拉图为不同语境下的表演创作不同的作品，它们写给不同的听众，在不同的场合下，通过不同的表演者来表演。我们也不应该排除另外一种可能，有些对话，尤其那些较长的，是为私下的阅读和研究而创作的。对话世界自身，则处理的是那些当时通行的书面文本的流通与阅读，包括诗歌文本与哲学文本。[①] 无论如何，要在剧场性表演和私下性阅读和研究这两方面之间作出鲜明的区分，是在生造一种错误的二元对立。即便原本为一种单独表演而创作的诗歌文本，随后也以书面形式流通，为其听众和读者们所细细品察，评头论足。在我看来，下述设想很可能是真的，柏拉图的大部分作品都不时地用来表演，或许由单独一个叙述者来进行，要么面向学园的成员，要么面向范围更大的听众，不过，在学园中它们也用来阅读和研究（正如在柏

① 如参《申辩》22b，《斐德若》230de，《王制》606e、26d，《泰阿泰德》142d－143b，152a。色诺芬甚至把苏格拉底描绘为一个书面作品的研究者（《回忆苏格拉底》1.6.14）。

拉图自己时代以后肯定如此那样）。[①]

所以，我不会在需要表演来完成其含义这一完整意义上，将柏拉图的对话视为“戏剧”，而是将其与古代处于流通与使用中的史诗或史撰作比较，来进行审视。不过，这样做并不改变对话的“戏剧”性质、暗含在对话形式中的重要意义上的戏剧性质。无论说话人体现为具体的演员、具体的读者，还是说话人仅仅处于默然无声的读者的想象中，柏拉图对话中的所有言词和观念，都从这说话人口中向我们而来，而这说话人与作者自己截然有别。在各种可能的表演模式所产生的区别中，最有意义的，是解释者（演员，外在的读者，或私下性读者）对文本意义产生的影响。只有私下性读者的对人物的想象性“舞台化”，才没有经过表演者、由此经过第三方解释者的中介化。于是，批评家受到提供“舞台指导”的诱惑，以支持自己的解释。在何种程度上，这些因素影响了柏拉图文本的古代接受，我们不得而知。

与表演模式问题相伴随的，是一个对理解对话目的颇为重要的进一步的问题，它尚无答案：柏拉图意图中的听众是谁？实际的听众又是谁？遍及这些文本中的精英主义表明，它们不是为大众写的。但是，这并未告诉我们，比方说，它们是否为学园中的成员而写，或是为更广泛的受过教育的公众而写，或是两者兼有。如果学园成员是首要或唯一的听众，也是主要或唯一的表演者，那么，柏拉图的作品或许在功能上，就以一种颇具吸引力的方式，与通常所理解的剧场戏剧或表演截然不同。剧场戏剧部分通过听众的在场来界定，它直接针对听众（Beckerman 1970：8）。但是，如果柏拉图对话的表演者们是学园成员自己，

---

① 关于学园中有一个图书馆的事，见 Field 1930：47－8；Riginos 1976：165－79；Baltes 1993：10。据说 Arcesilaus 曾经得到过一套柏拉图对话（Diog. Laert. 4. 32）。

首要的听众可能就是(或包括)参与者们,他们的目的或许在于,通过亲身经验来进行学习。

在柏拉图的世界中,通常认为,表演塑造着表演者和听众的性格,这个看法在柏拉图自己的著作中尤为突出。[①] 可以说,讲述很难理解的哲学讨论,影响的只是浸淫在思考中的那些少数读者或表演者。不过,如我们已看到的那样,古代的表演在风格上是高度戏剧化、情感化的,这意味着,一个演员或读者会让自己"投身其中",与消极地念读台词相反。甚至,一个演员也是一个积极的"读者"(与比如一个鹦鹉学舌者或一台录音机不同)。这就是为什么,诵诗人——至少在柏拉图笔下——必须理解和解释诗人的言词,以便表演它们(《伊翁》,530bc)。戏剧出品人也是"教师"或者训练者,可以说,他们谆谆教诲着表演者身上、尤其戏剧合唱队身上的公民德性和军人德性(见 Winkler 1990b)。对话可能是学园成员们为了自己的益处来表演的,这种可能性因此会让《王制》关于表演对表演者的影响的讨论,以一种撩人的方式,变得自我相关了。人们料想,作者自己也受他所创造的人物的影响,此一事实进一步延伸了那个尚无答案的问题:柏拉图自己如何关涉于其对话的出品和表演。

如果认为对表演者(们)的影响是首要的,那么严格说来,表演就无需任何外在的听众来实现其主要目标。因此,从理论上讲,这些作品——与正规戏剧不同——在没有听众、而非没有表演者(们)的情况下,也可以实现它们想要达到的目的。[②] 正如一夜又一夜地演戏时在舞台上吸烟,可能会导致肺癌,一夜又一夜地在舞台上跳舞,可能会增强一个人的体质,那么,一遍又一

---

① 如见《法义》816e,那里暗含的意思是,演员甚至比听众还更受影响。

② 于是,在功能上表演会与私人性阅读难以分辨,后者也颇具情感性力量。

遍地进行哲学性谈话，也可能会让我们更懂哲学。[①] 于是，对话自身会变成哲学，而戏剧则很少——即便有过——以这种方式变成它所表现的东西（比如一次自杀或两败俱伤的争执）。一个读者或演员说着他人创作的台词，要是他预先就熟悉过原来的哲学观念，就他要么将这些观念内在化、要么投入进这些观念而言，在某种意义上，他就是在从事哲学。反之，一个（比如）表演国王的演员，无论如何都没有直接地体现或者传递统治行为（尽管他可以通过宣扬相关观念来“从事”政治哲学）。所以，通过弥合被表现的行为及其表现（the activity represented and its representation）间的隔离，柏拉图的对话在一种（有限的）意义上，背离了“戏剧”的一个定义性特征。表演还是表演，因为表演者/读者并没有实际上变成这里所谈的人物，但是，被表现的行为和表现行为（the activity represented and the activity of representing）（通过阅读或表演）可谓合二为一了。还有，尽管表演者没有“变成”任何严格意义上的人物，他却可能变成和那人物一类的人——比如，一个哲人，或一个智术师。由于在这个意义上言词发散成行动，所以，在任何投入程度上阅读对话，都可以被视为变成从事哲学的一种方式，而非仅仅在一种低劣的意义上进行模仿。我认为，柏拉图自己表明他是在有意识进行这类区分的。

很多近来的戏剧解释，已以一种可与此相比的方式，关注这些文本中的这种自我指涉性——这些文本关涉于话语、修辞、交流，以及戏剧自身的种种方式。不过对柏拉图而言，的确显然如此，在柏拉图的作品中，哲学生活的本性就是一种公开而持久的全心关注。当然，戏剧也表现和批判各种生活方式的优缺点。

---

① 当然，有另一种演员——他吸假烟，所以健康仍然未受影响。不过即便这类演员或读者——或许他只念台词而不理解——也可以把观念传递给更广泛的听众。

来自悲剧的一个著名例子是欧里庇德斯(已佚)的《安提俄伯》(*Antiope*),它把行动性生活和沉思性生活各自的优缺点拿来秤量权衡。并非偶然的是,柏拉图在《高尔吉亚》这整部对话中,从头到尾地把这个悲剧用作了一个亚文本。① 不过,戏剧并非只是专注于这种探究,或不懈地关注哲学这种典范生活。而且,戏剧也不像柏拉图的对话对从事哲学进行例示一样,例示一种生活方式,以及这生活方式最根本地关涉到的种种实践。只有一种思想性的生活方式,才能以这种方式自我指涉,因为,只有这种方式下的一个生活参与者,才能运用这种生活的特殊工具(语言和论证),在一个以语言和论证为其首要表现模式的作品中,来描述、讨论或评价他自己的生活。如果戏剧要有一种确实的对应,那应该是这样的:某个剧作家创作出了多部剧作,它们所表现的,都是众多剧作家们创作出多部剧作,还讨论着各种创作方法的好好坏坏。

柏拉图的对话原本就在实践上摧毁了听众和表演者之间的隔离,这种想法,仍然可能只是一种颇具吸引力的假设。所有我们可以肯定的是,至少,构成柏拉图意图中的听众——就是说,他的作品看来通过隐含作者所针对的那些听众——的,是那些受过教育、思想上有精英倾向(以及精英主义的)、浸淫于哲学的、说希腊语的希腊男人。②对话范围宽广的口吻和内容进一步意味着,这些对话中的若干对话,可能为不同对话提供了种种有些不同的听众(包括意图中的听众和真实的听众),其标准依赖于,比

---

① 见 Arieti 1991:ch. 5;Nightingale 1995:ch. 2。人物类型体现不同的生活,包括思想人的生活,这一点是喜剧的主要特点,正如 Epicharmus 清楚表明的那样(见 McDonald 1931)。

② 但他们并不一定就是社会精英。关于"意图中的"这个观念,见 J. Henderson 1991:134。

如，这些对话所要求的思想上的成熟程度。但是，不管柏拉图原本的听众（们）的本性是什么，书写这种行为就隐含着一种不能确定的数量很大的听众，一直延伸到今天的读者群。既然柏拉图在意图上已经很好地意识到了这个事实（《斐德若》，275e），那么，在缺乏其他证据的情况下，我们也有足够的理由为着实践性目的而断言，柏拉图意图中的听众是“每一个人”（Szlezak 1999：27）。

我们不知道，这些作品原初的表演语境和听众是什么，这一点使我们试图对这些作品任何特殊的意图性功能的理解大打折扣。它们是创作来规劝的，教化的，纪念的，还是都兼而有之？我们不得而知。[①] 由于缺乏外部证据，我们只能进行推测。当然，不必非要把这些意图限制在某一种上。或许，正如对话有多部，或如阅读或表演的语境有多种，对话的目的也很多。然而，前面所猜想的每种功能，某种意义上都是教育性的。因此，我采纳下述这一有实效的假设，即对话的意图是一种宽泛意义上的教育，这教育可能针对不同层次的听众，包括表演者自己，或者说，这教育能为他们理解。选择戏剧形式意味着，这教育并不意在通过一种对作者观点的直接表达来实现，因此也不是任何通常方式上的解说或说教。不过，这也留下了一个开放性问题：柏拉图自己期望它们如何实现其教学功能，这些期望，在柏拉图改变其关于诸如文本特性、教学方法和模仿问题这些东西的看法时，可能也完全改变了。对这些东西的不同态度，在不同对话中的话语层面和戏剧层面上，都传达出来了，如我们会看到的那样。不过，在一种宽泛而通常意义上的对教育的首要关注，从未被放弃过。

---

① 关于柏拉图对话的规劝效果的轶事，见 Riginos 1976：180—85。

这种解释基于下述各种事实，我希望，这些事实不会受到质疑：柏拉图是在雅典的教育语境中创作出他（很多）的书面作品的；[①]很多作品，即便不是所有作品，都深切地关注着教育一类的事情；而且，人们普遍认为，通常文学作品——尤其悲剧、喜剧和史诗这些"戏剧性的"文类——都对其表演者和听众发挥着教育性影响，这些影响大部分是通过人物表现来实现的。柏拉图在几部作品中明确地审视了这种影响。更一般而言，柏拉图反复地回到诗中的英雄人物，这表明，他深切地关注着这些英雄人物通过教育及其他建制性场合对公共生活所产生的巨大的教化性影响。正如我们会看到的那样，柏拉图也创作出自己的人物，以直接应对史诗和悲剧的传统英雄模式。这样，他几乎不可能不意识到，他自己的"戏剧"作品具有可想而知的教学性效果。由此，看来有理由假设，柏拉图精心打造了这些作品中的种种人物，不仅有着某种小心谨慎，还着眼于他自己的教育目的。

因此，到目前为止的讨论已表明，无论从文学形式、表演的角度，还是从可想而知的教育功能的角度来看，柏拉图的对话不仅与戏剧而且与史诗都有很多共同之处。古代的注疏家们都很晓得柏拉图和荷马这样或那样的相似性。比如，朗吉努斯就称柏拉图"最像荷马"，且把这种性质，以及一般而言柏拉图的诗性性质，归诸一种年轻人的渴望，渴望和一个老手相抗衡颉颃。[②]

---

① 我这样讲比较谨慎，因为，关于学园中的情形我们没有可靠的知识，甚至也没有关于对话是用来教学的证据（Sayre 1992：225－6；Baltes 1993）。但是，也没有很好的理由相信，学园的教育比起发表出来的对话中所展现的教学来，更具有教育作用（Gill 1993：59－64；Baltes 1993：9，17－18；Monoson 2000：137－45）。

② Longinus 13.3－4；参《帕墨尼德》128de。关于柏拉图的"荷马式"风格，亦见Demetrius，*On Style* 37；Quintilian，*Inst. Orat.* 10.1.81；Proclus，*in rem.* i.118－19，161，163－70（Kroll）；Blundell 1993a：30；Haslam 1972：23，26；Dorrie and Batles 1990：section54。

在阿里安（Aelian）对柏拉图的文学开端的描述中，年轻的柏拉图尝试过史诗和戏剧，但在面对荷马的卓绝时放弃了（*VH 2.30*），而第欧根尼的版本，则通过改编荷马的一行诗句（参前文），既援引也挪用了史诗传统的权威。另一个颇具吸引力的轶事宣称，柏拉图在死前，曾梦见自己变成了一只天鹅，逃逸着那些要抓住它的企图。“希米阿斯（Simmias）这个苏格拉底分子说，人人都会奋力去把握柏拉图的意义（dianoia），但无人做得到；毋宁说，每个人都只能依照自己的意见来解释柏拉图……对荷马和柏拉图来说都如此……他们都对每个人敞开，但人们只能期望接近他们”。[①] 对话的形式性质，尤其他们与荷马的相似性，由此也被联系于柏拉图对古时代的逃逸。这类轶事，将哲学树立为史诗和悲剧的敌手，而且，如将看到的那样，很有理由相信，柏拉图自己也如此看待他的著作。

于是，视柏拉图为“戏剧人”，就得接受视柏拉图为“史诗诗人”。这一点，如果看到下述事实，就不会让人感到惊奇了：史诗、悲剧、喜剧、散文对话这些各种各样的文类，尽管可在种种方面轻易地区别开，但在它们自己的时代，都从未得到过迄今为止如此生动的仔细描绘。[②] 所以，柏拉图将荷马包括在悲剧家中，这一点都不困难。[③] 这些文类主要的共同点，除了早前讨论过的形式特征，或许可用亚里士多德的术语来澄清。史诗，悲剧，

---

① Anon. Prol. 29—38；进参 Riginos 1976：21—5。荷马和柏拉图都被认为是“多声调的”（Ahl 1991：52；Annas 1999：13—17）。

② 从现代人的眼光来看，最明显的形式差异是，柏拉图写的是散文而非诗句。不过，就算柏拉图意识到了这种区分，他也并不认为这有多大的意义（参《高尔吉亚》502c，《王制》393d，《会饮》205c，亚里士多德《诗学》1447a28—b24）。

③ 《王制》595bc，598d，602b，605c，607a，《泰阿泰德》152e；亦参亚里士多德《诗学》，1448b34—49a1。

和喜剧，都是模仿性的，且同样也都表现的是“行动中的人”（《诗学》，1448a1）。柏拉图的对话也表现“行动中的人”，这一事实解释了它们与戏剧和史诗的很多共同关注点：对各种各样的人以及他们之间的行为的描绘，对各种竞争性观点的展现，对传统英雄故事的批判和挪用，对伦理、政治、教育的普遍关注。[①] 因此不奇怪，古代文献将柏拉图的人物塑造（*ethopoiia*）和荷马及悲剧的影响联系起来。[②] 正是这种对人类性格及其更为深广的含义的共同关注，以及对戏剧在文化中的核心地位、尤其对形塑文化环境的荷马史诗、还有对这些文类作为形式模式之重要性的共同关注，使得它们对柏拉图产生了意义最为重大的影响。因此，柏拉图一直最持续不断地全心关注于这些文类，最关注于对它们的改造和挪用。所以，像柏拉图自己一样，我们也应该视荷马为“一个悲剧家”，同时视柏拉图自己为一个“史诗诗人”，一个“戏剧人”。

将柏拉图的对话和悲剧、喜剧、史诗及其他文类作类比，亦提供了一种有益的视角，来思考柏拉图和历史的关系问题。我们知道，柏拉图笔下几乎所有有名有姓的人物，都基于真实的人，而且，少数例外（比如《高尔吉亚》中的卡利克勒斯[Kallikles]）也可能实有其人。[③] 那么，在何种程度上，柏拉图的文学实践受限于历史事实？这个问题并不限于柏拉图。历史家当然在其叙述中使用真实的人。阿里斯托芬通常将知名的公共人物从当时的雅

---

① 柏拉图亦与悲剧和史诗一样，关注少数核心人物（Hirzel 1895：206—11；Clay 2000：152—6）。

② 关于荷马见 Longinus 13.4；关于拟剧见 Diog. Laert. 3.18 及 Clay 1994：34—5，并参前文。

③ 见 Dodds 1959：12。《会饮》中的狄奥提玛是一个特别的个案（她是女性，而且并未亲自出场），但有人认为甚至她也是真有其人（见 Halperin 1990：119—121；Ausland 2000：185—6）

典放到喜剧舞台上。悲剧家有时也把离其时代不远的历史事件和历史人物戏剧化，[①]甚至，悲剧家笔下的神话人物也被认为是曾经存在过的真实的人。戏剧听众并不截然区分神话和历史：他们把古代传说看作历史的一个面相，把过去的一个个英雄视为自己的部族祖先。

在所有这些文类中，"真实的"人都是带着极大灵活性来表现的。《波斯人》(*Persians*)中的历史人物被赋予了神话品质，喜剧中的人物则由于讽刺而受到歪曲。除了传统和谣传，甚至历史家们也很少知道其人物的准确来源，通过把他们自己构造的言词一字不差地放入其笔下人物的口中，历史家们模糊了"虚构"和"历史"之间的现代分界线。[②] 与这些作家们一样，"苏格拉底言辞"(*Sokratikoi logoi*)的创作者们，也不受历史准确性法则的束缚。的确，他们常常强调其创作的历史真实性，强调亲眼见证的这种报告性，但是，这不过是一种普遍性的修辞罢了，甚至在所描绘的事件不可能曾发生过的时候，也运用这种修辞。作为一种文类，苏格拉底言辞占据了一个"真实和虚构……事实和想象的中间地带"。[③] 这种受到限制的文学状态，恰好适合于柏拉图挪用传统、重释传统的事业(参 Desjardins 1988：122—5)。这让他得以像戏剧家和历史家一样，不仅选择适合自己目的的"真实"人物，而且带着相当的自由度来处理他们。比如，我们对智术师特拉叙马库斯(Thrasy-

---

① 比如埃斯库罗斯的《波斯人》和 Phrynichus 的(已佚)《洗劫米利都》(*Sack of Miletus*)。

② 参 Thuc. 1. 33。值得注意，色诺芬既被归为苏格拉底份子，也被归为历史家(参 Hershbell 1995：35)。

③ Momigliano 1993：46；参 Pratt 1993：37—42。关于这种文类，进参 Hirzel 1895：187—97；Chroust 1977：1—16；Vander Waerdt 1994；Rutherford 1995：44—6；Kahn 1996：ch. 1；Clay 2000：3—13。

machos)很少的一点了解，就与柏拉图的版本很不相同(参 Guthrie 1969:294—8;Quincey 1981)。而且据传，当高尔吉亚读到柏拉图以他命名的对话时说，"柏拉图真懂讽刺啊"。[①] 另外一个故事说，当苏格拉底听柏拉图大声朗读《吕西斯》(*Lysis*)时惊呼，"赫拉克勒斯啊，这个年轻人说了我好多谎话噢"(Diog. Laert. 3.35)。柏拉图第二封信宣称，那些归于柏拉图的著作，属于一个变得既美又新了的苏格拉底(314c)。[②] 不管这些传闻真实性如何，它们都显示出对柏拉图将著名历史人物性格化时运用权威性材料的一种理解。

关于柏拉图对历史的运用，戏剧实践提供有益的对应之处的方式，还不止于此。比如，柏拉图可以一种对应于戏剧对悲剧家进行反讽的方式，来开拓其听众对后继历史事件的认识。正如剧作家的听众知道，一个神话中的主要事件总会出场(特洛伊总会陷落，阿伽门农总会死去)，柏拉图的读者也知道前5世纪晚期和4世纪早期希腊历史中突出的事件和观念，而且正是由此来阅读柏拉图对话的。柏拉图通过各种方式来运用这一技巧，我称之为"历史性反讽"。例如，由于相信苏格拉底会赢得官司，游叙弗伦的愚钝就被强化了。《王制》强调立体几何这个有待发展的研究领域的重要性(528abc)，这种强调，可能应当这样来解读，它的背景，是在戏中时代和写作时代之间已为泰阿泰德所取得的成就。最重要的是，通过将其人物建立在他创作对话时已经去世的那些历史人物的基础上，柏

① Athen. 11.505d;进参 Riginos 1976:93—4。关于下面那个轶事，参 Riginos 1976:55。

② 既然在几乎所有对话中苏格拉底都是一个老年人，"新"在这里肯定不是"年轻"之意，而是像"更新的"、"恢复的"这类意思(参 Edelstein 1962:2;Reeve 1988:281 n.17)。

拉图得以间接地传达出，这些人物的态度和生活带来了什么样的结果和后果。①

另一个有用的对应之处，在于下述这种反式，通过它，悲剧和喜剧剧作家都以其自己的方式将传说时期用作一个“历史”屏幕，来投射和解释各种当代问题。悲剧展现神话历史中的传说人物，听众自己的部族祖先，以回应那些紧迫的当代问题，无论是社会的，政治的，还是思想观念的。悲剧的场景通常都来自神话时代的城邦，这些城邦作为雅典的邻居、朋友或敌人，在历史上一直很重要（比如阿戈斯［Argos］，科林斯，特拜）。反之，阿里斯托芬的喜剧，通常都被置于当代雅典，不过常常赋予其超现实特征。这些喜剧也可能运用神话人物（例如《蛙》中的狄俄尼索斯和赫拉克勒斯），由此以喜剧方式消除了当下时刻和英雄历史之间的时间隔离。有时，这些喜剧也求助于神话场景，有传统性的，比如冥府，有发明的，比如 *Cloudcuckooland* 这个虚幻世界［译按：见《鸟》］，这些场景有助于给即便平凡而有死的人一种传说般的漂亮假象。与这些剧作家一样，柏拉图带着神话那种灵活性来处理历史人物。柏拉图把他孩童时代的雅典，再现为一个“传说性”历史，为探询他自己关心的问题，他把“真实的”人定位在这个“传说性”历史中。就这样，在这个雅典中住进了柏拉图想象中的英雄和贼寇，这个雅典，为柏拉图自己的时代、政治和思想上的种种关怀和问题提供了谱系和病理。在这个神话—历史世界中，一个个新颖的故事——关于死后的幻想，关于型式世界的图景，关于完美正义国家的“梦想”（《王制》，

---

① 关于戏剧中的对应之处，可比较赫拉克勒斯对年轻的尼俄普托勒摩斯（Neoptolemos）［译按：阿喀琉斯之子］关于虔敬的规劝，这个年轻人，将臭名昭著的以最不虔敬的方式让特洛伊沦陷（Soph. Phil. 1440—44）。

443b)，都在其中不断被编织。①

当然，与悲剧家不同，柏拉图是在被他写进戏剧的那个“神话”时期度过自己成长年代的。就此而言，他的对话有时与一些历史性悲剧相似，像埃斯库罗斯的《波斯人》，这部悲剧所利用的一场战争，是剧作家自己年轻时参加过的。基于传说的悲剧，以不那么直接的方式来运用刚过去不久的思想观念(如见 Blundell 1993b：301－3 及参 Loraux 1973)。不过，柏拉图的对话和其他文类的类似性更紧密。阿里斯托芬的喜剧讽刺近代和当代的政治事件，希罗多德和修昔底德将他们自己时代中的主要战争——包括埃斯库罗斯在戏剧中写过的波斯战争——提升到半传说的地位。与此相似，柏拉图关于他写进戏剧中的那些时代与人物的年轻经验，并不妨碍他给这些时代与人物赋予了神话性－历史性意义。由于下述这一事实，古代作家们在这方面的成功是显然的：一直到今天，我们都还在用波斯战争、伯罗奔尼撒战争、苏格拉底之死这些事件的关键性意义，来建构希腊历史的那个阶段。

有了一般而言古代作家们表现“历史”人物的这种灵活性，那么，在何种程度上我们可以假设，通过对作品中的人物或所熟悉的这些人物的历史或特性的外部知识，柏拉图的听众在对作品进行的理解中受了影响？对这一程度的理解，已极大地影响了对柏拉图对话的解释。因此，例如色诺芬所说的，苏格拉底试图阻止格劳孔的政治抱负，是施特劳斯(Leo Strauss)解释《王制》的关键所在。② 与此相似，克莱因(Jacob Klein)运用关于美诺的

---

① 关于《王制》中的理想国家的半神话性质，参 592a，《蒂迈欧》25e，并参 Friedlander 1964－9：III. 134－40；Segal 1978：329－30。

② Leo Strauss 1964：65；见色诺芬《回忆苏格拉底》3. 6。

外部材料,来补充柏拉图对话中所描绘的画像。[①] 这是关于解释的一个棘手而且最终难以解决的问题。不过,值得注意的是,古代的文学批评家们显得对这个问题的种种变数都有意识。一方面,他们很好地意识到,外部材料可能与理解一个文本的整全含义有关。对话并不提及众所周知的事实,而是针这些事实来进行谈论,这样叙述就显得多姿多彩,这种技巧,就是我们所知的强调法(*emphasis*)。有个古代批评家从柏拉图的《斐多》中引用了一个恰切的例子:苏格拉底临死的时候,某些人还在附近的埃奇那岛(island of Aegina)上,这一事实被解释为是在对这些人进行暗中谴责。[②] 显然,我们在指出这些关于作者意图的指涉时,一定得谨慎。不过,记住下述这一点仍很重要,柏拉图的人物塑造并不是存在于一种历史真空中。与看悲剧一样,柏拉图本来的听众不仅预先就知道主要人物身上会发生什么事情,而且,关于这些事情的背景,也知道得比我们多。

但是,在亚里士多德《修辞学》对人物/性格(*ethos*)的讨论中,出现了一种完全不同的态度。将 *ethos* 视为一种劝说性技巧,这与演说术有很大的关系,演说术运用这种基本技巧来进行劝说,正如柏拉图的对话运用说话人自己的言词和其他人物的描述来进行劝说一样。[③] 在《修辞学》中,亚里士多德明确讲述了下面这一问题,在多大程度上,演说者应该将听众对所涉人物的 *ethos* 的先在知识考虑在内,这些人物就如柏拉图的剧中人一样,有历史实在性,而且对这些听众来说多少是知名的。这些人物中,首要的就是演说者自己,用亚里士多德的话说,演说者的自我展现,构成了一种特殊形式的"证据":来自演说者之 *ethos*

---

① Jacob Klein 1965:199—202;见 Seeskin 1987:117—8、123—5 的批评。

② Demetr. *On Style* 288;参《斐多》59c,进参 Ahl 1984:175—9。

③ 关于演说术中的 ethos,见 Usher 1965;D. A. Russell 1990;Hall 1995:49—50。

的证据(《修辞学》,1356a1—13)。[①] 据说,比如在演说让演说者值得信任的时候,这种"证据"很有效果。古代作者也间或提到关于演说者性格的外在认识对支持其演说的重要性(参 Eryx. 399bc,Isoc. *Antid.* 278)。不过亚里士多德特别说道,这种效果应该来自于演说自身,与关于演说者是哪种人的先在意见相反。这意味着,作者无法掌控听众对剧中人的先在偏见,只能掌控作品自身所产生的关于剧中人的印象。因此,作者必须确保,任何对听众理解人物事关重大的东西,都必须由文本内部来提供。[②]

就我们所知,亚里士多德对 *ethos* 的种种看法,与 *emphasis* 理论一样,在柏拉图时代以后才被讲清楚。但是,这些看法反映了演说术从 5 世纪起源以来的实践,而且,明智地包含着 *emphasis* 的 5 世纪的戏剧,就解释剧中的人物而言,在实践上也支持亚里士多德前述法则的含义。正如我们所看到的,剧作家期望听众接受他们对知名人物的重释,不过同时,他们是知道这些人物有其主要传统特性的。我觉得,柏拉图的实践也应该以相似的方式来理解。柏拉图一定假设过,例如,在阿尔克比亚德(Alkibiades)或克里蒂亚(Kritias)或卡尔米德(Charmides)这些知名(或不知名)人物的生活中所发生的那些臭名昭著的政治事件,他的听众是知道的,当中有些人他还或多或少直接影射过。不过,这并不意味着,柏拉图期望他对这些人物的表现被读解为一种切实的描绘,这种描绘与其他任何残存的古代证据丝丝入扣,甚或(必定)与他自己作品中的其他段落丝丝入扣。这种期望,对任何古代作家来说都会不合时宜,而且对一个现代作家而言也成问题。所以,我的假设是,对柏拉图而言,正如对戏剧人或

---

① 亦参《修辞学》1366a8—14,1377b21—31,1355b19,进参 Blundell 1992a。

② 亦可比较下述这个格言,它有时被归于希腊化时期的荷马批评家 Aristarchus:对解释者而言,"文本之外空无一物"(Pfeiffer 1968:226—7)。

亚里士多德的理想演说者一样，文本提供的种种细节对于我们理解一个人物的戏剧功能来说是首要的，但是，柏拉图的听众所拥有的那种人所周知的信息背景，也可能会影响我们对这一人物角色的进一步理解。①

就此而言，柏拉图人物中最具核心地位、问题也最多的，当然是苏格拉底。很多学者都相信，某些对话描绘了一个“历史的”苏格拉底，反之，在其他对话中，苏格拉底只是柏拉图自己观念的一个代言人。但是，从我们当下的视角来看，任何这些表现的历史准确性，都无关紧要。我关心的是柏拉图对苏格拉底的种种描绘，而非这描绘与其他历史证据的关系问题。对于这个核心人物，柏拉图为我们提供了一系列的解释和重释，一直以关涉苏格拉底生死的知名事实为背景。在当下的语境中，仅仅把这些剧中的苏格拉底形象或其结合视为“历史的”，既无必要，亦无裨益。就算有些形象的确碰巧比其他形象更为接近地反映了“真实的”苏格拉底，这也不是我们可以从对话自身中推断出来的。与此相似，把苏格拉底参与了的对话视为实际谈话的报告，同样既不可信，亦无益处。或许，有些形象相当程度上是围绕着历史事件来塑造的，但它们都是柏拉图的文学产物，而且，真实的历史因素存在抑或不存在，对我的目的而言都无关紧要。

但是，这并不意味着，苏格拉底及其同伴的历史真实性对柏拉图或其读者来说不重要。对话所具有的闻名的历史语境这种根基，尤其是存在于作者及其直接听众的记忆中的这种根基，给予听众一种具体的直接性——听众中很多都与对话中的参与者有关系，或者是他们的子嗣，听众们对自己与具体化于剧中的那

① 基于纯粹的实践性理由，我假设，我们现存古代文本中的知名度对应于柏拉图自己世界及同时代人心目中的知名度。

些人物有种种关系这一点感到津津有味，就此而言，这种直接性是任何纯粹的虚构都肯定缺乏的。柏拉图笔下人物的历史真实性，还为充满他作品中的抽象化和具体化之间的张力，增添了另外一个维度。特别是，历史的苏格拉底的生与死，使得剧中对苏格拉底这个人物的运用，成了柏拉图探索更吸引人的人类具体个性的场所。苏格拉底被雅典人判了死刑这个历史事实，也确保了他为之生过死过的那些问题具有了真正的实践上的重要性。上述这点的意义不能小视，从伊索克拉底（Isocrates）在其*Antidosis*［《论财产交换》］中对柏拉图《申辩》进行挪用的些许荒诞中，也可以看出这种意义，其中，这个演说者想象，他也在为其生涯而受到审判。

二、为什么采用对话形式？

由此，与戏剧、史诗及其他相关文类做类比，正是理解柏拉图对话的“文学”特性诸方面的有效途径。不过，这并不等于柏拉图的作品真的*就是*确实意义上的戏剧或史诗。苏格拉底对话在文类上完全自成一体。① 过于强调与剧场性戏剧的类比，可能会导致奇怪的结论，比如，会判定对话在文学上并不成功（参Gonzalez 1998：145）。我们必须按照柏拉图作品本身的特性来解释和评价，同时，对其与其他“戏剧”形式的相似性和差异性也都要嗅觉灵敏。后者中最显著的就是，柏拉图笔下的人物事实上都投身在“干”着某些事情，非常不同于以最具戏剧性的方式所

① 就我们可以辨识而言，柏拉图关于苏格拉底的作品在文类上也是独一无二的。不过，除了色诺芬的作品（这与柏拉图的很不一样）外，其他属于苏格拉底文类的作品流传下来的只是一些残篇。后来运用对话形式写作的人各有其兴趣，但都无法与柏拉图相比（如参 Levi 1976；Beversluis 2000：21—6）。

表现的人物。像悲剧和喜剧中的人物一样,他们也在干着种种事情:交谈、论辩、吃喝、做演说、进行生死攸关的重大抉择、打着嗝、走向死;但是,他们也“干”哲学,既在批判意义上干,也在创造意义上干,挑战着习传的智慧,传布着新创的观念。这些哲学探索由此具有了明确无疑的标志,并显然构成了对话中份量最大的一部分内容(或许《申辩》和《墨涅克塞诺斯》除外)。

对话中的人物都在干哲学,这一点对于柏拉图对话都是哲学作品(works of philosophy)这一通常判断来说具有核心意义,这种哲学作品不同于哲学性的文学作品(philosophical works of literature)。不过,此标准自身并不足以支撑这种区分。“文学性”作品可以因为种种原因被判定为“具有哲学性”,而不必由此成为哲学作品——例如,可能因为它们反映了种种哲学观念或影响,或者传达了某种世界观,抑或表现了对哲学或过哲学生活有兴趣的人物。但是,柏拉图的作品与这些都不一样,不仅因为它们包含着大量的哲学讨论,也因为它们探究的观念具有原创性,而且这样做的意图也很明显。这些特征或许多多少少都可以在很多希腊悲剧和后来的戏剧(比如莎士比亚、萧伯纳)中、以及更近的玛朵克(Iris Murdoch)或斯多帕(Tom Stoppard)的作品中找到。但无论如何,后来这些“戏剧”文本没有一个类似我们在柏拉图作品中发现的那种十分明显的、具有原创性的哲学论证部分。在晚近将柏拉图的论证依据文学形式和文化氛围置入特定语境中去的这种推动中,重要的是记住,在相当大的程度上,这些论证都是柏拉图“戏剧”的主要内容。“戏剧性”批评有忽略这一点的危险。

那么,为什么柏拉图选择用这种特殊的形式来写哲学呢?没有直接了当的答案,相当程度上这是因为,柏拉图从来没有用他自己的声音告诉过我们,他这样或那样说和做的原因是什么。

这一点自身就暗示,对话形式是关涉柏拉图意图的一种内在要求,而对后来既写对话又写论文的写作者——从亚里士多德到休谟——来说,则都不是这样。柏拉图也从未在对话中向我们展示,如何运用对话。[①] 诚然,书信是另外一回事,因为它们是用第一人称写的。不过,即便一个作者用“自己的”声音来说话,面具问题、声音问题、文类问题都仍然存在。[②] 这类讨论通常都会围绕《第七封信》进行,但《第七封信》并不是一种私密的个人忏悔,而是一部构思精制、具有高度论辩性质的作品,是为公开发表而写,具有自己的权威性面具和修辞性谋划。[③] 信中宣称柏拉图从未系统地写下他自己的想法,并对教学过程有所评述(341a—e),关于对话形式的目的,学者们已从这些地方做了很多抽取。但是,就算我们假设这封信真是柏拉图写的,也必须牢记,它比很多对话都写得晚,而且无论如何也不存在这样的暗示,这封信就是写来作为理解那些对话的一把“钥匙”的。简言之,面对对话,我们没有一份指导手册。这其实很好。就算指导手册建议我们不用教条式的方式阅读对话,提供这样一份手册本身就显得采取了一种教条主义者的姿态。《第七封信》告诉我们的东西很明显——对话并非包含着对柏拉图自己的观点进行系统展示的一篇篇论文。可以推断,它也告诉我们,对话形式的意义可以在这一形式自身中找到。我们倒不必需要第七封信来告诉这一点,因为它就刻写在对话自身之中,对话通过其形式暗示,只有经由形式的效果,我们才能推断出形式的意图。

① 就是说,除非我们模仿《泰阿泰德》中忒尔西翁(Terpsion)和欧几里得对对话的运用。

② 如参 Kosman 1992a:80—81,1992b:55—7;Press 1995:141—4;Nightingale 1995:182;Dewald 1999。

③ 见 Ausland 2000:190 并参 Momigliano 1993:61—2。

至于这些效果，晚近数十年关于柏拉图对对话形式之运用的很多研究，都与我所见略同。[①] 简言之，在我看来，对话形式最明确无疑的两项功能是，既可以避免将柏拉图教条化，又能诱使读者参与到对话的讨论中去。避免教条主义是一个单纯形式上的事实，这一事实与将戏剧形式界定为一种作者声音或叙述声音的阙如是一致的。既然柏拉图从未用自己的声音说话，他就从未采取过一种教条性或权威性的教学立场来针对他的听众或读者群。这一点适用于所有对话，而且仅仅通过对话形式就足以至此，不过，在一些对话中，柏拉图通过复杂的叙述框架来特别提醒这一点，这种框架将文本与任何一种权威性声言的距离拉得更大了。这样，柏拉图就位于了具有神圣灵感性质的史诗传统的对立一极。在史诗传统中，缪斯的权威性确保着叙述人的智慧，在这样一个世界中，"真理大师"是诗人、先知或王者。[②] 正如斯德勒(Eva Stehle)所说，"建构希腊文化中的言说者的是这样一种人，他拥有或声称拥有权威性，并在试图提高自己荣誉的时候，将自己的特点印压在了他人身上"(Stehle 1997：10)。柏拉图之前的哲学传统已经挪用了这种立场。帕默尼德用一位女神来将自己笔下主角的话语定位到一个超越于人之上的层面，恩培多克勒甚至声称自己就是一个神(DK 31 B112.3－4)。在这些保护手段下声称拥有知识，语调上就显得极具权威主义性质。不过，柏拉图同这些模式都毫不沾边。

即便未经神圣的许可，没有打上神的标记者的断言，也隐含

① 一个很好的起点是晚近几种文集的目录和参考书目：Barker and Warner 1992；Klagge and Smith 1992；Press 1993a，2000a；Gonzalez 1995a；Gill and McCabe 1996；Hart and Tejera 1997。

② Detienne 1996。关于作为"真理的大师"的前苏格拉底哲人，参 Clay 2000：80－83。

着拥有知识这一声言，并且进而隐含着拥有真理这一声言。这种断言亦表达着对思想权威性的声言，尤其是在教育或论辩性语境中，因为这一断言暗含着这样的意思，你，这个听众（hearer），应该相信我，这个聆听者（listener）所说的东西（因为它是真的）。[①] 如格罗特（Grote）所说，“设想中哲人应该如一位拥有权威的人那样来言说；应该业已成竹在胸；而且应该准备解释其成竹之胸……肯定性、权威性的展示最后归于如下假设：真理已经被认识了”。[②] 在格罗特之后一个多世纪，我仍然觉得这话比弗雷德（Michael Frede）的下述说法更为可信：当代哲学过于自信的状态伴随着一种“暗中的[自我]资格认证”，相当于一篇（没有写出来的）前言，“认为如果觉得正在说出来的东西实际上触及到了事情的真相，这太不谦虚”。[③] 当然，当话语来自一位哲学“大师”，如学园领袖，这种权威性假设还更强有力些。[④] 这种作者通过人物来说话的话语模式是柏拉图可以利用的，其中作者借一个人们认识的人物之口来说话，并且通常会在谈话过程中提到自己的名字。不过，柏拉图没有这样做，而是选择了在这种方式中避免声言自己个人思想的权威性。

在教学或论辩性语境中，权威断言可类比于一种政治权威性声言，因为后者暗含着，你应该遵从我的命令。这一类比并非

---

① 就是说，这一断言具有一种先于语言、外于语言的力量（参 Austin 1962；Searle 1969；及 Elam 1980：156—70）。

② Grote 1888：I. 366—7。亦参 Lodge 的看法，“学术性话语渴望获得独语性地位”（1987：96）。

③ M. Frede 1996：142；参 Gerson 2000 页 209 的注释。关于对非权威性的展示性写作的一种尝试，参 Nozick 1981：6—8。McAvoy 也为此目的运用对话形式，不过与柏拉图不同的是，他解释说这就是他正在做的事（1999：25—9）。

④ Nails 2000：20。关于柏拉图对独白性分析式话语的“僭政”品性的意识，参 Nightingale 1993。

无足轻重,因为激烈的竞赛几乎渗透到了希腊文化的所有方面,而柏拉图尤其关注的就是知识、权威及政治权力之间的关系。在政治中,种种声言都在通过挑战权力运用来相互竞争,并且通过权力的肯定得以巩固。在思想权威领域,它们则通过论辩方式来检测,经由这种方式,权威性的王冠和思想部门的徽章都既受到了攻击,又得到了捍卫。因此,苏格拉底在《泰阿泰德》中戏谑地将辩证法视为一种决定谁会当"王"的方法(146a,参 235c1)。这隐含着,那些没有如此得到王冠的人,从形而上学的角度看就是被杀死了,或者说失败了,但不管怎样他们都向胜利者的思想权威低下了头。赢得这种论辩,就证明(或被认为证明)了一个人的正确性,捍卫了一个人声言的立场(参 Nehamas 1990:112—13)。沉默就等于默认了失败,无论你多不情愿。

因而,一种长篇大论的(extended)、连续不断(continuous)的言辞——它根本不容打断或质疑——本身就是权威性的话语模式,它将沉默施于听者身上,以此强行达到思想上的统治和(表面上的)论证。尽管柏拉图自己从未运用过这种话语模式,但他笔下的人物这样做过,程度不一。在《申辩》中苏格拉底最明显地运用了权威性独白,并反复要求听众不要打断他(17c,20e,21a)。在其他地方,他就不为这种言辞负责、由此也不为个人权威负责了,而是将其言辞归诸其他来源。但更通常的情况是他的对手在运用(或者想运用)这种展示性的独白,由此声称隐含在这种言辞模式中的权威性。运用问答法的苏格拉底紧紧盯住这种话语,把它当作败给自己的人们声称拥有思想权威或"智慧"的证据,当然,恰恰就是这点让他们在苏格拉底的方法面前显得不堪一击。

一篇论文就相当于一番长篇大论而未被打断的已写就的言辞。所以,正是普罗塔戈拉论文中隐含着的思想权威性声言,让苏格拉底得以在《泰阿泰德》中论证了其相对主义本身就站不住脚。通过避免用自己的声音体现这一话语模式，柏拉图就避免了那种权威主义指控——尽管同时他可能会受到另一种不同的指控：不负责任（参 Nehamas 1996：86）。对话形式也让柏拉图得以避免这种暗中的声言——他的（或任何人的）哲学观点实际上可以通过论断性话语来连贯一致地传达（尤参 Gonzalez 1998）。由此，与论文相反，对话形式具有着某些教学性意义。有些意义已经在《第七封信》中讲出来了。不过，即便没有这一证据，我们也可以从柏拉图对对话形式的选择来推断，他不认为权威性论文这类东西具有教学价值。无论柏拉图笔下的人物体现的是哪种教学模式，选择对话形式都使得柏拉图自己避免了采用那种类型的教学——在自己的声音中用一种持续不断的展示性话语来暗含的一种教学。柏拉图某些作品中的戏剧元素支持了这一推断。这些元素中最重要的就是苏格拉底的几大特征，尤其是他的非教条性身姿，他思想上的独立性，以及他反复对其他人的权威性断言进行质疑。苏格拉底不断批判长篇大论式的言词，这与其自我展示的下述特征相一致：他让自己在智慧和思想权威性上依从于他的对话者们，但同时又不断踩扁他们的种种声言。

作为对话作者，柏拉图的作者立场在形式层面上赞同这种自我展现模式和教学实践所具有的哲学价值。哲学对话不仅让苏格拉底的谈话方法得以再现，更是苏格拉底的无知在形式上的关联物。对话在读者身上激发出困惑（*aporia*），正如苏格拉底在他的对话者身上所做的那样，目的是要引出一种积极的思想回应，而非消极的学习。柏拉图非教条性的话语模式，让他得以在一种与苏格拉底类似的方式中质询传统、解释传统。反过来说，与柏拉图一样，苏格拉底也运用了“对话形式”这种金蝉脱壳术（*evasiveness*），例如，在《克力同》中转借雅典法律之口，在《会饮》中转借狄奥提玛之口。这些转借之术是苏格拉底建设性的积极思考的首要媒介。不过，它们也被苏格拉底用来避免权威性，这与柏拉图自己通过选择对话形式来避免权威性是一样的。

不过，在对话形式所固有的这种反权威主义特性，与对话中各个人物所表达的、往往极具权威主义特点的种种观点之间，常常有一种紧张。与此相关的吊诡之处是，柏拉图使用非常个人化的说话人——首先就是苏格拉底——来言说通常极为反个人主义的观点。在苏格拉底这个人物自己身上，也有对应的紧张，他避开了教条主义，但又推荐权威主义，他让对话具有优先性，但又在从事长篇大论式的修辞演说制作，在雅典的民主文化中，他从一个牢固的立场言说着种种彻底精英化的观点。我们不应受对话形式诱惑，忽略或低估以这些方式遍及柏拉图作品中的教条主义和权威主义，尤其因为它们都是哲学传统中“柏拉图主义”的决定性特征。然而事实仍然是，戏剧形式的一个内在结果、以及与之伴随的避免了权威性责任后的内在结果，就在于这种形式总是将这些观念表现成有待回应的对象，而非作者的声音为了让我们接受而散布的种种命题。由此，对于其作者和读者来说，遍布在柏拉图对话中的所有观念都是接受讨论和订正的，这让柏拉图自己避免了教条主义的指控。很多精心建构的、关于这类苏格拉底故事之产生和流布的“历史性”解释，进一步暗示了这些言辞上的“记录”完全是偶然的，都根植于此时此地（或彼时彼地），其论证都是临时性的，不应与他们那样频繁探究的超越性真理相混淆。

不过，还有另外一种更成问题的方式，使得苏格拉底这个人物体现了权威性话语和非教条性话语之间的紧张。尽管柏拉图拒绝权威性言辞，但是，通过让苏格拉底以其个性和论证统领着谈话，通过让苏格拉底的视角获得优先性，柏拉图又在大多数对话中暗中恢复了苏格拉底的权威性。在苏格拉底具有统领地位的所有对话中都是如此,包括那些运用直接性戏剧形式者。但最明显的是在那些苏格拉底作为叙述者的作品中。[①] 叙述者这一角色进一步给了他按照自己的兴趣塑造对话的源泉,由此控制着读者的视角,并在读者和其他人物之间创造出心理上的距离。[②] 叙述功能也赋予苏格拉底一种堪比荷马的权威性,比如在他叙述伊尔(Er)的冥府之旅这一"史诗性"故事时(尤参 Albinus 1998)。有时,柏拉图让我们注意这种控制性功能(尤其参考《王制》,350cd)。其他时候,柏拉图使得苏格拉底更为"无所不知",以至于似乎苏格拉底自己的视角也难以保证这一点。[③] 如《会饮》中那种其他人物的叙述,则提供了一种不同的方式,使得苏格拉底成为关注焦点。更一般而言,在作为整体的全部柏拉图作品中,苏格拉底在场的次数占绝对优势,这一点也给予他其他人物无法相比的一种统领地位。

权威性和开放性在柏拉图笔下还以另一种方式处于紧张关系中。尽管柏拉图在对话中"匿名",但一个有名有姓的作者却不可能完全消失于其笔下人物的面具后,逃避毕竟是他的作品的责任。那个隐含的作者仍然在场,其名字就叫"柏拉图",在其

---

① 苏格拉底叙述了《卡尔米德》、《吕西斯》、《王制》、《情敌》(通常被视为伪作),以及在预备性对话部分之后的《欧绪德谟》和《普罗塔戈拉》。《帕默尼德》由克法罗斯(Kephalos)叙述,《会饮》由阿波罗多洛斯叙述,《斐多》(在一段同厄克格拉底[Echecrates]的简短开场性谈话之后)由斐多叙述。进一步可参 D. Tarrant 1955b:84—5;Halperin 1992:95—6。

② 如参苏格拉底在《王制》342cd、350cd 省略特拉叙马库斯的方法。关于苏格拉底控制叙述的例子,参 Berger 1984;Tejera 1984:104—7;Dalfen 1989:78—80;Burger 1997:124—8。注意,在并非正式叙述者时,苏格拉底也运用带有偏见的叙述策略(比如《小希庇阿斯》368a—d)。

③ 关于前者,如参《欧绪德谟》290e;《会饮》212c;关于后者,如参 Benardete 1989:9—10。

文本中体现为一个“超级说话人”(Maranhão 1990：14)。直接的戏剧形式似乎比报告性对话更诚实，因为它去除了叙述者的中介性声音，创造出一种戏剧性的透明效果，好像我们都在偷听一样。这就是直接性模仿比叙述性模仿更能鼓励听众认同的部分原因。但另一方面，这种表面上的诚实其实又似是而非，因为诚实述说的直接效果掩盖了幕后作者的操控。在《泰阿泰德》开篇，欧几里德解释说，在他抄写原本的谈话时，他省略了谈话中出现的“他说”这些表述(143bc)。这个地方有助于提醒我们，即便是直接的戏剧形式，也总有一个作者和/或编辑的声音在暗中控制着。略去叙述性控制的决定本身就是一种控制形式，柏拉图明示欧几里德的决定就向我们警告了这一事实。就此而言，吊诡的是，叙述出来的对话才更为诚实，因为它们不断提醒着我们，这一叙述是由一个［外在的］声音而非参与者的声音来塑造的。这一点转而有助于让我们想起叙述者背后的作者来，倒不一定要同意他，但(一定)要创造和控制他。

在希腊文化的背景下，人们普遍认为写作自身本来就有权威主义的、反民主制的特性，此一事实强化了作者这种身份(参Steiner 1994，尤其4、5章)。的确，有理由将对话形式视为柏拉图围堵写作本身之困难的一种尝试，《斐德若》展示了这些困难。[①]比如，通过书写下来的对话，不能反过来回答问题，但它可以为我们展示回答或应对相似谈话中的人。正如当代批评家指出

---

① 尤参 Griswold 1986：216－26；亦参 Friedländer 1964－9：1. 165－6；Ogilvy 1971；Ophir 1991：161－66；Gellrich 1994：303－5。我无意加入关于柏拉图作品所表达的对写作之态度的争论。不过，无论怎样看待此事，重要的是要记住，《第七封信》和《斐德若》都为写作留下了一个积极位置，而且也都反过来认为某些口头话语形式不太可信(参《斐德若》258d)。书本不能给出答案(《斐德若》275d)，但做长篇大论的发言、未能回答质疑的演说者，也好不到哪里去(《普罗塔戈拉》329a)。

的，书写具有潜在的反权威主义特性，因为它不仅让阅读得以可能，也让重读及由此更为细致的分析和批评得以可能。甚至可以说，柏拉图对话激发思考的特质就部分地依赖于它们是［有意］写下的作品这一事实，而非无意中听来的谈话，因为柏拉图的读者处在这样一个位置——重温和分析种种观念和论证，而这对那些对话中的参与者和听众来说是不可能的。不过事实仍然是，写下来的对话从来都不是真正的对话，因为它总是受唯一一个作者视角的控制，无论这个视角怎样变来变去。所以，柏拉图对成文对话的运用，本身就表达了对权威性和自律性问题的两面态度。

即便是将自己的名字抹去得最彻底的这个作者，其权威性立场也可以通过柏拉图与荷马之间的古代类比追索出来。与荷马一样，柏拉图也由于其作品中的匿名性而极难捉摸。然而正如柏拉图其实清楚得很一样，这并未减损其荷马般的权威身份。“匿名的”荷马被狄俄提玛描述为文学“子嗣”之父，这些子嗣会带给他无尽的荣耀，这既蕴含着一种荷马式的父权性权威声言，也蕴含着为未来子孙而将作者的自我不朽化的意图。① 通过制作出写上他的名字、经由其后代和子嗣在一种父权性世系中往下流传的书册，柏拉图默认了自己具有一种类似的权威性。② 这一点也从很多间接性暗示中得到了肯定——柏拉图的部分计

---

① 《会饮》209cd。关于作为生殖的书写，参 Steiner 1994：110－16。关于通过书写获得不朽，参《斐德若》258bc。关于柏拉图笔下思想“子嗣”的父子关系，参《斐德若》257b，274e，275a，276e－277a，278ab，《王制》330c，534d，599b－600b，《会饮》177d，209a－e，《泰阿泰德》164e。参 Derrida 1981：76－84。亦参阿里斯托芬《云》137，《蛙》1059。

② 参考他的名字在动词 *plattō*（“制做”、“塑造”）中暗含的双关含义，这一含义既可运用于文学创造行为，也可运用于神圣创造行为（参《王制》415a；Diog. Laert. 3. 26；Brisson 1998：40－41）。

划就是要替代荷马及其无处不在的文化影响。像赫拉克里特(Heraclitus)和克塞诺芬(Xenophanes)一样,柏拉图让自己成了其前人的竞争对手,一方面通过批评其立场和方法,一方面通过推进其所做的事、用自己新的方式来做得"更好"。通过这种行为,柏拉图分享着古希腊激烈的文化竞争的一个突出特点:在一个很大程度上由挪用和竞争性地重述早前传说而构成的传统中,为文化权威性而竞争。① 这种竞争精神常常更存在于柏拉图文本的表面,比如在下面这些地方:格劳孔宣称从来没有言辞——无论诗体的还是散文体的——为正义做过令人满意的辩护时,并且向苏格拉底(由此暗中是向柏拉图自己)挑战,要让他做得更好一些(《王制》,366e);或者是哲学直接被置于与诗竞争之境地的那些人所共知的段落。②

由此,在某种意义上,柏拉图远远不是匿名的。实际上很可能如一位著名学者所看到的,"柏拉图的名字……极少出现在对话中,而且出现时似乎也不在中心位置"(Friedländer 1964-9:1.127)。但是,他的名字无数次出现在对话上,而且通常就在页面正中。③ 古代戏剧家的名字不出现在他们的剧作中,而是在[赢得戏剧比赛]胜利的时候被公开写出来,像他们一样,作为其笔下全部人物之木偶操控者的柏拉图,其名字的权威性程

① 关于希腊人的"竞争系统",参 Gouldner 1965:第2章。关于希腊文学传统的竞争本质,如参 Herington 1985:5-10;M. Griffith 1990 及 E. J. M. West 1995:45;P. J. Wilson 1996:317。

② 如《法义》817b,《申辩》22ab,《斐多》60e-61a,《王制》607b。亦参《会饮》,其中苏格拉底同时胜过了悲剧诗人和喜剧诗人(参 Bacon 1959;Clay 1975;Patterson 1982;Corrigan 1997)。

③ 在古代,在单部作品被赋予题目之前,对话可能是靠题写在上面的柏拉图的名字来辨识的(参 Haslam 1976:337-8)。古代世界中有无数的"托名之作",这也表明了作者的名字在权威方面的重要性。关于作为权威及责任的一种表征性签名,参 Burke 1996 及 Foucault 1984:105-8。

度，比他剧中任何一个单一性声音的都要高得多。到西塞罗时代，柏拉图已经被提升到哲学之神的地位了。[①] 西塞罗也喜欢宣称，宁可随柏拉图一道犯错，也不和他的对手一道正确[②]——这种感怀怕是会让柏拉图笔下的苏格拉底感到惊讶，因为对他来说，没有人——包括荷马和他自己在内——可以被评价得比真理还高（见《斐多》，91bc，《王制》，595bc）。在随后的千多年，通过教室中的不断重述，柏拉图的名字就被重新神圣化在了篇篇书页之上，不仅是他自己作品的扉页，还有这些作品的正文。怀特海关于欧洲哲学传统的著名评论——“它是由一系列对柏拉图的注释所构成的”（A. N. Whitehead 1978：39）——其真正含义并非在于后来所有哲学都是对柏拉图的注疏或回应这一含糊不清的意义，而在于后来所有哲学都把柏拉图的名字题写在了这些西方哲学“文本”的扉页上。由此，其他所有哲学，从亚里士多德到德里达，都被降级成了它们所注解的这一圣主文本之参考文献中的一个条目。

吊诡的是，这一正典性权威却部分来自柏拉图对对话形式的运用，这种运用使他的文本如此充满诱惑力，意蕴丰富、引人深思，无论读者处于哪种思考水平。比起论文中那种冷静而权威的声音来，柏拉图对话中的各色人物，无论现实中有无其人，都更可能激发出现代读者、尤其那些未受过正规哲学训练的读者的情感投入和思想回应。柏拉图在他的对话中展示了具体形

---

① *Deus ille noster Plato*（“柏拉图，我们的神”）（*ad Att*. 4. 16）。关于将柏拉图与阿波罗联系起来的种种轶事，参 Riginos 1976：9－32，198；亦参 Stove 1991：xi－xii。费齐诺（Ficino）编辑的著名的 1602 年版柏拉图对话则将这些轶事归诸“神圣的柏拉图”。关于柏拉图在现代的“神圣性”参 Lane 2001：136－7。关于柏拉图作品作为“经典”的正典化，参 *Anth. Pal*. 9. 188 及 Dörrie 和 Baltes 的疏释（1990：506－10）。

② 如 *Tusc*. 1. 39。参 Dörrie and Baltes 1987：section 30。

象摇曳读者心旌的强大力量,这是抽象分析绝难做到的(参 D. Allen 2000)。通过选择对话形式,柏拉图也同样在权威性层面实现了这一点,这是他吸引读者参与其辩证法的手段,也是他由此培育其哲学之长久生命力的手段。戏剧形式也有助于让他的正典地位保持长盛不衰,在各种教育层次上,也在那些一直受教于“西方”思想传统的普通公众中。当然,这一地位会受文化变迁的影响。中世纪时期的“这种”哲人,就是亚里士多德而非柏拉图,[①]而且他还继续随柏拉图在职业专家中间保持着旺盛的势头。但在今天所有欧洲思想得到传授的学校、学院中,一定会发现[其踪迹]的就是柏拉图,而非其他任何古代哲人。即便在近来的思想史中柏拉图相当程度上被描绘成了一个罪魁祸首,但他对对话形式的选择以及对这一形式那臻至极境的运用,都让他成了各种歧见纷呈的挪用对象(参 Lane 2001:135—9)。这一形式至少是让他在当代文化关注中具有如此中心地位的部分原因,在这个时代,对话和多声道——以及所谓的“助产术”教育——在很多地方都比一种亚里士多德式的权威性声音更有思想上的易接受性。

对读者情感、思想投入的这种激发,绝非全都一致。毋宁说,这种激发是对话形式第二个主要功能,如我——以及其他很多人——所理解的。任何话语形式都肯定在暗中要求读者的回应。[②] 但是,不只一个人在说话的戏剧性话语要求我们这样做的方式殊为特别。这是因为,“在对话中,一个人既听又说;每一个评论都内在地包含着回应的请求”(G. A. Scott 2000:44)。通过在每部作品中表现一种人物的多样性,柏拉图也要求一种来自

---

① 参 C. C. W. Taylor 1998:83—4。也请注意,中世纪柏拉图最有名的作品是《蒂迈欧》,这篇对话可谓是柏拉图所有对话中最不具对话性的。

② 如参 Harding 1962:139—40;Mecke 1990:201—4。

读者的多样性回应。正如一位古代注疏家所说——这预示着现代的接受理论——我们的灵魂自身就有多个方面的倾向(Anon. Prol. 15.7—13)。[①] 这种激发思考的多样性特性,可清楚见于那些困惑性(aporetic)对话,它们留给读者的是一堆有待思考的未得答案的问题。但即使在一篇对话达到了积极结论的时候,最后读者的想象性参与也被继续引发着,因为事实上柏拉图几乎从未闭合大多数对话起始的那一戏剧框架。[②] 很多这类开场都为随后的东西建立起了一个文化上具有特殊性的具体场景。但是,对话自身却始终如一地朝一个更为抽象的领域而去,很少回到最初的戏剧处境。柏拉图留下读者去继续自己的反思,而没有通过再次强调将读者和对话中的参与者及听众区分开来的那种距离,来打断读者全身心的投入感。因此,《王制》这篇叙述出来的对话,从间接性话语走向了结尾处的直接性言辞,如此就不动声色地将不受时间地点限制的听众们包容了进来。[③] 缺乏戏剧[框架]的闭合,还让柏拉图笔下的人物,尤其苏格拉底,在谈话结束后继续活在[读者的]想象中,甚至像《会饮》或《泰阿泰德》这些开始就强调谈话已经过去很久的对话,也是一样。这

---

① 参伊塞尔(Iser)的读者"视点游移"概念,这被 Gordon(1996 及 1999 第二章)运用到了柏拉图身上。注意,即使是《申辩》这篇会让人觉得文类上是一个独白的作品,也包含着米利都(Meletos)这个对话者,并且提供了关于听众反应方面的暗示,这使得该作品"成了苏格拉底与雅典人之间进行的一次辩证法交流"(Prior 1997:118)。

② 参 Halperin 1992:96;《欧绪德谟》是个例外(其框架是中间才突入进去的,而且最后结束了;参 Hawtrey 1981:31)。《斐多》的框架属于前者(88c,102a)而非后者;缺少闭合或许让"框架"一词在这里显得成问题,但在很大意义上,最初的场景设置"框住"了所有谈话,它提供一个想象性语境,所有谈话都发生在这个语境中。

③ 参 Howland 1993:34;亦参 Rosenstock 1983:222—6;Ophir 1991:第4章及147—60。

意味着，部分地塑造了一次活生生谈话的读者［的地位］，通过很多对话中的参与者——至少是那些对哲学、尤其苏格拉底态度友好者——加入了一个没有终止的过程中并作为这个过程之一部分的那种方式得到了强化，被带向一种未可预料的未来。哲学的历史证明了对话激发这种参与的效力。但是，柏拉图的作品也的确让人在积极参与文本的适当性和有限性方面，感到深深的不安。这种不安对应于柏拉图关于自己要避开的权威性的两面性态度，而且也通过很多类似的方式表达了出来，尤其通过苏格拉底这个人物的巨大力量。

在对话形式的这两种效果（或目的）之外，我还要加上第三种补充性功能，对柏拉图对话解读来说，这一功能也极重要。戏剧形式这一事实，如我所定义的——表现用一种并非作者的声音来说话的人物——迫使读者将哲学设想为一种特殊的、定位于某时某地的、属于人类的产物，深植"在很多真实而独特的历史情境中"(Rose 1992：332)。正规戏剧将真正的具体手段用作一种影响我们理解文本的方式，比如，服装、造型、演员选择及表演风格；柏拉图的对话则要求我们在自己的心灵中将这些具体手段搬上舞台。于是，通过运用对话形式，柏拉图征用了戏剧演出的心理学力量。柏拉图也在摸拟人们中间的伦理冲突、观念冲突，或者提供了解决，或者没有。由此，柏拉图让哲学显得是由"真实的"生活建构起来的——不仅与人们的生活相关（虽然的确如此），而且也正是由于那些参与对话、受对话影响之人的生活和个体境况，才成为可能并得到塑造的。因此，在柏拉图这里尚不存在那个所谓的"最大的反讽……哲学可能导致哲人遗忘它在日常生活中的起源"(Rice 1998：31)。前述效果更进一步得到了如下这种强化：作品中的话语内容常常在作品的戏剧行动中得到镜现，这为言辞和行动（*logos and ergon*）的配合作出了示范，这种配合是古希腊文本几乎着迷般地关注着的。在柏拉图的对话中，戏剧因素和话语因素相互影响，柏拉图往往运用戏剧性表现手段来镜现其模仿理论和教育理论。

甚至，一个戏剧性独白也将哲学建基于人的多样性上，因为它要求读者承认存在着作者与人物之间的距离。[①] 但是，从定义上看涉及到不止一个人物的对话，强迫我们注意人的多样性和差异。不管人物得到描绘的细致程度如何，对话形式都必然导致关于不止一个说话人的想象。由此，对话形式让我们别无选择，仅仅通过迫使我们设想两个或多个处于某种人际关系中的人物，就让我们承认了［对话发生的］特殊性。因此，严格说来，对话形式是对人之多样性的一种断言，这一断言集中关注的不仅是人类个体之间的思想和心理差异，而且是这些差异的各种身体基础，进而是我们的具体性和特殊性。结果并非简单地是一种人性层面上反总体化的姿态，要求听到多样性的声音。如我们所见，柏拉图的不同作品究竟多大程度上真正在这种意义上是多样性的，其实还是个问题，而且各个作品之间差异也很大。但戏剧形式的效果至少让人具体地想象两个人物，无论柏拉图怎样征用他们、转借他们之口来言说。随着作者在某部作品中对个体性或物质性的处理［方式］，这一效果可能会增强或减弱。某些情况下，特殊世界仅仅被设定为探询抽象的哲学理念的中介，另外一些情况下，这个世界则常常就是需要被关注的。但在最基础的层面上，对柏拉图运用对话形式而言，这一效果都是最基本的，而且即便在那些人物显得少有个性的对话中，它也未有丝毫减弱。

---

① 反之，一篇论文通常让自己显得超出了时空限制（参 Hyland 1995：20）。但是，一篇论文的作者可以通过引人注意作者和读者间的距离来确认人的多样性，比如，卢克莱修如此做的方法就是不断地向读者说到“你”。

这样,柏拉图对对话形式的选择,让哲学及其产物无可挽回地建基于人的特殊性和差异性,即便他在形式层面上抹去了第一人称作者声音的特殊性。这让很多在对话内表达一种超越属人领域的哲学性的努力变得十分痛苦。对话给与我们的那种对永恒性的一瞥,总是体现在时间之中。所以,对话形式自身就在承认,对话中心人物极度渴望的那种东西——一种超越于物质世界杂多性之上的状态——不可能达得。如此闻名地拒绝我们所称呼的(尽管不是他自己称呼的)“真实世界”、感觉世界、身体所体现的世界的思想人,义无反顾地将超越概念根植在这一个世界的土壤中。换句话说,柏拉图主义最臭名昭著的决定性特征,被他用一种自我否定的方式表达出来了。尽管[戏剧性对话]这种形式让作者得以金蝉脱壳,却用自己的方式展示了一种严格的思想诚实——它迫使我们承认人类思想无法逃离具体性,因为这种具体性就深深刻写在对话形式自己身上。①戏剧形式由此成了探询超越性之限度的一个中介,成了探询下述种种对立者之间张力的一个中介:理念的与特殊的,心智与身体,本源与形象,一与多,存在与生成,属人的与属神的,论证与劝服,理性与情感——这些对立无不遍布柏拉图的作品中。

通过将哲学实践以这种方式定位在一种属人的语境中,哲学活动的对话性展现同时而且不可分地成了对人之间的交流,或者说最宽泛意义上的教学的展现。不仅遍及柏拉图作品中的重要主题的交流(参 Dalfen 1989),还有某些交流模式,都暗含于各篇对话的每个说话人、回应者及听众之间的相互关系中。无论哪种情况下,这些模式都依赖于所运用的特殊对话形式,尤其

① 参考苏格拉底运用物质世界的形象语言来描述非物质的灵魂领域、形式(Forms)领域(如《斐德若》246a,《王制》506d—e)。

依赖于各个参与者所偏爱的言说模式，比如，是长篇大论、争论辩驳，还是各式各样的提问和回答。长篇大论或许意在以一种公开的修辞来达到劝服目的（如在《申辩》中），或者意在简单而权威地、如一次讲座所能提供的传递信息，抑或这两者兼而有之。这种讲辞自身并不要求另外一个说话人要戏剧化，因为甚至这个持续不断的讲座就已经暗含了某种类型的听众。不过，通过引入一种明显的等级秩序并重申首要说话人的主导性，一个服从性的第二说话人可以用于增强权威性效果。在［另外］明显与此对立的模式中，柏拉图笔下的苏格拉底强调了辩证性对话的合作本性，他赋予这种谈话的特征就是平等和相互合作的语言。不过，合作方式不止一种。一个具“合作性”但也具主导性的人物，可能承认自己的贡献，也可能予以否定——正如苏格拉底经常干的——或者多少公开地在一个共同分享的旅程中成为一个带领者。他可能催促其他人来合作，或者享受同伴们自愿给他的权威地位，无论这是预先定好的，还是在思想竞争中赢来的。

展现在对话中的各种教学模式以各种方式涉及到言谈的内容，因为后者经常关系到教育方法和教学的实质性论题。这一反身性提出了一系列关于柏拉图作品所描绘的教学方法和教学行为的问题。这些问题中最紧迫地涉及到苏格拉底教育的有效性。可以肯定，柏拉图笔下的苏格拉底一以贯之地否认他是一个严格意义上的老师。然而在柏拉图的描绘下，苏格拉底经常在一种公开的、宽泛意义上的教育性语境下与其他人相互交谈，意欲使他的对话者在这样或那样的意义上得到提高，即使是与人辩驳的时候也如此。这些描绘让我们不得不问，柏拉图的苏格拉底能否在其任何一次以身作则的展示中获得教育上的成功。如果能，他可以教的是谁？怎样教？如果不能，原因何在？这些描绘也让我们回到戏剧的特殊手段上。因为，有效性或者说苏格拉底及其方法的有效性，随教授者和学习者的性格不同而不同。关于正确的哲学方法和有效的教学方法的问题，由此变得与柏拉图自己描绘各式人物的“文学”实践息息相关。

这些问题不仅对柏拉图和他直接的听众、那些生活并写作于苏格拉底死后较长一段时间的听众非常重要，也对我们这些柏拉图的写作行为最终所暗含着的听众非常重要。对话的外部听众被柏拉图排除出了教学方法的直接展示范围，方法就是借助戏剧“第四面墙”①的想象性对应物将读者定位在想象中的“戏剧”行动世界之外。柏拉图从来没有通过使他笔下的人物直接面对观众说话来明确拆除这面“墙”，如（例如）阿里斯托芬干过的那样。但是，通过在他写入戏剧的谈话中经常提到旁观者——这些旁观者几乎都默不做声而且不知其名——柏拉图的确为他自己的听众暗示了种种教学性意义。与倡导言辞竞争及观摩的希腊文化相一致，这些旁观者对谈话进程的兴趣或许十分强烈，而且他们关注的东西也往往或隐或显地与教育有关。②那些关于苏格拉底对其年轻“模仿者”（如《申辩》23c）之影响的描述暗中表明，这种影响绝非偶然。

这些旁观者在戏剧中的角色与希腊悲剧、喜剧合唱队这一角色的某些方面相似，后者之用就在于作为发生在舞台上的戏剧事件的一种内部听众。戏剧合唱队的表演者都是成年男公民，像其大多数听众一样。在有些剧中，合唱队也代表着戏剧故

---

① ［译按］fourth wall，戏剧概念，指舞台上通过人们的想象定位于舞台台口的一面实际并不存在的“墙”。这面墙由对舞台空间实体的联想而产生，并与布景的左、右、后三面墙相联系，其作用在于隔开演员和观众，由此隔开虚拟世界和现实世界。

② 如参《高尔吉亚》455c，458b－e，《斐勒布》16ab，《普罗塔戈拉》310d－311a，316bc；McPherran 1986：552－3；Blank 1993：434－7。关于旁观者在雅典法庭和其他演说场景中的重要性，参 Lanni 1997。

事发生之地的全体公民，这种身份可能会激发其观众的强烈认同感。[①] 与此相似，柏拉图笔下及读者想象中的旁观者，在社会地位和性别上对应于他假定的外部听众和读者群体的大多数。[②] 正如希腊戏剧的合唱队，柏拉图对话中的这些内部听众的在场就模糊了戏剧世界及其外部观众世界之间的界限，由此暗中将谈话的教学效果延伸到我们自己身上。这一点在这种情况下最明显：柏拉图让他的叙述者对未知而无名的"朋友"说话，如在《普罗塔戈拉》和《会饮》中一样。在《王制》中，苏格拉底的直接听众没有被明确提到，但他默然在场，尽管他和我们之间实难截然分开。由此，关于柏拉图笔下的主导性人物影响对话中其他人物的问题，就与所有这些人物在其操控者柏拉图的编排下影响我们这个问题，难解难分。

（张文涛 译）

引用文献

Ahl, F. (1991) *Sophocles' Oedipus: Evidence and Self-Conviction* (Ithaca, NY).

Albinus, L. (1998) "The katabasis of Er. Plato's use of myths, exemplified by the myth of Er," in *Essays on Plato's Republic*, ed. E. N. Ostenfeld (Aarhus) 91—105.

Allen, D. (2000) "Envisaging the body of the condemned: the power of

---

① 参 Longo 1990；Wiles 1997：第 10 章；Blondell et al. 1999：39。

② 有轶事称柏拉图有一些女性弟子（如 Diog. Laert. 3.46，*Anon. Prol.* 4.25—6，*Comm. Alc.* 2.147—50），但即便如此，她们人数也不多，像雅典戏剧节上的妇女和奴隶一样，由此她们也就并未形成柏拉图意图中听众的一部分（参 Csapo and Slater：1995：286—305；Blondell et al. 1999：62—3）。其实，据说女性在学园中也像男性一样着装，这一点强化了上述看法。

Platonic symbols," *Classical Philology* 95: 133—50.

Annas, J. (1999) *Platonic Ethics, Old and New* (Ithaca, NY).

Arieti, J. A. (1991) *Interpreting Plato. The Dialogues as Drama*. Savage, Maryland.

Ausland, H. W. (2000) "Who speaks for whom in the Timaeus—Critias" in Press 2000a: 183—98.

Austin, J. L. (1962) *How to Do Things with Words* (Cambridge, MA).

Bacon, H. (1959) "Socrates crowned," *Virginia Quarterly Review* 35: 415—30.

Baltes, M. (1993) "Plato's school, the Academy," *Hermathena* 155: 5—26.

Barker, A. and M. Warner (eds. and introd.) (1992) *The Language of the Cave* (Edmonton).

Beckerman, B. (1970) *Dynamics of Drama: Theory and Method of Analysis* (New York 1970; reprinted New York 1979)

Benardete, S. (1989) *Socrates' Second Sailing: On Plato's Republic* (Chicago).

Berger, H. (1984) "Facing sophists: Socrates' charismatic bondage in *Protagoras*," *Representations* 5: 66—91.

Beversluis, J. (2000) *Cross — Examining Socrates: A Defense of the Interlocutors in Plato's Early Dialogues* (Cambridge).

Blank, D. L. (1993) "The arousal of emotion in Plato's dialogues," *Classical Quarterly* 2: 428—39.

Blondell, R., B. Zweig, N. S. Rabinowitz and M. K. Gamel (1999) *Women on the Edge: Four Plays by Euripides* (New York).

Blundell, M. W. (1992a) "*Ethos* and *dianoia* recondidered," in *Essays in Aristotle's Poetics*, ed. A. O. Rorty (Princeton) 155—75.

(1993b) "The ideal of the *polis* in *Oedipus at Colonus*," in *Tragedy, Comedy and the Polis: Papers from the Greek Drama Conference*,

Nottingham, 18—20 July 1990, ed. A. H. Sommerstein, S. Halliwell, J. Henderson and B. Zimmermann (Bari) 287—306.

Booth, W. (1961) *The Rhetoric of Fiction* (Chicago).

Boud, T. W. (1994) "Where Ion stood, what Ion song," *Harvard Studies in Classical Philology* 96: 109—21.

Brisson, L. (1995) "Interprétation du mythe du *Politique*," in Rowe 1995a: 349—63.

(1998) *Plato the Myth Maker*, trans. G. Naddaf (Chicago).

Burger, R. (1997) "Plato's non-Socratic narrations of Socratic conversations," in Hart and Tejera 1997: 121—42.

Burke, S. (1996) "The textual estate: Plato and the ethics of signature," *History of the Human Sciences* 9: 59—72.

Campbell, L. (1867) *The Sophistes and Politicus of Plato*. 2 vols. (Oxford; reprinted Salem, NH 1988).

Chroust, A. H. (1977) *Socrates, Man and Myth: The Two Socratic Apologies of Xenophon* (London).

Clay, D. (1975) "The tragic and comic poet of the *Symposium*," *Arion* 2: 238—61.

(1994) "The origins of the Socratic dialogue," in P. A. Vander Waerdt, ed., *The Socratic Movement*, 23—47. Ithaca.

(2000) *Platonic Questions: Dialogues with the Silent Philosopher* (University Park, PA).

Cooper, J. M. (1997) "Introdution," to Cooper and Hutchinson 1997: vii—xxvi.

Corlett, J. A. (1997) "Interpretation Plato's dialogues," *Classical Quarterly* 47: 423—37.

Corrigan, K. (1997) "The comic-serious figure in Plato's middle dialogues: the Symposium as philosophical art," in *laughter Down the Centuries*, vol. Ⅲ, ed. S. Jkel, A. Timonen and V. M. Rissanen

(Turku) 55—64.

Csapo, E. and W. J. Slater (1995) *The Context of Ancient Drama* (Ann Arbor).

Dalfen, J. (1989) "Platonische Intermezzi-Diskurse über Kommunikation," *Grazer Beiträge* 16:71—123.

Derrida, J. (1981) "Plato's pharmacy," in *Dissemination*, trans. B. Johnson (Chicago).

Desjardins, R. (1988) "Why dialogues? Plato's serious play," in Griswold 1988a: 110—25.

Detienne, M. (1996) *The Masters of Truth in Archaic Greece*, trans. J. Lloyd (New York).

De Vires, G. J. (1984) "Apollodore dans le 'Banquet' de Platon," *Revue des études grecques* 48: 65—9.

Dewald, C. (1999) "The figured stage: focalizing the initial narratives of Herodotus and Thucydides," in Falkner et al. 1999:229—61.

Dickey, E. (1996) *Greek Forms of Address* (Oxford).

Dodds, E. R. (1959) *Plato: Gorgias* (Oxford).

(1973) *The Ancient Concept of Progress* (Oxford).

Dörrie, H. and M. Baltes (1987) *Der Platonismus in Antike*, vol. Ⅰ (Stuttgart).

(1990) *Der Platonismus in Antike*, vol. Ⅱ (Stuttgart).

Edelstein, L. (1962) "Platonic anonymity," *American Journal of Philology* 83: 1—22.

Elam, K. (1980) *The Semiotics of Theatre and Drama* (London and New York).

Falkner, T. M. et al., eds. (1999) *Contextualinzing Classics: Ideology, Performance, Dialogue: Essays in Honor of John J. Peradotto* (Lanham, MD).

Field, G. C. (1930) *Plato and his Contemporaries* (London).

Foucault, M. (1984) "What is an author?" in *The Foucault Reader*, ed. Paul Rabinow (New York) 101—20.

Frede, M. (1996) "The literary form of the Sophist," in Gill and McCabe 1996: 135—51.

Friedlnder, P. (1964—1969) *Plato*, trans. H. Meyerhoff, vol. Ⅰ (2nd edn. Princeton 1969); vol. Ⅱ (Princeton 1964); vol. Ⅲ (Princeton 1969).

Gellrich, M. (1994) "Socratic magic: enchantment, irony and persuasion in Plato's Dialogues," *Classical World* 87: 275—307.

Gerson, L. P. (2000) "plato absconditus," in Press 2000a: 201—10.

Gill, C. (1993) "Platonic dialectic and the truth—status of the unwritten doctrines," *Méthexis* 6: 55—72.

Gill, C. and M. M. McCabe. (eds.) (1996) *Form and Argument in Late Plato* (Oxford).

Gonzalez, F. J. (ed.) (1995a) *The Third Way: New Directions in Platonic Studies* (Lanham, MD).

(1998) *Dialectic and Dialogue: Plato's Practice of Philosophical Inquiry* (Evanston, IL).

Gordon, J. (1996) "Dialectic, dialogue, and transformation of the self," *Philosophy and Rhetoric* 29: 259—78.

(1999) *Turning toward Philosophy: Literary Device and Dramatic Structure in Plato's Dialogues* (University Park, PA).

Gouldner, A. W. (1965) *Enter Plato: Classical Greece and the Origins of Social Theory* (New York).

Griffith, M. (1990) "Contest and contradiction in early Greek poetry," in *Cabinet of the Muses*, ed. M. Griffith and D. J. Mastronarde (Atlanta): 185—207.

Griswold, C. L. (1986) *Self—Knowledge in Plato's Phaedrus* (New Haven, PA).

(1999a) "Relying on your own voice: an unsettled rivalry of moral ideals in Plato's Protagoras," Review of Metaphysics 53: 283—307.

Grote, G. (1888) *Plato and the Other Companions of Sokrates*, vols. Ⅰ—Ⅳ (2nd edn. London).

Guthrie, W. K. C. (1969) *A History of Greek Philosophy*, Vol. Ⅲ (Cambridge).

Hall, E. (1995) "Lawcourt dramas: the power of performance in Greek forensic oratory," Bulletin of the Institute of Classical Studies 40: 39—58.

Halperin, D. M. (1990) *One Hundred Years of homosexuality* (NY).

(1992) "Plato and the erotics of narrativity," in Klagge and Smith 1992: 93—129.

Harding, D. W. (1962) "Psychological processes in the reading of fiction," *British Journal of Aesthetics* 2: 133—47.

Harris, W. V. (1989) *Ancient Literacy* (Cambridge, MA).

Haslam, M. W. (1972) "Plato, Sophron and the dramatic dialogue," *Bulletin of the Institute of Classical Studies* 19: 17—38.

(1976) "A Note on Plato's unfinished dialogues," *American Journal of Philology* 9: 336—9.

Henderson, J. (1991) "Women and the Athenian dramatic festivals," *Transactions of the American Philological Association* 121: 133—47.

Herington, J. (1985) *Poetry into Drama: Early Tragedy and the Greek Poetic Tradition* (Berkeley and Los Angeles).

Hershbell, J. P. (1995) "Reflections on the orality and literacy of Plato's dialogues," in Gonzalez 1995a: 184—9.

Hirzel, R. (1895) *Der Dialog: Ein literarhistorischer Versuch* vol. Ⅰ (Leipzig).

Hobbs, A. (2000) *Plato and the Hero: Courage, Manliness and the Im-*

personal Good (Cambridge).

Howland, J. (1991) "Re-reading Plato: the problem of Platonic chronology reconsidered," *Phoenix* 45: 189—214.

(1993) *The Republic: The Odyssey of Philosophy* (NY).

Hyland, D. (1995) *Finitude and Transcendence in the Platonic Dialogues* (Albany, NY).

Irwin, T. H. (1992) "Plato: the intellectual background," in Kraut (ed.) *The Cambridge Companion to Plato* (Cambridge)51—89.

(1995) *Plato's Ethics* (Oxford).

Kahn, C. H. (1996) *Plato and the Socratic Dialogue: The Philosophical Use of a Literary Form* (Cambridge).

Klagge, J. and N. D. Smith (eds.) (1992) *Methods of Interpreting Plato and his Dialogues*, *Oxford Studies in Ancient Philosophy* supp. Vol.

Klein, J. (1965) *A Commentary on Plato's Meno* (Chapel Hill).

Knox, B. M. W. (1968) "Silent reading in antiquity," *Greek, Roman and Byzantine Studies* 9: 421—35.

Kosman, L. A. (1992a) "Silence and imitation in the Platonic dialogues," in Klagge and Smith 1992: 73—92.

(1992b) "Acting: *Drama* as the *mimesis* of praxis," in *Essays in Aristotle's Poetics*, ed. A. O. Rorty(Princeton) 51—72.

Kraut, R. (1992) "Introduction to the study of Plato," in R. Kraut (ed.) *The Cambridge Companion to Plato* (Cambridge) 1—50.

Krentz, A. A. (1983) "Dramatic form and philosophical content in Plato's dialogues," *Philosophy and Literature* 7: 32—47.

Kuhn, H. (1941) "The true tragedy: on the relationship between Greek tragedy and Plato, Ⅰ," *HSCP* 52: 1—40.

(1942) "The true tragedy: on the relationship between Greek tragedy and Plato, Ⅱ," *HSCP* 53: 37—88.

Lane, M. S. (2001) *Plato's Progeny: How Plato and Socrates Still Captivate the Modern Mind* (London).

Lanni, A. M. (1997) "Spectator sport or serious politics? οἱπεριεστηκότες and the Athenian lawcourts," *Journal of Hellenic Studies* 117: 183—9.

Levett, M. J. (trans., revised by M. Burnyeat) (1990) *The Theaetetus of Plato* (Indianapolis).

Levi, A. W. (1976) "Philosophy as literature: the dialogue," *Philosophy and Rhetoric* 9: 1—20.

Livingstone, R. W. (ed.) (1938) *Portrait of Socrates* (Oxford).

Lodge, D. (1987) "After Bakhtin," in *The Linguistics of Writing*, ed. N. Fabb, D. Attridge, A. Durant and C. MacCabe (NY) 89—102.

Longo, O. (1990) "The theater of the *polis*," in Winkler and Zeitlin 1990: 12—19.

Loraux, N. (1973) "'Marathon' ou l'histoire idéologique," *Revue des études anciennes* 75:13—42.

McAvoy, M. (1999) *The Profession of Ignorance: with Constant Reference to Socrates* (Lanham, MD).

McDonald, J. M. S. (1931) *Character — Portraiture in Epicharmus, Sophron and Plato* (Sewanee, TN).

McPherran, M. L. (1986) "Socrates and the duty to philosophize," *Southern Journal of Philosophy* 24: 541—60.

Mader, M. (1977) *Das Problem des Lachens und der Komödie bei Platon* (Tübinger Beiträge zur Altertumswissenschaft, vol. 47). Stuttgart.

Maranhão, T. (ed.) (1990) *The Interpretation of Dialogue* (Chicago).

Mecke, J. (1990) "Dialogue in nattation (the narrative principle)," in maranhão 1990: 195—215.

Michelini, A. N. (2000a) "Socrates plays the buffoon," *American Journal of Philology* 121: 509—35.

Miller, M. H. (1980) *The Philosopher in Plato's Statesman* (the Hague).

(1999) "Platonic mimesis," in Falkner et al. 1999: 253—66.

Momigliano, A. (1993) *The Development of Greek Biography* (expanded edn. Cambridge, MA).

Monoson, S. S. (2000) *Plato's Democratic Entanglements: Athenian Politics and the Practice of Philosophy* (Princeton).

Mulhern, J. J. (2000) "Interpretation the Platonic dialogues: What can one say?" in Press 2000:221—34.

Nails, D. (1995) *Agora, Academy, and the Conduct of Philosophy* (Dordrecht).

(2000) "Mouthpiece schmouthpiece," in Press 2000a: 15—26.

Nehamas, A. (1987) "Writer, text, work, author," in Cascardi 1987: 265—91.

(1990) "Eristic, antilogic, sophistic, dialectic: Plato's demarcation of philosophy from sophistry," *History of Philosophy Quarterly* 7: 3—16.

(1998) *The Art of Living: Socratic Reflections from Plato to Foucault* (Berleley and Los Angeles).

Nightingale, A. W. (1995) *Genres in Dialogue: Plato and the Construct of Philosophy* (Cambridge).

Nozick, R. (1981) *Philosophical Explanations* (Cambridge, MA).

Nussbaum, M. C. (1986) *The Fragility of Goodness. Luck and Ethics in Greek Tragedy and Philosophy*. Cambridge.

Ogilvy, J. A. (1971) "Socratic method, Platonic method, and authority," *Educational Theory* 21: 3—16.

Ophir, A. (1991) *Plato's Invisible Cities: Discourse and Power in the Republic* (London).

Patterson, R. (1982) "The Platonic art of comedy and tragedy," *Philoso-*

phy and Literature 6: 76—93.

Pfeiffer, R. (1968) *History of Classical Scholarship* (Oxford).

Pickard—Cambridge, A. W. (1988) *The Dramatic Festivals of Athens* (2nd. Edn. Revised by J. Gould and D. M. Lewis, Oxford).

Pratt, L. H. (1993) *Lying and Poetry from Homer to Pindar: Falsehood and Deception in Archaic Greek Poetics* (Ann Arbor).

Press, G. A. (ed.) (1993a) *Plato's Dialogues: New Studies and Interpretations* (Lanham, MD).

(1995) "Plato's dialogues as enactments," in Gonzalez 1995a: 133—52.

(1996a) "The state of the question in the study of Plato," *Southern Journal of Philosophy* 34: 507—32.

(1997) "The dialogical mode in modern Plato studies," in Hart and Tejera 1997: 1—28.

(ed.) (2000a) *Who Speaks for Plato? Studies in Platonic Anonymity* (lanham, MD).

Prior, W. J. (1997) "Why did Plato write Socratic dialogues?" in McPherran1997: 109—23.

Quincey, J. H. (1981) "Another purpose for Plato, 'Republic' I," *Hermes* 109: 300—23.

Raphael, D. D. (1960) *The Paradox of Tragedy* (Bloomington).

Reeve, C. D. C. (1988) *Philosopher — Kings: The Argument of Plato's Republic* (Princeton).

Rice, D. H. (1998) *A Guide to Plato's Republic* (NY).

Riffaterre, M. (1983) *Text Production*, trans. T. Lyons (NY).

Riginos, A. S. (1976) *Platonica: The Anecdotes Concerning the Life and Writings of Plato* (Leiden).

Rose, P. W. (1992) *Sons of the Gods, Children of Earth: Ideology and Literary Form in Ancient Greece* (Ithaca, NY).

Rosenstock, B. (1983) "Rereading the *Republic*," *Arethusa* 16: 219—46.

Rowe, C. J. (1984) *Plato* (Brighton).

(1997) "The good, the reasonable and the laughable in Plato's Republic," in Laughter Down the Centuries, vol. Ⅲ, ed. S. Timonen and V. M. Rissanen (Turku) 45—54.

Russell, D. A. (1990) "*Ethos* in oratory and rhetoric," in Pelling 1990: 197—212.

Rutherford, R. B. (1995) *The Art of Plato: Ten Essays in Platonic Interpretation* (Cambridge, MA).

Ryle, G. (1966) *Plato's Progress* (Cambridge).

Sayre, K. M. (1992) "A maieutic view of five late dialogues," in Klagge and Smith 1992: 221—43.

Scott, G. A. (2000) *Plato's Socrates as Educator* (Albany, NY).

Searle, J. R. (1969) *Speech Acts: An Essay in the Philosophy of Language* (Cambridge).

Seeskin, K. (1987) *Dialogue and Discovery: A Study in Socratic Method* (Albany, NY).

Segal, C. P. (1978) "'The myth was saved': reflections of Homer and the mythology of Plato's Republic," *Hermes* 106: 315—36.

Stehle, E. (1997) *Performance and gender in Ancient Greece: Nondramatic Poetry in its Setting* (Princeton).

Steiner, D. T. (1994) *The Tyrant's Writ: Myths and Images of Writing in Ancient Greece* (Princeton).

Stenzel, J. (1940) *Plato's Method of Dialectic*, trans. D. J. Allan (Oxford).

Stove, D. (1991) *The Plato Cult and Other Philosophical Follies* (Oxford).

Strauss, L. (1964) *The City and Man* (Chicago).

Szlezák, T. A. (1997) "Theaitetos und der Gast aus Elea. Zur philosophischen Kommunikation in Platons *Sophistes*," *Beiträge zur antiken*

Philosophie, ed. H. C. Günther and A. Tengakos (stuttgart) 81－101.

Tarrant, D. (1955b) "Plato as dramatist," *Journal of Hellenic Studies* 75: 82－9.

Tarrant, H. (2000) "Where Plato speaks: reflections on an ancient debate," in Press 2000a: 67－80.

Taylor, C. C. W. (1998) *Socrates* (Oxford).

Tecuşan, M. (1990) "*Logos sympotikos*: patterns of the irrational in philoophical drinking: Plato outside the *Symposium*," in *Sympotica*, ed. O. Murray (Oxford).

Tejera, V. (1984) *Plato's Dialogues One by One: A Structural Interpretation* (NY).

(1993) "The Hellenistic obliteration of Plato's dialogism," in Press 1993a: 129－44.

(1997) "The son of Apollo explicated: Plato's wit, his irony, and dialogism," in Hart and Tejera 1997: 65－86.

Tigerstedt, E. N. (1977) *Interpreting Plato* (Stockholm).

Turner, E. G. (1952) *Athenian Books in the fifth and Fourth Centuries BC* (London).

Usher, S. (1965) "Individual characterization in Lysias," *Eranos* 63: 99－119.

Vander Waerdt, P. A. (ed.) (1994) *The Socratic Movement* (Ithaca, NY).

Vlastos, G.. (1991) *Socrates: Ironist and Moral Philosopher* (Ithaca, NY).

West, E. J. M. (1995) "Plato's audiences, or how Plato replies to the fifth-century intellectual mistrust of letters," in Gonzalez 1995a: 41－60.

White, S. A. (2000) "socrates at Colonus: a hero for the Academy," in

Reason and Religion in Socratic Philosophy, ed. N. D. Smith and P. Woodruff (Oxford) 151—75.

Whitehead, A. N. (1978) *Process and Reality: An Essay in Cosmology*, ed. D. R. Griffin and D. W. Sherburne (NY).

Wiles, D. (1991) *The Masks of Menander: Sign and Meaning in Greek and Roman Performance* (Cambridge).

(1997) *Tragedy in Athens: Performance Space and Theatrical Meaning* (Cambridge).

Wilson, P. J. (1996) "Tragic rhetoric: the use of tragedy and the tragic in the fourth century," in Silk 1996: 310—31.

Winkler, J. J. (1990b) "The Ephebes' Song: *Tragoidea* and *Polis*," in Winkler and Zeitlin 1990: 20—62.

《斐多》的戏剧结构

吉利德(Amihud Gilead)

柏拉图笔下的苏格拉底这一角色,位于一种哲学性艺术作品的核心。他是一个戏剧英雄(a dramatic hero)。下面,我将把《斐多》①作为一个范例来进行分析,以此理解柏拉图著作中的文学与戏剧风格所蕴涵的哲学要义。许多柏拉图研究者都承认,柏拉图的写作风格并非仅是其哲学思想的一个外壳、框架抑或其哲学的外在装饰,不但如此,少数学者还将柏拉图的写作视为文学与戏剧艺术来加以分析,认为这些文学与戏剧结构富含

---

① [译按] Gilead 所引的《斐多》英译是 R. Hackforth 翻译并有导言和评注的《柏拉图的〈斐多〉》(*Plato's Phaedo*,Cambridge:Cambridge University Press, 1972 [1955])(以下简称 H),而其他柏拉图对话的英译则是引自汉密尔顿(E. Hamilton)和凯恩斯(H. Cairns)编的《柏拉图对话(含书信)》(*The Collected Dialogues of Plato including the Letters*,Princeton: Princeton University Press, 1971)(以下简称 HC)。在原英文中,方括号中的词是 Gilead 所加。柏拉图对话引文的中译,参考了杨绛译《斐多》(沈阳:辽宁人民,2000);水建馥译《古希腊散文选》(北京:人民文学,2000);刘小枫译《柏拉图的〈会饮〉》(北京:华夏,2003);刘小枫译《斐德若》(未刊稿);王晓朝译《柏拉图全集》(北京:人民,2002—2003);王太庆译《柏拉图对话集》(商务,2005);朱光潜译《文艺对话录》(北京:人民文学,2000)等。如果这些中译与英文有原则性差异,则引文的中译由译者按所引的英文直接译出。

哲学要义。确实，由于柏拉图自己对诗和诗人进行的严厉谴责，其戏剧性写作尤其提出了很多难题。

要分析《斐多》的戏剧结构，就应特别留意对话中种种象征的作用。就柏拉图的写作技艺而言，这类象征有独特意义，因为理式（Idea）与其现象（phenomenon）的关联也是象征化的关联（例如《斐多》73d 处竖琴和斗篷的例子）。类似关联在文学与灵魂学（psychology）中，都发挥着重要作用。此外，我们还应把《斐多》的主题思想牢记于心，正是这个主题思想将各个部分互相关联起来。

下面，我们先看看这个图表，它详细地描绘出了《斐多》的戏剧结构：

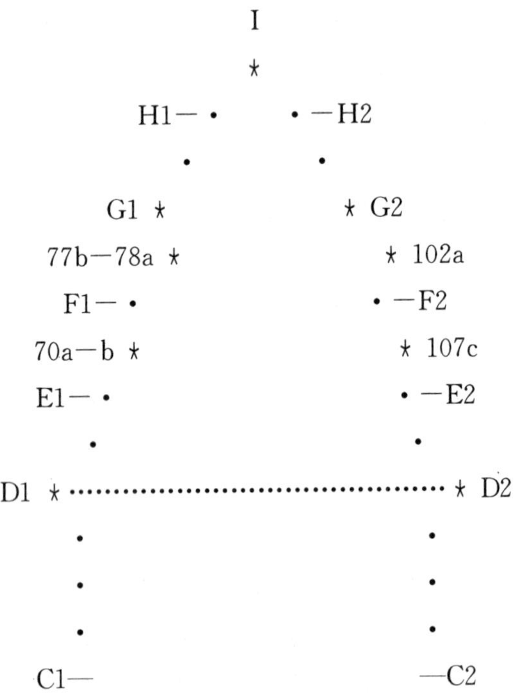

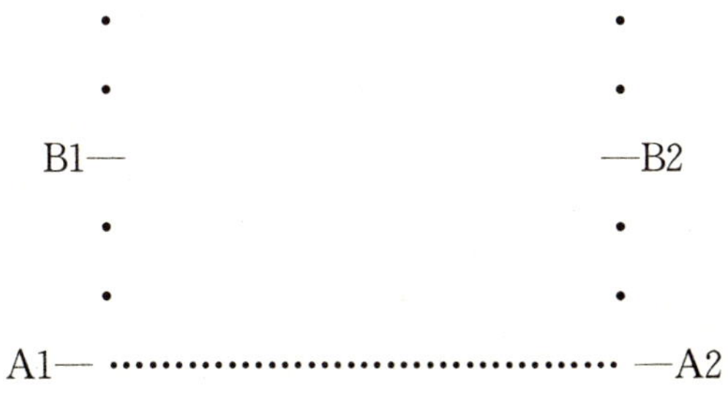

B1— —B2

A1— ……………………………… —A2

《斐多》的戏剧结构

困难趋向（*direction of complication*）（向上）	解决趋向（*direction of resolution*）（向下）
A1：框架（frame）——斐多与厄克格拉底（Echecrates）的对话（57s—59c）	**A2**：框架结束（118a）
B1：开端：一天的开始（59d—60c）	**B2**：结尾：一天的结束，日落（116b以下）
C1：序幕和"诗的申辩"（poetical apology）（60c—61b）	**C2**：尾声：苏格拉底的临终时刻（115a—118a）及框架的插入部份（117b）
D1：走向哲学讨论（61e）	**D2**：神话结束，转向苏格拉底的死（114d）
E1：死的问题及其与哲学的关联（61e—69e）	**E2**：神话（107d—114c）
70a—b：克贝（Cebes）的问难	**107c**：神话的转折
F1：苏格拉底对克贝的回答；对灵魂不朽的论证；回忆；对西米阿斯（Simmias）的回答（70c—84b）	**F2**：回答克贝（96a—107b）

77b—78a:感到害怕的小孩

102a:框架对话(frame dialogue)

G1:为高潮做准备:天鹅之歌及停顿(84c—85d)

G2:为解决与回答做准备;苏格拉底的沉默;停顿(95a—96a)

H1:西米阿斯与克贝的反驳(85c—88b)

H2:回答西米阿斯(91c—94e)

I:中间部分

高潮(困境——88c—91c)

困难性与框架的插入部份

乍一看,上述图解展现出了《斐多》戏剧结构中令人诧异的对称美。我们会依次对结构的各部分和转折点进行分析。当然,在我的分析中,有时我也会提前引出前面部分所含的重要观点,这是因为《斐多》的结构不是线型的方式,而是一个条理分明、相互应和的有机构成体。

A1:斐多与厄克格拉底的框架对话

斐多与厄克格拉底的框架对话是《斐多》的开始与结束(A1与A2部分)。他们的对话甚至中断了《斐多》的几处转折——高潮前、高潮间与高潮后。而这些插入的对话,能让读者对戏剧情节中即将到来的转折有所准备,并且,亦能让读者集中注意力,甚或产生期待感;不仅如此,或许还会减缓戏剧的张力,同时,创造一个相对平和的氛围(比如在88c—89a)。

当然,这一框架对话还有另外两大用处:其一,情绪状态得以呈现(这关乎对话者的感情倾向),由此可促发读者再次深思对话的内容;其二,更重要的是,框架对话无论在何时中断了对事件的讲述,它都能把我们从事件发生的时间与地点转入到另外的、不属于苏格拉底之死的时间与地点。这种框架对话的插入,尤其会在高潮部分(I部分),产生明显的时空错位效果(anachronistic effect)。这种时空错位效果能把无助的读者从一个时间带到另一个时间、从一个空间带入另一个空间。故事时间不是事件发生的时间,这就正如故事时间不是阅读对话的时间一样。就产生时空错位效果而言,甚或读者本身也发挥了相当大的作用,因为他或她被邀积极地阅读这一开放的哲学著作。由此,你或许就会认为,这个或那个对话者是错误的,他应该用不同的方式来讲述或回答。读者可能会说:"这个或那个对话者在接受或反驳苏格拉底的观点时,他们错了,换作我,对他的回答则完全不同。"即便一篇并非困境性的对话,也不是终结性或封闭性的。柏拉图的任何对话都是开放性的,至少,它有着潜在的释读空间:无论读者何时解读,对话都在被重新理解,读者有权做出变化。①

"苏格拉底对话"因被书写,从而确保了它的不朽性,这与未成文的对话不同,无论读者身处怎样的时空,他们都能读到苏格拉底的对话,并且,还能让他们自己一次又一次地不停思索,尽管这些读者可能与苏格拉底身处的时空是那样的遥不可及。因此,爱若斯(Eros),这追求永恒与不朽的哲人,也需要一种写就

---

① 参 Friedländer, *Plato: An Introduction* (《柏拉图引论》, New York: Pantheon Books, 1958, 页 166):"写下来的对话将其对话性与辩证性动力(dialogical and dialectical dynamics)传递给读者。读者会专注于苏格拉底提出的每一个问题……对话性动力会持续引发读者内心的共鸣,感染读者的不只是其结论。看来,对话是唯一可以让书本身悬置起来的一种书的形式。"

成文的哲学，没了它，就什么也不能做。柏拉图对话的不朽与永恒，以及它的开放特性，正是凭着框架对话产生的时空错位，方才切实形成。框架对话消除了时空距离，为不朽而永恒的哲学铺好了道路。进而，作为读者的我们，在摆脱了现实时空的局限后，也就可以进入斐多与厄克格拉底对话的具体时空，甚至进入到苏拉拉底死时的那个监狱。这样的时空错位，亦能深深感染读者，因为无论是怎样的读者，或许都不会放过灵魂不朽的问题。当然，读者在由自己的时空转入到苏格拉底与其对话者的时空，甚或转入到斐多与厄克格拉底对话的时空时，他们自己将会被苏格拉底的对话以及他的死深深地打动，进而，读者在情绪上会涌起强烈的共鸣，并且，其理智也会出现相应的波动。或许，苏格拉底并没有完全说服他的对话者去相信人的灵魂是不朽的，然而，他的论证却一定说服了厄克格拉底，说服了未被提及姓名的观众，当然，更重要的是，说服了无数潜在与实际的读者。在 58d2 及 d4，厄克格拉底用了"我们"一语(比较 58d7)，即是说，"当时至少有一个或者更多的朋友与他在一起"，①而这意味着，在这一框架对话中，还有一些匿名的目睹者(抑或说至少还有一人)在场。在 59d(H29)，当斐多提到参与者的姓名时，他补充说"还有其他本地人"，而在 103a，有一个匿名的对话者插话("这时候，我听到同伴中有人插话，但我记不清他是谁了"[H148])。于是，所有这些人——无论厄克格拉底，还是那些提了名与未提名的对话者，以及匿名的观众与无数读者——都在屏住呼吸、用心等待，看看苏格拉底的行动是否会与他的哲学恪守一致、英勇而平静地接受死亡的到来。总之，上述的方方面面拓展了《斐多》

---

① Hackforth, *Plato's Phaedo*, *translated with an introduction and commentary* (《〈斐多〉：英译与注疏》), Cambridge: Cambridge University Press, 1972 (1955)，页 28，注①。

的空间，大大地越出了它本身的范围，同时，也让人无从确知，到底有多少匿名的参与者、观众以及读者加入进来。

厄克格拉底向斐多打听苏格拉底最后一天的情形时，竭力要求斐多告知他发生的一切，任何细节都不要遗漏，厄克格拉底这种“刨根问底”的本性让人们本来就兴致勃勃的期望变得更为热切。毫无疑问，他的确有用不完的时间反复探听那些现场目睹者对这一事件的讲述（58d，对比 57a－b）。厄克格拉底强烈要求斐多在讲述时要小心翼翼，不要错过任何细节，很明显，他已不是第一次向人探问这一事件了。不过，在他还没有彻底搞清事件的真相之前，他是决不会感到满足的。在此，作为读者的我们，也应问问，自己是否对斐多所讲故事的结局就真的完全认可？然而，即便如此，我们对苏格拉底也仍是知之不多，理解尚浅；他依旧高深莫测，神神秘秘。不但我们，就算他的朋友也与他遥遥相隔；他巍巍高妙、难以捉摸，正如《会饮》中阿尔喀比亚德（Alcibiades）所描述的那样。

苏格拉底与我们的距离感也因框架对话而变得突出，因为，框架对话让我们意识到了时间的跨距，以及保全每个细节、防止遗失的重任。然而，斐多的理解力和记忆力都相当有限，（“同伴中有人插话，但我记不起他到底是谁”[103a5，H148]；“我想在场的就是这些人了”[59c，H29]），不仅如此，斐多的认识也有失于偏颇，下的定语也不怎么恰当（“我相信柏拉图当时病了”[59b，H29]），因此，一些重要的细节肯定就被遗忘了。一旦我们去探究斐多情绪反应所蕴藏的含义，苏格拉底与读者的距离就肯定会被进一步拉大，这是因为，斐多在我们与苏格拉底之间担当了中介人（mediator）角色，尽管他这角色有时相当不可靠。虽说如此，就苏格拉底的最后一天而言，读者手中却也只有柏拉图的这一陈述了，是故，斐多的中介作用就显得不可或缺，对此须认真对待。较之于苏格拉底与对话者及其观众之间的差距与分离，斐多的中间人角色在对话中倒是表现尚佳，然而，也就在这一对话里，分离问题(the question of separation)明确被提出来了。苏格拉底的灵魂与他身体的分离，他的理性论证与对话者情感反应上的分离，形成了一个背景，在这个背景中，斐多这位不可缺少的报告者，将各种论证、情感、人物以及戏剧场景编织在一起。斐多可谓这篇对话的精灵(*daimōn*)，或许，这就是用他的名字来命名对话的原因。

斐多把他独特的感觉告知我们：

> 当想到我的朋友再过一会儿就要死去时，我的情感极为复杂，快乐与痛苦奇异地交织在一起。我们这些在场的人全都像我这样，一会儿笑，一会儿哭。(59a,H28)

在苏格拉底眼中，如此迟疑踌躇的情感显得不可思议，对此，他是非常反感的。由于框架对话造就的时空距离可能会拉大苏格拉底的最后一天和我们之间的距离感，所以，这一迟疑踌躇的情感会相应减弱，进而苏格拉底的最后一天也就相对平静地呈现在我们面前。是故，虽说框架对话能让读者参与其中、身受感染，但它却有益于戏剧的节制和距离。

框架对话的时空错位效果或许会模糊时空中的一些差异、拉大时空间的距离，然而，也正是靠着这一模糊所造就的这一感觉：这一场面正在我们眼前发生，时空距离方才会被削减，不仅如此，它或许还会促发这样一种感受，即苏格拉底的最后一天是一个经典场面，不论是什么样的时间与空间，只要身在其中的哲人反对主流的政治与文化习俗，那么，这一场面就会反复地再现。哲人与普通社会、残暴政制以及非理性政治体系的经典性遭遇(the classic confrontation)，其实与时下的环境无关，注定要反复发生。事实上，事隔多年后，柏拉图自己就相当痛楚地经历了一次类似的遭遇，这一遭遇发生在他的政治哲学理念与当时的狄奥尼修二世(Dionysius II)之间。那时，柏拉图与苏格拉底临死之前的年岁差不多。柏拉图把自己和狄奥尼修的遭遇以及自己从西西里的出离跟《奥德赛》(12.428)的一句名诗联系起来："重新经过险恶的卡律布狄斯(Charybdis)"(《第七封信》，345e，HC1592—1593)。我们可以将此视为柏拉图的精神历险(Platonic Odyssey)在实践中的一个危急时期。

时空错位的效果，由于会抹去抑或模糊前后时空的隔阂与距离，因此，就有助于实现不朽。这种克服时间性与有死性的愿望，是一种极为典型的哲学欲求，如《会饮》所描述的那样，或一种典型的辩证法内容，如《王制》(VI，486a 和 VII，537c)所呈现的那样。当然，这种欲求不仅是要脱离偶在而短暂的现象牢笼，而且也是在揭示其永恒而必然的智性原因(intelligent causes)。在《斐多》中，这样的欲求可谓昭然若揭：灵魂由于向往智性上永恒不朽的理式世界，遂远离身体与激情。由此，灵魂得到了解救，但它的这一主动脱离却并非是在逃避，因为它的目标是去发现现象世界的普遍永恒的根基，并揭示出，永恒不朽的法则也只能部分、有限地体现在现象中，作为智性世界的影像。这就是柏拉图与苏格拉底试图对他们所谓的"一种梦"的解释：意见的对象是现象，意见仅仅是存在的梦幻，而非对存在的清醒意识。

脱离当下的现实境遇，创设一种时空错位感，这在《斐多》中除了靠框架对话获得外，还可以靠其他方式。比如，在 58a，斐多提到了苏格拉底的判决与他最后一天所间隔的长久时间。与此同时，他把忒修斯(Theseus)和七对青年男女的神话故事告诉了我们，不过，这一故事发生的时间似乎也带有神话性，即是说，这一时间根本就不受现行时间的影响与限制。当然，还可以看看 59a，从这里我们得知，自从苏格拉底被判决之后，他的朋友每天都要在审判他的地方聚集，然后习惯性地由那儿前往监狱。如此一来，审判的情形是在反复发生，这尤其体现在苏格拉底几次把同他对话的朋友与他实际受审中的雅典法官进行比较时的情形（参 63b2，63d，63e8，69d7，115d7 以及冥府的法官［114b6］）——不过，苏格拉底的朋友才是他真正的法官，为此他会做出真正的申辩（69e4）。

提及那些出现在苏格拉底最后一天的人物名单，也有助于时空错位效果的发生，因为，这些人中的绝大多数，在其不同戏剧时间与地点的其他对话中，要么是参与者，要么被提到（59b－c）：阿波罗多洛斯（Apollodorus）与克力同（Crito）、克力同的儿子克力托布尼斯（Critobulus）以及厄庇革涅（Epigenes）的父亲，都身在苏格拉底的审判现场（汉克弗斯［Hackforth］认为这里的阿波罗多洛斯与《会饮》的叙述者是同一个人［H30］）；克力同参与了《欧绪德谟》（*Euthydemus*）和《克力同》中的对话（《克力同》45b 以一种赞许的口吻特别提到了西米阿斯与克贝）；克力托布尼斯在《申辩》（*Apology*）的 33e 和 38b、《欧绪德谟》的 271b 和 306d 匀被提到了；赫谟根尼（Hermogenes）参与了《克拉底鲁》（*Cratylus*）中的对话，而且，这一对话还是由他与克拉底鲁首先发起的；克特西普（Ctesippus）参与了《吕西斯》（*Lysis*）和《欧绪德谟》中的对话；墨涅克塞诺斯（Menexenus）参与了《墨涅克塞诺斯》（*Menexenus*）和《吕西斯》中的对话；欧几里德（Euclides）与忒尔西翁（Terpsion）则参与了《泰阿泰德》（*Theaetetus*）中的对话。由于柏拉图的艺术手法，所有在苏格拉底最后一天出场的人足以充分地呈现苏格拉底的全部哲学活动。他们这些人，唤起了关于对话以及与之相伴的对话人、戏剧时间、戏剧地点这一切的全部记忆。因此，他们的出场，就让苏格拉底的最后一天成为一个有力的回音，远远地超越了特定的时空，似乎可以说，凭着柏拉图著作中的戏剧化描绘，苏格拉底哲学人生的重要阶段——他的最后一天可谓栩栩如生——有若重现，即便死后很久，这一切也会在他的追随者和读者心中葆有鲜活的生命。

获得时空错位效果的另一种途径，则是闻名的 *scholē*，即闲暇(leisure)。斐多有足够的时间去反复讲述苏格拉底最后一天的故事(58d3)。毋庸质疑，从事哲学确实需要有自由的时间或闲暇(66d4)。而闲暇，是苏格拉底惯常的生活方式，在他生命的最后一天，他亦能拿出时间进行一场持久而谨慎的谈话，反之，西米阿斯与克贝则担心这次谈话会打扰苏格拉底，引起他内心的不快，因为它是发生在一个如此不幸的时日，一个如此"伤悲的场合"中(84d6)。唯有在后面，当苏格拉底讲完神话后，他才说了一句"留给我的时间已经不多了"(114c5—6)，而要描绘出纯净的灵魂在无比美好、公平正义的世界中所历的奇遇，实际上也非易事，不过，将此与克力同的恳求进行对比，就有了一种反讽的效果，克力同说："不急，我们还有很充裕的时间。"(116e，H189)

在 88c，框架对话再次插入进来。此时，斐多提到："的确，我们后来也都承认了这点。"(88c2，H105)这一刻足以把我们从苏格拉底的最后一天引入到另外一些含糊不定的时间中，那既非斐多与厄克格拉底对话的时间(故事时间)，亦非读者阅读的时间。由此，又有一种产生时空错位效果、实现永恒不朽的方式了。60d 提到了厄文努斯(Evenus)的问题，克贝说，在这之前厄文努斯问过他这个问题，克贝继续说道："我敢肯定，厄文努斯还会问我，如果你希望我能回答他的问题，请告诉我该怎么说。"(60d，H34)然与此同时，我们却必须记住已有三个不同的时间，而这意味着，关于苏格拉底和他最后一天的这些谈话已被延伸开来，可以说，在时间之维上，它已不再局限于这一天，而是上下漫延，前后回返，既追溯往昔，又指向未来。

苏格拉底的思想自传(96a6 以下)又把我们带入了另一个时间，那时，苏格拉底还是一个年轻的哲人。不过，这一自传却成为古希腊哲学本身的组成部份与分支。虽说这一时间只是一个更为宽泛的时间组成部份，但作为这样的一个组成部份，苏格拉底的思想自传却有着丰厚的意义，它远远超越了那一特定的时空。

牢狱的看守也提到了时间，同时，他的话也让现场变得紧张起来，他对苏格拉底说："我已经知道，你在所有到这里来的人中间是最高尚、最温和、最体面的。"(116c4—6，H188)看守所做的对比，其实已涉及到了苏格拉底的其他时日，而非他生命的最后一天。关于这点，斐多在结束对话的最后评述中同样说："厄克格拉底啊，我们的朋友就这样完了。我们可以说，在他那个时期，在我们所认识的人里，他是最善良、最有智慧、最正直的。"(118a，H190)再次强调，我们必须铭记这样三个不同的时期：苏格拉底的死，苏格拉底的整个一生，斐多的故事。因此，《斐多》的结尾也带给我们时空错置的感受。

苏格拉底强调："假如灵魂是不朽的，我们就该爱护它，不仅今生今世该爱护，永生永世都该爱护。"(107c，H167)而这，当然是一种拓展时间维度的范式，由此摆脱一切限制，最终，乃是超越时限、达至永恒。同样，若要总揽性地细究苏格拉底的整个一生，也应该如此，即是说，要摆脱其狭隘的时限，采取一个广袤深远的视角。苏格拉底是不朽(*per ennis*)哲人的一个典范，他的影响远远超过了公元前 5 世纪的雅典时空。可以说，只要哲人企图把他们的正义理念变为政治现实，那么，无论何时何地，诸如苏格拉底之死的悲剧就可能再次上演。这样的悲剧,象征着经验领域的现象世界与永恒不朽的正义理式之间那难以逾越的鸿沟。不但如此,它还象征着人的终有一死与哲人追求不朽的矛盾(hiatus)。不过,柏拉图认为,相比于人类的其他活动而言,哲学的确更能让我们接近不朽,然而,正如对智慧的爱一样,哲学也永远不可能完全彻底地实现自己的目标。

时空错位的作用,特别是框架对话的作用,就讲到这里。不过,框架对话还涉及到另外一些要点,下面,我们就来讨论。

第一,药(drug)或曰"毒药"(poison [pharmakon]),它将苏格拉底从"这里""转渡"到永生。第二,在苏格拉底企图证明灵魂不朽与忒修斯成功征服弥诺陶洛斯(Minotaur)[①]之间,存在类比关系。当然,苏格拉底的精神历险(spiritual Odyssey),不仅应与忒修斯带着七对男女的征途相互比较,还应与奥德修斯的历险相互比较。第三,阿波罗与苏格拉底之死的关系。第四,净化的主题。第五,提到在苏格拉底的最后一天那些在场与不在场的人物名单,有什么意义。

药,在框架对话的第一句便提到了:"斐多啊,苏格拉底在监狱里服毒那天,你和他在一起吗……?"(57a,H27)。《斐多》中,提到药的次数很多(例如 63d－e,115a7,115d3,116c3),尤其在结尾的时候。在 63d,苏格拉底说,要是有必要,他就会喝两服、甚或三服"毒药"。在此,你或许听到了对这句著名谚语的回应:"甚至两倍、三倍的好(*good*)(或正当[*right*])",这句谚语分别在《高尔吉亚》(*Gorgias*)498e、《斐勒布》(*Philebus*)60a、《法义》(*Laws*)956e 被提到。[②]这仿佛是在说,那药不是一剂毒药,而是一种迈

---

① [译按] 弥诺陶洛斯:半人半牛的怪物,它住在克里特岛(Cretan)的迷宫中,吃食雅典进贡的童男童女,后来被忒修斯杀死。

② 见 Friedländer,《柏拉图引论》,前揭,卷三,页 61。

入幸福的方式。在《斐多》117b，苏格拉底提了一个怪问题："从杯中倒出一些来做祭酒，你看怎么样？是允许还是不允许？"(H189)。在苏格拉底心中，这个问题关系到他对诸神的祷告，他希望"在前往新居所的途中，能有一个快乐的旅程"(117c，H189)。要把我们从尘世带入最好的冥府领地，比起药来，难道还有更幸福的方式吗？对苏格拉底来说，喝药就是一次幸福的航渡，借此，他会到达他的终点，到达他所向往的家园，到达他的伊萨卡岛(Ithaca)。借助药，苏格拉底把灵魂从身体的囚禁中解救出来。是故，就苏格拉底而言，药就更多地意味着医药(medicine)(正如《王制》382c10一样)，意味一种自由和拯救的手段，而非单单是一剂"毒药"。在《希英大词典》(Liddell and Scott' *Greek — English Lexicon*)中检索 *pharmakon* 一词，它有如下的含义：药、药物、消魂药(enchanted potion)、春药、魅力、符咒、迷惑、毒药、治疗、整治、治疗法等。派生词 *pharmakos* 的含义则为：施毒者、巫士、魔法师、为别人赎罪的殉难者、替罪羊(依阿里斯托芬[Aristophanes])。[①]由此，我们就能了解苏格拉底与药(*pharmakon*)的亲密关系，只是这一关系颇具反讽意味。对雅典人来说，苏格拉底是这样的一个复合体，他兼有施毒者(或曰败坏者)、巫士(针对他朋友而言)、魔法师、"为别人赎罪的殉难者"以及替罪羊的种种身份。毋庸质疑，在苏格拉底的最后一天，他的确成了雅典人向阿波罗供奉的祭品。是故，如此一来，对他的刻画就可能有两种不

---

① "进一步讲，由于这种命运是留给没有价值的人，所以，*pharmakos* 就成了一个挨骂蒙羞的通行称谓。见 Liddell and Scott' *An intermediate Greek — English Lexicon*(《中型希英词典》)，Oxford：Clarendon Press，1972，855b。德里达审慎地分析了柏拉图笔下"药"的各种含义，参"Plato' Pharmacy"(〈柏拉图的药〉)，见氏著，*Dissemination*(《撒播》)，trans. Barbara Johnson，Chicago：The University of Chicago Press，1981，页61—171。

同的方式，即：他既是一个用哲学与神话将其对话者搞得心醉神迷的迷惑者(charmer)，也是雅典祭坛上献给阿波罗的祭品。然而，我们能期望阿波罗，这位拒绝用血腥和死亡作为献祭的神，接受将苏格拉底的死作为献祭吗？或者，由于毒药不会使苏格拉底流血，所以，阿波罗或许会接收这一献祭？

同样，在《会饮》203d8，苏格拉底以第俄提玛之名把爱若斯(Eros)形容为一个*施魔者*(*pharmakeus*)，即：爱若斯具有巫士、魔法师以及"药剂师"的特性(这里没有提到"毒害者")。不过，在《会饮》中，当阿尔喀比亚德的情感奔涌不止时，我们也就意识到了苏格拉底其实也是一个*精灵*(*daimōn*)，也是其爱若斯本身。苏格拉底还提出，药是恢复记忆的妙方(《斐德若》，275a5)。至于《斐多》中的药，它给苏格拉底带来的幸福则是让他的灵魂摆脱身体的囚禁，也就是说，让他的灵魂脱离牢狱与墓穴，因此，药性最开始是在双腿上发作，而腿，则是他与感知的现实世界相连接的桥梁。索福克勒斯与欧里庇得斯在用到 *pharmakon* 一词时，是把它视为毒药(poison)，而荷马却将其用作医药(medicine)与解毒剂(antidote)。由此，*pharmakon* 一词的模糊性，恰能很好体现苏格拉底对待身体的双重标准。他既轻视身体及其感觉，但同时又对感觉、感官给予了很多关注(仅次于他对如何脱离束缚的关注)，他洗澡洗了好一阵子，而药性在他身上发作时，也描绘得极为详细。苏格拉底对这一切都知道得很清楚，正如与其他在场的人一样。

哲人从世俗世界移居到福岛，生活当然会快乐幸福，然而，这似乎又会有悖于哲人返回洞穴牢狱的职责，不但如此，它还与柏拉图对这个半真半假的现象世界的接受以及拒绝帕默尼德对这个世界的否定态度相抵触。在柏拉图看来，现象甚至它的阴影，都在一定程度上分有了实在(reality)，它们并非就完全虚无

(nothing),这与帕默尼德的哲学正好相反。进一步讲,柏拉图的成熟哲学思想就是要把身体——当然还包括人身的感觉、情绪,纳入到一个总揽性的看法中,譬如《会饮》中第俄提玛所提出的爱欲的各个阶段。第俄提玛讲的各级爱欲是从对一个单独身体的爱开始的,然后尽可能被化减,最终达至纯粹的爱智。然而,要是灵魂从身体(抑或从它的"隐喻性环境",即在一个具体场景中参与者的具体时空形态)解放的同时,却并不伴有这二者的彻底分离,那么,让人幸福的方式还是这药吗?不过,要是其解放又意味着这一分离,那么这药就会转变成真正的毒药,由此,它无可挽回地加剧了柏拉图的二元论问题。

即便如此,《斐多》中的药仍混和了两种对立的观点:其一为悲剧性观点,即朋友们为苏格拉底的死无比悲恸,所以要尽可能地延缓他的死亡;其二,则是苏格拉底对毒药欣然接受,因为,毒药能把他的灵魂从身体的墓穴与牢狱中解救出来。从第二种观点看,苏格拉底是在遥遥地、无所动心地看着他的朋友们。不过,在他愉快地按摩双腿时——它是毒性最先发作的部份,或是当他喝下毒药、感到双腿发沉时,他与他的朋友、与他的身体似乎又拉近了距离,因为那时他露出了一些感觉和情绪,而这些感觉和情绪与他的身体密切相关。由此,纵观所有这一切,我们可以认为,在《斐多》中,*pharmakon* 一词的用法的确显得扑朔迷离、含混模糊。它既使灵魂脱离身体的牢狱与墓穴,从而促成了愉快的分离和自由,同时,作为一种毒药,也带来了悲怆的分离和令人痛惜、不合时宜的死亡。因此,我们所讨论的分离问题可谓矛盾重重、疑问多多,也许正是因为这些矛盾和疑问,才使得柏拉图的分离问题充满着困境本性。

由于从得洛斯岛(Delos)返回的船只在路上有耽搁,所以苏格拉底的死就被推迟了(58a 以下,59e)。每年,朝圣团都要乘这艘船前往得洛斯岛，船上载满了献给阿波罗的贡品，因为忒修斯成功征服了弥诺陶洛斯。格德斯（W. D. Geddes）、克莱因（Jacob Klenin）、斯比泽（Adele Spitzer）、多特（Kenneth Dorter）以及伯格（Ronna Burger）都指出，苏格拉底对厌辩症和他朋友怕死心理的克制（见 89d）与忒修斯的胜利——这两者之间具有相似性。①当然，在 89c，苏格拉底的搏斗也暗暗在与赫拉克勒斯（Heracles）跟九头怪蛇及巨蟹的搏斗作比较。无论如何，相似性的挖掘决非就至此为尽，事实上，我们不应忽略第三重类比，即与奥德修斯的比较。

首次暗示奥德修斯的地方是在解释苏格拉底的死被推迟时，"有时候，如果遇到逆风，朝圣船就要花很长时间才能回来"（58b－c，H28）。风也阻碍了奥德修斯，让他回家的努力化做泡影，当他乘着木筏航行到第十八个时日时，费埃克斯国土（Phaiakian）已隐隐可见，但这时波塞冬（Poseidon）刮起一阵狂风，致使木筏四分五裂（《奥德赛》，卷五）。风猛烈地击打木筏，荷马对此提到了几次（例如在 5. 313－333 处）。在卷十二中，奥德修斯的乘船在斯库拉（Scylla）和卡律布狄斯间被猛烈的风雨左甩右摆、上

---

① Geddes："这是一个全新的忒修斯，他航入陌生的海域，探险晦暗复杂的迷宫，他凭着自己的理性而非阿里阿德涅（Ariadne）的帮助来获得摆脱迷宫的线索"，详见 *The Phaedo of Plato*，with introduction and notes（《斐多》注疏），London and Edinburgh：Williams and Norgate，1963，页 15（[译按]：阿里阿德涅，国王 Minos 的女儿，她曾给情人忒修斯一个线团，以帮助他走出米诺陶洛斯的迷宫）；Adele Spitzer，"immortality and Virtue in the *Phaedo*：A Non — ascetic Interpretation"（〈《斐多》中的不朽与美德：一份非苦行修道式的解释〉），见 *The Personalist* 57，1976，页 114；Kenneth Dorter，*Plato's Phaedo：An Interpretation*（《柏拉图〈斐多〉义疏》），Toronto：University of Toronto Press，1982，页 4－5；Jocob Klein，*A Commentary on Plato's Meno*（《柏拉图〈美诺〉释义》），Chapel Hill，N. C：The university of North Carolina Press，1965，页 126；Ronna Burger，*The Phaedo：A Platonic Labyrinth*（《〈斐多〉：柏拉图的迷宫》），New Haven and London：Yale University Press，1984，页 17－23。

下翻滚，最终，在宙斯的风暴下粉碎了。不断的暴风雨，凶险的海面，危险重重的航程，尽管奥德修斯遭遇了这些各式各样无法估量的艰险阻遏，但他还是毅然决定返还家乡，回到伊萨卡岛，这是荷马《奥德赛》众所周知的主题。

再回头看看《斐多》，我们发现，西米阿斯要求苏格拉底给出一个灵魂不死的有力论证。西米阿斯补充道：

> 事实上，我们应该做好以下两件事情之一，要么是寻求指导或是依靠我们自己的努力来发现与这些问题相关的真相；如果这不可能，我们就只能把人间最有道理、最颠扑不破的理论当作航行人世的木筏，登上这个木筏，继而渡入险恶的世途。如果不这样，那么就除非我们能找到更结实的船只，就是说，得到了什么神圣的启示，从而让我们这番航行更平安稳妥。(85c，H97)

这段话，正如格德斯和伯内特(Burnet)所指出的，难道没在影射奥德修斯的木筏？在99d1，苏格拉底把他思想自传的第二阶段("对原因的探索")称为第二次航行(*deuteros plous*)，这指的是"来自风停后那些使用船桨的人的'次好的方法'"。*Plous* 是阿提卡希腊语 *Ploos* 的缩写式，意为"航行"、"航程"以及"关乎航行的时间"或"潮势"。

在《斐多》的神话中，旅程(*poreia*)一词被反复提及，例如，在灵魂前往不可见世界即前往冥府的行程中就被提到了(107d5；107e1,5)。苏格拉底也把灵魂的旅程与一个相反的概念——困境(*aporia*)联系起来：灵魂找不到自己该去的路，只能独自徘徊(108c1)，陷入困境。当然，灵魂的这一行程可能非常恐怖，因为"在地球的内部，风拍击着流水，这些水从同一个地方涌进涌出，致使水流汹涌澎湃，狂风阵阵，令人毛骨悚然”(112b，H178)。这些描述，也许会让读者忆起奥德修斯危险重重的英勇行程。在《法义》803b，雅典人谈到了这样一个问题：“到底什么工具或什么生活方式，才可使我们在时间海洋的航行中达到最好的目的地。”(HC1374)在《帕默尼德》137a，帕默尼德承认，“在我这个年纪，要去穿越浩瀚无边、危险重重的大海，我的回忆会让我在出发前就惊恐不已”(HC931)。在这些段落里，我们都感受到了对《奥德赛》的回应。奥德修斯前往冥府、著名的 *nekuia* [冥府]的行程，是整部《奥德赛》的决定性地方(卷十末尾，卷十一，并参卷二十四)。冥府中有四条大河，它们在荷马的 *nekuia* 中匀被提到了(《奥德赛》，10.513—515)，而在《斐多》112e—113c，它们在苏格拉底的 *nekuia* 中同样被提及。下面，我将进一步讨论柏拉图—苏格拉底的 *nekuiai*。在冥府中，奥德修斯见到了西西弗斯(Sisyphus)；而在《申辩》41a—c，苏格拉底提到了他死后他在冥府将会见到的英雄人物，其中就有荷马、奥德修斯与西西弗斯。奥德修斯讲述了他从入冥府到相会佩涅洛佩的整个历程，而《斐多》84a 也提到了佩涅洛佩——“像佩涅洛佩那样，把织好的料子又拆掉，做永无止境的劳务”。无论如何，像这样的类比决非偶然为之。实际上，在《斐多》中我们能看到明显指涉《奥德赛》与《伊利亚特》的地方，如 94d—e 与 112a。荷马这位“神圣的诗人”，当然也会在此其中被明确提及(见 95a1—2，亦参 95b7)。

柏拉图极为关注荷马，对荷马，他既反对批评，又衷心称赞。当迈入垂暮之年时，他还提到了荷马及《奥德赛》(例如：《法义》，658b—d，680c—d，706d—707a，804a)。在《法义》中，雅典人说：“像我们这样的老人，可能会从诵诗者(reciter)对《伊利亚特》和《奥德赛》的吟诵中获得更多的快乐。”(658d，HC1255)这位雅典人与绝大多数人不同，他更喜爱荷马史诗(658b)而非喜剧和悲剧。

不过，柏拉图的早期写作，却又在强烈地批评荷马式的生活方式（如《王制》，600b）。[①] 柏拉图承认，荷马让他着迷，"甚至最优秀的人"也要谨防他的腐蚀（《王制》，605c－d）。在柏拉图眼中，"荷马是最优异的诗人，是第一位悲剧家"（607a，HC832）。荷马如此高明，以至于他让我们完全忘却自我，就是说，我们对荷马笔下的英雄所遭遇到的苦难满腹哀怜、感同身受，由此忘却了我们自身的存在。不过，作为戏剧英雄的苏格拉底，却在他的最后一天让他自己同那些参与者保有距离。当然，这样的距离在他——这个神秘莫测的人——与我们之间也同样存在。由此，这种疏远，也就不可能让读者忘却自我。是故，模仿性认同（mimetic identification），既不会出现在苏格拉底与他的朋友之间，也不会出现在苏格拉底与我们读者之间。实际上，自我克制（或保持自我的一致性）是一个人的美德（《王制》，605d），这种美德同戏剧和诗歌的本质大相抵触。无论如何，即使苏格拉底的朋友无法克制自己，自身的行为如"小孩与妇女"一般，即他们看起来就像看悲剧的观

---

① 关于柏拉图对一般的诗、尤其对荷马的诗，换言之，对"荷马式的、或口传的心智状态"进行强烈谴责的一些深刻缘由，哈弗洛克（Eric A. Havelock）作了令人信服的解释，见氏著，*Preface to Plato*（《柏拉图引论》），Oxford：Basil Blackwell，1963，页46－47，80，91，185，190，200－210，218－221，241－242，244－245。不过，在《斐多》中，苏格拉底"曾觉得自己身在一个大教育传统里，从最广的意义上讲，此乃荷马式的教育传统。……柏拉图提出了一种非传统的观念，也许这种观念能成立。'理智主义'（intellectualism）或许是'教育的至高形式'，它超越且取消先前的诗的方法"。亦参哈弗洛克下列著述：*The Greek Concept of Justice From Its Shadow in Homer to Its Substance in Plato*（《希腊的正义观念：从荷马处的开端到柏拉图处的成熟》），Cambridge，Mass：Harvard University Press，1978；*The literate Revolution in Greece and Its Cultural Consequences*（《希腊的文学革命及其文化后果》），Princeton；Princeton University Press，1982，页3－38，256；*The Muse Learns to Write: Reflections on Orality and Literacy from Antiquity to the Present*（《学习书写的缪斯：反思从古至今的口传与文写》），New Haven and London：Yale University Press，1986，页3－8，14－16，29，96－97，114－116。

众一般，但由于苏格拉底与他们以及我们所保有的距离和疏远，他们或我们也就不会忘却自我，进而，对苏格拉底的模仿性认同和模仿的程度，也就会随之减弱。苏格拉底的朋友，还有我们，对苏格拉底抱有的同情是阿波罗式的（Apollonian），而非不节制的狄俄尼索斯式的（Dionysiac），换言之，就柏拉图而言，他的诗与荷马不同，他的诗密切联系于自我认识和理智主义，最终，是要使人认识自我、清醒节制，并获得哲学的知识。正如我们将看到的，柏拉图虽被视为取代荷马的竞争对手，但他的方式却与荷马截然不同。在《斐多》中，柏拉图尝试着一个极为艰巨的任务，即去表现（"模仿"）与理解那种"理智的、有节制的精神（character [*ēthos*]）"，而这种精神恰为苏格拉底所有。柏拉图用自己的方式完成了这一任务，他的方式与荷马完全不同，他改变了荷马的方式。因此，柏拉图创造了一种新型模仿（*mimēsis*），这种模仿是那些"聚集在剧场里的乌合之众"不可能理解的（604e，HC830）。

戏剧《斐多》在与荷马的戏剧竞争。实际上，这部戏剧是想彻底改造荷马在诗史和戏剧上的成就，以便让哲学领域从中另有收益。在《斐多》中，我们遇到了一位新的戏剧英雄，他极具理智和美德，为德性（aretē）的真正拥有者，换言之，他是一位真正有美德禀赋的人。节制、英勇、智慧——这一切都是用来形容苏格拉底的。由此，这位英雄的光芒盖过了希腊神话中的一切英雄，无论奥德修斯、忒修斯，还是赫拉克勒斯，都由此黯然失色。不仅如此，他的观众也钦佩他，为他激动，但是，也正如我们所看到的，观众的反应却适合于传统的悲剧，而非柏拉图用于竞争的戏剧。这就进一步强调了苏格拉底与他朋友的距离与隔阂，可以说，他那些朋友的情感反应，既不合乎如苏格拉底一般的哲人英雄的愿望，也不符合柏拉图理智型的哲学戏剧的观念。

在苏格拉底的最后一天，在场的观众就像在希腊剧院里观看悲剧表演一样，无法止住情感，忧心忡忡、战战兢兢，满怀怜悯，心灵交织于希望与焦躁之间，他们一会儿哭一会儿笑，被情绪的风暴摇动着，最终遗失了自我。眼泪汪汪的阿波罗多洛斯（“我想你认识他，也知道他的性格”——59a－b，H29），以及悲恸不已的克珊西帕（Xanthippe）（“你们知道她是谁”[60a2]），都细微地表现出希腊观众在剧院里的情感状态。“呜呜地抽泣，潸然泪下地悲叹”（*Koptomenē* [60a9－b1]，*koptomai*——捶胸哭喊），说着“女人惯常所说的那些话”（60a，H32），克珊西帕表现或呈现出《王制》605d 所描述的、观众在悲剧上演时对“捶打自己胸膛”（*koptomenous* ——d2）的伤心英雄的同情行为。像这样的行为，的确算不上一种男子汉的行为，相反，它倒是一种过去在剧场上为人称道的“妇道人家”的行为（605e，HC831）。

苏格拉底为拒绝这样的情感反应，费了很多口舌。事实上，他期望他的朋友们能有不同的反应。柏拉图对他的读者也这样期望。为了维持自控、克制这一适宜的情感状态，借由斐多作证，柏拉图提到了自己在苏格拉底最后一天的缺席。由于柏拉图和苏格拉底亲密无间，所以，提及自己的缺席就能让其强烈的情感投入与最后一天的戏剧描绘保持距离。①当然，前面提到的时空错位效果，也对保持情感距离、减弱情绪共鸣大有裨益。

由此，我以为柏拉图是想写一部竞争性的哲学《奥德赛》（*philosophyical Odyssey*），它的戏剧价值一点也不弱于“第一位悲

① 通过提到自己的缺席，柏拉图暗示“这对于戏剧不可或缺”（Jerome Eckstein, *The Deathday of Sorates: Living, Dying, and Immortality — The Theater Ideas in Plato's Phado*《苏格拉底的忌辰：生、死与不朽——柏拉图〈斐多〉中的理念戏剧》，Frenchtown: Columbia Publishing, 1984，页 23），不过，Eckstein 指出这并非其根本原因（同上，页 28－34）。Geddes 依循普卢塔克（Plutarch）的记载，也认为“疾病阻止了他（即柏拉图）……无疑，疾病是由悲痛而生”（见氏著，《〈斐多〉注疏》，前揭，页 178），或许如此。不过，柏拉图缺席的真正原 （转下页）

剧作家"荷马所写的诗史，只不过，这部戏剧不会煽动人的感情，不会引发荷马戏剧中的那种紊乱狂热。柏拉图试图通过写就的成文言词，让苏格拉底的戏剧生命达至不朽，然而，写成文字的东西却又只是影像[shadows]（或映像[images]——《斐德若》，276a9，《第七封信》，342b）。他努力创作一部赋有文学艺术性的哲学著作，以此让哲学在与诗的古老争论和竞争中赢得胜利。当然，苏格拉底并不想与智术师、诗人厄文努斯竞争（《斐多》60d），但是，柏拉图却写就了"完美无缺、无与伦比"的悲剧，"用戏剧化的方式呈现了一种高贵而完美的人生"，"这是所有悲剧中最真实的一种"（《法义》，卷七，817b，HC1387）。《斐多》不就是这样一部竞争性的"一切戏剧中最杰出的"戏剧吗（同上）？在《斐多》中，柏拉图的精神历险集中在苏格拉底对厌辩症和极度怕死的斗争上，而对死的惧怕，可谓对话者、读者心中的弥诺陶洛斯。然而，要获得这一斗争的最终胜利，却只有靠克服所谓的分离难题。这一分离，是对话者的情感与理智的分离；厌辩、仇恨、恐惧，揉碎了灵魂，致使灵魂四分五裂，而这可谓是分离难题的实证或例子。由此，通过对理性与情感的调和，以及对两者分离的克服，进而在理性的制衡与引领下让情感与理性统为一体，哲学就不仅会克服人的厌辩症，还会克服人对死亡的恐惧。一旦轻视理性的思考或哲学，那么，人们的恐惧感又会弥漫开来，因此，这一

（接上页注①）因却是他所经历的危机，这一危机是由这一悲剧中的死亡，以及雅典人与哲学理念的分离而造成的——这些哲学理念是苏格拉底的，也是柏拉图的，或者说是他们共同的。把柏拉图的缺席与这一危机（疾病）联系起来，就有助于让情感保持和谐节制的平静状态。柏拉图显示了他是多么了解苏格拉底，同时亦证明苏格拉底带有悲剧意味的决断也是合情合理的，甚至从某种程度上讲，柏拉图已把苏格拉底的命运或天命视为自己的命运或天命，这就如《第七封信》所揭示的那样。在其不同的时期，苏格拉底和柏拉图都有同样的精神历险。

戏剧性的争斗必须坚持到底。尽管哲人应该先就预见其注定的前景，但还是必须下到洞穴与囚徒们生活在一起。哲人将以囚徒的方式生活其间，不过，“却与荷马的感受一样（《奥德赛》，11.489—491），宁愿活在人世上做一个穷人的奴隶，受苦受难，也不愿和囚徒们有共同意见，再过他们那种生活……”（《王制，516d，HC749》）。如此人生，即便在荷马看来，也是一个悲剧。

船开往得洛斯岛的航程以及苏格拉底死刑的推迟使我们讨论荷马的《奥德赛》。得洛斯岛本身也与对阿波罗的献祭相关。

阿波罗在《斐多》中被提到了几次（第一次是在58b—c），同时，他与苏格拉底的特殊关系亦被强调（61a：“阿波罗的节日使处死我的时间推迟了”；60d 与 62b：苏格拉底给阿波罗作了一首赞美诗——“我首先要做的就是歌颂这个节日的神”[61b，HC34]）。在 85a—b，苏格拉底用下面的话指出了他与阿波罗的密切关系：

> 它们[天鹅]阿波罗的神鸟，有预见力。它们看到冥府的福祉正在等候它们，遂在自己的末日唱出生平最欢乐的歌。我相信我自己和天鹅伺候同一位主子，献身于同一位天神，也从我们的主子那儿得到了和天鹅相当的预见力。我临死也像天鹅一样毫无愁苦。（H95）

苏格拉底被献祭给阿波罗，在他的最后一天，他也唱出了生平最欢乐的歌，也预见了在冥府等候他的福祉。苏格拉底曾被阿波罗（或者说被德尔斐的女祭司）称为“世上最有智慧的人”（《申辩》，21a—b），他向他的法官提及了“这位无懈可击的权威”：“这个权威就是德尔斐的神，他将为我的智慧作证”（《申辩》，20e，HC7）。同时，当苏格拉底提到阿斯克勒皮奥斯（Asklepios）时，也会让我们暗暗想起德尔斐的神——阿波罗（见《斐多》结尾，即

118a;阿波罗自己在《斐多》开篇就被提到了),因为悲剧诗人声称,阿斯克勒皮奥斯这位医药之神,是阿波罗的儿子(《王制》,408b)。

《法义》946b—c 写道:“玛格奈昔亚王国(the state of the Magnesians)……向太阳神献上三名最高贵的公民,用古代的话来说,是把他们作为精选的第一批果实一起献给阿波罗神和太阳。”(HC1492)阿波罗、太阳(苏格拉底最后一天的临终之际,也是通过日落来暗示的)、祭品,所有这一切都与雅典最好的儿子之一苏格拉底密切相关,现在,雅典要把他作为祭品献给阿波罗。雅典人不愿走出他们的洞穴牢狱这一正义的幻象世界,也不向往太阳。他们无视刻在德尔斐阿波罗神庙上的箴言:“认识你自己。”(《普罗塔戈拉》,343b,《斐德若》,230a)“认识你自己”的知识的确令人不快,苦不堪言,因此,他们要剪除让他们痛楚的马刺,或者说,要消灭这只螫刺雅典这懒散城邦之马的牛虻(《申辩》,30e)。换言之,雅典人很乐意牺牲苏格拉格。

推迟执行苏格拉底的死刑,是为了让城邦“保持洁净(pure [*kathareuein*] of Bloodshed),在朝圣船出使得洛斯岛的往返期间,是不允处决死囚的”(58b,H28)。净化(Catharsis),是《斐多》的另一个主题。净化和它的同源词在《斐多》中提到了很多次(如66e5,67a5、7,67b2,67c3,67c5,69c1 以下,69c6,79d2,80d6,80e2,81d3,82c1,82d6:哲学有解放作用和净化作用;83d9,83e2,108c3,110e3,111b6,113d7,114c1、3:“那些亡灵……已通过哲学的彻底净化,此后就会永远过上没有身体的生活”[184])。所有这些,都主要是为指出,借助于哲学,灵魂可以脱离身体,进入一个纯净的智性世界。苏格拉底的洗澡(115a,116a,116b),也是一种净化与洁净的象征。

然而,哲学的净化却并不同于艺术的净化。柏拉图并不希望通过诸如恐惧与怜悯的情感来净化和解放那些对话者的灵魂。他们应该通过特殊的认知方式来获得净化与疗治,为此,柏拉图增添了神话这一方式。阅读《斐多》,我们能感觉出这一戏剧是想克服厌辩症,进而通过严谨的理性证明来使我们相信灵魂是不朽的。这一戏剧要求的是认知上的净化,而非情感上的净化。

在此,我们就看看这一问题:《斐多》中的参与者情绪激动,从而需要神话来说服他们(尽管对灵魂不朽给予了理性证明),然则,我们应追问:苏格拉底成功了吗?理性方式足以医治在情感上苦楚、恐惧、仇恨的灵魂吗?甚至,这样的方式还能把灵魂从自身的羁绊桎梏中解脱出来吗?①

无论答案如何,柏拉图的哲学历险(Philosophical Odyssey)所要求的净化,与荷马《奥德赛》中的净化迥然不同,进一步讲,这是认知性一哲学性的净化在对抗情感性的净化。不过,即使是哲学的历险,也含有情感的元素,因为,任何爱,比如爱智慧、爱哲学,都要涉及情感。是故,这种渴求不朽的欲爱也就有自己的情感倾向。爱智慧,可谓是为了消除厌辩症,扫除它对灵魂的一切影响。因此,就哲学净化而言,即使它意味着严肃的认知与理性上的净化,但也十分看重情感与情绪的诉求。这一诉求相伴于理性与知识,并且由它们来引导。依据柏拉图,灵魂恰似国家,应该受理智的统治,各种情感都必须服从于它。

框架对话中还提到了出席苏格拉底最后一天的人物名单,这可是又一个值得关注的问题。正如多特所指出的,人物

① Eckstein 认为,"因此,柏拉图戏剧性地展现了,理性并不能克服对死亡的恐惧,要克服这一恐惧,只有通过令人着迷的神话形式"。见氏著,《苏格拉底的忌辰:生、死与不朽——柏拉图〈斐多〉中的理念戏剧》,前揭,页 98。但在我看来,造就这一状况的原由并非是因为苏格拉底的最终论证不够彻底,而是因为下述分离造成的,即对话者的情感有力地遏止了他们的理性。

的总数颇有含义。[①]包括苏格拉底在内的十五个参与者的姓名被一一提及;而"七对男女",加上带领他们脱离弥诺陶洛斯虎口的忒修斯,其人数总和与其完全一致,也是十五人。多特在苏格拉底的最后谈话与忒修斯的英雄航程中找到了一种对应关系,就此而言,他完全是对的,但在我看来,他仅揭示了问题的一部分。

即使那天的参与者实属历史事实,但提到他们也仍具有特定的涵义。斐多并没有把苏格拉底最后一天的一切细节都告之厄克格拉底。他是有选择性地提到这个或那个,这一选择含有深义,尤其对这样一部在结构上深思熟虑、蓄意设计,从而使得自身结构绝对对称的艺术作品而言,就更是如此。

《斐多》中的大部份参与者都加入了苏格拉底的其他对话。尽管他们与苏格拉底情投意合,但由于持有的意见以及在情感上的反应,又使得他们与苏格拉底有距离。不过,苏格拉底的亲属以及柏拉图——这些和苏格拉底关系最为亲密的人却没有参与到《斐多》的对话之中。不但如此,一个更关键的地方是,克珊西帕从现场离去了(60a)。苏格拉底不愿看到她哭哭啼啼的悲伤样子。然而,文中有句话却又点明了她与苏格拉底实则心心相应、情份绸缪,也许,这意味着她对苏格拉底的深切理解,由此,在苏格拉底的最后一天,她与其他对话者就形成了鲜明对比。克珊西帕说道:"苏格拉底啊,这是你和你朋友们交谈的末一遭了呀。"(60a,H32—33)克珊西帕可谓轻而易举、自自然然地就明白了西米阿斯和克贝所不能理解的东西:在对话出现短暂的停顿之后,西米阿斯对苏格拉底说:"老实说吧,克贝和我有些疑惑的事想问问你,想听听你的回答。他呢,叫我问。

① Kenneth Dorter,《柏拉图〈斐多〉义疏》,前揭,页4—5,9—10。

我呢，让他问。我们都怕打扰你，拿不定主意。因为在你当前不幸的情况下，问这种问题怕不合适。”(84d, H94)这些话似乎让苏格拉底心有不悦，因为这并不是他所希望下去的继续谈话，不过，对这个无法避开的话题，他仍表示接受。于是，苏格拉格就只好耐心地向他们解释对于克珊西帕来说那些不言而喻的东西，他回答道：“只要雅典的执法官们允许，你们想问什么，都随便吧。”(85b, H94)在之前他却说过：“现在，我就要到另一个世界去了，讲讲那边的事，想想我们对这些事的看法，也正是时候了。因为从现在到太阳西落，我还能做什么更合适的事呢。”(61e, H35)太阳下山就是苏格拉底的死期，那时，他将从“这儿”转渡到“那儿”。克珊西帕很懂她的丈夫，她深知，不到最后时刻，他是不会沉默的，然而她也为这是他最后的谈话而无比地悲伤，不过，她却与苏格拉底“亲爱的朋友们”迥然不同，这一点务必指出。尽管克珊西帕的情绪失控，就如阿波罗多洛斯一般，然而她仍是苏格拉底最为亲近的人，这不仅指生理上和情感上，还包括她对他内心的深切理解。她与他的亲密关系在另一个细节中也被展现出来，即，当对话的参与者一进入苏格拉底的囚室时，他们第一眼就看到了克珊西帕抱着孩子正坐在苏格拉底身边(60a)。在御下他的锁链之前，苏格拉底一直躺在床上，只当克珊西帕离开后，他才从床上坐起来(60b)。由此可知，当克珊西帕在那儿时，他们呆在这同一张床上。不过，在接下来的整个对话中，苏格拉底却是独自坐在床上，即使与他最近的斐多，也没能坐上他的床，而是坐在他旁边的矮凳上(89b1)，苏格拉底坐得要比他高些(89b)。苏格拉底的身体与朋友所保持的距离同他与妻子的亲密缱绻，构成鲜明对比，也只有和妻子呆在一起的时候，他与其他人在一起的距离感才会消失，甚至，即使在苏格拉底抚弄斐多的头发时，他的身体仍与这个亲密朋友保持了距离。

在此，我们就应认认真真关注下面的内容，即刚好在他们谈论自杀问题之前，“苏格拉底就把双腿垂下地来，直到谈话结束，都始终这么坐着”（61d，H35）。苏格拉底的双腿暗示了他的身体与尘世的密切关联，尽管作为一个哲人，他是无比欢欣地期待着脱离灵魂的墓穴与牢狱——他的身体。[①]身体是造就各种感觉、情绪以及激情的主要原因。《斐多》十分详尽地描述了毒药在苏格拉底身上渐渐发作的情况，药性率先从脚上发作，最后漫延至心脏（117a，117e－118a）。不但如此，他身体与感官上的反应无一不被关注：双腿发沉，渐渐没有了感觉，大腿、胸口也变冷变僵硬了，脸被蒙上后又被揭开，双眼定住不动，嘴巴张开着。由此可见，在对苏格拉底最后时刻的讲述中，无论讲述者还是作者，几乎都对他身体上的细节以及在场者的情绪反应给予了尽可能多的甚至全部的关注。

现在，我们再来看看苏格拉底的双腿在《会饮》中的情形。阿里斯托得莫斯（Aristodemus）向阿波罗多洛斯讲述了《会饮》的故事。阿里斯托得莫斯被认为是“当时对苏格拉底崇拜得最利害的人之一”，他也“经常光着脚丫”（173b，HC528）。阿里斯托得莫斯说，他碰上苏格拉底时“苏格拉底穿了一双漂亮的鞋，不过，你也知道，他平时老是光着脚走路”（174a，HC528）。斐德若也提起过苏格拉底光着脚丫的习惯：“我是恰好没穿

---

① 参 Kenneth Dorter，《柏拉图〈斐多〉义疏》，前揭，页 178，26－32。Olympiodorus 在评述苏格拉底的姿式时说：“苏格拉底采用了一种更为积极、更为庄重的姿式，因为接下来他要谈论一个更为严肃的主题。”见 L. G. Westerink，*The Greek Commentaries on Plato's Phaedo*，Vol. 1. ：*Olympiodorus*，（《古希腊人论柏论图的〈斐多〉，卷一：奥林匹奥多罗斯》），Amsterdam：North — Holland Publishing Company，1976，页 52。不过，Olympiodorus 却疏忽了 61c10－d1 这一节内容。

鞋,你嘛,从来就不穿。"(《斐德若》229a,HC477)而依据第俄提玛的讲辞,爱若斯(Eros)自己就"打赤脚,居无住所"(《会饮》203d1)。与此相对,阿伽通却提到爱若斯的娇美,同时还说到他双脚轻柔。阿伽通的爱若斯漫步在鲜花丛中,但让阿尔喀比亚德着魔的苏格拉底却是一副粗枝大叶、毛毛草草、光着脚丫的行头。不过,阿尔喀比亚德的双脚在阿伽通对奴仆的吩咐中也被提到了:"把阿尔喀比亚德的鞋脱了,好让我们仨舒舒服服地呆一起。"(213b,HC564)恰恰这时,阿尔喀比亚德发现苏格拉底就坐在他的身边。接下来,他就给听众讲起了苏格拉底在波特岱亚(Potidaea)战役中的往事:"苏格拉底……打赤脚在冰上走,比我们穿鞋的还走得轻松。"(220b,HC571)苏格拉底打着赤脚,其实是暗示他与尘世这现象世界的稳固、密切、直接的联系。第俄提玛强调爱欲进阶中不可缺少的身体肉欲阶段,看来并非是一片枉然。或许,苏格拉底的脚向我们暗示了这样的事实:他就是另一个粗野不雅的爱若斯,他不会漫步于花丛,只会在坚硬粗糙的大地上赤脚行走。《斐多》最后,药性在发作时,也是首先从苏格拉底的腿脚上开始的,药把苏格拉底的灵魂从身体中分离出来,然后携着它奔向本体世界(the noumenal world)。

记住苏格拉底的双腿,我们可以注意到,从哲学认识论的角度看,心灵与身体的关系可谓神秘莫测、难以捉摸,这一关系所表现的并非一种困境性的分离(aporetic *chōrismos*),而是某种不可分离的特性。苏格拉底的双腿意味着现象世界与本体世界的特定关联,但这一关联在柏拉图的理论视域下又显得矛盾重重,令人困惑。

论述至此,为了丰富我的分析,我打算暂时离题,举一个卡尔米德(Charmides)头痛的例子,它与我对苏格拉底双腿的分析关系甚密。①

从波特岱亚战役返回后(《会饮》描述此战役时,提到了苏格拉底打赤脚一事),苏格拉底碰上了卡尔米德,依据克里底亚(Critias),卡尔米德"不仅已是一位哲人,而且还是一位重要的诗人"(《卡尔米德》155a,HC101)。克里底亚向苏格拉底谈到卡尔米德时,说道:

> 他(卡尔米德)最近抱怨头痛……你干吗不使他相信你知道如何治疗(cure[medicine—*pharmakon*])头痛呢?(155,HC101)

苏格拉底讲起了他从色雷斯国王札耳谟克西(Zalmoxis)的一位御医那里得来的整体治疗法(holistic medicine)(据说这位御医能使人不朽),苏格拉底说:

> "……你们一定不能不治我的头而只治我的眼睛,或不治我的身体而只治我的头,同样的道理,你们一定不能不治灵魂而只治身体。就是由于这个原因,希腊的许多医生不懂如何治疗许多疾病,因为他们无视整体……"一切善恶,无论是身体中的还是整个人身上的,均源于灵魂……你们必须从治疗灵魂开始,灵魂是首要的,最根本的。我亲爱的

---

① 关于卡尔米德的头痛,可参 Drew A. Hyland 的"Charmides's Headache and *Sophrosynē* as Medicine"(〈卡尔米德的头痛与作为疗药的节制〉),见氏著,*The Virtue of Philosophy: An Interpretation of Plato's Charmides* (《哲学的美德:柏拉图的〈卡尔米德〉义疏》),Athens,Ohio:Ohio University Press,1981,页 35—44;亦参德里达,〈柏拉图的药〉,前揭,页 124—125。我则用一种不同的方式来讨论卡尔米德的头痛问题。

> 年轻人，某些咒语的使用会影响到灵魂的治疗，这些咒语就是美妙的话语，通过这些话语，把节制种植在灵魂中，节制呆在灵魂中，从那里出来，健康便迅速地从那里输出，不仅传到头部，而且传到整个身体。当他教我疗法和咒语的时候，他又说："在有人劝你治头的时候不要相信他，直到他首先用咒语治疗你的灵魂。"他还说："在我们这个时代，人类的一大错误是在给人治病的时候，人们只想（separately [*chōris*]）成为让人身体健康的医生，或是让人节制的医生。"（156e—157b，HC103）

在《斐多》中，苏格拉底被刻画成勇士、医疗者（或治疗专家）（89a）甚至巫术师（78a），在《卡尔米德》中亦同样如此。在《卡尔米德》中，整体疗法得到极力推荐，这符合身体疾病与心灵放纵不应被分开（separately[*chōris*]）来治疗的观点，然而在《斐多》中，苏格拉底的论证却是再三强调要将身体与灵魂分离开来的分离性（*chōrismos*）观点（64c—67d）。整体疗法曾告诫，"在我们这个时代，人类的一大错误是在给人治病的时候，人们只想成为让人身体健康的医生，或是让人节制的医生"，无论如何，这与《斐多》中苏格拉底的净化理论形成鲜明对照：

> 至于这种净化……在于……尽可能使灵魂与身体分离（separating[*chōrizein*]），使之习惯脱离与身体的所有接触，集中精力，在可能的情况下，无论现在还是将来，都独居着（dwell alone [*autēn kath'hautēn*]），摆脱身体的桎梏。（67c5—d2，H52）

由此，像下面这样的观点也就不足为奇了：哲人的事业完全在于“使灵魂从身体中解脱和分离出来”(67d9—10,H53),而“灵魂从身体中解脱和分离出来”也是对死亡的精确界定。对此,苏格拉底说道:

> 处于死的状态,就是身体离开(separated [*chōris*])了灵魂而独自存在(*auto kath' hauto*),灵魂离开身体而独自存在。(64c4—8,H45)①

是故,札耳谟克西的治疗方案似乎就与苏格拉底的死亡净化(purification—death)相冲突,前者在于互不分离,后者却在于相互分离。不过这样一来,苏格拉底的双腿在《斐多》中的意义就明显降低了,不然,《斐多》中的分离,无论如何都与“治疗方案”的观点相抵牾。不过,我们不要忽略苏格拉底把恶习看作疾病,把美德看作健康的观念,由此,纯净而正义的死将会清除一切恶习与邪恶,正因如此,他才觉得他欠了阿斯克勒皮奥斯一只公鸡(《斐多》118a)。这样一来,身体的健康几乎就被归因于心灵的健康。如此,札耳谟克西的治疗法与《斐多》的净化法的对立分化,也就明显减弱了。依照札耳谟克西的治疗法,卡尔米德的头痛应用整体疗法的方案予以医治,也就是说,不论存有怎样的分歧,都得承认灵魂与身体是决不能分离的。卡尔米德头痛的主要原因(*aitia*)是缺乏节制(*sophrosynē*),节制,可谓身体健康与心灵健康的根本。

由于理式(the Ideas)是现象(感知物与分有者[sensibles, partici-

---

① 这段话还可选用 Vlastos 的译文:“死亡难道不是这样的情形吗:一方面,身体摆脱灵魂,获得了自己的独自存在;另一方面,灵魂摆脱身体,获得了自己的独自存在”。参 Vlastos,“‘Separation’in Plato”(〈柏拉图的分离问题〉),见 *Oxford Studies in Ancient Philosophy* 5,1987,页 90—191。

pants])的原因,那么,将它们分离开来的这一分离(*chōrismos*)就是一个应被克服的决定性问题。在《斐多》中,后面从 99d 直到 105b—107d 的论证虽与前面 64c—67d 的论证不一样,但前后却仍存在一致性,虽说灵魂能脱离身体而独自存在,但身体的存在却要依靠作为原因的灵魂(灵魂也是生命、运动等存在的原因),身体是不能独自存在的。依照《卡尔米德》,药有效是因为预设了心灵与身体的不可分离性,而这与《斐多》中的药不同。无论如何,不论苏格拉底的双腿,还是卡尔米德的头痛,它们都用自己的方式呈现了柏拉图的意图:要在两个截然不同的存在领域——心灵与身体之间,架起一些可靠的桥梁与关联。就此而言,柏拉图的哲学纲领(Platonic synopsis)(例如《会饮》,《王制》卷七)在一定程度上采用了札耳谟克西的整体治疗方案。

对卡尔米德头痛的分析就到此为止。现在,我们且回到《斐多》的框架对话,继续讨论其间被提及的参与者。

无论阿波罗多洛斯还是克珊西帕,由于他们都情绪失控、哭哭啼啼,所以在这方面也就与其他参与者差不多了,事实上,他们所有人的反应都与观看古典悲剧的观众相差无几。阿波罗多洛斯其实也应该像克珊西帕一样,被责令离开。不管怎么说,他们俩无论谁的反应,都与苏格拉底有距离。除了苏格拉底本人,阿波罗多洛斯的嚎啕大哭感染了每一个人,就是说,当这些人试图保持与苏格拉底一样的平和心境时,他们的情感还是都失控了,由此,他们靠近了身体、情绪、感情,靠近了苏格拉底双脚站立的大地。

不过,尽管他们与苏格拉底有距离,仍与他关系密切:克力托布尼斯是受苏格拉底教育的年轻人之一;克力同是苏格拉底最亲近的朋友之一,尽管在《克力同》的对话中,克力同与苏格拉底的距离显得那样遥远;赫谟根尼与苏格拉底在《克拉底鲁》中讨论冥府；安提西尼（Antisthenes）是犬儒学派（Cynic school）的创始人，犬儒学派讨论美德，不过却与苏格拉底的思想大相径庭；西米阿斯被视为一位演说者在《斐德若》中提起，尽管苏格拉底对他及其毕达哥拉斯学派抱有同情，甚至也与之有联系，但在他受审过程的申辩中，仍未隐瞒对他们的存疑。

两个毕达哥拉斯派成员——西米阿斯与克贝——以及俄耳甫斯一毕达哥拉斯派的一般传统，都为《斐多》带来了关于有形存在（incarnation）或具体的身体化（concrete embodiment）的暗示。毕达哥拉斯学派的模仿（*mimēsis*）指的是，一切物质与自然物都不过是具体的、有形的数。在狄俄尼索斯的仪式中，祭司成为狄俄尼索斯神的化身。或许，人们可以把数的具体有形比作灵魂监禁在身体中（依俄耳甫斯教义，身体是灵魂的牢狱[62b4，67d1－2，81e，82e－83a]和墓穴）。在《斐多》中，当这两个毕达哥拉斯派成员与苏格拉底拥有某些共同点时，苏格拉底的双腿就担任了重要任务，不过，他俩与苏格拉底的哲学实在沾不着边，正如柏拉图的模仿迥然不同于他们的模仿。柏拉图认为，模仿中的对象与被模仿物的模本（imitating object and the imitated model）之间存有差距，但毕达哥拉斯派一狄俄尼索斯的仪式却完全模糊了两者的界限。不过，苏格拉底双腿的象征却表明柏拉图并没有忽视苏格拉底的肉身存在（当然也包括他的感官、情绪、感情，这些对于我们而言可谓历历在目），而且，柏拉图不同于普罗提洛（Plotinus），而是与毕达哥拉斯学派相像，因为苏格拉底并不觉得身体是可耻的。

在苏格拉底的最后一天，其中一个不在场的人是阿里斯提波斯（Aristippus）（59c）。或许，提及其不在场的理由是，作为一个享乐主义者，他与苏格拉底的见解实在毫不沾边。

至此，我们可以这样总结，提到在苏格拉底最后一天的在场者与不在场者，实则是要表明，那些与苏格拉底的关系过于亲密或过于疏远的人，都无缘目睹他的最后一次谈话。如此亲密与疏远的混杂交融，势必造就克制而适度的气氛，因此，尽管在场者的情绪有所爆发，但《斐多》的戏剧性克制依然得到了很好维持。无论何时出现了情绪爆发的危机，通过前面提到的时空错位效果以及框架对话的插入，这种克制也得到了保持。由此，倘若一个悲剧作者希望彻底避免任何闹剧般的情绪失控，那么，这种戏剧性克制必不可少。

B1：开端：一天的开始(59d—60c)

《斐多》历时一天，即从早上拂晓(59d—e)至大约日落时分(116b,e)。日落是苏格拉底的死期，到这时，雅典人就把苏格拉底作为祭品献给太阳神阿波罗了。人的生命常用一天来指代。《法义》中的对话也历时一天，在922e—923b，雅典人说：

> 但在你们的国家里，当人们来到死亡的门口时，你和我应做出一个更为妥善的回答。假定这些人实际只能活一天，那么我们要对他们说：朋友，从当前的情况来看，你们很难明白自己的财产是什么，更不要说明白德尔斐神庙的铭文所讲的“认识你自己”了。(HC：1474—1475)

在这里，柏拉图以一种较为平实的口吻使用了流行俗语，“人生如一日”。他用这一众所周知的观念来表明，人生如须臾，无甚意义，不足挂齿。《法义》如此来表达这一观念：

> 当考虑凭借什么工具或生活方式能让我们在时间海洋中的航行达到最好目的地时，我也就在切实地“安装船只的

龙骨”了。当然，也许人生这件事不值得过分严肃地对待，然而，我们却又不得不认真对待，否则就会有遗憾。（803b，H1374）

上述观点与《斐多》的时间框架颇有关联。人的生命微不足道、不值一提，就如有终点（*telos*）的一天。作为 *telos* 的同源词，*eteleuta*［临终］在厄克格拉底问第二个问题时（57a）被提到，而 *teleutē*［终止］则在斐多的最后一句话（118a15）被提到。苏格拉底的生命终结了，但生命的终结也是生命的目的和完成，它涉及到生命的概念，尽管从总体上看，生命是微不足道的。在苏格拉底思想自传的第二次航行中，带有整全性含义的终结观念具有中心地位。从时间上看微不足道的俗事，在雅典的监狱中发生，并且有开始、中间与终结；但是，这个事件却又远远超越了时空限制，因为其意义是永恒而普遍。《法义》中的整个立法过程只历时一天，正如苏格拉底的最后一天，或许，我们可以依据他在临终与赴死时的观点来纵览他的整个一生。可以说，苏格拉底终其一生都是在为最后一天做准备，在这一天，他以坚定的理智、高贵的心灵坦然地面对死亡。在苏格拉底看来，真正哲人的整个一生莫不如此，为了把灵魂从身体与牢狱中解救出来，他们的一生都只是在练习、准备与净化。在“生命的黄昏时分”，换言之，在年老的苏格拉底迈入庄严的最后时段时，这种解救就变成了现实，当然，这时的苏格拉底其实已十分熟稔“老年人的严肃游戏”了。在这个时候，苏格拉底也能给他亲爱的朋友有价值的东西：他没有忽视斐多漂亮的头发，即便在这临终之际，在这困境（*aporia*）当中。在这一天的中午——也是《斐多》结构的中央部位，厌辩症危险已迫在眉睫，但苏格拉底并没有忘记斐多漂亮的头发，他像往常一样抚弄着它，而且还开起了玩笑(89b)。

《斐多》结构中的又一对称性平行，是在B1与B2，十一位(*hendeka*)看守判官在B1的59e6与B2的116b8均被提到。不仅如此，苏格拉底的死刑判决也在这一天的开始与结束均有明显标志。将苏格拉底与雅典人分离开来的那一无法逾越的鸿沟，在这一死刑的判决中达到极致。这是柏拉图对分离困境(aporetic *chōrismos*)的体验的要点。

《斐多》参与者的反应就如我们所料想的古典戏剧的观众与旁观者一般，沉溺在恐惧(*phobos*)与怜悯(*eleos*)之中，而怜悯与恐惧恰是悲剧特有的效果(《斐德若》268c)。斐多就多次提起过怜悯(58e2:“我的心情很特别，我没有给一个朋友送终时自然会产生的那种怜悯心情”[H28];59a2:“当时我丝毫没有在死丧场合油然而生的怜悯感觉”[H28]);恐惧在文中也被提到了，如对怪物与死亡的恐惧(77e)。不过，我眼下关注的是在痛苦与快乐之间波动的情绪(“快乐与痛苦奇异地交织在一起”[59a,H28])，这是《斐多》参与者的特征。在《斐勒布》中，苏格拉底也谈到“痛苦与快乐的结合”会出现在观看喜剧者的身上(48a9)，或我们的情感里(50d6)，以及悲喜交集的人生中(50b):“因此，我们的论证已清楚表明，在悲痛、悲剧、喜剧——不仅是戏台上的，而且是整个悲喜交集的人生舞台上的——以及其他无数场合中，痛苦与快乐都混合在一起。”(50b,H1131)柏拉图认为，感到矛盾与踌躇不决是非常典型的情感状态。由此，下述情形也就不足为奇了:人们在观看悲剧时，“有时心情欢快，但转眼又涕泗横流”(《斐勒布》,48a,HC1129)，以及斐多所述的“我们这些在场的人全都像我这样，一会儿笑，一会儿哭”(《斐多》,59a,H28;这里又有一个平行对称，即117c—d也描写了参与者的痛哭流涕)。如此，这一本质上悖谬的快乐充满着变易(《斐勒布》,54c6);快乐就像孩子一样，“完全缺乏理性”(65d,

HC1148)。在《斐多》的结尾处,参与者的行为就像“妇女与小孩”一样,骤然大哭。柏拉图把孩提时期与孩童(*paidia*)、游戏(game)、玩耍(play),以及孩子气的玩乐联系起来。他没有忽视人性的这一面。其实,他自己就宁愿让严肃与游戏融和在一起,如《法义》:“我们这场老头的严肃游戏到目前为止进展很好”(769a,HC1346),以及《会饮》的结尾:“苏格拉底迫使他们承认,同一个人既能写喜剧又能写悲剧,也就是说,悲剧诗人也可以是喜剧诗人。”(223d,HC574)对于这两类,苏格拉底无比奇妙地将其结合在一起,故而,他的成就要比阿伽通式的悲剧诗人或阿里斯托芬式的喜剧诗人大得多。苏格拉底的双腿体验到了两种对立的感觉,即快乐与痛苦(60b),而他的双重天性也成为其著名的反讽的特征。苏格拉底既有最细微的身体与感官体验,又有最神圣的精神体验。由此,阿尔喀比亚德在描绘他时,同时使用了丑与美也就并无不妥了。苏格拉底是两个不同世界的公民,一个是雅典的集市(*agora*)(这是他的洞穴牢狱),一个是理式世界。与洞穴中的囚徒和《斐多》的参与者不同,苏格拉底没有被忽上忽下的阵发情绪左右踌躇,相反,依旧保持着自己的冷静与适度。在《斐多》中,他对孩子气的参与者加以引导,让藏在他们灵魂中的小孩平静下来(如77e,克贝对他的发问),进而缓和他们的情绪,让他们趋于冷静。他清楚,在这个仅有变易与现象的世界里——这个世界中的情感是阵发混乱、变化无常的,只有一条路可以通往智性的世界——洞穴外边的光亮世界。尽管有些不可思议但仍然要指出的是,在柏拉图普遍性、纲要性的观点中,洞穴外的智性之昼(intelligible day)与洞穴内的感性之夜,坚实地联在一起。正如第俄提玛所解释的一样,爱欲进阶的最低级——身体级——是整个爱欲进阶中的基础,而它的最高级则是哲学人生。不妨重温这句话:“苏格拉底把双腿垂下地来,直到我们谈话结束,他都一直这么坐着。”(61d,H35)苏格拉底双腿的象征强调了人之生活的身体与情感之维,对此,苏格拉底并非全然忽视。

当然,痛苦与快乐、悲伤与喜悦的混合还有保持距离、维持亲密的作用:痛苦与悲伤,正如恐惧一样,可以保持距离;快乐则如怜悯,可以拉拢观众(或读者)的距离。抑制这两类情绪,使其达到平衡,那么,戏剧事件就能提防与避免被恶化成通俗的闹剧。这种抑制,对柏拉图的戏剧来说至关重要。

C1:序幕和“诗的申辩”(60c—61b)

在序幕中,克贝要苏格拉底给出一个合理的回答:在他生命的末期为什么会写起诗来?在这之前,苏格拉底对诗又是攻击,又是严历地批评,因为诗诉诸于灵魂中低下的情感部分(《王制》,605a以下),换言之,诗远离真理与真正的知识。在柏拉图看来,与情感和非理性部分的任何诉求与联系都如同怂恿多数人来统治国家一般,结果只会颠覆国家,使其毁灭。柏拉图将灵魂最低劣的非理性部分与 *egkrateis*[自制]相比较时(《王制》,605b5),这一部分就确实是放任自流、缺乏节制。当然,这是灵魂中哀怜的一面,这一面爱哭哭啼啼、情绪失控,宛若《斐多》中的阿波罗多洛斯与克珊西帕。在柏拉图看来,诗人则迎合这部分灵魂,并且还特爱“滋长怜悯之情”。诗人的行为破坏了对理性的信念,迎合灵魂的情感维度。因此,诗标志着对灵魂与国家的统治的败坏。

不过,诗与哲学的这一争论却表明了灵魂自身及国家中的分裂:正如哲人与多数人都必须活在由哲人统领的同一国度里那样(哲人一定是节制的),灵魂,尤其是最节制的灵魂,也要把理性与情感部分有机结合起来。柏拉图的哲人必须下到洞穴，与囚徒们生活在一起，因为没有什么能把哲人与多数人分开，尽管他们之间存在差异。正如没有现象的理式仅仅是帕默尼德的存在(Being)而非柏拉图的实体(*ousia*)一样，没有了多数人，哲人的作用也发挥不了，哲人必须领导这些多数人。无论如何，柏拉图的努力是想建构一种理论，这种理论可以真正地带来这一状况：哲人与民众的冲突从此消失。实际上，这一冲突也是雅典人(他们对作为演说家、智术师以及诗人的美勒托[Meletus]的煽动情绪倒是给了热切的响应)与苏格拉底的冲突。不过，在理式的国度里，多数人与哲人却可以无冲突地并肩生活，正如在灵魂中只要有了理性的制衡与引领，灵魂中的非理性部分与理性部分就可以和睦共处，相安而居。哲人与多数人的鸿沟，不仅是国家与灵魂的疾病，同样也是个人与整个社会的苦痛。众所周知，从《王制》到《第七封信》，柏拉图的理论都旨在说明：只要哲人不是国家的统治者，那么，无论整个社会还是每个个体，都不可能真正幸福。

当然，柏拉图与诗的冲突也并非毫无回旋余地："只要模仿的、悦耳的诗能够证明它在一个管理良好的国度里有存在的理由，那么，我们将非常乐意接纳它，因为我们自己也能感受到它的魅力"(《王制》，607c，HC832)。柏拉图对诗的态度有两面性：对诗既审慎小心、给以质疑，同时又觉得诗魅力十足、让人着迷。毫无疑问，诗对柏拉图充满诱惑。他甚而认为自己就是一位真正的诗人，或是所有悲剧作家中最优秀、最高贵的，正如《法义》中的那个雅典人：

> 我们自己就是悲剧作家，我们知道如何创作最优秀、最完美的悲剧。事实上，我们整个国度就被构建成展现高贵

与完美生活的戏剧舞台，这是我们所要遵循的真理，同时，它也是所有悲剧中最真实的一种。你们是诗人，而我们也是同样类型的诗人，不但如此，我们还是参加竞赛的艺术家和演员，是所有戏剧艺术中最为优秀的戏剧艺术家和演员，当然，这种最完美的戏剧只能通过一部真正的法典才能产生，或者说，这至少是我们的信念。（817b，HC1387）

立法者就是一个真正的悲剧诗人，他所关注的是人类生活中以善制恶的戏剧。《法义》中的雅典人回顾他与克利尼亚（Clinias）的讨论时说道：

回顾你我从早晨一直进行到现在的这场讨论，我真的相信有神明在指导我们，不管怎样，我感到我们的讨论就像一首诗……事实上，无论是用诗句还是纯粹的散文，在我曾经阅读或聆听过的所有作品中，我发现它都是最令人满意的，也最适宜年轻人聆听。（811c－d，HC1382）

《法义》的艺术性比不上《斐多》。即便《法义》具有戏剧性，也无法与《斐多》相提并论。不过，从柏拉图的大部分作品——尽管并非从其所有作品中——我们都可看出，他想创建一种竞争性的诗，一种新型的哲学诗，这样的诗正是他所追求的“最令人满意的作品”。我至此的分析，都旨在展示《斐多》这一戏剧作品中的一些诗的特性。这种诗性作品使柏拉图得有一种新型模仿，这一模仿要满足下述两个重要条件：其一，借用智术师的话说，这是一种基于了解与认识的模仿。作为一个哲人和诗人，柏拉图对他的对象和材料不仅有清楚认识，亦有深入了解。其二，柏拉图式的模仿，要在被模仿的对象与模仿者之间严格地保持距离与差异。由此，柏拉图就避免了他所批评的诗的缺点。[①]在《斐多》中，被模仿的对象是苏拉拉底——他的想法，他的话语，他的行动。《斐多》用非常复杂的方式让苏格拉底不仅和他的观众，而且还和成文的对话、读者、甚至作者本人之间，保持了距离。在苏格拉底的最后一天，柏拉图并没有在场。可以说，没有哪个人能真正理解苏格拉底这般深奥难测的人，即便最具同情性理解力的人。苏格拉底在柏拉图、他的朋友以及我们的面前，仍然保持着神秘感。柏拉图不接受一种基于认同的模仿（*mimēsis* by identification），相反，他开创了一种新型的，基于认识、意识和距离的模仿。这是一种哲学性模仿，其最适宜的方式就是对话，比如《斐多》。在这种模仿中，诗与哲学的冲突得到了调解或者缓和。同样，在这种模仿中，尽管还存在许多难题，但它却能将观众的情绪性反应与苏格拉底冷静的理性姿态调和起来。由此，苏格拉底的“诗的申辩”也就是柏拉图的“诗的申辩”。以这种方式，柏拉图诱发我们去关注他解决诗与哲学之古老争论的方案。在《斐多》中，柏拉图可谓创造了一种竞争性的诗，从而把这一新型的、针对诗的构想——后来《法义》中所提及的——变成了现实。果真如此，那么，苏格拉底的“诗的申辩”也会对柏拉图的目的大有裨益。这让柏拉图有权用这种诗的、戏剧的方式来描绘他老师的最后一天，正如苏格拉底在他尘世生命的最后时期，也做起诗来。

苏格拉底的“诗的申辩”还关涉到另两个重要方面：苏格拉底的梦（60e），以及与阿波罗的再次关联。

梦催促苏格拉底去写诗。但梦多是含含糊糊、朦朦胧胧的，

---

① 关于诗的缺点以及柏拉图对此的批评，可再参 Havelock，*Preface to Plato*（《柏拉图引论》）第 11 章，页 197—214，Oxford：Basil Blackwell，1963。

它需要解释,正如阿波罗的预言要有祭司的解释。与《申辩》中的苏格拉底对梦的理解颇有困难一样,《斐多》中的苏格拉底同样如此。在《克力同》中,苏格拉底也受到了一个梦的指引。不过,梦的指引至多只是一种"正确的意见",绝非真正的知识。梦采用的是非理性方式,它更接近存在的影像而非真实。梦是黑夜的主要部分——洞穴中的囚徒正活在这一黑夜里。从《王制》533c可以读到:"几何学和与之相关的各学科是……梦一般地见到实在,它们不可能清醒地看见实在。"(HC765)梦一般地见到实在与诗的神异灵感颇有共同之处(依据《伊翁》)——这亦表明,将非理性要素与理性要素相结合,或许正是柏拉图思想的特点。不过,柏拉图对接受非理性的启示有所保留。苏格拉底有几次都提到了这一结合,即,关涉阿波罗的非理性神迹、阿波罗的启示、苏格拉底的精灵等,与理性的指引、理性的节制、自我认知以及美德,这两者间的结合。事实上,同样的结合也为阿波罗和他的德尔斐神庙所特有。

阿波罗明显与律法相涉(《法义》,624a－b,759c－d;《王制》427b),他立法并解释法律。[①]如果立法是真正的悲剧,如果阿波罗是众缪斯的首领(《法义》,653d3),那么,苏格拉底与阿波罗的独特关系——他崇拜阿波罗并将自己献给了他——就反映在他以自己的方式所着手的这一结合中,即将理论和实践(在国家、立法中等)中的哲学活动与音乐的、诗的灵感相结合。苏格拉底与阿波罗的另一层亲缘关系涉及到净化:阿波罗在净化中担当着重要角色,[②]也正因如此,苏格拉底的处决才得以推迟。此外,依据阿波罗的指示,做诗还可以让苏格拉底清除自身的恶。特

---

① 见 W. K. C. Guthrie, *The Greeks and Their Gods*(《希腊人和他们的诸神》),London:Methuen,页184－185,1968;对比阿波罗被作为立法神,页193。

② 页189－193,198。阿波罗作为净化神,页192。

别在《斐多》中，苏格拉底的阿波罗献诗，不仅渴望的是阿波罗的灵感本性、音乐本性，更渴望的是阿波罗的清醒、法制、秩序、洁净、明亮和阳光。这是苏格拉底和柏拉图所渴望的明澈而清醒的真实景象，这景象与幽暗朦胧、如梦如幻的现象世界完全相反。

此外，由于《斐多》中出现了毕达哥拉斯学派的成员，所以，《斐多》与阿波罗就还有更深层的关系。阿波罗是毕达哥拉斯选中的守护神，“而且为了这位守护神，俄耳甫斯忽视了对狄俄尼索斯的敬拜”。[①]不仅如此，毕达哥拉斯学派灵魂转世的信仰学说也与阿波罗有密切关系。[②]由此，柏拉图的目的就是要修缮诗的音乐性、迷醉性元素与哲学的检省、明智、自我意识和节制之间的分裂，当然，这一检省、明智、自我意识和节制的哲学，可谓阿波罗式的。

事实上，要关注苏格拉底的“诗的申辩”，就不应忽略柏拉图关于悲剧的暗示。前面已经提及了克珊西帕悲痛欲绝的涕泗横流，在《斐多》60b1，我们也发现斐多使用了 *koptomai* 一词，其意是“悲伤时捶胸叩心”，这词在悲剧中较为常见。*Koptesthai* 的意思则是“悲痛”或“哀叹”。[③]在 115a5，*tragikos*［悲剧的］一词也提到了：“西米阿斯，克贝，还有其他人，都会在将来的某一天进行这种旅行，‘而对我来说’，就如一位悲剧英雄所说的那样，命定的时刻已经到了。”(115a，H184－185)此外，苏格拉底在这时还提出，他不希望女人去擦洗他的遗体。苏格拉底用这种方式再次提到了在他临死之时那种令他不悦的情绪性反应，不过，这

① 见 W. K. C. Guthrie，*The Greeks and Their Gods*（《希腊人和他们的诸神》），London：Methuen，页 196，197 及以下。

② 同上，页 197－198。

③ 见 John burnet，*Plato's Phaedo*（《柏拉图的斐多》），Oxford：Clarendon，1977(1911)：页 13，对 61b 的注释，内容涉及到悲剧中的 *kommos*［捶击］。

些反应却是普通悲剧共有的。要是柏拉图的对话中提到了悲剧，那么，你就可以期待，它还联系着喜剧。比如这里："我想没有谁——哪怕是个喜剧家——听了我们刚才的谈话，会说我的话只是东拉西扯，与我自己毫无关系。"(70c, H59)这个喜剧家当然是暗指我们熟知的阿里斯托芬，[①]他是苏格拉底的对手，正如《会饮》和《申辩》(18d, 19c)的读者都意识到的一样。对阿里斯托芬的任何暗示或许都会让人记起苏格拉底受审时的观众(以及读者)，尤其当苏格拉底把《斐多》的参与者视为其真正的法官，从而要提出真正的申辩时，更会如此。

这些暗示不仅使我们关注柏拉图诗性风格的戏剧意义，也增进了我们对这一意义的意识，这一意义与所有其他无论严肃性还是喜剧性的希腊戏剧家们的戏剧意义对立竞争着。

观众的情绪，无论在戏剧的序幕(C1)还是尾声(C2: 115a—118a)，都得到了同样描绘：苏格拉底对即将到来的死亡泰然自若、满怀信心，他的朋友却伤痛欲绝、悲不自胜，由此可见，似乎对话从开始到结束，既没什么变化也没什么进展，似乎苏格拉底并没有证明灵魂的不朽，甚至似乎神话也没有给观众留下什么印象。

在观众的心绪这一不变的"基调"(substratum)——他们对苏格拉底最后时刻的情绪反应——的衬托下，对话中变化着的戏剧情节得到了强调。表面上，情节讲的是苏格拉底成功克制了像怕怪物似的怕死心理与厌辩症，但更为深入、更为根本的情节，却是苏格拉底对理性(*logos*)与情感相分离的斗争，换言之，苏格拉底试图让他的论证一般而言对灵魂产生效果，特殊而言，对灵魂的情绪、情感部分产生效果。要取得这种成功，节制就是

---

① 见 H59，注释①。

必需的。不过，苏格拉底的努力并没有让对话者以及他们的情绪反应向希望的方向发展。他们还是一样，好像什么都没有发生过。只是羞愧才抑止了他们的情绪反应（“我们感到羞愧，止住了哭泣”[117e，H190]）。苏格拉底想以他的论证来影响他的朋友，让他们能控制感情、不惧死亡，进而依靠理性，但他却失败了；这一失败更加剧了对所谓怪物的恐惧，这怪物的头并未被砍断，它迟早还会起来。这种失败，是苏格拉底和柏拉图的哲学在节制人的情感、于尘世建立理想国上之普遍性失败的表征。这一哲学并未解决分离问题。

通过在《斐多》的序幕与尾声采用对称手法，柏拉图为对话造就了一个固定的框架，这个框架强调了关涉于哲学探究和论证的动态性情节，以及苏格拉底的克制性行动与对话者们缺乏意志力的（akratic）反应。《斐多》所模仿的对象，正包含着这三个方面。在这三者中，性情（*ēthos*）发挥着加强戏剧张力的作用，因为读者急着要问自己：苏格拉底真会如其学说所暗示的那样，克制情感，保持平静，直到最后一刻吗？

D1：走向哲学讨论(61e)

D1 是从序幕到情节本身的转折点，它提到灵魂会从“这儿”走向（passage）或移居到“那儿”，到冥府。这是从可见的现象世界走向不可见的世界，不过，后来柏拉图在描述这个不可见的世界时，却又用了感性而多彩的语言。在 61e1－2，苏格拉底谈到他希望去考察（diaskopeō）一下这个旅程（passage），说说关于这个旅程的故事（mythologeō，讲故事、传说或神话故事），因为，“从现在到太阳落山，我还能做什么更合适的事呢？”（61e，H35）与 D1 对称平衡的部分是 D2（114d），在 D2 部分，关于灵魂不朽的神话结束了，接着便进入了戏剧的尾声，尾声开始描述苏格拉底的死。在 114d，苏格拉底说："我们应该把这个神话视同符咒（spell）似地反复默诵，就为这个缘故，我才把这故事扯得这么长。"（H184）那些符咒或魔法，或许能让哲学那仅靠自身所无法实现的目标——彻底根除对死亡的恐惧——得以实现。D1 部分已经暗示了：克制情感、打动灵魂，仅靠哲学的论证是不够的，还需要神话。从对话的结尾，我们可以清楚地看到这一点。D1 的作用是预示了哲学的非充足性，并让读者对此有所准备。《斐多》严格的对称结构，不但为这种预示打下了基础，还有助于《斐多》的结构稳固而统一。

E1：死的问题及其与哲学的关联(61e—69e)

提到自杀问题，苏格拉底就谈到了视我们的身体为一种牢狱或镣铐形象的俄耳甫斯神秘教义（64b4，以及 67a，67d1—2，82e—83a，92a1，114b—c）。事实上，俄耳甫斯神话及其神秘教义已深深扎根在柏拉图自己的哲学中。苏格拉底的镣铐（59e—60b）以及神话部分（109c—110a）中的洞穴牢狱都会使我们想起《王制》卷七的洞穴神话，在卷七中，格劳孔（Glaucon）评论苏格拉底对囚徒的描述时说"你说的是一个奇特的比喻……一些奇特的囚徒"（515a，HC747），苏格却回答说"他们和我们一样"，或许，这个回答同样甚至特别适合他《斐多》中的朋友。这些人的镣铐就是他们的恐惧以及对生与死的错误看法。正如洞穴中的囚徒那样，他们也需要教育（paideia，这是洞穴神话的主题）。教育首先与小孩有关，苏格拉底和西米阿斯都把《斐多》的参与者比作感到害怕的小孩，由此，教育（*paideia*）、小孩（*paidarion*）、游戏（*paidia*）这些词就并非仅仅因为押头韵（alliteration）才与斐多

(Phaedo)这一姓名联系起来。参与者受到苏格拉底的教育，他们像小孩一样惧怕死亡。苏格拉底则非常懂得如何将古代施教者的严肃同他和他的追随者们共玩的“游戏”结合起来。在《斐多》出现戏剧困境的地方(89b)，苏格拉底抚弄着斐多的头发，说起斐多有着如年轻人一般蓄长发的小孩习性。斐多代表着所有参与者的心智状况，虽说他已不是小孩，但却是苏格拉底试图教育的“小孩”。只要一个人还没有完全眼瞎，苏格拉底就试图去转变他，使他从洞穴牢狱的阴影和映像之夜，迈入智性世界的白昼。

苏格拉底的教育是以对话方式来实施的，这可谓一场戏剧，一场把囚徒从恐惧与怪物的洞穴中解救出来的战事。不过，像我们这些人一样，苏格拉底自己也是洞穴中的一名囚徒。他有名的沉默实则是其内心的对话(如84c,95e)，与我们一样，他也在为自由、为把自己从恐惧的洞穴中解救出来而搏斗。因此，不自由的苏格拉底，尽管也像我们一样身受对立情感的影响，徘徊于起伏不定的情绪间，但却在一种内在而沉默的对话中，被自由的苏格拉底说服了，没有被即将来临的死亡吓倒。因此，苏格拉底内心中的哲人在与厌辩症和恐惧的搏斗中赢得了胜利。苏格拉底成功地保持了自我克制，但他的朋友却缺乏意志，尽管拥有哲学知识，还是未能成功地克制住自己的恐惧和情感，仍然处于束缚之中。

柏拉图的洞穴牢狱，其实泛指整个现象世界。牢狱的看守曾对苏格拉底说：“我敢说，在所有到这儿来的人中间，你是最高尚、最温和、最体面的。”(116c4—6,H188)“这儿”仅指代苏格拉底很快赴死的牢狱吗？根据在结束时斐多嘴里回想的话——“我们的朋友就这样完了……在他那个时期，凡是我们所认识的人里，他是最杰出的人……”(118a,H190)，“这儿”可以指“我们的世界”，这个世界是一个庞大的洞穴牢狱，苏格拉底只有通过死才把自己解救出这个世界。柏拉图或许已感觉到，苏格拉底的受审与死亡超越了有限时空的限制，具有了普遍意义。身体、情感、情绪与哲学探究、论证之间的搏斗，其意义也同样具有普遍性。

牢狱（镣铐）或洞穴主题在《斐多》的不同部分出现了几次，结果，这不仅有利于《斐多》结构的完整统一，还让《斐多》的意义和蕴含远远超越出发生在雅典牢狱的情景范围。

俄耳甫斯神话及其神秘仪式在柏拉图的著作中有其地位。在第七封信中，柏拉图再次提及了神圣的俄耳甫斯神话——“古老而神圣的学说”——关乎灵魂的不朽和审判（335a）。在《斐多》中柏拉图也提到：“我们把神秘教仪的创立归于那些人”（69c，H55）——他们所关注的事是净化（purification）和神圣（holiness）。就我们的目的而言，俄耳甫斯与阿波罗的关系更有意义。[①] 凭借其音乐，阿波罗与俄耳甫斯甚至能迷住野兽，让它们群集在自己身边；俄耳甫斯崇拜太阳，在他看来，太阳就等同于阿波罗；在阿波罗和狄俄尼索斯的对抗性关系中，俄耳甫斯站在阿波罗这边；他俩的音乐都宁静安详、闻名遐迩，这与狄俄尼索斯的音乐截然不同；结果，俄耳甫斯被外邦人想象成了一个有文化的希腊人。[②]如此一来，我们或许就能回想起柏拉图对哲人碰巧生活在一个国度里的描绘：他绝对会被敌视成异类（像苏格拉底在雅典一样），“正如一个落入野兽群中的人，他既不愿意参与作恶，又不能单枪匹马地抗拒所有的兽性行为“（《王制》，496d，HC732）。难道苏格拉底不正像俄耳甫斯一样，在发现自己身陷

---

① 参 Guthrie，《希腊人和他们的诸神》，前揭，页 314—315。

② 同上，页 315。

野兽或外邦人的包围时，想用自己的哲学性音乐魅惑住他们？正如陌生性把俄耳甫斯与围着他的外邦人分离开来一样，同样的陌生性也把苏格拉底——这另一个崇拜阿波罗的人——与雅典人甚至《斐多》的参与者分离开来。作为一个施魔法的人，苏格拉底也被要求去发魅惑之音（*epadō* 或 *epaeidō* ——77e8，就如对咒语的吟唱），以便赶走西米阿斯和克贝心中的小孩，这小孩总是怕死。正如奥德修斯，俄耳甫斯是极少数活着下冥府并回来了的人。前面我已提出，应当将奥德修斯前往冥府（*nekuia*）的旅程，与《斐多》及《申辩》41a 中（阴间的法官弥诺斯[Minos] 在《申辩》41a 被提及，在《奥德赛》11. 568－571 也被提及）的描绘做一番比较。①由此，在柏拉图眼中，苏格拉底既是施魔法的行家，又是一位英雄，他兼有些俄耳甫斯和奥德修斯的荣耀。在其他人眼中，苏格拉底不仅是一位卓越非凡、令人敬畏的奥德修斯，也是一位自成一格的哲人型俄耳甫斯。

---

① Olympiodorus 按传统方式认为，柏拉图关于冥府之旅的神话也是一个 *nekuia* [冥府(之旅)]。他提到它的地方有《高尔吉亚》(523a－527a)，《斐多》(107c－114c)，《王制》(614b－621d)。参 Olympildorus, *In Platonis Gorgiam Commentaria* (《柏拉图〈高尔吉亚〉注疏》)，William Norvin 编，Stuttgart：B. G. Teubner, 1936，页 221－222；同时可比较 Damascius Ⅰ. 470 and 471；and Ⅱ. 81 and 85，见 L. G. Westerink, *The Greek Commentaries on Plato's Phaedo*, Vol. 2: *Damascius*, (《古希腊人论柏论图的〈斐多〉，卷二：达马斯基奥斯》)，Amsterdam：North — Holland Publishing Company, 1976，页 240、334。Damascius 把《斐多》的整个第三部分命名为冥府之旅（*nekuia*）(Damascius Ⅱ. 81)。荷马冥府之旅中的一句名诗“我下到[*katebēn*]冥王洞府的那一天”(《奥德赛》23. 252，用 Lattimore 的英译)，回响在《王制》的开篇：“昨天，我下到[*katebēn*]比雷埃夫斯港”(327a, HC576)。参 Eva Brann, “The Music of the Republic”(〈《王制》中的音乐〉)，见 *Agon*, 1967(1)，页 2－7, 111，注释 11；以及 John Sallis, *Being and Logos: The way of Platonic Dialogue* (《存在与逻各斯：柏拉图的对话方式》)，Pittsburgh：Duquesne University Press, 1975，页 314－329, 446, 454。《王制》始于苏格拉底暗示荷马的冥府之旅（*nekuia*），终于柏拉图自己的冥府之旅（*nekuia*）。

净化是《斐多》又一个至关重要的问题，它把苏格拉底同以洁净生活(*katharos bios*)为中心的俄耳甫斯教及毕达哥拉斯学派的教义联系起来。[①]苏格拉底向往一种自我的、非教派仪式下的纯净生活，而这一纯净的生活当然与阿波罗式的生活方式密切相关。在作了必要的改动后(*mutatis mutandis*)，《斐多》中的苏格拉底与阿波罗教义及俄耳甫斯秘教的亲密关系，或许就体现在以下会集的要点中：

> 俄耳甫斯秘教……的主要特征……[是]色雷斯人对不朽的信仰与阿波罗净化观念的一种结合。前者给了俄耳甫斯秘教迷狂(*ekstasis*)和热忱(enthusiasm)，以及精神上的深切希望；后者则给了它一种形式化的影响，以及一种在规章制度方面几乎具有的法律性色彩。在俄耳甫斯秘教的种种仪式中，迷狂就是已经在阿波罗的仆人中间感到自由自在了。[②]

苏格拉底的净化就在于把灵魂从“身体的桎梏”中解脱出来(67d1—2，H52)。这就是苏格拉底对其毕达哥拉斯信徒式的听众的回答，这些听众深受了俄耳甫斯教义的影响。在柏拉图创作的这一戏剧性虚构作品中，当毕达哥拉斯学派的成员出场后，苏格拉底就把自己扮成俄耳甫斯，用哲学性音乐来魅惑他们。不过，哲学性音乐是最伟大的诗(*megistē mousikē*)(61a3—4)，它和与

---

① Guthrie，《希腊人和他们的诸神》，前揭，页47；参Douglas J. Stewart的“Socrates' last Bath”(〈苏格拉底的最后一次洗澡〉)，见*Journal of the History of Philosophy*，1972(10)，页253—259。Stewart得出的《斐多》与俄耳甫斯仪式之间的种种类似性，牵强附会，不足为信。

② Guthrie，《希腊人和他们的诸神》，前揭，页318。

之相反且作为对手的通常的诗(*dēmōdē*)(61a7)——这一“被公认的、通常意义上”的音乐(H34)——可谓大相径庭。然而,正如我前面所论述的,甚至那一独特的通常的诗(*dēmōdē moustikē*)——苏格拉底就在死前还为它费了些功夫——也与那“被公认的、通常意义上”的音乐截然不同。

我们眼下论及的E1部分与神话部分E2(107d—114c)是相互对称的。它们都在说同样的事情,都试图让灵魂相信这事,只不过它们使用了两种不同的方式:一种是依靠论证的哲学方式,一种是依靠故事的神话方式(“我们应当把这类故事当作符咒,反复为自己念诵”——114d,H184)。第一种方式企图证明,“一个终生从事哲学的人,临死时必然无所畏惧,并且坚信死后会在另一个世界得到极大的福分”(63e—64a,H41)。第二种方式则通过讲一个神话,以此来说明,“在这一切人中……凡是用哲学净化了自己灵魂的人,都会从此脱离身体,前往一个难以言说的更为美妙的居所。到底怎样美妙,不容易形容,咱们现在也没有足够的时间了”(114c,H184)。这两种不同的方式,都关系到苏格拉底对死的问题的回答,也都维持着《斐多》结构上的对称性。

当然,关于审讯和法官的主题也维持了《斐多》结构上的对称性。在E1部分,苏格拉底提到他应对他真正的法官朋友们做一次辩护(*apologia*),他希望这一次的回答将比他在受审时的辩护更具有说服力(63e8也提到:“对于你们——我的法官们,我希望现在向你们解释”[H40])。当神话部分一结束,苏格拉底就提到了克力同对他所做的担保——他保证苏格拉底不会逃走(115d),苏格拉底将这一担保同他对他的朋友、他“真正的法官”所做出的迥然不同的担保,进行了比较。就在神话的这部分,冥府的真正法官以及他们的审判也被反复提到了(107d,

113d,114b6)。

F1：苏格拉底对克贝和西米阿斯的回答；对灵魂不朽的一个论证；回忆(70c—84b)

这部分平行对称于苏格拉底对克贝的最后回答(96a—107b)。

在此，我们必须再次讨论感到害怕的小孩这一主题。在77d7，苏格拉底说西米阿斯和克贝像小孩子似的害怕，怕灵魂离开了身体，一阵风就给吹散了。苏格拉底的回答("假如一个人死的时候，碰巧正刮大风，你就越发害怕"[77e,H79])有些诙谐与逗乐的味儿，仿佛他正在和小孩似的对话人玩游戏(*paidia*)。这种游戏充分涉及到了对话者身上的孩子气(*paideia*)和小孩似的东西(*ton paidōn*)。富有"弗洛伊德式"洞见的克贝，如此要求苏格拉底："你且说明道理，叫我们摆脱恐惧。其实，我们也不害怕，也许我们内心有个小孩，是这个小孩在害怕(*phobeitai*)。他害怕这个被称为死亡的怪物(*ta mormolykeia*)，你总得试试说服他呀。"(77e,H79)*Mormolykeia* 是一个吞噬小孩的怪物。[①]依《希英大词典》，*Mormō* 是"保姆常用来吓唬小孩的可怕女妖"，同时，也是"用来吓唬小孩的惊骇语"。克贝用孩子般的语言让苏格拉底明白，他在情感上需要被说服，不过，苏格拉底的逗乐和反讽并没有缓解克贝沉重的心智状况。克贝"提醒"苏格拉底，他要离开他们，让他们独立无依了("你是要离开了我们，我们哪儿去找好法师为我们念咒呀?"——78a,H79)。至少，克贝在情感上无法认同苏格拉底的回答，他拒绝接受安慰。克贝说"太好了"(78a10)，但这并不意味着他要寻找另外的好法师或依靠自己(这与苏格拉底的

① 见 Kenneth Dorter,《柏拉图〈斐多〉义疏》，前揭，页 9。

提议刚好相反，苏格拉底提议道，“我敢说你很难找到比你们更合适干这件事的人”[78a，H79]）。克贝心中那个感到害怕的小孩其实要比克贝本人强大得多，克贝的畏惧（*phobos*）代表了观众在悲剧中的心智状况。

当然，《斐多》中关于小孩或众多小孩的主题也是一个象征，象征着参与者们的情感一面，主要是畏惧。正因如此，他们才应该受苏格拉底和柏拉图的教育（*paideia*）原则的约束和教导。《斐多》通过分析小孩这个主体来开始：克珊西帕抱着小儿子（*paidiōn*—60a2），坐在苏格拉底身边。苏格拉底的孩子在《斐多》的结尾被再次提到，在这里，克力同问苏格拉底对他自己的孩子有什么交代（115b）。苏格拉底避开了孩子问题，转以“照顾好你们自己”（同上）作答，在这里，苏格拉底似乎已经把他的朋友、对话者和他自己的孩子混为一谈了。不过，在斐多和其他参与者心中，也有类似转换发生：

> 我们觉得他就像我们的父亲，一旦失去了他，我们从此以后都成孤儿了。他洗完澡，几个儿子——两个小的、一个大的，也来见了他。（116a—b，H188）

苏格拉底想静静地死去，这需要观众的自我克制，这也是苏格拉底为何遣走妇女的原因（117d—e）。她们连同小孩一起被送走了，“他打发掉女人和孩子后，又回来和我们呆在一起”（116b，H188），但是，结果仍然事与愿违、枉费功夫，因为他那伙朋友表现得其实跟小孩与妇女差不多，一样感情用事，缺乏自制。为了让他们保持平静，减少他们的恐惧，苏格拉底像给小孩讲临睡前的故事一般讲起了神话。此处论及的“临睡前”可谓一个隐喻，它意味着这一天的结束，即死亡时刻的到来。在70b2，克贝恳求苏格拉底劝服(*exhortation*)——激励、劝告、说服——他们,灵魂在死后继续存在。苏格拉底的回答涉及到 *diamythologeō* 一词(70b6),此词可译为"讨论"或"谈论"(H58,注释 2,页 58—59)。不过,我们不应忽略,无论在恳求还是在回答中,词根 *mythos* 都出现了。①即使在这点上,哲学的理性(*logos*)是必须的,但在苏格拉底与柏拉图看来,这一理性也并非远离神话,因为,正是神话补充了单靠理性所无法产生的东西,即情感上的鼓励和劝服。尽管如此,苏格拉底作为父亲的形象与对话者作为孩子的形象(尤其在《斐多》中,苏格拉底用手对斐多头发的抚弄),都大大地渲染了整部《斐多》中苏格拉底与他的朋友既亲密又疏远的关系。无论在雅典人还是他的朋友面前,苏格拉底都保留了陌生的一面。尽管苏格拉底跟他们在行为和反应上保持距离,有极大的差异,但仍然和他们有共同之处,都是同一旅程中的伙伴,都是同一境况中的参与者。这种亲缘性充分刻画出苏格拉底的个性特征:在他身上存在着对立因素间的某种奇特混合:严肃性与游戏性的混合,父亲与一个永恒的孩子的混合。这是那个反讽性精灵(ironic *daimōn*)的混合,这个精灵不是别人,正是苏格拉底。

E1 部分中感到害怕的小孩的场景(77b—78a)在 E2 部分有一个对称处。这是一次离题,框架对话在这里插了进来(102a)。在这富含情感的部分,克贝表达了自己对苏格拉底论证的钦佩。这部分还提到,听斐多讲故事的人,还有苏格拉底最后一天的在场者,都对他怀有同样的钦佩。如此,结构的严格对称和时空错位的效果都得到了保持,两者服务于对话的有机统一性,让对话成为一个结构谨严的整体。情况就是这样,没有任何部分或任

---

① 参 Kenneth korter,"The dramatic Aspects of Plato's *Phaedo*"(〈《斐多》的戏剧特性〉),*Dialogue*, 8(1970),页 574。

何要点是离散于整体的。也许,时空的制约与限制会妨碍有机统一性的建构,因为时间的确是一个分离性、限制性的因素。然而,时空错位和结构对称阻止了时间分割带来的离散性,阻止了线性传递带来的离散性。

G1: 为高潮做准备:天鹅之歌及停顿(84c—85d)

84c 写道:“苏格拉底说完,静默了好一会,显然是在细想自己的话。我们多半人也和他一样。”(H94)这里已有了转折,柏拉图要让读者对即将来临的高潮有所准备。苏格拉底的沉默——与他死前的沉默一样——给他与对话者设置了距离。这种距离一直被拉大,直到在 84d 即剧情的高潮处才止。西米阿斯和克贝“不愿打扰”身处“不幸之中”的苏格拉底,他们害怕自己的追问会引发他的不安,无论如何,他们都完全误解了苏格拉底,结果,比起克珊西帕,他们与苏格拉底的距离要遥远得多,就这些事而言,克珊西帕倒能理解她的丈夫。由此,下述情形也就不足为奇了:西米阿斯和克贝无法理解,苏格拉底正如“天鹅一样,也是神的仆人,也崇奉那同一位大神”——这位大神即阿波罗,所以,苏格拉底“辞世时也和天鹅一样,并不感到悲哀”(85b,H95)。苏格拉底在临死时如天鹅一般,也唱出了最美的歌曲。只不过,恐惧,对死亡的恐惧,让人们曲解了天鹅,以为天鹅的临终绝唱是在“为自己的死亡而哀鸣”(85a,H95)。其实恰恰相反,天鹅高唱乃是因为,她们作为一种有预见力的鸟,“预见了在冥府等待她们的福祉,因此,她们在临死之前比平日唱得更加欢畅”(85b,H95)。苏格拉底认为自己是同样如此,在《斐多》和《申辩》中,他都描述了在冥府或“另一个世界”里等待着他的福祉。

G1 部份增强了读者对剧情高潮的期待,但其中的哲学情节又会带来一个令人心旷神怡、赏心悦目的停顿(或间断),由此降低了读者的紧张和兴奋。在 G1 部份最后,苏格拉底对他的谈话者说:“只要雅典的执法官们允许,你们想问什么,都随便。”(85b,H94)通过提到即将来临的死,苏格拉底把气氛搞得紧张起来。随后,西米阿斯做的类比进一步增加了紧张气氛,他将“人间最有道理、最颠扑不破的理论”比作是“泅渡人世凶险航程的一只木筏;除非我们还有着更安全、更稳妥的方式抵达港口,否则就只能如此了”(85c—d,H97)。我们发现,这里又暗示了奥德修斯的木筏以及他在汹涌海面上的险象环生的航程。如此,《斐多》的戏剧性张力也就得到了加强,因为,围绕灵魂不死的问题,苏格拉底寻求的满意论证,既是一种戏剧英雄的成就,也是关乎生死之事。西米阿斯指出了在哲学情节中这阶段的危险与唐突。

G1 与 G2 部分还出现了一个有趣的对应:G1 为情节中复杂的高潮做准备,G2 则呈现解决方案。这又可谓《斐多》结构完整对称的一例。

下面,我撇开 H1 部分,直接进入剧情的高潮。

I: 中间部分:高潮(困境——88c—91c);困难性与框架的插入部份

在高潮前后、临近转折点时,出现了停顿,叙述脱离了主题,或者说,框架对话插入了进来。这些都是用于推迟的手段,它们减慢了对话和情节的节奏,让我们去注意那些关键的转折点。一个就出现在 102a,它以苏格拉底对克贝的回答来阐述一个中心论点:倘若接受苏格拉底关于理式存在的假设,那么,就必然会得出灵魂不死的结论。这些停顿部分促成了戏剧张力的产生(这尤其体现在 G2 部分与高潮部分的转折点上),同时,当高潮过后,它们又能促成张力的缓减,直至戏剧末尾。

剧情的高潮点这一困境,可谓与临近结尾时观众的情感危机高潮大相径庭。在那儿,他们的反应就像一般悲剧院中的观众,不像阅读苏格拉底的哲学式《奥德赛》的理想读者。虽说这一困境是哲学情节的高潮,但也负载有特殊的情感,正如斐多所说:“我们听了西米阿斯与克贝那些话,心上都不舒服;……现在,我们感到又被抛入到惶惑和怀疑中。”(88c,H105)无论如何,“哲学的困难性”(the philosophical complication)就在于要面临不断增添的忧虑,人的逻各斯无力解决这一问题。由此,苏格拉底就顺势利用这一心境与情感状况下的有利形势来说服他的听众:真正令人害怕的危险,不是他即将到来的死亡的危险,而是逻各斯的危险。真正的危险在于对逻各斯的失望,换句话说,这种失望的结果会导致厌辩症的产生。要避免这样的后果,可供选择的最佳途径是,深悉哲学,热爱智慧。

在剧情的巅峰时刻,厄克格拉底插了进来;在苏格拉底成功解决难题之后,即在 102a 处,他将再次插入对话。这种插入,会暂停及推延斐多对整个对话的讲述,由此,框架对话将再次出现。借助这一插入,厄克格拉底差不多扮起了希腊戏剧舞台上的歌队(*choros*)角色,他说:

> 我的天,斐多,我很同情你们……苏格拉底的论证本来已令人完全信服,现在也不可信了!……现在再要叫我相信人死了灵魂不随着一起死,就只好从新开始,另寻论证了。(88c—d,H105)

不过,在《斐多》的末尾,厄克格拉底的反应却与此相反,那时他保持了沉默,没有做任何干扰。由于斐多在最后一句话里提到了他,是故,厄克格拉底那高贵杰出、令人钦佩的反应就越发显得突出。相比于观众强烈的情感反应——正如斐多所强调的——厄克格拉底的节制与静默就越发给人深刻的印象。虽说88c－d有力地表达了厄克格拉底的情感，但在最后，当斐多与观众都沉溺于最紧张的剧情中时，厄克格拉底却保持了静默，没有表露自己的情感。通过留意这一点，我们意识到，厄克格拉底这个人物正代表着柏拉图，厄克格拉底其实已指出，戏剧最为激烈的时刻并非苏格拉底死时的场面，而是在对话中间出现的厌辩症危机。当然，柏拉图心中的代表人物也不会在苏格拉底死的那天到场。下面是厄克格拉底最紧张不安时的情形：

> 现在看在老天的面上，快告诉我苏格拉底是如何把讨论进行下去的，你说你们大家当时都惶惑不安，那么，苏格拉底是不是也窘迫不安？还是在泰然自若地为自己的观点辩护？他的辩护成功了吗？快快原原本本告诉我们。（88d－e，H105）

厄克格拉底最为关注的与其说是苏格拉底的死，不如说是其哲学的主题（苏格拉底的辩护成功与否）、厌辩症危机，以及他直到最后时分的克制与美德。柏拉图最为关注的也是这些，因为，《斐多》的结构把高潮设置在了中间，放在了困境和厌辩症问题上，而非死亡场面上，尽管这一场面动人心曲。毋庸质疑，比起十分动人的死亡场面，更吸引厄克格拉底的是苏格拉底的论证和克制。这和102一样，也是厄克格拉底插入对话的一个例子。这样，柏拉图就向我们展示了《斐多》高潮的真正所在。①

---

① Hackforth正确指出，柏拉图为扯进"厌辩症"话题挑了一个适宜的场合（H 109）。参Michael Davis，"Socrates' Pre－Socratism：Some Remarks on the Structure of Plato's *Phaedo*"（〈苏格拉底的前苏格拉底主义：关于《斐（转下页）

在 88c—89a，时空错位的效果非常明显。在那儿，厄克格拉底涉及到了四个不同的时间：(1)现在，即他跟斐多谈话的时间；(2)高潮之前；(3)高潮之后；(4)最后，模糊不定的时间，即厄克格拉底接受灵魂是一种乐音这一理论的时间。在这一段中，从一个时间向另一个时间的过渡很快，几乎难以觉察。如此一来，读者的情感就可能会产生越发强烈的共鸣，如果《斐多》中的这些时间差异不是十分明显，那么，阅读《斐多》的时间与苏格拉底的最后一天这两种不同的时间，就有可能混在一起。但无论如何，灵魂不朽的哲学问题是不朽的(*per ennis*)。①

对苏格拉底坐姿的描述(89a—b)、他与观众的距离以及他对斐多头发的抚弄，这些我在前面都论述过了。下面的相似性指出了《斐多》中英雄的功绩：讲到阿尔戈斯人(the Argives)作战的故事时，提到了铰掉头发的事，而这暗示了关于英雄阿喀琉斯的一个故事中勇士们的头发在日落时分被当作祭品的事(《伊利亚特》卷 23，128—154)；不但如此，关于赫拉克勒斯(Heracles)和伊俄拉俄斯(Iolaus)的英雄故事与苏格拉底跟西米阿斯和克贝的论证性对话，也相互并行，并且“时间也已趋日暮”(89c，H106)。因此，在《斐多》的戏剧情节中，英雄的功绩就体现为对厌辩症的克制，以及所提出的关于灵魂不死的决定性论证。

《斐多》的高潮聚焦在斐多身上，这一点不足为怪。斐多坐在苏格拉底卧榻右首的一张矮凳上，从空间上看，他离苏格拉底

(接上页注①)多》结构的一些评述〉)，见 *Review of Metaphysics*，1980(33)，页 573。不过，Ronna Burger 却有完全不同的看法，尽管他承认“由于戏剧中的间断，《斐多》遂成了两等分”(Burger，《〈斐多〉：柏拉图的迷宫》，前揭，页 10)，但他总结说：“苏格拉底与斐多对厌辩症的讨论尽管就篇幅和主题而言都是对话的中心，但其中心地位还是要被其他相关的论证所取替(同上，页 247，注释 1)。我以为事实并非如此。我对《斐多》结构的看法，无论在原则还是在众多细节上，都与 Burger 截然不同。

最近,但实际上两人又相隔如此遥远。斐多与他的对话者厄克格拉底不同,他满腹深情,不加掩饰,为苏格拉底的死悲痛欲绝。苏格拉底的论证并没有说服斐多,他依旧为其悲恸哀吟。斐多就在这样的情绪中结束了整个对话;当然,在框架对话的 A1 部分中,他也对阿波罗多洛斯过激的情感反应进行了评述:“他完全克制不住自己,不过,我自己也很激动,别的人也和我一样。”(59a,H29)尽管斐多说,“他(苏格拉底)治病救人有术,把我们从溃败中召回来,掉过头跟着他,一齐攻下这场辩论”(89a,H106),但他似乎更关注苏格拉底的死,而非厌辩症危机或关于灵魂不朽的论证。由此,框架对话的两个对话者就产生了真正的差异,他们各自代表着一种高潮:斐多代表的是苏格拉底之死这一悲剧高潮的顶点,厄克格拉底代表的则是厌辩症危机这一哲学高潮的顶点。对于柏拉图的辩证法而言,选用这两个人物作为框架对话中的对话者,可谓恰到好处。一旦情感的一面被理性的一面领导,那么,柏拉图的惯常做法便是将这两个方面加以调和。事实上,作为柏拉图代表人物的厄克格拉底,他的克制影响了《斐多》的整个框架与结构。不过,这种克制并非寡情薄义,相反,它倒是《斐多》艺术的窍门,换句话讲,这一窍门把一种最富情感的戏剧融入到充满理性、审慎而精微的结构中;在这一结构里,每一个细节都得到了极好的处理。然而,这篇对话毕竟是以斐多的名字来命名的,可斐多却代表着整部戏剧中的情感性与悲剧性一面,这一面令人内心沉痛。以斐多来命名对话,对于柏拉图而言,不管从理智还是从情感上讲,都反映了其内心中最为隐秘的一面,或许,在柏拉图的整个精神生命中,苏格拉底的死是伤他最深的事件。可以说,柏拉图整个哲学的核心问题就是针对苏格拉底的死这一作为原型范例的事件。因此,柏拉图的这一面就使得他更接近斐多。不过,柏拉图自身的这一严重冲突,或许又因为有了厄克格拉底的克制,从而让这问题带有了戏剧性。但不管怎样,就情感这一面而言,斐多可谓直接占据着《斐多》的中心地位。柏拉图生病是对话中至关重要的一件事,尽管故事是由斐多这人讲述的,但讲述者的背后却隐藏了作者的某个侧面。然而,就对话的解读而言,厄克格拉底在时间上的距离以及他对情绪的克制,倒是为正确的读者,或恰当的阅读,铺就并指明了正确的方式。作为一个完美的克制者以及产生时空错位效果的核心角色,厄克格拉底对适宜距离的保持,可谓功勋卓著,而适宜的距离对于柏拉图的模仿(*mimēsis*)来说至关重要。进言之,厄克格拉底的克制并非是要抛下自己情感的一面,而是说,相比苏格拉底的死,他更关注苏格拉底的理性成就与克制精神。尽管斐多是高潮场面的焦点人物,但真正的焦点却是由厄克格拉底指出的,这是厌辩症危险(由情感与理性以及理智的分离所暗示),而非苏格拉底之死。

在危机阶段,苏格拉底宣称:“我不要求我的话被听众视为真理,这是次要的,我只希望自己能相信自己的话。”(91a,H109)要是这个说法对危机阶段特别有效,那就意味着,苏格拉底仍然还在寻找着解决办法。这才是戏剧的真正高潮:迄今为止,在场的人中没有哪一个——包括苏格拉底在内——能够解决正被讨论着的难题。这是一种典型的困境(aporetic situation),它显著地表明了苏格拉底的特征(见《美诺》80a—d)。

在危机阶段,一个与厌辩症问题相关的主题是健康(*hygieia*),灵魂的健康。厌辩症是一种精神疾病,由于不再相信一切论证,人们以后的生活就会始终“厌恨论证、唾弃论证,由此……也就没法儿知道事物的真理了”(《斐多》90d,H108)。这样的人,“就发现世界上的一切言论和一切东西都是拿不稳、说不定的。一切事物都如欧里波斯海峡(Euripus)的潮水,起落不定,没有一刻不在变化”(90c,H108)。这种变化无常，通常也是身体的典型状况，而身体则是充满变易、缺乏稳定的现象世界的组成部分。所以，这种变化无常决非灵魂的正常状态，灵魂应该拥有更多的稳定性。然而，当“灵魂被身体拉向那些变化不定的东西时”，灵魂“自己便会像个醉汉一般，昏昏沉沉、迷迷糊糊地四处彷徨”(79c,H83)。这样的灵魂，当然是病了。苏格拉底力劝他的朋友，为了以后的生活，他们应当医治自己(90e)。与此同时，当谈到了健康时(90e2—3)，苏格拉底也提到了他即将来临的死亡，这一预期的死亡出现在《斐多》的结尾。可以说，苏格拉底的死，无论在身体还是在灵魂(精神健康)方面，都是有益健康的；也正因如此，他才按习俗向阿斯克勒皮奥斯献上一只公鸡，这在文末即118a 提到了。由此，健康的主题就把高潮与结尾关联了起来，而且在结尾处，另一个高潮也出现了，这就是围绕苏格拉底之死的情感高潮。在前一个高潮中，苏格拉底想说服他的朋友，他的死并非一个真正的悲剧和灾难；真正的悲剧和灾难在于灵魂因人们对逻各斯失去了信心而得病。

在苏格拉底看来，精神的健康与洁净是同一回事。纯化(purificaction)或净化(catharsis)在阿波罗的宗教中起着重要作用，而医神阿斯克勒皮奥斯则与阿波罗有血缘关系。在高潮处插入的框架对话中，斐多提到苏格拉底“成功治愈了我们的悲伤”(89a5,H106)。苏格拉底是通过论证和谈话来医治的，由此，真正的戏剧就是为精神的健康而战斗，真正的危险则是厌辩症的产生。依据苏格拉底和厄克格拉底，戏剧情节中最为紧张惊险的时刻，与其说是苏格拉底自己的死亡场面，不如说是苏格拉底的静默时刻(在这一刻中，厄克格拉底没有做什么干扰，他保持了沉默)。这里所说的斗争，是一种哲学上的探究和检省，而非诡辩式的争论。苏格拉底的英雄主义就体现为一个哲人与厌辩症及鬼怪般恐惧的死亡之间的战斗，这样的战斗，正如忒修斯与弥诺陶洛斯、奥德修斯与独眼巨人库克洛普斯、俄耳甫斯（Orpheus）与妒忌的诸神，以及赫拉克勒斯跟海德鲁（Hydra）和巨蟹怪之间的战斗。不过，苏格拉底为之而战斗的是真理而非自己的死亡："你们应少想苏格拉底，多想真理。"（91c1，H109）

苏格拉底式的真理探究没有止境，而且，这种开放性和无止境的本性不可或缺。在《斐多》的困境阶段（aporetic stage），苏格拉底对西米阿斯与克贝说：

> 你们觉得我说得对，就同意；不对，就尽全力来反对我。反正我决不会在一股子热忱中期骗自己，期骗你们，像蜜蜂似地留下刺，一走了之。（91c，H109）

苏格拉底对克贝的回答临近结束时，回应了西米阿斯的评说（"可是这个题目太重大，同时又对世人的虚弱感到可悲，所以我对这讨论还是不能不存有疑虑"——107b，H161），但却不理睬克贝对他即将来临的死亡的暗示（"如果关于这类问题，谁要是想说或想听什么话，错过了当前就没有更好的时候了"——107a，H161），苏格拉底回答说：

> 我们最初提出的一个个假设，尽管你们觉得正确，但还是应该再加以仔细考察。你得先把一个个假设分析透彻，然后再随着论证，尽各自的力来分辨是非。如果能照这样把事情弄明白，你就不用继续追究了。（107b，H161）

即使苏格拉底不是一个怀疑论者，这个回答还是留下了进一步讨论的开放性空间。尽管假设与结论需要几分稳定性，但对它们的重审却必须反复为之（"爱欲式的"），不应有半点懈怠。

hikanōs 这词意味充分、足够、满意，它与其反义词的各种含义在《斐多》中被反复提及、反复使用(77a5,8;84c7;85d9,e2;88e2;101e1;105c6,8;105e9;107b7)，不过，即便如此，其稳定而令人深信的结果却终难企及。西米阿斯仍旧在怀疑，苏格拉底也并没有让他放弃怀疑，而是相反，鼓励这样做。由此可见，只要关于灵魂不朽的问题还没有一个最终彻底、令人满意的解决办法，那么，讨论的开放形态势必会产生出心智的困境状态。因此，当苏格拉底远去的时候，终究在对话者的灵魂中留下了一根刺。他的死并没有终结对不朽问题的无尽探讨。甚至在 D2 部分即神话的末尾，心智的开放状态及其非决定性质，也如此得到了保持：

> 当然，一个稍有头脑的人，决不会把我所说的都当真。不过，有关灵魂及灵魂的归宿，我讲的多多少少也不离正宗吧。我想我们该冒险相信这些故事，这是一个很值得的冒险。而且，我们应当这样来对待这些故事，把它当符咒似地反复颂念，就为这个缘故，我把这故事扯得这么长。(114d,H184)

无论如何，这个神话故事并不是要我们对它深信不疑，相反，它只是一种信仰与符咒。因而，它没能让对话者完全感到满意。即使《斐多》不是一篇严格意义上的困境性对话，但也与苏格拉底的其他对话一样，具有开放性。依据《会饮》，一次哲学讨论最终都是一次爱欲行动，这种行动多多少少都源于爱欲的匮乏。不过，这种行动只是对智慧的爱，而非智慧本身。由此，灵魂不死的问题，就像苏格拉底的或者哲学的任何问题一样，永远(*per ennis*)保持着开放性。果真如此，《斐多》这一戏剧性的哲学旅程就不会因苏格拉底的死而终止。

到目前为止，在对《斐多》结构的对称性的分析中，我讨论了从 H2 至 A2 这一解决趋向的内容。但关于 F2，还有两点需要说明。

第一，斐多提到，“当时在场的一个人（我不大记得清是谁）”提出了异议（103a，H148）。这句话有助于让斐多所报告的东西真实而可靠，因为，可以设想斐多记得大部分栩栩如生的细节，但由于情绪激动、心情紧张，他没有记住全部细节。由此，斐多表明：由于留在他回忆中的对话过于聚焦在苏格拉底身上，所以某些细节就被遗忘了，或者说变模糊了。这也造就了《斐多》的开放性，因为匿名的讲说者能给对话开启一种新的可能。读者就可能是这样的一个匿名者，他有问题要问苏格拉底，或问西米阿斯与克贝。不仅如此，读者还可能提出对话中并不曾提及的问题与反驳，由于对话自身的开放性，这些问题与反驳也是合理而许可的。

第二，则是关于苏格拉底“为寻找原因而进行的第二次航行”（99c9－10 及以下：*ton deuteron ploun epi tēn tēs aitias zētēsin* [H127：“一个次好的方法”]）。苏格拉底在讲述他思想自传的第二次航行前，提到了两种内在性因果关系的解释模式，即机械论（mechanistic）和目的论（teleological）（97c－99d）。苏格拉底的骨骼和筋腱是他行动的必要条件，然而，如果不指明雅典人想判他死刑这个原因，那么他在这儿的那些行为就根本无法解释。他有这样的上演或那样的行为，乃是因为他认为没有比这好或更好的选择。好或更好是我们提到的目的论解释所依据的原则。不过，苏格拉底却声称这两种模式的内在性解释根本就无法令人满意。要获得恰当的解释，我们就需要走向理式（Ideas [Forms]），开始第二次航行。理式是整个现象世界的真实原因，不过，它们也先验性地分离于现象世界（99d－102a）。先验性的因果解释也困难重重，甚至陷入困境，只不过，相对于我们对内在性解释——无论是机械论、目的论，还是这两者学说——的期望而言，先验性的因果解释才被喻为是“第二好的”。

把灵魂从身体中分离——净化或解救——出来(67a—b)，把知识从感官知觉中分离出来，把看不见、靠理解、不变动的存在从看得见、善变异的存在中分离出来(78b—79b,83b)，把本质(*ousia*)从派生物(*genesis*)中分离出来，或许，这些分离将造就一个只需要去认识的“纯粹或真正的存在”，即理式(Ideas)(或“事物本身”[the things themselves])。唯有理式才是独立自存的(*auto kath'hauto*—78d5—6)，换句话讲，只有它们才独自存在着(separately exist)。它们是“真正的实体，始终如一(*monoeides*)，独立自存，自始至终都一样，绝对不容一丝一毫的变化”(78d,H81—82)。如此，它们与大多事物——这些事物“以自身的真正本质来命名自己”——不仅大相径庭，而且截然分离(78e,H82)，而这些大多事物“与本质相反，自身经常变化，彼此互不相像”(同上)。然而，对感知物(sensible things)的存在和认知又大大依赖于其先验性分离的原因和法则，这些原因和法则与之有根深蒂固的“因果”关联。正如《斐多》74d—75d所言，每一感知物都“和其他东西(something else)有几分相像(这里的其他东西即为其先验性法则、形而上的原因，或者“事物本身”——参75d,H71)，不过，作为低一等的复本所具有的这种相似，却具有欺骗性(74d—e,H70)。“力求看上去相等，但却总又有所不及”(75a,H70)，可谓确切地指出了先验理式与它们自身的感知物这一相似复本之间的不可化约的鸿沟。分离(chōrismos,67d4)，虽说是获得真正知识的必要条件，但又会严重破坏先验范本与低劣复本之间的亲缘关系，破坏终极性、知性的原因、法则(ultimate intelligible cause—principle)与其感觉性结果(sensible effects)之间的亲缘关系。

要是我的解释正确，那么，作为次好的“没有风就划桨”的第二次起航（H127，注释 5，页 131），则暗示了分离问题的种种困难，而那种失败了的、遭到否弃的内在性解释，倒至少没有这些困难。100d—103e 以及其他地方，则暗示了在先验性理式（transcendent *eidē*）与其感觉性分有者（sensible participants）的关系上，柏拉图所面临的困境。事实上，其分有（participation）到底是由“显现”（presence [*parousia*]）还是由“共有（communion [*koinōnia*]）”（“假如这些就是用来表达它如何来的术语[100d，H134]）抑或别的方式来组成，苏格拉底“都没有武断地下过结论”（同上，“我不至于坚持”，用伯内特的英译）。随后，苏格拉底提醒对话者去注意他们讨论问题的开放性和不确定性（107b，H161）。

在 100d4—8，显现与共有似乎取代了分有（*metechein*），而 *metechein* 则必定涉及到先验理式。由此，无论 100c 还是 100d 都共同肯定，它是美的先验理式——美本身。整个 100d 这一节也暗示，分有是一个极为棘手的难题，关于它的解释既是“妥当”（safe）的，但同时又是“愚蠢”的。由此，为了挑战分有这一难题——它可能是最严重的分离难题，苏格拉底长篇大论先验理式与内在特质（immanent characters）的差异（102b—105b）。他“聪明”的回答（105c 以下）可谓细微分明、清楚明了、无甚遗漏，而这一回答暗含这样的假设：事物中显现出来的（what is present *in* a thing），是其内在特质，而非理式本身。不但如此，这一聪明的回答还详尽地阐述了，理式仅凭其内在特质，就在感觉性分有者中“呈现”出来。尽管苏格拉底对分有问题的挑战已相当深入了，还是给这个问题留下了一些潜在的疑点和继续反思的开放性空间。比如，对 100d 的理解就得依赖《斐多》整篇的戏剧内容，而其间发生的冲突则表现为先验的、克制性的与内在的、非克制性的二维对立势态，正如对苏格拉底的双腿、“身体性情绪”以及观众情感的描述所展示的一样。在最后的分析中,这一棘手的对立或困境与柏拉图的分离难题紧密相联。尽管尘世维度(mundane sides)和先验维度(transcendent sides)都不可或缺,但是,它们的共存融合又产生出种种困境和分离难题。

一旦在先验的、分离的理式中,其分有出现了问题和困难时,可以看出,苏格拉底不是去教条式地言说分有的本质,而是转而挑战涉及到的种种问题,并且,继续他的第二次航行。在柏拉图哲学的后期,帕默尼德的假说促使他"去扬帆于广袤无边、危机四伏的大海"(《帕默尼德》,137a,HC931),而这海,正是柏拉图精神历险的论证之海。如果说这一哲学上的精神历险发源于《斐多》中的第二次启航,那么,《帕默尼德》则是历险的继续。事实上,只要分离困境得到关注,这一航行就决不会抵达终点。在《斐多》103b处苏格拉底对匿名谈话者的回答中,我们可以对这些难题或困境窥知一二:

> 我们现在说的是,对立**本身**(an opposite *itself*)绝不会变成与其自身相对立的事物,无论这个对立存在于我们身上,还是存在于**真实世界中**(*to en hēmin oute to en tē physei*;事物的本质——对比《帕默尼德》132d2和130b)……我们现在谈到的是那些对立**自身**(the opposites *themselves* [*autōn*]),按照这些对立自身来命名的事物,是从这些对立自身的内在性得名的。(H148—149;重点为引者所加)

这就是内在特质的内在性(immanence)、"在内性"("being in")或显现性(presence),正如"真实世界"里先验而独立的理式中的普遍性实例和分有者(general instances－participants)一样。在这种内在性或显现性背后,隐藏着独立的理式与其感觉性分有者之间所产生的分离难题，这一难题不但引起我们的关注，同时也将干扰对话者。①艾克斯坦(Eckstein)错误地认为，与匿名对话者相比，克贝在103c“懂得”，理式是不与客观性实体(objective entities)相分离的。②很明显，事实并非如此，因为，在103b苏格拉底暗示了——103e则提到了(形相[*morphē*]译为“特质”)——内在特质(比如“存在于我们自身中的对立”[the opposite in us])与先验、独立、自在的理式(比如“存在于真实世界中的对立本身”)之间的差异。③帕默尼德的第二次后退论证(regress argument)始于《帕默尼德》132d1，那里，帕默尼德措辞铺陈，明确地提出了分有困境(the participation *aporia*)。不过，这一困境其实在《帕默尼德》130b就被预示了，并且，使用的言辞也与《斐多》103b极为相似：④

---

① 见F. M. Cornford，*Plato's Theory of Knowledge*(《柏拉图的知识论》)，London：Routledge and Kegan Paul，1966(1933)，页6；参Burger，《〈斐多〉：柏拉图的迷宫》)，前揭，页157。但是，Kenneth Dorter在讨论《斐多》的65d4—7时声称：“有形的形式(the corporeal [!] forms)会令人想起，形式通常不是一个独立的世界，而是这一世界的理性本质”，见氏著，《柏拉图〈斐多〉义疏》)，前揭，页27；不仅如此，Kenneth还批评亚理斯多德夸大了“他自己和柏拉图立场之间的差异”(同上，页207，注释17)。就《斐多》中的理式分离以及亚理斯多德的证辞而言，Hackforth的著述(H 5—6)要比Dorter和Eckstein可信得多。当然，Bluck也十分正确地强调了《斐多》中的理式分离问题，见氏著，*Plato's Phaedo*(《柏拉图的〈斐多〉》)，页vii，9—18，178—187；参David Gallop，*Plato's Phaedo*(《柏拉图的〈斐多〉》)，Oxford：Clarendon，1975，页94。

② Eckstein，《苏格拉底的忌辰：生、死与不朽——柏拉图〈斐多〉中的理念戏剧》，前揭，页171—172。

③ Eckstein却漠视这一关键点。虽说Eckstein提到了Bluck的“形式复本”(Form—copy)(同上，页186)与Hackforth的“内在特质”(同上，页189—191)，但由于他忽视了《斐多》103e提及的*morphē*[形相]，遂对前述二人的正确区分，不仅产生误解，而且还给了错误的批评。

④ 参Cornford，《柏拉图的知识论》)，前揭，页7—11；参Dorter，《柏拉图〈斐多〉义疏》)，前揭，页138—139。我同意Dorter的如下观点：“假说的方法能使我们了解一种切实的大纲要略，但这种方式只是渐近性的……，更接近真理的是柏拉图的困境性态度(the aporetic attitude)(这与怀疑论者决不相同)，而非其他哲人所声称到手的那种绝对性解决方案。”(同上，页140)

你自己是否已作了你所说的这种区分？一方面是形式本身(*eidēauta*)，一方面是分有(*metechonta*)形式的事物，你把形式本身与分有形式的事物区别开来(*chōis*)了吗？你相信除了我们所拥有(*echomen*)的类似物外，还有诸如类似物本身一样的东西吗？(《帕默尼德》，130b，HC924)

依我之见，最终的、"聪明"的、稳妥的回答，不仅基于最初的、"愚笨的"甚或"无知的"回答(102a－105b)，而且也是对这一回答的阐释、改进与提升。毋庸置疑，最终的回答由于假定了一个先验理式，遂在其中启用了在最初回答中就被提及的内在特质，不仅如此，这一回答还明确地提到诸如火与灵魂之类的有效因素。由此，这一最终回答，正如最初回答一般，也必定在挑战分离难题，暗中则危及到了永恒实在与现实性感知物(比如人的身体)之间的形而上性因果关联。最初回答中提到的先验理式与其内在特质之间成问题的联系，也同样如此。[①]通过对灵魂(*psychē*)的引入——它不仅作为一种内在特质(直至105e9，H162)，更作为移动、激发身体的动力因(efficient cause)——我们兴许能推进汉克弗斯的观点。这种灵魂实际上也是一种积极的主体，有诸如不死这种内在的特性。如此一来，我们就不仅可以解决在106e出现的让汉克弗斯感到困扰的"转变"(transition)或"修正"问题(H165)，而且还可以解决个体永存不死的问题(H163)。因为有不死这一内在特性，灵魂便维持着与先验理式不可或缺的联系，而先验理式，既是万物的根本成因，又是灵魂

① 一般而言，我把最终的、稳妥的回答看作是对"愚笨"回答的运用、扩展与修正，我的这一看法更接近Hackforth的观点(H161－162，164－166)而非Eckstein那不足信的观点，参Eckstein，《苏格拉底的忌辰：生、死与不朽——柏拉图〈斐多〉中的理念戏剧》，前揭，页189－190。

之不死性的主要“依凭”(the responsibles)。不过,作为一种动力因,灵魂也有自己的独特性。

要是形式是物理事实与事件存在的形而上的真正原因和最终条件,那么,这些事实与事件也就是形式的必然结果,尽管形式是先验的、独立的。结果,甚至按照柏拉图的思想,身体与现象也是必不可少的。身体所参与的机械系统,则体现了理式所规定的一种先验程序。

按照柏拉图的看法,人的确证(personal identity)既然是靠灵魂而非身体,那么,苏格拉底的尸身,就不是苏格拉底本人(115d1)。苏格拉底指出,克力同就没搞明白这两者的差异,他对苏格拉底如何安葬他自己的寻问并非偶然为之。克力同如此关注“肉身”(carnal),在实际性、身体性事务上花费了太多精力:他建议苏格拉底移居塞萨利(Thessaly)这个没有管束、轻松自由的居所(如苏格拉底所说),那里的美味盛宴是众所周知的(《克力同》,53d—e)。在《斐多》中,克力同提醒苏格拉底:我知道别人在听到命令后,还要吃吃喝喝,和亲爱的人相聚取乐,磨蹭好一会儿呢(116e,H189)。

就灵魂、身体,以及人的确证而言,《法义》959a—b 对此则有更为清楚明了的说法:

> 灵魂绝对优于身体,赋予我们存在的是灵魂而不是其他什么东西,而身体只不过是伴随我们的影子。所以,有人在谈论死亡时说得好,尸首只是一个鬼影(ghost [*eidō* — phantom]),而真正的人——其不死的成分叫灵魂——会到另一个世界去向诸神报道。(HC1503)

可如果没有这样的一个鬼影(*eidōla*),苏格拉底就不会存在。对苏格拉底在现象世界的存在来说，身体是一个必要条件，而非充分条件。现象的、机械的世界不可或缺，没有了它们，柏拉图的哲学就成了一种埃利亚派（Eleatic）哲学。另一方面，理智（理性）和任意的必然性（arbitrary necessity）[①]又互相矛盾。但是，《蒂迈欧》47e—48a这样说道：

> 至此，我们所说的内容，都是在讲理智的运作，但我们还必须讨论通过必然性而生成的事物——因为这个宇宙的生成是必然性与心智一道工作的结果。心智是主导性力量，它通过对必然性的劝说把大部分被造的事物引向至善，使必然性服从于理性，并在创世之初就以这种方式来建构这个宇宙。（HC1175）

苏格拉底试图通过劝说的方式来影响他朋友的情绪。非理性情感的来源是身体及其对灵魂产生的影响（《斐多》94b以下）。《蒂迈欧》47e—48a提到，身体参与了必然性。柏拉图没有忽视现象世界中任意的（“必然的”）事实，尤其没有忽视源于身体的情感与情绪。不仅如此，他对苏格拉底的肉身性、尘世性存在——它们在《斐多》中占据着重要位置——同样没有忽视。苏格拉底最后一天的对话被成文言辞描绘下来，尽管成文言辞也只是一种低级现象（“影子的影子”），但就实现苏格拉底的不朽而言，它们却是绝对需要的，这是一个公认的事实，至少对我们而言。

---

① ［译按］谢文郁认为，英文用“necessity”来译柏拉图的“ανάγκη”一词，有商榷余地。“ανάγκη”在柏拉图的用法中，指称那种无目的、无秩序、变化不定、不可预计的无理性运动，所以，译作“不定运动”，或“无序运动”可能更贴近它的原义；不过，本文中译暂依英译，相应地译成“必然性”。参谢文郁译《蒂迈欧篇》，上海人民出版社，2005年，页73，注35。

与艾克斯坦的观点不同，在我看来，柏拉图并没有怀疑苏格拉底在迫近死亡时的理智与信念。分离理式的理性实体与现象世界，带来了无法逾越的鸿沟，柏拉图对此有深刻意识，这一深刻意识位于《斐多》这部严肃戏剧的中心。艾克斯坦赞许里特尔(Ritter)的观点，里特尔的观点隐含了对柏拉图之分离问题的否定，艾克斯坦以为里特尔的观点不仅正确，而且“不乏优点”。艾克斯坦错误地认为，“要是柏拉图急切地怀疑……理式的先验存在，那么，他就不该如此相信人们能回忆起来自前生的理式”(同上，页93—94)。与里特尔一样，艾克斯坦也相信，“柏拉图是在质疑或否定回忆(*anamnēsis*)学说与前生的理式知识”(同上，页94)，此外，他还错误地认为《斐多》并没有澄清这一点，即，形式到底“只是理式，还是也有其独立的实体”?（同上，页103)举一个例子，艾克斯坦忽视了《斐多》的78d，依据这里，形式是独立性、分离性的(*auto kath'hauto*)真正存在。顺便一提，艾克斯坦明确质疑亚理斯多德“告诉过我们柏拉图相信理式的分离性存在”(同上，页94)。尽管艾克斯坦在参考康福德(Cornford)的观点时也曾提到过因理式的分离性而产生的分有问题(同上，页169)，但是，他骨子里坚守的却是理式的非分离性(non-separate)和反一元论的(anti-unitarian)观点。“一个形式只是一种逻辑上的普遍性……一个概念也只“存在”于心中……柏拉图主要把形式作为逻辑上的普遍性，而非独立的客观实体。”(同上，页170)不过，艾克斯坦也清楚，他最终拒绝的是一元论(unitarian)观点，按照这种观点，柏拉图的全部对话都认为，“形式是伴有独立本体形态的先验实体，而非纯粹的概念。”(同上，页181)

为了论证自己的解释，艾克斯坦声称，《斐多》中的所有论证(包括最终的论证)都被错误地视为柏拉图所表达的观点，实际上，这些论证“统统无效，柏拉图当然明白这一点……，而对证明的蓄意损毁，也只是为了再一次质疑苏格拉底的理性”（同上，页 92；参页 110，164—170，175，178，196）。艾克斯坦总结说，“苏格拉底和柏拉图都懂得，整个最终的论证都不可靠”（同上，页 179）。我以为，艾克斯坦针对柏拉图所有对话的所有看法，尤其是对《斐多》分离问题的否认，确实无法令人信服。我的分析已表明，以《斐多》而论，即可看出，柏拉图对苏格拉底及其选择抱有无比的理解与同情。他们以不同的角度、不同的论证，共同和分离难题做斗争。这一难题的关键之处，即《斐多》悲剧中最重要的方面，就是苏格拉底的论证是否令西米阿斯和克贝心悦诚服，毫无疑虑地接受（107a—b），以及苏格拉底“在把自己的意思说得甚至连智力有限的人也完全明白后”（102a，H147），是否就真的令人消除了对死的恐惧（“用魔咒驱散妖孽”[77e，H79]），或者说，就真的能把对话者从对死的恐惧中解放出来？换言之，对话者跟怕死心理和厌辩症危机的斗争，即使到了悲剧的最后一幕，也没有停止下来。他们跟恐惧斗争时，能信任人的理性（*logos*）吗？苏格拉底为了成功地克服死亡畏惧，利用神话来做理性的帮手。由于视《斐多》为一部悲剧，所以，我的阅读和理解就必然和下面的全然不同：

> 理性英雄（the Hero of Reason）因为一个故事而丢掉自己的性命，这太有反讽性了，他会因为一个悲剧性过失而死去，这又该作何解释。他把自己献给了理性，这可谓偏激过度，鬼迷心窍，判定失误；非但如此，他还无视理性的缺陷，也不正当地求诸其他美德。理性也有其自身的荒谬。柏拉图曾一再提示：苏格拉底提到自己时，把自己视为被命运召唤的悲剧英雄。（同上，页 196）

根据苏格拉底对谈话者情绪状态的敏锐感受以及他所意识到的神话的必要作用,可以说,他对理性的缺陷知之甚深。“对于人的理解力而言,这是最难达到的”(107b,H161),此外,他还承认,最完美之人的理性也与神存在着鸿沟(85c－d)),无论如何,这两点都进一步证实,苏格拉底和他的对话都很清楚理性的缺陷。被苏格拉底的最终论证完全说服但情绪仍然激动的对话者,就是一个证据,证明理性的理式实体与其尘世生命的分离获得了胜利。但苏格拉底的情况完全不同。一方面是把他和对话者们分离开来的鸿沟,另一方面是雅典人,这两个方面,是《申辩》、《克力同》、《斐多》所描绘的悲剧的来源。

如果追随艾克斯坦的想法,那么,苏格拉底就决不该自杀,更不该以迂回曲折的方式行事(同上,页 13,15,128－129,147,165,199－200)。苏格拉底宁愿选择一种老人的死,而不愿过逃跑、行贿、放逐、蒙骗和不真的生活,对此,艾克斯坦举出了几条令人信服的理由。然而,他却全然忽视苏格拉底已经老了、他的生命很快就要结束这个事实。这种情况下,苏格拉底不会紧紧揪住生命,挽留“它最后一点残余”(117a,H189)。然而,艾克斯坦却不断重申,“柏拉图意欲非难苏格拉底自杀的理由,由此表明他反对先师所做的已无可挽回的行动”(同上,页 72;对比:页 106,110,129,136,165,167,178,196,197)。尽管我认同艾克斯坦所采用的“戏剧进路”(dramatic approach),但我的内在历险(internal Odyssey)的观念却与他的“理式戏剧”(theater of ideas)风马牛不相及(同上,页 15－16)。艾克斯坦的“理式戏剧”,并未将自我认识以及让害怕或忧虑这些妖魔鬼怪盘桓内心的这些事情,作为关注的目标。艾克斯坦把柏拉图的对话看作戏剧,“在情感、性格、事件,甚至神话的语境中来处理理性”,这是对的(同上,页 16),不过,较之于简单的“理式戏剧”,或许我们更应该使用“灵魂戏剧”(theater of soul）一语，在这一戏剧中，理式扮演着至关重要的角色。

在本文中，我已表明，《斐多》是一部连贯一致、有机统一的戏剧艺术作品。其中，每一个主题或象征都不可或缺，都发挥着独特的功用。这部哲学戏剧由平行对称、精心计划的结构组成。《斐多》的哲学功用与其文学性的戏剧结构一起，和谐融洽地构成了一个连贯一致的整体。

（刘麒麟 译　张文涛 校）

柏拉图对形象的运用

戈登(J. Gordon)

狼长得非常像狗，最为野性的动物长得像最为温顺的动物。但谨慎的人在相似性问题上必定特别当心，因为它们尤难捉摸。

——《智术师》，231a

接下来，我们必须说明由（眼睛）带来的最大益处是什么，正因为这个益处，神才赐予我们双眼。在我看来，视力正是这种最大益处的起因，因为如果人们没有看见过星星、太阳或者天空，现在就不可能向他们描述宇宙的任何情况……由此，我们最完整地把握了哲学，在神赐给有死的族类的恩惠中，没有也不会有比哲学更大的了。

——《蒂迈欧》，47a—b

柏拉图笔下的诸多形象(images)，属于设计得最有力、最吸引人的一种:《王制》中身缚镣铐的洞穴居民,面对墙上的影子,却无法转头看到这些形象(images,或译“影像”)的真正本源;《斐德若 》中难以驾驭的有翼骏马,因为反抗驭者缰绳的控制,没能成功地升到高空;苏格拉底这位《泰阿泰德》中的接生员,帮助思想出生,并处理掉流产的、不健康的思想;《会饮》中,阿里斯托芬在讲述人的起源的故事时,将人形容成双面人——合二为一,在情爱的极乐中,和我们的另一半滚作一团;哲学被描绘成灵魂陷入病疾所用的解药;阿尔喀比亚德(Alcibiades)炫耀他诱惑人的惊人美貌;我们也可以说苏格拉底在炫耀他丑陋的面容。所有这些形象,都构成对话中极不可缺的一部分,因此,有必要研究柏拉图形象创造的重要性。[①]若干对话中还有一些段落,在这些段落中,对话者质疑形象创造的道德和认知价值,将可见者与纯粹可知者相比,并贬低前者。如果想研究柏拉图自己运用形象的意义,就必须深入思考习惯上所谓的“柏拉图形而上学”的含义到底是什么。

有一种被广泛接受的观点,认为柏拉图认同某种形而上学体系,在这个体系中,包括着两种按等级排列的存在领域或存在

---

① 思考形象有很多方式。正如本文第一段简要引用的例子所显示出的,对话中的有些形象被我们称作隐喻;有些被看作类比更合适;有些被溶入了我们所认为的神话或寓言中。此外,其中一些形象可以称为“虚构的”(fictional)故事。某些情况下,这些形象有着可塑的人工制品的形式。柏拉图的文本支持将这些不同情况都归入“形象”这个大类中。在这个范围内,这些技巧在所有作品在中被称为εἰκών,都表示一个物体与另一个物体的相似。柏拉图与形象运用相关的语言还包括不同形象的同源词,比如εἴδωλον和εἰκασία。我希望人们注意到“所见”(that which is seen)和“形式”(form)的更多联系,通过这种方式指出柏拉图的形而上学中形象和视觉作用的联系。从语义学上看,形式的相关词是παράδειγμα——相似性得以产生的样式或模式。我应该援引以下许多例子中用到的希腊术语,这样就可以强调,从语义学上看,柏拉图所用的这些术语具有统一性。当我们思考术语模仿(μίμησις),发现它描述了形象与其本源的关系,εἰκών和παράδειγμα的关系时,就会看到更多的联系。

类型,以及与这两种存在类型相对应的理解类型或知识类型。更高层级的存在类型存在于事物本身(things-in-themselves)或形式(forms)中,它真实而普遍,亦永恒不变。而且,形式领域是不可见的领域,所以,它不能通过感官而必须通过其他方式来认识。如果它们可以被完全认识,就只能通过理性,即独立于感官、情感或激情而起作用的理性。对形式的认识是完全理性的,它构成了真正的哲学启蒙。

在同一个"柏拉图形而上学"的体系中,低于形式的是人的经验现象。我们通过感官来理解这些现象。这些现象处在永恒的变动中;它们被创造,然后消亡。因为我们是有血有肉的生物,在我们经验的过程中必定伴随着感觉、激情和感情,而这些东西会阻碍我们对形式的清楚理解。而且,现象并不一定是真实的,而是形式的模仿或形象(影像)。所以,当我们理解现象时,我们仅仅理解了真实(reality)的影像,我们对这些现象或影像的理解,即便在最好的情况下,也远远缺乏哲学的智慧。最后,像艺术家、作家、画家或诗人那样创造现象的影像,仅仅是在创造影像本身的影像——这就更加远离了真理和智慧。①

认为柏拉图是形象创造的大师,这并不夸张。如果说这一包括两个领域的形而上学,精确地描述了柏拉图对形而上学的信念、对哲学存在于纯粹理性领域的信念,那么,我们就可以质疑,为什么柏拉图不通过为其哲学观点提供纯粹理性的论证,让他的哲学作品保持在理论话语的层面上;为什么他要用低下的非哲学或反哲学的形象,来玷污自己的作品?如果诉诸于哲学上最好的东西,就是诉诸纯粹理性的东西,那么,为什么柏拉图

① 关于此一观点可能的对话材料,例子可参《斐多》,65a—67b,66e,79a;《王制》,509c—511e,514a—518b,597e—603b;《智术师》,234b—236e,264c—266e。

不只写论证呢?

相反,对话从来都诉诸于我们的视觉,迫使我们在自己的头脑中看到并创造形象,以此理解它们。对话不断地回到人的经验现象,要求我们通过有限、可变的经验对象,来理解哲学观念。对话依赖我们的想象力,在我们的感官经验之外,来创造另外的世界,另外的形象。所以我认为,对话是形象创造的范例,是通往深刻的哲学洞见的途径,而且,前述对"柏拉图形而上学"的传统看法,需要些许重观。

我与传统观点的分歧、我把"柏拉图形而上学"加上引号的原因,有两点:第一,鉴于对话这种形式,鉴于出现在对话中的众多对话者,以及围绕在他们言辞周围的复杂的戏剧情景,把这些形而上学观点径直归于柏拉图,是有问题的;第二,正如我会明确提出的那样,柏拉图对形象的运用至少让这些形而上学主张需要再次受到审视。虽然对话和那种包括两个领域的形而上学的观点具有一致性,但却和哲学是纯粹理性的事业这种观点有分歧。我相信,柏拉图对形象的应用,以及对它们能产生良好效果的隐晦信念,正如柏拉图对形象的大量巧妙应用所证明的那样,根植于一种关于知识的信念。也就是说,我们必须理解人的知识,特别是人的知识的局限,以此来理解,柏拉图选择运用形象的原因是什么,这些形象成为对其方案如此有效的工具的原因是什么。①

一、《斐多》对形象的运用

为了理解形象的功能,以及为什么柏拉图选择形象作为工

① 我对人的局限性的讨论得益于 Drew Hyland(1995)。

具，我们且回到关于回忆的故事。那个故事的一些细节，为理解人的认识局限以及形象可以在哲学启蒙中扮演的角色，提供了一些线索。我们不妨来看看《斐多》，除了《美诺》，苏格拉底在这里也讲了关于回忆的故事，而且，《斐多》恰好是那些相对于理性来贬低感性的段落的主要来源之一，它也是一个合适的聚焦处，在这里，我们可以重新审视关于柏拉图形而上学信念的传统理解，以及视觉和形象在哲学中可能扮演的实际角色。尽管《斐多》在表面上看来支持对“柏拉图形而上学”的传统理解，[①]但事实上，它恰恰提供了一个清楚的证据，证明这一理解需要重新审视和修正。

《斐多》将对话的场景设置在苏格拉底狭小的牢房里，时在他喝毒药前的几小时，谈话重点很合适地置于灵魂不死这个话题上。在对话刚开始的时候，苏格拉底宣称，哲人都试图尽可能地在生活中把自己的身体和灵魂分离开来，哲人总是避免所谓的身体愉悦，比如进食、饮水和性爱。而且，这种人很少考虑个人的服饰、鞋子以及诸如此类的个人装饰。这样的话，哲人在生活中倾向并渴望死亡，因为，死亡正是身体和灵魂的分离。

> “总的来说，你认为这样的人不会把自己奉献给自己的身体，而是只要能够的话，就背离他的身体，只关心自己的灵魂吗？”

---

① 与 Mitchell Miller 关于模仿性反讽的概念（1986，4ff）一致，对《斐多》的阅读或许可以论证，贯穿在对话中的二元论，其实是苏格拉底对其对话者的信念——尤其是毕达哥拉斯式二元论——试图进行的模仿（mirror）。果真如此，在阅读对话的时候拒绝把这种二元论归因于柏拉图，看来就更为合理。关于与我这里提供的论点相一致的对《斐多》的透彻解读，参 Ahrensdorf（1995）。

"对。"

"这样说吧,很明显,在这些事情上,哲人和其他人相比,更多地把灵魂和肉体分离开来?"

"对。"(64e—65a)

然后,苏格拉底推论出,任何回避身体的人也会回避感觉,因为感觉器官是属于身体的器官。这一系列推论建立了认知论的二分法及其潜在的本体论:因为身体和灵魂截然不同,所以感觉和理性——分别联系于身体和灵魂的两种理解能力——也截然不同。与之对应,这些能力所理解的对象也成了二分的——人的感官经验对象和事物本身。

"难道这种人这样做(即把灵魂和身体分开)不是最完美的吗?这种人在认识每一个存在物的时候,尽可能只用理性,不把视觉引入到他的推理中,也不让其他感官影响他的思考,而仅仅依靠纯粹的、绝对的理性来试图找出事物纯粹的、绝对的形式,这种人会尽可能地不用眼睛和耳朵,概括地说,不用他的整个身体,因为他觉得身体会干扰灵魂,不让他获得真理和智慧。若是有人能够做到的话,难道这种人,西米阿斯(Simmias),不能获得关于真实的知识吗?"

"说得再正确不过了,苏格拉底。"西米阿斯说。(66a)

在对话的这个地方,苏格拉底已建立起了三对二分法:身体和灵魂;感觉和理性;人的经验对象和存在本身。关于"柏拉图形而上学"的传统观点认为,这三对二分法中的两个方面是完全分离的,但在引入关于回忆的故事后,我们需要更仔细的研究这些二分法。回忆故事揭示了联系二分法中的两个方面、两种存在领域的值得注意的方式。我希望能够说明的是，这个故事也包含着重要线索，可以由此揭示形象在连接两个领域时扮演的角色。

关于回忆的故事告诉我们，在灵魂获得肉身之前，或在它出世之前，它是懂得真实的。一旦出生，它就忘记了所有真相，如果我们想学到所有真相，我们就必须回忆起它们。苏格拉底告诉我们，我们经验中的各种事物会让我们回忆起其他事物。例如，看到里拉这种竖琴，我们就会想起弹奏它的人；看见别的爱人穿的斗篷，我们就会想起自己的爱人；看到西米阿斯的画像就会让我们想到他本人。

> "所有这些例子都说明，回忆由相似的事物引起，也由不相似的事物引起，不是吗？"
>
> "是的。"
>
> "当一个人因为相似性回忆起了任何事物，他必然会思考这样的问题吗？即他的回忆是否和他回忆的事物完全相似呢？"
>
> "这是不可避免的。"(74a)

当我们感知一个事物时，它会在我们的头脑中唤起其他事物。被唤起的事物可能和唤起它的刺激物相似或不相似。而且，苏格拉底告诉我们，回忆的个体会被促使去分析他的回忆，看被忆起的事物和引起回忆的事物之间是什么关系。特别是回忆者会评价两者之间的相似或不同。苏格拉底继续他的提问：

> "现在来看，"苏格拉底说，"这种说法是否正确。我们

说有一种叫等同的状态。我不是说一片木头和另一片木头相同,也不是说一块石头和另一块相同,不是任何类似的情况,而是超越了这种情况——等同本身(αὐτὸ τὸ ἴσον)。[①]我们能否说有这样的东西呢?"

"应该说有,"西米阿斯说,"非常确定。"

"我们知道它是什么吗?"

"当然。"他说。

"我们从何处得知关于它的知识呢?它并不是来自于我们刚才谈论的那些事物?我们并不是通过看到相同的木片或石头或其他东西,才从中获得关于抽象的等同的概念吧?……那么,"他说,"那些等同物并不和等同本身一样。"

"应该说,完全不一样,苏格拉底。"

"但是那些等同物,"他说,"虽然和等同本身并不一样,但你已通过它们理解和获得了关于等同本身的知识?"

"非常正确。"他说。

"而且,等同本身和那些等同物可能相似,也可能不相似?"

"当然。"

"这没任何区别,"他说,"当看到一样东西让你理解另一样东西的时候,不管它们之间是否相似,那一定就是回忆。"(74a—d)

这一段中最引人注目的是,它宣称在回忆的过程中,我们可以通过人的经验对象获知抽象的真实!用我们的感官——在这

---

① Fowler将这个短语翻译成"抽象等同"(equality in the abstract)。由于我在这里有自己的目的,我倾向于更直接的翻译"等同本身"(equality itself)。

个例子中是视觉——我们可以对事物本身有所了解。苏格拉底甚至宣称“除非使用视觉、触觉或其他感觉，否则我们不可能获得关于真实的知识”(75a)。通过感知，我们回忆起并重新获得我们的灵魂曾经知道的真实。我们的经验对象和事物本身既相似又不相似，由此，我们瞥见真实是因为它们和我们眼前看到的形象相似，同时我们也认识到，我们眼前见到的形象并不是真实本身，因为两者有根本的不同。这样，回忆将三对两分都联系起来：感觉和理性被回忆联系起来，因为我们依靠感觉来领会我们后来用理性思考的真实；经验对象和事物本身被回忆联系起来，因为我们通过我们的经验对象来回忆起事物本身；身体和灵魂被回忆联系起来，因为在回忆活动中，感觉和思想必须一起起作用。顺便提及，这一切就意味着，回忆使具有身体的灵魂成为完整的存在物。最重要的是，当我们把回忆的这些方面结合起来考虑的时候，清楚地浮现出来的观点是，正是回忆让哲学成为可能。由于回忆带来的这些可能性联系，我们可以通过、也只能通过我们对事物本身在我们这个领域的模糊形象(影像)，达到对事物本身的理解。

《斐多》描绘了发生在感官领域和智性领域之间的哲学探究，因此，传统的“柏拉图的”形而上学对两个领域的绝对二分法需要重新考察。苏格拉底显然坚持对人的经验对象进行研究，显然相信感知能力是研究真实的一种途径，也就是在回忆这一真正的学习过程中进行哲学研究的一种途径，所有这些与传统观点都不相符。两个领域必然是联系在一起的，对真实之本质的哲学探询必然发生在现象领域中。这一必然发生的原因正是《斐多》讨论的中心问题。

如我会表明的那样，《斐多》以及其他对话中存在有力的证据，证明哲学并非是对这个身体性生活的逃离，毋宁是这个身体性生活中的一种应对方式。也就是说，哲学是以勇气和智慧直面人之境况的一种方式。由此，《斐多》提供了与传统的“柏拉图”解释截然不同的哲学观念，前者将哲学理解为在人的感知领域之外进行的纯粹理性活动。在这种两个领域的形而上学构架中，《斐多》直接将我们置于其中一个领域之内，另一个领域之外。苏格拉底清楚地指出，人的生活是具有身体的生活，它会限制灵魂的理解力，特别是身体会阻碍灵魂认识事物本身。我们还没有充分地发现形象通往哲学真理的能力，与这个故事缺失的联系存在于《斐多》关于人的局限性所告诉我们的东西。《斐多》为我们提供了一种观念，即，哲学是人在自身的局限性内——也正是因为这种局限性——从事的活动，而形象乃是这种哲学的一个组成部分。

我们得到的表明哲学可能补救人之局限的第一个暗示，并非来自于苏格拉底，而是来自于西米阿斯。西米阿斯和克贝(Cebes)都以反驳的方式来回应苏格拉底关于为什么他们应相信灵魂不死的三个论点。这是戏剧中关键的一刻。西米阿斯和克贝坐在这个被谴责的、即将赴死的人面前。这个人谈论着灵魂的不死，确切地说，是在临终之时，回应这些年轻人对其面对命运时的无畏态度提出的挑战(63a—b)。年轻人认识到，反驳苏格拉底的论点会带来可怕的后果，要是哲学无法胜任这些反驳的话。如果关于灵魂不死的问题无法被确定，那苏格拉底牢房里的这些同志不久就会目睹完全不一样的景象。西米阿斯承认他和克贝都曾想问一个问题，但是都因为苏格拉底“目前的不幸”而犹豫不决(84d)。所以，西米阿斯用以下的辩解作为其反驳的前奏：

> 我想，苏格拉底，或许你自己也是这样认为的，要在此

> 生获得关于这些问题的清楚答案，要么不可能，要么太困难。如果一个人不用各种方式检验关于这些问题的说法，坚持在各个方面研究它们直到筋疲力尽，他就是个懦夫。因为在两件事中他必须完成一件：要么学得或发现关于这些问题的真理；要么，如果不可能的话，他必须选择任何一种最好、最不易被反驳的属人学说，登上它，就像登上一只木筏，航行着穿越充满危险的一生，除非他可以找到更坚实的船只，一些神的启示，来让他的航行更加安全。所以现在，我并不因为有问题而感到羞耻，因为你鼓励我这么做，而且我也不会因为说出了现在的真实想法而自责。(85c—d)

西米阿斯很适当地将哲学置于人的根本性局限这个背景中。人的生活就是危机四伏、波涛汹涌的水域。我们需要信念和理式来帮助我们漂浮在水上，但是，想要知道应相信哪种理式，即便可能，也十分困难。我们应该依靠那个最能安全承载我们的船只，也就是最经得起辨证法考验的信念，牢牢抓住它，尽可能顺利地前进。提问，正如西米阿斯所做的一样，就是在困境中鼓起勇气，哲学就是我们用以检验船只是否坚固的方式，也许在我们发现更坚固的木筏后，我们会离开先前的木筏。无论如何，我们的境况充满了危险和不确定因素，而哲学为我们提供了救生筏。《斐多》因此尖锐地描绘出人类知识的局限性和对答案的欲望之间的根本矛盾。苏格拉底和柏拉图都面临同样的任务，他们都要鼓励其他人投身于哲学探询，而在今生，我们很难有可能为内心最深处的问题找到答案。

紧随西米阿斯前面的陈述，另一段话又强调了这种深刻的困难，并再一次将哲学作为在不确定性中的充满勇气的选择介绍给读者。西米阿斯和克贝恰当地和哲学站在一起，继续前进，提出他们的反驳,这些反驳看来对苏格拉底的论点提出了强有力的挑战。如果证明灵魂并非不死,想起受到指责的苏格拉底将要面临什么样的危险,那些观看这幕戏的人无疑会由于对苏格拉底观点的这些挑战而感到焦虑,他们需要一些保证,来缓解自己的焦虑。

> 斐多(Phaedo):当时我们所有人,就像我们后来对彼此说的那样,在听到(西米阿斯和克贝的)这些话之后,都感到非常不安;因为我们已经完全相信了前面的观点,而现在他们好像又把我们抛入到迷惑和怀疑之中,不仅仅是就过去的讨论而言,也是对任何将来的讨论。他们让我们感到害怕,害怕我们的判断毫无价值,或者我们根本得不到关于这些问题的确定答案。
>
> 厄克格拉底(Echecrates):以诸神的名义,斐多,我和你有同感;因为在听了你的话之后,我自己也想问自己:从此以后我应该相信哪种观点呢?因为苏格拉底的观点曾经非常让人信服,但现在却让人怀疑……,所以,以上天的名义,请告诉我苏格拉底怎样继续对话,他是否向你所说的其他人一样,显得焦虑不安,还是非常平静地为他的观点辩护。他的辩护成功了吗?请尽量精确地告诉我们一切。
>
> 斐多:厄克格拉底,我时常为苏格拉底感到惊讶,但我从来没有像那次那样崇拜他。也许我能料到他已经准备好了答案;但是,更让我吃惊的是,首先,他以一种愉快、和蔼、让人尊敬的方式倾听这些年轻人的批评;其次,他敏锐地感知到了这些言辞对我们的效果;最后,他以精湛的技巧抚慰了我们,而且可以说,他让我们从逃避和失败中清醒过来,回转身跟随他,加入到他对那些看法的分析中。

> 厄克格拉底：他怎样做到这一点的？
> 斐多：我会告诉你的……(88b—89b)

请注意，这段话标志着这个戏剧中突然的场景转换。柏拉图暂时从牢房中出来，回到先前斐多给厄克格拉底讲故事的场景中，不仅仅是那些在监狱中亲眼目睹了那一切的人，而且包括从斐多那里听来苏格拉底临终前故事的厄克格拉底，都需要得到保证。同样，柏拉图创造的这个间歇，也让读者从焦虑中得到暂时的休息，目睹了这两个场景的读者经受着同样的焦虑，也同样从这个保证中获益。我们都需要保证，因为，当我们的认知局限与我们的求知欲望和凭知识而生存的欲望相对抗时，我们都会感到焦虑。在这种情况下，这里谈论的认识问题可谓生死攸关。通过一种打断当下努力的方式，柏拉图和苏格拉底提供了一种保证，一个短暂的空隙，来提供时间恢复我们对哲学的信心。

但是，恐惧常常在对话中时隐时现。因为对话面对的是死亡和死亡之外的人类命运，所以对话的语境和场景都暗示着同样的东西。除了以上展示恐惧和焦虑的段落，苏格拉底很早就指责那些年轻人具有"幼稚的恐惧(δεδιέναι τὸ τῶν παὶδων)，怕当灵魂离开身体的时候，风就会吹散它"(77d)。为了让自己远离这种恐惧，西米阿斯笑着说尽管他们自己并不觉得恐惧，但也许他们中的一些孩子(child within them)会感到这种恐惧。西米阿斯的话仿佛是在掩饰自己的真正情绪。他对苏格拉底的挑战，是想让他说服他们"内心的孩子"(child within)"不要害怕死亡，好像这是个妖怪一样"。苏格拉底回答说，解决办法是"对孩子念咒语，直到赶走他的恐惧"(77e—78a)。最终，苏格拉底提供了哲学，作为对不安的灵魂的治疗。得到哲学滋养的灵魂，"在离开身体的时候，就不会害怕被撕裂了”(84a—b)。

这些段落让人想起《美诺》中的一些段落，在《美诺》中，介绍了辩论者的一些观点过后，这些探询都会受到威胁。在这两种情况下，读者都面临一种可能性，即，他们的探询是无用的，他们的哲学生活毫无价值。在《美诺》的那些段落中，苏格拉底将辩证法和回忆作为缓解焦虑的解药，因为人一旦得知学习是不可能的，就会遭受焦虑的折磨。在《斐多》中，这种危险性更大，因为我们需要哲学的探询来建立对于我们超越于死亡之外的灵魂之命运的信念。《斐多》中的那些对话者，绝望地想把他们的信念建立在哲学上。在这里，哲学意味着是他们(至少苏格拉底)的真正的拯救。因为勇气是对抗恐惧的解药，所以，苏格拉底必须鼓起这些在场者的勇气，来对抗这时监牢里触手可及的恐惧。就像斐多当时正要告诉我们的那样，苏格拉底的确治愈了他同伴的恐惧。

苏格拉底用来治愈对话者焦虑的解药相当于一种训诫，让他们永远不要停止对一种论证的探询，进而，即便哲学失败了，也不要归咎于这一论证，而要看到失败在于我们自身。

> “让我们提防一种危险……，不要变成厌辩者，或厌恶论辩的人，”他说，“正如变成厌世者或厌恶人的人那样；因为世上没有比厌恶论辩更大的恶了，厌恶论辩和厌恶人都产生于相似的原因。因为在认识不足的情况下的对人盲目信任，会导致厌世。你原本以为一个人绝对真诚可靠值得信赖，但尔后却发现他其实卑鄙而虚伪。然后，在另一个人身上你又遇到同样的经历。当这种事情多次发生在同一个人身上时，特别是当它发生在被认为是最亲近的朋友身上时，你最终会与人争执不休，憎恨所有的人，认为根本无人

值得信赖……(人和论辩之间的)相似之处在于:当一个缺乏正确知识的人在思考论辩时,对一个论辩的正确性深信不疑,而后却又认为它是错误的,不论其是否真的错误,这种情况反复发生;你知道特别是那些在辩论上花了很多时间的人,他们渐渐相信自己是最睿智的人,而且只有他们发现了任何事情都不可能绝对可靠绝对必然,不论是论辩或是其他……所以首先,"苏格拉底说,"我们要提防这种情况,我们的灵魂深处不要承认世上根本没有可靠的论辩。相反,让我们设想自己还没有达到最好的状态,我们必须让自己投身于勇敢而热切的努力中,让自己达到最好的状态,你和其他人是为了你们将来的生活,我这样做则是为了我面临的死亡。"(89c—91a)

有人可能会反对说,苏格拉底所说的和我想证明的恰恰相反,因为他宣称我们的信念已经被保存在论辩中,这种说法的确有理,但是,苏格拉底同时也暗示,论辩可能会让我们失望。这些段落中,强烈凸显着的仍然是人最根本的局限性。纯粹的论辩和纯粹的理性不是达到哲学启蒙的有效途径。哲学探询有时候会让我们失望。①所以,我们不应该让自己远离哲学生活。苏格拉底对焦虑的治疗方式让我们确信应该对哲学保持信心,但同时也向我们警戒了我们自身的局限性。

在《斐多》中,对话者使用的语言清楚地显示苏格拉底和两个年轻的底比斯人(Thebans)都相信关于人的局限性的假定。哲人所实践的身体和灵魂的分离,总是在"尽其所能"和"尽其可能"的条件下进行。"如果有人"能够仅仅通过理性攀升到真实

① 这点和与之相似的观点,看来是苏格拉底和泰阿泰德的研究失败的结果。

领域中，这个人就是哲人。西米阿斯在提出他的反驳之前，清楚地指出他和苏格拉底都有同一种看法，那就是，要得到清楚的知识，要么不可能，要么常常太困难。

尽管他们对人的局限性都有清楚的认识，这场对话的三个参与者西米阿斯、克贝和苏格拉底都致力于哲学探询。如果《斐多》告诉我们要想在不确定性的海洋中找到一块驻足之地，就应该指望哲学，那么，看看哲学是怎样在这篇对话中得到实行的，似乎就相当重要了。特别值得探询的是，哲学是否是由纯粹的论辩来实行，就是说，通过述诸理性而完全不依靠其他能力。显然，这不是事实。

在对话刚开始时，苏格拉底像讲故事一样描述了他关于灵魂和来生的讨论(μυθολογεῖν, 61e)，而且，在辩护自己认为不为死亡悲伤是正确的这个观点之前，他说自己希望(ἐλπίζω)走向一个好的命运，“尽管我不该斗胆断言；但是我可以就这些问题尽可能肯定地说我即将走向诸神，他们是好的主宰”(63c)。所以，苏格拉底关于灵魂不死的整套看法，是用一种非结论性的、推测性的语词来表达的，而且，在陈述了灵魂不死的看法后，苏格拉底发现有必要再次弱化其观点：“如果任何人想就此问题彻底讨论仍然存在许多有疑问的话题，许多可能受到攻击的观点。”(84c)

占对话最大一部分比例的是可以称之为灵魂不死的“证据”，以及苏格拉底对各种反驳的回答。但是，即便是这些证据、反驳和回答，最终都难以传达苏格拉底所说的、真正位于其信念核心的东西，即灵魂是不死的，就是说，灵魂必定会变得“尽可能好，尽可能智慧”(107d)。既然对好灵魂和坏灵魂的最终判决，似乎与灵魂的纯粹不死性一样重要——就算不是更重要，所以，苏格拉底在结束对话的时候，描绘了灵魂在来生的旅程，以及它可能居住的世界(107b—115a)。为了展示我们度过此生的方式的重要性,必须在灵魂不死的观点之外补充更多的形象和故事。死亡不应该仅仅是身体和灵魂的分离。如果是那样的话,死亡就成了一种逃避,成了"对恶人的恩惠"(107c)。就故事中的真实而言,苏格拉底谈的是灵魂的世界及其命运,他关于这个话题的最后判词,仍然涉及的是人所面临的冒险性和不确定性:

> 对一个有理性的人来说,现在仍然认为这一切和我所描述的一模一样,并不合适;不过,相信关于我们的灵魂及其居所的这些以及与之相似的观点,却是合适的,因为,灵魂看来(φαίνεται οὖσα)是不死的,我认为人们可以用适当的方式去相信,或者冒险去相信;因为,冒这个险非常值得。(114d)

苏格拉底在这个对话中所作的所有贡献,看起来都不像在建议大家述诸纯粹的理性或理性论辩。他给出了古代的故事和神话,在这个过程中,他细心地将故事和神话与他对人的局限性的认识结合起来。这篇对话中最有可能成为纯粹论辩的段落——关于灵魂不死的"证据"——前后都面临着对其推论性真理的拒绝,需要给这些段落补充若干故事,来为苏格拉底的看法提供根本要素。

除此以外,两个年轻人也以形象方式来陈述他们的反驳。西米阿斯把灵魂比作音乐的和谐,把身体比作里拉琴。他问,当里拉琴坏了的时候,音乐的和谐性也会遭到破坏,为什么身体被毁后,灵魂还能得到保存(85e—86d)。克贝用的形象则是织布工和他的斗篷。克贝认为,也许灵魂可以长存,但不能不死。就像在织布工的一生中，他可以用坏几件斗篷，在死后留下一件，灵魂可以比一些身体都存在得更长久，但也会逐渐衰退，最终注定终结于某个躯体。所以，那些在临死时确信其灵魂会永存的人是愚蠢的（87b—88b）。当克贝说他和西米阿斯一样都需要用形象来表述其反驳时（εἰκόνος γάρ τινος, ὡς ἔοικεν, κἀγὼ ὥςπεπ Ειμμίας δέομαι, 87b），柏拉图把我们的注意力都吸引到对形象有意识的运用上。也许，在所有对话者中，西米阿斯和克贝属于最聪明、最认真、最倾向于哲学的一类人。自然，他们进行其哲学谈话的方式极为重要。

《斐多》清楚地提出了三个观点：第一，我们必须依靠真实的形象来了解真实本身；第二，人具有根本的局限性；第三，我们应保持对哲学的信念。除此以外，三个主要对话者通过形象来表达他们最深刻的哲学观点，这个事实本身也向我们传递了非常重要的信息。通过讲述关于回忆的故事，整个对话都在鼓励我们运用感官来为哲学探询服务。对人类来说，学习正是看种种形象。这并非百试不爽的方法；有时，它会让我们失望，就像它可能让我们迷失一样，但最终，它是我们这些有身体的、有限的生命所能拥有的全部。而且，为了我们的灵魂，不管是现在还是以后，冒险都是值得的。

二、其他对话对形象的运用

人天生就有局限，由于这些局限，哲学成为人的探询的最适当媒介，而在一定程度上，哲学需要通过形象来实现，以上这些都是柏拉图作品中随处可见的观点。在这里，我并不想提供对某篇对话的完整解读，也不想穷尽关于哲学、人之局限性和形象运用的所有讨论；相反，我只想提出足够的证据来证明，上述观点在对话中频繁出现，前后呼应，对柏拉图的哲学方案起着根本性作用。[①]除了《斐多》，其他对话也对人的局限性作了有力论证，提出了有力建议，认为通过形象来工作的哲学恰是弥补这一局限性的最佳途径。

《申辩》有证据证明，柏拉图的方案的根基就是人的局限性，因为，它以最清楚最尖锐的方式阐明了苏格拉底式无知的含义。与其他人相比，苏格拉底的杰出之处就在于他认识到了自己的无知，其他人却无法认识到自己的无知。因此，苏格拉底的无知之所以能成为"苏格拉底式的"，并非因为他的无知并不像其他人那样厉害，而是因为他对无知本身有着开放而明白的认识——对无知的坦承，我们知道，这一点对哲学而言是必要的基础入门。[②]这两个术语，"苏格拉底式的"(socratic)和"无知"(ignorance)，被放在一起的时候，不仅呈现出人类的一种普遍状况，也呈现了人类的一种特殊理想：苏格拉底式的*无知*是人的普遍状

---

① Gadamer(伽达默尔)举了相似的例子，说明对话中存在关于人之局限性和视觉之作用的一致性信息。Gadamer(1980，99—100ff)列举和说明了四种传达一个事物信息的方式，但没有一种方式能保证这个事物就会被"认识"(known)，这四种方式分别是：称呼一个事物的一个词或名字(onoma)；对一个事物的解释或概念上的定义(logos)；一个事物的外观、说明性形象、例子或比喻(eidolon)；对该事物的认识或洞察自身。然后，Gadamer非常细心地告戒我们，不能把这四种方式看作对好依次第进、逐渐深入的认识。任何一种如此看待它们的企图都"完全错误"(111)。

最终，人不可能得到纯粹的知识或"纯粹的理论生活"(life of pure theory)。关于第三种方式，Gadamer说："当然，例子是再现真实知识的必要媒介之一"(1157)，然后，他又进一步论证了这四种方式的必要性："因为它们全都让人更加'辨证'(dialectical)，都能培养人们对事物本身的视觉力(vision)。"(22)根据Gadamer(1991，4—5)的说法，我们人的局限性是"人性根本的特征"。从这一观点出发，"柏拉图总是看到人的存在……这意味着，柏拉图总是在超越人的存在的过程中来定义人的存在的。人是超越自己的存在物。"参kosman(1992b)，与这一部分有紧密联系。

② 亦参《美诺》，84a—b；《泰阿泰德》，210c。

况的象征，因为，所有人在无知这一点上是相同的，但是，对于需要意识到而且承认自身的无知并且立志于哲学的人来说，苏格拉底式的无知又代表着这些人的一个理想。

《会饮》谈的是人对哲学的渴望，一种由爱欲引起的渴望，也描绘了我们作为人的局限性。它可以被读作这样一篇对话，试图弥合人的无知与纯粹的被启发的智慧之间的裂痕，例如，狄奥提玛(Diotima)的讲辞中充满了调解的语言，她试图找到一条中间道路，沟通两个领域，让有局限性的人最终上升到真理的高度。①我们的局限性暗示我们不可能获得纯粹的理性，但也无需在最底层左冲右撞，我们可望达到一条中间道路。哲学在这条中间道路上引导我们避开无知，驶向智慧，但永远保持在这两者之间。在一个短小但不无说服力的段落中，狄奥提玛回答了苏格拉底的一个问题：

> "那么，狄奥提玛，"我问，"智慧的倾慕者又是谁呢，如果他们既不智慧，也不无知？"
>
> 她回答，"为什么这样问呢，这次一个孩子就可以区别他们属于居间的一类，其中也包括爱若斯(Eros)。因为智慧与最公正的事物有关，而爱若斯是对公正事物的热爱；所以，爱若斯必定是智慧的朋友，而且也必定居于智慧和无知之间。"(204a—b)②

由于对智慧有爱的能力，即有成为哲人的能力，所以爱若斯

---

① Luce Irigiray(1994，181—95)仔细讨论过这个观点。

② 我把φιλοσοφοῦντες翻译为"智慧的倾慕者"(Lovers of wisdom)，没有沿用Lamb的翻译"智慧的追随者"(followers of wisdom)，我还把Ερως翻译为"爱若斯"(Eros)而不是"爱"(*Love*)。

是居于智慧和无知之间的一类。苏格拉底也热爱智慧和美,但他并不拥有它们,所以他也是居于这两者之间的人。狄奥提玛将哲学描绘成一种实践,它是为那些热爱智慧和美但并不拥有它们的人保留的。然后,她描绘了从爱美丽的身体到爱言辞中的美本身这个上升过程,这与人自身的局限性是一致的。苏格拉底和所有人一样,都不可能达到美本身。狄奥提玛告诉我们,升到最高层次能亲见美本身的美的热爱者没有“被肉体和人性的多姿多彩沾染过”(211e)。她对于最高层次的讨论明显有违事实,她的结论是,如果有这样一个人能达到最高层次,那么无论他是谁,都必定是不死的(212a—b)。哲学于是成了有死者的事业,被固定在这个位置上,却渴望着不死。

需要注意的是,狄奥提玛通过上升的阶梯这个形象,来为苏格拉底说明爱欲(eros):“从显而易见的美开始,人必须为最高层级的美不停攀登,就像在梯子上攀登一样……”(211c)为了说明对爱不同类型的表达和对象存在的不同层次,她发展了这个隐喻:最开始,一个人爱的是一个年轻男孩身体的美;以此为起点,他可以爱上所有身体的美;如果一个人想要达到更高层次,他可能爱这些男孩的美的灵魂;最终,这个人甚至可能爱上美的形式。以爱欲为动力,哲学经过了相似的路径,在上升过程中,热烈地渴望达到超越于人之外的事物。智慧的狄奥提玛知道许多事情,包括实践哲学的恰当方法。所以在开始的时候,就让苏格拉底参与到问与答中(210e),然后为他创造了一个美的形象。①

《会饮》中另一让人印象至深的形象,是由阿里斯多芬这个

① 苏格拉底在 20e 特别说明狄奥提玛向他提问,在 203b 狄奥提玛开始讲述一个很长的故事(Μακρότερον μέν, ἔφη, διηγήσασθαι)。

角色来描绘的。这个形象讲述了关于人的不完整性的故事(189c—191d)。很早以前，人是一种现在看来可称为“双面”(double)的生物，我们有四只脚，四只手臂，两套生殖器，两张脸，背对背地连在一起。在那种状态下，我们是完整的。这种生物有一种“傲慢的想法”(lofty notion)，因此他们“合谋对抗诸神”，计划在“天堂的高处”(high heaven)对诸神发动突袭。于是，诸神震怒，将这些生物劈成两半，这样，他们注定要为恢复完整而一直寻找另一半。寻求完整的动力来自于爱欲。海兰德(Hyland)认为，阿里斯多芬在谈论我们这种根本的不完整性时，可以在其语气中既发现幽默性的一面，又发现悲剧性的一面。虽然阿里斯多芬想象的这个形象让我们嘲笑自己，但仔细一想，这个神话的细节却讲述了另一个不同的故事：

> 第一，很早以前，甚至从第一代被分开的人开始，所有人都注定处于和我们一样的处境：不完整，而且体会着这种不完整。这种情形不是我们所能控制的，也不可能由我们直接负责；它是由我们祖先的“原罪”所引起的后果。第二，作为有爱欲的生物，我们面临的命运之一就是我们注定要为克服这种不完整性而奋斗。这正是爱欲的能量所在。第三，这种由爱欲驱动的奋斗的本质，就是永远不能最后成功。①

海兰德所谓的我们的不完整性根植于我们作为人的局限性。他认为，《会饮》中喜剧和悲剧的元素通过对爱欲的描绘刻

① Hyland(1995,118)。

画了人的局限性。[①]我们不拥有爱欲冲动的对象,其中之一便是智慧。

《斐德若》也谈到了针对智慧的爱欲冲动。它和《会饮》有进一步的联系,因为它包含的一个神话与狄奥提玛的阶梯有许多相似之处。御车人的故事和形象,像狄奥提玛的阶梯一样,讲述了一个关于爱人上升到高处的故事。尽管有些奇怪,《斐德若》也依赖于回忆,因此和《斐多》有重要联系。在御车人的故事开始前,苏格拉底曾说他无法直接描述灵魂的形式,但他会提供一个形象来说明这个问题。他对讨论灵魂时可以用和应该用的方式给予了特别重视,并宣称,应该通过形象而非话语(discourse),来讨论灵魂:

> 如果只是关于灵魂的不死性,这就够了;但如果要讨论它的形式,我们就必须采用以下的方式。说明一个事物的形式是超人所做的事,而且需要很长的话语(διηγήσεως),但人的能力所能做到的,就是用一个形象(ἔοικεν)来简洁地描绘它;所以,我们不妨用这种方式来说。(246a)[②]

创造形象就是干一件属于人的事情。神或超人的论述与属人的形象创造之间的区别,可以作为标题,来概括御车人和他代表人的灵魂的马队形象。苏格拉底暗示,形象创造是人的话语的基础——甚至是有关最重要问题的哲学话语的基础。

通过在《斐德若》中所创造的形象,苏格拉底坚持重申了人的和超人的差别。灵魂可以长出翅膀帮助自己飞到诸神居住的

---

① Hyland(1995,111—37)。

② Fowler将ἔοικεν译为“外形”(figure),但我译为“形象”,这样做是为了与本文其他地方的同源词的翻译保持一致。

地方，看到那儿的真实。显然，诸神可以升到真实所在的地方，在那儿居住，并得以看到真实，但人的情况全然不同。“这就是诸神的生活；但其他灵魂，即那些最好地跟随神并与之相似的灵魂，也只能把头从战车中伸到外面的领域，并不停地被带着兜圈，被马牵制，很难看到真实的真面目。”(248a)接下来的描绘(248d)则清楚地说明了御车人必然不会如愿看到真实。御车人试图驾御两匹马，一匹高贵，一匹顽劣。这个形象描绘了人试图上升到真实领域的情形，苏格拉底把真实清楚地划为人不可企及的领域。即使在最好的情况下，马也在继续给人制造麻烦，它们像我们一样，都受限于诸神。由此看来，《斐德若》强调了我们的局限性。

但是，当苏格拉底在《斐德若》中把人的局限引入到关于来生的神话中时，他同时也提到了回忆，这样就把《斐德若》和《斐多》联系起来，而《斐多》曾描绘过形象对于哲学的重要性。在《斐德若》关于来生的神话中，加进了对所有灵魂的概览，这些灵魂根据他们目睹真实的不同程度，分类排列成不同等级。显然，许多种灵魂都被排在人的这种有形的灵魂之上(248a—b)，而最高级的人的灵魂，属于哲人，或者美的倾慕者，而通过回忆，所有人的灵魂，都瞥见了他们曾经认识的东西(249b)。

> 对灵魂来说，从现世获得关于真实的回忆并不容易，不管是那些早年短暂地看到过真实的人，还是那些在降临人世之后，因为接触到一些邪恶的事物而不幸变得不正直且忘记了以前看到的神圣景象的人。很少有人保留着对以前所见的足够回忆，但是，一旦当他们在现世看到与另一个世界相似的事物(likeness, ὁμοίωμα)时，他们就会万分惊奇，无法自已；但他们并不了解自己的状况，因为他们无法清楚地

> 意识到这点。如今,在正义、节制及其他对灵魂来说十分宝贵的理式的这些尘世复本(copies, ὁμοιώμασιν)中,没有光亮,只有少数人,通过模糊的感觉器官,来把握这些影像(images, εἰκόνας),在这些影像中看它们所模仿之物的本质,而且,这些人做这事也很困难(250a—b)。①

与真实相比,这些现世的相似物显得暗淡无光,虽然如此,它们却是一种暗淡的提示。人通过在这个世界中存在的真实的形象,来达到真实本身。我们所需要的仅仅是正确运用回忆这种帮助(249c)。而且,哲人的视觉力——那种对人的经验的视觉力,它模糊地揭示着真实,而非对真实的直接视觉力——难能而可贵。以这种方式,《斐德若》和《斐多》中表达的一些观点相互呼应,因为从《斐多》中我们得知,我们是通过经验对象(如两根相等长度的棍子)来获得对事物本身(如等同性)的理解。

《智术师》中有很长的篇幅在探讨形象,最后指出了它在哲学话语中的作用。埃里亚陌生人(Eleatic Stranger)和年轻的泰阿泰德在他们复杂、偶尔迂回曲折的对话中,共同编织了关于形象(大略在235b—236d;239c—d;264c以下)和非存在(not—being)的可能性的讨论(大略在237c;239d—264b)。和大家想到的一样,这两个问题相互关联。特别是,其谈话中出现的对存在和非存在的本体论地位的阐明,有助于解释哲学话语的可能性,以及形象作

① Griswold(1986,144):"这个神话中的神与其他事物相比,看起来是一种理想化的人,被用来实现一个重要的目的,即以一种特殊方式阐明这一观念:我们是不完美的。"Griswold在《斐德若》中也看到了"通过成文作品思考其地位的可能性。这跟文字乃口头语言的形象(276a)这种观点是一致的,也和形象要与其本源相联系来理解这种假设一致。"(219)

为这一话语的一个部分所起的作用。

当形象创造是依据它所模仿的事物的真实比例来进行的时候，就被称为"相似性创造"（εἰκαστικήν），陌生人和泰阿泰德都把这种形象创造看作至少是中性的，他们都没有对这种形式的形象创造作出任何贬损的评价（235d）。但是，还有另一种形象创造，它产生出外观，而不是相似性，被称作"想象性艺术"（φανταστικήν），包含着谬误成分（239c）。

> 表现出来或看得见但并不存在的事物，以及口头说说但并非真实的事物——所有这些现在或以后都一直让人困惑，你知道，泰阿泰德，很难想象，一个人说到或想到谬误真正存在，但在表达这个观点的时候却不陷入矛盾之中。（236e—237a）

陌生人和泰阿泰德都面临什么是否定以及谬误的形式这个问题，以及什么是非存在这个谜团——这些都是我们在平常的对话中经常想到谈到却没有认真思考过的问题，而但当我们试图更为仔细地检验它在本体论上的地位时，就遇到了困难。这两位对话者，都为智术师的主张所苦恼，智术师声称，谬误不可能存在，因为非存在并不是存在的一部分，它什么也不是（260c—d），它既不可能被想象也不可能被表达。如果两位对话者宣称智术师说的是谬误性话语，或在创造虚假的形象，他们就会面临困难，所以他们必须探询这些问题。（具讽刺性的是，关于谬误语言之可能性的讨论，首先根植于虚假形象的可能性。以这种方式建构这个问题，就否定了对这篇对话的暂时性处理，即根据错误的命题以何种方式能或者不能与这个世界相符，来将非存在这个问题完全置于语言领域之中。显然，柏拉图在这里关心的不一定也不仅仅是单纯语言的问题，因为虚假的形象也值得探讨。①)因此，这两个对话者，共同开始着手陌生人为自己布置的任务："我不得不……强烈地主张，非存在按某种方式存在着，而另一方面，在某种意义上，存在却并不存在。"(241d)

此处更大的一个目标是确定各种话语——演说、意见、概念化以及形象创造——既属于存在，也属于非存在。也就是说，话语是存在的(分有着存在)，但同时也有消极和错误的话语(分有着非存在)，消极和错误的话语，与对存在积极而正确的断言截然有别。否则，话语，至少有意义的话语，就不可能。所以，哲学话语或它类型的有意义的话语之所以存在，正是依赖于这种既存在又非存在的状态，也依赖于真理和谬误之间的差别，以及与之相应的真正的相似性和想象性外观之间的差别。

在确定话语一定是一种存在和非存在的混合状态后，陌生人和泰阿泰德现在已经容许谬误存在的可能性了，所以，陌生人在《智术师》中的立场与狄奥提玛在《会饮》中的立场是一致的，他们都将哲学视为沟通两个世界的中介。在《智术师》中，哲学被置于存在和非存在之间，而在《会饮》中，哲学被置于神圣真实的丰盈与人之欲求的匮乏之间。因为这种存在和非存在的混合状态，谬误就变得可能，这种可能性尽管带来了哲学话语的乐观前景，但同时也带来了严重的后果。

> 我们的目标是将话语(τὸν λόγον)确立为一种层次的存在。因为，如果这一点被剥夺了，哲学也就被剥夺了，这将是最可怕的灾难；而且，我们必须在此刻就话语的本质达成

---

① 这仅是关于这些段落相关见解的一个例子，参 Wiggins(1978)，Owen(1978)，以及 Rosen(1983)。对话中明确提出，我们研究的谬误不仅仅是语言学意义上的，如参 235d 以下，260c。

> 一致,如果话语因为其绝对非存在性而被剥夺了,那么,我们就再也不能有所论说;如果我们认为不存在某种事物和另一种事物的混合,我们也会失去话语……。但是,如果谬误存在,欺骗也就存在……。如果欺骗存在,那么一切事物必定都因此而充满着形象性、相似性和想象性。(εἰδώλων τε καὶ εἰκόνων ἤδη φαντασίας πάντα ἀνάγκη μεστὰ εἶναι,《智术师》,260a—c)

对哲学的这种观念,否认了哲学仅仅是在直接研究纯粹的存在或真实,而将哲学牢牢扎根于存在与非存在的混合中。这就让哲学具有了人所有的努力都具有的那种根深蒂固的冒险特性,即欺骗性。存在和非存在的混合带给人的恩惠就是哲学话语,而我们付出的代价则是可能会受骗。但是,形象就位于哲学话语的益处和受骗的代价之间的某处。哲学被描绘为存在和非存在两个领域之间的混合,因为它不可能包含真实,所以它必定包含形象。而且,根据陌生人的推理,我们也不能因为形象的非真实性,就肯定性地推断,形象是完全不真实的。我们可以从对话的几个例子中知道,存在着两种形象,一种是模仿真实的,即真实形象,一种是没有模仿真实的,即虚假形象。① 看来,与相似性和非相似性相比,真实形象将我们引向真实,所以,它必定是哲学话语恰切的组成部分。②

《蒂迈欧》将人所经验的整个世界定为另一个世界的形象,特别宣称,这个世界是另一个世界的复本,是根据另一个世界的

① 有关以上引文(236c)的补充,见 235d—f 以及 264c—267b。

② 如 Rosen 所说(1983,147,152—53),遗憾的是,陌生人从未完整地论述过真实形象在形而上学上的意义。

样式来设计的。[①]于是，蒂迈欧利用了作为本体论实体的"相似性"(likenesses)与属于认知论范畴的"相似性"(likelihood)在词源上的联系，他认为，因为人必得对付一种形象或复本(εἰκων)，所以我们必须接受的是，我们的知识只会是可能性的(likely, εἰκότα)。[②]

> 同样，如果上述前提成立，那么这个宇宙必然完全是某物的"复本"(εἰκόνα)……因此，苏格拉底，如果在对神和宇宙的诞生这一系列事物的研究中，我们结果无法提供在各方面都自相一致无比精确的描述，那么，你就不要吃惊；相反，要是能够完成与真实最为相似(εἰκότας)的描述，同时牢记发言的我和作判断的你都是人这种生物，我们就完全有理由感到满足，所以，我们应该接受对这些事物的相似性(εἰκότα)描述，克制住自超越它去探究的愿望。(29b—d)

蒂迈欧在这段话中的描述根植于人的局限性，他告诉我们必须永远停留在形象上。我们"仅仅是人这种生物，"所以，我们必须接受自身在认知上的局限性。

因为我们所经验的人是另一个真实的形象，所以认识到这一事实并理解形象与其本源的差别，就尤为重要。转向对事物本身的认识有两个必要条件，其一是认识到事物本身是存在的，其二是在我们能力有限的情况下，理解事物本身和我们所感受到、经验到的世界的差别。这两个条件可以通过研究形象和真实之间的相似性和差异性来满足，而要做到这点，就必须认识到

---

① 参《克拉底鲁》423，43ff，在该对话中，词语和语言作为对真实的模仿而被讨论。

② 参 Thayer(1977，615—16)和 Gadamer(1980，120)。

形象与真实的差别。因为我们的局限性,我们必须通过形象上升到对真实的理解,但又不能将两者混淆起来。我们不可能改变自己有限的存在方式,但我们必须意识到并趋向于在这种有限性存在之外的世界。

《游叙弗伦》、《拉克斯》、《泰阿泰德》和《美诺》中,都描绘了这样一种对话者,他们将举例与下定义混淆起来。这等于是混淆了人的经验对象和真实。《游叙弗伦》、《拉克斯》、《泰阿泰德》和《美诺》中所描绘的这种错误,与《王制》中提到的洞穴人的问题一样。洞中的那些人也把他们感觉和经验的世界与导致这一世界的真实混淆了起来。在这个比喻中,人们的限制来自于束缚他们的镣铐,但这个限制却表明,他们没有能力转向一种尚未意识到的存在。

也许,《王制》是唯一可以解释为什么人们把对形象的谴责归于柏拉图的对话。颇具讽刺性的是,这篇对话也是柏拉图所创造的最生动、最令人难忘的形象的本源。除了对洞穴和其中的不幸居民的描绘,整篇对话都建立在一个基础上,即城邦的正义和灵魂的正义这一对类比。而且,这个类比自身也是由另一个形象引出来的:

> "既然我们并不聪明,我想最好还是进行下面这种探讨。假定我们视力不好,人家要我们读远处写着的小字,正在这时候,有人发现别处有用大字写着同样的字,那我们可就交了好运了,我们就可以先读大字后读小字,再看看它们是不是一样。"
>
> "说得不错,"阿德曼托斯(Adeimantus)说,"但这跟正义的讨论有什么相似之处?"
>
> "我来告诉你,"我说,"我想可以说,有个人的正义,也

有整个城邦的正义。……难道一个城邦不比一个人大吗？……所以，也许在大的东西里面有较多的正义，也就更容易理解。”(368d—e)[中译编者按：《王制》引文采用郭斌和、张竹明译文，下同]

在这个例子中，观察者的模糊视力正是我们人的局限性或无知的象征。① 我们的无知使我们必须通过更易看、更易理解的形象来理解其他事物。《王制》整个方法，即通过先看城邦的正义来理解灵魂的正义，就是通过看相似物来认识探究对象。

同样，太阳喻也是为了帮助对话者通过一个更有力的形象来理解“好”(Good)的形式。苏格拉底之所以迟迟不讨论“好”的形式，是因为他也许并不能(μὴ οὐχ οἷός τ ἔσομαι)解释“好”。相反，他阐述的是“那些看来是好的子孙，并在形象上与之极其相似的事物”(ὅς δὲ ἔκγονός τε τοῦ ἀγαθοῦ φαίνεται καὶ ὁμοιότατος ἐ κείνῳ)。② 我们疑惑的是，苏格拉底，或任何有身体的存在，是否有能力解释真实的本质，而且，太阳这个形象是否是最合适的一个哲学手段，通过它，年轻人就能理解什么是“好”的本质。

但是，形象在《王制》中却有着更为重要——甚至至关紧要的哲学作用。因为苏格拉底在与阿德曼托斯的对话中说明，哲人的首要活动正如《王制》描述的一样，就是模仿高贵的形象！

---

① 在 Drew Hyland 看来，《王制》整篇都在讨论人的局限性，以及哲学是超越这种局限性的方式。他欲通过解读《王制》，来建立一种解读柏拉图所有作品的视角。

② Shorey 把εκεινῳ翻译为“相似物”(likeness)，但是为了这章的前后一致，我把它译为“形象”(image)。

"阿德曼托斯啊,须知,一个真正专心致志于真实存在的人,的确无暇关注琐碎人事,或者充满敌意和嫉妒与人争吵不休;他的注意力永远放在永恒不变的事物上,他看到这种事物相互间即不伤害也不被伤害,按照理性的要求有秩序地活动着,因而竭力模仿(μιμεῖσθαι)它们,或者,尽可能地仿造它们塑造自己,让自己同化(ἀφομοιοῦσθαι)为它们的一部分……""那么,"我说,"如果有某种必然性迫使他把在彼岸所看到的原型实际实施到国家和个人两个方面的人性素质上去,塑造他们(不仅塑造他自己),你认为他会表现出自己是塑造节制、正义及一切公民美德的一个蹩脚工匠吗?""绝不会的。"他说。"但是,如果群众知道了我们关于哲人所说的话都是真的,他们还会粗暴地对待哲人,还会不相信我们的话语:无论哪一个城邦如果不是经过艺术家按照神圣原型加以描画,它是永远比可能幸福的?""如果知道了这一点,"他说,"他们就不会粗暴地对待哲人了。"(500b—e)

哲人通过视觉能力与真实相连,依赖于其视觉,哲人以艺术家或工匠的方式,创造着对其所见者的模仿。这一整段话都充满着关于视觉、塑造和艺术创造的语言。哲人不仅以这种方式塑造自己的灵魂,在他被迫治理城邦的时候,他就"在人的本性中的可塑部分中印压出"作为城邦公民所需的美德和品质。① 同样,苏格拉底之于对对话者的意图,与柏拉图之于读者和听众的意图,都可以同样的方式来想象,即塑造灵魂,或在灵魂上留

① 反对视觉和艺术技巧仅仅是两个隐喻——即关于哲人对真实的以及对哲人在塑造好公民的灵魂时所必须做的工作的知识的隐喻——恰恰有助于强调我的观点,即形象是必需的。苏格拉底选择用这些形象的方式,来表述对他哲人的理解、对其所面临的政治任务的理解。哲学需要运用形象来做这事。

下印痕。请再次注意，这段话已微妙地承认了，即便是专注于真实的人，也有其局限性。即便这样的人，也是在“尽其可能地”模仿真实，以便让个人的灵魂变得有秩序，在“适宜于人的尺度上”拥有神性。

在卷九接近结尾的地方，格劳孔（Glaucon）逐渐明白了苏格拉底使用形象的目的，以及理想城邦和相应灵魂的形象。

> “我明白了，”格劳孔说，“合意的城邦，你是指的我们在言辞中建立起来的那个城邦。但是我想这种城邦在地球上任何地方都是找不到的。”“但在天上，”我说，“或许建有它的一个原型（παράδειγμα），让凡是希望看见它的人能看到自己在那里定居下来。至于它是现在还是将来才能存在，都没关系。反正他只有在这种城邦里才能参加政治，而不能在别的任何国家里参加。”（592a—b）①

一个有智慧的人在塑造自己的灵魂时，就要依照正义城邦的形象。我们依据这些理想来塑造自己的灵魂，而这些理想则通过形象来得到表现，形象的想象性质对苏格拉底来说是无关紧要的，因为只要存在一个可以专注的理想形象，有智慧的人就会把注意力集中在上面，同时就能看到这种正义的生活。苏格拉底主张，对有智慧的人而言，城邦的形象是他们专注的典范，格劳孔此的回答是“有可能”（Εἰκός），这并非卷九无关紧要的结尾。正如《蒂迈欧》一样，格劳孔的回答再次将人在理解过程中对形象（εἰκών）的需要和人的理解在认知上的状态——仅仅是可能的（εἰκός）——联系起来。

---

① Bloom 英译（1968）。

不仅仅是有智慧的人和哲人通过形象来塑造自己和城邦公民,《王制》中描写的神圣造物者,即造物主(δημιουργός,但下文用 θεός 或"神"[god]来指代)也通过这种方式进行创造。这位"聪明绝顶,令人惊奇的人"不仅创造了"一切用具,还创造了一切植物、动物,以及他自己。此外,他还创造了地、天、诸神、天体和冥间的一切"(596c)。柏拉图期望那些充满智慧的人或超人能够看到真实的形象并对它进行模仿,以此来塑造、创造和完善灵魂。这样一来,哲学和哲学活动实际上都是艺术性或创造性(严格上说是诗性)的尝试。① 造物者通过对真理的模仿创造了自然界的这些事物,而画家或诗人却创造了对模仿物的模仿。这样,我们就过渡到了那个声名狼藉的段落,将艺术的模仿描述为对真实的三重远离(595a—608b,特别是 597e 以下)。

然而,这些段落的意义在于,它们可以帮助年轻人分清真实及其形象,避免在哪个是哪个的问题上受骗。然而(从形而上学来说),这些形象本身并不邪恶或者恶劣,因为哲人、有智慧的人和造物者都是形象的创造者。哲人所做的就是在头脑中牢记真实,然后将它们的形象创造出来,就像造物者所做的一样。他们在进行这种工作的时候,既需要作为形象本源的真实,又需要形象本身,但他们都能看出并理解这两者的区别。看来,苏格拉底并没有指责形象和形象创造,而是指责那些将形象误当作真实

① 参《法义》817b—c。雅典陌生人声称,当悲剧作家去问立法者他们的作品是否能在城邦中上演时,立法者回答说:"我们作为陌生人中最优秀的一批人,如能最好地发挥我们的才能,就能成为最优秀的悲剧作家(τραγῳδίας αὐτοὶ ποιηταὶ);至少,我们建立的一切政治制度都是对最正义、最美好的生活的模仿(μίμησις),实际上,如我们所断言的,这种模仿就是最真实的悲剧。因此,我们是与你们创作同样作品的作家(ποιηταὶ),我们作为艺术家和演员与你们竞争,力图模仿最好的戏剧(καλλίστου δράματος),这种戏剧像我们希望的一样是真正的法律,只有它,在本性上值得尽力去完成。"

的人。在苏格拉底心目中,欺骗是最严重的问题:

> 当有人告诉我们说,他遇到过一个人,精通一切技艺,懂得一切只有本行专家才专门懂得的其他事物,没有什么事物他不是懂得比任何别人都清楚的。听到这些话,我们必须告诉他:你是一个头脑简单的人,看到遇到了魔术师或巧于模仿的人,被他骗了。你之所以以为他是万能的,乃是因为你不能区别知识、无知和模仿。(598d,重点为引者所加)①

苏格拉底赋予自己一生的使命,正如他在《申辩》中所说的一样,其中心就是"检验和区分"知识和无知。苏格拉底不同于其他人的一点并不在于他有知识,也不在于他并非无知,而在于他不会受蒙骗而将这两种状态混为一谈。在这些段落中,苏格拉底并不是在简单地阐述绘画和诗的危险性,而是在概括那些在真实的形式问题上受到蒙骗的人的情况——洞穴人的形象正概括体现了这种欺骗,这些人相信,洞穴墙上舞动的影子就是真实。苏格拉底劝诫格劳孔和阿德曼托斯,要他们成为那种能分清知识和无知的人(或者至少成为那种不易受蒙骗的人),这种人在看到模仿物时,能明白那只是模仿,同时,能将他们的目光从模仿物转移到模仿物的本源。

苏格拉底对这两个青年的劝诫,又让我们想起前面在城邦中那场关于诗的讨论的来由。两个青年完全并仅仅依赖那些诗人来支持他们的下述观点,即只要个人的不义之举不会受到惩

① 参598c和598e中苏格拉底对欺骗而不是模仿本身的忧虑。又参《斐德若》,261e—262d。

罚，那么不义的生活就大有益处并让人满足。被格劳孔和阿德曼托斯用来支撑其论点的这些模仿者，显示了不义之人的生活是值得拥有的，但苏格拉底警告这两个年轻人不要自欺欺人。他们需要用辩证法去反复推敲，去“检验”诗人所说的话，以此证明这是否是一种真正的模仿。

《王制》整篇对话就是这样。整篇对话都在用辨证法研究什么是正义的生活，以及这种生活是否值得拥有。即使格劳孔和阿德曼托斯被说服，承认那些诗人所创造的形象不是对真实的如实模仿，他们也不必从根本上拒绝模仿。相反，他们开始对苏格拉底创造的各种美丽形象感兴趣，这些形象将他们的目光引向真正的本源。格劳孔和阿德曼托斯可以专注于洞穴人、分线、太阳的形象，专注于灵魂与城邦的类比，以及对话中的其他形象。受这些形象的启发，他们可以重新思考这个问题，即从哲学上看，正义的生活是否值得拥有。他们被要求放弃坏的形象，转向好的形象，但终究仍然是转向形象。

《王制》这部涉及教育、求知、政治、美德和哲人角色的庞大作品，也是柏拉图创造的唯一容纳了最多复杂而美丽的形象的原始材料。同时，《王制》也将形象描绘为服务于哲学活动的重要而适宜的工具。有了《王制》这些短小但极具深意的例子，很难想象，其中对形象和形象创造者的简单而表面的批评，是对形象创造本身的批评。显然，苏格拉底不仅认为形象是合理并且有用的，还认为，形象是人在哲学上前行的一种方式。

上述这些对话都前后一致、确实无疑地强调了人的局限性。面对我们的局限性，对话驱策对话者和读者进行哲学探讨，开始一种哲学生活。如果我们认真对待这种驱策，必定会有通往哲学洞见的大道向我们这种有局限性的生物敞开。这条大道可能的样子正摆在我们眼前，而对话自身正给了我们例子：它不仅仅是通向更高真理的论辩，更是吸引我们目光、把我们引向哲学的种种形象。

三、形象和辩证法

当我们感知各种形象，甚至由诗人、画家或概而言之形象创造者所创造的形象的形象时，我们都会经历同样的现象：当我们看到形象、并认识到它们是形象时，我们看到了它们的相似性和差异性（参《斐多》，76a）。正是形象与其设定的对象——它的他者（otherness）——之间的差异激发了这种比较。这使其变得有趣，并有吸引力。同时，我们也在寻找那些使形象成为其他事物之形象的基本相似点。这样，我们就以辨证的方法在相似性和差异性之间运动，在这个过程中发现更多的相似性和差异性。这就促使我们去思考形象的性质，它模仿的对象的相应性质，以及它们之间差异产生的原因，这种差异的意义，以及有差异的两者怎么可以相似。真正的学习来自于对形象（隐喻、类比和神话）的深入探寻，在这种探寻中，形象及其本源的一些细节就可以得到比较。对观看的这两个对象有越复杂的理解，这种比较的细节就越多，越清楚。

在形象与其本源之间的运动，与基本的辨证法运动具相似之处，这并非偶然的巧合。从一个层次上讲，苏格拉底通过问答形式实现辨证法，并把这种方法推荐给对话者，努力帮助他们上升到更高的真理。同样，柏拉图创造的与读者有关的辨证法，也需要类似的认知运动。读者在阅读文本、试图理解文本的意义时，在时间和空间上一会儿向前，一会儿又向后。形象的现象学在另一种重要方式上也与辨证法相似。正如辨证法必然导致的是，把学习的主体而非外部权威（演绎性推理则可能）视为学习的来源，我们从形象着眼的观看和学习也必然是这样。[①] 形象与其本源间的精确相似和巨大差异，都不是显而易见的。一个形象的丰富性，由此其哲学价值，只能通过反思来欣赏。我们必须使用形象来工作，在头脑中反复思考，从许多不同的视角来看它，其中一些角度并不是我们通常习惯的，我们必须思考这个形象是什么，不是什么。

不妨以一个形象和它的本源为例，来看看形象所产生的检验现象是怎样的。在《会饮》的后面部分，喝醉了的阿尔喀比亚德说起他企图引诱苏格拉底但没成功的事。他告诉聚会者们，他将创造一个苏格拉底的形象来赞扬他（οὕτως ἐπιχειρήσω, δἰ εἰκόνων）。

> 我要说，苏格拉底与雕刻铺前摆的那些西勒诺斯像（Silenus-figures）最为相似，工匠们把他们雕成手持牧管或箫的样子；要是把他们的身子向两边打开，里面的神像就露了出来。（215a—b）

当阿尔喀比亚德在描述这个简单形象的细节时，我们看到了相似性和差异性。和萨提儿（Satyr）一样，苏格拉底也有突出的眼睛和挺拔的鼻子，但和萨提儿不一样的是，苏格拉底也有美的地方。和萨提儿一样，苏格拉底喜欢和年轻漂亮的男子交往，把他们作为爱欲的对象。但与萨提儿不一样，当阿尔喀比亚德引诱他进行床笫之事时，他并没答应，这点说明他的爱欲不是通过性活动来满足的。与马尔苏亚（Marssyas）相同，苏格拉底用一种强大的力量迷住他的听众，虽然不是通过箫笛，而是用他的言词。通过这个形象，我们知道了，苏格拉底的外表掩饰了他的内

---

① Max Creswell 向我提示了这个联系。

在，苏格拉底极为复杂。我们知道了，苏格拉底古怪的外表与他美好的灵魂形成了鲜明对比。我们知道了，如果不把苏格拉底打开，研究他的内心，许多人都会被他外表欺骗了。最后，我们知道了，如果把苏格拉底打开，审视他的生活和灵魂，或许就会一瞥其神性。

只需一点篇幅，这个简单的形象就细致地传递出苏格拉底的复杂画像。由此看来，这个过程并非全然像苏格拉底在《王制》中所轻率地描绘的，形象创造就是举着镜子质向所有东西走来走去(596d—e)。苏格拉底的镜子所告诉我们的，远比这个丰富形象的内涵少。我们知道，形象和它的本源既有相似性又有差异性。镜子只是简单精确地反映放在它面前的事物，而一个形象，如果用适当的方法来理解，则可以让我们看到眼前事物的丰富性，并且获得该事物及其本源的并非显而易见的领悟。这是否足够让我们对形象满怀希望，认为它能带领我们走向真理和哲学的洞察力呢？是的，事实上在介绍以上形象之前，Alcibiades 就这样说：

> 各位，我将采用比喻(δὶ εἰκόνων)的方式赞美苏格拉底。也许他会认为我选择这种方式是为了进行嘲弄；然而我选择比喻是为了体现真理(τοῦ ἀληθοῦς ἕνεικα)，并非嘲笑。(215a)

这里以及其他地方的证据都促使我们认真地对待阿尔喀比亚德提出的形象可以服务于真理的观点。①

---

① 参见 Nussbaum(1988,185ff)。她在讨论阿尔喀比亚德的主张时直接承认这个主张说出了真相，但是与我的立场不同，她认为通过形象说明真理在哲学中是不被允许的。

同时，我们也由此想起美诺和他的奴隶之间的相似和差异。苏格拉底创造出在众人面前演讲的奴隶形象，他的演讲是关于几何学中的谬误和错误观念。作者希望美诺和读者都能从中看出，美诺在进行关于美德的演讲时，采用的方式与这个形象之间有相似之处，但也有差异。它们之所以相似是因为它们都是出于无知者的不光彩行为，不一样的地方是几何学上的谬误能够较容易和较普遍地得到更正。为了改变他的无知，美诺必须参与到辨证法中，这是一种冒险并且就个人而言很困难的方法，而几何课却不是这样。通过仔细研究奴隶的公开演讲这个形象以及它的本源——美诺关于美德的演讲，读者和美诺本人都获得了关于美德、知识和无知的深刻见解。

马特(Francois Marttei)在研究柏拉图对话中的神话时，也曾讨论过形象通往真理这个论点。① 马特认为，形象是哲学的组成部分，理性不可能成为通往哲学启发的唯一大道。以一个问题开始，“为什么在他思考过程中的每一个决定性阶段，柏拉图都要以一种严肃的、沉思的语气有规律地反复引入(神话)?”②马特的观点不同于人们普遍接受的观点——形象比逻辑演绎推理次一等，他认为，神话提供的形象是对辩论的补充，要获得哲学洞察力，这种补充必不可少的。神话“以形象这种形式”揭示了“关于世界的源初真相，”③马特称这一真相为观念的戏剧。马特把逻辑推理一步步求证的特点与神话提供的即时景象相对

① Mattei(1988)。

② 同上，参见 Griswold(1986，140－56)。与我的论文基本一致，Griswold 认为“神话与逻辑推理不同，因为神话有能力起到一面复杂镜子的作用，通过这面镜子，人们不仅可以认识到他们是谁，还可以认识到在最好的情况下他们可以成为怎样的人。柏拉图的神话是一面镜子，它不仅可以反映人们的希望，还可以帮他们找寻实现这些希望的办法”(147)。

③ Mattei(1988)。

比，同时提出，神话的形象完成了一个丰富的哲学过程。神话暂时延缓了戏剧，这样就停止了辨证活动。“人的活动的暂停是沉思的必要条件。”①在活动暂停、神话被引入的那一刻，对话创造了沉思、景象和辨证法停止了的地方（points）。辨证法一会儿会回到对话中，重构当时在每个灵魂的内心舞台看到的神话景象。哲学就是神话景象和辨证法探究的综合。②

普里斯（Gerald Press）用相关的方式拓宽了哲学的定义，让它包含了形象，他认为，发现于柏拉图对话中的这种认识，最好理解为景象（vision），即视象（theoria），③而非知识（episteme）。

> 关于视象或者景象，我指的是在某些方面与自柏拉图起的西方哲学强调的知识相反的认识。首先，它指的是看到或在头脑中形成的形象，而不是一个命题或一套命题。（Press，1995a，71）

普里斯推论，柏拉图想要提供的知识是“一种展示，而不是告诉人们事物是怎样的。”（同上，72）普里斯认为，柏拉图对话中关于知识的这个观念在传统的两分法中找到了第三条道路，这

---

① Mattei（1988），70。参见 Gadamer（1991，4）：“苏格拉底的智慧并不是通过步步推理来证实的，相反，它的本质是对梦中景象的隔离感和不可重复性的模仿。”

② 正如这些段落说明的一样，Mattei 在使用“辨证法”这个词时有些模棱两可，有时他只把它用来指与神话形成对比的逻辑演绎推理，有时他又用它指一个更宽泛的过程，即对对话的阅读和理解，既包括逻辑性的辩论，又包括神话性的景象。按照我对“辨证法”这个词的定义和使用，它可以用来说明逻辑推理，也可以用在对戏剧形式、人物发展、反讽、形象等理解的活动中。例如，我并不赞同一种观点，即认为对形象的理解来自“即时的景象”，而不是之后对这些形象和景象的思考。

③ ［中译编者按］theoria 即希腊文 θεωρία，有观看、思考、景象等意，参罗念生等编，《古希腊语汉语词典》（商务印书馆，2004），页 386。

种两分法是理解柏拉图的不同方式之间论战的基础:柏拉图是怀疑论者,还是教条主义者,是哲人还是戏剧人。这两种关于柏拉图的形而上学的观点,普里斯都持反对意见,他说:

> 情况是这样:物质的、不断变动的、不完美的、暂时的、可感知的世界,就是所谓的"真实"世界,置身其中并通过它,我们获得了关于理念世界让人惊叹的思想上的真知灼见,这个理念世界是非物质的、稳定的、完美的、永恒的,只能通过思想来了解。让人灰心的是,这个理念世界超出了我们的理解力,因为我们置身于时空之中;为此,我们必须永不停歇地努力,不断探寻。我们一生中能达到这个理念世界的唯一途径就是对话。但每一个对话都是由真实的、而非理念性的对话者参加的,因此,它不完整,是从一个特定的观点或倾向出发、受限于特定的时间、地点和对话者。(同上,81)

对普里斯而言,人的局限性是从根本上存在的,但同时它也是柏拉图展示性艺术中不可分割的一部分。柏拉图的对话描述的是发生在人之间的哲学谈话,所以,它提供的不是理念形式的知识,而是关于哲学生活的景象(vision)。

如果说,柏拉图的对话鼓励使用形象来为好的哲学服务,那么又怎么来总结关于"柏拉图形而上学"的传统观点呢?一共存在两个截然不同的领域,即事物的本原和人感知到的事物,这点不言而喻。但要说,让人们洞察形式的纯粹理性就等于哲学,这种观点本文不敢苟同。单纯把理性作为通往启蒙唯一途径,对人来说是不可能的。柏拉图的对话表明,我们对形而上学的修正,必须包括把哲学作为有限的、有形的人的必要工具。哲学为人的这种存在物沟通两个领域，人虽必须立足于一个领域，但仍渴望了解另一个领域。要具有这种沟通的能力，哲学当然包括论辩法，但同样也依赖于以神话、类比、隐喻等为形式的形象。纯粹理性属于上帝，哲学属于人。

以一种全新的观点看柏拉图的形而上学，我们会发现一些惊人结果。即便是形式这种永恒不变的真实的载体，以及那些无形的、可以掌控形式的理性本身，也是形象。①也许我们没注意到，甚至那些贯穿对话始终的故事也带有形象性，后来公认的柏拉图形而上学本身和知识论本身，就是由形象组成的。我们也许忽略了这一事实，即甚至那些被称为“形式”的东西，也是出现在我们的想象中，而非出现在属于它们的那种真实中。它们并没有有意要拥有形体上的体现，但是，在呈现给我们的时候它们在我们的意识中形成了形状（shapes），即形式（forms）。而且，我们必须想象一个存在于我们世界之外的世界，它是一个由事物本身组成的领域，一个与我们的生活经验不同但又相似的真实，我们还必须通过我们的幻想和想象建构它，从我们有限的经验中提取观念来修饰它。但同时，柏拉图也的确期待我们通过他创造的形象以及他促使我们为自己创造的形象，找到通往这个真实的某种途径，最后，柏拉图所有的形象都是坚定地、必要地指向观众，他以人的现象为根据，意欲引导我们转向哲学。是否这就暗示着最终我们仅仅归属于形象？也许答案是肯定的。但值得庆幸的是，我们拥有哲学。如果我们的确认真地认为这

① 参亚里士多德，《形而上学》I. ⅸ. 12：“说形式是一种模式、其他内容填充其中，就是在运用空洞的说法和诗性的隐喻。”（τὸ δὲ λέγειν παραδείγματα αὐτὰ εἶνει καὶ μετέχειν αὐτῶν τἆλλα κενολογεῖν ἐστὶ καὶ μεταφοπὰς λέγειν ποιητικάς）。我完全同意亚里士多德所说的它们都是诗性的隐喻，但我不接受它们是空洞的说法这种观点。

个世界仅仅是它所模仿的真实形象，那么，我们确实必须永远和形象打交道。这就是人的命运(lot)。①

也许现在我们对柏拉图的形象运用有了更多的深刻认识。柏拉图是在用形象为有局限性的人和真实之间建立一种联系。就像看到两颗相同的石头会帮我们回忆起关于对等本身的真实一样，其他的感知和形象也能帮我们想起很多其他真相。虽然这种方式并不完美，甚至有风险，但它是为我们有形的人敞开的唯一道路。当柏拉图认识到我们只能作为有限的人来践行哲学时，他面临怎样使我们转向哲学的任务。在面对论证必然失败的事实时，你怎样鼓励一个人转向哲学呢？由于深谙形象和形象创造的力量，柏拉图选择它们来作为合适的途径，将我们引向某些方向。虽然柏拉图因为“他”对诗人和形象创造者的批评而声名狼藉，但他自己就是一个非凡的诗人和形象创造者。尽管他通过对话者之口警告我们运用这些手段有危险性，但同时，他在警告的时候就用到了这些手段。要完整理解对话，就不应忽视这个事实。

为了理解形象的力量和危险性，我回到文首概括本文内容的两例引文。第一例选自《智术师》，它似乎在通过唤起人们的危机感，警告人们远离相似物。动物中最具野性的狼，在我们看来可能和最温顺的狗相似。把这两种动物混淆起来可能导致可怕的后果。第二例选自《蒂迈欧》，它赞扬我们的视觉，因为它，

① 在很多场合人们都问我一个问题，即我是否在把柏拉图塑造为一个带有后现代色彩的人物。这种推测没有根据。说人必须永远和形象打交道并不意味着除了形象就没有任何东西了，就是说，没有真理或真实了。形象的目的在于帮助我们向某些更高的真实或真理上升。存在某种真实，我们渴望它，但也可能达不到它。实际上，由于被植入了那种意在成为一种形象的东西中，形象正是关于某种东西的形象(it is embedded in what it means to be an image that it is an image of *something*)。

我们可以“全面把握哲学；与视觉相比，人从来没有、将来也不会获得更大的神的恩赐”。这两个选段的意义之间存在某种张力，一方面，如果我们的视觉不够敏锐，分辨不出相似的事物，比如狗和狼，那我们就会被置于危险境地。而另一方面，我们的视力是神赐的礼物，为我们带来最大的益处，将哲学引入我们的世界中。①尽管这两段之间存在张力，我希望我的讨论已经证明这两种观点并不是真正相互矛盾的；相反，它传达了对话呈现的视觉和形象的形式。形象和视觉对我们而言，同时具有危险性和巨大的益处，正是我们的视觉将我们关注的目光最终引向哲学，但也正是我们的视觉将我们拖入到泥潭之中。这两种行为的不同之处，关键在于我们关注什么对象，柏拉图的对话提供了一种相似物，人们需要这种相似物来把握自己的航向，远离危险，同时，他的对话也提供了一种形象，将我们的目光引向哲学。

四、结　语

我在本文开头问道，为什么柏拉图在他的哲学创作中不依赖于纯粹理性的论证，就像那些支持他形而上学的传统观点的人所期盼的那样。论辩在本质上是为了讨论出一个结论。我再次强调，我并不认为对话没有任何积极的哲学内容；然而，对话虽然包含论证，但并不像我们所期待的那样达到任何结论。对话从来没有为我们提供一个确凿的逻各斯，即对其中提出的问题“什么是 X?”提供一个解释或者回答。对话始终如一并经常给予我们的是苏格拉底在故事、神话、类比、隐喻——简单说，就

① 参《斐德若》262a：“那些欺骗别人而不会被别人欺骗的人，必定清楚地知道事物之间的相似和差异。”

是形象——上所下的功夫。

对话的戏剧形式正是一种全面描述形象的方法。每一段对话都是哲学交谈的一个形象，也是苏格拉底哲学和哲学生活的一个形象。柏拉图的哲学生活形象将我们引入其中，既将我们引入了那种生活，也将我们描绘进其中。（哲学生活的）情节是如此引人注目，我们不得不对它做出反应，不管这些反应是被哲学生活深深吸引，还是对那种生活的固执拒绝，或者认为我们没有能力参与那样的生活，抑或因为我们不能过那样的生活而感到绝望。

与以上方式相似，柏拉图在塑造人物时使用的手段也包括形象创造。对每个人物的塑造都是生活的一个段落，展现了那种生活的形式，也许还展现了它或好或坏的结果。柏拉图描绘这些形象，有时运用特殊的名字引导我们领会这些人物形象。每一个人物都是一个个体，或者是一种类型的人的形象，柏拉图可以用这些人物来讨论我们希望怎样来塑造自己的性格（形象）。当我们能够在这些人物身上看到自己的形象时，变化就可能发生。从对话中的人物到我们自身反复比照、看到两者的相似和差异，我们就可以做出评价，继而选择与一些人物保持更大差异，或与另一些人物保持更多相似性。总之，形象及形象塑造让我们看到创造一个全新的、更好的自我的可能性。通过柏拉图的人物描绘，我们可以为自己想象一种虽然还没实现但有可能成为真实的生活，然后努力转向那种生活。

其实，在反讽的运用上也可以看到形象的作用，为了明白反讽的讽刺意味，读者必须把自己看成与对话者不一样的人。由于反讽的产生是因为对话者有错误的自我形象，也是因为读者看到的对话者形象和对话者本人看到的自身形象之间存在不一致，因此读者受到触动，开始重新思考是否自己也面临同样的困境，思考自己是否真的像所想的那样与对话者有本质的不同。读者看到了对话者的两种形象，如果一切顺利，他也一定会与自己可能存在的两个形象（形象和自我形象）面对面。在这个过程中，读者的变化趋势与我们在学习形象时经历的普遍趋势相似：首先，我们看到一个形象和它的对象之间的差异，然后看到它们的相似，再后来在差异和相似性之间辨证性地运动。除此以外，就像苏格拉底和柏拉图对形象的运用所暗示的那样，单纯运用逻辑推理的讨论不足以满足人的哲学需要，所以，反讽促使我们获得不同的理解方式。反讽本身具有的模糊性让我们在认识上很难下决断，这种状态促使我们进行哲学探询，也反映出我们有生俱来的局限性，尽管我们强烈地想要明白和了解那些超出我们认识能力、理解能力的事物。

如果说，柏拉图的整个哲学计划是让我们转向哲学生活，它并没有给我们结论性的观点。作为有局限性的生物，单纯用逻各斯不可能让我们转向哲学生活。因此，柏拉图必须选择另一种和我们的关系——一种能强有力地抓住我们灵魂的关系。他运用所有那些我们可称为文学或戏剧的手段，以此让我们转向哲学生活。我希望，文学和哲学的两分法得到大大削弱，这种两分法根植于职业哲学家在严格的逻辑和逻辑之外的事物间创造的更深区分。这种更深的区分将哲学等同于逻辑，并把所有逻辑之外的事物划分为非哲学。对话中辨证的运动——向前，向后；向上，向下；抵制，和解；吸引，排斥——与逻辑演绎推理的线性结构形成鲜明对比。柏拉图计划的目的是为了寻找和探求真理，因此是完全的哲学计划，但它却是非逻辑的。它通过我们的情感，比如羞愧、骄傲、欲望来起作用；它通过反讽、笑话以及生动的人物塑造来吸引我们的注意，创造不和谐；通过故事、神话、寓言以及其他类型的形象，他吸引并集中我们的想象力。

我们需要这些关于我们自己的形象，这些我们可能成为的形象，如果转向哲学生活，它们就会向我们提供一切形象，在一些对话中我们看到，诗人和形象制造者所用的工具可以对灵魂造成腐蚀性影响。①它们可以具有腐蚀作用是因为它们直接深入人的灵魂，可以穿透它并在上面留下深刻持久的印记。但是，因为这些手段可以通向灵魂，凭借这种特征，我们必然相信它们同样也能被利用于善。有能力造成极恶的事物，一定也有能力创造最大的善。②诗歌和形象的危险性也主要存在于它的有效性，因此，这就是人的生活的风险和危险性：我们有可能并不能改善自己的灵魂，甚至有可能腐蚀它们。柏拉图愿意承担这种风险，也鼓励我们和他一同承担这种风险。他使用诗人和形象创造者所采用的手段，利用其威力，努力使我们的灵魂转向哲学。

（黄　莎　译）

引用文献

Ahrensdorf, P. 1995. *The Death of Socrates and the Life of Philosophy*. New York.

Bloom, A., trans. 1968. *The Republic of Plato*. New York.

Ferrari, G. 1987. *Listening to the Cicadas: A Studies of Plato's Phaedrus*. Cambridge.

Gadamer, H. 1980. *Dialogue and Dialectic: Eight Hermeneutical Stud-*

① 与形象创造的情况相同，对于诗歌和修辞也可以下同样的论点：柏拉图“致力于”那些对话看似在贬损的活动，在本文中，我讨论了诗歌和形象，但没讨论修辞；可参 Ferrari(1987)和 Roochnik(1995)。

② 参见《克力同》，44d；《斐多》，107d；《王制》333eff；605c—d，607c。

ies on Plato, trans. and with an Introduction by P. Christopher Smith. New York.

——. 1991. *Plato's Dialectical Ethics: Phenomenological Interpretations Relating to the Philebus*, trans. and with an Introduction by R. M. Wallace. New Haven.

Grisold, C., Jr. 1986. *Self—Knowledge in Plato's Phaedrus*. New Haven.

Hyland, D. 1995. *Finitude and Transcendence in the Platonic Dialogues*. Albany.

Irigiray, L. 1994. "Sorcerer Lover: A Reading of Plato's Symposium, Diotima's Speech," trans. E. Kuykendall. In *Feminist Interpretations of Plato*, ed. N. Tuana. University Park.

Kosman, A. 1992b. "Silence and Imitation in the Platonic Dialogues." In *Oxford Studies in Ancient Philosophy, Supplementary Volume*, ed. J. C. Klagge and N. D. Smith. New York.

Mattei, J. 1988. " The Theater of Myth in Plato. " In *Platonic Writings / Platonic Readings*, ed. C. Griswold Jr. New York.

Miller, M. Jr. 1986. *Plato's Parmenides: The Conversation of the Soul*. Princeton.

Nussbaum, M. 1988. *The Fragility of Goodness: Luck and Ethics in Greek Tragedy and Philosophy*. New York.

Owen, G. E. L. 1978. " Plato on Non — Being. " In *Plato I: A Collections of Critical Essays*, ed. G. Vlastos. Notre Dame.

Press, G. 1995a. "Knowledge ad Vision in Plato's Dialogues." *The Journal of Neoplatonic Studies* 3: 61—89.

Roochnik, D. 1995. "Socrates' Rhetorical Attack on Rhetoric. " In *The Third Way: New Directions in Platonic Studies*, ed. J. Gonzalez. Lanham.

Rosen, S. 1983. *Plato's Sophist: The Drama of Original and Image*.

New York.

Thayer, H. S. 1977. " Plato on the Morality of Imagination. " *Review of Metaphysics* 30(June): 594—618.

Wiggins, D. 1978. "Sentence Meaning, Negation, and Plato's Problem of Non—Being. " In *Plato I: A Collections of Critical Essays*, ed. G. Vlastos. Notre Dame.

远距离的看：柏拉图的写实性模仿与想象性模仿

奈丁格尔(A. W. Nightingale)

> 我唯恐我的表达可能还不够充分，还没有完全超越我狭隘有限的日常经验，以至于尚不足以表达我一直以来深信不疑的真实。
>
> ——梭罗《瓦尔登湖》

本文研究柏拉图对话的文学形式影响其内容接受的一种方式。具体说来，研究重点是考察柏拉图如何解决为"远离"真实的读者构造艺术文本这一关键问题。柏拉图在《王制》和《智术师》中讨论模仿时明确涉及到这个问题，同时还提供了对该问题的艺术性解答。在这篇论文中，我将分析柏拉图在《智术师》中对"写实性"(eikastic)和"想象性"(fantastic)模仿的定义，以及他如何运用这些不同风格的语言，来提出认识论上的"距离"问题。在"早期"对话中，柏拉图用一种"写实性"(eikastic)风格描绘了一个远离普通人、难以被人理解的人物。① 事实上，写实并不能

---

① 本文中，我赞同传统对早、中、晚期对话的区分，尽管我承认，虽然有许多学者的努力，这种区分仍缺乏被认可的充分证据。我假定"早期"对话写得 (转下页)

为尘世中"古怪的"(atopos)的个体或对象提供一幅清晰的画像。因而,这种风格突出了苏格拉底及其所追求的真理的遥不可及,这就要求读者为他或她自己肩负起哲思的任务。在许多"中期"对话中,柏拉图用"想象性"风格与写实性风格,从写实性出发,努力描绘种种非尘世的领域和现实。在运用想象性风格的时候,柏拉图提供了一种直观辅助,试图描绘出真实,这种真实对于那些缺乏哲学训练的观众来说非常遥远,而且从尘世的视角几乎不可能看到。各种风格描绘了"真实"的不同侧面,归总起来,它们使柏拉图的形而下世界和形而上世界的观念变得清晰了。研究柏拉图对这些风格的运用,我们就能够从一个新的角度来认识文学和哲学的交互作用。此外,正因为想象性模仿是运用于柏拉图诸多神话中的风格,所以,本文的分析有助于研究柏拉图哲学对话中的神话语言。①

一、"写实性"模仿与"想象性"模仿

柏拉图在《智术师》中概述了远距离的观众或者说观点的概念。在对再现性艺术的一次讨论中(234b),陌生人认为,对于处于"远距离"的愚蠢的观众,一个画家可以使他的画看上去跟真

(接上页注①)比"中期"对话早,虽然我承认柏拉图可能在他一生中的任何一个时期都使用不同的文学风格。无论如何,我的意见不依赖于发展论假设,也并非要声称为发展论提供新的证据。

① 对柏拉图对话中的神话进行学术讨论,要求对"神话"这个术语进行小心的定义和分析。由于本文没有足够的篇幅提供这种分析,我将仅限于讨论"想象性模仿"(我就此进行了详细分析)。既然这种模仿是在柏拉图所有神话中都使用的风格(包括《普罗塔戈拉》中的普罗塔戈拉,《会饮》中的阿里斯托芬,《王制》中的洞穴寓言等等),对这种风格的研究将会阐明柏拉图神话的一般体裁特点。关于晚近对柏拉图的神话和神话创造的研究,参见 McCabe 1992;Gill 1993;Rowe 1999;Laird 1999;Morgan 2000。

的一样，活灵活现（porrothen，234b）。然后他说，“当面向那些仍然远离真实的听众（porro tes aletheias）时，有一种向他们展示某些事物的言辞形象（eidola legomena）的艺术，这种艺术使这些形象看上去是说的真话，而且言说它们的人看上去最聪明”（234c）。在这一段中，我们发现展示一件艺术品有两种距离操作法。在涉及视觉艺术的例子中（绘画和雕塑），柏拉图强调了在观赏者与被观赏的艺术品之间的空间距离：远观与近观的效果是不同的。据陌生人的观点，这种由观看距离引起的实际现象可以为艺术家所用，画家或雕塑家可以运用距离让那些愚蠢的观众相信，他们看到的是真的。

另一方面，在涉及言辞模仿的例子中，柏拉图又强调另一种不同的距离。在这里，观众没有远离艺术品本身，而是像陌生人说的那样，“远离真实”。这种距离与其说是物理上的，不如说是认识上的。它首先是艺术家的认识条件，这一条件决定了艺术品的内容。但是观众的认识条件同样也可以影响内容。就像柏拉图在《王制》（603a—b，605a—b）中所说的那样，无知的艺术家和无知的观众都导致了一件艺术品内容上的错误，因为那些远离真实的艺术家为了赢得观众的赞赏，会复制无知观众的观点。艺术品的谬误也因此而归之于创作者与观赏者对真实的认识上的距离。然而在有的情形下，艺术家和观赏者不会同样无知：一个聪明的艺术家可能创造了一件真实的作品，而在无知的观赏者看来却是虚假的。反过来，一个聪明的观赏者也可以对无知的艺术家创造的作品中的谬误，发表自己的正确评价。显然，任何认识上对真实的距离，不管是艺术家的还是观赏者的，都会影响对艺术品的接受。

在《智术师》234d 中，陌生人说，年轻与缺乏经验会使人们远离真实，反过来，成熟的成年人则离真实“更近”，因为在经验的作用下他们改变了对于什么大、什么小、什么难、什么易等问题的认识。在泰阿泰德指出他自己就十分年轻，因此“仍然远离”(234e)之后，陌生人回答说，他会试着让泰阿泰德“尽可能靠近一些”，以便能更清楚地看到真实。尽管柏拉图可能认为年长一些的人比年轻人对真实有更为清楚的认识，但在这里，年长与年轻的明显区别应当作隐喻性的解释，而不是照字面来理解。远离真实的人不管年龄多大，都是无知的孩子，相反，那些接近真实的人，就聪明而成熟。简而言之，如果人与人一定要互相交流的话，与真实有着不同认识距离的人们就必须寻求一种跨越他们之间差距的办法。

距离现象，不论是空间上的还是认识上的，都能在各种艺术模仿中体现出来，包括柏拉图自己的艺术模仿。特别要注意的问题是，接近真实的陌生人是否能与仍然远离真实的泰阿泰德探讨距离现象。当然这是柏拉图自己的问题：假设他认为他自己比大多数人，就算不是所有人，都更接近真实，对于他的读者们，他必须不可避免地对付距离现象，以便向那些在伦理上和认识上都年轻而缺乏经验的人传达他的哲学。那么，柏拉图的对话是如何探讨距离问题的，它们又是如何不同于诗人和智术师的模仿的呢？

在《智术师》中，陌生人区分了艺术模仿的两种不同类型。在235d中，他把模仿艺术--造像艺术(eidolopoiike techne)——分为两类。首先是“写实性”模仿，当艺术家通过保持“模型的比例、长度、宽度、深度，再给各种东西着上恰当的颜色”(235de)来为其模型创造一个相似物时，就是写实性模仿。在这种情况下，模仿品在其比例和外形上都很“像”它的模型。当泰阿泰德建议所有的艺术家都试着这样做时，陌生人回答说：“那些描绘或雕刻大型作品的人除外，因为如果他们复制美丽事物(即模型)的真实比例，的确会让它们比应有的样子显得上部小一些，下部大一些，因为上部是从较远的位置来看，而下部的位置则更近(235e—236a)。这类艺术使用了像“透视缩短”这样的技巧：为了使形象在一定的距离下显得真实，它改变了其模型的真实比例。陌生人后来称这样的技巧是一种想象性模仿，因为它创造了一种“幻觉”或者“伪装”，而不是一种“相似物”(eikon)。想象性艺术品只有远观才有良好的效果；当近观时，“就失去了它本声称的相似效果”(236b)。

因而，写实性风格一般用于表现不太大的素材，这些素材能“从一个令人满意的视角”被平凡世界中的人们所理解。从这样的视角出发，艺术家要使艺术品能被认知并有吸引力，就只需按模型的真实比例来再现。艺术家是在创造一种保持模型原有比例的相似物。简单地说，写实性模仿有着写实性风格。因为模型并没有大到“地上的”人类观众无法理解的程度，艺术家可以创造一个比例和外观都很“像”模型的写实形象。相比之下，想象性风格一般用于表现非常巨大的或宏阔的素材。准确地讲，巨大的模型如果不是从一定的距离远观的话，这巨大模型的一面或另一面看上去就会变形，“地上的”普通人会发现，如果艺术家展现的是模型的真实比例，那么它的上部就会显得太小。(相应地，如果观赏者被提升到上部的高度，那么位置低些的东西看上去也会变形。)这种艺术品近观效果不好。显然，创造一件大型艺术品必须考虑距离的问题，而且事实上，为了获得理想的效果，艺术家得从真实性出发。

在作这种区分时，柏拉图似乎更喜欢写实性模仿，暗示着这种模仿为它的对象提供了一种良好的、清楚的视角。①但是我们

① 这使柏拉图远离了在《王制》第十卷中对艺术的讨论，因此没有为写实性模仿提供例证来反对想象性模仿。事实上，《王制》第十卷交替使用 eidblon 和 fantasma，标志着所有艺术模仿——绘画的或言辞的——都是幻觉的制造者。

不应该假定所有的写实性模仿都是好的，所有的想象性模仿都不好。毕竟，想象性模仿回答了一个问题，这个问题完全不是写实性模仿所能处理的，即用清晰而可理解的样式来再现被远观的对象的问题。就像我们将看到的那样，柏拉图自己就运用了这种模仿来构造他的神话。①

在阐释写实性模仿和想象性模仿的段落中，陌生人讨论了视觉艺术中的模仿（绘画和雕塑），注意这一点很重要。这一段没有提到言辞性模仿，也没有告诉我们在言辞性或文学性作品中写实性和想象性模式如何起作用。对话者们的讨论在这一点上离题了，陷入对谎言和幻觉是否真实存在的冗长分析中。直到对话结束，陌生人才回到模仿这个主题上来。（267a 以下）在那里，他唯独关注了想象性模仿，将想象性模仿分为两类：一种是“用各种手段或工具”创造一个模仿，一种是“模仿的制作者以他自己作为工具进行模仿”，也就是“用他自己的身体和声音”（267a）。在对话的余下部分，陌生人只把自己关系于后者，他说，一些人在一种知识状态中提供言辞中或行为上对德性的模仿，他称之为“伴随着认识的钻研性模仿”（ten ... met epistemes historiken mimesin）。相比之下，其他人则是在无知的状态下模仿，他称之为“来自意见的模仿”（ten ... mimesin donomimetiken, 267e）。

在这里，基于认识的模仿和基于意见的模仿都被归为“想象性”模仿。我们应注意到，尽管柏拉图有时讨论“想象性”（fantasmata）时有轻蔑的语气，但他并非完全反对想象性模仿。同时

① 参见 Rowe，1999，页 277—278，他发现在柏拉图的对话中“……神话主要是在远离一般经验的基础上描述或谈及事物，不管这些事物是在遥远的过去（或许是），还是在想象中，但总是有着限制条件，在柏拉图看来，被言说的事物（lexis）可能比起那些我们更为熟悉的事物（praxis）来，能更好地‘抓住真实’”。

还应注意到，陌生人在这一段中对言辞性模仿的写实性和想象性风格没有进行任何讨论。所有他告诉我们的是：这里有两种不同的认识状态——知识的和意见的——它们在想象性风格中导致了不同的结果。那么，在言辞性或文学性的模仿中写实性和想象性的区分是如何实现的呢？我们必须以柏拉图对视觉艺术模仿的讨论为指引，自己来组构这部分的论据。显然，柏拉图和智术师的真正问题在于他们对言辞的使用（讨论绘画主要是为言辞性模仿提供一个类比）。所以，言辞性－文学性模仿中写实性和想象性风格的区分是他追问的基本问题。

为了定义和区分这两种文学风格，我想从巴赫金的叙事理论中借用一个工具，即“时空型“[①]的概念。正如巴赫金所展示的那样，所有的文学文本都包含着一个或更多的“时空型”，（即奠定和建构一个叙事的特殊的时空结构）。巴赫金着手对形成和组织文学叙事的“空间”和“时间”进行分类（注意：他不是在物理或哲学的层面谈论空间和时间。）在文学话语中所发现的关于“空间”的例子有：家庭空间、城邦空间、宗教空间、自然空间（荒无人烟或有人居住），精神空间（我们心智的空间，或用柏拉图的话来说，“灵魂”的经验和行动），以及反自然的空间（也就是像阴间、死后的世界、“大地的边缘”、或神的居所这一类神秘空间）。[②]种种时间的例子有：生物时间（在一个或更多人类个体的日常生活之中），历史时间，宇宙时间（由行星的运动来度量的“客观”时间），永恒时间（时间中的无限绵延），以及超尘世时间（时间之外）。与有些文本只在单一的时空型中生

---

① 巴赫金在1981，页84－258和1986，页10－59中提出了时空型理论。

② 我没有列出巴赫金讨论的所有时间和空间，因为这些不适用于柏拉图的模仿。实际上，我用我自己更为简单的术语来界定柏拉图叙述中的时间和空间。关于巴赫金时空型概念更详尽的讨论，参见Holquist，1990，第5－6章；Morson and Emerson 1990，第九章。

成意义相反，另一些文本则在并列的不同时空型中获得效果，由此要求读者从不同的时间和空间视角去观看文本。

写实性和想象性模仿模式基于完全不同的“时空型”，各自都是为处理一种不同的距离而设计的。我要强调的是，我并不想将巴赫金的理论模式完全照搬地运用到柏拉图的文本中，只是想在有助于定义写实性和想象性模仿的范围之内运用时空型这个概念，以便表明这些不同的模式是如何处理距离遥远之物的。

让我们从定义言辞媒介中的写实性模仿开始。一个运用写实性风格的文学文本提供了写实性再现，保持了一种从普通的人类生活中选取的模型的比例、结构和外观，并且不为距离远的观众而使这些东西变形。我们回忆一下，在绘画中，画家通过描画距离较近的主题性对象制造了一个写实性模仿，创造了在比例和外观上都很像模型的相似物，没有因为视点的远距离作任何调整。我们可以推断出，在文学文本中，写实性模仿从一个又近又清晰的有利位置表现人和物，使它们显得就像在作者自己的文化背景下人们的日常生活中一样。运用时空型的分类，“空间”在一个写实性文学文本中就是城邦空间，不是公共的就是私人的，而时间则是生物的或日常的。应该注意的是，在写实主义艺术品中，特定个体的城市空间和生物时间是被编织在自然空间和历史时间中的，尽管这种更大的时空型无需特别强调。

我认为，柏拉图早期的对话就是写实性模仿的例证。因为从中可以看出，苏格拉底和他的对话者是用日常语言进行对话，而且是在特定历史时期中从事真正的社会活动和城邦活动。特别是，柏拉图把他的主角苏格拉底描绘得就像在日常生活中面对面地和普通人相遇一样。我并不是说柏拉图在写一部令人信服的苏格拉底传记，而是说，这些早期对话是用写实性风格写就的虚构性作品。①

我们应该记得，这种写实性并非早期希腊文学的特点。事实上，在散文叙事中第一次运用写实性模仿是在十五世纪中晚期。我认为，柏拉图运用写实性模仿有他自己的特别目的。与色诺芬笔下的苏格拉底进行一个简单对比，就可以揭示柏拉图运用写实性模仿的独特之处。简单地说，色诺芬提供了一个聪明的好人的写实形象，他是一个奇异的但并非不可理解的人。苏格拉底运用的反讽既清晰又易解，总之，苏格拉底是一个很好懂的人。相比之下，柏拉图的苏格拉底则像谜一样，晦涩难懂。我们在柏拉图早期对话中看到的是一个写实的、近距离的描写，但其中的主角却非常难于理解。事实上，柏拉图笔下的苏格拉底就是一个谜，它令读者想近而又近地把苏格拉底看个清楚，但这企图却是徒劳的。毫无疑问，柏拉图有意要突出这个谜：他很清楚，所有的东西都是不清晰的，不可理解的。换句话说，对苏格拉底的这种写实描写，其后果令人担心，因为它要读者远离一个被近距离观看的人物。由于苏格拉底的晦涩难懂，致使这种描写虽然写实，但仍然令人迷惑。

柏拉图运用写实性模仿的结构和风格来展示苏格拉底与普通人（包括读者）的距离是多么遥远。写实性风格使我们产生一种能看到清晰的主角的期望，但是近距离的观看只会突出这个人物不可思议的、几乎是异常的性格。在早期对话中，柏拉图创造了对苏格拉底的一种写实性再现，让苏格拉底在他自己的城邦和历史时期中出现在他的希腊同伴面前。但是当苏格拉底处于被近距离观看的空间位置上时，他的观看者们所特有的在认识上与真实的距离，使他们不可能看清楚他。因为那些与苏格

---

① Kahn，1996，第一章和第三章对柏拉图早期对话的虚构性的讨论很有说服力。

拉底相遇的人是远离真实的(虽然程度不同),他们不可能完全理解或估价哲人的品格或他所追求的真实。他们不知道善、智慧或德性的本质,因此他们无法理解他的生活。因此,正是观众对真实的认识距离,使他们难以看懂被近距离写实地描写的苏格拉底(这个事实对于柏拉图的读者和苏格拉底的对话者都适用)。

通过描绘一个在写实性背景中不太好理解的人物,柏拉图突出了认识距离的问题。他告诉我们,在不同的情形之中,人们与真实的距离有多远。在某种程度上,可以说他的对话就是谈距离的。这些对话通过展示人们如何误解他们中间的一个正确的聪明人,强调了人的无知。正是由于这个原因,柏拉图创造了一个角度来展示各种各样的人如何与苏格拉底交往,如何解释苏格拉底。这要求我们绝不能忘记各种阐释者的主观性和有限性,以及他们自己的性格如何决定他们的理解。因此,不同的人会将苏格拉底看作一个的确聪明的人,一个有害的智术师,一个可笑的愚人,一个佯装缺乏智慧的讽喻家,或一个傲慢地嘲弄其同伴的人(如果概括一些更加明显的例证的话。)通过描绘种种对苏格拉底有着不同理解的人,表现他们的多种多样而且经常相互对立的观点,柏拉图强调了理解这位哲人的困难。一些人憎恨或害怕他,而另一些人爱戴、崇拜他,但其实谁也没有真正看清苏格拉底。无论如何,所有苏德拉底的理解者和同伴们都是透过他们相对无知和缺乏德行的哈哈镜来看苏格拉底的。他们对真实的认识距离使他们远离了苏格拉底,即便苏格拉底就在他们眼前。

那么,柏拉图早期对话的读者又如何呢?我一直认为我们同样也有看不清苏格拉底的麻烦。这些文本没有将“真实的”或“内在的”的苏格拉底清楚地展现给我们。但是,柏拉图的确发现了一种办法,让读者比对话中的人更接近苏格拉底。因为,当我们目睹像游叙弗伦、希庇阿斯、阿尔喀比亚德或卡利克勒斯这样的角色出于无知和自欺去评价苏格拉底的时候，我们就会远离愚人，而想离苏格拉底更近一些。当我们发觉苏格拉底的对话者的无知时，我们就试图纠正他们的错误言论，去占据一个更有自知之明的位置。当然，正是柏拉图对反讽的运用，使得读者与苏格拉底站在一边，而蔑视他那些愚蠢的同伴。但是，我们可能比对话者们聪明，但我们仍然距离真实很遥远，这一点柏拉图也表明得很清楚。通过对认识距离的戏剧性表现——对苏格拉底与其同伴之间隔阂的突出——柏拉图迫使我们认真地思考距离问题。因此他问读者：你离真实又近了多少？自负和无知在多大程度上阻碍了你自己的观看？

总的来说，在早期对话中，柏拉图用写实性风格来描绘一个像谜一样难以理解的人物。柏拉图因此将认识距离的问题带入了所有的视域中。固然，柏拉图用反讽使读者稍稍接近他的主角，但是柏拉图并没有改变观看苏格拉底的方式，以便帮助我们将他看得更清楚：柏拉图没有尝试调整对人物的描绘以补偿读者的贫乏视角。相反，他对苏格拉底谜一般的描绘是为了迷惑我们，要求我们检省我们自己的认识状况。读者看到了苏格拉底同伴们的愚蠢，而且也正是在这样的认识中，变得比那些人更聪明。但是苏格拉底本身仍然难以被把握，读者已认识到，只有付出大量的心智劳作，他或她才能理解这位哲人，还有他所追求的知识。

二、柏拉图对想象性模仿的运用

在早期对话中，柏拉图运用写实性模仿对苏格拉底及其同伴们进行真实再现（这个惯例的一个例外是《高尔吉亚》中的终末论神话，它通常被放在早期对话末尾，被认为预示着中期对话）。采用这种风格，柏拉图创造了对一个奇异而又高深莫测之人的近距离描绘。当然，这种奇妙的人物形象吁求一种解释，但是柏拉图没有——其实我想是不能——解释运用写实性风格来解释哲人的 *atopia* [古怪]。①柏拉图宁愿在对话中的关键点上，运用想象性模仿模式来完成解释。

在早期对话中，提出善的唯一标准的是苏格拉底自己，但这个标准既不固定又不清楚。我们知道，对话者们比不上苏格拉底，而且他们又远离真实，但其实我们也并不理解真实本身或了解它的本质。事实上，既然苏格拉底——我们的检测标准——都声明他自己远离真实，那么我们就只剩下追问的办法了，但是，又没有地图指示我们是站在何方，我们还需要走多远。在《高尔吉亚》和中期对话中，柏拉图开始画这样一种地图，为真理和谬误、真实和虚假的域界提供地形学指引。不用说，这些文本提供了许多哲学争论（本体论的、宇宙论的、物理学的、心理学的、认识论的），关涉真实的本质以及真实对人类具体生活的远离。然而，并非争论的实际内容使得这些对话具有"想象性"，而是远离写实风格的再现和观点描绘不再限于"在地上"的人类个体的视野之内了。尽管早期对话中的写实性再现只是一种单一的时空型，即城邦空间和生物时间，但柏拉图现在选择让这种写实性时空型紧挨着一个或多个非写实性时空型，从而让他的读者从不同的时间和空间透视来观看素材。在这些文本中，柏拉图操纵着距离，往返穿梭于不同的空间和时间。通过在单个作品中运用多种时空型，柏拉图创造了一种多重类别、多重视角的文本，

① 参见 Nehamas，1998，页 88，他认为在中期对话中，"柏拉图放弃了仅仅如他所见地呈现苏格拉底的企图，而代之以着力解释苏格拉底所构成的那种现象。

用以强调在给定的场景或位置进行的“远距离”观看，并通过使远距离的东西更为清晰和易于理解，来减轻距离所带来的影响。

在研究柏拉图对“想象性模仿”的运用之前，必须首先说明我对这个术语的定义。就像我们看到的那样，《智术师》倾向于认为这种艺术形式次于写实性模仿（尽管文本本身与此评价并不一致）。事实上，虽然从柏拉图哲学的观点出发，想象性模仿可以被用得或好或坏，但它并不是本来就好或本来就坏。作为一种艺术形式或风格，想象性模仿可以如此来界定：通过调整其再现方式（即改变素材的结构、比例、外观），来处理由远距离观看所引起的扭曲图像。在这些调整中，想象性模仿离开了写实性，以便让观众或读者更为清晰地看到物象，这些物象往往由于观众在空间或认识上的距离，难于被看到，或者根本不可能被看到。[①]正是这种对写实性的背离，把想象性模仿造就成了神话这一典型风格。

从柏拉图的视角来看——在道德的基础上来评价艺术品——想象性模仿可以在两种不同的情形中运用。[②]正如陌生人在《智术师》中所说，智术师式的艺术家选择想象性模仿作为利用其听众的无知的一种方法。为了在其艺术品的价值与真实性上欺骗观众，他利用了观众在空间上远离素材，或在认识上远离真实这一实际情况。为了达到这样的目的，智术师式的艺术

① 尽管写实性模仿有时可以描绘距离或一个远景，但其写实风格仍难以改变事物模糊不清或根本看不见的状况。

② 需要强调的是，我在这篇论文中采用柏拉图的观点，是想了解他对想象性模仿的运用。不用说，我们不需要以道德观来评价一件艺术品。如果我们抛弃了这样的观点，那么虽然写实性模仿和想象性模仿的分类依然成立，但“好的”模仿描绘普通（非哲学的）人不能看到的“真实”的意见就不得不放弃。换言之，我们可以说想象性是一种非写实性风格，它给那些还不具备这种想象力的人们，传达了艺术家特有的想象力，艺术家自己的真实。

家必须试图隐藏距离，这种距离支配着观众对素材的接受。因为如果观众意识到，当近距离观看时，这些事物并不是真的像这样，或者是他们自己对主题内容的无知正使图象扭曲，那么，他们可能就会怀疑艺术品的质量。因此，智术师式的艺术家必须利用观众对真实的认识距离。他必须关注这些人都在想些什么，并创造一个文本，使这些人坚信他们现在的看法。因为观众对真实的认识距离被忽视或隐藏了，所以就可能避免观众直面他们自己的无知。距离应该创造一幅变形的图画所不能创造的东西，使事物虽然有这种距离，但仍能被清楚地看到并理解。智术师运用想象性模仿，然后再使自己适应于观众的想法和评价。素材应该依靠其不清楚或不熟悉来引起观众的追问和研究，并由此显出一种似是而非的清楚。

柏拉图对想象性风格的运用完全不同，因为他不是想隐藏由距离所引起的变形，或是让我们确信自己的错误看法。相反，柏拉图的想象性模仿显示了距离，迫使我们面对这样一个事实：*我们没有知识*。在有着想象性特色的对话中，柏拉图调整他的表现方法以处理由于空间、时间、认识上的距离所导致的读者视像的变形。尽管我们有着认识上的缺陷，但他构造了多种多样的视觉辅助来帮助我们看得更清楚。就好像在智术师式的模仿中那样，距离应该创造一幅变形的画面所不能创造的东西，这个图像相对来说较为清晰并易于理解。但是，与智术师不同的是，柏拉图使我们充分意识到，是视学辅助产生了这样的效果。他要我们记住，我们距离真实还很远，这影响着我们的理解。然而就写实性来说，写实模式中近距离的再现是忠实地去模仿难以看清的模糊对象，而想象性模仿则帮助我们去看清楚模糊不清的对象，与此同时，它还揭示出多种多样的距离，正是这些距离使得事物难以把握。

当然，这些解释非常概略，需要放到特定的文本中才好理解。在这篇论文的余下部分，我将研究几段对话，它们可能是柏拉图对话中最明显地远离写实性模仿的，这就是终末论神话。尽管柏拉图所有的神话都以想象性风格的模仿为特点，但终末论神话却为这种风格提供了尤为清晰的例证。不言而喻，文学中的终末论，会包含与写实性文本中的时空结构完全不同的“时间”和“空间”。特别是，终末论是以永恒的或超现世的时间域和神秘、反自然的空间为特点的。终末论的时空型完全不同于现世的时空型，但由于这种终末论真实的存在直接影响到人在现世的幸福，所以它仍通过一定的方式与现世相连。为了阐明这些主张，让我们简要地考查几个终末论，以及它们在各自对话中起作用的方式。我不打算分析这些叙述中行使着的很精确的奖惩机制，或者是它们在多大程度上反映了柏拉图的伦理或宇宙论思想（这些论题人们已有很好把握）。①我宁愿视终末论为一种文学话语，它反映了不同的时间、空间和关于人类存在的认识观——这是一种同时在形式和内容上处理远距离视角的文类。

让我从《高尔吉亚》中的终末论开始，它标志着柏拉图对这一文类的首次尝试。②正如我在其他地方已经论述过的那样，柏拉图在这个文本中模仿着一个特殊文学模本，即欧里庇得斯的悲剧《安提俄珀》(*Antiope*)（这部作品现存残篇）（参见 Nightingale，1995，第二章）。在这部戏中，主角安菲翁（Amphion）和泽苏斯（Zethus）兄弟的价值和信仰，回顾式地得到了出现于剧本末、降

① 参见 Hackforth，1972，页 172－175；Friedlander，1958，页 261－285；Annas，1982；Sedley，1989；Rowe，1993，页 265－289。

② 这篇对话通常被置于柏拉图早期对话的末尾。尽管难以证明，但可以说，这种结尾处的神话标志着对写实性模仿的显然背离，而且由此可以预期更多的详细性描述的神话将出现在中期对话中。

在机械上的赫耳墨斯的审判。尽管泽苏斯在长篇辩论过后，成功地使安菲翁相信战斗生活和政治追求高于音乐和智力培养，但赫耳墨斯却指出，这个结论是不正确的。神为后一种生活辩护，并预示安菲翁的悦耳曲调将保护底比斯（Thebes）。这个机械降神（deus ex machina）有几个原因吸引了柏拉图：首先，它在人的戏剧中引入了神的视角，因而这一情节就提供了两种完全不同的观点；其次，神认为人类的视觉既狭隘又有缺陷。当然，尽管柏拉图没有将神作为他剧本中一个讲话的人物，但他的终末论创造了与《安提俄珀》中的机械降神完全相同的效果。因为柏拉图的叙述描绘了这样一个死后世界，在那里，神审判灵魂的方式与人的审判方式非常不同。从大多数人的观点看，这个暴君非常幸福，无比强大，而哲人只是可笑的愚人，但与之相反，神界的法官却会认为这个暴君邪恶、愚蠢又脆弱，而哲学家则既仁慈又贤明。

让我在此将自己限定在少数几个要考察的方面：首先，柏拉图的终末论是完全反戏剧的，这导致的结果是，构成戏剧主体部分的写实性时空型（如同在其他早期写实性对话中一样），在文本的末尾处戏剧性地被设置在反自然空间和永恒时间中的一个场景打断了。这是一个存在于现世生活之外的时空领域，在这里，人的灵魂追求离开肉体所生活的自然和城邦空间、生物时间。苏格拉底声称，不可救药的罪人将会受苦，因为在那里，灵魂长驻在永恒时间中（ton aei chronon，《高尔吉亚》，525c），而不是生物时间中。①不用说，这种新的时空型提供了一种关于人类生活和行为完全不同的视点。现在，我们被要求从等待着我们的神秘住所

① 如 Annas 所论（1982，页 124），《高尔吉亚》中的灵魂是不朽的，但不能再投胎转世。一但灵魂离开了身体，那么它就居留于“永恒”的时间之中。

的背景中，去观看我们的生活。这种与其他事物混在一起的背景描绘，是一种对距离的表现，一种使我们现在的观点显得是微不足道、以偏概全的远景。这个世界与另一个世界的距离被带到我们眼前，我们能看到并感受到它，这迫使我们根据更高的真实，来重新审视我们现在的观点。

于是，在《高尔吉亚》的结尾处，柏拉图放弃了写实风格的模仿。在文本的写实部分（终末论之前的部分），读者虽然看到了对话者的愚昧无知，但就像在其他早期对话中一样，并不能完全理解苏格拉底和他的生活。在《高尔吉亚》中，苏格拉底的意见和观点固然比在其他早期对话中更为明确，但这并未使他更易为人所理解，相反，他所持的明确观点只能突显其哲学的荒谬性。而且，当卡利克勒斯（Callicles）拒绝继续讨论时（506c 以下），苏格拉底不再自问自答，这一事实是一个令人痛苦的提醒：苏格拉底是如此地孤立于他的同时代人，不被他们理解。[①]但是，鉴于写实性模仿并不比这种现实主义再现带给我们更多的东西，柏拉图选择在《高尔吉亚》中改用想象性模仿，将终末论作为一种"直观辅助"提供给他的读者，帮助他们把哲人及其对话者看得更清楚。从人的视角看来，苏格拉底无力拯救自己或他人，尽管他的行动很贤明，从神的视角来看，他是一个优秀的聪明人。

注意，终末论非常强调人的视觉力与判断力的本性。正如苏格拉底在 523b—524e 中所说，在克罗诺斯时代，人们习惯于在死前被其他活着的人直接评判。属人的法官在一个人还拥有其身体、财富和社会地位时对他进行审查和评价，事实上，被审判的人可以找很多证人为他作证，从而说服临终审判的法官送

---

① 在 509a 中，苏格拉底将卡利克勒斯带回到讨论中，但后者再三说他只是为了"完成辩论"和"满足"苏格拉底而回答问题。

他们去福地而不是去地狱。因而,属人的法官"看到"的人是出现在现世生活中的人,其漂亮的服饰、名声和财富给法官们的印象使他们一贯作出错误的判断(如苏格拉底所说,"两个地方都有坏人去了")。当宙斯占领了宇宙,以神取代了属人的法官,令他们考查死后的灵魂,那时,灵魂已从其身体和尘世的道具中分离开来。不用说,神看到了人看不到的东西。我们读者现在也能够看到这些东西了,因为,我们是从一个神的视角来审视尘世的事了。

通过描述终末论中属人的法官向神圣的法官的转换,柏拉图戏剧性地、主题鲜明地表现了尘世视觉力与宇宙视觉力之间的距离。在这种非尘世的时空型背景中,苏格拉底和他的生活显得更为清晰并易于理解。读者现在可以看到苏格拉底的希腊同伴们所不能看到(或只能看得十分朦胧)的东西。因为我们亲眼目睹了尘世中所不能看到的"真实",而且我们还发现,对真实的无知使我们看到的任何东西,不论其距离远近,都会变形。用写实性风格真实地描绘的被扭曲了的世间景象,现在被终末论这个直观辅助"修正"了。因此读者所面对的文本,既有有限的尘世视像,又有神圣的永恒视像。这种双重视像使我们懂得了苏格拉底和他的生活,明白了他的灵魂是透明而纯洁的,他之所以显得模糊而怪异,乃是观众的愚昧所致。正是这种对写实性的背离,使我提倡"想象性"模仿,因为它可以调校图像,从而让那些又远又模糊的图像变得更清晰易识。

现在,让我转而讨论《斐多》,它正以这个世界和接下来那个世界的时空型为绝对主题。自始至终,这篇对话都在讨论时间、空间和各种视觉。在开篇时,伊奇克拉底(Echecrates)说:"苏格拉底在监狱中喝毒药那天,你和他在一起吗?"当斐多作出肯定答复时,伊奇克拉底问,为什么从审判苏格拉底到执行死刑用了那么长的时间。斐多回答说，这是由于“偶然的巧合”，因为审判之后的一天，雅典人派他们的年度大使（theoria）到得洛斯岛（Delos）去，逆风拖延了船的回航时间，而法律规定，在出使期间是不能公开执行死刑的，所以苏格拉底又在监狱里呆了一段时间（58a—c）。在这简短的开头一段中，对话描绘了几种时间和空间。时间包括苏格拉底死之日的传记性时间、古代雅典刚刚在与伯罗奔尼撒人的战争中败北的历史性时间。空间包括雅典的城邦空间，特别是监禁苏格拉底的监狱，还有那个地区的自然空间，在这里，逆风在历史中起到了关键性作用。于是，戏剧的开始处用写实性风格描绘了在城邦和自然空间、生物和历史时间中发生的真实事件，但是，在这段对话中，真实的场景却处在反自然世界的门槛上，因为苏格拉底正站在离开他的躯体前往死后世界的悬崖边。

同样需要注意的是，柏拉图在这一段中引入了 theoria 这个概念，它的原意是指派出去处理比如节日庆典之类宗教事务的公使，或神使。这位 theoros 是一名“观察”官员，他的任务是视察一个节日或避难所，观察发生在那里的事件或行动。[①]然后要求他回到本城，对他所目睹的一切进行全面真实的描述。Theoria 最通常的形式就是一个神庙的执事。正如纳吉（Nagy）所释：“theoros 这个词的字面意思是‘看见一种景象的人’……因而当阿波罗在特尔斐神庙‘指示’（semnainei）时，在是为一个 theoros、一个请示他的人，给与一个内在的视像。”（Nagy，1990，页164）柏拉图在《斐多》中提及雅典的 theoria 去得洛斯岛，显然是一个历史细节，但是这使得一篇对话呈现出更多的意义，涉及到

① Koller，1957，页 277—288；Rausch，1982，页 22—23；Nagy，1990，页 164—167；这些著作都提供了关于 theoria 有价值的讨论。

肉体和精神的视像，有看得见的，有看不见的，有从大地的低洼处看见的，有从高空中看见的。①苏格拉底实际上就是一个哲学的 theoros，一个智慧的大使，为那些在家里没有看到的人带回神圣世界的视像。

当生物时间在滴答声中溜走，苏格拉底描述了一个此刻即永恒的世界。他的朋友们盯着时钟：克贝（Cebes）提醒他们，在苏格拉底还活着的时候，要坦率地说出自己的看法（107a），克力同（Crito）力劝苏格拉底晚一点喝毒药，因为"太阳高挂在山头还未下落呢"（116e）。但是，苏格拉底看上去像是远离现在，远离具体的生命。通过其他的一些事情，他清楚地阐明了回忆学说，认为在我们人类运用自身的身体感觉之前，我们已经获得了一种抽象的知识或者说绝对的本质。通过指向肉体被赋予之前的存在期，苏格拉底超越生物学时间，进入到一种距离遥远、已被遗忘了的过去中。正像灵魂的过去转入永恒，它的未来也是一样：如苏格拉底所说，"如果灵魂是不朽的，我们就不仅需要在我们称之为活着的那段时间关怀它，而且需要在所有时间关怀它……"（107c）。

既然《斐多》集中于苏格拉底之死、对灵魂不朽的哲学讨论，以及天外境界的存在，那么，柏拉图在该文本末尾转向终末论话语也就不足为奇了。在令人眼花缭乱的叙述中，苏格拉底从描述人死之后其灵魂的命运开始：它被审判、受罚或受奖、再去投胎。既然灵魂不朽，这种循环就没有开始或结束。过去、现在和未来都是一个连续的统一体。如此，终末论的时间是永恒的，空间是"反自然"的。事实上，神话的大部分内容都致力于对这种

---

① 涉及想象和观看——既是身体的又是精神的——的段落非常多（比如 65a－b，65d－66a，66d，8lb，82e，83b，84b，109c－11 la）。

空间的详细描述——“真实的大地”和它“许多绝妙的地方(topoi)”(108c)：

> 大地非常之大，我们居住在弗阿西斯河(Phasis)与赫拉克勒斯柱之间，只占据了很小一块地方，我们居住在海边，就如同蚂蚁和青蛙栖息在池塘边，其他许多民族也居住在这样的地方。因为大地上到处都是形状不同、大小各异的洼地。(109a—c)

这里是从一个超越于人的优越视角来观看人类的世界。从这个远距离的视角看，人就像蚂蚁和青蛙一样弱小。神的视角使得这个平凡世界看上去模糊而奇异。

这种叙述被临驾于“下层”之上的“上层”特权所操纵，所以，地下的复杂网络比起地面或地上来就不那么纯净、美好了。在地下的下等灵魂生前和死后都一样。相比之下，地面上住着上等的灵魂，尽管即便是这里也有着令人眼花缭乱的多样性：

> 据说，首先，从高处向下看大地，它像是由十二块皮革做成的球，斑驳多彩……大地上那些充满了水和空气的洼地也呈现出色彩，在斑驳的其他颜色中闪烁，这样就形成了五颜六色的连续的表面。(110b—d)

因而，这个世界是一个非常复杂多样的系统。即便从高处观看也不能完全看清，因为从这里看的话，大地看上去像一个“连续的面”。有趣的是，苏格拉底在结束他的叙述时指出，有一个“居所比这些还要美，美妙得难以描述，况且现在时间也不允许了”(114c)。苏格拉底结束了他的故事，然后，通过指示更为远离“我们”的区域提醒我们，就算是有神话所提供的视觉辅助，我们也没有看到全部的图像。

终末论记述和描绘了“真实的大地”，但又提醒我们，这个完整的“真实”不能从一个单一的有利位置去观看，尤其是我们现在所占据的位置。正如苏格拉底所说，我们现在的情形是：

> 我们并不认为自己是住在大地的低洼处，而是认为自己住在上面，在大地的表面……因为如果有人能够振翅高飞，飞到空气的顶端，他就能把头伸出空气，看到上面的世界（正如鱼儿在水面翘首，看到我们生活的世界一样）。如果他有能力看到这种景象的话（theôrousa），他将会明白，那才是真正的天空、真正的阳光、真正的大地。（109c—e）

在这里，苏格拉底解释了为什么从我们现在的位置去看，万物看上去都扭曲了。我们自已的世界与大地表面及其之上的区域之间的距离已很清楚。这个叙述提供了一个存在的不同层面与区域的真实地形。事实上，在此地形中所显示的这种空间距离，正阐明了不同灵魂对真实的认识距离，这样一来，后一种距离就显而易见，并易于理解了。

终末论让读者从上面和下面瞥见真实世界，从而面对距离和视角的问题。《高尔吉亚》就是用终末论使那些今世人类只能看得很朦胧的事物变得更清晰一些。《斐多》则更进一步，它启示着距离的准确性——既是本体论的又是认识论的——使人与真实隔离。通过将这种距离突现出来，强调“我们”是住在黑暗的地下，柏拉图指出，我们只有通过哲学才能获得真实的视像。一方面，终末论的想象性模仿帮助我们瞥见了目前还模糊不清或根本看不见的东西，但柏拉图提醒我们，他所提供的直观辅助，至多只能起到部分作用：它让我们瞥见的那一点点真实，只有纯净的头脑才能领会。当然，比起我们在一个写实性文本中可能获得的图像来，我们的确是获得了一个更宽广、更清楚的图像，但这也使我们对真实的认识距离显得更加鲜明了。[①]最终，终末论令它的读者感到不安起来，因为它使我们连看清身边熟悉事物的信心都没有了。

重要的是，对话并没有在终末论的时空型中结束，它最后回到了自然空间和生物时间。因为这个文本接受了用写实性风格来描绘的苏格拉底之死。但是，当将视线转回到这个真实场景时，我们发现看它的时候与以前完全不同了。从前所认为的“真实”——大地上日常生活中所经验到的事与人——现在看来只是一个更大得多的世界的一小部分，真实的本体存在于尘世生活之上。这种新的理解影响了我们对最后场景的反应：当我们看见苏格拉底在黑暗的监狱里中毒身亡，终末论要我们“看到”他还活着，已然了悟，并获得了自由。因此，想象性模仿已经改变了我们对写实性模仿作出反应的方式。矛盾的是，在柏拉图中期对话中，写实性模仿对一个并非完全真实的世界提供了忠实的写实性再现。这种模仿不可或缺，因为我们毕竟生活在这个世界中，而且，我们接近真实的旅程必须从这里开始。但写实性模仿的写实风格却反对提供一个非常片面的真实景象。只有融入想象性模仿中，柏拉图才能描绘一个如他所见的真实。这种模仿非常适合于处理对真实的认识距离，这种认识距离清楚地揭示出了人的处境。因为它既能向读者揭示这种距离，又能修正我们因近视而造成的无知。然而，不同于智术师，柏拉图强

---

① Sedley，1989，页 75－378 讨论了地下人不完美的想象力与天上居民的“根本不同的视点”。

调，要告知读者这种模仿是想象性的，它被用来处理阻碍写实性模仿传达真实的距离问题。

最后，让我们简要地看一下《斐德若》中的终末论，它极其复杂地展现了想象性模仿。不妨想一想描绘哲人和他的美丽情人相遇的那一场（251a－256d），在这里，我们看到这个尘世中的人与他的情人时而接近，时而远离。然而，与此同时，正如我们看到他在自然的、生物的时空型中活动那样，我们也看到了在他灵魂深处正发生着的事。我们看到当这个男人遇见年青的美人时，他欲望的黑马是如何与驾御它的人搏斗的，他每一次都想控制它的抗争。这个故事展现在一个空间中，它不同于自然的、城邦的空间，而是在这个男人的身体里——它名为“精神空间”，因为它的领地在灵魂的深处。而且，既然灵魂不朽，那么它所在的时间就不是生物性的，而是永恒性的。因为场景在男人的外部与内心之间来回变换，于是读者在两个不同的时空型中迅速移换着。但这里更为复杂的是，柏拉图还提供了第三种时空型，即天外境界（hyperouranios topos），或者说，形式领域（the region of Forms）。正如苏格拉底所指出的那样，“这里”没有一位诗人曾经歌颂过那个地方，那是一个“真实存在”（ousia ontos ousa）的地方，“无色、无形、触摸不到……，只有理智见得到它”（247c）。这个地方不同于尘世和精神的时空型，因为其结构是稳定不变的，存在于时间和实际空间之外（尽管精神是非实质是的，但它存在于时间之内，而且总是变动不居）。①

在这里，柏拉图不仅仅是将不同的时空型并置起来（就像他在早期对话中所做的那样），还让它们互相贯通。举一个例子

① 参见 Rutherford，1995，页 258－259 中关于“每天都有死亡的短暂世界”如何与“真正真实和永久的世界”相对照的讨论。

(251a—b)：

> [当他看到那个男孩时，]不久前才参加过秘仪、看到过很多景象的这个人，首先颤栗起来，然后又产生了先前的敬畏，他凝视着[那个男孩]，像敬神一样，如果不怕被认为是一个十足的疯子的话，他会为他的情人焚香祈祝，就如同面对神灵一样。颤栗过后，一种变化在他身上发生了，一种甜蜜而莫名的热。因为美透过他的双眼使他发热，[他灵魂的]羽翼的生长也因此而得到滋养……

在这里，情人的美好身躯映入爱人的眼帘，令他心动，使他颤抖、出汗、发热。起先，我们认为出汗、发热是一种身体感觉，但我们后来又被告知这种热度不知何故滋养了他灵魂的翅膀。身体和灵魂的“空间”难以分离，显然，它们是互相影响的。这意味着，这个所谓害怕被视为十足的疯子的人，只是城邦空间和他居于其中的现在时间在他头脑中的一闪念而已。但我们同样回想起这样一个景象：他的灵魂在“那时”，也就是说，在化为肉身之前，看到了天外的境界。不过，他头脑中对这个景象的记忆，当然是由他眼前所见的美丽而触发的。

在这晦涩难懂的段落中，不同“时间”和不同“空间”都交叉在这个陷入爱情的男人的灵魂歧路中。当真实的、肉体的美丽闯入灵魂之中，引起罪恶、疯狂以至最后的变态时，其作用非常令人震惊。在254b—c中，当黑马拖动战车奔向男孩，灵魂看到“他情人那光彩照人的脸庞”时：

> 他回忆起那美丽的本质，他又看到了它……他不禁肃然起敬，惶恐之中，他失足仰翻在地，缰绳向后一勒，拉得两

匹马都屁股坐地。

这里，美人的身体幻影引得灵魂回想起以前所看见过的真正的美，他现在用精神的眼睛又看见了那种美，并为之陶醉。灵魂的理性部分并不是像反射活动一般控制黑马，立即将它拉回来。理性是"被迫"去拉回缰绳的，就像它在震惊中仰翻在地一样（正如 Ferrari，1985 中所观察到的那样）。似乎天外境界或形式领域（Forms）已经分裂为身体空间和精神空间，瓦解了这些时空型的完整性。严格说来，是灵魂暂时摆脱了肉体，重新进入了天外境界或形式领域。但是，这一段落的修辞让天外境界成了一种强大的存在，笼罩在受到打击的灵魂上。在文学层面上，时空型从定义上讲应该排除精神空间的相互交叉。由于这种交叉，灵魂必须面对许多不同的距离：形式与具体物之间的距离；现在的生物时间与尚未显现的过去之间的距离；他与其情人之间的身体距离；他的灵魂与形式领域之间在认识上的距离。在调和这些距离以接近美的本质的努力中，这个灵魂疯掉了。我们现在比任何时候都更清楚哲人的困境：尽管在尘世中那些无知之人的眼里，他看似失去了智慧（249c－d），其实，他是被真实的光辉闪花了眼睛。曾经一度失去的美，现在又出乎意料地找到了，这种震惊让他癫狂。这就是想象性摹仿最有力之处：通过拼接尘世、精神、非尘世的时空型，来创造一种直观辅助，使我们能够看到哲人及其哲学生活的真实本性。①在这个想象性模式中，柏拉图让一种奇异之物进入我们的视线。当我们看到为爱而发狂的

① 这位哲人不应被等同于苏格拉底：苏格拉底是一个非常独特和特殊的人，而柏拉图中期对话中的这位哲人只是一个普通人。但两者之间仍有联系，因为正是他对苏格拉底之谜的沉思，引导柏拉图在中期对话中对这位哲人进行更为全面的描写。假如柏拉图仍用苏格拉底作为这些对话中的一个角色，那么（转下页）

灵魂长出了翅膀时，我们就开始想象我们自己灵魂的新的可能性——去重新想象自己真实的外形和结构。①

通过运用想象性模仿，柏拉图牺牲了写实性风格的现实主义，描绘了一种看不见的真实。这引导我们去追问，审美上的现实主义真的可能吗，既然真实恰恰并非我们眼前之物。

（王　琴 译）

引用文献

Annas, Julia, 1982, "Plato's Myths of Judgement", *Phronesis* 27: 119－143.

——. 1981, *An Introduction to Plato's Republic*, Oxford, Clarendon Press.

Bakhtin, Mikhail. 1986. *Speech Genres and Other Late Essays*, trans. Vern W. McKee, eds. Caryl Emerson and Michael Holquist. Austin: University of Texas Press.

——. 1981. *The Dialogic Imagination*, trans. Caryl Emerson and Michael Holquist. Austin: University of Texas Press.

Burner, John. 1911. *Plato's Phaedo*, Oxford: Clarendon Press.

Clay, Diskin. 1985. "The Art of Glaukos: Plato's Phaedo 108d4－9", *American Journal of Philology* 106:230－236.

Ferrari, G. R. E 1985. "he Struggle in the Soul", *Ancient Philosophy* 5: 1－10.

Frede, Michael. 1996. "The Literary Form of the Sophist", In Christopher Gill and Mary Margaret McCabe (eds.), *Form and Argument in Late*

（接上页注①）在这些文本中，常常会有一种在苏格拉底的特殊性与普通化的"哲人"之间的张力。我相信这是一种富有成效的张力，一种普通的人与特殊的人之间的对话。

Plato, 135—152. Oxford: Clarendon Press.

Friedllinder, Paul. 1958. *Plato: An Introduction*, trans. Hans Meyerhoff. New York: Harper and Row.

Gill, Christopher. 1993. "Plato on Falsehood—Not Fiction", In Christopher Gill and T. P. Wiseman (eds.), *Lies and Fiction in the Ancient World*, 38—87. Austin: University of Texas Press.

Hackforth, Reginald. 1972. *Plato's Phaedo*, Cambridge: Cambridge University Press.

Holquist, Michael. 1990. *Dialogism: Bakhtin and His World*, London: Routiedge.

Kahn, Charles H. 1996. *Plato and the Socratic Dialogue: The Philosophical Use of a Literary Form*, Cambridge: Cambridge University Press.

Koller, Hermann. 1957. "Theoros und Theoria", *Glotta* 36:273—287.

Laird, Andrew. 1999. *Powers of Expression, Expressions of Power*. Oxford: Oxford University Press.

McCabe, Mary Margaret. 1992. "Myth, Allegory, and Argument in Plato", in Andrew Barker and Martin Warner (eds.) *The Language of the Cave*, 47—67. Edmonton, Alberta: Academic Printing and Publishing.

Morgan, Kathryn. 2000. *Myth and Philosophy from the Presocratics to Plato*, Cambridge: Cambridge University Press.

Morson, Gary Saul. 1994. *Narrative and Freedom: The Shadows of Time*, New Haven: Yale University Press.

Morson, Gary Saul, and Emerson, Caryl. 1990. *Mikhail Bakhtin: Creation of a Prosaics*, Stanford: Stanford University Press.

Nagy, Gregory. 1990. *Pindar's Homer: The Lyric Possession of an Epic Past*, Baltimore: Johns Hopkins University Press.

Nehamas, Alexander. 1998. *The Art of Living*, Berkeley: University of

California Press.

——. 1999. *Virtues of Authenticity: Essays on Plato and Socrates*, Princeton: Princeton University Press.

Nightingale, Andrea Wilson. 2001. "Towards an Ecological Eschatology: Plato and Bakhtin on Other Worlds and Times", In B. Branham (ed.), *Bakhtin and the Classics*, 221－249. Evanston, IL: Northwestern University Press.

——. 1995. *Genres in Dialogue: Plato and the Construct of Philosophy*, Cambridge: Cambridge University Press.

Rausch, Hannelore. 1982. *Theoria: Von ihrer sakralen zur philosophischcn Bedeutung*. Munich: Fink.

Rowe, Christopher J. 1999. "Myth, History, and Dialectic in Plato's Republic and Timaeus－Critias", In Richard Bux－ton (ed.), *From Myth to Reason? Studies in the Development of Greek Thought*, 263－278. Oxford; Oxford University Press.

——. 1993. Plato: *Phaedo*, Cambridge: Cambridge University Press.

Rutherford, Richard B. 1995. *The Art of Plato*: Ten Essays in Platonic Interpretation, London: Duckworth.

Saunders, Trevor J. 1973. "Penology and Eschatology in Plato's *Timaeus* and *Laws*", *Classical Quarterly* 23:232－244.

Sedley, David. 1989. "Teleology and Myth in the *Phaedo*", *Proceedings of the Boston Area Colloquium in Ancient Philosophy* 5:359－383.

Todorov, Tvzetan. 1970. "The Fantastic in Fiction", *Twentieth Century Studies* 3:76－92.

柏拉图与诗的传统

作为神话拟剧的《克力同》

佩恩（Thomas Payne）

在苏格拉底与克力同的一问一答中，《克力同》开场了（《克力同》，43a1－44b6，下引简称《克》）。苏格拉底问克力同，是不是天色尚早，你是如何进来的，然后，又问克力同为什么不一进来就叫醒他。克力同发誓说，要是他处在苏格拉底的位置，才不愿意自己被叫醒呢，而他实在佩服苏格拉底这位将死之人还能睡得那么香甜。苏格拉底提醒克力同说，自己已是半截入土的人了，还抱怨死亡可就太不体面了。一提到死，倒把克力同引入了正题，他得告诉苏格拉底一个沉重而严酷的消息。苏格拉底早料到了，就问是不是那艘去得洛斯岛（Delos）的船已经回来了。克力同说，还没有，但明天就会回来。[①] 苏格拉底不以为然，他相信船要到后天才会回来。答复了苏格拉底后，克力同又问他怎么知道船后天才到。苏格拉底回答说，有一位美丽的白衣女子

---

① ［译按］此处作者似乎有误。文本中克力同说，那艘船“今天”肯定会到，“明天”苏格拉底就会被处死（当局的说法）；但苏格拉底并不同意他，认为船“明天”回来，而他“后天”才会被处死，然后开始讲他的梦。文中他们关于“船到”和“死刑”的时间依次错后一天。

托梦给他，说“第三天你会到达泥土深厚的佛提亚（Phthia）”。①在《伊利亚特》第九卷中，阿基琉斯曾对两使节中的第一个人说过这样的话，白衣女子是第二个为这句话释义的人。当然，苏格拉底可以把梦中的暗示领会为，第三天，他将被流放到佛提亚；但他作了相反的理解，即那消息意味着他就要死了。结果证明他的解释是对的。得此梦后的第三天，苏格拉底喝下毒芹汁，去了“哈德斯（Hades）那可恨的大门”，如阿基琉斯所说；或者说，去了“泥土深厚的佛提亚”，如白衣女子所说，如果苏格拉底对她的理解没错的话。

开场的交谈呈现了三个对比。第一，苏格拉底宁愿被唤醒，而克力同则宁愿酣睡不醒。像不懂哲学的大众一样，克力同也需要哲学虻子的叮咬（《申辩》，31e1－10，下引简称《申》）。第二个对比与第一个紧密相关，即苏格拉底镇定自若面对死，克力同则害怕死。当然可以说，苏格拉底的平静是因为已届高龄，但也归因于其理智的决断，因为他并不知道死究竟是坏事还是好事（《申》，29a4－b1）。第三，关于苏格拉底的死亡时间，克力同的预测与苏格拉底的预测之间的对比。② 克力同的估计基于对狱外事件的了解，而苏格拉底的预见则基于对梦的解释。尽管如此，还是苏格拉底言中了；第三天，他去了哈德斯，而不是被流放。要是苏格拉底对那位女子理解无误，他的预见能力就比克力同好。

然而，那位女子想要把佛提亚作何理解，是死，还是流放？

---

① 《克》44b6。此句重述的是《伊利亚特》第九卷第 363 行。［译按］中译参见罗念生、王焕生译《伊利亚特》（人民文学，2003），页 201。

② 在另外一些例子中可见苏格拉底对死亡的预见能力，参见色诺芬《苏格拉底的申辩》（*Ap. Soc.*），XXX。还有例子表明人们对死亡的愤怒预言，参见《伊利亚特》第 16 卷第 851 行；第 22 卷第 358 行。

她选择荷马的诗句来传达消息，这暗示了，在苏格拉底那里，以及在他将要开始的行程中，有某种类似于阿基琉斯的东西。苏格拉底大限之日的来临，就如同阿基琉斯的返乡，返回佛提亚，这块“亲爱的故邦土地”。[1] 可是，阿基琉斯从未重返佛提亚，而是直奔哈德斯。此外，那位女子的消息也暗示，苏格拉底将在阿基琉斯那不成功的阿基琉斯式谋求中取得成功。这些暗示和推论引出了许多疑问：难道苏格拉底可以与哈德斯相沟通，致使他把另一个世界想象成一片沃土？其优越的预见能力是否与此相关？监狱中的苏格拉底如何与营帐里的阿基琉斯相像？又怎么能说苏格拉底成功而阿基琉斯却失败了呢？最后，如果说，苏格拉底在阿基琉斯的失败处赢得了成功，那么他之优于阿基琉斯处，也在于他同哈德斯的沟通吗？

本文试图揭示，《克力同》在整体上是对《伊利亚特》第九卷的模仿；其中，克力同和苏格拉底反讽地重演并哲学式地修正了原剧中的如下两幕：一，使节们恳求阿基琉斯，要他放弃与阿伽门农争吵，重回战场；二，阿基琉斯傲慢地拒绝恳求。我将沿着这一思路着力解决上述那些疑问。[2] 要论证以上观点，还必须说明，苏格拉底的审判与阿基琉斯同阿伽门农的争吵没什么两样，而且克力同对使节角色的重演，也算是一种尝试，即：促使苏格拉底同他曾与之发生争吵的政治权威和解。此外，要说的是，阿基琉斯拒绝同政治权威和解，而苏格拉底模仿他，抵制了克力

---

① 《伊利亚特》卷九 101 行。[译按] 原引文行数有误，应为 414 行。

② 关于使节，荷马的记述包括三段发言，外加一个引子(卷九，行 205－224)。奥德修斯是第一位发言者，正是他说出了阿伽门农的赠礼(行 225－306)。阿基琉斯回答了奥德修斯(行 307－429)，接下来是福尼克斯(Phoenix)发言(行 430－605)。克力同的重演同样可分为三个部分，即：克力同的劝告，苏格拉底的反驳，以及与法律的对话。

同助其逃跑的提议。然而，对本文中心主题的预期推论，却几乎与初读对话时产生的印象完全相反；因为，克力同力主违背雅典陪审团的判决，而苏格拉底则力主服从。在坚持这些看法以及本文中心主题的同时，本文还将指出，理解这种修正的关键已在开场交谈的三个对比中暗示出来了。对《伊利亚特》卷九的模仿并不是直接的，而是反讽的，并且是在哲学影响之下，经过修正的模仿。这种影响在苏格拉底面对死亡时的镇定自若中得以自证，也在苏格拉底与克力同的交谈中透露出来；而阿基琉斯，《伊利亚特》卷九的主角，却是哈德斯的憎恶者。一端是苏格拉底对死亡的态度，另一端是克力同和阿基琉斯的相反态度，这就构成了一段轴线，在其上，苏格拉底根本改变了阿基琉斯的回答，并获得了成功。为展示这些结论的论证过程，也为了避免试图同时阐释两项工作的危险，本文将以对《克力同》的概要性分析开篇，接着讨论《伊利亚特》卷九的故事背景，以及阿基琉斯自夸要返回佛提亚之意图的特殊意义，最后以分析对荷马故事的模仿与修正作结。

一

苏格拉底说完白衣女子的事儿，克力同便开始劝说。[①] 克力同说道，正在逼近的处决将给他带来双重损失，首先，他克力同将失去一位再也不可能遇见的朋友；其次，他会丢面子，因为大多数不知情的人会认为克力同本可以救自己的朋友，却不愿

① 《克》44b5－46a7。因为模仿是“反向的”，克力同的劝告就对应于福克尼斯的劝告，即荷马关于使节的记述中最后一段发言。在福克尼斯对阿基琉斯的劝说中，提及了希腊人的救援。福尼克斯给他以前的被监护人讲述了杀死野猪的猎人、墨勒阿格(Meleanger，［译按］按希腊文音译则为墨勒阿格罗斯)的故事。墨勒阿格对他的亲属发怒，当他们的城市被攻击时，拒绝给予帮助。这个故事的要点是，墨勒阿格是被迫援助那些他怒火所指的同城之民的，因此，他没有得到任何荣誉。正是这个编造的传说展示了正义以及个人自助不可避免的降临。

意花钱。克力同用以指朋友的词是 ἐπιτήδειος，即有用的朋友，而不是 φίλος，即亲爱的朋友。色诺芬写道，当献媚者恐吓克力同，要在大众中间把他搞臭并令其自担其果时，苏格拉底曾如何帮助过他（色诺芬，《回忆》Ⅱ. ix.）。再者，这次在狱中，苏格拉底为克力同担当了大众意见的顾问，他劝导克力同不必对大众意见耿耿于怀；因为大部分正派人士都清楚这些事是如何操作的。克力同反对如下看法，即倘若有人在大众那里有了坏名声，大众不但会制造极小的麻烦，也会制造极大的灾祸。[①] 苏格拉底的回答则再次否弃了大众意见，他说，如果大众能够造成极大的灾祸倒也算好事，因为这样他们也能造成极大的善行。可惜他们两样都办不到，因为他们没法使一个人变聪明或变愚蠢。苏格拉底缄口不言到底谁能做到。克力同不管苏格拉底的劝阻，继续忙乎他认为更要紧的事情。尽管克力同担心失去好名声，却不担心失去财产，他告诉苏格拉底，不必担忧什么巨额罚金，以为这些被征的罚金会由于献媚者的煽动而成为诬陷他克力同的借口。克力同能对付他们；打败他们乃轻而易举之事。苏格拉底则说，他正在考虑克力同在财产上的可能损失，以及诸如此类的事情。在苏格拉底看来，克力同那些有用的财产似乎比其声誉更要紧。可人们未想到的是，苏格拉底还有别的忧虑；或许这关系到苏格拉底的名誉，正如对话结尾的拟人化法律（Laws）所说，逃跑将有损其名声。[②] 克力同并不理会这些事，只关心苏格

---

① ［译按］从文本看，克力同同意这种看法。参见《克》，44d2－3。

② 《克》，53a8－54d1，尤其 53e3－54b1。《欧绪德谟》也涉及名誉、家庭和金钱，在这个对话中，克力同是苏格拉底的首要对话人。克力同希望花钱把儿子送到智术师兄弟那里。苏格拉底想让克力同付钱让自己进入智术师的行列中来；苏格拉底的目的是，学会如何表现得有智慧却又不会引起妒忌。克力同拒绝了，并提醒苏格拉底，和年轻人一道学习对他是不适宜的。尽管如此，在狱中，苏格拉底由于智慧之名已经沦为妒忌的牺牲品。参见 Leo Strauss，〈论欧绪德谟〉（On the *Euthydemus*），见《解释Ⅰ》（*Interpretation* Ⅰ，No. 1），页 1－20。

拉底提到的花费一事。他告诉苏格拉底，钱不是问题，因为西米阿斯(Simmias)和克贝(Cebes)正在城里等着出钱。说到这儿，克力同转而谈起正义和高贵来了。他指责苏格拉底对自己的孩子不公正，他把他们带到世上来，却放弃了为父的职责，而一个人对城邦的职责，克力同却只字不提。克力同认为，弃子不顾的行为既不光彩，也不道德，而且“缺乏男子气概”(ἀνανδρία，也就是“怯懦”)。甚至，克力同还责怪苏格拉底没能阻止对他的审判，而他不成功的辩护以及拒缴罚金的荒唐之举，都显得没有男子气。克力同所谓的男子气与其正义观如出一辙，即一个男人的首要职责就是保护自己及其所有物。克力同在对男子气职责的吁求中结束了劝说，下面便是苏格拉底的回答。

表面上看，苏格拉底的反驳只顾及正义与高贵，却忽视了对朋友、名誉和财产的维护(《克》，46b1－50a5)。一开始，苏格拉底就说，克力同的热情(προθυμία，热切的 θυμός)若得到适当引导，的确难能可贵，不然的话，就会令人难以忍受。对他自己的平心静气与克力同的激动不安，苏格拉底仔细作了比较，并把自己描述为“这类人，不是首次、而是总能遵循在深思熟虑之下，看来最有利于自己的道理(λόγος)”(《克》，461－6，[译按] 应为 46e1－6)。苏格拉底接受的道理(reasons)，虽为深思熟虑的结果，却并非完全不可改变。尽管苏格拉底并不介意更新或改善他那些古旧道理，可他还是料到了，大众的力量会置他于死地。苏格拉底提醒克力同，之前他们已多次达成一致，即有些意见是值得尊重的，有些则不；他还对克力同说，像他这种行将就木之人，还因为死之将至而改变既有的观念，那就太不像话了。依照他们先前达成的一致，大众意见不值得尊重，而只有好的和有用的意见才值得尊重。这就是明智之见，仅为少数人所有。

克力同再次承认，大众的意见不值得尊重，然后，苏格拉底转以更典型的例子来反驳。关于健康，他说，只有教练的意见才值得听，大众的意见没有价值。因此，任何人而不只是训练中的运动员，都应当听从教练对身体的建议。同样，就正义不正义、高尚不高尚，善与不善来说，也只是某个人的意见有益，大众的意见有害。所以，关于正义、高贵和善，一个人就应当听取这方面专家的意见，要是能找到的话。苏格拉底并没有指明谁是这方面的专家，以及要是找不到专家的话该怎么办。[①] 不听从专家意见，就等于追随大众意见，但论证显示，大众关于正义、高贵和善的意见是有害的。然而，苏格拉底避免明确说出什么是有害的；他把自己限制在这种婉转说辞（circumlocutions）上："正义是有益的，不义是有害的"。[②] 这话可能是说，城邦或者人的灵魂，正是由于看重大众意见而受到了损害。

然而，不关心大众的意见可能会使身体受到伤害，因为大众的正义观就是法律。或许，在对这一点的认识中，苏格拉底直接面对了拟人化法律的最后一部分反驳，开始着力论述这一可能性，即大众的意见，由于它们所具有的权力，尤其是生杀大权，而应当被尊重（《克》，48a10－11）。苏格拉底再次提醒克力同，要注意他们业已达成一致的那些意见，问他是否还坚持如下看法，即重要的不是活着而是活得好。克力同赞成这一点，这就等于承认，大众的力量比不上最伟大者的力量。

接着，苏格拉底把活得好和活得正当看成是一致的，以此来充实活得好这一概念。如果活得好就是活得正当，那么，摆在克力同和苏格拉底面前的唯一问题就是，未经雅典人允许而逃跑

---

① 参见 Leo Strauss，《论柏拉图〈苏格拉底的申辩〉与〈克力同〉》（On Plato's *Apology of Socrates* and *Crito*），见《克莱恩纪念文集》（*Essays in Honor of Jacob Klein*，Annapolis，Md.：St. John's College Press，1976），页 166。

② 《克》，47d3－5。见下注 11，一个相对应的婉转说辞。

是否正当？别的一切均不相干。于是，苏格拉底解释活得正当意味着什么，那就是永不犯错；因此，正当的行为就是决不对任何人作坏事，甚至以恶抗恶也不行。苏格拉底告诉克力同，这个结论因为太不合常规，只有少数人才会接受，以此强调其严重性。在信奉这一观点的少数人与主张以恶抗恶的大众之间，没有商讨的余地，而他们一方若弄明白另一方是怎么想的，必定会互相轻视（《克》，49c10—d3）。前面苏格拉底在讨论聪明的少数人和愚蠢的多数人之间的区别时，并没有激起明显的政治后果，但他明确指出，在以恶抗恶的多数人与不事伤害的少数人之间进行区分，其后果非常严重。如果在少数人和多数人之间没有共商的余地，而宁可互相轻视，那么，他们之间的公民身份，如果不是不可能，那也会很难彼此认同。因此，人们想知道，如果相信伤害或者报复，那么对于通常意义上的公民身份，即作为大众的一员，正当是不是其先决条件？人们也想知道，人类由于知识而导致的区分，是不是同样由不同的正义观而造成的区别一样？

苏格拉底没有明确答复。相反，他告诉克力同，眼下他们必须共同检审的问题变成了：在没有说服城邦的情况下逃跑，“我们[克力同和苏格拉底]是不是伤害了某些人，尤其是那些我们最不应当伤害的人”。他以此来弱化由不事伤害的少数人和以恶抗恶的多数人之间的紧张所引发的严厉的政治暗示。① 这个婉转说辞与前述的那个很相像，当时，苏格拉底谈及大众的正义观所带来的危害等等。这个新的婉转说辞最明显的含义是城邦，但如果正是这个城邦会因为苏格拉底的逃跑而遭到伤害，那么，苏格拉底关于大众力量的立场已大大不同于他在狱中等待死刑判决——这全拜大众所赐——时的立场了。不是大众的权力来

① 《克》49e9—50a3，见上注10。

对苏格拉底作最大的恶，倒是苏格拉底通过躲避大众可能作出的最糟的恶，以其权力来伤害城邦，伤害大众的共同体。

不过，苏格拉底婉转说辞的含义并不必仅仅解作城邦，也可能意指他自己的灵魂，因为毫无疑问，灵魂是某种最不应当被伤害，却总是为正义所助、为不义所害的东西。苏格拉底的婉转说辞也可能意指克力同的财产、名誉或者当他打断克力同为其逃跑而商议筹资时所考虑的任何一件事。此说辞也可能意指苏格拉底自己的名誉，“最正派的人们”会怎么看这件事？他们认识克力同和苏格拉底，他们也会弄明白，吝啬和怯懦并非苏格拉底待在监狱中受死的原因。

苏格拉底和克力同并没有亲自评断逃跑的坏处，而是通过一个发生在苏格拉底与拟人化的“城邦法律和共同体”之间的对话来检审这一点（《克》，50a6－54e2）。当克力同表示他不能理解何以逃跑会给任何人招致伤害时，苏格拉底请他想象一下，法律在他们试图潜逃时止住了他们，并且要他们说清楚：你们打算干什么，想逃跑？可“（这样一来，）你们岂不是存心要摧毁法律，摧毁整个城邦”（《克》，50a8－b6）？依照法律，如果个人可以推翻公众裁决，那么，城邦将遭到摧毁。然后，苏格拉底问克力同，是否能以城邦裁决不公为由来进行反击，克力同发誓说，当然可以。克力同第二次发誓后，就表达了对城邦及其不公正裁决的愤怒，还激动地说，即便他的解决方案意味着会伤害大众，也不会受到大众的伤害。在开篇中，克力同第一次爆出亵渎之辞，这些言辞表明，想到睡觉的愿望会受到阻挠，想到死亡日渐接近，都令他恼怒不已。然而，无论苏格拉底还是法律都并不试图为大众裁决的公正性辩护。如果说，害人之举、即便是回敬伤害，也是不对的，那么事情就变得无关紧要了。相反，法律问苏格拉底，他是不是不同意它们遵守城邦作出的判决。它们要求苏格拉底不要对这一问题感到惊讶，只回答就是了，既然他惯于使用问答法。接下来，法律用一系列引伸的、反诘的问题逼迫苏格拉底，这些问题构成了《克力同》最后部分的主体。法律原初的以及公开的目的是向苏格拉底证明，他已经同意遵守城邦的判决。法律并不试图进一步向苏格拉底或者克力同表明，逃跑将造成什么伤害；它们赞成彼此为求同而争辩，那些论证为讨论苏格拉底与法律之间的关系留足了空间。因此，如果人们假定，回答后一问题也就等于回答它取代了的那一问题，那么也可以合情合理地暂作推测，若越狱潜逃，苏格拉底和克力同就会伤害他们最不应当伤害的人，而且这种伤害还会粗暴地施及法律宣称构建一致同意的那些关系。

与法律对话的那部分可以分成三个主要场景，分段的标志，就是当苏格拉底停下拟人化法律的说辞而直接问克力同时，后者十分短小的答句（这些发生在 51c5—52d7 之间）。在第一场对话中，法律装扮成凌驾于苏格拉底之上的那种父权制权威。法律问苏格拉底，他竭力摧毁它们，是不是因为对有关婚姻和教育的法律不满。法律论争说，正是通过它们，苏格拉底的父亲才能与其母亲结婚，并生下了他。法律还断言，苏格拉底与它们，如同孩子与父母，其关系并不平等。更过分的是，它们还像对待奴隶一样对待苏格拉底，最后还问："难道你认为你对祖国、对法律也能这样做吗？我们要消灭你，你就觉得自己也有权报复，只要可能就消灭法律，消灭祖国吗……？你是聪明人，难道看不出你的祖国比你的父母和祖先更尊贵，更崇高，更神圣，并且天神和有思想的人把她看得很重吗？"①既然祖国是神圣的，法律又说，

① 《克》，51a2—b3。［译按］中译参见水建馥译《古希腊散文选》（人民文学，2000），页 71，略有改动。

“你就必须既要好言宽慰她，又要照她的意思去做。你绝不能退缩，逃跑，放弃你的岗位。不论是在战场，在法庭，或在任何别的地方，你的城邦和祖国命令你做什么，你就应该照办，否则也应该向她讲清楚怎样才是正确的做法。”①

克力同同意法律的话，之后，他们自然就进入了第二场论辩。法律对苏格拉底说，要是你对婚姻法或任何其他法律感到不满的话，你可以选择离开城邦。既然苏格拉底没有去国离乡，法律就可以推定，他比其他雅典人（甚至更多）更喜欢它们，他“在行动而非口头上已经同意顺从我们做一个公民”（《克》，52d4—6。见后注38）。在接下来的争辩中，法律越来越像苏格拉底的代言人，底下的问话进一步证明苏格拉底对法律是满意的，“从理论上讲，你从未离开过城邦，只有一次你去伊斯摩斯，还是作为战士前往的；……你也从来不想去了解别的城邦，而别国的法律也不曾夺得你（苏格拉底）的心”（《克》，52b4—c1）。

在第三场论辩中，法律完完全全成了苏格拉底的代言人，这次，他们把苏格拉底对城邦、家庭和朋友的义务撇开不理，只说他对自己和自己的名誉所应担的责任。有两种选择摆在苏格拉底面前：要么活着被流放；要么赴死哈德斯。照法律说的，有两条流放之路：要么去一个政清人和的地方，如墨伽拉（Megara）或者克里特（Crete）；要么就去无法无天、乱作一团的忒萨利（Thessaly）。随便去哪儿，他那因潜逃而狼藉的名声，都会弄得他再也无法从事哲学。忒萨利的野蛮首领会接纳他，但他们也会嘲笑他及其从雅典逃走的不光彩举动；在这样的氛围中，关于公正和德性的严肃交谈再也不可能成功进行。而在政治清明的城邦

① 《克》51b3—c1。［译按］中译参见水建馥译《古希腊散文选》（人民文学，2000），页71—72，略有改动。

中，一旦知道了苏格拉底因败坏青年而被判刑的事，有教养的父母就不会让自己的孩子接近他；他将被视为法律的敌人。只有在哈德斯的王国里，苏格拉底才可能受到礼遇。唯有死在狱中，苏格拉底才能在哈德斯的法律面前赢得好名声，因为它们是对话中拟人化法律的兄弟，这里的法律会在它们的兄弟面前替苏格拉底说好话。既然，苏格拉底无论如何——就算是流放——离哈德斯的路也不远了，那么，还是带着好名声去最好。这就是最终的结论，对话结束时，克力同被苏格拉底问得哑口无言，一群克瑞本特①淹没了他可能作出的任何回答。

就此结束对《克力同》文本的扼要陈述。无论克力同的劝说，还是苏格拉底的反驳，都同样讨论到了伤害之举和名誉之事。克力同企图避免他自己和他的名声受到损害，即使要以伤害别人为代价。苏格拉底不想伤害任何人，而他所关心的名誉也有些模棱两可。以下的分析将表明，作出害人之举而又不受伤害，并把它作为通达声名的途径，这同样也是《伊利亚特》卷九的主题。

二

有使节前去照会阿基琉斯，目的是要平息他的怒气，满足他愤激的荣誉感，并说服他重返战斗。阿基琉斯的愤怒，是整个《伊利亚特》的主题，它由阿基琉斯与阿伽门农的争吵所引起，这

① ［译按］克瑞本特（Corybantes），为希腊神话中的母神（Cybele，即密发的瑞亚Rhea，宙斯之母，克洛诺斯的姐妹和妻子，Cybele是其别名，即弗吉尼亚的自然女神西布莉之名，两者经常被等同）的随从或者被阉割过的祭司。他们被描述为得到灵感的人，臣服于酒神的狂欢滥饮；在战阵舞、喧叫声、击鼓声等营造的神圣仪式的庆典中，被激发出令人恐怖的力量。

愤怒操纵了整个事件的发展过程，最终导致了阿基琉斯的死。[①]争吵的起因是，阿伽门农夺走了阿基琉斯的荣誉奖品、他心爱的布里塞伊斯（Briseis）。这次成问题的、而且可能是不公正的抢夺，最终让希腊人付出了昂贵代价。抢夺的直接后果是，阿基琉斯撤回了他对阿伽门农的服从，而且，为了报复这一侮辱，他呼唤自己的母亲，请她为了儿子向宙斯说情：只要他阿基琉斯不在战场，就让特洛伊人在战役中获胜。当宙斯准许这一请求时，希腊人果真损失惨重，被迫撤退，合围保护他们的船只。赫克托尔步步进逼，威胁要火焚战船，此时的阿伽门农被部下说服，派奥德修斯和福尼克斯去游说阿基琉斯，说只要他重新投入战斗，国王就立即归还布里塞伊斯，还要给他许多美好的赠礼。可是，阿基琉斯藐视这些礼物，他说，在阿伽门农的营帐里，"胆怯的人和勇敢的人荣誉同等"。[②] 阿基琉斯声称要返回佛提亚，成家立业，在他父亲的房子里安享长久的生命，强于在此面对特洛伊人的进攻。阿基琉斯告诉使节他意欲返乡，这正是白衣女子在苏格拉底梦中示意（paraphrase）的那条路线。

阿基琉斯决意返乡并成婚终老，则必定会被认为与他注定的命运有关，阿基琉斯的命运有两种，要么早死，但会得到美好名声，要么长寿，但生命将暗淡无光。阿基琉斯曾想来特洛伊作战，以躲过廷达罗斯（Tyndarus）的诅咒，这样，他实际选择了第一种命运（《伊》，卷九，行 410－416），但阿伽门农抢走了他的布里塞伊斯，并且对阿基琉斯为希腊人而战的举动不知感激，这些都令

---

① 我这里对《伊利亚特》卷九所展开的解释，基于 Jacob Klein 在《柏拉图的〈伊翁〉》（Plato's *Ion*，Claremont Journal of Public Affairs Ⅱ，No. 1，Spring 1973，页 23－37）一文中对整个《伊利亚特》的情节所作的解释。

② 《伊》，卷九，行 319。［译按］中译参见罗念生，王焕生译《伊利亚特》，前揭，页 200。

阿基琉斯的光荣变得暗淡，但与失去布里塞伊斯相比，这一切更是他恼恨阿伽门农的重要的原因（《伊》，卷九，行363）。

因此，当阿基琉斯打发其母去见宙斯时，他想向希腊人表明，没有他，他们就打不了胜仗，以此维护他的荣誉。赫克托尔对希腊战船的焚烧，最终成就了阿基琉斯对荣誉的渴求，并使其完成了复仇计划。当然，如此这般地使变得晦暗的荣誉再放荣光，将赔上阿基琉斯的整个生命，要是古老预言值得一信的话。因此，藐视阿伽门农的赠礼，并把战船丢弃给赫克托尔，似乎阿基琉斯已放弃长寿而重新选择了荣誉。实际上，阿基琉斯的谋虑和最终选择变得愈加复杂了。当赫克托尔赢得自己的荣誉时，阿基琉斯要重返佛提亚，他打算以此欺瞒自己的命运，不但要在特洛伊获得声名，还要在他父亲的房子里终其天年。如果人们认为，彻底的复仇能最大程度地损害敌人，却使自己或者自己的财产和朋友毫发无伤，这样的话，重返佛提亚，阿基琉斯就不只对阿伽门农，也对其命运彻底地复了仇。

那么，是什么搅乱了阿基琉斯的谋划，把他送到了哈德斯而不是佛提亚？原因在于，当宙斯答应他的请求，在战斗中关照特洛伊人时，阿基琉斯的命运还是未知的。阿基琉斯不知道这一点，因为他不了解自己，不了解自己对名誉和复仇无止境的欲求。正是这种欲望诱使阿基琉斯在使节走后的第二天，同意帕特罗克洛斯的请求，带领米尔弥冬人（Myrmidons）迎击进攻的特洛伊人。据称，作此决定的理由是，这样行动对于挽救阿基琉斯的战船是必须的。① 阿伽门农或者其他希腊人的考虑与此毫无关系。但最终的营救的确使阿伽门农蒙羞。（在从使节走后到派出帕特罗克洛斯期间，阿伽门农在战场上屡建奇功，这必定使阿基琉斯的

① 《伊》，卷16，行49—100，尤其是行80—83。

自尊心深受打击。)而且,阿基琉斯允许帕特罗克洛斯穿上自己的盔甲,尽管他警告帕特罗克洛斯不要同赫克托尔作战,而只是扮作阿基琉斯并模仿他作战时的呐喊来恐吓特洛伊人。阿基琉斯希望通过这一告诫在荣誉和复仇上胜过阿伽门农一筹,他要向所有人表明,独有他的声音和形象才足以抗衡膂力过人的赫克托尔。他也希望挽救帕特罗克洛斯的性命,因为宙斯已下令,只要他阿基琉斯不参加战斗,特洛伊人就是无敌之师。然而,当阿基琉斯的翻版、帕特罗克洛斯为了荣誉而去挑战赫克托尔时,这次行动由于他额外的荣誉心而出了漏子。由于阿基琉斯撤出战斗而变得不可战胜的赫克托尔,出手杀死了帕特罗克洛斯,就让阿基琉斯把那可怕的愤怒从阿伽门农转到了他身上。

为了替死去的朋友报仇,阿基琉斯再次求助他的母亲,央求他说服赫菲斯托斯(Hephaestus),再为他准备一副铠甲,以代替赫克托尔从帕特罗克洛斯身上剥走的那套。忒提斯知道阿基琉斯要重新选择荣誉而不是长寿,就提醒儿子那注定的命运,她说:“孩儿啊,如果你这样说,你的死期将至;你注定的死期也便来临,待赫克托尔一死。”阿基琉斯诅咒自己的愤怒并接受了他的死期,他嚷道:“那就让我立即死吧,既然我未能挽救朋友免遭不幸。……现在我既然不会再返回亲爱的家园,我没能救助帕特罗克洛斯,没能救助许多其他的被神样的赫克托尔杀死的人。……我现在就去找杀死我的朋友的赫克托尔,我随时愿意迎接死亡,只要宙斯和其他的不死神明决定让它实现。……”①第二天,也就是使节走后的第三天,阿基琉斯杀死了赫克托尔。从而,阿基琉斯确信他将光耀万世——他所想的大抵如此,但

① 忒提斯与其子的这段对话是在《伊》卷 18,行 95－116。[译按]中译参见罗念生,王焕生译《伊利亚特》,页 424－425。

是，这并没有给他喜悦的理由。他仍对自己的命运缄口不言。赫克托尔一死，阿基琉斯，这位哈得斯的憎恨者，也命中注定要奔赴哈得斯，而不是佛提亚。与他在卷九的计划相反，为了复仇和荣誉，他付出了最高而非低廉的代价。

根据以上考虑，使节的出现相当于整个事件发生过程的一个重要的居中点，这些事件由阿基琉斯在世最后几天的活动构成。如果阿基琉斯回到了佛提亚，后来的悲剧事件就一个也不会发生；阿基琉斯将取得对阿伽门农、对死亡以及对命运的胜利，但没有悲剧。《克力同》在柏拉图作品中也同样是一个居中点，它记录的事件在苏格拉底的受审——如《申辩》所记——和苏格拉底的死刑——如《斐多》所记——之间。因此，为了证实并详述在有害的《伊利亚特》中悲剧性英雄，与无害的《克力同》中哲学性英雄之间的相似性，有必要开始来讨论苏格拉底拒绝与克力同共谋越狱的这个语境。

三

苏格拉底对阿基琉斯英勇事迹的模仿和修正，像他们的英勇事迹一样，开始于同政治权威的争吵。正如阿基琉斯因为失去布里塞伊斯而公然反抗“人民的国王”阿伽门农一样，苏格拉底因为可能失去哲学，而公开反抗雅典人的权威。苏格拉底在审判中同他的自我意识之间的争吵，可与阿基琉斯同他自己的争吵对照。驳倒了年老和年轻的两名指控者以后，苏格拉底开始解释他如何效力于德尔斐的神。苏格拉底援引一位假设的匿名指控者的指控：苏格拉底，你追求这样的生活道路，如今把自己引入了死亡的险境，你就不觉得羞耻吗？（《申》，28b3－5）苏格拉底轻蔑地答复说，这种考虑无关紧要；一个人务必考虑的仅仅是，自己的行为是公正还是不公正，哪些人是好人，哪些人是坏人。然后，苏格拉底举了阿基琉斯的例子，照苏格拉底所说，阿基琉斯宁冒死的危险，也不愿辱没自己的名声。可以对比的是，苏格拉底完整引用了忒提斯提醒儿子杀死赫克托尔的后果是致命的这番话，但在引用阿基琉斯的话时则作了修改："我虽死到临头，但我已惩罚了那些不义之徒，不必再待在这些空船边受人耻笑，做大地的累赘。"[①]从阿基琉斯的例子中，苏格拉底提炼出了一个适用于他的原则，"一个人无论处于什么岗位，不管他认为这岗位好，还是一位指挥官派给他那个岗位，照我看来，他都必须坚守那个岗位，甘冒危险。他不应考虑生死，只应考虑不要辱没自己。"[②]照苏格拉底所说，遵守这一原则使他成为一名好公民，也使他能够服从安排，坚守在波提代亚（Potidaea）、安菲波利斯（Amphipolis）和德里姆（Delium）的阵地。这一原则也同样引导他继续探讨哲学，即便必须冒死的危险。德尔斐神的神谕命令他探讨哲学，认识自己，也认识其他人；而别的事情，即便是更优秀者指派给他的岗位，即便有雅典人的命令，他也将为探讨哲学而抛弃。可以渎神地假定说，他知道许多人自认为知道却并不知道的事，即：死乃是极大的恶。因此，苏格拉底告诉陪审团，如果他们要释放他，判他无罪，但以他不能再研究哲学为条件，那么他将不会遵从他们，相反，他将只遵从神。这样，苏格拉底在两个地方公然对抗了雅典人，一是他服务于神的请求，二是他从这服务中所学到：人类的智慧，尤其是关于死亡的智慧，是无

---

① 《申》，28d2－5。再强调一下，此句在原始文本中（《伊》卷18，行98－99）为："那就让我立即死吧，既然我未能挽救朋友免遭不幸。"苏格拉底把"朋友"替换成了他所关心的"公正"。［译按］中译参见水建馥译《古希腊散文选》，前揭，页45。

② 《申》，28d6－10。［译按］中译参见同注21。

足轻重或者一钱不值的。①

然而,即使以最危险的方式对抗雅典人,苏格拉底也并非完全不知自保。他告诉陪审员,他对他们的违抗是有益于他们的,而非不公正的违抗,因为他通过效力于德尔斐的神,像牛虻一样叮咬雅典人,劝诫他们关心德性。他把这件事当作公民的职责去做,而不是惯常所认为的为要进入政界才那么做。苏格拉底在政界树敌众多;因而,他那时常保护他免遭伤害的精灵,也命他远离政治生活,以使他回报更有用的服务。对匿名指控者的如此驳斥,开始于对自保的轻视,却结束于对自保的关心,但这种自保是哲学的条件,而非障碍。

即使在因不敬神而被定罪后,苏格拉底也没有停止发牢骚,当他提议以罚金取代其指控者力促的死刑时,还在坚持这些论点。他说,他对城邦的效力功不可没,还因此弄得贫困不堪,就提议由公共会堂负责其一日三餐。他拒绝考虑流放,而许多人正巴望他这么做。他知道流放绝非好事,但并不肯定死亡就是坏事。因此,选择放逐并保持沉默,对他来说是不可能的,因为那有背于神灵。他也不希望被放逐,因为未经检验的流放生活是不值得过的。② 苏格拉底的确说过,他愿意支付罚款,但只是因为破财在他不是坏事,可他并不认为自己活该受罪。由于苏格拉底的提议,陪审团别无选择,也不失尊严地判了他死刑;谴责苏格拉底的人比当初判他有罪的人还要多。

也许,在苏格拉底与雅典人的争吵,同《伊利亚特》卷一中的争吵之间的相似性,很难看清楚,尤其因为苏格拉底对激怒他的东西没有表现出愤怒。两次争吵的共性都是傲慢和轻蔑。无论苏格拉底还是阿基琉斯都挑战政治权威,苏格拉底说,他不会遵

---

① 《申》,28d6－29c1,尤其是29a4－6,b1－7。

② 《申》,37e3－38b5,尤其是38a5－6。

守禁止哲学的命令，他还在雅典人的权威之上建立了一个德尔斐神的权威；而阿基琉斯则要求阿伽门农归还克律塞伊斯(Chryseis)。当阿伽门农抢走布里塞伊斯，以回敬阿基琉斯对他的触犯时，阿基琉斯便公然对抗阿伽门农，他收回自己的服从，并密谋报复；当雅典人谴责苏格拉底的傲慢而给他定罪时，苏格拉底拒绝严肃地提出代替死刑的建议。他们期望他提出以流放代替死刑，这样就可夺走他的哲学，正如夺走布里塞伊斯一样。而且，通过这样的提议，他苏格拉底也将见识陪审团的权威，这就足以剥夺其哲学。可苏格拉底偏偏没有提议免除死刑，就此否认他们的权威。

然而，两次争吵仍有许多重要区别，在措辞上的区别就与对话开场中的对比很相似。最重要的区别反映在苏格拉底明确把自己比作阿基琉斯时，他对荷马文本所做的改动。苏格拉底没有拟定复仇或者以恶抗恶的计划，也没说起过他的愤怒。更重要的是，阿基琉斯自己说的那段话并非是在同阿伽门农争吵时所说，而要更晚一些，即在帕特罗克洛斯死后以及《伊利亚特》卷九的事件中。当阿基琉斯说这些话时，他终于对自己变得“明智”起来了，认识到他的愤慨已成为他所有厄运的起因，准确地说，这厄运就是终必到来的死刑，他也认识到自己计划要完成的复仇、荣誉和长寿也已告失败。在对阿基琉斯的修正与仿效中，苏格拉底颠转地模仿阿基琉斯的言辞。从苏格拉底最后的日子算起，这位德尔斐神的明智之仆就知道其命运，并欣然接受，没有任何聪明的计划以躲避死亡，或者愤慨地加以报复。① 苏格

① 参见色诺芬《苏格拉底的申辩》，Ⅰ－Ⅴ。色诺芬这样开头：“我想值得回忆一下苏格拉底，回忆一下他如何计划自己的辩护，以及如何为自己的生命作结。”几行文字以后，色诺芬的苏格拉底发言道：“但是，凭宙斯发誓，我已经两次试图考虑我的辩护，但我的精灵反对这样做”，很显然，苏格拉底以不做辩护来为自己的生命作结。

拉底出众的预言能力使白衣女子的出现提前了，并在他对那正在逼近的死亡心平气和的接受中再次得到了证明。

审判之后，导致苏格拉底死亡的一系列事件中的第二件，就是他拒绝从狱中逃跑。如上文所记，这次拒绝，就像《伊利亚特》卷九中的拒绝一样，标志着一个决定性时刻：如果苏格拉底逃走，如果他选择拖延生命，他将可能错失在历史上的地位，因为苏格拉底一生最伟大的教训就是他的死。① 苏格拉底通过践行死亡，戏剧化地表达出经过检验的生活之于无哲学的简单生活的优越之处。克力同提议逃跑和越狱，是要修正苏格拉底、选择未经检验的生活。在对克力同的拒绝中，苏格拉底重申了他对德尔斐神的服从胜于对雅典人的权威的服从。

上述分析证实了如下事实，即本文的中心主题——这在开头已经言明——在其推论上困难重重，莫衷一是。通过拒逃，苏格拉底继续他审判之初对雅典人的挑衅，即使他以守法者的身份现身；克力同提议苏格拉底与他曾蔑视的权威和解，却以违法者的身份现身。然而，在完全接受这些自相矛盾的推论之前，他们提出的有关模仿与修改《伊利亚特》卷九的诸多问题必须加以探究。这系列问题之一即与克力同有关。如果把克力同看成雅典人的使节，那么他如何得到这一委任呢？在苏格拉底的死刑中，是什么样的损失威逼着他的当事人？另一些问题涉及苏格拉底对阿基琉斯的模仿。在对和解的拒绝中，如果说阿基琉斯

---

① 参见 Ernest Barker，*Greek Political Theory：Plato and His Predecessors*（《希腊政治理论：柏拉图及其前人》），London：Methuen，1947，页 96。关于苏格拉底之死的证词，参见 Herbert Spielberg 编，*The Socratic Enigma，A Collection of Testimonies through Twenty－Four Centuries*（《苏格拉底之谜：24 个世纪以来的证词集》），Indianapolis，Bobbs－Merrill，1964。亦可参见，Eva Brann，“The Offense of Socrates：A Re－reading of Plato's *Apology*”（《苏格拉底的攻击：重读柏拉图的〈申辩〉》），载于 *Interpretation* Ⅶ，No. 2，1978，页 1。

在复仇和荣誉上进行了完美的谋划，那么苏格拉底也谋划了一些要成就的计划吗？那么这个计划是什么？它的目标是复仇、荣誉或者别的什么结果吗？近距离地检视克力同的劝说和苏格拉底的反驳以后，我们将找到问题的答案。

克力同的劝说，开头和结尾谈的都是名誉，尤其对大众而言，事情看起来究竟如何？看来名誉是克力同最关心的，这符合他的绅士身份，而他似乎不在意可能给自己的家庭、朋友和财富招致的伤害。然而，只是表面上如此。克力同重视名誉，并不是为名誉本身，而是把名誉作为保护私人事务的手段。他担心名誉扫地，那样一个人就难以自保了，因此也很容易成为牺牲品。克力同处于进退两难的境地。不关心大众的意见，他就可能违背大众的裁决，而如果不关心作为保护家庭、朋友和财富之手段的名誉，那又可能置他们于危险之地。还有第三个自相矛盾之处。当克力同说，要是他把钱看得比朋友还重，就太丢脸了，这暗示着，那些谴责苏格拉底的人也会责怪他没能安排苏格拉底逃跑。与克力同一样，大众也同样相信一个人首要的职责是保护自己免遭伤害。关于男子气和公正，他们看法一致。“好男人是成功之士，并能帮助朋友……；正义就是帮助朋友并打击敌人”，[①]或者，如果不伤害敌人，也要避免被敌人伤害，通过从伤害中赢得好名声，而能够照顾好自己。因此，从这个意义上说，克力同被委派来是代表大众的：他是大众正义观的使节。此外，

---

① R. E. Allen，《柏拉图〈克力同〉中的法律与正义》（Law and Justice in Plato's *Crito*），见《会饮：柏拉图论正义之语》（Symposium：Plato on the Language of Justice，*Journal of Philosophy*，LXIX，October 5，1972），页 560。Allen 期望这篇论文的主题是克力同的使命，他写道：“克力同的观点基于一场道德上的革命……按流俗道德标准行动的人，以不敬神的罪名判苏格拉底死刑；另一些人，受制于同样的标准，却极力主张苏格拉底逃跑。”（前引此书，页 566）

他也是大众价值观的使节，他代表了大众对死亡的恐惧，或者，换句话说，他代表了大众把死看作极恶的观点。克力同的三项使命紧密相关。据苏格拉底不仅在《克力同》中，而且在《申辩》和《斐多》中所说，恐惧死亡，热爱财富和荣誉，以及认为正义就是帮助朋友，打击敌人，这一切正是排斥哲学的大众的共同特点。另一方面，智慧的真正热爱者不惧死亡，因为他们不确知死亡是不是最可怕的事，而正义则是，永远不做害人的事。① 另外，在《斐多》中，苏格拉底超越了他在《申辩》中表白的对死亡的无知，他说哲人对欲死和已死所做的练习最多；因此，他们将带着满心的喜悦迎接死亡，而对必将到来的死亡感到生气则意味着，他不是哲人，而是像大众一样，是财富和荣誉的热爱者。②

大众对死亡的畏惧以及对正义的看法，说明他们所热爱的那些东西，金钱、荣誉，不过是过眼云烟，无以支撑生命。要获得这些资财就离不开竞争，而他们不知餍足的享乐也要求他们去防御并报复所有威胁其财产安全的人。大众把他们的愤怒和仇恨，指向那些妨碍他们获得，或者危及他们拥有这些资财的人。因此，拒斥哲学的大众尤其害怕并仇视死亡，因为死亡是将他们洗劫一空的大盗。死亡是最大的损失，而对死亡的仇恨浓缩了大众对他们所珍爱之物终将失丧的怨恨。

另一方面，哲人不惧死亡，而且练习死亡，虽然他们并不像大众所以为的那样练习死亡（《斐》64b10－c1）。充分讨论哲人的死亡练习将超出本文的范围，但可以说，哲人的死亡练习包括两种类型。从形而上学上讲，哲人的死是一次旅行，他们注视从理智而来的思想，为的是从对“每一存在物、独立存在物”的沉思中

---

① 参见《克》，49c10－d3，及前注 24。

② 《斐》，61c8－68c3，尤其 64a4－6 及 68b8－c3。

寻求智慧。[①] 在实践上，哲人的死亡也同身体的事情，同财产和荣誉，以及大众热爱并视为生命价值所在的一切事情了无干系。[②] 只要这些东西有助于或者有碍于他们对智慧的追求，哲人就会自己关心起这些事来。（因此，苏格拉底自己就很关心大众意见，关于正义与不正义他们知道些什么。他也重视自我保护，十分留意精灵的建议。）愤怒的根系与易朽之物纠缠在一起，它无益于对智慧的追求，而且，由于智慧不可能被敌人毁坏，所以不必为保护它而做出复仇的威胁。因此，通过力劝苏格拉底为名誉、家庭和朋友之故而违抗裁决，克力同提议苏格拉底与权威和解，这比大众的裁决更重要。他提议顺从大众的爱恨法则。

大众所爱之物的易朽性，也使得克力同自相矛盾地、并自愿为了名声的缘故，甘冒损失金钱及其他私人财物的风险，这种易朽性使得克力同热衷于追求作为保护私人事务之手段的*名声*。阿基琉斯对死亡那更引人注目的自相矛盾的仇恨，连同他为荣誉而死的意愿，也根源于这种易朽性。人们对其热爱但易朽之物的持有常常与他们对另一些所爱之物的持有相冲突。财富与荣誉的热爱者，无论在战场上，法庭中，还是在领地的家园中，为了得到某些东西，都必须冒险或者放弃另一些东西。卖掉价值小的东西以换取价值大的东西当然很值。这就要求，一个训练有素的男人要对市场行情了如指掌，藉此判断其交易是否有利可图。在劝说的一开始，克力同似乎愿意为了名誉和朋友而付出金钱。而在结束时，他提出了一个判断男子气的标志，即可以为名声而牺牲一切。同样是这种卓越男子气概的准则激励着阿基琉斯。如果基于名誉所能带来的好处而看重名誉本身——很

---

① 《斐》，64c4－69e5，尤其65a9－66a8以及78b4－80c1。

② 《斐》，66b1－67b5，80c2－84b8。

清楚，克力同对名誉的估计就是如此——那么这次交易的好处在哪里？克力同的劝说中，未能清楚表达对这个问题的认识，当他告诉苏格拉底，西米阿斯和克贝愿意为这次逃跑和藏匿出钱。这样，克力同不仅成功地保护了他的名声，还保护了朋友，而他自己却一分钱也不用花，正如阿基琉斯若重返佛提亚，就能轻而易举地完成复仇并赢得荣誉，而且无须以长寿作为牺牲。阿基琉斯和克力同共认的男子气标准假定，最大的男子气或许就是精明算计和出色交易，并得到最好的货物，而同时只需付极低的价或者一个子儿也不出。可是，按苏格拉底在《斐多》中说的，错误的钱币体制背后，是虚假的道德，其中所进行的交易有百害而无一益。① 阿基琉斯和克力同心目中的所谓男子气（ἀνδρεία，或勇气），恰是大众错误勇气的实例。苏格拉底认为，大众所谓的男子气就是不懦弱和不惧怕。因害怕损失家私，他们壮着胆子去冒险；因害怕失掉性命，他们在战场上不屈不挠以求自保。而在苏格拉底看来，真正的实惠是拿所拥有的一切换取智慧。只有这个交易才真正有利可图，因为这是用价值低廉的可朽之物，去换取具有无上价值的不朽之物。只有智慧之人才真有男子气，因为死亡或者别的损失都吓不倒他。

从这一讨论中可得出如下结论，苏格拉底对阿基琉斯的言辞与行动的修正，相当于用真正的勇气替代了愚蠢的勇气，用对智慧的追求取代了为不足道哉的虚荣而引发的争吵。把阿基琉斯的勇气降低为怯懦，以及把克力同安排越狱时省钱的愿望，与阿基琉斯重返佛提亚以维护其荣誉的企图作比较，这似乎并不公平。这种比较似乎忽略了爱名誉与爱财富的差别。他们看来好像忘了，一个面对过早降临的死亡的少年英雄，与一个半截入

---

① 《斐》，68a11－69e1，尤其 69a6－b5。

土的老人，在躲避迫近的死刑时，其间是有区别的。然而，别忘了，阿基琉斯的愤怒和勇气，他对死亡的仇恨以及对荣誉的热爱，所有这一切有着共同的根源，那就是，如荷马所说，他“血气太重(great thymos)”。阿奎那(Aquinas)称血气为易怒的脾性，是灵魂对难以企及的美好事物的回应。它为挫折或丧失所激发，它产生的愤怒，需要冒着身死或其他危险去克服愿望之途中的障碍。愤怒的灵魂，先是拿自己与将要克服的障碍对比，然后与所有别的一切对比，此时，血气也成了骄傲的后盾和荣誉的爱人。当愤怒的灵魂被全新的、征服的欲望所填满时，欲望的原初目标和挫折的原初理由都可弃之不顾。阿基琉斯同阿伽门农因布里塞伊斯而争吵，但后来又不再关心她的归来；他的愤怒先是指向阿伽门农，然后是赫克托尔，再后来是他这愤怒本身——这一切都验证了上述分析。而且，对于把人洗劫一空的死亡的恐惧，以及对最昂贵的名誉的热爱，其关系正如同一枚钱币的正反两面。通过追求其心中的不朽名誉，即通过赢得不可失去的东西，阿基琉斯渴望战胜死亡。阿基琉斯的勇气和愤怒是一种热情，它得面对为获取胜利必须付出的牺牲。这种胜利的最终意义令人怀疑，而且也为阿基琉斯自己所否认。在《奥德赛》卷十一中，阿基琉斯[的魂灵]告诉奥德修斯，他宁可做穷人的奴仆，也不愿做所有魂灵的主人。① 如果奥德修斯信以为真，那么，那些基于对财富的热爱而热爱荣誉的死人，都会宁愿不光彩地去死了。

当阿伽门农通过奥德修斯向阿基琉斯提出抚慰性赠礼时，这位愤怒英雄轻蔑地拒绝了，这透露出阿基琉斯对荣誉这最美好之物也有不满。阿基琉斯不是说，在阿伽门农的营帐里，“胆怯的人和勇敢的人荣誉同等”吗。换句话说，阿伽门农和他的手

---

① 《奥德赛》，卷十一，489—91。

下没有能力判断谁勇敢谁胆怯，因此，他们不是荣誉的来源。当阿基琉斯从阿伽门农那里接受他的荣誉奖品、布里塞伊斯时，他已经勉强承认阿伽门农有判断荣誉的权力。但是，如果阿伽门农是一个“长着狗眼鹿心的醉汉”，那么，被他授以荣誉将变得不名誉。对阿基琉斯来说，对付阿伽门农的最佳态度，应当像苏格拉底接纳大众的正义观一样显得漠不关心。可是，阿基琉斯仍向阿伽门农显示并显露了他重返佛提亚的计划，并把帕特罗克洛斯送上了战场。阿基琉斯荣誉之路，不可避免地要通过他自己与他的竞争对手的比较来完成——无论是阿伽门农，这位阿基琉斯所轻视的男人，还是像荷马那样的男人，他不但歌唱阿基琉斯，也歌唱阿基琉斯的对手。但无论谁是他们意见的来源，一个知识匮乏的人，其意见总是左右摇摆，真伪混杂。虽然这些意见可能是荣誉的来源，而荣誉从不会失去光辉，却又如昙花般易逝。人们的意见无力提供阿基琉斯倾心思慕的不朽名声。

阿基琉斯拒绝阿伽门农为求和解而给予的赠礼，这表明，他对于非哲学性意见的能力权限，还缺少清楚意识。苏格拉底对克力同的拒绝，模仿了阿基琉斯对奥德修斯的回答，且与他对克力同的观察相一致，他察觉到克力同作为大众意见的使节前来此处的使命。苏格拉底的回答，是对克力同的“顶头上司”(Principal)的权威和力量的一次抨击。不但大众对于身体看法实有害于身体，而且他们对正义、尊贵和善的看法，也都像阿伽门农的一样缺乏深度。他们伤害“为正义所助、为不义所毁”的事物。然而，阿伽门农的侮辱或许像他的意见一样不恰当，它驱使阿基琉斯达到自我夸耀的目的，从而谋划着实施报复。不同的是，苏格拉底公开放弃了公正的复仇行动。苏格拉底不是算计着如何最大程度地伤害敌人，保护自己，而是与法律站在一起，考虑如何避免伤害“那些最不应受到伤害的人”。如果苏格拉底不顺从大众意见而死，并试图成就某些事情，也就是说，如果他想要在阿基琉斯失败的地方得到成功，就必须不以逃跑伤害他人。理解苏格拉底对阿基琉斯计划的修正的关键，也是理解苏格拉底所关心的对象，即“为正义所助、为不义所毁之物”的模棱两可之处的关键。为猜透这个谜，有必要检审一下，苏格拉底在讨论他可能伤害的东西时所使用的两个婉转说辞；另外也有必要重新检审一下“看似最优良的思谋的理智”，从而来确定，苏格拉底努力避免伤害的是什么，他这样做又想成就些什么。

那为正义所助却为不义所毁的东西，可以是一个人的灵魂，或者是城邦、大众的共同体。很显然，如果是流放，苏格拉底将因为切断了自己与哲学的对话而伤害自己的灵魂。然而，克力同所代表的大众的正义观，则要求苏格拉底逃走，并且，宁要昏睡的、未经检验的生活，也不要清醒的、经过检验的生活。苏格拉底灵魂的要求，同与大众和解的要求是对立的。可是，指出苏格拉底服从了陪审团的裁决，即大众的意见，并不能解决上述矛盾。苏格拉底不是服从了他们的裁决，而是服从了德尔斐神或者他自己深思熟虑的结论。他轻视大众的正义观，说那不必被尊重。这样，待在狱中受死，苏格拉底以不尊重大众的意见，而冒了伤害他人的危险。这后一类型的伤害有着真正潜在的严重性。大众的正义观是政治制度及其法律的根基，即拟人化的法律所称“祖国、法律和城邦共同体”，在这一名义下，他们禁止提议苏格拉底逃跑。不尊重大众的意见，可能导致对身体、财产和名誉的伤害，尤其是公民名誉，如果大众选择惩罚他们的诽谤者的话。不尊重大众意见，还可能引起对政体的伤害，如果人们事事处处都对大众的意见加以拒绝的话。要是苏格拉底接受了克力同逃跑的提议，苏格拉底被控不虔敬一事和克力同事件，将成为首例因不尊重大众意见而引发的伤害事件。克里提亚和阿尔卡比亚德事件将成为第二例。总而言之，如果苏格拉底跑掉的话，就伤害了自己，但待着不动呢，又因不尊重大众的意见、喜欢哲学胜于法律的命令以及把他的偏爱教给别人，从而冒了伤害他人的危险。必须找到驶过锡拉巨岩(Scylla)和卡律布迪斯漩涡(Charybdis)的方法，因此，有政治家才干的法律出现在监狱中，帮助苏格拉底绘制他的路线图。

法律指控苏格拉底藐视它们父权式的权威，它们的指责非常严厉。作为家长，它们的权威比人们亲生父母的权威更大。法律宣布，苏格拉底不只是一个儿子，还是一名奴隶。法律的神圣性反映在政治活动对智慧的需求上，因为它们要求服从的主张以意见为根据，对任何政治共同体而言这些意见都意义重大，而共同体的法律和习俗是富于智慧的，并且指引其人民正当地生活。这种圣洁标志着政治权威最纯洁的形式，因为"权威最明显的标记就是，那些被要求服从的人对之不假思索的承认：强迫与说服都不需要"。[①] 这样，法律作为家长似乎成了一种精神，为生命带来政治制度，印上公民的烙印，并培育其灵魂。

因此，人们可能会问，苏格拉底的拟人化法律，是否可以简单地等同于通常意义上的法律，尤其是雅典的法律。尽管是专制暴君，但这些拟人化的法律是接受劝说、并能在一定程度上有所改变的，而一个政体的基本建制则并非这样。法律的可说服性与可变性，让人回想起苏格拉底开始反驳时所祈求的、"看似最优良的思谋的理智"之权威。在法律的专制性命令中，苏格拉底没有离开战场或者法庭，这让人们回想起苏格拉底在申辩中证明自己以哲学服务于德尔斐神是正确的时候说的一番话。在

---

① Hannah Arendt，《论暴力》(*On Violence*, New York: Harcourt, Brace and World, 1970)，页 45。

法律炫耀自己可以给所有人类事物以荣誉时，它们也暗示了由雅典的陌生人在《礼法》卷五中给灵魂留出些空间：

> 那么，听着！竖起你们的耳朵听！我们在谈论诸神，谈论备受尊敬的祖先。人的一切所有中，仅次于诸神的最神圣者，也最真实地为他所拥有者，乃是他自己的灵魂。属人的事物往往有两类，较强的部分统治，较弱的部分服从。因此，人们一直宁要至高的荣誉，而不要卑下的服从。所以，我吩咐人们要像荣耀神那样荣耀自己的灵魂，此时，我被给予了下命令的权力（《礼法》，卷五，726e—727a）。

表面上看，法律是以政治共同体的专制权力为由，告诫苏格拉底不要私自潜逃，而更深意义上，法律的告诫则代表哲人灵魂强硬要求，也代表与民众生活方式格格不入的哲学的强硬要求。

在他们对话的第二部分，法律的专制态度有所缓和，其要求不再那么专横，当他们询问苏格拉底及其与雅典的关系时，其反讽性更加显而易见，其细致处也渐渐增多。尽管苏格拉底可能从不曾在“行动上”走出过城邦的边界，他却经常在“言辞上”离开故邦。在《王制》中，他那见识过异邦女神崇拜仪式的“行动上”的学说，被从猪的城邦来到美好城邦的“言辞上”的学说所打断。虽然苏格拉底在“言辞上”还了解其他一些城邦，他却宁愿选择生活在雅典，这个城邦当局的民主广场为苏格拉底的研究思考提供了充足的理论资源以及使用这种资源的自由。因此，法律反对苏格拉底潜逃的第二个论点，其根据就是这一特殊的生活环境，它容许苏格拉底搞哲学达七十年之久。更一般地说，第二个论点说的是，哲学要求自由，而政治要求反讽地弱化哲学生活方式的言外之意。然而，审判之后，这种允许苏格拉底搞哲学的特殊环境已不复存在。(回想一下精灵,苏格拉底的老政治顾问,自他被控告时起已经沉默无言了。)城邦无法再容忍苏格拉底,他对抗城邦以致惹祸上身。如果哲学的生活方式与政治的生活方式要互不相害地共存,那么,在苏格拉底与雅典之间就必须建立一种新关系,以代替他们相互间的偶然关系。这种新关系就是法律第三段论证的主题。

在这段中,法律讨论了苏格拉底在最后的日子里可以做的选择:流放到政清人和之邦,或者野蛮不化之地,或者服从裁决奔赴哈德斯。这三种选择指向哲学的三项政治要求:自由、文明和哲人的良好声誉。在忒萨利会有自由,但有教养的对话者将难以寻觅。克里特提供了文明社会,可那里自由将受到限制。雅典提供的既有自由也有文明,而第三个要求,即公民的好名声,则只有当他服从雅典人的裁决,下进哈德斯,才可能得到。法律提到了哈德斯,以及它们的兄弟,地下世界的法律,这是苏格拉底自从被控告以来,对其死后命运所做的第三重考虑。在其第一重考虑中,苏格拉底谈到,死如同无梦之眠,是一切活动的中止(《申》,40c9—e3)。当第二次考虑这件事时,苏格拉底说,去往哈德斯,将使他能够继续研究哲学,同其他被不义地谴责的人谈论正义,而不可能再受到进一步的谴责(《申》,40e—41c7)。这里描绘的是继续存在于乌托邦世界的哲学图景之一,在那里,法律与政治秩序的约束都已经了无踪影。像这类谈话完全可以大胆放言,再无任何危险之虞。然而,在《克力同》中,苏格拉底提到的哈德斯是政治性的,仍有自己的法律,并且将依照苏格拉底的表现,友善或者不友善地接待他。第三次提到哈德斯时提出了如下的选择,不要哲学而仅延续生命,还是不要政治而继续拥有哲学。因此,我们可以颇为自信地得出结论说,哈德斯的法律对苏格拉底的亲切接待意在表明,在一种新的、友好的舆论氛围中，哲学将超越苏格拉底的死而持续存在。这种崭新气氛是可能建立起来的，因为苏格拉底在“行动上”服从了大众的裁决，看上去他也为哲学赢得了合法名声。虽然苏格拉底回绝了克力同代表大众意见的恳求，但他减轻了那种拒绝包含的丰富暗示，那在法律的协助下，在貌似合法的掩护中作出的回绝。

苏格拉底营造的这种全新氛围，是不事报复的正义的胜利，其荣誉超过了阿基琉斯对赫克托尔的胜利；而且他成就了阿基琉斯所不能成就的对死亡的胜利。通过死，苏格拉底就避免了伤害那些最不应当被伤害的人。他也没有伤害自己，因为他并不认为死是可怕的。死并不能剥夺他寻求智慧的热望，可是，延长的生命却能剥夺它。他既没有伤害城邦也没有伤害城邦的法律，相反，他告诫哲学上的朋友要服从法律，当大众的无能引起不公正事件时，他仅仅求诸于说服教育。事实上，苏格拉底的死不仅避免了伤害，而且产生了有利的结果。通过死，苏格拉底为哲学赢得了一个新的对话者，即“法律和城邦共同体”，这样他就将城邦置于哲学的良好影响之中。比较而言，阿基琉斯要成就正义复仇的努力确实是一个失败。复仇夺去了他所热爱的一切，还把他自己和他的朋友引向毁灭；而且，复仇并没有带来他真正想要的东西，即战胜哈德斯，他最大的敌人，在使节走后的第三天，他把自己带到了哈德斯那令人憎恶的大门口。

总之，苏格拉底对阿基琉斯的竞争性模仿，可以看作是苏格拉底对众多指控的一次胜利。在预测事态和评估自身优势两方面，苏格拉底都表现得比阿基琉斯更高明。苏格拉底的勇气胜过阿基琉斯，因为他的胆量不是出于畏惧，而是出于对弥足珍贵之物的热爱。而且，他的勇气并没有给自己或者他所热爱的人带来不幸。尽管苏格拉底并不仇视死亡，可他战胜死亡的两种方式，并未对非哲人关闭，而这两种方式在阿基琉斯身上却相互排斥。苏格拉底不但活到了老年，而且他至少象阿基琉斯一样闻名于当世。然而，在两位英雄之间的竞赛中，人们在判定苏格拉底完全胜出之前，必须问一问，作此断言的理由是否严重到非要证明其正当性的程度。这同一问题也可以换一种方式表达，即柏拉图为什么选择克力同拜访苏格拉底的故事，并且要模仿《伊利亚特》卷九来记述它。虽然色诺芬尽其最大的努力来证明苏格拉底的虔诚与守法，可在他的书写中没有任何与《克力同》完全一样的东西。苏格拉底对放弃哲学的拒绝，完全可与阿基琉斯相比，而色诺芬记述的苏格拉底的审判中并不包含可与之相较的部分，但它确实表现了苏格拉底的预见，哲学将永世长存，后继有人。[1] 这类临死时对复仇的预言是荷马式英雄的特征，但色诺芬暗示，史诗英雄主义的任何要素，在苏格拉底那里都被降服了，如果它当真存在的话。然而，在《克力同》中，柏拉图不仅为苏格拉底作为守法者和敬神者辩护，也为他堪为后世楷模的英勇行为辩护。在《克力同》以及《申辩》的相应部分中，苏格拉底自比阿基琉斯，这看来是柏拉图以独特方式对待苏格拉底的主要例子。又老又丑的哲人变得年轻俊美，而他的言辞也变成了伟大的行动。最终的戏剧效果很强烈。苏格拉底之死的方式，尤其像柏拉图所记述的，已令后世赞叹不已，甚至于苏格拉底为坚持留在狱中而临时作出的拒绝也深得赞誉。也许可以说，苏格拉底一生最伟大的教训就是他的死，[2]黑格尔认为，这一事件对于世界历史进程具有重要意义。黑格尔对苏格拉底历史地位的理解，与本论文从大众使节克力同与苏格拉底之间的一问一答中逐步展开的解释相一致。按黑格尔所说，苏格拉

---

① 参前注 5，亦可参见《申辩》，37c1－7。

② Ernest Barker，《希腊政治理论：柏拉图及其前人》(*Greek Political Theory: Plato and His Predecessors*, London: Methuen, 1947)，页 96。

底对德尔斐神的效力，象征着人类意识的主观化，并且站在了古老城邦的客观意识的对立面。克里提亚和阿尔卡比亚德把主观化意识暗含的非法因素带进了行动中，苏格拉底则取了不同方向。不管怎样，苏格拉底死后，在他身上成熟的种子，也在雅典人那里扎下了根。这种对思想的客观性的唤醒，将苏格拉底派定为世界精神发展的主要转折点，而将思想的客观性植入政治共同体这一点，又使苏格拉底这个人物卷入了世界历史的旋涡。① 这里对苏格拉底最后日子的记述表明，苏格拉底成功地将客观化意识植入了政治共同体，在其使用的方法中，至少有一种是将诗人的技艺嫁接到哲学中去了。对这类结合的原因，最佳的评鉴就是，把它们与《王制》中的洞穴比喻相关联。洞穴是排斥哲学的大众的领地，他们的意见受制于洞壁上的阴影以及那些对阴影进行解释的人。一旦哲人离开了洞穴，他就别指望返回。像阿基琉斯那样，他宁愿待在人世“做穷人的奴仆，也不愿做所有魂灵的主人”。② 但阿基琉斯必须返回地府，回去统治那些魂灵，因为他在洞外的经历，已经让洞中可见的一切失效了。尽管如此，不可能把所有洞穴居民弄出洞穴，而阳光也不可能照进洞中来。这样，哲人就不得不学习参予政治活动。如果他不能让洞穴人看到阳光，至少也要设法控制对洞壁影像的解释权。苏格拉底的英雄形象，以及这一形象对西方文明的影响，可以说是柏拉图的伟大成就。

（罗晓颖 译）

---

① G. W. F. Hegel,《哲学史》(*Vorlesungen über die Geschichte der Philosophie*, *Werke* XIV, Leipzig: Meiner, 1923)，页 39,91—92,102；《历史哲学》(*Vorlesungen über die Philosophie der Geschichte*, *Werke* IX)，页 279—80。

② 参前注 33。

泛雅典娜节上的荷马与柏拉图

纳吉（Gregory Nagy）

通过研究柏拉图作品对泛雅典娜节的直接或间接指涉，间或辅之其他文献材料和已经确证的铭文学、图像学证据中的种种指涉，我们才找到机会来重构那些可称之为若干时刻的共时片段甚或“快照”的东西，这些时刻按时令节序反复出现，其间，荷马的诗在雅典的泛雅典娜节日上演，而它们的年代至少可以回溯至公元前6世纪。一个有用的立足点就是“托名柏拉图”的《希庇帕库斯》（*Hipparkhos*），[①]我们将看到这样一个故事：它旨在说明雅典的一条法律，这条法律要求，ῥαψῳδόι［诵诗人］在泛雅典娜节上应当按顺序诵演《伊利亚特》和《奥德赛》：

> 希庇帕库斯，……对许多美妙的成就都做了公共示范，以彰显自己的智慧［σοφία］，尤其是，他第一个把荷马的诗［ἔπη］引入［κομίζω］这片土地［＝雅典］，另外，他还迫使那些

① 在古典作家的分类学中，学术性地使用“托名”一语可能会导致误解。举例而言，就此情况重要的是记住，《希庇帕库斯》是柏拉图传统中真正的组成部分，即使柏拉图作为直接原作者的身份已经遭到了质疑。

> 诵诗人[ῥαψῳδόι]在泛雅典娜节上按顺序[ἐφεξῆς]，以接力[ὑπολήψις]的方式来完成[διιέναι]朗诵，正如他们[＝诵诗人]现在的做法。①(“柏拉图”《希庇帕库斯》，228b－c)

我尤其关注跟诵诗相关的两个词：ἐφεξῆς[按顺序]和ὑπολήψις，后者我译为“接力”(relay)。在戏剧化的对话里，ὑπολήψις相对应的动词是ὑπολαμβάνω，表明一个说话人对前一个人的回应：ἔπη ὑπολαμβάνων[他回应说](如《王制》，I 331d 等；参希罗多德《原史》，1.11.5，1.27.4 等)。在亚里士多德《政治学》的Ⅴ130a10 处，ὑπολαμβάνω和 ὑποκρίνομαι[答复，作出回答]相关。② 至于ἐφεξῆς ἄυτα διιέναι[按顺序完成它们(＝荷马的ἔπη、“诗句”)]，我们可以对观柏拉图《蒂迈欧》的 23d3－4/24a1－2 处：πάντα … ἑξῆς διελθεῖν / ἐφεξῆς διιέναι[按顺序完成每一件事/按顺序完成]。③

如果从雅典政治家吕库古斯(Lycurgus)于公元前 330 年发表的演说中抽出一段，来补充《希庇帕库斯》这个段落，我们也许可以推断出：泛雅典娜节上所诵演的荷马的ἔπη[诗句]就是《伊利亚特》和《奥德赛》：

---

① 关于整段全面的疏解，见本人著《荷马问题》(*Homeric Questions*，Austin，1996)，页 80－81。

② 在 Liddell 和 Scott 编著的《希英大词典》(*A Greek－English Lexicon*，Oxford，1940)中，对ὑποκρίνομαι给出的义项之 ii 是“在对话中讲话，从而在戏剧中扮演一个角色”，正如德摩斯忒尼(Demosthenes)的 19.246，其中扮演的角色是以宾格形式出现的：τὴν Ἀντιγόνην Σοφοκλέους … ὑποκέκριται[扮演了索福克勒斯的安提戈涅角色]。

③ 接下来的段落，我认为，在《蒂迈欧》的那些语境中，柏拉图使用了和诵诗有关的比喻。当克里蒂亚转入《克里蒂亚》、把蒂迈欧在《蒂迈欧》中打住的地方接续下去的时候，蒂迈欧提到ἑξῆς λόγος[连续谈论]他们已经达成共识的东西(《克里蒂亚》106b7)。当克里蒂亚实际上已经开始交谈的时候，他使用了δεκήομαι[相继而来，连续而来]一词(106b8)。关于诵诗上的含义，“我在你(他/他们)打住的地方继续下去”，参看我在下文对《伊利亚特》IX 191 的论述。

我希望能向你们引证①荷马、援引[ἐπαινέω]荷马,②因为,荷马已经从你们的祖先那里接受③了某些东西:这让他成为了一个如此重要的诗人,以至于他们还颁布了一条法律,要求在四年一度的泛雅典娜节上诵演[ῥαψῳδέω]荷马的诗句[ἔπη]——只有他的诗,没有别人的。他们[=你们的祖先]用这种方式做示范[ἐπίδειξις]④,为的是让所有希腊人

① 演说家吕库古斯通过"引证"那些古典作家(我意指的"古典"是立足于吕库古斯的共时性视点),展现了政治家的角色。这一点在下文的分析中会得到进一步推进。

② 在吕库古斯《反列奥克拉底》102,为了支撑自己的论证,这位演说家将引证荷马的一段"语录",我们知道,与此相应的语句就是《伊利亚特》卷ⅩⅤ494—499。在我的著作中,我用"援引"一词来译ἐπαινέω,参阅下文的分析。引证荷马"语录"的行为在这里表现得好像是在引证荷马自己。就在这同一篇演说中前一处地方,吕库古斯(《反列奥克拉底》100)曾从欧里庇得斯的《厄里克斯忒修斯》(*Erekhtheus*,残篇 50,Austin)中援引了 55 行诗节。在后面一个地方(《反列奥克拉底》107),吕库古斯又从提尔泰奥斯([译按]Tyrtaeus,公元前 7 世纪斯巴达的哀歌体诗人,以写作战争和爱国诗歌闻名)那里(残篇 10,West)援引了 32 行诗节,吕库古斯还把他"爱国地"看成是一位雅典人(因此也见柏拉图,《法义》Ⅰ629a)。至于雅典人在政治学与诗学方面对提尔泰奥斯及其诗歌的窃取,见本人,《希腊神话学与诗学》(*Greek Mythology and Poetics*, Ithaca, 1992),页272—273。我认为,提尔泰奥斯诗歌中诗句措辞的伊安主义(Ionism)是可以得到解释的,他的诗句遵循的是诵诗流变当中一种发展模式的诗行,见本人,《品达的荷马:抒情诗拥有的史诗背景》(*Pindar's Homer: The Lyric Possession of an Epic Past*, Baltimore, 1990)页 53,434,(另见《荷马问题》,前揭,页 111);也可参阅《品达的荷马》页 23 注 27 关于吕库古斯《反列奥克拉底》106—107 的论述,在此诗行中,演说家提到了斯巴达的一条习惯法,这条法律关涉提尔泰奥斯诗歌的诵演。

③ 这里,我有意将ὑπολαμβάνω译为"接受",根据的是"接受理论"。就诵诗人的词汇而言,正如我们已经在前面"柏拉图"《希庇帕库斯》228b—c 中看到的,ὑπολήψις不仅仅有"接受"的含义,如果是根据接力的方式来接受(在此意义上),还有"连续"的意思。

④ 见ἐπίδειγμα[展示,示范]在柏拉图《希庇帕库斯》228d 中的语境,正如《品达的荷马》,前揭,页 161 中的讨论;另外参阅同书页 217 及其下文对ἀπόδειξις[呈现,示范]的论述。支撑这种"示范"的基本观念是一种诵演模式。

明白,[①]他们对最高贵的成就做出了自觉的选择。[②](吕库古斯《反列奥克拉底》,(*Against Leokrates*)102[③])

根据前面引用的"柏拉图"《希庇帕库斯》篇中的故事,我们看到,雅典有这样一个习俗,在泛雅典娜节上,荷马史诗的诵演保持着某种固定的叙述顺序,每一个诵演的诵诗人从前边那位打住的地方继续下去。古典学家们习惯把这个习俗称为"泛雅典娜节惯例"。[④]《希庇帕库斯》的作者说,这个习俗是由希庇帕库斯——庇西斯劳图斯(Peisistratos)的儿子——在僭主时期发起的。[⑤] 有些人把这个故事视为一个历史事件的反应,并估计时间大概在公元前530年左右。[⑥]

---

① 暗含的意思是,雅典人的"祖先们"在把荷马造就为一位"经典作家"的时候具有的泛希腊化冲动,反映在了吕库古斯的冲动中,这位政治家从诸如荷马、提尔泰奥斯和欧里庇得斯这些"古典作家"那里广泛地"援引"了[他们的作品]。也可参看"普鲁塔克"《十位演说家生平》(*Lives of the Ten Orators*)841以下,其中讲到,吕库古斯主动从埃斯库罗斯、索福克勒斯以及欧里庇得斯的戏剧当中获取东西来创作一部"城邦剧本"(其评述见本人,《诵演的诗歌:荷马及其后人》*Poetry as Performance: Homer and Beyond*, Cambridge, 1996,页174—175,189注6,204)。

② 我推断ἔργα[成就]包含了诗歌的成就:想看到高尚的行为与高尚的诗歌之间相互作用的想法本身,变成了一种赞美这种行为自身的行为。见《品达的荷马》,前揭,页70,219。

③ 关于这一段落的进一步讨论见《品达的荷马》,前揭,页21—24。

④ 参J. A. Davision,《庇西斯劳图斯与荷马》(Peisistratus and Homer),载《美国语文学协会学报》(*Transactions of the American Philological Association*, 86, 1955),页7。见本人,《荷马问题》,前揭,页75,81—82,101。

⑤ [译按]庇西斯劳图斯(公元前600—529年)曾作为山区贫民的领袖,依靠运动,三度成为雅典僭主,在他当政期间,在雅典大面积推行文化革命,是促进雅典政治文化发展的重要人物。他最著名的两个儿子分别是希庇阿斯和希庇帕库斯。

⑥ 见J. A. Davision,《从阿基洛库斯到品达:希腊古风时期文学论文集》(*From Archilochus to Pindar: Papers on Greek Literature of the Archaic Period*, London, 1968),页60;也参H. A. Shapiro,《音乐竞赛:泛雅典娜节上的音乐与诗歌》(Mousikoi Agones: Music and Poetry at the Panathenaia), (转下页)

我本人的分析并没有排除这样的可能性:这个传闻中的事件是一个历史事实——某种程度上,一个像希庇帕库斯那样的重要政治人物,可能已经恰当地改革了泛雅典娜节上的史诗诵演习俗。① 可是,我坚持认为,应该从这个故事当中推断出两个相当基本的史实:(1)《希庇帕库斯》的作者说,在泛雅典娜节上,诵诗人接力诵演荷马史诗的习俗在他自己的有生之年仍然有效,另外,(2)用一则习惯法把那个习俗记述下来,是希庇帕库斯以一个"立法者"的身份来制定的。②

我认为下述也是一个史实:一般意义上的庇西斯劳图斯家族——最著名的是希庇帕库斯的父亲庇西斯劳图斯本人——他们和"立法者"的身份相称,另外,所谓"庇西斯劳图斯修订本"的故事符合一个更大的神话模式,③这些神话是关于那些身为教化英雄的立法者们的,他们在各自的城邦一国家中让荷马史诗

(接上页注⑥)载 J. Neil 主编,《女神与城邦:古代雅典的泛雅典娜节》(*Goddess and Polis: The Panathenaic Festival in Ancient Athens*, Princeton, 1992),页 72—75。也可参见 H. Kotsidu,《古风与古典时代泛雅典娜节的音乐竞赛》(*Die musischen Agone der Panathen¯en in archaischer und klassischer Zeit: Eine historischarch¯ologische Untersuchung*, *Quellen und Forchungen zur antiken Welt* vol. 8. München, 1991),页 41—44。即使泛雅典娜节惯例被看成是来自一个独一无二的历史时刻,而这个时刻和希庇帕库斯的政治动机有关,但一个即定的情况是,泛雅典娜节上诵诗竞赛的制度[建立的时间]早于这样一个理论上的时刻。注意 H. A. Shapiro 的表述,见氏著《希庇帕库斯与诵诗人》(Hipparchos and the Rhapsodes),载 C. Dougherty 和 L. Kurke 主编,《希腊古风时期的文化诗学:祭祀,诵演,政治》(*Culture Poetics in Archaic Greece: Cult, Performance, Politics*, Cambridge, 1993),页 101—103:"诵诗人在泛雅典娜节上的诵演,确实发生在希庇帕库斯引入所谓泛雅典娜节惯例之前"。他采用的证据是,一只有黑色图案,具有泛雅典娜节风格造型的利物浦双耳细颈椭圆土罐上的诵诗画面,画面的年代大约在公元前 540 年(见其图 26 和 27)。

① 参本人,《荷马问题》,前揭,页 74,80—81。

② 关于立法者作为习俗法创立人的神话,见本人《希腊神话学与诗学》,前揭,页 21,71—75,81,102,105 中的论述。

③ [译按] 据说,庇西斯劳图斯最早组织人编修、校订了荷马诗歌的正式文本,后来西方古典学界将此称为"庇西斯劳图斯修订本"。

得以制度化。[①] “庇西斯劳图斯修订本”根据一种不断演进的范式来编制荷马史诗，不过，这里不是我考察有关“庇西斯劳图斯修订本”故事的地方，这个任务我已经在别处着手了。[②] 眼下，我只是要把这个关于泛雅典娜节惯例的故事——上面已经援引过、出自“柏拉图”《希庇帕库斯》228b-c——放入到其他诸如此类对话的更宽泛的语境中，还要放入到下述这种更广阔的历史观中：利用和再利用这些关于立法者的神话是一个不断推进的政治进程。

这个故事的另一个说法解释说，人们推测，在泛雅典娜节上，当时诵诗人接力诵演荷马的那一习俗即泛雅典娜节惯例，是由立法者梭伦(Solon)制定的：[③]

> 他[＝立法者梭伦]写下了一条法律：荷马的作品应该以接力[ὑποβολή]的方式加以诵演[ῥαψῳδέω]，[④]因此，无论前面一个人在什么地方打住，后者都应该从这个地方开始。(迪尤克达斯(Dieuchidas of Megara) FGH 485 F 6，转辑自第欧根尼·拉尔修(Diogenes Laertius)1.57)[⑤]

---

① 广泛的讨论见《荷马问题》，前揭，页71—75，78，103。

② 见《荷马问题》，前揭，页67，70，74，93—96，99—104。

③ [译按] 梭伦(公元前640年—561年以后)，雅典政治家，以建立和改革雅典城邦的民主法律而获名，同时他也是一位诗人，擅长写挽歌和抑扬格诗。

④ 我把ὑποβολή译为“接力”的原因将会在下文的讨论中得到解释。

⑤ 更多关于迪尤克达斯的的论述(FGH 485 F 6)，见 R. Merkelbach，《庇西斯劳图斯编订的荷马诗》(Die pisistratische Redaktion der homerischen Gedichte)，载《莱茵河博物馆》(*Rheinischen Museum*，95，1952)页24—25。迪尤克达斯的时代无法确定，要么是公元前4世纪，要么是公元前2、3世纪(见 T. J. Figueira，《忒奥格尼与麦伽拉社会》，“The Theognidea and Megarian Society”，载 T. J. Figueira 和 Nagy 编，《麦加拉的忒奥格尼：诗与城邦》(*Theognis of Megara: Poetry and the Polis*)，Baltimore，1985，页118，段落9注2的书目；S. West 的《文本的流布》，“The Transmission of the Text”，载 A. Heubeck，S. West 和 J. B. Hainsworth 编，《荷马奥德赛注疏》，*A Commentary on Homer's Odyssey*，Oxford，1988，其中页37注14的书目需要更正)。

据我分析，这种说法重现的是，前6世纪，[立法者]以政治手段再次利用了激发泛雅典娜节惯例的神话。当时的政治视角来自僭主以后的民主雅典时代，因此，凭雅典泛雅典娜节上推行诵演荷马史诗的习俗而获得声望的"立法者"，不再是希庇帕库斯（或庇西斯劳图斯），而是梭伦——雅典民主政治的教化英雄。相同种类的政治思考已经在前面引用的吕库古斯的措词段落中得到明证，其中，据说雅典人的"祖先们"已在可以想象的最好的民主传统中，"通过了一条法律"[νόμον ἔθεντο]。

从某种历时性角度来看，我认为，关于泛雅典娜节惯例，庇西斯劳图斯和梭伦的故事的说法均有历史真实性，某种程度上讲，不同的说法在不同的历史时期均能为泛雅典娜节上荷马诵演制度的推进原因提供某种一致的说明。可以说，并不需像某些人那样去假设，关于这个故事，还有一种或另一种说法更接近真实。①

关于泛雅典娜节惯例，"柏拉图"《希庇帕库斯》228b－c和迪尤克达斯 FGH 485 F 6（转辑自第欧根尼·拉尔修 1.57）中有差别的叙述，对于我用发展模式来处理荷马史诗十分关键。② 这个故事的两种说法均有极大的历史重要性，因为它肯定了荷马的《伊利亚特》和《奥德赛》是一个统一体、一个完整的整体，也肯定了这个统一体与吟诵的顺序相关，有某种制度在《希庇帕库

① 参 J. A. Davision，《从阿基洛库斯到品达：希腊古风时期文学论文集》，前揭，页58－59，另外，见 S. West，《荷马奥德赛注疏》，前揭，页37。

② 尤其牵涉到"柏拉图"《希庇帕库斯》228b－c，我已经在《品达的荷马》（前揭，页23）中说道："即使《伊利亚特》或者《奥德赛》的篇幅最终会影响每一个人在任何一个场合下的诵演，这些作品中不朽的部分仍然可以在社会背景下得到发展，在此背景下，诵演的顺序、从而叙述的顺序，能够在泛雅典娜节的场合中得到控制"。见本人《荷马问题》，前揭，页80－85。

斯》作者的时代依然流行。① 正像我们看到的,实际上,有关顺序的想法是由副词 ἐφεξῆς [按顺序]标明的,就像"柏拉图"《希庇帕库斯》228c 中[的用语一样]。根据这些叙述的逻辑,荷马作品(composition)的统一体乃是诵演期间吟诵顺序的某种结果。②

我们很容易做出这样的假设,只有当诵演的诵诗人有书面"稿本"以至于他们能够记住的时候,泛雅典娜节惯例才会成为某种事实。当然,我没有排除下述这种可能性:甚至早在公元前六世纪("阶段 3"),诵诗人已经拥有了诵演荷马的抄本。③ 但是,关键在于,我反对这种假定,即诵诗传统需要这样一种文本。假设在泛雅典娜节上诵演的诵诗人需要一个荷马史诗的文本,那么,那这种假设就轻视了我刚才描述的诵诗顺序的现象。

诵诗的顺序与另一个现象有关,即"接力记忆"(relay mnemonics)。这个现象已经在荷马史诗当中得到证明,另外,我打算在此分析两个证据。基于这些事例,我希望展现,从某种历时性角度来看,接力记忆是一种联系荷马传统和诵诗传统的原则。

《伊利亚特》在这样的场景里程式化地再现了接力记忆,这个场景显示,阿基里斯在《伊利亚特》IX 189 处诵演英雄史诗之

---

① 我赞同 Boyd 在其文章《伊翁站在何处,伊翁演唱什么》(Where Ion Stood, What Ion Sang),载《哈佛古典语文学研究》(*Harvard Studies in classical Philology*, 96,1994)页 115 中的观点,他认为:"托名柏拉图的人和第欧根尼·拉尔修[迪尤克达斯 FGH 485 F 6]都不认为有一个文本需要按次序朗诵,而只要诵诗人按次序朗诵"。但是我并不同意他的进一步论证,他认为诵诗人诵演的内容并不一定得按次序。另外,我也不赞同他论证,说对第欧根尼·拉尔修 1.57 中提到的术语ὑποβολή的理解根据的是某种"线索",判断这种线索的信号仅仅来自于一位诵诗人从另一位的诵演那里接过的轮次。我将在下文加以论述,hupobolê 不仅包括内容,也包括形式。

② 见本人《荷马问题》,前揭,页 81。

③ 见《诵演的诗歌》,前揭,页 111;另见《荷马问题》,前揭,页 68—70。

歌、κλέα ἀνδρῶν [人的荣耀],同时帕特洛克罗斯(patroklos)正等着自己的轮次,为的是在阿基里斯打住(动词 λήγω [打住])的地方准确地接上那首歌:

> 于是,他们[使团的成员]发现他[阿基里斯]正用一架声音清亮的竖琴愉悦自己的心神,此琴美观且做工精致,另外,还镶了一个银色的琴马。此物为他获自于自己摧毁厄提安(Eetion)城的掠夺物。现在,他用此琴来愉悦自己的心神,并歌唱着人的荣耀[κλέα ἀνδρῶν]。① 帕特洛克罗斯则茕茕地坐在那里面对着他,悄无声息,等待着阿基里斯歌唱停下的任一时刻。(《伊利亚特》,Ⅸ184—191)

对此文本,我曾提供过如下一段分析:

> 在阿基里斯单独歌唱 κλέα ἀνδρῶν [人的荣耀]的时候,那些英雄的荣耀只可能让帕特洛克罗斯听到。一旦阿基里斯打住,帕特洛克罗斯便开始歌唱,无论如何,这个连续体(continuum),也就是 κλέα ἀνδρῶν——荷马的传统本身——能够持续长久并变得生动。这便是帕特洛克罗斯等待的时

① 就κλέος(复数κλέα)的这个含义——歌唱赋予的英雄荣耀,见本人,《希腊语与印度语格律的比较研究》(Comparative Studies in Greek and Indic Meter),载《哈佛比较文学研究》(*Harvard Studies in Comparative Literature*, Cambridge, MA, 33),尤其见页 244—252。我认为,Olson 在其著作《血与铁:荷马"奥德赛"中的故事和讲故事》(*Blood and Iron: Stories and Storytelling in Homer's Odyssey*, Leiden, 1995)页 224—227 当中的反证并不成功,正如我在"Distortion diachronique dans l'art homérique: quelques précisions"中所论证的(载 C. Darbo—Peschanski 编, *Constructions du temps dans le monde ancien*, Paris, 2000;也见本人即将出版的《荷马的回应》, *Homeric Responses*)。我注明这点是为了说明 Olson 的方法缺乏历时性角度。

> 刻,“他拥有了祖先的 κλέα [荣耀]”。在荷马对帕特洛克罗斯的描绘中,帕特洛克罗斯正在等着自己歌唱的轮次,由此,我们便以简略的形式体会到了关于诵诗顺序的艺术。①

根据这段论证,从某种发展的观点来看,荷马的诗学已然是一个诵诗学问题。在宽泛的意义上清楚地理解,“发展”包含着历史与历时的分析,我已经谈到了处理荷马史诗的一种“发展模式”。这一模式的一套亚模式是我针对六音步长短格这种诗的形式媒介之发展作出的论证,②另一套亚模式则是针对诵诗人这一中介的发展作出的论证:

> 根据我所处理的荷马史诗的发展模式,诵诗人[ῥαψῳδός]的身份正是某种推进手段的体现,这种手段在时间的流程中,不断把越来越多的限制加到寓于诵演的改编过程中。诵诗人的续演把一位遥远过去的荷马和历史阶段“当下”的荷马诵演联系到一起——正如从柏拉图《伊翁》的叙述中推

---

① 见《诵演的诗歌》,前揭,页 72—73。也参 Ford,《荷马:往昔之诗》(*Homer: The Poetry of the Past*, Ithaca, 1992),页 115 注 31,Ford 在叙述的这个地方注意到了λήγω[打住]的使用,在这个地方,德莫多科斯打住了他关于特洛伊的叙述(《奥德赛》viii 87);Ford 认为,这个词“是技术性的表述,它被诵诗人用来终止一段诵演或者当中的一个部分”。与此相应,Ford 引用了《荷马的狄俄尼索斯颂歌》(*Homeric Hymn to Dionysus*)17—18,荷西俄德《残篇》305.4 MW,以及《神谱》48。他也引用了第欧根尼·拉尔修 1.57[迪尤克达斯 FGH 485 F 6],我在前文已经引用了它,另外,出自《伊利亚特》(Ⅸ 191)的这行诗现在仍然存有争议。关于这行诗,他参考了 Dunkel 的分析,见 Dunkel,《战斗的言辞:阿克曼的少女颂歌竞赛 63》(“Fighting Word: Alcman *Partheneion* 63 *makhontai*”),载《印欧语言研究学刊》(*Journal of Indo-European Studies*, 7, 179)页 268—269(λήγω被“用于诗歌竞赛”)。

② 见《品达的荷马》,前揭,明确援用术语“推进/发展”的地方见页 11,18,21,23—24,53—54,56—58,82,191,196—198,360,415。

断出来的——是一种历时的事实。只有任何想要获得对诵诗人共时定义的企图才能歪曲这个事实，这意味着某种对荷马理想化定义的破灭。①

到目前为止，我主张，就像两个有关荷马的例子中头一个所表现出来的那样，接力记忆的原则维持了诵诗顺序的动力：每位诵诗人等着自己的轮次，在前面那位打住的地方继续叙述下去。眼下我则主张，接力记忆不仅包括诵诗顺序，还包括诵诗竞赛，另外，诵诗接力的机制本质上就具有竞赛性质。竞赛的因素在第一个有关荷马的例子中仅仅是含混的，这点我们已经看到了，在第二个例子中却是显白的，这点我们即将会看到。这一因素勾勒出了两个文段中ὑποβλήδην［打断］和ὑποβάλλω［插话］这些词的特点，根据这些词，我将两个文段与另外一个文段联系起来。我提出的意见是：对于我们而言，这些词的含义在荷马史诗中的证据中并不明了，却反映出了诵诗人的专业语言。

在转向第二个荷马史诗的例子前，让我们来回顾迪尤克达斯(Dieuchidas of Megara)(FGH 485 F 6 转辑自第欧根尼·拉尔修1.57)关于泛雅典娜节惯例的叙述，［其中提到］泛雅典娜节惯例要求荷马的诗“以接力［ex ὑποΒολεής］的方式诵演［ῥαψῳδέω］，因此，无论第一个人在什么地方打住，下一个人都应该从那个地方开始”。我把ὑποΒολεή 译为“接力”，和《希英大词典》词典中的释义有所不同，词典里给出的是“提白”或“暗示”。② 这些翻译是基于这样的语境，正如普鲁塔克《治国箴言》(*Precepts of Statecraft*)的 814f 处，其中剧场的表演者被描述为 τοῦ… ὑποΒολέως ἀκού-

---

① 见《荷马问题》，前揭，页 82。

② 见 Liddell 和 Scott，《希英大词典》，前揭，页 1876 词条“ὑποβολή”Ⅰ3，其中论述了这段话(参照页 1875 词条“ὑποβάλλω”Ⅲ；也见页 1876 词条“ὑποβλήδην”，以及页 1887 词条“ὑπολήπσις”)。

οντας“听着ὑποΒολέυς [接力]”。当然,实际上在这里,ὑποΒολέυς等同于戏剧术语中的“提白员”(prompter),但我主张,在诵诗的术语里,ὑποΒολέυς更为根本的作用相当于接力原则中的延续者、维护者,这类人让此顺序从一位表演者“诗行”结束的地方和另一位表演者“诗行”开始的地方继续下去。

把诵诗术语ὑποΒολεή译为“接力”的翻译吻合了荷马对ὑποβάλλω和ὑποβλήδην的用法。让我们从《伊利亚特》的一段文字入手来表明ὑποβάλλω一词的特点:

> 聆听着某位正站着的人[演说]是一件妙事,而ὑποβάλλειν [接上]他却不合适,因为那样做很难,即便是专家。(《伊利亚特》XIX 79—80)

在这里,尽管阿伽门农是向战队公开演说,却仍然是在一个座位上(诗行77),他说到,聆听一位处于站立位置的人演说是一件妙事,然而,即使是一位优秀的演说家也难以ὑποβάλλειν [接上]他(ὑΒΒάλλειν,诗行80)。阿基里斯刚好在诗行56—73处向队伍进行了演说,另外,诗行55处表明,他正是站着的。

因为特别参考了这段文字,《希英大词典》对ὑποβάλλω的释义(见页1875该词条)是“暗示,低语”,正如一位提白员做的那样;基于这样的释义,这本词典遵循了《伊利亚特》XIX 80的B本注解的提议,在这里将ὑποβάλλω解释为“打断”。因此,一位笺注家对《伊利亚特》XIX 79—80作了如下解释:“聆听某位站起来的人〈如阿基里斯那样,那位你们正称颂的人;而我,因为伤,无法站起来〉是件妙事”。① 这位笺注家接受了把复合动词

---

① 见M. W. Edwards,《伊利亚特注疏》(*The Iliad: Commentary*. Volume V: Books 17—20,Cambridge,1991)页244。

ὑποβάλλω作为“打断”的解释，并继续说，“此外，唯一一次以“打断”的意思来使用这个复合词的是罕见用语ὑποΒλήδην，位于《伊利亚特》Ⅰ 292 处，其中，阿基里斯在最后的口角中粗暴地打断了阿伽门农。[①] 另一位笺注家则把《伊利亚特》Ⅰ 292 处的ὑποΒλήδην 译为“打断地”。[②]

我赞同这两位笺注家对那两段《伊利亚特》文字的大体解释，至少就他们解读的那两段文字较窄范围的含义而言是这样，但是，我不同意他们把ὑποβλήδην/ὑποβάλλειν 作为“打断地”/“打断”这样的特定解释。这里我且援引马丁(Richard Matin)的著作，它论述了荷马的“引语”——来自英雄的言辞——当诵演方面的内容。[③] 正如马丁详细说明的那样，阿基里斯和阿伽门农以及其他史诗人物的言辞不仅被史诗诵演所“引用”，这些言辞本身也成为了史诗诵演的组成部份，阿基里斯和阿伽门等这演说者由此以他们自己的方式成为了史诗诵演者。[④]

在《伊利亚特》Ⅰ 292，阿基里斯投入了和阿伽门农的口角中，但是，他并未多用“打断”，而是在其对手打住的地方准确地拾起思路，并且在此过程中胜过对手。《伊利亚特》ⅩⅨ 80 处，阿伽门农在同阿基里斯的口角中败下阵来，用自己的伤作为托词——我不能站起来，因此，我无法依靠在阿基里斯打住的地方

① 见 M. W. Edwards，《伊利亚特注疏》(*The Iliad*: *Commentary*. Volume Ⅴ: Books 17－20，Cambridge，1991)页 30。

② 参 G. S. Kirk，《伊利亚特注疏》(*The Iliad*: *Commentary*. Volume Ⅰ: Books 1－4，Cambridge，1985)页 82。

③ 参 Richard Matin，《英雄的语言：〈伊利亚特〉中的言辞与诵演》(*The Language of Heroes*: *Speech and Performance in the Iliad*，Ithaca，1989)。

④ 参 Richard Matin，《英雄的语言：〈伊利亚特〉中的言辞与诵演》，前揭，页 117，其中涉及到阿伽门农在《伊利亚特》ⅩⅨ 78－144 行戏剧性的言辞。注意 Matin 在 220 页的表述：“以言取胜——这是伊利亚特中每一位诵演者的目标”。

拾起思路来进行竞争,因此,我不能胜过他(另外,也许我甚至不再有兴致打算这样做)。[①] 成功的诵演者一直站着,不成功的诵演者则没有站起来接着自己的轮次竞争,而是一坐到底。不成功的诵演者仍然会演说,但他的演说不带有任何竞争。我们能够更深入地探究阿伽门农难以控制阿基里斯的含义,不仅是将后者作为英雄,还将他作为诵演者——并由此保存史诗诵演传统的永恒性,这种传统让他荣耀,给他 κλέος [荣耀],这一传统就是荣耀。这里最要紧的问题仅仅是阿基里斯和阿伽门农之间作为诵演者的竞争,这种竞争发生在某种叙述连续体的背景当中。旧话重提,接力记忆的原则就在于,在维持某个完整连续体的过程当中去竞争。

这个原则在柏拉图的《伊翁》(*Ion*)里体现得很明显。这篇对话以一位来自以弗所(Ephesus)的诵诗人命名,他来到雅典是为了在泛雅典娜节上争得头奖(καὶ τὰ Παναθήναια νικήσομεν《伊翁》530b2)。柏拉图的措词很明显:诵诗人们在泛雅典娜节上诵演荷马的时节,事实上正是诵诗人之间的一场竞争或者竞赛,一场 ἀγών [竞赛](《伊翁》530a5 处为 ἀγῶνα,530a 8 处用的是 ἠγωνίξου [竞赛]和 ἠγωνίσω [竞赛]),另外,ῥαψῳδός [诵诗人]的竞赛技艺又受到了一般类型的 μουσική [音乐/诗歌](530a 7 处为 μουσικῆς)的影响。同样,伊索克拉底(Isocrate)《颂文》(*Panegyricus*)a159 处的措词明确指出:荷马史诗的诵演发生在"μουσική 的竞赛当中"[ἐν τοῖς

---

① 关于阿基里斯以诵演击败阿伽门农,见 Matin,《英雄的语言:〈伊利亚特〉中的言辞与诵演》,前揭,页 63,69—70,98,113,117,119,133,202,219,223,228。尤其 141 页论述了《伊利亚特》ⅩⅩⅢ 657、706、752、801、830 当中阿基里斯站起来讲了五次。另参 116 页:"并没有承诺 κλέος [荣耀]……,不完美的诵讲者[就是阿伽门农]一定会握有这唯一的物质回报"。也参 198 页:"[阿基里斯]将会继续挫败阿伽门农,象征性地说,阿基里斯是在口头层面上最好的诵演者"(页 223)。

μουσικοῖς ἄθλοις]。[①]

基于这样的事实——诵诗人诵演荷马的泛雅典娜节比赛是立足于古代源头来安排的,根据的是某种 ἀγών 或 ἄθλον,两个词均意味者"竞争"或"竞赛"——我们才能够看到,泛雅典娜惯例真正存在着两个方面:诵诗人们不仅一定要像他们在《伊利亚特》和《奥德赛》当中那样,按顺序轮流诵演,还一定要在此过程中同他人竞赛。[②]

诵诗人伊翁不仅是在大场合诵演荷马,就像发生在泛雅典娜节日上的竞赛,他也在不那么正式的场合诵演荷马,比如宴会上,但在柏拉图的对话《伊翁》里,竞赛性质的遭遇被戏剧化了,在这里我们看到,诵诗人诵演荷马《伊利亚特》和《奥德赛》的选段,受到了苏格拉底的质疑。

然而,"选段"一词有所误导。它暗含某种纯文本上的考虑——看起来,伊翁不得不做的所有事情就是"引用"某些段落,这些段落他曾经读过且碰巧记得。甚至,"引用"一词也会有误导,因为它可能暗示:说出来的话是已经写好的。我的论述一直只是在狭义上使用"引用"一词,这意味者,说出来的话是已经讲过的。为了标明这种语义上的限制,我会始终只在引述中使用"引用"一词,以便强调本人不牵涉任何文本上的含义。在诵诗人的技艺里,"引用"不是从某个文本中、语境中"得来"的。"得到"诵诗的讲辞需要连贯性的记忆法。[③] 诵诗人能够做的就是从《伊利亚特》和《奥德赛》的任何地方开始,而且,一旦开始,就继续下去。

① 见《诵演的诗歌》,前揭,页 111 注 24。

② 我第一次面对诵诗表演的这个方面是在《品达的荷马》,前揭,页 23—24 注 28。

③ 我在这里使用的"得到"是在 ἔνθεν ἑλών [从这个地方得到]的意义上,ἔνθεν ἑλών 出自《奥德赛》VIII500,其中涉及到当德莫多科斯演唱特洛伊木马故事的时候他偏离自己叙述的地方。叙述在叙述当中开始。

当伊翁叙述涅斯托(Nestor)在帕特洛克罗斯葬礼活动的场合上对安提洛库斯(Antilokhos)的建议,受到了苏格拉底质疑的时候(《伊翁》,537a5—7),这位诵诗人立即投入到了我们所知晓的文献之中——以我们自己目前共时性的学术方法——即《伊利亚特》卷XXⅢ诗行335及其下文之中。完全值得惊奇的就是诵诗人准确地知道从哪开始。一开始,他便投入到情节当中。不仅如此,诵诗人实际上有能力以一种开放自由的方式一直讲述下去,继续下去,直到某些原因——内在的或外在的——让他停下来。先前,苏格拉底承认这点,而后,在伊翁的讲述还未走得太远之前,他让伊翁刹住了车,并向这位诵诗人喊道:ἀρκεῖ[够了](537c1)。[①] 虽然这位诵诗人并未讲太长,还没到我们所知道的《伊利亚特》卷XXⅢ诗行340,但是,这点已经表明,伊翁已经证明自己是一个专业诵诗人,并拥有"接力记忆"的非凡能力。

在轮到自己的时候,苏格拉底会说服别人赞同自己。柏拉图的叙述流程将给苏格拉底提供这样的论证,他需要这些论证用来暗中破坏伊翁对诵诗人技艺或 τέχνη 的捍卫。伊翁已经诵演了荷马史诗的内容,它们给苏格拉底本人的论证提供了弹药。换言之,实际上,苏格拉底关注荷马史诗的诵演是为了给出自己的论证。正如我们在随后将会看到的,诵诗人们自己也是以此方式论辩的。[②]

伊翁在任何事情上都没占上风,然后,苏格拉底就继续卖弄自己的诵诗技术。苏格拉底同样是通过"引用"荷马和对自己"引文"的口头评注来辩驳伊翁的论证。为了"引用"荷马,苏格

---

① 参 Murray 编注,《柏拉图论诗》(*Plato on poetry: Ion, Republic* 376*e*—398*b*, *Republic* 595—608*b*. Cambridge,1996)页 127。

② 参《诵演的诗歌》,前揭,页 123—124,已经提到了伊索克拉底的《泛雅典娜节颂》(*panathenaicus*)18—19 和 33。

拉底以自己的方式,诵诗般地诵演荷马,因为他也进入了荷马的流程当中,但他的讲述有三点不同。在迅速的接替中,为了驳倒伊翁,苏格拉底"引用"了一系列荷马史诗的"文段",而且,他甚至想在诵诗上胜过伊翁(538d1—3,539a1—3,539b4—d1)。①

就像我们在《伊翁》里看到的,于是,你可以告诉一位诵诗人从哪开始诵演荷马,仅仅是通过告诉他你想听叙述的哪一部分,另外,你可以依靠他从那个地方开始。诵诗人的暗示并不是一个文本问题——它是一个记忆法问题。你通过给出一个想法来暗示他,此外,这个想法立刻转变为"意识流"中的一个特殊细节,这种"意识流"就是荷马的叙述流程——让我们把它称作荷马的叙述意识。随后我将讨论:诵诗人针对荷马的意识有一个词——διανοία。如我们将看到的,一个关键段落就是柏拉图《伊翁》的开篇。可是,到目前为止,我仅仅是稍稍深入了一点这个完全让人惊奇的问题:诵诗人完全能够——或者说认为他完全能够——把握荷马的意识流动,把握荷马的意图。含蓄地讲,诵诗人会通过进入荷马的流程当中来同你论辩,他进入的地方正是荷马帮助他提出论证反对你的地方。

在这里,我们看到了:在某种竞争的局面下、也就是在某种ἀγών[竞赛]中,达成精神联系的那种精湛技艺。我认为,诵诗人的心智被培养来去做联系,去达成关联,就像泛雅典娜节那样的节日上,诵诗的竞赛要求他准备在某位参与竞赛的诵诗人打住的地方继续叙述下去。倘若这个论证站得住脚,我们便获得了诵诗人的技艺或τέχνη中接力记忆原则的本质。接力记忆的动力就是竞争。

---

① 关于中世纪文本里流变的荷马诗文和在柏拉图文本传统中引用的荷马诗文之间的正式变化,见 Murray,《柏拉图论诗》,前揭,页 126 和 128 的注解。至于柏拉图的荷马"文本"作为公元前 5、4 世纪泛雅典娜节诵演传统的间接反映,见本人《诵演的诗歌》,前揭,页 142—146。

在《伊翁》这部舞台性对话中，柏拉图那敏感于语言的耳朵——不仅是所有语言，而且专门是那种一流艺人的技术语言，比如诵诗人——让我想到并认识了种种真实的表达和措词的回转，这些表达和回转反映着真正的诵诗人的讲演，就像他们从前曾经践行他们的技艺或 τέχνη 那样，甚至像他们从前曾经谈论这一真正的 τέχνη 那样。我收集了十个例子：

1. ὁρμάω＋宾语，含义是"让[诵演者]开始，启发"：534c3。柏拉图的耳朵抓住了这个词的专业性本质，另外，他在这样一种专业性的语境中使用它：缪斯女神"启发"各种诗人去创作他们的诗。表面上，柏拉图让他的作品看上去仅涉及到写作，不涉及诵演：在 534c 的语境中，缪斯女神"启发"荷马作诗，恰如她"启发"其他的诗人作酒神颂、作赞歌等等那样。然而，荷马史诗里 ὁρμάω 一词的语境让这点变得清楚：缪斯女神的启发发生在诵演的语境中，另外，它不得不发生在刚开始——缪斯女神不得不让诵演者"开始"。在《奥德赛》VIII499 处，我们看到盲歌手德莫多科斯（Demodokos）将开始他的诵演：ὁρμηθείς θεοῦ ἄρχετο[使得开始，和神一道开始]。也就是，诵演者开始或者受到缪斯女神的"启发"，而后，他就开始自己的诵演，并以赞颂神开始。正如我们听到的《奥德赛》的解释，跟随开头的是对 Iliou Persis——特洛伊毁灭的一个史诗性的讲述（VIII500－520）。（根据全部叙述传统的叙述年表——这个传统在特洛伊的毁灭中达到了顶峰，诵演的"开始"在这里被放置在"结论"部分一边。）VIII 499 处的措词 ὁρμηθείς[使得开始]和歌手离开的地方有关：动词 ὁρμάω 衍生于名词ὅρμη，恰当地说是"le seul véritable dérivé de ornumi"[ornumi 一词唯一真正的派生词]；[1]ὅρμη 可以有"让自己在运转中"

---

[1] 见 Chantraine，《希腊语源词典》(*Dictionnaire étymologique de la langue grecque*)，Ⅰ，Ⅱ，Ⅲ，Ⅳ－1，Ⅳ－2，Paris，1980，页 823。

的意思,就像处在一个行进的开始(参《希英大词典》该词条,Ⅲ);我注意到了复合词 ἀπόρμη,实际上它的意思是"离开的地方"(参阅在《伊利亚特》Ⅱ794,《奥德赛》II375、IV748 处的 ἐπορμηθέντος)。

2. ἄδω[叙述](=演唱)+一个特定主题的宾格,主题必定是在诵演一开始就点出了。这个主题——显出了一个特定的史诗事件或定义这个事件的特定史诗人物——一定是宾格形式。当荷马或诵诗人以宾格"演唱"特定事件或人物的时候,他想象性假想它们,并在诵演的过程中把它们带回生活当中。(口头诗学的某种普遍特征是,诵演中涉及到的事件成为了诵演事件的组成部份,还有的特征是,事件中突显的人物成为了此时此地参加诵演观众的成员。)[①]例如说,535b3—7 突显了下列紧随ἄδω(ᾄδῃς)的"诵诗主题的宾格":(1)当奥德修斯在这重大时刻跳过开头的时候,准备把箭射向请求者;(2)当阿基里斯刺向赫克托(Hektor);(3)其他人强调的事情(宾格)来自于伟大的时刻,正如,在(3a)昂多玛科(Andromache)向赫克托辞行的时候,或者来自于其他类似的涉及到(3b)赫卡贝(Hekabe)或(3c)昂多玛科的伟大时刻。[②]

---

① 全面参看 Richard Matin《英雄的语言:〈伊利亚特〉里的言辞与诵演》,前揭,xiv,随后见 Reynolds,《英雄的诗,诗的英雄:阿拉伯口头史诗传统中诵演的民族志》(*Heroic Poets, Poetic Heroes: An Ethnography of Performance in an Arabic Oral Epic Tradition*, Ithaca, 1995)页 207。

② 在此处,我的解释意在贴近柏拉图在重述那些内容时他自己减弱的风格。苏格拉底提到的所有史诗时刻都属于两种情绪范畴中的一种:恐惧或者怜悯。重要的是强调苏格拉底在 535d3 提到了诵演者在两万观众[535d4]面前的哭泣(怜悯的情绪),这一定会回涉到早先苏格拉底提到的诵诗人诵演的(关于昂多玛科的可怜事情[ἐλεινά])悲伤主题,等等,在 535b6 以下——正如苏格拉底在 535d4 提到了诵演者的惊骇(恐惧的情绪),这一定会回涉到早先苏格拉底提到的惊骇主题,如奥德修斯攻击请求者的行为或者阿基里斯刺中赫克托的行为。因此,我不赞同 Boyd 在《伊翁站在何处,伊翁演唱什么》,前揭,页 112 的观点,他认为,苏格拉底在 535d1—5 提到的诵演者唤起的怜悯和恐惧,并没有回涉到 535b2—7 处诵诗人诵演史诗意义上的怜悯和恐惧。Boyd 想要论证:在 535d1—5 描绘的诵演者不是一个诵诗人,而是悲剧中的一个演员。我再次不同意他的观点。见下文的进一步说明。

对比荷马的ἀείδω用法，它等同于ᾄδω［叙述］（“演唱”）＋主题的宾格，正如阿基里斯在《伊利亚特》Ⅰ1 中的愤怒。因而，诵诗人的主题被放进了和荷马的主题相同的维度——英雄时代的“现实”。诵诗人诵演起来就像某位跟荷马相似并将其延续的人。[①]当然，“荷马”在一开始就着手他的主题——就像在《伊利亚特》Ⅰ1。对于诵诗人而言，就如我们已经从《伊翁》535b3－7 若干英雄主题的目录中看到的——他的主题可以从荷马（史诗）的任何地方着手。

3. ἐπαινέω＋Ὅμηρος（以宾语形式）［引用荷马］。（我连续使用“引用”一词，而不具有任何文本意义上的含义。）即是，开门见山地（in medias res）“引用”荷马，在一个特定的语境，并为了一个特定的目的：《伊翁》536d6，541e2（表明施动者的名词ἐπαινετής，536d3，542b4）。[②] 就像在《伊翁》当中，这些特定的目的跟论述某些特定的要点有关。对比吕库古斯在《反列奥克拉底》102 的ἐπαινέω用法（如前文所引），其中，演说家“引用”荷马是为了提出自己特定的理由。涉及到这种“引用”荷马的行为，除了各种特定的目的以外，从某种雅典人的观点看来，当然还存在着一个最重要的普遍目的，这种雅典人的观点就是：国家在它最高级别的节日场合（泛雅典娜节）正式对其聚集的市民“引用”荷马，而采用的形式就是诵诗竞赛。在这种场合，每一位竞赛的诵诗人都有机会在两万人的普通听众前——环绕着的人群，想象中似乎等同于雅

① 广泛的讨论见《诵演的诗歌》，前揭，页 60－64。

② 见本人著，《最好的希腊人：希腊古风时代诗歌中的英雄概念》（*The Best of the Achaeans: Concepts of the Hero in Archaic Greek Poetry*，Baltimore，1979）页 98 对ἐπαινέω的注解“基于‘朗诵荷马’的观念，ῥαψῳδόι［诵诗人］使用的技术性词汇”。

典的政治共同体——“引用”荷马。[①] 既然如此，可以再次重申，每一位竞赛的诵诗人要求在前一位诵诗人已经打住的地方把荷马叙述的连续体继续下去。也许，我们可以把诵诗人的必然性[连续]和演员的戏剧必然性[连续]——一位演员在前一位演员已经打住的地方拾起对话——做比较。[②] 眼下我只是要指出，诵诗人保持连续体的必然性与 ἐπαινέω 的词源相关：“继续[επι－]歌颂[αινος]”(加上作为接受歌颂者[laudandus]的宾语，或者加上作为最终歌颂者[laudator]的宾语)。[③] 暗含的意思是，诵诗技艺是某种颂诗的延续。[④]Ἐπαινέω 中的 επι－清楚地体现了连续体的概念。

4. διανοία [思路]，首先涉及到的是荷马的思路，而非诵诗人的思路：530b10，c3，d3。诵诗人可以在连续体(叙述性)的任何一个地方投入思路。他可以在中途，在叙述当中投入。而能够进入荷马的叙述流程则是为了理解荷马的 διανοία。鉴于此，诵诗人就是荷马 διανοία 的 ἑρμηνεύς [解释者](530c3；见例子 5 以

---

① 正如 Mogens Hansen 给我指出的，在德摩斯忒尼 25.51 中，雅典的政治群体人数为两万。见 Murray 编注，《柏拉图论诗》，前揭，页 122，他引证了柏拉图《会饮》175e6－7——公元前 416 年，在雅典的勒纳(Lenaia)节上参加悲剧表演的观众数量是三万([译按] 勒纳节是希腊人颂扬酒神的节日，当中有狄俄尼索斯的戏剧比赛)。在雅典，泛雅典娜节和城邦狄俄尼索斯节(连同勒纳节)之间的相似，是史诗和悲剧表演发展的主要背景。见《诵演的诗歌》，前揭，页 81－82。相应地，在《伊翁》536a，苏格拉底建立了史诗ῥαψωδόι [诵诗人]和悲剧ὑποκριταί [演员] 之间的相似点(见《诵演的诗歌》，前揭，页 162)。

② 也见前注。关于ῥαψωδόι [诵诗人]和ὑποκριταί [演员]发展中的相似点。

③ 关于主语/宾语的属格的(在和名词结合表明赞颂诗表演时)含混，见本人《品达的荷马》，前揭，页 200 注 8。主语/宾语的属格分别标明歌颂者和接受歌颂者。这种含混似乎在起着作用，标明了连接歌颂者和接受歌颂者之间的相互关系。

④ 注意在品达的颂诗当中ἐπαινέω的使用：见本人《最好的希腊人：希腊古风时代诗歌中的英雄概念》，前揭，页 98，222－223，254，和页 260 的注解；尤其注意品达《残篇》43 中ἐπαινέω的使用，以及在《品达的荷马》，前揭，页 424 的疏解。

下内容)。因为诵诗人可以成为荷马的思路(荷马的 διανοία)的组成部分,他可以某种口头讲疏的方式(即,并非一定是书面的注疏)讲述荷马(530c9;见例子 6 以下内容)。广而言之,这种"评论"思想也成了 διανοία:530d3。关于苏格拉底对 διανοία 的不同"理解",见例子 6 以下内容。διανοία 中的 δια 清楚地体现了连续体的概念。

5. ἑρμηνεύς [解释者],在诵诗人身上就表现为,这人作为观众的代表必须懂得荷马的 διανοία:530c3。在此,我们会看到诵诗人的"解释学"本质:任何事情都取决于他对荷马 διανοία 的理解(见例子 4)。[①] ἑρμηνεύς 一词在 535a6,a9(也参 534e4)还有更深入的含义。一位"解释者"或"居间(go-between)"的概念承认了这样的事实——一边是荷马,另一边是他此时此地的观众,两者之间存在着某种精神上的距离。这段距离可以由诵诗人加以沟通,诵诗人的心灵能够把这分割两边的间隔含蓄地中立化。

6. λέγειν περι +῞Ομηρος(以属格的形式)[对荷马作口头讲疏]:530c9,d2—3。在这里,伊翁对苏格拉底的主张做出了回应:诵诗人希望成为一位荷马那样诗人的 ἑρμηνεύς [解释者],因而,伊翁必定懂得诗人的"意图",这也就是,诗人的 διανοία (531c)。在此,我利用"意图"这个书面用语,是为了在苏格拉底/柏拉图对 διανοία 的专门理解(理解为"理智",如,《王制》,Ⅵ 511d)[②]和对这个词更为普遍的理解之间找到共同点,后者反映在《希英大词典》词典的基本含义当中:"思考,即意图,目的"。[③]

---

① 在此意义上,诵诗人的"解释学"能够弥补荷马"原初"场合——以及由此而出的"原初"意义的丧失。关于这种去弥补已丧失"原初"场合的诗学,见《品达的荷马》,前揭,页 80 注 140,尤其涉及到普罗旺斯语中的 razo 体裁。

② 参阅 M. Canto 译注,《柏拉图:伊翁》(*Platon: Ion*,Paris,1989),页 36,136。

③ 参本人《诵演的诗歌》,前揭,页 124。

在 531c 使用 διανοία 一词时，苏格拉底对它的理解将意味着，他的言辞已经揭示了荷马的思想才能（另参，亚里士多德《诗术》1450a6 等）。伊翁肯定了他自己对 διανοία 诵诗意义上的理解——理解为“思路”——之后，他回答，自己的确能够把荷马“讲得”最漂亮，比他任何讲荷马的前辈还要讲得漂亮（530c；参 533c—d），此外，伊翁“讲”荷马的 διανοία 比他任何前辈的都要漂亮，这些前辈包括美托多劳斯（Metrodorus of Lampsacus），斯忒森布洛图斯（Stesimbrotus of Thasos），格劳孔，等等（530c—d）。①

7. ἐξηγήσαιο ［有权威地诵讲，解释］荷马：531a7，b8，b9，533b8；参 533b1；于 531a7，这个词获得了 λέγειν περι ＋῞Ομηρος（以属格的形式，在 530c9）的概念。② 见上述例子 6。

8. διατρίβω ［诵演］（也就是，诵诗表演）在 530b8。对比伊索克拉底《泛雅典娜节颂》（*panathenaicus*）19，其中 διατρίβη 涉及到“智术师们”在学园的特殊诵演，第 18 篇把智术师们描绘为“以诵诗来表演”（ῥαψῳδοῦντες）荷马，荷西俄德，以及其他诗人的诗；在第 33 篇中，伊索克拉底再次涉及到：在学园中“诵演”（ῥαψῳδοῦντας）的相同的智术师，另外，这些智术师也（愚蠢地）“诵讲”荷马，荷西俄德，以及其他诗人（λέγεω περι 加上属格；参上述例子 6）。③ 他们诵讲荷马，荷西俄德，以及其他诗人的行为被描绘为 διαλέγεσθαι ［投入对话］（διαλέγοιντο），有关论述见下述例子 10。

9. μνησθῆναι（及其相关形式）［回忆］，在一个解释的框架当

---

① 见《诵演的诗歌》，前揭，页 124—125。关于美托多劳斯，斯忒森布洛图斯以及格劳孔的简单勾勒，见 Murray 编注，《柏拉图论诗》，前揭，页 103。这些名字意味着某些具有技术性的演说传统，这些传统塑造了伊翁作为一名诵诗人的身份。

② 见《诵演的诗歌》，前揭，页 125 注 81。

③ 同上，页 123—124。

中，它和某种顺序有关，这个顺序出自荷马，也就是，在这样一个框架内"引用它"，另外也做若干疏解或者某一个疏解：例如，533c2，536c7。正如上述例子 6 的情况，意味着"作一个口头讲疏"。[①] 那里面的 μνησθήναι 采用的是宾格形式，意思是"回忆"，就像是苏格拉底在试着回忆荷马的一些诗文（537a2）。[②] 诵诗人注意到，在某人 μνησθήι [疏解]荷马的时候，他的注意力会被一直勾起（532c2）。随后，在《伊翁》里面，相同的主题——引起诵诗人注意——发生了转变，行为从对诗人的讲疏（536c7）转变为真正的诵演或"演唱"某位诗人的某些作品（536b6）。[③] 关于"演唱"，见上例 2。

10. διαλέγεσθαι，就某位即定的诗人而言，意思是"投入对话"：532b9。这样一个语境，似乎和 532c 中 μνησθήναι 的语境相对应。[④] 见上述例子 6。

在上面十个词当中，和柏拉图本人的手段最相关的就是 διαλέγεσθαι [投入对话]。这个词适用于柏拉图本人的手段并以此来标明自己："投入到[苏格拉底的]对话中"或者"践行辩证法"。[⑤] 在此，我们非常清楚地看到，柏拉图的语言直接和诵诗人的语言相竞争。此外，διαλέγεσθαι 是表示苏格拉底的语言及其信息尚存的关键。

---

① 一种相关的形式是 μνημονεύω [作若干口头疏解]。在《泛雅典娜节颂》18－19、33 里面，伊索克拉底把它用在了一个诵诗的语境当中。广泛的探讨见《诵演的诗歌》，前揭，页 122－125。这个词在柏拉图的《伊翁》里没有用过。

② 参阅本人《荷马问题》，前揭，页 152，论述了诗歌"总体回忆"的思想已经在荷马的对比中得到了展示，这是关于"总体性的回忆"意义上的 μνη－加上宾格和"提到"意义上的 μνη－加上属格的对比。

③ 见本人《诵演的诗歌》，前揭，页 125 注 80。

④ 同前注 59。

⑤ [译按]作者在这里使用的"辩证法"一方面是指苏格拉底意义上的辩证法，另一个方面就是指一般的"口头辩论"。

柏拉图乐于探究那种孤独的无助感，这种感觉源自于任何一位作者都会为自己写下的文字的未来命运担忧，当这些文字遭到攻击时它们无法为自己辩护（《斐德诺》275e，276c8）。有种办法就是采用 τέχνη“技艺”，那就是苏格拉底所称的辩证法，διαλεκτική（276e5）。使用这种技艺的人可以把文字植入一个能够接受的 ψυχή［灵魂］当中（e6），另外，就像那些植入一个作品表面的文字一样（276c8），这些文字将会得到繁衍（277a1），而不会不育（ἄκαρποι，a1）。和写下的文字不同的是，那些辩证的文字不仅可以为自己辩护，也能够为植入它们的人辩护（276e8—277a1），另外，它们甚至还可以将自己重生，进入永恒（277a2—3）。苏格拉底的语言必定不会遭遇那些写下的文字的命运：苏格拉底本人并不能摆脱死亡，但是他的语言可以办到；此外，苏格拉底语言死亡的解救剂就是辩证法，也就是苏格拉底的对话：就像苏格拉底在《斐多》中说到的（89b9—c1），他痛心的唯一死亡，作为真正的消失，就是逻各斯的死亡——如果发生，逻各斯将不能复活（ἀναβιώαι，89b10）。苏格拉底的 διαλέγεσθαI 对于他的语言而言生死攸关，当读者再次阅读苏格拉底语言的时候，每一次都可以让它们获得新生。辩证法不仅是苏格拉底语言死亡的解救剂：它也是诵诗人语言的解救剂。[①] 在确立 διαλέγεσθαι 定义的地方，我们见到了某种对抗：诵诗人有他们自己 διαλέγεσθαι 的方式，就像我们从伊索克拉底的间接证据中看到的那样（《泛雅典娜节颂》18），而柏拉图则有自己的方式（《伊翁》，532b9）。[②] 所以，柏

---

① 在柏拉图《斐德诺》277e，我注意到一个具有启示性的、顺带涉及到的口头词汇，那就是ῥαψῳδούμενοι，即“以诵诗人的方式诵演”；这些词汇被描述为“未经检验和没有说教的内容”（ἄνευ ἀνακρίσεως καὶ διδαχῆς）。

② 再一次见上文关于诵诗人διαλέγεσθαι［投入对话］的概念。

拉图的苏格拉底不允许伊翁把话说到底就毫不奇怪了。①

在每一次我们阅读柏拉图的苏格拉底 διαλέγεσθαι 时，διαλέγεσθαι 复活了苏格拉底的语言，可它却无法让苏格拉底本人复活。就像我们从《斐多》中看到的那样，甚至不能确定的是，διαλέγεσθαι 能否召回苏格拉底的 ψυχή [灵魂]。毕达哥拉斯学派让 ψυχή 不朽的各种方案不过如此！相反，诵诗人的 διαλέγεσθαι，不仅复活了荷马的语言，它还召回了荷马本人。

在此，我回想起了一种相关的明显带有诵演色彩的说法："谁笑到最后，就会笑得最好。"②倘若你在恰当的语境下成功地说出[这句话]，并且运用在恰当的时刻，那么在结束的时候你就会成为最后讲出它的人。当然，成功不得不取决于你的听众：他们不得不承认最后你才是对的。

相似的是，柏拉图的《伊翁》篇中，戏剧性地展示了伊翁这个例子：当诵诗人在一个争论的语境下 ἐπαινέι [引用]荷马的时候，他期望在那个即定的时刻运用诗人的 ἔπη [语言]，在争论中获得胜利。正如我们已经在伊索克拉底《泛雅典娜节颂》中看到的，诵诗人是通过"引用"荷马来进行争论。毕竟，诵诗人是最后诵讲荷马语言的人；当诵诗人诵讲荷马的时候，他甚至变成了荷马本人。③ 当然，诵诗人的成功取决于他的听众：无论在任何争论中，他都希望听众承认——他在利用荷马的语言时是对的，因为在诵讲这些语言的正规场合，他才是正规的诵讲者。对于公元前 5 世纪晚期的雅典人而言，柏拉图《伊翁》的剧中时间，即正规场合出

① 参 Murray 编注，《柏拉图论诗》，前揭，页 97，作者引用柏拉图《伊翁》530d9 和 536d8 作为戏剧化的例子，其中，倘若苏格拉底不打断伊安，伊翁就会投入到讲疏中去。

② 修辞惯语"最后之笑"的变体会把自己结束在"一路笑到银行"的笑话里面，这种发展见柏拉图《伊翁》535e4－6。

③ 当诵诗人说"告诉我，缪斯"的时候，这个"我"是荷马概念上的"我"，参本人《诵演的诗歌》，前揭，页 61。

现的时候，是在泛雅典娜节日上，并且根据时节反复出现。

正是在这样一个场合、诵诗人竞赛的真正活动开始前不久，诵诗人伊翁遇见了苏格拉底。这也就是柏拉图的《伊翁》上演的戏剧性时刻。当然，柏拉图不会让伊翁在跟苏格拉底的争论中获胜。诵诗人的辩证法一定会被苏格拉底对话中与此相竞争的辩证法击败。不仅如此，伊翁作为荷马语言的正规诵讲者，他的这种地位一定会遭到损害。毕竟，苏格拉底也能够诵演荷马史诗，再者，他甚至可以基于这史诗来跟诵诗人辩论。那么，我们可以就此作结论说，苏格拉底可以替代伊翁作为荷马的媒介或中介吗？诵诗人不再是荷马不可或缺的中介人了吗？

从公元前5世纪晚期及此后的历史立足点来看，答案很简单：苏格拉底无法取代伊翁。他也永远不会替代伊翁——只要那里还有一个泛雅典娜节日，它的主要活动中有一项作为节日的特色，就是由诵诗人诵演荷马。在说"那里还有一个泛雅典娜节日"时，我用了现在时态来代表我的表达中具有的共时性维度，以此确定那个时刻就处于公元前5世纪晚期的历史时段。从共时性观点来看，伊翁做的有一件事苏格拉底绝对做不了，苏格拉底也绝对损害不了伊翁：在泛雅典娜节上，苏格拉底绝对无法替代伊翁成为荷马史诗的正规诵演者。

当然，这样一种观点也许是传统意义上的。可是，从一种更为现代的观点来看，对诵诗人而言，苏格拉底似乎笑到了最后。为什么要在乎荷马史诗的诵演是在泛雅典娜节上还是在其他地方？既然我们能在书本中得到荷马，谁还会先要诵诗人呢？现在谁还有可能需要伊翁呢？对于我们而言，柏拉图的苏格拉底能够比伊翁更好地解读荷马。鉴于此，一旦我们把自己从诵诗人那里解放出来，那么我们也不再需要苏格拉底了：现在，我们可以靠自己来解读荷马。对我们来说，荷马[史诗]在这里，是一个文本，它记录在书里面，等着我们来诠释，等着我们自己的种种现代疏解。这里不再需要一位作为解释者(作为一位 ἑρμηνεύς)的诵诗人。另外,我们也必定不再需要诵诗人的诵演。眼下,我们已经拥有了在著作中的荷马——或者说,兴许我们历来都拥有在著作中的荷马。再者,毫无疑问,关于荷马的文本比任何关于荷马的诵演都要可靠。甚至文本的流变都一定要比诵演的流变可靠。即使这里存在着某种危险——书面文本的流变有可能被破坏,但是在诵演的流变当中,确实还有更大障碍的危险。柏拉图的《伊翁》篇中,"当今"的诵诗人被想象成(在延续数代的诵演者中形成的一个漫长且具有吸引力的链条中)最后和最微弱的连接点,这个连接点联系了回复到最初的吸引——荷马(533d－536d)——的所有方式。感谢荷马的文本,现在我们才得以中断作为中介的诵演者的整个延续性。感谢文本,我们现在才可以直接进入荷马。

这一描绘错过的是什么呢?我认为,还需要一种历时性视角。从这一角度来看,伊翁的技艺实际上得自于前辈诵诗人的延续。甚至,荷马的传统都得自于这种延续。根据这种历时性观点,诵诗人对"荷马"的推衍本身,就是一种正在进行中的创造和再创造过程。我们不得不严肃对待这样的历史事实:伊翁作为一位诵诗人,是荷马的正规诵演者,而且,诵诗诵演的权威来自于雅典城邦的权威,并且是在泛雅典娜节的正规场合。① 倘若我们把泛雅典娜节当作研究荷马传统流变最正式的背景,从而代替柏拉图对荷马文本的解读,那么,伊翁也许会笑到最后。

(乔 戈 译)

---

① 我带着特有的兴致注意到:伊翁希望在泛雅典娜节上赢得的金色花环,是由荷马的子孙([译按] Homeridai,自公元前 8 世纪或 6 世纪以来,自称是荷马后人的诵诗人氏族,后来逐渐变成诵演荷马的权威团体)授予的(柏拉图《伊翁》530d)。城邦的政治权威,似乎和荷马子孙们在诗歌上的权威联系了起来。

柏拉图的俄耳甫斯世界

麦加希(R. McGahey)

自身的差异存在于契合中:就像
弓弦和竖琴,和谐中包涵着相对的张力。
——赫拉克利特

一、和　　谐

在《斐多》中,苏格拉底对灵魂是一种和谐(attunement)这一普遍接受的观点提出了异议,力主灵魂的质料——乐器、琴弦和未经调谐的音符——先在于和谐,因此,和谐应该是从一种先在的统一体中产生出来的"组合"物。虽然,这是苏格拉底始终不渝的信念(就像他在因追随异端神而被雅典城邦处死前那天的对话中所说的那样),我却很难为这一特别的观点折服。人的灵魂以某种方式"调谐"或设定好了节奏,然后经受着音调、节奏或和声上的污渎,这一灵魂形象如此普遍地贯穿在柏拉图的所有著作中,以致于他在这个最后的早晨,无法像苏格拉底的门徒那样,尽管悲痛欲绝,却把事情交待得那样从容不迫。[①] 苏格拉底所暗示的另一种形象——一件迟钝而未经调谐的乐器，则远远不能展示出一种永恒生命实体的生机活力，所以，我不得不将此视为苏格拉底的辩证法胜利中若干令人尴尬的偶然失误之一。

我这里诘难的并非苏格拉底的逻辑，毋宁是他对人世间灵魂的生命本质的疏忽，而赫拉克利特通过其弓弦与竖琴的形象暗示了这一本质。俄耳甫斯把身体看作是灵魂的牢笼，其实，它本身也可以看成是灵魂的居所或庙堂，同骨格和肌肤(还有头和胸腔的美妙共鸣)一道构成了一件奇妙的乐器。用莎士比亚的话来说，"俄耳甫斯的诗琴配上诗人肌肤的琴弦"，将多么令人震撼。身体被赋予人的气质而形成灵魂的张弛，这就是俄耳甫斯、毕达哥拉斯和柏拉图自己的学园一往情深所孜孜以求的完美。要达到这种完美，需要有与自身相对的张力，并由对立中创生出一种和谐(harmony)。这就涉及到林赛(Lindsay)用音乐隐喻所要表达的"萨满式的不和谐(shamanist contradiction)"，也是我认为作为俄耳甫斯式诗人的一个根本要求。

赫拉克利特的描述中想要解决的二元论有着十分久远的背景，罗德(Rohde)认为，这至少可以追溯到荷马时代。对荷马时代的诗人来说，灵魂(psyche)仅仅是一种同身体及其功能相关的气质(essence)，并非在任何意义上驾驭身体。当死亡来临时，该气质将如同呼吸或烟云一样，催生到一种像影子(*eidolon*)或影

---

① 首先的例子是《蒂迈欧》中有关灵魂掉进世俗河流里所遭受的极度无序的折磨的描写(43—44)。见 Edith Hamilton and Huntington Cairns, *The Collected Dialogues of Plato*(《柏拉图对话》), Bollingen Series 71, New York: 1963, 页 1169—70。如未特别注明，所有参考均引自该书。单篇对话译者为：Paul Shorey, *Republic*(《王制》); R. Hackforth, *Phaedrus*(《斐德若》); Hugh Tredennick, *Phaedo*(《斐多》); A. E. Taylor, *Laws*(《法义》)。

像一样非物质的生命状态中。这种解释,同埃及人把灵魂分为死前(*po*)和死后(*ba*)两种状态的截然划分有着某种相似之处。然而在荷马时代,对心智(mind)的划分还不太正式。正如罗德所指出的,荷马就什么是“真正的”人曾作出过两种截然不同的见证:或是无血无肉的影像,或是代表生命中支配身体行为的意志的自我。荷马时代晚期,灵魂(*psyche*)和躯体(*soma*)的用法仍然可以较为自由地相互替换。到6世纪,灵魂便已等同于欲望性自我,即意气(*thumos*)。这种意义上的转移,有助于为伊奥尼亚的(Ionian)自然主义者们按照物质元素(即后来德谟克利特和留基波[Leucippus]所说的基本原子)的吸引和排斥来描述所有生命,奠定基础。

二、体内的灵魂:体内的兽园

灵魂被认为是一种永恒之物,既先在于物质的躯体,又在人们死亡后能继续存在。这种观念到5世纪已经由世俗的宗教转移到神学和哲学研究的领域,但其二元的张力仍然存在。毕达哥拉斯学派的门徒菲罗劳斯(Philolaos)将灵魂说成既是不朽的独立存在,也是赫拉克利特所说的对立的和谐。[①] 菲内塞狄斯(Pherecydes)认为有两种灵魂:一是作为一种强烈暖流存在的灵魂(*psyche*),人的生命结束时将重新回归于火中;另一种则是一种精灵(*daimon*),一种不朽的、超自然的自我。帕默尼德(Parmenides,ca. 475)和恩培多克勒(Empedocles,494—44)则把灵魂看成一种独立和先在的存在物。[②] 恩培多克勒在他的特别见证中

---

① E. Rohde,*Psyche*(《灵魂》),New York:1925,页377。

② E. Rohde,《灵魂》,前揭,页373。

说:"因此,我自己本身曾经是一个男孩,同时也是一位少女、一株灌木,一只小鸟和一尾在带有咸味的洪流里默默游弋的小鱼(残篇117)"。[①] 同菲内塞狄斯一样,恩培多克勒把这种独个的存在看成精灵,不仅存在于人的躯体,也栖身于自然界的其他造物中,在这忧郁的尘世山谷中犹如陌生的路人,被抛掷到"灾难的草坪"上。这种灵魂的精灵(soul-*daimon*)不是由物质元素构成,"只是被它们随意地推来攘去";[②]"它们都憎恨这种灵魂的精灵"(残篇115)。[③] 相反,作为物质一面的灵魂(psyche)却与血肉同在,是心灵的思想。[④]

正如我们在引论中所注意到的,多兹(Dodds)把这种灵魂转世说(metempsychosis)在公元5世纪希腊思想中的突显看成和北方萨满教思想在希腊宗教生活中的溶入相一致。[⑤] 但对他来说,这种显著的变化远非灵魂转世观念的成熟,而是用"古萨满式的文化模式"对柏拉图《王制》(*Republic*)中的术语重新进行详尽的阐释;护卫者(Guardian)是以古老部落的萨满为原型的(正如林赛的诗人一样)。他注意到"至关重要的一步是找到'超自然的'自我,这是一种负罪情感的载体,充满潜在的神性,具有理性的苏格拉底式灵魂,其美德就是一种知识"。[⑥] 理性的苏格拉底式

① 比较爱尔兰游吟诗人的言说:"我是一只鹰,一株大海的珊瑚,我是手中的利剑,战场上的盾牌,我是竖琴上的一根琴弦。"参 Walter Burkert, *Lore and Science in Ancient Pythagoreanism*(《毕达哥拉斯学派的教诲与科学》), tr. Edwin L., Minor, Jr., Cambridge: Harvard University Press, 1972, 页162—63。

② E. Rohde,《灵魂》,前揭,页382。

③ 柏拉图在《蒂迈欧》里对灵魂掉入生命喧嚣的河流里作了同样的描述(43—44a)。

④ E. Rohde,《灵魂》,前揭,页382—83。

⑤ E. R. Dodds, *The Greeks and the Irrational*(《希腊人和非理性》), Berkeley and Los Angeles: 1951, 页209。

⑥ E. R. Dodds,《希腊人和非理性》,前揭,页210。

灵魂同理式(Idea)这一形式世界(the world of Form)最为相似,正如菲罗劳斯所说的那样,不可能为众多的元素所左右和调谐。但苏格拉底有着他自己的神秘精灵,更像是恩培多克勒、毕达哥拉斯和菲内塞狄斯所说的"超自然的自我"。虽然柏拉图在中期的对话中转而去寻求多兹所提到的"同一性"(identification),但俄耳甫斯将躯体等同于坟墓和灵魂等同于超越的偏激论点仍可能给这种同一性罩上一层二元论的阴影,尽管普罗提诺(Plotinus)后来仍坚持对其进行一元论的结论推断。恩培多克勒所理解的自然元素(elements of *physis*)和陌生的灵魂(Stranger—soul)之战继续在柏拉图对话中占据着主要的情感地位(affective position)。我们有时在对话中所看到的"理性主义"实际上是某种学究式的自负(scholarly conceit),一种苏格拉底形象和"后启蒙"眼中之柏拉图形象的混合。甚至在伊奥尼亚(Ionian)理性主义和苏格拉底式理性主义的大潮到来之后,这种古老的二元论倾向仍然是希腊宗教思想的一种不变特征。①

尽管如此,这一时期并非一成不变,从4世纪到5世纪期间一个新术语的使用或许可以窥见这种变化。这就是 *empsychon*:"体内的灵魂"(a psyche within)。② 希腊人不再像他们远古时代那样受制于外在的神祇和精灵,相反,他们听命于永恒内在的 *empsychon* [体内的灵魂],处处对自身的行为负责,因而也在来世对今生的行为负责。在柏拉图看来,既然诸神把凡人看成

---

① "事实上最终从荷马那里派生出来的这些观念对希腊人的思想产生了多么深远的影响啊!诸如此类的观念可以从这样的事实中窥出端倪:心理行为的双重来源,其双重的性质和行为范围,都和恩培多克勒的观念紧密相关。这一观点在哲学的高级阶段仍不断地继续重复着。"E. Rohdes,《灵魂》,前揭,页383。

② Burkert, *Greek Religion* (《希腊宗教》), Tr. John Raffan, Cambridge: 1985, 页300。

是他们争斗中的玩物，诸神的争斗也就变成了凡人自身体内的灵魂对理性(*nous*)羁绊的挣扎和对欲望性自我(*thumos*)的追求。因此，柏拉图在《斐多》中认为灵魂基本上为二元存在。在《斐德若》中，他又给出了三元性描述，灵魂犹如驭手驾驭着一辆由两匹马(理性和欲望)拉着的战车在往相悖的方向飞驰(246b)。更具诱惑的是柏拉图在《王制》(588c－e)中所勾画的三元性形象，灵魂被描绘成狮(欲望的意志)、人(理性)和可随时变幻的、集野兽和驯兽为一体的多头怪兽。柏拉图勾画该形象的目的，是要我们内在的人同雄狮结为同盟来共同驾驭"多头怪兽这一庞然大物"(590a)，就像国家必须由高贵的灵魂来管理一样。① 这种内在的人有如一位农夫，"在浇灌和呵护禾苗的同时还得锄去杂草"(589b)。因此，隐喻中可随时变幻的多头怪兽，就像一株禾苗生长在纷乱中挣扎的灵魂里，只有锄去其世俗和情欲的一面，理智和正义的一面才能得到呵护。柏拉图把《斐多》中的战马形象进一步深化，并由此孕育出一个完整的驾驭野兽的项圈形象，用以讨论怎样让国家从建国伊始就服从于内在的王制原则(kingly principle)中，尽管他同时也承认，我们一直关注的灵魂二元原则在对立中正变得越来越激烈。

正当柏拉图绞尽脑汁用形象来表达灵魂的内在生命时，他也不断受到其旧有的迷狂状态模式(model of possession－states)的烦扰。《伊利亚特》中雅典娜在战斗中出现并向奥德赛口授机宜的场面被引入到灵魂的搏斗中，而潜伏在底层的搏击(Strife)似乎又常常在扮演着灵魂生命之父的角色。这些在柏拉图对话中的二元形象——或者说在"暴民般多头怪兽"(590b)那里的多元

---

① 这头野兽也被叫做"我们本性中的野性部分"(《王制》589e)，"我们自身的蛇蝎"和"狂躁的野兽"(《王制》590b)，以及"同类的野兽"(《王制》590c)。

形象——实际上在不断展示形象思维的必要性，虽然描述的只是内在的人、兽行为，而不再是外在诸神和精灵的入侵。从另一方面来看，柏拉图认为诸神掌管着各种形式的疯狂（*mania*）的论断实际上也是他坚持对前人观点不断进行思考的极好例证。像品达（Pindar）和阿基洛库斯（Archilochus）一样，柏拉图把这四种疯狂看成是诸神的礼物，每一种疯狂都由一位专门的神祇掌管：预言性疯狂（mantic）源于阿波罗神（Apollo），秘仪性疯狂（telestic madness）源于狄俄尼索斯（Dionysos），诗的疯狂（poetic madness）源于缪斯（Muse），最后也是最高形式的爱的疯狂（erotic mania）源于阿佛洛狄忒（Aphrodite）和爱若斯（Eros）（《斐德若》，265b）。因此，疯狂是迷狂状态的另一种变体，因为通过这些形式，诸神的话语就由被某种特定疯狂所凭附的人来传达。我们也由此得到一个完整的链条：体内的灵魂（*empsychon*）仍然为作为疯狂的诸神（*theoi as maniai*）留下了侵入的空间。

三、模仿与回忆：重大的分水岭？

柏拉图在《王制》第十卷中和诗人的争吵代表了一种至关重要的观念转移，其衍生的结果通过希腊文化的传统教化模式（*paideia*）直接传播着影响。[①] 按照哈维洛克（Eric Havelock）颇有影响的分析，先于教育意义上柏拉图革命的文化习得方式，在于有节奏地均匀调动整个身体来对行吟诗人（*rhapsode*）的言辞和

---

① 有趣的是，第十卷中著名的争吵是紧跟在第九卷柏拉图用以结尾的隐喻后面的：农夫在灵魂内在的兽性里必须要会区别农作物和野生植物。用这样的术语来分析，这些耕作的农作物（“怪兽的头”）似乎就是文化移入的产物，因而是由摹仿所产生的。那些“野生”植物则是其本源，更像我们通过回忆所能寻觅到的东西。

动作进行模仿，而行吟诗人也只是在传递他以同样一种方式所学到的东西。[1]柏拉图对回忆（*anamnesis*）的强调——即通过记忆学习——由苏格拉底的助产术（*maieutics*）所激活，对于传统的教化模式来说，这是一种直接而彻底的挑战。[2] 在苏格拉底的对话中，外来的观点被置疑，任何情况下最终仲裁真理是看灵魂在每一个人心中是否一致（这在苏格拉底的精灵那里有一种“标准”）。抓住这一观念转移的颠覆性内涵，哈维洛克看来就论证了在柏拉图学园中回忆（*anamnesis*）是怎样击溃模仿（*mimesis*）从而形成现代意义上的批判性思维的。

或许我们就是这样被教导的。柏拉图/苏格拉底确实在另一种不同思维方位的加冕登场上起到推波助澜的作用，但所带来的变化也并非像哈维洛克所说的那样大。头不能离开躯体而存在，而且在驾驭旧有的教化模式上起着至关重要作用的情感性意志（*thumos*）仍然十分活跃，就象柏拉图的雄狮形象所揭示的那样——灵魂的这个组成部使一个人体内的“人”变得弱小。正如一些“俄耳甫斯派”诗人所断言的那样，身体性学习和身体性思维对诗人思想家来说是十分重要的，诗人思想家原初的教师已成为永驻其体内的灵魂。这些身体性学习和身体性思维为灵魂提供了语境（正如“习传性凝聚体”[Inherited Conglomerate]）为个体提供了语境一样）。

在早期和中期对话中，柏拉图并不倾向于强调作为旧有的

---

① Eric Havelock, *Preface to Plato*（《柏拉图绪论》），Cambridge：Harvard University Press，1963。

② 然而，按照康福德（Cornford）的观点，摹仿对毕达哥拉斯来说意味着“再现”（representation），对柏拉图来说则意味着“分有”（participation），我们似乎正在走出这些阴影。见 F. M. Cornford, *From Religion to Philosophy*，《从宗教到哲学》，London：1912，页 254。

“习传性凝聚体”所保存的东西，[①]但到他写作《法义》(*Laws*)时，僭主统治下的经历已使他感到幻灭，并开始接受希腊城邦的很多传统。因此，就连狄俄尼索斯(Dionysos)也倍受欢迎了，当然，这种欢迎是有所保留的，因而是一种“俄耳甫斯”的方式。[②] 博扬舍(Boyancé)在他的《古希腊哲人的缪斯崇拜》(*Le culte dés Muses chez les philosophes grècs*)一书中强调了与之对应的论点，[③]传统而又不失前卫，并将其推向了极至，以致于狄俄尼索斯变成了一种毕达哥拉斯式的形象。[④] 博扬舍最为津津乐道的观察之一便是柏拉图学园大门的缪斯塑像。他还补充了一条可靠的论据，缪斯重要的祭祀日也在学园年历中被单独开列了出来。[⑤]

正是在这一意义上——即缪斯及其同柏拉图和柏拉图学园之关系的意义上——博扬舍的观点才更具有重要的指导意义。神灵感应传递着诗人低声吟唱的语词。在神灵感应过程中涉及到一条完整的灵感链。缪斯处于链的开端，接下来便是受到灵感启示的诗人(《奥德赛》史诗中的歌咏手[*thespis aoidos*]；柏拉图时代的诗人)，然后是朗诵者或游吟诗人，最后是观众，[⑥]有关游吟诗

---

① 多兹(Dodds)似乎在据理力争柏拉图中期的对话并非太多地聚焦于普通的公民，而是聚焦在那些突出的人物身上，尽可能地延伸人类可达到的极限。《王制》中的护卫者便是他所给出的极好例证，护卫者就是他所说的“理性的萨满”。见 E. R. Dodds，《希腊人和非理性》，前揭，页 210。

② 多兹把柏拉图在《法义》中的努力说成是为恢复“习传性凝聚体”而对改革进行的一种“反动”(counterreformation)。见 E. R. Dodds，《希腊人和非理性》，前揭，页 207。

③ Pierre Boyancé，*Le culte dés Muses chez les philosophes grècs*(《古希腊哲人的缪斯崇拜》)，Paris：Editions de Boccard，1972。他在第 146 页对俄尔甫斯式的狄俄尼索斯作了很好的概括。

④ Pierre Boyancé，《古希腊哲人的缪斯崇拜》，前揭，页 167－84，特别是页 184。

⑤ 见 Emile Bréhier，*The Hellenic Age*(《古希腊时代》)，tr. Joseph Thomas，Chicago：University of Chicago Press，1965，页 89。

⑥ J. Lindsay，*The Clashing Rocks*(《撞击的岩石》)，London：1965，页 337。

人伊翁(Ion)的评论(见下节卷首引语)表明,柏拉图想要根除的是诗歌中那些"无足轻重的东西"(lightweights):依附在他们身上的精巧的磁石太敏感,哪怕是一丝掠过的风都不会轻易放过,都会绞动和折射起一阵波澜。但在《王制》第十卷中,柏拉图又非常清楚地阐明,他的城邦要驱逐荷马和赫西奥德(Hesiod),因为,作为诗人他们离缪斯仅一步之遥。然后,我们身边剩下的就只有缪斯了。由此看来,如果柏拉图在他的理想国度中驱逐的只是诗人——包括游吟诗人——而非缪斯,他一定是对作为诗之疯狂的馈赠者的缪斯还怀着某种虔诚的敬意。

阅读《斐德若》时,我们可以发现,虽然缪斯作为四种疯狂之一的灵魂仍占有相当重要的地位(265b),诗人作为受馈者则在投生等级上被大大贬低,被苏格拉底依照"必须的法令"描述成处于极其靠后的第六等(在"预言家和秘仪祭师"之后,仅先于工匠和农夫),而第一等却给予了"智慧或美的追求者,缪斯的追随者和爱人"(248d-e)。在传统意义上,"缪斯的追随者"是哲人或爱人,而不是诗人。缪斯已经从诗人那里被剥离出来,同哲人/爱人联姻了。这就是哈维洛克最基本的论点,也是使得他的修辞最具激情的一部分。事实上,他采用了一个拟人化形象来比喻整个希腊传统,并说,如果缪斯想要得到哲人这一新的追随者的忠诚的话,就必须学会一种新的角色和新的语言。①

然而,哈维洛克的希腊教化方式(Paideia)是一个如此宽泛的形象,不能既代表缪斯又代表她们所另辟的一条模仿蹊径。在这方面,Paideia不行,缪斯自己也不行,正如哈维洛克指出的,因为她们都太柔顺太驯服了。我认为这不是模仿链上的简单替换,而是人们熟悉的诗人和哲人这一全新形象的联姻结合。俄

---

① Eric Havelock,《柏拉图绪论》,前揭,页276。

耳甫斯、缪斯卡利俄珀(Muse Kaliope)之子,可能就是这种新型的诗人一哲人结合的范本。虽然柏拉图对“俄耳甫斯”大加训斥,在《会饮》中把俄耳甫斯贬低来与阿尔刻提斯(Alcestis)相提并论,但俄耳甫斯又没有像荷马和赫西奥德那样被驱逐出柏拉图的理想城邦。俄耳甫斯的诗歌创作模式不是模仿:他的根在卡利俄珀,因而具有她的存在特征。他所唱出的歌是发自内心的创造,类似苏格拉底教导每一个追求者都应当去倾听的“歌”。就在苏格拉底同柏拉图会面的前夜,他梦见柏拉图变成了一只天鹅来见他。这在伊尔(Er)的描述中是俄耳甫斯选择再生的形式(见下文)。我认为,这就是用天鹅形象来替代被驱逐出城邦的诗人的意义之所在。

四、萨满式的不和谐:俄耳甫斯式诗人的蹊径

> 因为诗人是光,是长着翅膀的神圣之物,只有在被激起灵感、出离了自己的理智时才能进行诗歌创作,否则就一事无成;诗人的心智已不再属于他们自己……诸神已将这些人的心智拿走,并把他们作为自己的代言人来使用,就像对待占卜者和预言家一样。诸神这样做是想让我们在聆听时能明白,在诗人出离其理智的时候,其实不是他们在说这些如此有价值的话语。这是诸神自己在说话,是诸神通过诗人在向我们诉说。
>
> ——柏拉图《伊翁》

> 心智本身就有一种神力。
>
> ——苏格拉底《斐德若》

我们通常认为柏拉图是一位哲人。哈维洛克认为柏拉图开创了一种全新的职业。[①] 我们也记得柏拉图在他的理想城邦中驱赶诗人，因为诗人只不过是一个打着真理幌子（*eidola*）的掮客，而非代表“理念”（*eidoi*）的真理本身。柏拉图是以悲剧作家开始自己的职业生涯的，只是在受到他老师苏格拉底的影响之后，才焚掉了自己的诗稿。虽然他焚烧了自己这些充满青春活力的作品，但他决没有把诗人完全从自己的身上驱赶出去。作为神话创作者，诗人已经是柏拉图描绘宇宙这一庞然大物的能力中不可或缺的部分了。在柏拉图所有对话中始终有一个潜在的文本，使我们能够倾听到他内心的俄耳甫斯诗人的声音。这是焚烧诗稿的年轻悲剧作家和从理想城邦中被驱逐出来的诗人的结合。柏拉图身上所暗含的是一种新型诗人，他咏唱的是自己的曲调，而不是对缪斯曲调的学舌和模仿。

谈到《伊翁》中狄俄尼索斯颠狂的追随者科里班忒（*korybantiontes*）时，柏拉图说，他们“只对一种乐调全神贯注地洗耳恭听，那是属于他们所依附的神的乐调”。他还补充说，科里班忒对其余诸神的歌声却充耳不闻。[②] 在灵感的链条中，每一环节如柏拉图所说都是对前一环节的阐释，其神力在于情感的吸引力量，或“磁力”，而薄弱的地方则在于象傀儡一样依赖于某一种乐调。但这是萨满式的不和谐（shamanic contradiction）中所涉及的磁力

① 相反，尼采称柏拉图为“巨型天平上的第一位复合型[哲人]”，在自己的哲学理念中综合了苏格拉底、赫拉克利特和毕达哥拉斯思想，见尼采，*Philosophy in the Tragic Age of the Greeks*（《希腊悲剧时代的哲学》），tr. Marianne Cowan, Chicago：Henry Regnery and Co.，1937。在尼采看来，“前苏格拉底”哲人是纯粹的哲人：诗的特征和幻象使他们不得不以其本身的基本形式来表达自己的原初思想。柏拉图是一位集大成者，对这些思想进行了自己的过滤和综合，这就是他的智慧、他的艺术所代表的东西。

② Plato，*Ion*（《伊翁》）536c，见 Lindsay 前揭书页 337 所引。

吸引和排斥中不可或缺的一极，另一极则在苏格拉底对神力的刻画中，使苏格拉底能够对“认识你自己”这一德尔斐神谕（Delphic oracle）赋予全新的意义。这样，对萨满式的不和谐就可以重新作如下的解读：诗人（*poieies*）是诸神的喉舌，是神道（divine *logoi*）的传输渠道。与此同时，心智本身还有一种神力，可由回忆的过程获取。这是灵魂在寻觅自己的本源时所特有的那种回忆（anamnesis）。柏拉图把这种神力同占卜者解读飞鸟队形和祭祀牲畜的内脏排列的能力作了明确的区别界定。占卜者是“神志清醒的”——就像《斐德若》里讲到的吕西亚斯（Lysias）一样，他在那篇精妙的演讲中认为，精于算计的爱人优于为快乐女神（Aphrodite）和爱神（Eros）而痴迷癫狂的爱人。然而，为爱人和诗人所痴迷的是上天馈赠的疯狂，这疯狂远远高于任何技艺（*sophos*）。①

五、俄耳甫斯音乐：伊尔和天界之音

在讨论萨满主题的希腊形式时，埃里亚德（Mircea Eliade）指出伊尔神话（myth of Er）是最接近萨满叙事的希腊表述（《王制》，第十卷）。② 在这个离奇的故事中，柏拉图描述了伊尔较为漫长的冥界之旅。这位潘斐利亚武士（Pamphylan warrior）从他战死到被置放在火葬堆上的十二天里，经历了一种萨满式的鬼魂附身。在这次冥界之旅中，伊尔看到了另一个世界里善恶灵魂的不同命运。③ 灵魂的生命轮回和行星的轨道运行都同在“必然”（Ne-

---

① 哈维洛克不同意这一说法。对他来说，技艺（*sophos*）也是解读缪斯符号的技艺。

② Eliade，*Shamanism*（《萨满教》），Princeton：1972，页 391。

③ 他们的再生形式，特别是俄尔甫斯选择天鹅为再生的形式，是为了避免“怀胎和在女人腹中出生”（《王制》），620a）。天鹅也是柏拉图的一种标志（据说苏格拉底在会见柏拉图的前夜梦见了一只天鹅）。

cessity)法则的辖域之下。这被形象地描绘成由三位命运之神纺锤的旋转。维系天界旋转的“必然”纺锤是金刚石的质地。在生命轮回中确定命运的时刻,灵魂都得从纺锤下面通过。虽然命运是由命运女神的纺锤旋转来裁决,但聚到一起的灵魂可以自由地从在场的先知那里抽签来选择。这些签由先知预先从拉刻西斯(Lachesis)那里领取。抽签以后,他们就可以由拉刻西斯指派的精灵带领他们走过下一个生命轮回。再往后,每一个灵魂又被引导到克罗托(Clotho)那里去“确认”命运,并由阿特洛波斯(Atropos)“斩断退路”(《王制》,620e)。由于灵魂的命运既是由诸神决定(命运三姊妹的纺锤和精灵的引导),也可由自己选择,我们就又有了一个萨满式的不和谐的例子来解读人类生命基本原则。

围绕着“必然”纺锤的四周是中空的旋转涡轮,形成了一道道行星运行的路基和轨道。站在每一行星前端是一个“塞壬女”(siren)在唱着一个音符(她们各自的音符汇在一起就形成了一组包涵所有乐音的和谐音阶)。命运女神也是“塞壬女”,她们编织的命运网络也形成了一种音乐。因此,由守护精灵唱出的一种内在音乐时时在体现和呵护着每一个生命的命运。然而,如果我们缺乏音乐的自我认识和自我“调谐”(self-*attunement*),我们就听不到这种来自天界的音乐和来自自身的内在音乐。

伊尔的宇宙景观所描述的过程同林赛描述的源初意义上“岩石撞击”(*symplegades*)的萨满式过程极为相似。伊尔和阿尔戈英雄(Argonauts)(包括俄耳甫斯)的复活经历了一种古典的萨满式过程。占据了这样的优势,他们就可以自如地描述世俗生命前后的冥界和天界。这种能力的核心在于拥有 *oima* [道路]:自身就是冥界之旅这一旅程的“歌唱之路”(song-way 或 song-lines)。① 生命之旅是一首歌,是一首只有诗人—萨满才能听到

① J. Lindsay,《撞击的岩石》,前揭,页 324。林赛指出,埃斯库罗斯则用 *oimos* 这一阳性形式来描述冥界之旅。

的歌，因为他们自己就是歌的传输渠道。这样，俄耳甫斯音乐必须调谐到同来自天界的音乐和灵魂内在的音乐相一致，因为两者皆来自同一个地方。柏拉图在《蒂迈欧》中对比性地作了更为清楚的阐述，其中灵魂据说是要对应天上的星星，那是主宰生命轮回的“可见的诸神”(42d—e)。①

或许很有讽刺意味的是，虽然柏拉图为我们绘制了一幅卓绝的宇宙内在景观，并且能听到《王制》第十卷结尾处所描述的内在音乐，他本人却并不想听到诗人所要吟唱的东西。诗人的

---

① Gilbert Rouget, *Music and and Trance: A Theory of the Relations between Music and Possession*(《音乐与出神：音乐与迷狂的理论关系》)，为 Brunhilde Biebuyck 与作者合译。该书是一本重要的学术著作，较为详尽地回顾了古典时期、文艺复兴和二十世纪等不同时代有关音乐与出神、疯狂和巫术之间关系的理论探讨。鲁杰特对出神(*epoidos*)和疯狂(*Mania*)进行了区分，认为文艺复兴时代“诗的迷狂”(furore poétique)观念从 17 世纪初开始就一直误导着几乎所有的人。在鲁杰特的分析中，“诗的迷狂”同时可解释为：柏拉图的疯狂理论(《斐德若》中的四种疯狂)，亚理士多德的音乐模式的精神气质(ethos)理论，毕达哥拉斯的天界和谐理论(harmony of the spheres)，以及俄尔甫斯作为疯狂的巫术艺术原型说(概述见 Rouget，页 238)。鲁杰特认为，毕达哥拉斯的天界和谐理论是一种“纯粹的好”(相对应的是在科学上有效的[音乐性]和谐法则)。如果该说法成立，我的过分的解读也就成了一种误读，由“诗的迷狂”的误导而进入一种观念，认为俄尔甫斯和作为他所言说的俄尔甫斯式诗人的综合的界线是清楚的：这就是出神和疯狂(正文中的前一句也引出了毕达哥拉斯的天界音乐)。按照这种分析，俄尔甫斯仅仅是一位我们编造的巫师/萨满，同缪斯赋予的疯狂毫无关系。鲁杰特不同意博扬舍的观点，说后者替换了他自己对出神(*epode*)的解读，其中柏拉图出于节奏与和谐的原故而坚持用希腊词。如果 *epode* 和 *epoidos* 确实仅限于俄尔甫斯教徒(*Orpheotelestai*)所产生的出神巫术的话，那么，我和许多其他的人对谁是这种突显的俄尔甫斯就产生了一种错位的意识，同时还错误地判断出柏拉图无意中就是一位俄尔甫斯诗人。问题并非如此简单。鲁杰特极力想勾画不同的音乐模式，特别是柏拉图(尤其《法义》中)的“同质性情感”(homoepathy)和亚理士多德的“外来性情感”(allopathy)模式，但他的努力却把问题搅得更含混不清了。或许，出神和疯狂的综合是描写俄尔甫斯诗人笔下的那种深层的对立——萨满式的不和谐——的另一种方式。出神产生于一种内在的神力，疯狂则来自神灵附体。

歌声吟咏着激情，很容易使人误入迷途。柏拉图要做的是守护自己理想城邦的公民免受那种歌唱节奏的伤害，不让灵魂成为他人乐曲的奴隶。就像奥德修斯的船队驶过斯库拉（Scylla）和卡律布狄斯（Charybdis）海峡时那样，柏拉图堵住了自己的耳朵，这样，就可以像萨满伊尔一样，让灵魂经过金刚石纺锤下的狭长通道。当宣称自己什么也没有听到时，柏拉图就像苏格拉底那样，表面上一再声称自己一无所知（*asophos*），但通过努力地倾听自己的灵魂，却基本上是无所不晓。宏大的末日审判神话表明，柏拉图对灵魂的内在景观非常敏感。他也倾听到了一首乐曲，那是他自己源初的乐曲。俄耳甫斯的歌声唤醒了动物，唤醒了植物，唤醒了世间的万事万物。俄耳甫斯歌声的神话形象实际上就是诗人—萨满的形象。他用源初意义上的歌声唤起世间万物的回应，就象在倾听着灵魂自身的乐曲一样。

正如沿着各自轨道运行的行星悬垂在中轴的“必然”纺锤上一样，人类也悬垂在诸神的一只项圈上。因此，柏拉图在《法义》的一个著名段落中较为明显地描述了那条悬挂我们的“歌舞线”：

> 无论什么幼小的造物都不可能使自身静止不动或默不出声；它们一直在不断地移动身体并发出声响。它们奔跑跳跃，舞蹈嬉戏，高声喧哗，一副欢天喜地的样子。现在，只有大自然中的动物在运动中才摆脱了有序或无序的观念，全然没有我们所说的节奏感或旋律感。但对我们人类自身来说，我们谈到的诸神在欢宴中与我们作伴，赐给我们觉察和享受节奏和旋律的能力。通过这种感觉，诸神激发我们去运动，成为我们合唱队的领袖。他们把我们串到一条歌舞线上，并以他们自然获取的“快乐”（*chara*）来命名我们的合

唱队(653e—654a)。

“在欢宴中与我们作伴”并“成为唱队的领袖”的诸神,召来了狄俄尼索斯和西勒诺斯(Silenus)。有如迷狂的酒神伴女(Maenads),我们被悬挂在了一条“歌舞线”上。上节中提到的这条内在的神线不是逻各斯,而是节奏和旋律。不单在《法义》中是这样,在我将进一步分析的《斐德若》中,柏拉图还编造了一则寓言,其中蝉被写成是一种先人的后代。当缪斯的歌声传到这些人中间时,他们是那样地如痴如醉,以至于忘掉了吃喝,如饥似渴地歌唱。

苏格拉底把西勒诺斯比喻成集市上的马尔苏亚(Marsyas)雕像(《会饮》,215e),腹中藏匿着诸多小神像。神中有神,比喻也明显传递了这层意思。美丽的灵魂限囿在外表丑陋的躯体内,与死亡的躯壳相对应的就是这条永生的中轴神线。在多神论语境中,柏拉图没有太多地去求证这条永生的神线与神的关系(像印度教的《奥义书》那样),但它却实实在在是永生的(*athanatos*)。依照需求的重点,这条内在的神线可演变成不同的神祇形象,演变成由命运女神、不死的灵魂(或传载命运的精灵)和一条歌舞线共同编织而成的网络。所有这些可以彼此等同,并且等同于萨满式的 *oima* [道路]*epoidos* [出神]。我们悬挂于其上的那条线是一条歌唱之路,但只有诗人一萨满才知道怎样以往复游历(travel to and fro)的方式弹奏这条线。蝉,作为萎缩退化了的人,以其形象诗意地暗示了这条单程之路(one-way path)的另外一种情形。

六、柏拉图的俄耳甫斯世界:背景

不过,现在应当很清楚,柏拉图的“俄耳甫斯主义”(Orphism)是隐而不显的。[①] 相对于俄耳甫斯教徒(*Orpheotelestai*)来说,他的态度严厉苛刻,称他们的颂诗和入教手册(manuals of *teletai*)为"书的骚乱",这些书包含着人们认为可以为自己赎罪的秘仪方式,以及由此通往神佑居所(Abode of the Blest)的路途(《王制》,364e)。[②] 虽然柏拉图对俄耳甫斯主义的通俗和简化形式持批判态度,但他认同这一新神学的核心思想部分。这个核心思想包括,强调个体灵魂作为德尔斐神谕告诫"认识你自己"的对象,强调灵魂转世说中善恶灵魂的不同命运,以及对灵魂净化说(katharsis)的坚持。[③]然而,柏拉图意义上的灵魂净化并非一种任意的外在祭祀仪式,而是像从他老师苏格拉底那里学来的那样去进行"哲学实践"。

柏拉图不仅赞同俄耳甫斯神学的核心理念,也积极构筑其理念的形象。诸神的项圈和环绕的神灵有如马尔苏亚雕像腹中的诸神,是俄耳甫斯最基本形象的不同变体。该形象可归纳为:"身体即坟墓"(*soma* = *sema*)。柏拉图还以一种类比的方式将世界描绘成一个洞穴,灵魂是一种长着翅膀的精灵,被圈蔽在洞穴里。柏拉图在《王制》中关于洞穴的想象建立在恩培多克勒的一句话上:"我们来到了这个有如屋顶的洞穴。"[④]源初意义上俄耳甫斯的蛋的形象直接表达了这两种意义,因为,当我们敲开蛋壳,展露出最伟大的爱若斯(Eros)/斐尼斯(Phanes)精灵时,蛋膜就变成了头顶的苍穹和脚下的深渊。俄耳甫斯因而也成为禁闭

---

① 柏拉图使用的术语是 *Orphicoi* 和 *Orpheotelestai*。*Orphism*(俄尔甫斯主义)是一个用起来较为方便的现代术语,由罗德(Erwin Rohde)最先使用。

② 他对俄尔甫斯传说也是持批判态度,认为俄尔甫斯没能找回欧律狄刻是因为即使在同样的情况下,他也不愿像阿尔刻提斯那样为爱人献身(《会饮》)。

③ 最初,"认识你自己"这一神谕更多地是想让人更好地认识自己的"位置"——作为人的方式,谦卑而受死亡(thanatos)的支配。这是来自秩序之神的告诫,有限而又恰当地告诫在诸神面前不要以自己的傲慢(hubris)去激怒诸神。

④ Kirk et al., *Pre－Socratic Philosophers*(《前苏格拉底哲人》),Cambridge:1983,页 316(Frag. 126,Stobaeus Anth 1,149,60)。

于世界中的灵魂本源(soul－principle),后来又被新柏拉图主义看作是圈蔽在物质中的理智材料(noetic substance),就像那被流放到人们身体中的俄耳甫斯式狄俄尼索斯一样。

这里我想进一步探索的是柏拉图在《斐多》和《斐德若》两篇对话中所特别展现的俄耳甫斯世界的背景。正如弗鲁蒂热(Frutiger)指出的,柏拉图在对话过程中逐步展现的这个世界的轮廓,主要是在宏大的终末论神话(eschatological myth)背景下展开的:《高尔吉亚》(522c－527c),《斐多》(107d－115a),《王制》(614a－621d),《斐德若》(246a－257)。我们已经简要地回顾了其中的伊尔神话(《王制》,卷十)。我不愿纠缠于这些死后灵魂命运的宏大叙事,只想探讨柏拉图在《斐多》中关于自然世界的描述,以及《斐德若》中关于灵魂如何契合来自于爱若斯(Eros)之感染力的动力学的那一详尽"现象学"描述。虽然终末论神话描述的是灵魂转世的上升学说,《斐多》却详细描述了一种形而下(physical)背景,它延续着柏拉图结合形而上(metaphysical)背景的另外一种努力:伊奥尼亚自然主义者(physicalists)那种努力。①我认为,在柏拉图最伟大的对话《斐德若》中,这两者兼而有之。柏拉图的世界观是俄耳甫斯/毕达哥拉斯式的世界观,但这种世界观以一种全面的方式同自然(*physis*)领域交织在一起,形成了互为需求的诸种对立:尘世与天界,逻辑与非理性,科学与神话。

七、水流运行系统:《斐多》

灵魂流变之戏剧(drama)的背景是宇宙性的,②汇聚着从哈德斯(Hades)的冥界到最高层天上(Empyrean)星星的各种力量的

---

① Perceval Frutiger, *Les mythes de Platon*(《柏拉图神话》), Paris: Librairie Alcan, 1930,页152。

② 见 *Compact Edition of the Oxford Dictionary*,(《简明牛津词典》),卷一。

上演。星星在赫拉克利特和恩培多克勒那里变成了杯子，杯口朝着大地。这样，杯子从高空吸入的火就可以折射到地上。每颗星星都有一个"小"神或精灵，作为它的中心和生命源泉。这些星星依附的精灵的数量和灵魂的数量相等，因而，它们在宇宙中的环绕也有固定的运行系统（《蒂迈欧》）。各自固定的运行轨道外的某个地方就是"神佑的居所"，净化的灵魂（哲人和爱人）在那里可以享受永久的盛宴。① 在地下我们很快会熟悉的一个地方，打入地狱的灵魂永远陷在泥潭里（或粪坑或更糟）。柏拉图在下面这段话中明显抓住了天界和冥界的基本联系："再明白不过的是，当灵魂的眼睛陷入俄耳甫斯神话的那个野蛮无知的泥潭时，辩证法轻轻地把它拉出泥潭，引领它上升。"（《王制》，533d-e）用"俄耳甫斯神话的"这一修饰语似乎有某种疏漏，肖瑞（Paul Shorey）过分热情的注释举例说明了林弗希（Linforth）极力抱怨的那种疏漏（用"传言"影射"俄耳甫斯的"）。但在下述意义上，这段话里的图景和逻辑两者都是俄耳甫斯式的：在地狱和天界间有一种必然性联系，如果辩证法能够轻轻地把灵魂往上拉的话，灵魂跟随的就是这一联系的一条线。

那末，就让我们就从陷入泥潭的结局开始。这似乎完全与《斐多》中的描写相吻合。苏格拉底坐在雅典监狱的死囚床上，在生死的边缘仍神态自若。他把生活在 *oikoumene* [大陆，有人居住的世界]（大希腊次大陆）上的人类比成围在池塘和湖泊边上的青蛙和蚂蚁。山谷洼地中有实实在在的生命，洼地低处潮湿的空气流向山谷，更像是柏拉图描绘的泥潭。是我们的感觉，更重要的是通过杜克海姆（Durkheim）所说的"集体陈述"（collective

---

① 苏格拉底期待在那里同幸福的英雄（eudaemonic hero）"对话"，这不可避免会又一次导致反叛、审判，以及指派与坠入地狱者（Lucifer）不一样的命运。这在卢奇安（Lucian）的《亡灵对话》（*Dialogue of the Death*）中有极好的摹仿。

representations)带给了我们这一熟悉的世界。那是一些从洞壁上跳动的影子里捕捉到的形象。

“真实的大地”仍然是形而下的。那是大地上的多山区域，山巅直指天际，好像渴望着要与天空连为一片。柏拉图把这一部分描绘成像五光十色的奇石世界，折射出一块值得歌德式人物享用的全色调色板。[①] 在这篇对话中，大地被更小的阴性元素、水和土统领着，成了一种多层构造体(multitiered organon)，上面有许多雾气蒸腾的沟渠，连接着大陆和环绕大陆的大洋河(Oceanus)深处，再到冥界河流冰冷的汇合处，最终汇集成冥湖(Styx)。再下面便是地狱塔塔诺斯(Tartarus)。所有的河流最终都汇入塔塔诺斯。塔塔诺斯是这个整体中的调剂者，因为它将大地那一面的河流在冥界的这一面又重新进行了分布组合。

很明显，所有这些沟壑纵横的水路相互连接，各自沿着自己的河道奔流不息，寻觅着自己在宇宙中的位置，在奔腾中，各种力量达成了一种平衡。这明显是柏拉图关于自然(Nature)作为“上、中、下”统一体的观念的表露。[②] 同时，柏拉图又以一种看似笨拙的方式，对冥界作出了似乎有理有据的形而下(physical)解释，这是一种通过冥界来对上界事件进行的解释；而且，通过精灵的爱欲“潮水”(tides)的戏剧(play)，柏拉图也解释了巨大的 *methexis* [分有领域]中水流般的冲动和反面的冲动，这一分有领域是一个“中间”领域，灵魂一精灵正是通过它而流动不息。

---

① 把这一节同歌德的柏拉图式诗歌《更高和最高》(“Höhere und Höechtest”)进行比较，尤为引人注目，在歌德的诗中，言说者登上了天界，完全占有了在上升过程中愈能体会到的诸种感觉，同时拥有了最高造物神(demiurge)的那种统握能力(apperceptive faculty)。

② 弗里德兰德(Friedländer)对《斐多》中的地理环境作了一番极为清晰的描述。见 Paul Friedländer, *Plato: An Introduction*(《柏拉图引论》), tr. Hans Meyerhoff, Bollingen series, New York: 1958, 页 262—69。

下面，我们以《斐德若》为例来更细致地考察这些爱欲的潮水。

八、爱欲的潮水：《斐德若》中的“比翼”现象学

如果说，《斐多》、《蒂迈欧》和《政治家》分别将洞穴作为柏拉图的基本话题来描绘俄耳甫斯世界的背景的话，那么，《会饮》和《斐德若》则聚焦在这个背景的促成过程上。如果说在前三篇对话中，赫西奥德的宇宙起源说被柏拉图带着俄耳甫斯般革新的气息（*typos*）重写了的话，那么，后两篇对话中秘仪般的语言和语气则正好暗示了其重要的中心地位。在每一篇对话中，核心部分总是这样一种辩证法，它始于一种朝向神圣的爱之激荡，激起它的，则是一种与尘世情人结为一体的渴望，这尘世情人的美乃是形式世界（the world of forms）那难以想象之美的一种折射。虽然每篇对话都如此引人入胜，但我还是只想具体到《斐德若》的讨论上，因为在它无形的中心周围串联起了本文的核心主题。同其他任何一篇对话相比，《斐德若》更为有力地证明了佩特（Walter Pater）下述观察的精辟性：柏拉图是一位“预言家，在感官上对灵魂的世界情有独钟，他对有形事物的敏锐使他能表达只有用心灵的眼睛才能看到的一切，就好像用肉眼看到了似的。”①

弗里德兰德（Paul Friedländer）在对《斐德若》的评论中，很有独见地发现了一个“同心”结构，其中有关修辞的问题围绕在内在核心的四周，主要聚焦在辩证法和灵魂论上。② 整个部分颇具匠心，将言辞的本性展示为一个“有灵魂之物”（《斐德若》），每

① Walter Pater, *Plato and Platonism*（《柏拉图和柏拉图主义》），London：1910，页143。

② Friedländer，《柏拉图引论》，前揭，页198。

一部分都有其应有的位置。因此我想要强调的是,这篇对话的核心正好是对“爱欲的冲动和反面冲动”(弗里德兰德语)的现象学描述。正如西勒诺斯小神像包裹着诸神的形象,《斐德若》中的复合性神话结构也包涵着一个中心神话,讲述着爱神怎样重新唤醒灵魂的生命活力。这一结构从当地的俄里蒂亚(Orithyia)和波瑞阿斯(Boreas)神话开始,到后来把梧桐树下的仪式同阿喀罗俄斯(Achelous)和涅瑞伊德斯(Nereids)神话进行揉合的努力,再到最后,则是柏拉图在代表神话的忒伍特(Theuth)和代表哲学的埃及国王塔姆斯(Thamus)的交谈中对更为基本的源初话题和文字可能产生的作用的探索。其间,我们读到了奇妙的蝉的神话。

九、蝉

人的大地起源的主题在《斐多》和《政治家》中占有重要地位,《王制》中则稍次,在《斐德若》中通过蝉的描写,该主题又重新出现了。当苏格拉底和斐德若一道走近伊立苏斯(Ilissus)河畔那片梧桐树荫时,他向斐德若讲起了蝉的故事。正如弗鲁蒂热所指出的那样,这似乎是完全由柏拉图编造的两个神话之一。故事讲述的是,蝉是早先一种人类的后代,那些人由于缪斯的到来而对音乐入了迷。他们对歌声如此痴迷,以致于忽略了吃饭和喝水,从出生一直唱到死,而对此他们“一点也没注意”(《斐德若》,259c)。然而,苏格拉底和他的同伴只有在避开了蝉的歌队在头上吟唱的“令人痴迷的塞壬歌声”时,才能得到“上天允许蝉们赐福给凡人的这种恩惠”。

照我看来,这则寓言可看成是哈维洛克批评模仿(*mimesis*)的压缩版:苏格拉底和斐德若两人并非是如此痴迷于塞壬的歌声,而是在谱写自己的音乐,并从音乐的曲调中吸取唯一的营养。这"超级音乐"便是哲学。蝉本身也像它们未蜕变前的人一样,来自孕育它们的大地,是音乐的肉身形式,不需要食物,依赖的只是音乐自身的咒语。缺乏食物需求延续着什么是灵魂的营养这一神话的核心主题,其中,三种食物代表了灵魂所经历的三个需求层次:从物质层面的"外在食物"(248b)到作为诸神享用的琼浆玉液的"存在",这是神马赖以生存的食物(247d—e),再到中界的"情人的美"(251b),没有这一中间层面的需求,其余两个层面的需求就失去了关联。蝉的神话巧妙地把美和灵魂本性这两个相互关联的主题结合于蝉那发自本能、永不止息的歌唱中:这是每个哲人一爱人那源初的灵魂之歌。但同时,这一神话也宣称,人所"痴迷"的可能只是一种模仿物,所模仿的并非灵魂的源初之歌,而是作为"习传性凝聚体"之歌队的蝉们的合唱。①

十、羽翼化的秘仪

柏拉图把逗留在人世间的灵魂描写成羽翼折断了的灵魂。

① 应当注意的是,作为如此令人痴迷的音乐的始作蛹者,缪斯在这一行为过程中也属人们关注的重点,这就部分映证了博扬舍的论点。确实,他们充当着法官的角色,与厄尔神话中充当灵魂的各种命运的仲裁人角色遥相呼应。那是在当蝉向他们报告有关他们怎样多次受人礼遇和受谁礼遇时所表现出来的情形。蝉的神话也正好适合俄尔甫斯神话的结构主义分析,后者聚焦于对甜美之极至的分析。其中,俄尔甫斯一欧律狄刻斯的"蜜月"中性的放纵预设了往割裂(*sparagmos*)的另一端摆动的必然,蜜糖的逻辑对立面必然是往灰烬的转换。(在维吉尔的诗篇中,蜜糖是阿里斯塔俄斯(Aristaeus)在追求欧律狄刻时所丢失的自由礼物。这种追求"合法"与否取决于我们对农夫的认同的解读。我的理解是,他是俄尔甫斯的替代,但他在替代中却从未真正和欧律狄刻结合,因而是"清白"的。因而,欧律狄刻的死(death)在莎士比亚和弗洛伊德那里都成了"在死"(dying)。列维一斯特劳斯在《从蜜糖到灰烬》(*From Honey to Ashes*)一书中列出了这一逻辑对立和反省所涉及的范围。同时也可参考马赛尔·德蒂埃(Marcel Détienne)的著作,特别是《被杀的狄俄尼索斯》(*Dionysos Slain*)一书(Baltimore:1979)。

让羽翼重新丰满是其职责，也是一种愉悦，这样，灵魂才能重新在宇宙间翱翔，并在大年(Great Year)终了的时候将“最高贵的部分”带到能让羽翼成长的牧场草地上。这种情形最可能在“智慧或美的追求者，缪斯的追随者和热爱者”身上发生(248d)。柏拉图在一个极为敏锐的发现中，揭示了这一经验的本质，这一发现可谓一种爱的现象学：爱，就是爱人和情人灵魂中那羽翼生长的往复行动。如前所述，这一论题的语境是基于修辞的对话，开篇和结尾均围绕着这一论题的核心。这也是苏格拉底给斐德若上的著名一课：课中柏拉图将他特有的反讽用到了极至。在这一课开始，苏格拉底仅仅对什么是爱人最优秀的品质进行了一次修辞学梳理，但却巧妙地将其转换成了一次对爱之本质的谆谆教诲，包括神圣的爱和尘世的爱，以及对成文言辞之价值和危险的极富争议的考查。

如上所述，对话以苏格拉底和他年轻的崇拜者来到伊立苏斯河畔的梧桐树下开始。那是在雅典我们熟悉的城门外，在一种“神话”氛围中，斐德若拿出他的爱人、修辞家吕西亚斯(Lysias)的一篇演说稿来读给苏格拉底听。从实质说来，演说的论题是年老的没有激情的爱人要优于为激情所驱动的爱人，因为他把自己的行为规范在了对自己所钟爱的年轻情人负责的方式中。有关这篇演说的一切——可读性，充满了优雅诡辩的转折，以及结论的一大堆“愚蠢”、“荒唐”的废话(242e)——都绝对和苏格拉底自身的价值观和方法相左。然而，苏格拉底没有逐条去反驳这人云亦云的论题。相反，他用一块布蒙住头，以免因“羞愧而丧失信心”。于是，他便开始了对吕西亚斯演说的学舌模仿，那是罩上了一层薄薄面纱的模仿，把斐德若更深地引进了吕西亚斯自己的逻辑陷阱中。

把头遮住是典型地想让自己在“可见的诸神”面前隐去，但也增加了秘仪的隐含成分。新入教的人要经历戴面纱的过程，就好像苏格拉底在他能向上飞升之前，也必须像入教的人一样去经受折羽下坠的磨练。这一番话之后，当苏格拉底透露出在这拙劣的下行前精灵已给了他“习惯性暗示”时，他又讲了他的第二番话。这一次，他再没有遮掩什么，接下来便是一番祷告，请求被中伤的爱神原谅。虽然这必须首先理解为一种反讽，但却有着典型的柏拉图式的倒刺（可能游离于真理和谬误之间），以致于可能成为使苏格拉底完全蒙受羞辱的行为。就修辞效果——甚至戏剧效果而言，这一则小小的插曲给苏格拉底的论点提供了极有价值的提示：一条把我们带入对话的中心仪式的跑道。

这些仪式为那些“新近加入秘仪的人”（251a）而保留：尘世情人的在场，令爱人激发出一种敬畏，一种为所爱的情人献身的冲动，就像为自己新近崇拜的某个神献身一样。确实，爱人要尽力以自己所选择的神性形象来塑造自己的情人。情人一旦“陷于”爱欲的疯狂，作为回报，也就把从爱人身上折射回来的自我形象看成是这一神性的形象。因此，就其最高形式而言，爱情是爱人与情人间的相互神化。正如《会饮》中狄奥提玛（Diotima）那篇伟大的讲辞所说，这一辩证法扶摇直上，直达天界的最高层。但这儿的过程体现在细微的描述中，与其说是哲学的对话，不如说是一首抒情的诗歌。事实上，有关激情苏醒的描写唤起了人们对萨福（Sappho）抒情诗篇中死亡“临界经历”的联想。诗歌以“那人有如我眼中天上的诸神，坐在你面前如此专注地聆听”开篇，又以“我感到死亡已经在向我逼近”结尾。[①] 像萨福的抒情

① Richmond Lattimore，*Greek Lyrics*（《希腊抒情诗》），Chicago：University of Chicago Press，1960，页 39－40。

诗篇一样，柏拉图用了诸如“震颤”、“焦躁与发狂”和“激动的颤抖”等词组，让人直接联想到这种使人痛苦的迷狂。当“粒子流”通过视觉的通道进入了爱人的灵魂，羽翼休眠的毛根受到滋润又开始膨胀的时候，灵魂有如一个刚刚长出乳牙的婴儿——这就是羽翼猛长所激起的悸动。这一过程所涉及的元素是水分和热量。因此，美的洪流激情澎湃，融化了根的残干，让羽翼又重新长了出来。但是，当情人离开灵魂的存在，滋养的洪流平静了下来，毛根开始干涸，羽翼的幼毛就被塞住，让灵魂和上述的洪流堵在了一起。这时，灵魂就有如脉搏一样狂跳，刺戳着它的塞口。灵魂因此也遍体鳞伤，忍受着针扎一般的痛苦(251d－e)。

这一过程在爱人的灵魂里重复着，愉悦和痛苦交织在一起，呈现出“忽此忽彼”的狂躁不安，夜不能寐，日不能静。在《蒂迈欧》里，我们可以从这一行为中看到四元素(*tetractys*)掉进世俗生活的河流后的狂躁与不安(42－43)。这也与多动的小孩和饮酒的成人相类似，想要在无序的移动中寻求到曾经的有序。但当情人再次回到灵魂的存在，在温暖的光芒中——有如照耀“可见的神”的光芒中，这位“外科医生”给伤口敷上了药(*pharmakon*)，让灵魂回想起曾经天界的荣耀。当这一切发生时，“她让洪流冲刷到她的身上，任幽闭之潮水喷涌而出”(251e)。

在这篇对话中心所洋溢的热诚中，柏拉图把他的隐喻揉在了一起(正如人们常常注意到的)。批评家通常会看到一种不太令人愉快的揉合，战马和驭手的隐喻同羽翼的丰满与脱落混揉在一起。这样的组合确实暂时满足了某种奇怪、甚至是荒唐的需求。正如弗里德兰德曾经注意到但又拒斥的那样，这种表面的尴尬被用来为柏拉图随后的修正甚至窜改作铺垫。① 在我看

① Friedländer,《柏拉图引论》,前揭,页190以下。

来，这是后来"新柏拉图主义的"增生物的又一理论依据：一种充斥古希腊时代的可悲调和（灵知文学中也随处可见）。这种隐喻的杂揉或组合是巨大的俄耳甫斯遗产中的一部分。当下的这一隐喻有力地见证了柏拉图传统起源处对隐喻的运用。

我在这里想要强调的是穿越感觉器官和神圣灵魂之间的直接通道。虽然灵魂有如"处于其贝壳中的牡蛎"一般被紧紧幽闭在身体中，却极易受到澎湃激情的影响。这是灵魂冲破束缚的先兆，和着光、热量和水分，情感由情人形象的入口和通道进入灵魂囚室的外围。这就是我所说的柏拉图的第一联觉（primary synesthesia）。博扬舍提到"有如镣铐一样捆绑着灵魂的沟壑纵横般的经络和身体的各个部位"，并将其同"灵魂的呼吸"连在了一起，虽彻底开拓了通道，也因此束缚了主人。① 我们由此便有了洪水的形象。这是凝固的羽翼根毛"融化"后形成的洪水，由情人辐射出的第一股情感之流进入身体的小宇宙。当存在从中撤出时，通道随即被堵塞，灵魂便被又圈闭起来。这又是俄耳甫斯/毕达哥拉斯"身体即坟墓"公式的一个具体例证，但同时，它也是灵魂作为第一联觉的情人的演绎场所，种种感觉都在这一联觉中汇聚、融合、交流。

然而，爱人和情人间传递爱欲的重要元素和主要方式是呈液态状的。② 当爱人的灵魂已经充满了情人的形象，再没有更多的容纳空间时，形象就会重新流回到情人那里，有如从坚硬而平滑的表面反弹回来的微风或回声一样（255c—d）。当美的涓涓

① P. Boyancé，《古希腊哲人的缪斯崇拜》，前揭，页84。

② 或许使用频率不高的"fluxion"一词可以更好地描述这一过程和媒介。

细流重新回到情人眼中时，情人坠入了情网，在爱着了，“但他又不知道自己爱的是什么”，他“陷入”了这一返回来的爱中，这爱就如同来自爱人的“一种眼疾一样”。

最后，这两个恋人终于明白了这种“往复的爱”来自何处。他们成为相互情感的容器：相互包容，亲密无间，唯恐高涨的爱欲之潮从他们中间消退。柏拉图对此 *telos*［结局］作了如是描述：“他们卸下了负重，重新插上了羽翼，犹如真正的奥林匹克竞技中的胜利者一般站立在那里(256b)。”正如《斐多》中所描述的那样，这一过程再一次被描写成水元素在寻求自身平衡过程中的一种平衡。这一次，调剂这一过程的不再是那些最终汇入大地中心的塔塔诺斯湾的冥界河流，而是两个被紧紧连在一起的灵魂。他们那沟壑纵横般的血管连在了一起，架起了一座连接两颗心灵的灵魂之桥，这座桥成了那种真正的 *metaxy*［居间］的展现。通过一座互补的河堤，这些“被紧缚在一起的偶伴们”，用柏拉图的话来说，就是那些拖着战车往不同方向奔驰的战马们，激扬起爱的潮水，就像在一个圈闭的系统中一样，任这潮水在相互的爱与被爱的往复中不断高涨，直至攀登到“极限”。这时，两人合二为一，嬗变成了他们想望已久的那种难以视见之物，成了某种柏拉图也只能意会之物。这真是柏拉图像阿里斯托芬一样给出的 *Pteros*［羽翼］形象(252b)：插上了翅膀的男性生殖器，让那尴尬的三分性有翼战车隐喻，升华成了一幕崇高的喜剧。①

① Arrowsmith，“Aristophanes' Birds”(《阿里斯托芬的〈鸟〉》)，见 *Arion*，1(1973)，页 119—68。

十一、洞穴和光束

> 看起来那些为我们建立了入教仪式的人并不是骗子,相反,当他们告诫说凡是没有入教就去见冥王的人将会掉进泥潭,而那些涤过罪入过教的人则会与诸神住在一起时,这些教诲里面是有隐秘含意的。因为确实如那些懂得秘仪的人所说,尽管许多人都手持仪杖,但真正是酒神教徒(*Bakchoi*)的却如此之少。在我看来,这些真正的酒神教徒正是那些为真正的哲学献身的人。
>
> ——柏拉图《斐多》

大地深处的冥界沟壑纵横,潮湿泥泞,一眼望去,云遮雾罩,潮湿阴冷的黑暗深处远离太阳的光辉和温暖,这就是《斐多》所描绘的地理特征。这是柏拉图笔下的基本地貌,与其类似者贯穿在柏拉图作品中,特别在《王制》第七卷的洞穴主题中表现得淋漓尽致。《斐德若》是柏拉图对话中最为"明媚"的一篇,尽管如此,我们在其中却还是能觉察到一系列这类拱形地貌、恩培多克勒的"屋顶下的洞穴"(frag. 120)[①]的暗示。

圈闭在其贝壳中的牡蛎形象包含在对话中神话的最为中心的部分,与"掉入野蛮泥潭的灵魂之眼"(《王制》,564e)形象相似。两者都生活在柏拉图的俄耳甫斯世界底层的泥潭里,都有一种

---

① Eisler,*Weltenmantel*(《世界之舟》),转引自 F. M. Cornford,《从宗教到哲学》,前揭,页178。

出污泥而不染的原生能力:灵魂之眼可以实现自己的“神圣力量”,牡蛎则可以育出珍珠。此外,两者虽然都像那些没有入教就去见冥王的人的灵魂一样掉进了泥潭,但却不屈不挠地抗争着,执着地要变成真正的酒神教徒——那是获得了自由的哲人/爱人的灵魂,他们从洞穴中爬出,飞到了神祐的地方。对此,两段以后提到的关于羽翼的“荷马寓言”(252c)里有一个最为经济的隐喻。确实,牡蛎和插上了羽翼的男性生殖器囊括了柏拉图从最为低俗(*sub-limus*,Hazlitt 用的双关语)到最为崇高(sublime)的全部精灵化宇宙。从这里就引出了从外壳(牡蛎/蛋)中升起的爱若斯神。爱人和情人的孪生灵魂是相互之间情感交流的容器,他们能重新插上翅膀往天堂飞翔,虽然这能力难以名状但却又是命中注定。所有这一切形成了一个基本框架,可以让被驱逐和散落在“物质陷阱”中的爱若斯/狄俄尼索斯的躯体重新复原。但这里边也有达那伊得斯(Danaides)的影子,那是被永远惩罚在地狱里往无底的水槽灌水的灵魂。当然,其中主导的形象还是对水的“包容”和在宇宙的各个层面对水的调剂。在此意义上,柏拉图的洞穴已经变成了一种人工洞室(grotto)。

这就是柏拉图从俄耳甫斯神话丰富多彩的形象中提取的“隐含意义”。正如格思里(Guthrie)所指出的:“柏拉图把俄耳甫斯神话看作是深邃的哲学真理在神话表达上的互补。”[①]神话是康福德(Cornford)所说的哲学“材料”的一部分,另一部分就是自然(*physis*)。[②] 这是柏拉图的假设,虽然不可证明,但没有这些假设,柏拉图的哲学世界就不复存在。作为一位俄耳甫斯式的诗人一哲人,萨满的后代,柏拉图一定在他自己的灵魂里经历了

---

① W. K. C. Guthrie, *Orpheus and Greek Religion*(《俄尔甫斯和希腊宗教》),London:1952,页 242。

② F. M. Cornford,《从宗教到哲学》,前揭,页 124 以下。

那种神灵附体的秘仪(*nekyia*),以及这种转渡带来的天界游历。这也使得他必须集宇宙论家(cosmogonist)、神论家(theogonist)和人论家(anthropologist)于一身。但更为根本的是,柏拉图像俄耳甫斯本人一样,首先是一位音乐家,他弹奏着变调曲(弗鲁蒂热和多兹语),在多利斯调式(Dorian)和佛里吉亚调式(Phrygian)之间寻求着一种新的调式。如莎士比亚所说,"因为俄耳甫斯的长笛乃为诗人的体力所驱动",所以,柏拉图寻求的乃是《法义》中那种狄俄尼索斯式的尘世的音乐。① 这种灵魂的音乐呼应着来自远方的音乐,那是一种来自天界的音乐。天琴鸣奏,那是阿波罗/赫利俄斯(Apollo/Helios)在用光拨动着琴弦:奏响的音乐就是《蒂迈欧》。② 头顶的那棵树上,蝉在用最甜美的歌喉尽情咏唱,临近曲终,就会跃入歌颂美好生活秩序(Eunomus)的抒情短章中。这里,音乐呼应着更为遥远的歌声、天鹅的歌声,而神鸟天鹅则是阿波罗的预言歌手,是苏格拉底、柏拉图和伊尔的"图腾"鸟。

在恩培多克勒那里,俄耳甫斯式的宇宙、从混沌中诞生的夜的孩子,已经成了洞穴的基本地貌。这是一片被人反复穿越的领地(*temenos*),初次踏上这片土地的人,都要被吞噬、藏匿,迷路,受骗,现在,由于柏拉图的缘故,它变成了一座牢狱,同室的囚犯们直楞楞地坐在那里,目光呆滞地注视着帘幕反射回来的摇曳光影(*eidola*),任其在他们和外面那些走动于墙台上的人之间伸缩收展。他们中的一位柏拉图式英雄拾起那光束的末端,

---

① Shakespeare, *The Two Gentleman from Verona*(《维洛那二绅士》),第 3 幕第 2 场。我很感谢伊丽莎白·塞威尔(Elizabeth Sewell),是她使我注意到了莎士比亚这句话,见她的 *The Orphic Voice*(《俄尔甫斯之音》)一书(London: 1960,页 58)。

② W. F. Otto, *Homeric Gods*(《荷马的诸神》),Boston: 1954,页 80。

穿过那些墙台，朝着相反的方向走去，在缓慢而坚定的步伐中，慢慢回忆起那被颠倒了的图景。为此，他被极度中伤（“或许被杀”），他为我们描述的那片洞穴之外阳光明媚的“真实大地”，似乎也成了疯人呓语。在这种朝着太阳追逐的本能中，柏拉图式的英雄从洞穴中升起，他就是俄耳甫斯的孪生兄弟，他“退到一个洞穴中，在那里，他每日起身，在日神赫利俄斯面前迎颂神的现身”。①

（卓新贤 译）

① Aeschylus，*Bassarides*，佚文收于 Kern 的 *Orph. Fr.*（《俄耳甫斯辑佚》）页 33，这里引转自 W. K. C. Guthrie，*Greeks and Their Gods*（《希腊人和他们的神》），页 315。当然，这是经过柏拉图“改造”后的俄尔甫斯，发誓戒除与异性的关系，极力让自己摆脱再次失去欧律狄刻的悲痛心情。这一形象强调的是阿波罗式的俄尔甫斯，截然不同于那个唱歌的头颅被割了下来、和鸣响的竖琴一起沿着赫布拉斯河（Hebrus）飘流而去的俄尔甫斯形象——那是综合了阿波罗和狄俄尼索斯的俄尔甫斯形象。

柏拉图对雅典悲剧的运用和批评

奈丁格尔(A. W. Nightingale)

柏拉图的对话犹如一叶扁舟，拯救遇难的古老诗歌和她所有的孩子；他们挤在这弹丸之地，战战兢兢地服从舵手苏格拉底，现在，他们驶入一个新的世界，沿途的梦中景象令人百看不厌。苏格拉底确实给世世代代留下了一种新艺术形式的原型，小说的原型；它可以看作是无限提高了的伊索语言，在其中，诗对于辩证哲学所处的地位，正与后来许多世纪里辩证哲学对于神学所处的地位相似，即处在婢女的地位。

——尼采《悲剧的诞生》①

① [译按]此处译文采用周国平译，《悲剧的诞生》，北京三联书店，1986，页59。

一

苏格拉底在《王制》(*Republic*)第十卷中断言,“在哲学和诗之间,有一个古老的纷争”(607b)。在柏拉图的作品中,也许再也没有比这更出名的论断了。但是,“哲学”在当时是一种起源并不古老的学问,最先使用“哲学”这一术语来表示某种特殊智识活动的便是柏拉图。在古典的雅典时期,“哲学”这个词指的是广义的“智识培育”,换句话说,大批智识人(包括许多诗人)都被说成是在从事哲学。① 实际上,是柏拉图最先把“诗”看成这种陌生的被称之为“哲学”者的头号敌人。正如我将在下文中证明的,尽管柏拉图认为这两种文类之间存在着一个“古老的纷争”,但我们不能藉此而把这种说法理解为一种真实的史实性报道;相反,柏拉图这种说法只是某种大胆的修辞策略的一部分,这种修辞策略的目的在于界定哲学,并赋予哲学几近永恒的地位。对于公元前 4 世纪的人来说,认为哲学与诗之间存有纷争,就像认为一个默默无闻的小伙子自不量力地在跟一个令人望而生畏的巨人进行较量一样,这一想法也许会显得滑稽可笑。事实上,在这一时期,哲学根本无法与诗匹敌。因为在柏拉图生活的时代,诗的受众是各种口头/表演语境下数量很大的人群,而哲学则只触及一个相对小的文化精英群体。这两个竞争对手甚至因此根本没有在同一场所竞逐。②

正如亚当(Adam)在对《王制》的评注中所说,“在存世的古

① 可注意的是,希庇阿斯(Hippias)的“文选”中包含着智识人阐述的一些抽象观念,他把诗人也包括到这些智识人中了(参 Snell [1944]/1966, Mansfield [1983]/1990 及 [1986]/1990,以及 Patzer 1986)。

② “纷争”中的双方真正势均力敌,在同一场所相遇,只是在希腊诗成为“文学”(从诗主要通过书面文本来到达其读者这一意义来说)之后。

希腊诗残篇中,很少有关于这场'古老仇怨'的蛛丝马迹"。①当然,苏格拉底引是引用了四行诗来证明这场纷争确有其事的:

> "对着主人狂吠乱叫的狗","喋喋不休、空话连篇的傻瓜中的大人物","统治贤明之士的群氓",和那些"穷鬼中的精明者。"(607b—c)

这些诗行出自何人之手不得而知,但是大家都认为,头两行诗采用的是抒情诗韵律,后两行用的是喜剧中的三音步抑扬格。由于我们对这些嘲讽针对的具体人物一无所知,也不了解这些诗行吟诵的具体语境,我们也就不可能确定它们的含义,因此必须求助于那些存世的诗。我们发现,在柏拉图以前的一种诗体——古希腊旧喜剧中,有一些对智识人毫不含糊的批评。②

有趣的是,那些今天被称之为哲人的人,很少有人在旧戏剧中受到抨击。苏格拉底似乎是最引人注目的一位(参见Callias 15 *PCG*;③Telecleides 41,42 *PCG*;Eupolis 386,395 *PCG*;Ameipsias 9 *PCG*;阿里斯托芬,《云》,《鸟》1280—3,1553—8,《蛙》,1491—9,及残篇392 *PCG*)。苏格拉底的朋友凯勒丰(Chaerephon)是另外一个众

---

① Adam 1902. II:417。

② 当然,希腊中期喜剧诗人也抨击过智识人,但这种"纷争"是在柏拉图同时期进行的,不是"古老的"纷争。Brock(1990:41)考察了希腊中期喜剧诗人对智识人的抨击。他认为,希腊中期喜剧诗人在谈到智识人时,带有"更大的精确性"。我认为这种精确性之所以成为可能,是因为在第四世纪时,智识人明显地试图把自己与其他人区别开来。

③ *PCG*= *Poetae Comici Graeci*,edd. R. Kassel and C. Austin,Vols. 2,3.2,4,5,7(Berlin 1983)。

人嘲讽的对象(参见 Cratinus 215 *PCG*;Eupolis180,253 *PCG*;阿里斯托芬,《云》各处,《鸟》1562－4 及残篇 592 *PCG*)。受嘲讽的还有一位是在克拉提努(Cratinus)的作品 *See－alls* 中被指责为不敬神的"自然哲人"希朋(Hippon):有注家认为,阿里斯托芬在喜剧《云》当中对苏格拉底的处理与克拉提努在一些重要方面对希朋的描绘很相似。① 最后,星象学家、数学家麦顿(Meton)在阿里斯托芬的《鸟》(992－1020)中有短暂出场,其间,他被人取了个"江湖骗子"的绰号(1016)。被提及时稍稍有所不同的是被当做希腊圣哲典范的泰勒斯(《云》,180,《鸟》,1009),也许人们认为,这位死去很久的外邦人并不是滑稽讽刺或评论攻击的好靶子。

在旧喜剧中,除了这一小群"哲学"思想家,还可以找到现在通常被称为"智术师"的智识人,他们为数不多,但几次被提到。例如,在阿里斯托芬的作品中,有三次分别提到普罗狄科(Prodicus)和高尔吉亚(Gorgias)(提到普罗狄科的三处是:《云》,361,《鸟》,692,残篇 506*PCG*;提及高尔吉亚的三处是:《马蜂》,421,《鸟》,1701,《公民大会妇女》,1103－4);提到特拉叙马库斯(Thrasymachus)一次(残篇 205*PCG*)。在欧波利斯(Eupolis)的《谄媚者》一剧中,普罗塔戈拉(Protagoras)扮演了一位对富有的卡里亚斯(Callias)屈意奉承的谄媚者(残篇 157,158 *PCG*)。两位音乐教师(两者都跟苏格拉底有关联)也惹来骂火:一位是孔努斯(Connus),阿美普西亚斯(Ameipsias)专门为其写了一出剧本《孔努斯》(*Connus*),剧本似乎包括了一个很多智识人的合唱;②另一位是达蒙(Damon)(Plato Comicus 207 *PCG*)。最后,喜剧家柏拉图(Plato Comicus)写了一部

---

① 关于对该评注的论述,参看 R. Rosen(1988:61－2)。

② 参看 Dover(1968a:l－li),这里讨论了 Athenaeus 提及 *Connus* 中由一些智识人组成的合唱团。

题为《智术师》(成书于约公元前 403 年)的剧本。[①] 然而,需要注意的是,剧中几次提到普罗狄科都没有表示敌意,[②]显然,一些智术师确确实实赢得了雅典人的尊敬。

在旧喜剧中提及(我们今天称之为)哲人和智术师的次数并不是非常多。对哲人和智术师的数次提及根本不足以让人认为,那些喜剧作家已经把一大群有凝聚力的思想家视为诗人的敌手了。合理的假设似乎是,喜剧作家们描写那些思想家,是因为思想家们在逗民众(Dēmos)发笑或发怒方面是众人皆知的;如果现存喜剧真的很有代表性的话,我们可以断定,相对而言很少有人合乎这一类型。同时需要强调的是,基于他们攻击那些哲学思想家完全一样的理由,喜剧诗人也攻击了很多其他类型的智识人。[③] 例如,斯特拉提斯(Strattis)写了一整部喜剧,讥讽辛莱希亚斯(Cinesias)——一位写酒神颂歌的诗人,讥讽他对神不虔诚;其他喜剧家也因为辛莱希亚斯这一罪过而在剧作中攻击他(Pherecrates [155 *PCG*],Plato Comicus [200 *PCG*],以及阿里斯托芬《公民大会妇女》,330,《鸟》,1372－1409,《蛙》,153,366,1437,及残篇 392

---

① 喜剧家柏拉图([中译编者按]这是古希腊另一位叫柏拉图的人,为与哲人柏拉图相区别,史称喜剧家柏拉图)把"来自奥布斯(Opus)的吹笛人巴基来德斯(Bacchylides)"也包括在智术师之内。显然,在 5 世纪,"智术师"的含义非常宽泛。参普罗塔戈拉在柏拉图的《普罗塔戈拉》(*Protagoras* 316d－e)中所说的,从事(尽管是伪装)"智术活动"的有"古代的"诗人、治病术士、体操训练者以及音乐家。

② 如 Dover(1968a:lv)所发现的。

③ Dover(1968a:liii－liv)这样评价阿里斯托芬:"他在正常人和不正常的人之间做了一个根本性的区分……在将不正常的、过着寄生生活的人从正常的、过着原生生活的人中间区分出来这一点上,阿里斯托芬把网撒得特别宽。在《云》331 以下,预言家、医术家和抒情诗人都包括在σοφισταί [大师,哲人,智术师]这个词头之下,被称为ἀργοί [懒惰的人]。以滑稽可笑的苏格拉底为代表的过着寄生生活的哲人,与戏剧中其他类型的寄生虫如预言家(《和平》1043 以下)、传播神谕的人(《鸟》959 以下)以及诗人之间明显有相似之处。"

PCG])。还需要注意的是，在很多喜剧诗人的剧中受到讽刺的悲剧诗人米兰提奥斯(Melanthius)(我们只需从喜剧很爱攻击的这个对象中引用一个例证)，[①]同哲人和智术师们一样，被指责具有许多恶劣的品质：贪食(Pherecrates 148 *PCG*；Eupolis 43 及 178 *PCG*；阿里斯托芬，《和平》(Peace) 804－11，1009－15；Leuco 3 *PCG*；Archippus 28 *PCG*；比较普罗塔戈拉在 Eupolis 157 *PCG* 中的饮食习惯)；谄媚(Eupolis178 *PCG*；比较 Eupolis 的《谄媚者们》157，180 *PCG* 中作为谄媚者的普罗塔戈拉和凯勒丰)；[②]空话连篇(Plato 140 *PCG*；比较在 Eupolis 的剧本 386 *PCG* 中被描绘成为一个喋喋不休的人；阿里斯托芬，《云》，505，931，1053，1394，《蛙》，1491－9，及《残篇》392 *PCG*)；还有在阿里斯托芬 506 *PCG* 中被刻画成喋喋不休的人的普罗狄科。

无庸置疑，旧喜剧在讽刺装腔作势、追赶时髦的思想家方面身手敏捷。但是，喜剧作家们并未把这些人当成诗的敌人来加以攻击。实际上，很多诗人就被视为新奇时髦的(newfangled)智识人(最明显的例子就是欧里庇德斯)。我们发现，在旧喜剧中，人们倾向于攻击一些具体的智识人，这些人有变着法子来说服人的本事，但却自私自利、招摇撞骗，对社会影响很坏。事实上，许多喜剧作家非但没有把哲人和诗人截然分开，反而还将他们连在一起，比如，苏格拉底和欧里庇德斯就经常被配成一对(Callias 15 *PCG*；Telecleides 41，42 *PCG*；Aristophanes《蛙》1491－9 及残篇 392 *PCG*)。虽然尼采拿这种配对来表明欧里庇德斯正在毁灭悲剧和伴随着悲剧的那种世界观，但是，旧喜剧诗人们并没有作出尼采这样的宏大断言，他们之所以将欧里庇德斯和苏格拉底联系

---

① 例如，可参看 Callias 14 *PCG*；Pherecrates 148 PCG；Eupolis 43，178 *PCG*；Plato 140 PCG；Aristophanes，*Birds*《鸟》150－1，*Peace*《和平》804，1009－15；Leuco 3 *PCG*；Archippus 28 *PCG*。

② 参看 Dover 1993：381(对 1491 行的笺注)。

在一起，是因为前者是一位新奇时髦(Telecleides 41*PCG*)、装腔作势的智识人(Callias 15 *PCG*; Aristophanes,《蛙》1496)，并且胡说八道、废话连篇(Aristophanes392 *PCG*,《蛙》,1496－7)。阿里斯托芬《蛙》中的一段话有助于说明这一论点。在酒神宣布埃斯库罗斯在吟诗比赛中获胜之后，合唱团是这样反省欧里庇德斯的失败的：

> 坐在苏格拉底旁边，喋喋不休(λαλεῖν)，将教养弃置一旁，忽略了悲剧艺术中那些最好的元素(τά τε μέγιστα παραλιπόντα τῆς τραγῳδικῆς τέχνης)，这可不是一件好事儿。只有愚蠢的人才会拿装腔作势的语言和胡说八道的聒噪(ἐπὶ σεμνοῖσιν λόγοισι καὶ σκαριφησμοῖσι λήρωυ)去懒懒散散地打发时间。(1491－9)

我引用这一段，是因为在柏拉图之前的希腊诗中，它最接近于所谓的智识主义(intellectualism)与诗相冲突这一论断了。但是，阿里斯托芬在作出这种论断之前突然打住，反而指出，是苏格拉底使得欧里庇德斯写出了坏的悲剧诗——那种“忽略了悲剧艺术中那些最好的元素”的诗。简言之，某种智识主义(即与苏格拉底有关联的那种智识主义)跟好的悲剧诗是相对立的，因为这种智识主义用装腔作势的胡说，取代了表现这种文类崇高而有益之特色的质素(material)。但这远不足以说明，诗作为一个整体在与某种截然不同的智识运动进行着较量。

那么，等式的另一边情形又如何呢？有证据表明(我们现在所称的)哲人对诗怀有敌意吗？正如哈里维尔(Halliwell)注意到的，“柏拉图之前留存下来的哲学反对诗的实例，主要有克塞诺芬尼(Xenophanes)的残篇 1，11－12，14－16，34，赫拉克里特的

A22—3，残篇40，42，56—7，104 DK。”①但需要强调的是，就其本身而言，这些残篇包含的不是哲人“对诗的反对”，而是哲人与某些个别从事诗创作或者其他智识活动的人在一些常常很特定的场合下的纷争。正如阿德金斯（Adkins）正确地提醒我们：

> 克塞诺芬尼是把荷马当成一个散布关于神的不道德、不真实的故事之人来加以攻击的。赫拉克利特（Heraclitus）谴责荷马和赫西俄德（B40，42，106），显然是因为这二人的无知而不是因为他们的语词；不过，赫拉克利特也谴责过克塞诺芬尼、毕达哥拉斯和历史学家赫喀塔奥斯（Hecataeus），显然都是基于类似原因。哈弗洛克（Havelock）认为，赫拉克利特说的“荷马，还有阿尔基洛科斯（Archilochus），应该被逐出竞赛，应该挨棍子”（B42）这句话表明，哲人反对的是史诗背诵竞赛和与之相伴的文化；但赫拉克利特并没有说应该取消竞赛，只不过说，荷马和阿尔基洛科斯不配参与竞赛。②

苏格拉底之前的几位思想家都明确反对某些自认为拥有智慧和权威的人——一个包括诗人、散文家以及思想家如毕达哥拉斯在内的群体。正是这个群体的作为“真理大师”的名声引起了来自外缘的抨击。例如，赫拉克利特在抱怨“赫西俄德是大多数人的导师（διδάσκαλος δὲ πλείστων Ἡσίοδος）；他们知道他才是最渊博的人……”（DK B57）的时候，显然，他抨击的是作为一位名不符实的权威的赫西俄德，而不是作为诗人的赫西俄德。虽然，不可否认，苏格拉底之前的许多思想家在发展某种新的散文

---

① Halliwell（1988：154）。

② Adkins（1983：221），同时参看 Nussbaum（1986：123）。

体文学上起着重要作用，这种新型文学与以荷马和赫西俄德为突出代表的口头诗歌传统大异其趣，但是，没有任何证据表明，苏格拉底之前的思想家曾明确地整个儿否定了诗。①

如果上述说法准确无误，那么，在柏拉图之前，并没有人道出这种观点，即认为作为传播某套价值观念的话语方式的诗和“哲学”是根本对立的（或反过来说“哲学”根本对立于诗）。因此，反映到《王制》第十卷中的古人身上的纷争，其实只是柏拉图自己的纷争，他制造这种纷争的目的，是藉此逃避其所处历史场合的偶然性和特殊性。所以，这场纷争被制造得看起来非常自然，毫不虚假，看起来更像历史事实，而不像柏拉图的某种强有力的杜撰。②

但是，柏拉图为何要采取这种策略呢？回想一下，苏格拉底在《王制》中间几卷对哲学进行定义时，将一大群不顾自己“无资格受教育”这一事实而一味追求哲学的装腔作势之徒与一小群真正的哲人作了区分。在第六卷中，苏格拉底这样说道：

> 剩下来还配得上与哲学结合的人屈指可数（πάνσμικρον）。他们中有些人出身高贵而又受过良好教育，由于处在流放之中而没有受到腐蚀，因此他们仍旧在真正地从事哲学。或者也可能是一个伟大的灵魂出生在一个小镇上，她不屑于关注这个小地方的事务。还有很少一些人或许因为天赋优秀，脱离了他应当藐视的其他技艺，改学了

① 在赫拉克利特 DK B104 中，我们找到了几句最接近抨击诗人的话：“诗人们有何才智？有何见解？诗人们崇信的是那种民众的诗人，视群氓为自己的导师（δήμων ἀοιδοῖσι πείθονται καὶ διδασκάλῳ χρείωνται ὁμίλῳ），全然不知‘民众无用’，好人只是极少数。”（译文取自 Kahn[1979]）正如赫拉克利特在谈到赫西俄德时（DK B57）一样，他关注的是大众的（因此也是无知的）诗人，而非诗本身。

② 关于柏拉图认为哲学与诗之间存有纷争的断言，有几种极为不同的看法，详情参见 Gould（1990，特别是 4—69 页）及 S. Rosen（1993，特别是第 1 章）。

> 哲学,也还有一些人也许是因为有我们的朋友特阿格斯(Theages)那样的缺陷而受到约束。因为对特阿格斯来说,放弃哲学的其他条件他都具备,但他那病弱的身体使他无法从事政治,于是又回过头来从事哲学。我自己的情况完全是个例外,这简直是一个奇迹,我想在我之前很少有人遇到过,或者压根儿就不曾有人遇到过。(496a—c)①

然而,当苏格拉底在《王制》第十卷中提到"哲学"一词时,给人感觉是,他似乎指涉的是一个更宽泛、更显著的智识人群体——一场独特而又一致得激起了诗人们愤怒的运动。柏拉图在此处是否试图表明,在思想家之间存在着一个久远的传统,即思想家应该被称作"哲人",即使他们没有以此来称呼自己?

需要强调的是,《王制》第十卷中提到的古老纷争,发生在将诗人逐出苏格拉底的理想城邦的长篇论辩这一语境下。② 这一部分讨论的完全是诗,到论辩结尾部分,苏格拉底正式抬出他那著名的关于诗与哲学之间仇怨的论断时,才提到了哲学。有意思的是,苏格拉底确实把诗人和许多并未从事哲学的贤哲及为善者并置在一起。在 599b—600e 处,他认为,被当作悲剧诗领袖的荷马(598d8)与吕库古斯(Lycurgus)、卡隆达斯(Charondas)、梭伦(Solon)等不一样,从来就不是城邦的立法者,也从未在战争中当过将军或是顾问。另外,荷马也不像泰勒斯(Thales)和阿那

① [译按]此处译文采用王晓朝译《柏拉图全集》第二卷,人民出版社,2003,页489。

② 关于柏拉图在《王制》和其他对话中对诗进行抨击的讨论,可参看 Dalfen(1974),Gadamer(1980:第 3 章),Annas(1982b),Nehamas(1982),Woodruff(1982b),Belfiore(1983 及 1984b),Halliwell(1984a),Nussbaum(1986:第 7 章第 3 节及各处)及 Ferrari(1989)。

卡西斯(Anacharsis),未留下任何“在技艺和人生事务中精巧的发明”(a4—5)。最后,荷马也没有像毕达哥拉斯那样,给人们以教导并拥有众多的追随者,留传给人们一种新的生活方式。苏格拉底接着又说,甚至连普罗塔戈拉和普罗狄科都有一群追慕他们的学生。在这一部分,柏拉图不是拿哲人与诗人进行比照,而是拿立法者、将军、发明家和教育者(educator)与诗人比照。人们本以为,哲人会占据第四大类——教育者那一类,却发现毕达哥拉斯是和智术师如普罗塔戈拉、普罗狄科之类归在一起的。当然,苏格拉底在谈到后一类人时,是带有某种讽刺意味的,但是他并未打算将真教育者和假教育者区分开来,也只字未提及哲人。柏拉图在这一部分的意思是,诗人不应该和有智慧的人归结在一起,因为有智慧的人用真正的善行泽惠人类。

因此,当苏格拉底抨击完诗人,宣称诗与哲学之间存有纷争时(607b—c),其说法便令人很惊讶。这一突如其来的说辞,迫切需要详加阐释,但是,除了从一些未加详细说明的诗中做了四个简短的引证之外,苏格拉底根本没有花力气去证明他的断言。我们已经注意到,这些引证本身含糊不清,无助于说明任何问题。没有一条引证谈到了一个截然不同的智识人群体,更不用说一个被称之为“哲人”的小团体了。所有的引证听起来都像是对追赶时髦的智识人(苏格拉底除外)的喜剧式攻击——我们会期待柏拉图也加进来攻击这些人。[①] 正如布罗克(Brock)(1990:

① 如果按照有些学者的看法,认为抒情诗和抑扬格诗都来源于喜剧的话,那就会出现一个有趣的矛盾:一方面,柏拉图在第十卷中的抨击几乎是清一色地针对“严肃”诗(喜剧仅在606c处有极简短提及),另一方面,他唯一关于诗与哲学的纷争的证据便来源于喜剧文本。关于第一、二句引文出处的讨论,参阅 Adam(1902. II:417—18),Halliwell(1988:155)及 Brock(1990:40—1)。注意,在史诗和悲剧中都没有第一句引文中的κραυγάζονσα [狗吠声]一词,而第二句引文中的κενεαγορίαισι [空洞的话]则是一个新词,这两个词都带有强烈的喜剧味道。

40)所认为的,"对柏拉图来说,'哲学和诗之间的古老纷争'实质上就是一个喜剧攻击哲学的问题。"①然而,我们注意到,喜剧家们甚至并没有在抨击某一场特殊的运动或某一种特殊的学问。事实上,根本就没有可靠的证据证明,喜剧和哲学之间存在一个古老的纷争,更谈不上诗和哲学之间存在纷争了。倘若根本就不存在两种截然不同的思想模式和语言形式之间的"古老"敌对的话,我们就很难把柏拉图对诗和哲学之间存有纷争的这一断言理解为一种中立的史实性报道,尤其是,柏拉图这一断言竟然与第六卷中的说法自相矛盾(这一点前文已指出),在那里,柏拉图给哲学下了一个非常明确和详细的定义。要是柏拉图在第十卷中提及"古老的纷争"时,是在表达一个严肃的史实性观点的话,那他就应该扩大哲学的范围,把排除在他先前定义之外的一群杂七杂八的智识人都包括进去。②

显然,这并非柏拉图真实意图之所在。在这儿,笔者不会过度凭字面意思对这一段落强做解人,而是认为,我们应该把它看成一种在其当下语境中具有某种特殊功能的修辞结构。尽管柏拉图在抨击诗时没有对哲学有任何明确指涉,但是在这一段落结束时他提到了纷争一事。这就提醒读者,整个论争的目的其实都是为了将哲学与诗区分开来。因为,要是诗人被明确界定为对真理一无所知、只会模仿外表、一味取悦民众以及助长低劣灵魂的人的话,那么,哲人就会被含蓄地界定为截然相反的另一类。以此类推,哲学就用否定性方式被定义成了未曾明言的诗的对立物。简言之,柏拉图宣称哲学与诗之间存有纷争,以此来强调,对诗的讨论直接反映了哲学的本质。同时,他赋予了哲学

---

① 参看 Brock(1990:40)。

② 最起码,柏拉图应该把那些与苏格拉底一起受到喜剧诗人抨击的智识人算进去。

非同寻常的地位,一种哲学在当时毫无疑问并不具有的地位。因为在当时,哲学是作为诗这一庞然大物的强劲对手而出现的。总之,通过挑起与诗的纷争,柏拉图试图一箭双雕:尽管哲人属于一个新出现的"少数人"的团体,但是,他们在和诗人们进行着一场史诗般的较量(epic battle)。

二

下面我想考察的是柏拉图与诗歌文类中的一种——雅典悲剧——之间的纷争。正如我将在文中证明的,考量柏拉图与悲剧之间的纷争,不能仅仅依靠他明确指责了这种文类的哪几段。因为我们同样需要关注的一点是,悲剧已被糅合到对话中去了。柏拉图将很多悲剧亚文本(subtext)"包括"在了对话中,道理何在?这种做法是如何反映他试图对哲学下定义的呢?

近期希腊悲剧研究强调了将这种文类放在古代雅典的社会—政治语境中的重要性。①因为,雅典戏剧不仅是一种文学现象,而且是一种通过不同方式隐含在雅典民主制之社会、政治、宗教实践中的社会建制。正如韦尔南(Vernant)和维达尔(Vidal)所说:

> 悲剧不仅是一种艺术形式,还是一种社会建制。这种建制是城邦通过在各种悲剧中形成各种竞争、与其政治和法律建制相平行地建立起来的。城邦在祖名相同的执政官的权威下,于同一个城邦内按照与公民大会或法庭相同的

① 如参 Vernant 和 Vidal-Naquet(1988);Foley(1985);Sigal(1986,特别是第1章);Goldhill(1990),Zeitlin(1990),Rehm(1994)。

> 制度规范，建立起一种面向所有公民的的公开表演，导演、演员、裁判都由希腊不同部落具备资格的代表来担任。这样，城邦就把自己变成了剧院，在某种意义上，它的主题成了它自身，在公众面前它将自己戏剧化了。①

实际上，柏拉图把悲剧想象为一种在雅典民众面前表演的修辞术——一种被设计来通过提供令民主制下的观众愉悦的言辞而赢得好感的修辞术。简言之，柏拉图和悲剧文类的交锋，远不只是关于语言或文学上的争论。更确切地说，一方面柏拉图关心的是悲剧所传播的那套（他所以为的）伪价值观，另一方面，他关心的是这种价值体系所反映和强化的雅典民主制的种种社会和政治实践。②

柏拉图在《王制》中对悲剧所作的细致而苛严的批评和对诗所作的概括性批评，此处不必赘述。但是，这仅仅是柏拉图与悲剧文类之间关系问题的一方面而已。因为，在柏拉图的很多对话中都可以看见悲剧的踪迹。当然，苏格拉底在《会饮》中那颇具挑衅性的断言——“同一个人应该知道如何创作喜剧和悲剧”（223）——很巧妙地诱使我们去研究柏拉图与戏剧诗的密切关系。事实上，很多学者都从《会饮》中梳理出了悲剧（和喜剧）因素，并对柏拉图对话和古希腊戏剧之间的关系进行了分析。③

---

① 参见 Vernant 和 Vidal－Naquet（1988：32－3）。

② 试比较苏格拉底在《王制》（568c）中的说法，“（悲剧诗人）在城邦之间奔走，集合大批信徒，雇佣一些嗓音美妙动听、极具劝说力的人，把政体引向僭主制或民主制。”

③ 有关《会饮》的论著，参见 Bacon（1959）；Anton（1975）；Sider（1980a）；Patterson（1982，特别是 84－90 页）；Nussbaum（1986：122－35 及各处）。Kuhn（1941，1942）讨论了柏拉图的对话和希腊悲剧之间的大体关系，并试图证明，柏拉图把《王制》当成了一个“真正的悲剧”来编写。Halliwell（1984a：50－8）认 （转下页）

然而,只是在《高尔吉亚》中,柏拉图才运用了一整出悲剧——欧里庇德斯的《安提俄珀》——来作为其哲学戏剧(philosophical drama)的亚文本。[①] 通过对欧里庇德斯的悲剧在《高尔吉亚》中的糅合进行分析,笔者欲从一不同角度来探讨柏拉图和悲剧的纷争。笔者不会从对话之中寻求悲剧因素,或是探究悲剧之于对话的影响,相反,笔者将证明,柏拉图对某一具体悲剧的重述,是一种精心谋划的戏仿(parody)。实际上,对悲剧的这种戏仿性批评,是《高尔吉亚》试图阐释、界定哲学学问这一努力的一个重要部分。

《高尔吉亚》的许多段落都暗示了它与欧里庇德斯的《安提俄珀》之间的互文性关系。比如,在 482c4－486d1 处苏格拉底的对手卡利克勒斯(Callicles)道出的那不同凡响的名段中,至少有四小段是一字不差地引自《安提俄珀》。[②] 更明显的是,卡利克勒斯明确地把自己和苏格拉底分别比作欧里庇德斯剧中的主角——安提俄珀的两个儿子泽托斯(Zethus)和安菲翁(Amphion):"苏格拉底,我对你是非常友善的。我现在对你的感觉就像我在前边提到过的欧里庇德斯剧中的泽托斯对安菲翁的感觉

(接上页注②)为,《斐多》是柏拉图对话中最接近"哲学悲剧"的。Arieti(1991)提供了有关诸多对话的"戏剧性"阐释。欲详细了解那些认为《会饮》和其他柏拉图对话具有喜剧性或悲剧性(抑或兼而有之)的学者的著作,参见 Mader(1977:71－7)。Mader 本人也认为,没有哪一篇对话是"喜剧性"或"悲剧性"的,相反,这些对话同时是"反悲剧性"(anti－tradic)和"元喜剧性"(meta－comic)的(也就是说既非悲剧性亦非喜剧性)。同时请参看 Nussbaum(1986)一书中题为"柏拉图的反悲剧戏剧"的一个杰出的"插曲"部分(页 122－135)。

① Arieti(1991,第 5 章)将欧里庇德斯的亚文本当成阐释"作为戏剧"的《高尔吉亚》的出发点。同时请参看笔者论文《柏拉图的〈高尔吉亚〉和欧里庇德斯的〈安提俄珀〉:一种文类转化的研究》(Nightingale 1992),该文观点在本文中已作了重大修改。

② 484e,485e－486a,486b,486c。欲考察这些引用部分与欧里庇德斯原文的(细微)差异,请参看 Dodds(1959)的相应处。

一样。我对你说的话就好像他对他的兄弟说的话一样，是动了真情的。”(485e)就苏格拉底自身而言，他接受了剧中的角色。正如他在506b处说道，他想“以其人之道回敬(卡利克勒斯)一下，就像安菲翁回敬泽托斯的攻击一样”。

正如多兹(E. R. Dodds)在对《高尔吉亚》的注疏中指出的那样，《安提俄珀》在古代最为人所不能忘却的那一幕，是在安菲翁和泽托斯兄弟俩对他们截然不同的生活进行讨论和辩护的时候——泽托斯倡导的是实干家(the man of affairs)的那种实践活动，安菲翁倡导的是则艺术家和智识人那种闲暇的私人生活。①因而，他们的争论集中在政治生活和智识培育生活孰优孰劣上面。② 柏拉图的《高尔吉亚》展示了相似的争论。苏格拉底企图说服那个冥顽不化的卡利克勒斯——还有高尔吉亚和波卢斯(卡利克勒斯就是接过了这两个对话者的论辩话头)——对人类来说，哲人的生活而非有权力的演说家和政治家的生活，才是最好、最幸福的。

然而，要注意的是，这两个争论之间有重要的不同之处。尤其需要注意的是，虽然欧里庇德斯在投身政治生活的非智识人和选择脱离公民生活的智识人之间做了一个简单对比，但是，柏拉图笔下的人物却要复杂得多。一方面，卡利克勒斯(不像他的原型泽托斯)根本就不反对智识层面的追求，正如他在485a处

---

① Dodds(1959:276)。对《安提俄珀》(约408年)的重构，可参见Schaal(1914)，近著有Kambitsis(1972)。同时请参看Wecklein(1923)，Pickard－Cambridge(1933:105－13)及Snell(1964，第4章)。Snell对《安提俄珀》的重构和Schaal的非常接近。

② 有可能欧里庇德斯是从毕达哥拉斯学派那儿得到关于智识培育和沉思生活的观念的(如参Joly 1956:21－40;Guthrie 1962:204－12，及Carter1986，第6章，特别是133－137页)。Dodds(1959)在《高尔吉亚》中发现了很多毕达哥拉斯学派的思想(参看页20，26－7，297－8，300，337－40，373－6，383)。

说，他认为“把哲学当作有助于教育的东西，在此限度内学习哲学是一件好事儿”。实际上，他明确谴责在年轻时候不学哲学的那些人：

> 因为当我看到一名青年学习哲学时，我赞许他。青年人学习哲学在我看来是很恰当的，我相信这样的年轻人拥有一个自由人所固有的那种心胸宽广的教养；但是，我认为不习哲学的人是不自由的——这种人永远不认为自己值得去做任何美好或高尚的行为。（485c—d）

这些段落表明，卡利克勒斯认为“哲学”对未来的政治家来说是最恰当的教育。因此，卡利克勒斯的看法就是，一个人应该在青年时期从事哲学，成年时转向政治。就苏格拉底本人而言，他和前辈悲剧角色安菲翁也大有分歧。安菲翁完全远离了城邦事务，而苏格拉底却是一个与其大相径庭的人。当他在500c处对卡利克勒斯说话时，包含在他俩整个论争中的问题就是：

> [首先，]人应当过什么样的生活？是不是你要求我过的那种真正男人过的生活，比如在公民大会上演讲、**学习修辞学、按照你现在的风格从事政治**？或是把生命耗费在哲学上的另一种生活？[其次，]这两种生活究竟有何不同？（楷体部分为引者所加）

在该段，苏格拉底并不是在拿哲学来反对政治。相反，他暗示的是，两种追求之间的区别，恰恰就是需要弄清楚的东西。由于卡利克勒斯是在以某种具体的方式“从事政治”，因此，很有可能哲人在以大相径庭的方式扮演政治家。当苏格拉底在争论结束时说，自己是从事"真正的政治技艺"的少数雅典人之一时(521d)，他的话提醒了我们，他所提倡的"哲学"既包含着实践活动又包含着政治活动。①

于是，这场争论的关键，就是被称为"哲学"的这个东西其真正本质是什么的问题。请注意，当卡利克勒斯在他那段著名的抨击中讨论"哲学"时，他把哲学看成是一种很多人从事的活动。很明显，他认为没有必要对哲学下定义，他也没打算对各种不同的智识探究进行区分。尽管他斥责那些哲人在成年后依然进行其研究，但是没有任何迹象表明，他们做的事跟从事哲学的青年人完全不一样：关键是，成年人在从事着相同的实践活动，不过时间要长得多。显然，卡利克勒斯使用"哲学"这一术语时，他指的是宽泛意义上的智识培育，或者说，是一种更高层次的学问。倘若哲学被视为一种手段，而不是本身被视为一种目的的话，那么它并非天生就是一种与雅典民主制度下的政治生活相对立的活动。②

但是，苏格拉底对哲学的看法很不一样。在表明了他一方面爱哲学，另一方面爱阿尔喀比亚德(Alcibiades)(481d)之后，苏格拉底在482a—b处对卡利克勒斯说道：

> 我的朋友，你从我这里听到的话实际上是哲学说的，她比我的其他相好更加稳定，因为克利尼亚(Clinias)之子一会

---

① 参见521a和《申辩》31c处。苏格拉底在该处说道，"ιδια…πολυπραγμουῶ"。正如Reeve(1989:159)指出的，苏格拉底在看似矛盾的这句话中表明，自己"既非仅仅从事私人事务，亦非仅仅从事政治，而是两者兼而有之"。

② 卡利克勒斯对哲学的看法(明显受到了柏拉图的否定)，跟苏格拉底在《王制》497e—498中描述的一般观点是一致的。在那里，苏格拉底这样描述道："现在……那些从事(哲学)的人遇到的是哲学中最困难的部分，他们刚从儿童变成青年，正处于成家立业、养家糊口这一期间，然后他们就放弃了哲学。这些人才是人当中最具哲学品质的人(οἱ φιλοσοφώτατοι ποιούμενοι)。"

> 儿说这样，一会儿说那样，而哲学则始终如一。她道出了刚才让你十分惊讶的话，哲学道出这些话的时候，你本人也在场。因此，你要么必须驳斥她（哲学）的观点，证明做不义的事或是逃避惩罚不是万恶之中最坏的；要么你不驳斥她的观点……，那样的话，卡利克勒斯，你自己也不会同意自己的，而会一辈子心中不得安宁。

在这一部分，苏格拉底指出，哲学涉及与正义有关的自相一致的论证，还涉及（按我们的推测）伦理和政治的相关问题。但是，苏格拉底对哲学的看法不仅非常正经，而且实实在在。因为，正像柏拉图所一再主张的那样，正是哲学认为，一个人遭受不义比行不义要好。因此，哲学是和某种具体的世界观——某种卡利克勒斯眼中践行哲学的人几乎会毫无疑问地拒斥的世界观——结合在一起的。事实上，苏格拉底把自己看成哲学的代言人，以此表明，自己的论点和具体活动代表了真正的哲学。如果苏格拉底是为数不多的几个从事真正的政治技艺的雅典人之一的话，我们可以推断出，他同时也是为数不多的几个从事哲学的雅典人之一。由此，在《高尔吉亚》中，柏拉图并不是在拿沉思生活和实践生活相对照，相反，他试图区别两种智识培育：一种服务于民主制或僭主制下有野心的政治家，另一种服务于真正的政治技艺。

应该强调的是，《高尔吉亚》是柏拉图挪用哲学这一术语、以此表达自己的智识活动和信念，开始缩小“哲学”之定义的第一篇对话。① 当然，在这篇对话中，柏拉图在“φιλοσοφία”［哲学］和“ῥητορική”［修辞术］之间所做的二分法，是挪用哲学这一术

① 笔者采用的是 Guthrie(1975:50)为柏拉图各篇对话勾勒的年代标准。

语、缩小"哲学"的定义这一计划的根本部分。有趣的是，夏帕(Schiappa)宣称，在现存希腊文献中，ῥητορική一词最先是在《高尔吉亚》中出现的。他认为，柏拉图有可能生造了这个术语，目的是"把关涉言辞(logos，或译逻各斯)的智术技艺限定在法庭事务和公民大会事务方面"。[①] 正如夏帕论证的那样：

> 柏拉图的《高尔吉亚》中有把修辞当成一种既定事物的趋向。就是说，常常有这样一种假定，认为有那么一系列互不关联的活动或一套教义，大家一致视之为修辞术，柏拉图的批评才能都指向它。一种更有可能出现的情况是，柏拉图认为智术师派的逻各斯技艺有普遍泛滥的危险，因此需要从定义上加以限制。[②]

如果夏帕关于*rhētorikē*(修辞术)的说法正确，那么，第一次明确而系统地界定修辞技艺和第一次界定哲学，就应该是同时发生的。看来，柏拉图在试图确立自己的范围时，不得不确定其对手的界限和领域。

从柏拉图在《高尔吉亚》中对喜剧诗人的抨击里，也可以发现类似的(即便不是那么明确的)两极对立观点。因为，通过将欧里庇德斯的《安提俄珀》作为一个亚文本糅合到自己的戏剧中去，柏拉图就能够将自己的新主角与欧里庇德斯的悲剧主角对

---

① Schiappa(1991:40—9)，特别是46页，附录B。Schiappa指出，将阿尔喀达玛斯(Alcidamas)的《论智术师》的成书日期定为公元前391—90年的证据皆不足信。他认为，这段演讲是对伊索克拉底(Isocrates)《颂词》(*Panegyricus*)的回应，因此该演讲应该出现在柏拉图的《高尔吉亚》之后。同时参看Cole(1991:页173注4)，他也认为《论智术师》成书较晚(他将成书年代定为前360年左右)。

② Schiappa(1991:47)。Cole(1991)第1章及其他地方认为，"修辞术"这一概念为4世纪时哲人所发明。

立起来。当然,这个新的主角就是哲人。正如苏格拉底和《安提俄珀》中的“主角”被并置在一起两相比照,真正的哲学也和作为一个整体的悲剧文类形成对比。强斯(Chance)正确地指出,柏拉图的诠释者需要留意“在分析如何不思考、不言说、不行动时柏拉图所表现出的那种精到细致”。① 接下来笔者将考察的是,柏拉图与悲剧文类之间的互文性遭遇,是如何促使他一直不遗余力地把真正的、或“哲学的”话语,与那些妄称拥有智慧的言辞类型区别开来的。

三

在创作《高尔吉亚》的过程中,柏拉图故意挪用了欧里庇德斯《安提俄珀》的基本主题和结构因素。不仅兄弟之间的争论以及由争论得出的结论表明,苏格拉底和卡利克勒斯之间存有 *agon* [冲突,竞争],而且,《安提俄珀》中的 *deus ex machina* [机械降神,解围之神]也为《高尔吉亚》结尾部分的终末论神话提供了一个结构模型。就这样,柏拉图邀请读者把他的对话及其悲剧模式放在一块儿加以对照。通过不断探讨悲剧和喜剧的本质,柏拉图强化了这一信息。最后,位于柏拉图对悲剧智慧之批评的核心者,是对新近出现的悲剧之敌手——哲学——的一个详尽而复杂的描绘。

欧里庇德斯的《安提俄珀》大致写于公元前 408 至 407

---

① Chance(1992:20)。在这篇对《欧绪德谟》(*Euthydemus*)进行了细致研究的文章中,Chance 认为,柏拉图将辩论术(eristic)树为“他自己哲学方法的反面”(页19)。参看 Nehamas(1990),对柏拉图如何试图将哲学和“辩论术”以及“智术”区别开来,作者做了非常精彩的分析。

年，[1]剧情围绕营救已故第比斯(Thebes)国王吕克特奥斯(Nycteus)的女儿安提俄珀(Antipoe)展开，故事讲述了她失散多年的两个儿子安菲翁和泽托斯如何从他们杀人不眨眼的叔叔吕库斯(Lycus)和叔母狄尔刻(Dirce)手中将她救出。为了救出后来证明是他们母亲的那个女人，兄弟二人必须抛弃嫌隙。在剧中那一场著名的辩论中，安菲翁和泽托斯演练了两人的分歧。尽管安菲翁雄辩滔滔，最终还是在辩论中被驳倒，输给其兄泽托斯。然后二人继续策划营救母亲，在最后关头，兄弟二人准备杀死他们的叔叔时，在喜剧结尾时出场的赫耳墨斯阻止住了他们。赫耳墨斯平息了兄弟俩的怒火，立二人为卡德米亚国(Cademia)的合法统治者，最终恢复了秩序。他同时宣称，仅凭安菲翁的竖琴演奏出来的音乐，就可以将巨石和树木移动，建造第比斯的巍巍城墙。戏剧中突然出现的机械降神不仅解决了情节的发展问题，而且也解决了兄弟二人在辩论中提出的问题：尽管在辩论中安菲翁输给了他的兄长，但戏剧结束时，还是得到了赫耳墨斯的辩护，因为赫耳墨斯认为，修建起第比斯城墙的将会是他的音乐。

简短考察一下兄弟二人的著名辩论，能够让我们就《高尔吉亚》之得益于《安提俄珀》作出评价。[2] 在残篇 22K(186N)处，[3]泽托斯对其弟说道：

这种不仅控制住一个品性好的人，还让他变得更坏的技艺，

① 关于《安提俄珀》的成书年代，参看 Kambitsis(1972：xxxi—xxxiv)。

② 关于兄弟二人争执的讨论，可参见 Joly(1956：64—8)，Goossens(1962：648—52)及 Carter(1986：163—73)。

③ 笔者使用的是 Kambitsis1972 年版的《安提俄珀》(用“K“表示)。为方便读者起见，笔者在 Kambitsis 对残篇的编号后又加上了 Nauck 的编号(用“N”表示)。

如何算得是充满智慧？

这种让泽托斯深恶痛绝的音乐“技艺”，其本质究竟是什么？“如何算得是充满智慧”(σοφόν)”，肯定是对安菲翁所宣称的音乐生活和智慧相关联这种观点的一个回应。正如西塞罗在《论选题》(*de Inventione*)1. 50. 94 中所证明的，“Amphion apud Euripidem ... vituperata musica *sapientiam* laudat”[欧里庇德斯笔下的安菲翁……赞扬自己关于音乐的智慧，尽管这智慧有缺点]。① 这一看法来自残篇 10. 5—6K(188. 5—6N)处泽托斯的话，泽托斯认为，安菲翁应该乐意干艰苦的活儿，“把这些只会让他毫无所获的精微的诡辩(sophisms)留给其他人去讨论”(ἄλλοις τὰ κομψὰ ταῦτ᾽ ἀφείς σοφίσματα, ἐξ ὧν κενοῖσιν ἐγκατοικήσεις δόμοις)。“精微的诡辩”明显表明安菲翁的音乐追求中包含着智识层面的追问。最后，残篇 6K(1023N；试比较 5K[192N])也提供了很好的证据，表明了安菲翁的智识主义倾向：他演唱了一曲宇宙颂歌，高赞苍穹和大地为万物之源。②

① 参较西塞罗 *Rhet. ad Herennium* 2. 27. 43。在该处，泽托斯和安菲翁(这是在 Pacuvius 模仿欧里庇德斯的同名剧《安提俄珀》中)受到了指责，说为了讨论智慧和美德，放弃了他们俩争论的音乐、主题：“uti apud Pacuvium Zethus cum Amphione，quorum controversia de musica inducta disputatione in sapientiae rationem et virtutis utilitatem consumitur”[正如 Pacuvius 笔下的泽托斯和安菲翁，他们关于音乐的争论，都耗在关于智慧之理则和美德之用处的讨论上了]。参较西塞罗 *de Orat*. 2. 39. 155—6 处，Pacuvius 笔下的泽托斯被说成是在对“哲学”“宣战”(类似的还可参较 Cicero，*de Rep*. 1. 18. 30；Aulus Gellius，*Noct. Att*. 13. 8. 4—5)。Dio Chrysostomos 在他的论文《论信任》(*On trust*)中也说道，泽托斯“训诫了他的弟弟，因为他认为，他弟弟去践行哲学是不对的”(ἐνουθέτει τὸν ἀδελφόν, οὐκ ἀξιῶν φιλοσφεῖν αὐτόν，73. 10)。注意，我们没有在欧里庇德斯的《安提俄珀》中找到“哲学”一词。

② 关于安菲翁的宇宙颂歌的讨论，参看 Wecklein(1923：56)，Snell(1964：73)，Kambitsis(1972：xii—xiii，30—2)。安菲翁特别关注(我们今天所称的) （转下页）

然而,泽托斯为何又要猛烈抨击智识的培育呢?在残篇10K(188N)中,我们看到,他认为他弟弟的追求是和物质上的成功截然对立的。他认为弟弟的追求实际上会腐蚀个体,这种观点出现在残篇22k(186N)中。这两种主题都反复出现于残篇18k(187N):

> 因为要是一个人尽管生活惬意,不理
> 家中一切事务,在歌曲中
> 获取快乐,如果他始终追求这种东西,
> 他将成为家庭和城邦中的一个懒汉。
> 对他的朋友来说将会百无一用。因为,一个人
> 若被甜蜜的享乐击溃的话,自然天性就消失了。

泽托斯在此处宣称,智识生活对一个人及其家人、朋友,甚至城邦来说,都不是一件好事——它自私、懒惰、可耻。在残篇22k(186N)和8K(187N)中对 *phusis* [自然,天性]的强调进一步表明,泽托斯信奉的是自然赋予个体的那些美德和状态,而不是那些通过自我培育形成的东西。① 智识和音乐上的追求会让人精明聪颖(τά κομψὰ ... σοφίσματα, 10.5K),但是,按泽托斯的观点,不会产生智慧(σοφόν, 22.1K)。

(接上页注②)自然哲学,这一点可以从 Probus 的一段话中得到证明,这段话将欧里庇德斯包括在一群思想家之中,这些思想家提出了两种宇宙原理:"consentit in numero Euripides, sed speciem discriminat. Terram enim et aetherem inducit principia rerum esse in Antiopa"[欧里庇德斯和很多人一致,他还区别出一种观念,比如他认为在安提俄珀这里,苍穹和大地都是万物的法则](见 Probus 的维吉尔《田园诗》[*Eclogues*]6.31笺注)。参较 Philostratus, *Imagines* 1.10。

① 据 Carter(1986:171)观察,"泽托斯这个角色具有很强的贵族色彩"。在卡利克勒斯这个角色中也可以找到和泽托斯相类似的贵族气质。

就所有这些问题，安菲翁都对他哥哥作出了回应。[1] 首先，在残篇 15K(193N)中，他对那种πολυπραγμοσυνή［凡事操心］的积极生活(active life)嗤之以鼻：

> 谁要是忙于去干那些根本不需要去干的事，那他就是蠢蛋；因为他本可以无忧无虑、快快乐乐地生活。

泽托斯宣称，那些ἀπραγμῶν［不闻世事］的人，过得更快乐，而且，对于他的城邦和朋友来说，他同样是有用的：

> 一个沉静的人，不仅对他的亲朋来说是一个很好的朋友，对他的城邦来说也是最好的人。不要赞美那些冒险的东西。我绝不和那些胆大鲁莽的水手或者土地的统治者为友。(残篇，17K[194N])

在这里，安菲翁暗示的是，一个忙忙碌碌、只讲实际的人，野心重，不可靠，因此对朋友和城邦都是潜在的祸害。在残篇 19K(200N)处，他又一次对智识培育予以强调：

> 凭借人的才智，城邦才会管理得很好，家庭也会治得
> 井井有条。而且，在战争中，才智作用巨大。
> 因为，一条有智慧的建议，就可以征服许多人，
> 但大部分民众的无知，却是最大的恶。

---

① 根据 Kambitsis(1972：xxiv—xxx)的观点，泽托斯通过批评音乐而发起了这场争论。当安菲翁将音乐生活与心灵生活联系起来做出回应时，泽托斯通过猛烈抨击智识生活进行了反击，然后又得到了安菲翁的回答。类似讨论可参见 Schaal(1914：9—21)，Wecklein(1923：58—62)，Snell(1964：83—92)。

给城邦和家庭带来益处的是判断力和智识力，而不是鲁莽轻率的行动。

最后，在论辩了自己的生活方式会给朋友和城邦带来最大益处后，安菲翁信誓旦旦说，他的生活方式会给人带来最大的幸福：

> 如果有人很走运，有生活去享受，
> 却不愿意在家里追求美好的东西，
> 我就不认为他得到了幸福，
> 他不过是一个幸运的守财奴罢了。（残篇，16K[198N]）

尽管很难确定，安菲翁所说的能给人带来幸福快乐的“美好的东西”（τῶν καλῶν，见第2行）是何意义，但是，很有可能，安菲翁此处指的就是对智识的培育。① 不管怎样，从残篇其他部分来看，很明显，安菲翁并不认为拥有财富和好运就是“幸福”生活（ὄλβιον，见第3行）的决定因素。因此，不追求“美好的东西”的富人决不是最幸福的，他只不过是一个不错的守财奴罢了。一句话，安菲翁接受了泽托斯为最好的生活设定的诸多标准，即它是否有利于一个人的家庭、朋友、城邦以及是否对个人本身有无裨益。但是，他不承认与之相伴的政治活动、特权地位以及成就可以满足这些标准。事实上，智识培育这种闲适的生活不但对他人有益，其自身就是一件最好的事情。②

---

① 正如Snell(1964:87—8)和Kambitsis(1972:53—4)所言。

② Snell(1964:89)认为，安菲翁“屈服于泽托斯提出的那种认为自己的生活方式对家庭和国家有用的论点”（重点为引者所加），但Carter(1986:169)将这一举措看成是“推进”而不是一种“让步”，他说，“安菲翁在他的辩论立场上做了一个重要的推进。他不再是从纯粹ἀπραγμῶν[不闻世事]的角度、政治上消极（转下页）

四

在《高尔吉亚》中，苏格拉底和卡利克勒斯之间的辩论是如何模仿和转化《安提俄珀》的悲剧模式的呢？我说过，卡利克勒斯在485e处明显地扮演了泽托斯的角色。另外，在辩论中他反复提到《安提俄珀》——在他那言辞激烈的戏剧名段中，至少有四次直接引用了泽托斯的辩词(484e，485e－486a，486b，486c)。当然，卡利克勒斯倡导的是那种通过掌握修辞术而得来的有权势和名望、财富和快乐的生活。尽管卡利克勒斯在许多重要方面与泽托斯不一样，①但是，事实上，其论点与其前辈悲剧角色的论点并无二致。比如说，在《高尔吉亚》485e－486a处，卡利克勒斯改写了《安提俄珀》的一段(残篇9K[185N])，他这样大声说道：

> 苏格拉底，我现在对你还是相当友好的，我的感觉就像(我提到过的)欧里庇德斯剧中的泽托斯对安菲翁的感觉。我对你说的话就好像他对他的兄弟说的话一样："苏格拉底，你放弃了你最应当关心的事，尽管你有一种高贵的天性(φύσις)和精神，但你只用你那孩童般的古怪关心自己。你既不能在正义的议事会里贡献只言片语，也不能抓住似乎有理的和令人信服的话语，更不能代表别人提出高明的

(接上页注②)的角度来争论了，而是坚信，在某些情况下，自己比兄长对城邦更有用"。Carter的说法也许正确。

① 除上述不同点外，请注意泽托斯公开指责快乐(残篇7K[395＋184N]和8K[187N]可以证实)，而卡利克勒斯既想要权力/声望，又想拥有无尽的快乐。很显然，泽托斯比卡利克勒斯更加老套。但是在关键点上，泽托斯的因循守旧和卡利克勒斯的反传统态度是契合的：二人的论点都基于一个错误的信念，即都认为权力、声望和金钱会带来美好的生活。

建议。"①

按照卡利克勒斯的观点，哲学过多会败坏一个人的良好天性，让人无法在充满各种事务的世界里帮助自己或别人。因此，卡利克勒斯仿效的是泽托斯的做法，颂扬政治生活，虽然他和前辈不一样，坚持认为这种生活必须建立在高超的修辞技艺上。

在 486b—c 处，卡利克勒斯再次授引了泽托斯的话：

> 苏格拉底，这种"使天性良好的人变坏的技艺有什么智慧可言？"[＝残篇 22K(186N)]既不能给他提供帮助，又不能使他和其他人摆脱极端危险的处境，却让他被敌人剥夺了全部财产，完全没有荣誉(ἄτιμος)地生活在自己的城邦里。(486b—c)

卡利克勒斯就像泽托斯一样，唠唠叨叨，不停地数落智识人被败坏了的秉性、智识人的诗、智识人缺乏荣誉或声望，以及没有能力帮助自己或他人。正如他在 486c—d 处又引用《安提俄珀》时对苏格拉底所说的：

> 去做那些能让你看上去很有智慧的事吧，"把那些微不足道的东西留给别人去做"——无论大家称它们是废物还是垃圾——"这些东西会让你生活在空虚之中"；不要模仿对这些琐屑小事大加考察的人，要去模仿那些享受生活

① 此处的希腊原文采用 Dodds(1959)的。参 J. Burnet(1903)关于此处的注。引号内的数行是对《安提俄珀》的残篇 9K(185N)的改写。对于此种改写，Dodds(1959)在页 276—7 页有所讨论。

(βίος)、名声(δόξα)以及其他种种好事的人。[①]

我们知道,泽托斯希望获得管理城邦事务的人所拥有的财富、权力和名望。但是卡利克勒斯却把自己的追求推向了极端——因为他的最终目标是绝对权力。因此,跟泽托斯不同的是,他没有说明他所倡导的生活对城邦是好的,因为他很难证明,一个追逐私利的专制者对国家有好处。

在506b处,当辩论进行到卡利克勒斯不愿意再继续下去的时候,苏格拉底宣称,他"想与卡利克勒斯继续对话,直到他(苏格拉底)以牙还牙,就像安菲翁对泽托斯的攻击做出回答"。苏格拉底被迫一个人继续进行辩驳性的提问和回答(除了卡利克勒斯偶尔来一些半心半意的反驳之外),最后,他发表了那篇含有对人死后灵魂的命运做描述的长篇闭幕词,就这样结束了辩论。正是在这些部分,苏格拉底提供了安菲翁给泽托斯的"答案"。[②]让我再简要地描述一下这个答案。卡利克勒斯回应说,有些人的行为是为了公民的利益,而其他人则不是。尽管卡利克勒斯没有试图论证威力巨大的雄辩家的生活对城邦一定大有益处,但是,苏格拉底却坚持认为,修辞术对城邦始终都没有好处,甚

---

① 该引文部分不包括ἀφεὶς[留下]后面的σοφίσματα[智慧的]一词,此外都与残篇10.5—6K(188.5—6N)相同。σοφίσματα一词不包含在内并不改变该行的意思。

② 注意,苏格拉底的回应多次引用了《安提俄珀》。例如,在526c处,他声称,"生前专注于自己的事,而不是凡事都操心(οὐ πολυπραγμονήσατος)的哲人,其灵魂"将在他们死后到达福岛。这一说法,让人想起安菲翁在残篇15K(193N)中对ἀπραγμῶν[不闻世事]的人的辩护。还有,在521e1—2处,苏格拉底承认,他在法庭上会辩论不好,因为他已经拒绝尝试卡利克勒斯所推荐的"种种精明[subtleties]"(τὰ κόμψα)(参《申辩》17a—18a)。在这里,苏格拉底在他的对手身上扭转了败局——卡利克勒斯说哲学沉思是"种种精明",苏格拉底将这一修饰语移到了卡利克勒斯所赞同的"技艺"一词之上。

至连卡利克勒斯所敬佩的政治家，他们非但没让城邦变好，反而让它变得更糟了(518e—519d)。“实际上，苏格拉底居然暗示，自己是雅典为数不多的几位在从事真正的政治(Statesmanship)的人之一——‘我在每一个场合所说的话，目的都不在于得到满足，而在于那最好的东西……’”(521d)

照苏格拉底的说法，给他的城邦带来最大好处的是哲人，正是这样的人才是理想的朋友和亲人。在507e—508a处，苏格拉底表明，卡利克勒斯所称颂的那种生活放纵、缺乏公正心的人是完全没有能力给予别人友谊的，他又接着说，哲人自己就能够通过暴露朋友们灵魂中的疾病，为他们提供至关重要的帮助。最后，哲人的生活使个体快乐幸福。因为苏格拉底反复表明，幸福只能来自美德，因而不会受到他人的恶念的影响。在终末论神话中，他积极鼓吹，哲学非但不会腐化人的天性，反而会把他带到福岛。

五

现在，很明显，《安提俄珀》在《高尔吉亚》中所起的作用突出得令人惊讶。当然，对欧里庇德斯戏剧的征引，远非为了增加“诗意色彩”。[①] 柏拉图也不仅仅是想“提醒读者，实践生活和沉思生活之间的争论在第五世纪就已经展开了”。[②]为了理解柏拉图和欧里庇德斯戏剧之间的关系，我认为，应该在反复出现的文字性、甚至主题性回响之外去看一看。因为柏拉图多次征引《安提俄珀》，肯定会重现它的剧情和结构。

---

① Dodds(1959:275)。

② 同上。

不妨想一想欧里庇德斯悲剧的情节和结局。在《安提俄珀》中，泽托斯的辩词——通过安提俄珀的话在残篇 32K(260N)[①]处反映出来的辩词——压倒了安菲翁。正如贺拉斯在《书信集》(*Epistles*)1. 18. 39－45 中这样给他的朋友洛留斯(Lollius)描述《安提俄珀》中的事：

> 你既不会称赞自己的追求，也不会对别人的追求吹毛求疵，当那个人想去打猎的时候，你也不会去创作诗。这样，安菲翁和泽托斯这一对孪生兄弟之间的关系就破灭了，直到安菲翁一直板起面孔斜盯着的七弦竖琴静下来。安菲翁被认为已经屈服于其兄的道德观：同样，你也必须屈服于你那强有力的朋友的温和命令。

这番话表明，安菲翁承认了失败，并将同意抛弃追求音乐的生活。[②] 如果安菲翁在辩论失败后，被说服采纳了其兄长的道德观，那我们就应该期望他投入到有实践行动的生活中去。故事情节证明了这一点，因为在戏剧结束时，威胁要杀死叔叔吕库斯的正是安菲翁。因而就有了赫耳墨斯在戏剧中演说开始几行所说的："安菲翁王，请停止你置他人于死地的伤害。"(残篇 48. 67－8K)。在这篇几乎完整存留下来的演说词中，赫耳墨斯命令安

---

① 安提俄珀认同其子泽托斯的观点，进一步突出了安菲翁的想法是不受欢迎的。这再次说明，安菲翁和颇受鄙视的苏格拉底之间有类似之处。

② 可惜的是，安菲翁为何屈服于泽托斯，还有，他怎样屈服于泽托斯，残篇中没有什么说明。参看 Wecklein(1923：61－2)，Snell(1964：90－2)及 Kambitsis(1972：xxiii－xxix 注 3)对此所做的假设。这几位学者都认为，安菲翁并没有放弃他的准则，而是使自己适应了一种更为积极的生活。贺拉斯(*Epistles* 1. 18. 43)所谓的安菲翁"被认为(putatur)屈服于"其兄这种说法，也许表明，安菲翁的让步显得摇摆不定。

菲翁拿起七弦竖琴，用歌声颂扬众神，这样的话，岩石和树木就会被音乐迷住，自动形成第比斯的城墙。“宙斯赐予你这样的荣誉(τιμή)，我和他一起将此给与你，既然我是赠予你这一礼物的人”(96—7)，我们发现，首先将竖琴给了安菲翁的，正是赫耳墨斯。现在，他提醒年轻人，音乐不仅是神赐的职业，而且对城邦最有助益。然后，在最后关头，赫耳墨斯对兄弟二人关于哪一种生活最好所作的辩论进行了裁决，由此改变了兄弟二人准备自个儿达成的结论。① 安菲翁将放弃他刚刚才接受的行动生活，恢复他蒙神灵感召的事业。一句话，最后出现的机械降神，揭示了关于戏剧事件的某种神性视角，这种视角与由人性角色所获得的视角截然相反。

《高尔吉亚》中的戏剧是如何再次展现这种叙事结构的呢？与《安提俄珀》剧的一个重要平行对应处在于，苏格拉底跟安菲翁一样，没办法用他的论据来说服他的对手。当然，苏格拉底的三个对话者都被他的逻辑诱入陷阱，最后被指出是自相矛盾的。当然，这些自相矛盾之处，让苏格拉底本人的论据显得可靠，三个对话者无人能对苏格拉底的论据进行反驳，苏格拉底也认为自己在争辩中胜利在握(如参 508e—509a)。但是，尽管苏格拉底凭借其逻辑论证和敏锐锋利的心理战术，成功地挫败了三个对

---

① 赫耳墨斯用了七行半对安菲翁演说，一行半对泽托斯演说。有学者(Goossens 1962：651—2；Hausmann 1958：52)认为，这种数目上的差别，显示了欧里庇德斯对安菲翁和他的生活方式的评价。Kambitsis(1972：122)同意这一说法，尽管他认为，剧本 89 行之后有可能掉了几行，这几行很有可能就是说给泽托斯的[Roberts(1935：165—6)也有类似猜想]。不论上述哪种观点正确，赫耳墨斯说安菲翁的音乐将会修建起第比斯的城墙，这种启示很明显对早先发起的争论做了一个回顾性总结。Snell(1964：92)认为，这种神的启示“表明，献身于缪斯女神的生活更好”。

话者，[①]对话中戏剧性的你来我往表明，他所说的话没有说服任何一个跟他在一块儿的人。毫无疑问，苏格拉底的主张似乎对骄矜自负、洋洋得意的高尔吉亚没有任何效果。在 473e 处，波卢斯事实上还当面嘲笑苏格拉底，尽管他看上去是苏格拉底的对手中最容易驯服的，但是对于苏格拉底的话，他始终都不予采信。波卢斯在他们争论要结束时说，尽管苏格拉底的观点和先前阐示的前提有可能是一致的，但这些观点依然让他觉得“奇怪”或“荒唐”(ἄτοπα, 480e)。

卡利克勒斯对苏格拉底怀有特别深的反感。苏格拉底一感觉到自己证据薄弱，卡利克勒斯就冷嘲热讽，“我不明白你那些诡辩究竟是什么意思”(497a)。在说了这句话之后不久，“为了争论早点结束，让高尔吉亚得到满足”，苏格拉底说什么他都表示同意(510c)。正如卡利克勒斯那充满嘲讽和诋毁之言的行为举止表明，他一点也不认同苏格拉底的各种观点。他在很多场合直言，苏格拉底“没有说服他”(493d,494a,513c)。有次他甚至拒绝继续进行争辩下去，“你要是听从我的话，”他说，“你就会停止这场争论，要不就去跟别人谈”(505d)。[②] 正如在讲述结尾部分的神话之前，苏格拉底自己也承认，“这个人不愿意获得好处，也不愿意体会我们正在讨论的东西——受纪律管制。”(505c)苏

---

① 对《高尔吉亚》中的逻辑论证做了分析的学者有：Vlastos(1967)，Santas(1979，第 8 章)，Irwin(1979，各处)，Klosko(1984)等。参较 Kahn(1983)和 McKim(1988)，二人认为，苏格拉底所作辩驳的某一重要的心理方面，被很多学者忽略了，这些学者将其阐释为一种逻辑分析方法。McKim 批评了 Kahn 和 Vlastos 的观点，令人信服地论证了，苏格拉底的方法是“心理的，而不是逻辑的，不是通过争辩让人相信苏格拉底式的‘公理’——美德总有益，恶总有害——而是诱使他们承认，在内心深处，他们一直是相信这一观点的。”

② 关于卡利克勒斯对苏格拉底论点的反应的讨论，可参看 Dodds(1959：352，358)，Irwin(1979：223)，Kauffan(1979，特别是 118 页)以及 Lewis(1986，特别是 195—6 页)。

格拉底在此处提醒我们，卡利克勒斯进步得很少很少，几乎一点也没有被他的说教改变。①

在 472b—c 处，苏格拉底把他惯常使用的追问方式和法庭上使用的追问方式加以对比：在他的追问方式中，他往往只邀请另外一个人通过逻辑论证去追寻真理，而在法庭上使用的追问方式中，一个人可以请出很多证人为他所说的话作证。按苏格拉底的说法，他只想找一个人——他的对话者——来证明自己的观点。正如他在 472b 处说道，“要是我不能从你身上举出一个证据来支持我的观点（μάρτυρα… ὁμολογοῦντα περὶ ὧν λέγω），那么我想自己在当前争论的这个问题上也毫无建树”。但这不正是苏格拉底在《高尔吉亚》中没有达到的吗？② 尽管苏格拉底在逻辑层面上成功地驳倒了他的对手，但从他的对手对这些论点的反应看来，丝毫没有人有折服于他的观点，认为哲人要比演说家更幸福。尾声渐近，对话越来越明显地变得缺乏说服力：卡利克勒斯情绪变得越来越敌对，说话愈加尖刻，最后，苏格拉底不得不自个儿完成追问。苏格拉底从二人对话转入一人独白，这

---

① 《智术师》中的陌生人在描述苏格拉底式的传授技巧时，强调了这一点，即，这种技巧去掉了人们对知识的自满情绪，使人“生自己的气，对别人很和善”（230a—e）。苏格拉底恰好在卡利克勒斯身上没有成功做到这一点。

② Vlastos（1983a：48）说道，“为了迫使波卢斯为不是波卢斯的那个人‘作证’，苏格拉底必须给波卢斯一个在逻辑上有说服力的证据来证明（波卢斯）是错误的”（重点为 Vlastos 本人所加）。但是，给出“在逻辑上有说服力的证据”并不一定能让对话者成为“赞同他的观点的证人（μάρτυρα… ὁμολογοῦντα）”。在 474a5—7 处，苏格拉底宣称，他知道如何“让一个人”为他的观点“作证”，也知道如何“赢得那个人的赞同票”（ἐπιψηφίξειν）。在《高尔吉亚》中，从给苏格拉底投赞同票这个意义上来说，没有任何对话者“赞同了”他。Kahn（1983：115—18）认为，苏格拉底“击败了”三个对话者，但仅仅是“迫使他们正视自己前后矛盾的立场，为认识自身的无知——这是智慧的开端——迈出了第一步”（116 页）。尽管苏格拉底确确实实暴露了对手的前后矛盾，但是，却无法让他们“证明”他自己的观点，这为对话增加了另外一个我们不应该忽略的戏剧维度。

非常透彻地说明，他的讨论结果是不成功的。[①] 由于从定义上看他采纳的方法必须涉及另外一个个体，他在506c—509c处通过自问自答而得出的论证结论就深刻地预示了，他不会赢得其同伴的赞同。[②]

更为突出的一点是，在对话结束时，苏格拉底在他的长篇神话大论中令人出乎意料地偏离了他的逻辑论证方法。回想一下，在戏剧中早先一些场合，卡利克勒斯就指责苏格拉底已经降格到了采用"煽动群氓的演说家"(δημηγόρος，494d1，482c5；参 e4)所采用的那种手段了。就在他开始讲述神话之前不久，苏格拉底就承认了这一点(519d5—7)："卡利克勒斯，你拒绝回答问题，真真迫使我扮演了一名演说家的角色。"当卡利克勒斯反驳说"要是没人回答你的问题，你就不能说话了"，苏格拉底应答道，"看来我能说话，至少我现在正高谈阔论着呢……"(519d—e)考虑到苏格拉底在演讲词的最开始处(448d，449—c)对高谈阔论的驳斥——驳斥"修辞术高于对话、反对对话"——苏格拉底在对

---

① 苏格拉底从厄庇卡尔谟(Epicharmus)(在《泰阿泰德》152e4—5处，柏拉图称厄庇卡尔谟为'最伟大的喜剧家')的戏剧中虚构了一个场景，这样，他便掩盖了自己从对话转入独白的策略，笔者认为，这一点并非偶然。卡利克勒斯叫他继续独自辩论时，苏格拉底说，"为了让厄庇卡尔谟的名言'让我一个人道出两个人的意思'适用于我"(505e，该行引文与厄庇卡尔谟的DK B16部分希腊文相对应)，他会那样做的。Olympiodorus认为，在厄庇卡尔谟所著喜剧中，对话中交谈双方后来都认同了某个为他俩辩护的人(34.13 Westerink [1970：177])。在这一关键地方，苏格拉底将自己比作某个喜剧角色，他是在提醒我们，他脱离自己喜欢的辨正逻辑方法，本身就有些滑稽(无能[feeble]?)。

② 在宣称自己的观点"是用钢铁和金刚石般的论证联结起来的"(508e—509a)之后，苏格拉底在509a处对这段对话做了总结。在这里，苏格拉底回到了修辞学这一主题上，邀请卡利克勒斯重新投入讨论。卡利克勒斯答应了苏格拉底的请求，但是他不停地说，自己回答那些提问，只是为了"了结这场争论"，让苏格拉底"感到快乐"(501c7，510a1—2，513e1，514a4，516b4)。鉴于苏格拉底在对话中大声宣扬"快乐"和"奉承"之间有联系(如521a—b)，卡利克勒斯说想让苏格拉底"感到快乐"(同参501c8)，这就暴露了他冥顽不化的天性。

话结束时展示的 *makrologia* [滔滔雄辩] 在戏剧中就具有非同寻常的重要性。① 卡利克勒斯拒绝参与对话，迫使苏格拉底回到了修辞术来。

苏格拉底没有能力使卡利克勒斯"见证"(witness)哲学的优点，跟他最后在雅典法庭受审时劝说陪审团失败息息相关(甚至可以说预示了他最终的失败)。就像在《高尔吉亚》中采取的论证一样，苏格拉底在审判他时所做的演说采取的形式也是为哲学生活做辩护——而两次他都失败了。《高尔吉亚》中多次明确地预言了苏格拉底受审，这一点促使读者将苏格拉底与卡利克勒斯之间的论辩和他在法庭受审时所做的辩护并置在一起加以比对。② 比如，卡利克勒斯在 486a—b 处迸发道：

> 苏格拉底，你和其他那些在哲学上走得更远的人，难道不觉得我眼中你现在的处境很不光彩吗？要是照现在这种情况，有人要抓住你，或其他哪个人，拉着你进监狱，你们没犯罪也说你们有罪，那你就会发现自己不知如何是好，头昏目眩，张口结舌，啥都说不出来。当你被送上法庭，即使控告你的是一个恶毒的普通人，要是他要求处死你，你就会被处以死刑。

在该段稍后，苏格拉底承认，在一个像雅典这样的城邦中

① Kahn 认为，在结尾部分的神话中，柏拉图"运用只有他才有权使用的角色，直接对观众说话，就像在阿里斯托芬合唱队的主唱段中那样"(1983:104)。但是，真正在说话的不是柏拉图，而是戏剧化了的苏格拉底。使得这段对话极具戏剧性的是，苏格拉底用逻辑论证没有说服他的同伴，此后，苏格拉底就退回到一种劝说方式中去了。

② 正如 Dodds(1959:368)，Irwin(1979:181,240)所言。

他很容易受人指控并被判处死刑(521c－d),又补充说,他的受审“将会像一名医生在由儿童组成的陪审团面前受到一名厨师指控一样”(521e)。这些对苏格拉底的审判预兆般的暗示,不禁让读者想起,他最终无力在那些太凡俗(all-too-human)的雅典同胞面前为哲学生活辩护。波卢斯在473e处说“你难道不觉得,当你说的东西没有哪个人接受的时候,你实际上已经被驳倒了吗”这句话的时候,就几乎已经把这一点作了个总结。

因此,和安菲翁一样,《高尔吉亚》中刻画的苏格拉底无力说服他的对手们信奉哲学生活。柏拉图的戏剧表明,跟安菲翁一样,只有众神才会为苏格拉底辩护。在考察众神为之所作辩护之前,先让我们好好思索一下对话中为这一事件所作的极为有趣的铺垫方式。在和卡利克勒斯辩论开始时,苏格拉底说,要是能够找到一种方法来检验灵魂,就像用试金石一样可以检验金子的话,他将非常高兴。① 要是他真能找到这么好的一块神奇的试金石,他就可以证明,自己的灵魂受到良好的培育,就不需要进一步检验了(486d)。然后,他感叹说,在卡利克勒斯身上他发现了“神赐”(godsend),因为卡利克勒斯是一个理想的辩论伙伴(486e)。很重要的是,“神赐”一词的原文是ἕρμαιον,更加直译就是“赫耳墨斯赐予的礼物”。这个词经由在对话489c1处的再次出现得到了强调,在该处,卡利克勒斯气愤地用了这个词来回击苏格拉底。为什么要一再谈到赫耳墨斯赐予的礼物呢?我们记得,在《安提俄珀》中七弦竖琴是赫耳墨斯赐予安菲翁的——这就是为何在喜剧结束时,神亲自降临为音乐生活辩护的原因。

① 请注意,在欧里庇德斯的几出悲剧中(*Medea* 516－19;*Hippolytus* 925－31),都可以发现这样的自负(参较 *Theognis* 119－24)。

但是,从何种意义上可以说,卡利克勒斯就像神赐予安菲翁的竖琴一样,是神赐予苏格拉底的礼物呢?

苏格拉底解释说,他对卡利克勒斯情绪激动,源于他希望找到一个不仅拥有智慧和意志力而且愿意畅所欲言的辩论伙伴。结果证明,高尔吉亚和波卢斯都不是理想的对话者,因为,正如卡利克勒斯和(随后的)苏格拉底所发现的(482d—e,487a—b),这二人在论辩的关键点上都将自己的真实观点作了保留。由于苏格拉底方法的目的是检验他本人和他的辩论伙伴的灵魂,以及他们建构的论证,[①]只有论辩双方都愿意跟对方对话,坦言自己的信念,这种方法才会奏效。

当然,苏格拉底说卡利克勒斯聪明友好、坦率真诚时,是带着嘲讽语气的。[②] 当卡利克勒斯结果是一个难以驾驭的论辩伙伴,根本不可能说服他"赞同"苏格拉底的观点时,苏格拉底也没有感到诧异。尽管如此,对苏格拉底来说,卡利克勒斯扮演了一种神赐之物,这里面也许含有深意——正是通过卡利克勒斯辩论的前后矛盾,苏格拉底辩论的令人信服的前后一致性才彰显出来。这种不和谐是通过卡利克勒斯前后矛盾的论点显示出来的。"苏格拉底不会赞同卡利克勒斯"(482b),他"从来不会对相同的主题表达相同的看法"(491b),两相比照,这些事实强调了苏格拉底的辩论是自相一致的,同时也突出了苏格拉底和谐

---

① Kahn(1983:75—80 及各处)正确地强调了这种苏格拉底式辩驳的特点。对这种辩驳特点的分析,可参看 R. Robinson(1941),特别是第 2、3 两章;最近有 Vlastos(1983a,1983b)的分析。如欲了解对 Vlastos 观点进行的批评,可参看 Kraut(1983),Brikhouse & Smith(1984),Polansky(1985)等。Kahn(1983)和 Mckin(1988)讨论了苏格拉底式辩驳的心理因素和逻辑因素。

② Mckin(1988:40)注意到,卡利克勒斯缺乏坦诚、没有智慧、对人不友好。

的灵魂。① 在489c1处，卡利克勒斯执拗地暗示，“要是有人出现口误”，苏格拉底就“会认为这是神赐(ἕρμαιον)”，也许卡利克勒斯说对了。因为正是卡利克勒斯那些总是暴露出他的论证前后矛盾的口误，才让苏格拉底在508e—509a处得出结论说，他的观点“是用钢铁和金刚石般的论证联结起来的”，只要没有人能够驳斥，这些观点将一直如此。②

毫无疑问，说卡利克勒斯对于苏格拉底是某种天赐的礼物，这是一个阐释上的跳跃。但是，即使我们不接受这种阐释上的跳跃，ἕρμαιον一词在《高尔吉亚》中的重复出现也不禁让人想起《安提俄珀》中出现的*deus*(神)，它预示了结尾部分的神话中神为苏格拉底做的辩护。我们知道，虽然苏格拉底和卡利克勒斯的争辩使他更加坚信自己的立场，但苏格拉底还是无法劝服他的伙伴们赞同他的观点。考虑到苏格拉底在该对话中说服力的缺乏预示了他在后来受审中的致命之处，神为他做的辩护就显得很有必要了。为了达到这种辩护，柏拉图借用并改变了欧里庇德斯笔下的*deus ex machina*[机械降神]，这种机械降神，正

① 482b—c部分可以佐证这一点。苏格拉底说，要是卡利克勒斯不能驳斥他的观点，那么“卡利克勒斯，你自己就不会赞同自己，就会内心不和谐(διαφωνήσει)，抱憾终生。而我，我的朋友，无论如何也要好一些，我只是七弦琴出了毛病，弹出的曲调不和谐，跑调了(ἀνάρμοσιόν τε καὶ διαφωνεῖν)，或者是我训练的合唱团中的大多数不同意我，要反对我，而不是我一个人跑了调(ἀσύμφωνον)，自相矛盾。”在此处，灵魂被描述成了一个类似七弦琴的乐器，其音调和谐、弹奏正确与否成了人生中最重要的活动。由于卡利克勒斯内心不和谐，他非常需要哲学上的治疗。Dodds(1959:260)指出，音乐的比喻“从头到尾贯穿于柏拉图的道德讨论中”。然而，在《高尔吉亚》这篇对话中，这些比喻特别突出(如参看457e2，480b4，482b6，482c2，486c5，503e8)。

② 尽管有学者(Dodds 1959:16；Vlastos，1983b)注意到，在该处，苏格拉底洋溢着异样的自信，但多数学者没有观察到，苏格拉底实际上并不是按自己的观点击败他的对话者，他并没有让对话者中任何人成为“赞同他”的观点的“唯一一个人”(472b；参474a)。

像柏拉图在《克拉底鲁》(*Cratylus*)中所说的，是一种喜剧家爱随便乱用的戏剧手段。苏格拉底在《克拉底鲁》中说，也许我们应该祈求神的帮助，“就像悲剧诗人一样，一旦遇到困惑，就寻求出现于机械上的神的庇护。”(425d)①

《高尔吉亚》的结尾显现了某种与机械降神相似的东西，这是在对话快结束时苏格拉底改变了他的基调，转入神话言辞的时候(523a)。② 这个神话是这样的：③在克罗诺斯(Cronus)统治宇宙的时期，死期已至的人的灵魂是由其他活着的人来评判的。结果，邪恶的人被送到了冥界和福岛两个地方，因为做坏事的人可以凭借他们俊美的身体、仁善的家人和巨大的财富骗过人间的法官，在他们的审判日来临之时，拿出很多证人来证明他们的生活是正直的。由于受到外在虚饰和证人证词的迷惑，法官们做出了错误的判

① 苏格拉底退回到神话言辞中去，和柏拉图使用神这一戏剧手段，这两件事需要区别开来。尽管苏格拉底对自己的观点信心十足，但是对于那些顽固的对话者，他“不知所措”，因此他转入了神话方式。柏拉图则一点儿也没有“不知所措”，为达到反对悲剧的新目的，他挪用了神这一戏剧手段。参较《克莱托普丰》(*Cleitophon*)407a8，在这里，苏格拉底据说要ὥσπερ ἐπὶ μηχανῆς τραγικχῆς θεός[像悲剧中机械上的神一样]来陈述他的劝诫。

② 尽管苏格拉底宣称，该故事“是真实的”而非“神话”(523a)，但它仍然是一种修辞性(而非逻辑性)话语。请注意，柏拉图在对话开头部分就设置了一种好的劝说方式，这样就为读者理解神话做了准备。比如，在454e处，苏格拉底对高尔吉亚说道：“我们是否可以确定，有两种劝说方式，一种产生没有知识的信仰，另一种产生知识?”当然，修辞将会被置于这两类劝说方式之首。很有可能，柏拉图认为，他的神话属于第二种抑或说好的那一种，与他说的“修辞”不同。

③ 要了解近期对该神话的讨论，参看Annas(1982a：122－5)。Annas在其文第一个注脚中，提供了一个很有用的书目，关涉柏拉图的种种神话、柏拉图的神话观。有趣的是，Olympiodorus在评注《高尔吉亚》时，把戏剧结束部分的神话称作一种υέκυια[招魂仪式]，他也把《斐多》和《王制》的结尾部分的神话，置于同一名目之下(46.8－9 Westerink [1970：240－1])。很有可能，Olympiodorus在《王制》中走向来世的Er身上发现了某种υέκυια[招魂仪式]，然后他就把这一词语用到其他终末神话上去了。然而，《高尔吉亚》中的神话让人想起的并非一种υέκυια，而是悲剧文类中的*deus ex machina*[机械降神]。

决。宙斯取得宇宙统治权之后，纠正了这种情况，人死后要接受审判，灵魂被驱离躯壳，没有任何外在的装饰物。高坐在上做出判决的是众神，而不是凡人。当然，这些神界法官会把有德行、追求哲学的人送往福岛，给其他的人施加相应的惩罚。

苏格拉底的神话故事讲的并不仅仅是在来世中德行会受回报、恶行会受惩罚，它特别强调人和神对灵魂进行裁决时的分歧：凡人按照那些外在的具有欺骗性的标准互相评判，藉此得出错误的结论；相反，众神只靠德行作出评判，这样，他们就总是能够对一个人的灵魂做出正确的判决。① 正如神话故事所展示的，神界的法官事实上会推翻凡人在克罗诺斯统治时代所做的宣判。正像在《安提俄珀》中赫耳墨斯支持安菲翁一样，在柏拉图讲述的神话里，神界法官将会为哲人辩护。苏格拉底宣称，在一次众神主持的审判上，没有能力为自己辩护的是卡利克勒斯：他将会“头昏目眩，张口结舌”，接受最严厉的判决。尽管苏格拉底没能说服跟他对话的人（当然，最终是雅典的公民），让他们相信哲学生活有更多的优点，但是，这些人对他作出的错误判决将会在最终的审判中为众神所撤销。

这样，这个神话故事就为对话中所处理的争端提供了来自神之眼的视角。虽然柏拉图还没有走到这一步——让某个推翻错误判决、然后宣布正确判决的神用声音来说话——但是，神界法官替代了人间法官，为看上去已辩论失败的哲人进行了辩护，柏拉图对此的神话性描绘就如同《安提俄珀》中的机械降神一样，起着同样的戏剧功能。② 如果这种看法切中要害，那么，就

① Annas(1982a:122)注意到“该神话特别突出了法官及其审判的细节”。

② 当然，欧里庇德斯在剧中对诸神的处理常常带有讥讽意味，特别是几处机械降神（相反，Spira[1960]却把“神”视为一种“恢复秩序”的“治疗手段”）。不管赫耳墨斯最终是否为《安提俄珀》找到了一个成功或满意的解决办法， （转下页）

可以顺理成章地说是柏拉图虚构了这个神话，他的第一个末世论神话，以此作为对希腊悲剧结尾的有意模仿。简言之，《安提俄珀》吸引柏拉图的不仅仅是关于智识生活的优缺点的争论，还有神对智识生活所做的辩护。这样，在柏拉图的对话中，诸神自己在《安提俄珀》和其他希腊悲剧中所表达的神性观点，就借助神话这一载体而实现了。神话让柏拉图能够做到那些靠逻辑论证永远做不到的事，这就是，将一种根本不同乃至“神性”的视角，引入到人的事务中。①

六

正如笔者已经证明的，柏拉图在写作《高尔吉亚》时，有意改编了一种悲剧模式。《王制》中那个、普遍反对诗尤其反对悲剧的言词尖刻的作者，做出这样的改编，其动机何在？简短涉及一下柏拉图对悲剧和喜剧的思索，有助于回答这个问题。② 在《王制》中，苏格拉底一再强调，悲剧决非人们想象中那样，是一种严肃的(σπουδαῖος)东西。比如，在608a处，他这样说到悲剧，“我

(接上页注②)柏拉图都在他的戏剧中自由地不带嘲讽地使用了这一手段。柏拉图视神为完美存在物的这种看法，使得他为诸神赋予了欧里庇德斯悲剧中的神所不具备的那种道德威力。

① 笔者在此处并不是说，柏拉图的神话的意思并不能从字面上理解，而是说，这一神话所起的功能是字面上可以理解的：通过戏剧性的结尾，将对话转换到某种“神性”视角，这样就把苏格拉底置于一个不同的叙事方式中了。

② 欲详细了解柏拉图对悲剧和戏剧本质进行的思索，请参看Patterson(1982，特别是78—4页；同时请参看Halliwell1984a：50—8，他对柏拉图的悲剧观也做了类似结论)。Patterson认为，柏拉图将苏格拉底描绘成一个真正的悲剧性(即严肃性)角色，而对一般人来说，苏格拉底看上去却很喜剧。正如Patterson所说，“人们可以将真正的悲剧性(刚才所描述的那种悲剧性)和表面上可笑的东西直接联系起来：对多数人来说，哲人必然显得滑稽或可笑，根本不足以严肃对待。”(页80)

们一定不要对这样的诗太严肃(οὐ σπουδαστέου),仿佛它是一件能够把握真理的严肃事情(σπουδαία)似的。"①在602b处,苏格拉底宣称,悲剧是一种"模仿",是παιδιάν τινα καὶ οὐ σπουδήυ[一种游戏,并不严肃],他甚至在603b处说悲剧是φαύλη("低级的"、"次级的")。②在柏拉图的《法义》中出现了对悲剧同样的贬斥。这篇对话中,在区分了作为分别涉及到γελοῖα[可笑](816d9,e5;参γέλωτα,e10)和σπουδαῖα[严肃](817a2)文类的喜剧和悲剧之后,雅典人继续将悲剧诗人们创作的"所谓的严肃作品"(τῶν δὲ σπουδαίων,ὥς φασι, τῶν περὶ τραγῳδίαν ἡμῖν ποιητῶν,817a2—3)和他及其对话者们在创建一部真正法典的过程中所创作的"最美最优秀的悲剧"(ἡμεῖς ἐσμὲν τραγῳδιας αὐτοί ποιητοὶ κατὰ δύναμιν ὅτι καλλίοτης ἅμα καὶ ἀρίοτης,817b2—3)进行了对照。这里,柏拉图不仅否认悲剧真正是"严肃的",还为自己的创造赋予了严肃悲剧的名称。

尽管柏拉图在其所有作品中给出了很多理由来置疑悲剧的严肃性,不过我们暂且集中分析一下《斐勒布》(*Philebus*)中关于喜剧和悲剧的争论。苏格拉底在讨论灵魂的混合性快乐时说,有一类人,并不懂得(还以为自己很了解)自己外在的好、身体的好以及

① 注意,亚理士多德也将悲剧定义为与σπουδαῖα[严肃]相关的东西(如《诗学》1448a1—2,1448a26—7,1449b9—10;参较1449b1),而将喜剧定义为与γαῦλα[滑稽]或γελοῖα[可笑]相关的东西(1448a2,1448b36—8,1449a32—7)。欲了解这些术语,可参看Lucas(1972:63,87)。

② 此处,柏拉图谈论的是一般的"模仿艺术",但是他专门将悲剧挑出来,并这样说道:"那些创作悲剧诗的人,不管使用的是抑扬格还是史诗体,充其量只是模仿者(μιμητικούς)而已。"(602b)柏拉图将史诗置于悲剧类别之下,这让我们想起,对于古希腊人而言,史诗就像悲剧一样,是一门"严肃"的艺术形式,处理的是"严肃的"事情。因此亚理士多德说,在《诗学》中,索福克勒斯跟荷马很相似,因为"二人都模仿严肃的人"(1448a26—7);亚氏还说,史诗是对σπουδαῖοι[严肃]的模仿,和悲剧诗很相像(1449b9—10)。

灵魂的好(48d—e)。最后一种“无知”——不认识自己的灵魂——最为普遍,其表现形式就是经常过高估计自己的德行和智慧(49a)。接着,在49a—c处,苏格拉底把这种无知明确和喜剧联系起来,同时又含蓄地将它与悲剧联系在一起。在这一部分,在说了“所有愚蠢地拥有这种错误观点的人”都应该被分为“强有力的一类人和正好相反的另一类人”之后,苏格拉底说道:

> 那就照这样划分吧。你要是说那些弱小的、在受到耻笑时没有能力进行报复的人是“可笑的”(γελοίους),你算是说了实话。但是,至于那些强有力的且有能力报复的人,你最好恰当地说他们是“可怕的”和“可恨的”。强者的无知可怕而可耻,因为这种无知和它(在诗中)的形象对任何接近的人都有害,但弱者的无知却属于可笑之物的行列……。(49b—c)

换句话说,一个弱小而无知的人,受了不公正的对待而没有能力进行报复,便是一个喜剧角色;但是,一个强有力的人的无知让他/她自己变得很危险,让人害怕,由此,我们可以推断,这种无知会让他/她变成悲剧中看到的那种角色。① 柏拉图在这里暗示,具有无知特性的个人既有悲剧特点,又有喜剧特点,这样,他就巧妙地将悲剧和喜剧糅合到了一起。

当然,《高尔吉亚》创作于这些有关悲剧和喜剧的讨论之前。不过,可以注意《高尔吉亚》是如何为这些讨论做准备的。② 在

---

① 在50b,处苏格拉底明确提到了悲剧,并说道:“在悲歌、悲剧和喜剧中,不仅戏台上而且整个带有悲喜剧性质的人生中,痛苦和欢乐都是混合在一起的。”这些话表明,苏格拉底的论据不仅适用于戏剧中的角色,也适用于真实的个体。

② 柏拉图的《伊翁》中有证据进一步表明,他对诗声称“严肃性”的憎恶在他早期生涯中就已经形成了。

502b—d处，苏格拉底将“令人敬畏而神奇的悲剧诗”——这是一个极具反讽意味的措辞①——置于修辞门类之下：悲剧是一种“我们不很崇敬”的“修辞类型”，“因为我们将它说成是一种奉承”(d5—8)。正像修辞术“把民众像儿童一样来对待，只想让他们得到满足”(e7—8)，悲剧的目的是让人“快乐”和“满足”(c1)，对城邦毫无益处。此处对悲剧的贬低，与后来对话中对悲剧之“严肃性”的否定一脉相承。

对悲剧之“严肃性”的这些否定，更加深刻地突显了柏拉图对某种悲剧模式的改造，因为它们促使我们去探讨，这种“模仿”如何反映了柏拉图所称的“哲学”的本质。首先，要留意到下述这一点，支撑悲剧和哲学之对立的，是柏拉图对何为“做严肃的事”(σπουδάζει)、何为“做可笑的事”(καταγέλαστον)这个问题的反复明确的强调。比如，在481b处，卡利克勒斯很不礼貌地质问苏格拉底究竟是在“做严肃的事(σπουδάξει)，还是在开玩笑(παίξει)”之后，就转入长篇大论，说苏格拉底彻头彻尾都“很可笑”。在484d—e处，卡利克勒斯说，哲人参加公共活动或私人活动时，显得καταγέλαστοι［非常可笑］(e1)。在485a—b处，他又说，如果一个人已经成年了甚至年老了还要学哲学，这不仅καταγέλαοτον［可笑］(a7)而且很幼稚，很不成熟，应该挨打。其实，卡利克勒斯对苏格拉底的描绘显然非常幽默滑稽。② 例如，在485d—e处，他把哲人描绘成躲在某个偏僻的角落里和三四个奴仆窃窃私语的那类人。卡利克勒斯说，苏格拉底要是被送上法庭受审，会“头昏目眩，张口结舌”(486b)，还说，大家甚至

① Dodds(1959：324)指出：“σεμνός［令人敬畏的］一词在柏拉图的作品中几乎全带有讽刺意味”。

② Clay(1975：243)认为，γελοῖς［可笑］是“苏格拉底爱用的一个描述语”。

应该打那不能为自己辩护的哲人的"耳光"而不必受罚(486c)。① 这样,卡利克勒斯就把苏格拉底刻画成了一个幽默滑稽的角色,一个跟《斐勒布》中刻画的那个受到伤害时无力报复的无知蠢蛋别无二致的角色。由此可以推论,在哲人之外的人看来,苏格拉底这样的哲人显得愚蠢而滑稽。当波卢斯当面嘲笑苏格拉底,嘲笑僭主乃不幸之人这句话的时候,可以说,哲人在外人眼中显得愚蠢滑稽这一点就得到了戏剧性的展示。(473e)

但是,苏格拉底有翻云覆雨之手,他会驳倒那些嘲笑他的人。"别以为我说的话仿佛是在开玩笑(παίξοντος),"他在 500b—c 处说道,"因为你明白,我们讨论的是:人应当过什么样的生活?一个稍具智力的人究竟更应该把什么主题当真(μᾶλλον σπουδάσειέ)?"哲人讨论的主题是各种问题中最"严肃"的,就像苏格拉底在 509a 处所暗示的,任何人只要想反驳哲人,都会显得καταγέλαστος[可笑]。苏格拉底在 509b 处说,由于不义是最大的恶,不义之人所做的恶行害了他自身,因此,无助而可笑的(καταγέλαστος)是这个作恶的人,而不是哲人。最终,在来世接受审判时"头昏目眩,张口结舌"的,将会是卡利克勒斯和他的同类(527a)。就这样,卡利克勒斯描绘的那个强有力的演说家和无助可笑的哲人,就给苏格拉底颠倒过来了。哲人成了严肃的人,雄辩家和不习哲学的人成了可笑的人。

这样的话,柏拉图的戏剧在几个关键地方颠覆了它的悲剧原型。特别需要注意的是,悲剧角色泽托斯(苏格拉底会认为这是个凭着自己惩罚敌人的能力而让人害怕的极为无知的人)让位给了"可笑的"卡利克勒斯。最后受审时,卡利克勒斯表现出来的无助状

① Dodds(1959:278)认为ἐπὶ κόρρης τύπτοντα意思是"一拳击在下巴上",笔者选择的是照字面翻译(尽管两种译法都很有趣)。

态与其说使他更具悲剧性，还不如说更加滑稽可笑。此外，一方面，安菲翁非但没有说服泽托斯，还甚至认同了其兄长那危险的无知，另一方面，苏格拉底则已经完全让自己（即便不是其他听众）相信，他本人的论据是正确可靠的。跟安菲翁不一样，苏格拉底对他对手所倡导的生活没有丝毫认同。当然，他最终被处死就是因为这一原因。这样，苏格拉底根本就不是柏拉图在悲剧文类中所见到的那种无知的角色。安菲翁愚蠢地屈服于其兄之观点，投入到行动的生活中，最后几乎做出亵渎神灵的谋杀行径，但是，苏格拉底却坚持自己的信念，尽管他没能够说服其他人接受其话中的真义。

我们是否可以得出结论，认为柏拉图改编《安提俄珀》，其目的是想有意把一出“所谓严肃的”的悲剧转变成一出真正的严肃悲剧呢？我认为，这样断定就太简单化了。因为，柏拉图毕竟不是在写悲剧。他不仅选择了散文体而非诗歌体，而且，他把一个既非严肃又非可笑的主角（也许是两者奇异的混合体）搬上了舞台。尽管柏拉图极力让读者不相信卡利克勒斯所描述的苏格拉底是个愚蠢滑稽的角色，但是，他同时也拒绝将苏格拉底提升到悲剧的高度。特别提请注意的是，柏拉图笔下的苏格拉底使用的是普通甚至可以说粗俗的语言[①]——那种让苏格拉底的贵族同伴们大为恼火的语言。正如阿尔喀比亚德在《会饮》中说道，“（苏格拉底）大谈特谈驴子、铁匠、鞋匠、皮匠，好像老是在用相同的语言谈论相同的东西，不习惯他那套谈话方式的人或是没有细想的人，都会嘲笑他的话。”（221e－222a）事实上，苏格拉底在《高尔吉亚》中对自己缺乏文雅仿佛还很沉醉。在一个值得注意的

---

① 毫无疑问，这就是为什么亚理士多德将 *Sōkratikoi logoi* ［苏格拉底言辞］与 Sophron（此人是手工阶层的代表，操一口粗俗的多利亚方言）的拟剧（mimes）相提并论的一个原因（《诗学》1447b10－11）。

段落中,苏格拉底谈到了情不自禁想搔痒的人(494c),一边吃食一边拉屎的鸟儿(494b),[①]还有可怕的 *kinaidos* [男妓],他们不仅让另外一个男人进入自己的身体,而且还很喜爱这种丢人的性角色(494e)。卡利克勒斯很厌烦苏格拉底提到的这些粗俗之物(494e),就像他早些时候严厉斥责苏格拉底一样,因为他不厌其烦地谈论饮食、医生、鞋匠、纺织匠和厨师(490c,491a),一句话,因为他不断地求助于"低俗而平常的东西"(φορτικά καὶ δημηγορικά ,482e)。由此,便引出了何为真正的低俗、何为高贵,以及何为可笑、何为严肃的问题。不过,这些区分并没有得到解决:哲学要求我们重新思索这些语词。

正如笔者所论证的,《高尔吉亚》中使用悲剧亚文本,可以满足柏拉图的多种目的。因为,柏拉图即使在模仿他的戏剧原型的结构和主题时,还对他的范本做了批评。悲剧主角的"严肃性"遭到嘲笑,是为了让一个全新类型的主角登上舞台。因此,这篇对话中的文本互涉是一例明显的戏仿。[②] 然而,需要进一步强调的是,尽管柏拉图"模仿"的是单部文本,但他攻击的靶子却是整个悲剧文类。因为,通过戏仿《安提俄珀》,柏拉图跟所有的悲剧家进行了一场争论。哈利维尔(Hallliwell)认为,"正是崇高的地位、美德和面对苦难超乎寻常的脆弱之间的结合——一种肯定了美德(ἀρετή)和幸福不平衡的结合——使得悲剧中的

① 正如古代注经家这样注解 χαραδριός [杓鹬鸟]:ἅμα τῷ ἐσθίειν ἐκκρίνει [一边吃一边拉](参见 Dodds 1959:306)。

② 这篇作品中的多声道程度究竟情况如何,阐释者可能各持异议。可以这样看,尽管苏格拉底始终认为死是一个悲剧,尽管柏拉图想戏仿悲剧文类,苏格拉底依然是以一个(传统意义上的)悲剧角色出现的。对那些认为《高尔吉亚》中悲剧并没有完全被击败的人来说,另外一个问题就是:柏拉图是故意给予悲剧一种独立(即便已变得暗哑)的声音吗?抑或,他只不过没有能力把悲剧文类贬低到他所希望的那个程度?

主角与柏拉图笔下的好人形成了强烈对比 。"[①]最后，正是在对这种好人——或更确切地说，这种被称之为"哲人"的全新类型的贤人——进行界定和戏剧化的过程中，柏拉图才和他的悲剧前辈发生了冲突。《高尔吉亚》竭力让我们相信，苏格拉底是个英雄，但并没有悲剧性，尽管他不该遭受那样的命运。

总之，柏拉图和悲剧家之间的交互作用比大家通常认为的要广泛复杂得多。因为，通过进入戏仿方式，柏拉图能够在很多具体层面上批评悲剧，把"哲学"树立为悲剧的严肃敌手。[②] 不过，我们不应该忘记，在柏拉图那个时代，哲学和 "严肃"诗之间这一著名的纷争只不过是一种呢喃私语。

(张如贵 译)

引用文献

Adam, J. (1902) ed. and comm., *The Republic of Plato*. 2vols. Cambridge.

Adkins, A. W. H. (1983) "Orality and Philosophy," in K. Robb, ed., *Language and thought in Early Greek Philosophy*, 207－27. La Salle, Illinois.

Annas, J. (1982a) "Plato's myths of judgement," *Phronesis* 27: 119－43.

Anton, J. P. (1974) "The secret of Plato's *Symposium*," *Southern Jour-*

① Halliwell(1984a: 54)。欲了解类似(且更全面)的讨论，请参看 Nussbaum (1986:378—94 及各处)。

② 需要强调的是，柏拉图对诗体话语的处理，前后很不一致：不同的诗歌文类处理方法很不一样，原因是，作为话语形式，作为社会一政治实践活动，诗歌文类各各不同。"哲学"将以不同的方式和其他文类相互发明。这样，柏拉图将诗(或修辞术)糅合进对话中的每一个例子，都值得单独研究。

nal of Philosophy 12: 277—93.

Arieti, J. A. (1991) *Interpreting Plato. The Dialogues as Drama*. Savage, Maryland.

Bacon, H. (1959) "Socrates crowned," *Virginia Quarterly Review* 35: 415—30.

Belfiore, E. (1983) "Plato's greatest accusation against poetry," in F. J. Pelletier and J. King—Farlow, edd. , *New Essays on Plato* (Canadian Journal of Philosophy suppl. Vol. 9) 39—62. Ontario.

(1984b) "A theory of imitation in Plato's Republic," *TAPA* 114: 121—46.

Brock, R. (1990) "Plato and comedy," in E. M. Craik, ed. , *Owls to Athens. Essays on Classical Subjects Presented to Sir Kenneth Dover*, 39—49. Oxford.

Bowie, A. (1982) "The parabasis in Aristophanes: prolegomena, *Acharnians*," *CQ*32:27—40.

Carter, L. B. (1986) *The Quiet Athenian*. Oxford.

Chance, T. H. (1992) *Plato's Euthydemus. Analysis of What Is and Is Not Philosophy*. Berkeley.

Clay, D. (1975) "The tragic and comic poet of the *Symposium*," Arion 2: 238—61.

Cole, T. (1991) *The Origins of Rhetoric in Ancient Greece*. Baltimore.

Dalfen, J. (1974) *Polis und Poiesis. Die Auseinandersetzung mit der Dichtung bei Platon und seinen Zeitgenossen*. Munich.

Dodds, E. R. (1959) ed. and comm. , *Plato: Gorgias*. Oxford.

Dover, K. J. (1968a) *Aristophanes: Clouds*. Oxford.

(1993) *Aristophanes: Frogs*. Oxford.

Esaterling, P. E. (1993) "The end of an era? Tragedy in the early fourth century," in A. H. Sommerstein, S. Halliwell, J. Henderson, and B. Zimmermann, edd. , *Tragedy, Comedy and the Polis*, 559—69.

Bari.

Ferrari, G. R. F. (1989) "Plato and poetry," in G. A. Kennedy, ed. , *The Cambridge History of Literary Criticism* vol. I, 92-148. Cambridge.

Gadamer, H. G.. (1980) *Dialogue and Dialectic. Eight Hermeneutical Studies on Plato*, trans. P. C. Smith. New Haven.

Goldhill, S. (1990) "The Great Dionysia and civic ideology," in J. J. Winkler and F. I. Zeitlin, edd. , *Nothing to do with Dionysos? Athenian Drama in its Social Context*, 97-129. Princeton.

Goossens, R. (1962) *Euripide et Athènes*. Brussels.

Gould, T. (1990) *The Ancient Quarrel between Poetry and Philosophy*. Princeton.

Guthrie, W. K. C. (1962) *A History of Greek Philosophy vol. I: The Earlier Presocratics and the Pythagoreans*. Cambridge.

(1975) *A History of Greek Philosophy vol. IV: Plato, the Man and His Dialogues: Earlier Period*. Cambridge.

Halliwell, S. (1984a) "Plato and Aristotle on the denial of tragedy," PCPS n. s. 30: 50-8.

(1988) *Plato: Republic* 10. Warminster, Wiltshire, England.

(1994) "Philosophy and rhetoric," in I. Worthington, ed. , *Persuasion. Greek Rhetoric in Action*, 222-43. London and New York.

Hausmann, U. (1958[1962]) "Zur Antiope des Euripides. Ein hellenistischer Reliefbecher in Athen," *MDAI(A)* 73: 50-72.

Henderson, J. (1990) "The *dēmos* and comic competition," in J. J. Wenkler and F. I. Zeitlin, edd. , *Nothing to do with Dionysos? Athenian Drama in its Social Context*, 271-313. Princeton.

Irwin, T. (1979) trans and comm. , *Plato: Gorgias*. Oxford.

Joly, R. (1956) *Le thème philosophique des genres de vie dans l'antiquité classique*. Brussels.

Kahn, C. H. (1979) *The Art and Thought of Heraclitus*. Cambridge.

(1983) "Drama and dialectic in Plato' s Gorgisa," *OSAPh* 1: 75—121.

Kambitsis, J. (1972) ed. and comm., *L' Antiope d'Euripide*. Athens.

Kauffman, C. (1979) "Enactment as argument in the *Gorgias*," *Philosophy and Rhetoric* 12: 114—29.

Klosko, G. (1984) "The refutation of Callicles in Plato's *Gorgias*," *G&R* 31:126—39.

Kraut, R. (1983) "Comments on Gregory Vlastos, 'The Socratic elenchus,'" *OSAPh* 1:59—70.

Kuhn, H. (1941) "The true tragedy: on the relationship between Greek tragedy and Plato, Ⅰ," *HSCP* 52: 1—40.

(1942) "The true tragedy: on the relationship between Greek tragedy and Plato, Ⅱ," *HSCP* 53: 37—88.

Lewis, T. J. (1986) "Refutative rhetoric as true thetoric in the *Gorgias*," *Interpretation* 14: 195—210.

Loraux, N. ([1984]/1993) *The Children of Athena*, trans. C. Levine. Princeton. First published as *Les enfants d'Ath*

Lucas, D. W. (1972) ed. and comm., *Aristotle: Poetics*. Oxford.

Mader, M. (1977) *Das Problem des Lachens und der Komödie bei Platon* (Tübinger Beitr̄ge zur Altertumswissenschaft, vol. 47). Stuttgart.

Mckim, R. (1988) "Shame and truth in Plato's Gorgisa," in C. L. Griswold, ed., *Platonic Writings, Platonic Readings*, 34—48. New York.

Nehamas, A. (1982) "Plato on imitation and poetry in Republic 10," in J. Moravcsik and P. Temko, edd., *Plato on Beauty, Wisdom, and the Arts*, 47—78. New Jersey.

(1990) "Eristic, antilogic, sophistic, dialectic: Plato's demarcation of philosophy from sophistry," *History of Philosophy Quarterly* 7: 3—

16.

Nightingale, A. W. (1992) "Plato's Gorgias and Euripides' *Antiope*: a study in generic transformation," *CA* 11: 121—41.

Nussbaum, M. (1986) *The Fragility of Goodness. Luck and Ethics in Greek Tragedy and Philosophy*. Cambridge.

Ober, J. And B. Strauss (1990) "Drama, political rhetoric, and the discourse of the Athenian democracy," in J. J. Winkler and F. I. Zeitlin, edd., *Nothing to do with Dionysos? Athenian Drama in its Social Context*, 237—70. Princeton.

Patterson, R. (1982) "The Platonic art of comedy and tragedy," *Philosophy and Literature* 6: 76—93.

Pickard—Cambridge, A. W. (1933) "The tragedy," in J. U. Powell, ed., *New Chapters in the History of Greek Literature*, 3rd series, 68—155. Oxford.

Polansky, R. (1985) "Professor Vlastos's analysis of Socratic elenchus," *OSAPh* 3: 247—59.

Reeve, C. D. C. (1988) *Socrates in the Apology*. Indianapolis.

Rehm, R. (1994) *Marriage to Death. The conflation of Wedding and Funeral Rituals in Greek Tragedy*. Princeton.

Roberts, C. H. (1935) "Some new readings in Euripides," *CQ* 29: 164—7.

Robinson, R. (1941) *Plato's Earlier Dialectic*. Ithaca.

Rosen, R. M. (1988) *Old Comedy and the Iambographic Tradition* (American Classical Studies vol. 19). Atlanta.

Rosen, S (1993) *The Quarrel Between Philosophy and Poetry*. New York.

Santas, G. X. (1979) *Socrates: Philosophy in the Early Dialogues*. Boston.

Schaal, H. (1914) ed. and comm., "De Euripidis *Antiopa*," diss. Berlin.

Sider, D. (1980a) "Plato's Symposium as dionysian festival," *QUCC* 33: 41—56.

Snell, B. ([1944]/1966) "Die Nachrichten über die Lehren des Thales und die Anf¨nge der griechischen Philosophie und Literaturgeschichte," in *Gesammelte Schriften*, 119 — 28. Göttingen. First published in *Philologus* 96 (1944) 170—82.

(1964) *Scenes from Greek Drama*. Berkeley and Los Angeles.

Spira, A. (1960) *Untersuchungen zum Deus ex machina bei Sophokles und Euripides*. Kallmünz.

Vernant, J. —P. and Vidal—Naquet, P. (1988) *Myth and Tragedy in Ancient Greece*, trans. J. Lloyd. New York.

Vlastos, G. (1967) "Was Polus refuted?" *AJP* 88: 454—60.

(1983a) "The Socratic elenchus," *OSAPh* 1:27—58.

(1983b) "Afterthoughts on the Socratic elenchus,"*OSAPh* 1:71—4.

Wecklein, N. (1923) "Die Antiope des Euripides," *Philologus* 79:51—69 .

Westerink, L. G. (1970) ed. , *Olympiodori in platonis Gorgiam Commentaria*. Leipzig.

Woodruff, P. (1982b) "What could go wrong with inspiration? Why Plato's poets fail," in J. Moravcsik and P. Temko, edd. , *Plato on Beauty, Wisdom, and the Arts*, 137—50. New Jersey.

Zeitlin, F. I. (1990) "Thebes: theater of self and society in Athenian drama," in J. J. Winkler and F. I. Zeitlin, edd. , *Nothing to do with Dionysos?*, 130—67. Princeton.

柏拉图与雅典喜剧

奈丁格尔(A. W. Nightingale)

大街上,人流如潮,人们喊着、叫着、嚷嚷着,声浪缭缭绕绕,越过攒动的人头,向上升腾,飞过教堂的尖塔,飞过傍晚殷殷鸣响的青铜大钟。大家说的这些话,越飞越高,在城市的上空汇聚成一团厚厚的云层。这团由语言组成的云层经常聚集过厚,必须彻底清扫。于是,男男女女,带着抹布,拖着扫帚,纷纷乘上气球,从广场上飞升起来,去和这团遮天蔽日的话语的蓬盖展开一场激战。

语言坚决抵抗,不服清扫,其中资历最老的和脾气最犟的形成了一层厚厚的硬壳,一直在愤怒地吵嚷着。

——珍妮特·温特森

《决定樱桃的性别》

一

情爱性话语和终末性话语：乍看起来，阿提卡喜剧和哲学话语似乎毫不相干。但是，虽然柏拉图对放声大笑显得极为反感（如参《王制》，388e），喜剧却使他受益匪浅，其他任何文学类型对他的影响都不及喜剧多，这种说法并非虚妄之辞。① 苏格拉底作为一个文学人物，就是从出现在喜剧中开始的。克雷（Diskin Clay）认为，"在将 *Sōkratikoi logoi* [苏格拉底言辞] 置于古代各种文学类型的语境中时，*Kōmōidopoioumenos* [制造笑料的] 苏格拉底发挥了至关重要的作用。"②但是，喜剧究竟是怎样影响柏拉图独特的对话的？在柏拉图的《申辩》中，苏格拉底把喜剧作家称为他的"第一批指控者"（18a—e），那么，我们或许会想：柏拉图会自始至终敌视喜剧这种类型，因为喜剧把他的英雄变成了滑稽小丑。的确，柏拉图对喜剧的批驳可谓毫不留情，这一点从《王制》第十卷不难看出。在那一卷里，苏格拉底猛烈鞭笞低级的或"滑稽的"诗歌。在雅

① 有关柏拉图对喜剧的看法、柏拉图对话和旧喜剧（尤其是阿里斯托芬的喜剧）之间的关系，见 L. Cooper 1922：10 章和 Mader 1977。Mader 认为，柏拉图在《斐勒布》（47b—50b）中有关喜剧的讨论，代表了他对放声大笑的看法；这种看法适合于他的大多数甚至全部的有关滑稽话题的涉足（参见 de Vries 1985，其间有对 Mader 简短却强有力的反驳）。若要全面了解对柏拉图对话里喜剧成分的研究和/或柏拉图对喜剧之讨论的研究，见 Mader1977：尤其是 72—7 页（注意附录，里面罗列了和大笑、滑稽、谩骂性嘲笑以及喜剧相关的词汇，页 130—2）。Brock 1990 对柏拉图模仿喜剧的分析很有见地，主要讨论了他对喜剧这种传统主题的重新利用以及对话中使用的各种技巧（如俚语、文字游戏、新造词语、粗俗言语、形象比喻、诙谐性模仿、个人讽刺、喜剧人物类型）。

② Clay 1994：41。

典的古典时期，这种诗歌主要借喜剧的舞台来表现(606c)。① 在《王制》第十卷606c和其他一些地方，柏拉图明确地表示，喜剧在雅典民主生活中是一股不容忽视的力量。然而，说来也怪，在《会饮》中、在悲剧诗人阿伽通和喜剧诗人阿里斯托芬两人中，柏拉图却更善待后者。喜剧诗人的文笔虽然失之严肃，却能充分表现情爱这种引人入胜的话题。其实，据说柏拉图的枕头下一直藏着一份阿里斯托芬的剧作。虽然这不可能属实，但却提醒了我们，柏拉图和喜剧的关系并不像表面上那么简单。

下面我将要论证的是，柏拉图和喜剧的关系之所以复杂，就是因为喜剧这种文学类型本身很复杂。关于喜剧的复杂性，这里进行的研究是无法完全加以揭示的，因为在柏拉图的时代，旧喜剧就已经被中期喜剧取代了。中期喜剧一直扑朔迷离，保留下来的可谓凤毛麟角，所以很难一概而论，更不用说确定哪些剧本为柏拉图的对话提供了亚文本。② 旧喜剧则有确凿可靠的资料供我们作互文分析，所以，我将把讨论范围限定在旧喜剧里。

---

① 但是，有一点要注意：在606c那一段中，柏拉图主要关注的是“严肃”诗歌；喜剧只是一个旁及的话题(606c)。

② 关于中期喜剧，见Dover 1968b：尤其是144—9；Webster 1970：1—3章；Arnott 1972。这些学者都强调旧喜剧和中期喜剧之间具有连续性，认为从公元前5世纪晚期到公元前4世纪晚期这段时期内，喜剧的发展决不是线性的和递进的，并非“旧喜剧”、“中期喜剧”、“新喜剧”这样简单的分类所能表示。请注意，旧喜剧中的“严肃”方面在中期喜剧中依然明显：现存的中期喜剧资料里有很多地方都涉及政治社会问题和政要人物(Webster 1970：23—50；Dover 1968b：146—7；Arnott 1972：尤其69—70，79—80；Carriere 1979：278—85各处)。亚里士多德在《尼各马科伦理学》(1128a22—4)中说：“旧”喜剧和“新”喜剧讲笑话的差别在于，前者运用的是“直接谩骂”(direct abuse，αἰχρολογία)法，而后者运用的是“含沙射影”(innuendo，ὑπόνοια)法。这表明，到了亚里士多德的年代，喜剧依然多多少少带有“谩骂”的特征(但是，所谓“旧”喜剧和“新”喜剧，亚里士多德究竟是什么意思，人们颇有争议，例如Janko 1984：204—6各处)。

但有一点应该强调：中期喜剧的出现并不意味着旧喜剧的彻底消亡。文学类型的更替不会在一夜之间发生。新的类型和旧的类型具有相容性，旧类型的文本可以再度上演。我们知道，第五世纪的"伟大"悲剧就经常在第四世纪的雅典上演。[①] 然而，至于喜剧，"人们普遍认为，旧喜剧太雅典化又昙花一现，演过一次就不再演第二次，在雅典尚且如此，更不用说搬到别的地方去演了。"[②]但是，塔普林（Taplin）在《喜剧天使》里写道，意大利南部和西西里发现的瓶画，足以证明旧喜剧到第四世纪在大希腊（Megale Hellas）[③]又重新被搬上了舞台。旧喜剧盛行于第五世纪，而和第五世纪的雅典相距这么遥远的人们竟然也能欣赏到旧喜剧，这说明到了第四世纪，这种喜剧完全有可能在雅典也重新上演了。亨德森（Henderson）认为，柏拉图和亚里士多德反对喜剧中淫秽的东西，谴责喜剧（*Rügekomödie*），但由于喜剧的这些方面"已经寿终正寝，失去了对社会的有益的作用"，[④]因而他们的反对就显得落伍过时了。对亨德森的看法，我们不敢苟同。如果旧喜剧在第四世纪的雅典又重新搬上舞台，如果中期喜剧并没有完全抛弃旧喜剧所特有的对政治的攻击和建议，那么，柏拉图和亚里士多德的观点跟我们这里讨论的主题的关系就要更密切一些。

旧喜剧这种类型，究竟复杂在哪里？当然，这种喜剧给观众提供"荒唐滑稽"的笑料，但又并非纯粹好笑。旧喜剧经常涉及

---

① 关于第五世纪的悲剧在第四世纪的雅典重新上演，见 Webster 1954 和 Easterling 1993。

② Taplin 1993：3。

③ [译按]大希腊，包括西西里和意大利南部，是古希腊人建立的殖民城邦。古希腊人称之为 Megale Hellas，拉丁文是 Magna Graecia。

④ J. Henderson 1991：29。

一些重大的社会问题和政治问题，甚至还宣称要给雅典民众以贤明的建议和批评。在喜剧《蛙》里，合唱队就宣告，他们会讲“很多荒唐可笑和很多严肃认真的事情”（πολλὰ μὲν γέλοια ... πολλὰ δὲ σπουδαῖα，389—90）。现存的剧本和残篇都表明，喜剧有很多功能，既谴责不公，又宣扬善举，声称要讲出事实的本来面目，可谓地地道道的社会批评。正如亨德森所说：

> 喜剧诗人尽管喜欢玩笑，但对于当下至关重要、严重分歧的大问题，讨论起来却异常激烈，而且带有明确的目的。他们坚持和谴责的立场观点都代表着现实中的某些群体。他们的劝诫和谩骂之术，和政治上或辩论中运用的几乎毫无二致。①

旧喜剧致力于社会和政治问题，可以说具有“严肃”的一面。② 要想知道喜剧是如何影响柏拉图的对话的，就有必要对滑稽和严肃这两个方面都加以考察。

首先是第一个方面：喜剧如何表现滑稽可笑的事物。喜剧中的幽默或“滑稽”的一面，还从来没有人置疑过，不像它的严肃一面早就有人表示怀疑。柏拉图本人对于喜剧的滑稽性是有话可说的。在《王制》里，苏格拉底把“严肃”诗人驱逐出境，也连带把喜剧诗人给驱逐了。在 606c（参看 388e），他说道：

> 同样的原则不也适用于使人发笑的表演吗？我说的是

---

① J. Henderson：1990：273。

② 在以下的篇幅里我将更详细地讨论喜剧的“严肃性”这个争论不休的问题。

喜剧表演，尽管你自己本来羞于开玩笑，但在观看喜剧或在日常谈话中听到滑稽的笑话时，你不会嫌它粗俗，反而觉得非常快乐，这和怜悯别人的痛苦不是一回事吗？因为在这里，你的理性又由于担心别人把你看成小丑，因而在你跃跃欲试时压制了你说笑话的本能，而在剧场就放任自流了。你知道，长此以往，你自己也就受到感染，以至于在私人生活中也成为一名喜剧家。①

然而，柏拉图在《法义》里谈到“次好城邦”（second-best city）时，对喜剧创作的态度改变了。他仍然相信喜剧会腐蚀观众的灵魂，但他似乎觉得这种文学类型若是好好把握，可以成为一种有益的手段。正如雅典陌生人说道（816d—e）：

但我们无法不注意到那些丑陋的身体和灵魂的表演，艺人在朗诵、唱歌、舞蹈中的荒唐、滑稽、粗俗的表演所带来的讽刺效果更是我们要加以检查的。一个人要想形成判断，如果不了解虚假就不能更好地理解真诚，两者是相反相成的；但另一方面，想要追求善的人，不可能同时产生虚假和真诚，而求善在任何时候决非小事。人们必须了解这些事情的原因在于不能因为无知而受骗，以至于说出荒唐的话或做出荒唐的事来。②

要真正了解“严肃”和“滑稽”，就必须正视滑稽的事情，不能

① ［译按］王晓朝译文。《柏拉图全集》第二卷，北京：人民出版社，2003，页629。
② ［译按］王晓朝译文。《柏拉图全集》第三卷，前揭，页575。

回避。[①] 而这个雅典人接下来却规定，喜剧只能由奴隶和外邦人来表演，玛格涅西亚（Magnesia，他为新城邦命的名）的公民决不能参演。事实上，任何自由民都不得“学习”喜剧（816e）。我们推断，他们必须“学习”的就是滑稽事物的本质；这全然不同于学习或掌握一个喜剧剧本。这个雅典人还说，喜剧创作“总是”必须包含“一些新鲜（καινόν）的成分”（816e）。这最后一项建议，英格兰（England）大加粉饰：“如果舞台上必须要有丢人现眼的场面，那就应该变着戏法演。对一种场面太熟悉危害很大，变着戏法就减少了危害性。”[②]有趣的是，在同一段话中，那位雅典人却说，悲剧不允许在玛格涅西亚上演（817a—d）。我们推断，喜剧这种类型（虽然只有那些对立法者胃口的喜剧才允许在玛格涅西亚上演[③]），有办法阐释清楚真正称得上滑稽可笑的东西，而创作悲剧的“所谓严肃诗人”（817a）则永远也不可能成功地表现真正算得上严肃的事物。

《王制》和《法义》不一样，《王制》讨论的是喜剧的现状。在《法义》里，那些经过遴选、获准上演的喜剧可能被用来表现真正滑稽的场面；但《王制》根本就没有涉及这种观点。不过，《王制》和《法义》也有一致之处：都主张有必要理解滑稽的本质。事实上，《王制》第五卷有一段话洋洋洒洒，其间苏格拉底批驳喜剧诗

---

① 注意苏格拉底在《王制》里说的话：有必要知道“什么是疯子，什么是坏男人和坏女人，但他们一定不要去做这种事，或模仿这种人”（396a）[王晓朝译文]。显然，柏拉图在创作《王制》时持有这样的观点：观看喜剧不可能有助于人们了解那些卑劣、滑稽人物的本质。

② England 1921. II：258（在 797d9）（他这里的解读步 Ritter 有关 816e 的解读之后尘）。表现“低下”主题的喜剧应该多种多样，这种观点使人联想到那个雅典人一再提出的建议：“好”的文类应该保持纯洁，杂而不纯不仅会使观众目无法纪，而且得到的是虚假的知识（656d—657b，669c—670a，700a—701a）。

③ 有关《法义》对文学的审查，参见 Nightingale 1993b。

人，说他们处理滑稽的方式既显得无知又违背事实。这段话实录如下：

> 我说，如果要把我们的建议付诸实施，由于它们与现存习俗背道而驰，因此看起来会很可笑(γελοῖα)。
>
> 他说，没错，确实如此。
>
> 我说，你看其中最可笑的(γελοιότατον)是什么？不就是女子也要和男子一道赤身裸体地在体育场里锻炼吗，不仅年轻女子要这样做，还有年纪大的女人，也要和体育场上的老头一样，尽管已经皱纹满面，让人看了很不顺眼，但仍旧要在那里坚持锻炼？
>
> 他答道，是的，我得说这种事在目前情况下看起来似乎有些可笑(γελοῖον)。
>
> 我说，既然我们已经开始讲述我们的想法，就不要害怕那些挖苦人的俏皮话(τὰ τῶν χαριέντων σκώμματα)，他们谈论的无非就是要不要女子参加体育训练和文化教育，要不要女子携带兵器和骑马，等等。……
>
> 我们既然已经开始，就要继续朝着法律中最艰难的部分前进。在请那些发出嘲笑的同胞们放弃轻薄心态，严肃认真对待这些事情(μὴ τὰ αὑτῶν πράττειν ἀλλὰ σπουδάζειν)之后，我们要提醒他们，其实希腊人认为这些行为可耻和可笑的(γελοῖα)时间并不长，不久以前他们还像现在大多数野蛮人一样，认为男子赤身裸体给人家看并不可耻。当初克里特人和拉栖代蒙人裸体操练，不也被那个时候的聪明人当作喜剧(κωμῳδεῖν)吗？……
>
> 但是我认为，既然经验已经证明让所有这类事物裸露比遮遮掩掩要好，眼睛发出的嘲笑(γελοῖον)在被理性揭示

出来的最优秀的事物面前将要消失,……"(452a—d)①

这一段话出现在第五卷接近开头的地方,当时苏格拉底刚刚同意讨论妇女在护卫者阶层中的作用这一棘手问题。这段话中,在苏格拉底眼里,喜剧诗人(包括现在的和过去的)只会嘲笑讥讽"有悖习俗"的新型观念。大众舆论经常把激进的观点视为荒唐可笑,喜剧诗人反映的就是大众舆论。喜剧家们对滑稽的观念,苏格拉底明确地表示不赞成。所以,他请求喜剧家们稍稍休息,改变一下自己的角色,严肃认真地对待这些问题。他接着纠正了他们对滑稽的看法;他认为"经验"会最终证明,像上述那些激进的提议其实毫不荒唐。

喜剧家们对滑稽事物的刻画遭到苏格拉底的批驳,这就引出了柏拉图对话中包含有喜剧潜台词的第一个例证。在《王制》第五卷的其余部分里,苏格拉底为之辩护的许多观念都可以在阿里斯托芬的《公民大会妇女》里找到:妇女有能力也适合担当统治者的角色;物质财产公有(参较《公民大会妇女》,590—4,597—610,667—75)、妇女公有(参较《公民大会妇女》,613—34)、儿童公有(参较《公民大会妇女》,635—50);确立共同用餐制(参较《公民大会妇女》,715—16)。② 但是,有一点应该强调:《王制》和《公民大会妇

① [译按]王晓朝译文。《柏拉图全集》第二卷,前揭,页431—432。该段汉译和原书中的英译有一处不符,请对照:"And we will remind them that not so long ago it seemed shameful and ridiculous to the Greeks(as it still does to many barbarian peoples)for men to be seen naked. 我们要提醒他们,其实希腊人认为这些行为可耻和可笑的时间并不长,不久以前他们还像现在大多数野蛮人一样,认为男子赤身裸体给人家看并不可耻。"如果按照原书英译,意思应为:我们要提醒他们,就在不久以前,即便是男人赤身裸体,希腊人也觉得可耻又滑稽(许多未开化的民族今天依然有这种感觉)。

② Adam 1902. I:350—1列举了《王制》第五卷和《公民大会妇女》"在观念、语言、或观念和语言两方面都相同的地方"。

女》这两个文本之间的关系决不单纯。虽然《王制》的创作要晚于《公民大会妇女》，大多数学者却并不认为柏拉图的各种观念源于阿里斯托芬。[①] 相反，他们普遍认为，两位作者都采用了公元前 5 世纪末 4 世纪初的某种哲学思想的素材。[②] 请留意，在上引的那段话中，柏拉图表示，喜剧家只是对别人的新奇观念作出反应而已，这些观念并非他们自己的创造。柏拉图把喜剧诗人说成是具有反动性而无创新性，以此表示他们不过是从他人的原创性观念中借来素材罢了。[③]

如果这种说法准确无误，那么我们就接受厄舍尔(Ussher)的观点：柏拉图的共产观念并非是从阿里斯托芬那里抄袭过来的。但能否就此推断出柏拉图不曾"参考"过阿里斯托芬对这种素材的处理手法吗？[④] 柏拉图在改写并发表有关这种素材的第五卷时，我们很难相信他根本无视阿里斯托芬对共产素材的处理。柏拉图的确不曾提到过阿里斯托芬的名字，但他对喜剧诗人愚昧无知、滥嘲滥讽的做法的批驳，以及在第五卷中一再强调

---

① 有关《王制》第五卷和《公民大会妇女》之间的关系的研究，有学者已作出了总结，参见 Adam 1902：附录 1 到第五卷，Ussher 1973：xv—xx。

② 谁是这种思想的源头，我们只能推测：可能性最大的苏格拉底圈子里的人物(尤其犬儒学派创始人安提西尼[Antisthenes]或柏拉图本人)和智术师学派的鼻祖普罗塔哥拉。

③ Adam 表示(1902. I：282 at 452b12)："如果我们也和现代大多数批评家一样，认为《公民大会妇女》先于《王制》第五卷，如果我们把这部喜剧看作至少在一定程度上是针对有关共产的理论和苏格拉底学派所同情的妇女立场，那么，就容易解释，这里，柏拉图*是在以一种进一步挑战的方式来表达对喜剧舞台的指责*。"(重点为引者所加) 阿里斯托芬创作这个剧本的目的，不一定就在于戏仿某群哲学家，或与这群哲学家进行辩论(这种戏仿普通大众根本就不可能喜欢)。就我的目的而言，下面这点足矣：共产素材并非阿里斯托芬原创，但他看见这种东西富含喜剧潜力，于是借来一用。但是，就算阿里斯托芬没有恶意，他还是激怒了柏拉图。显然，柏拉图对待这些观念的态度比阿里斯托芬严肃多了。

④ Ussher 1973：xx。

的嘲笑和滑稽可笑，①构成了有力的证据，说明柏拉图至少部分地是在回应阿里斯托芬的喜剧。柏拉图的确把《公民大会妇女》中的观念“包含”到了自己的第五卷中，但由于柏拉图挑战的不是那些观念本身，而是阿里斯托芬对这些观念的嘲弄，致使这种包含变得异常复杂。事实上，柏拉图使共产观念从喜剧表现形式中摆脱出来，他让苏格拉底暗示这种素材是“严肃”而非“滑稽”。在上引的那段话后面的几句中，苏格拉底阐明了他的故事的道德意义（可以这样说吧），从而清楚明白地表明他的观点：

> 那么也就清楚地证明这种人讲的话乃是一派胡言，他们不认为邪恶是可笑的，倒认为别的事物都是可笑的，他们不去讽刺愚昧和邪恶，却用眼睛盯着别的事物加以嘲笑，他们一本正经地要努力建立某种美的标准，却不以善为美的标准。（452d—e）②

简言之，愚昧和邪恶才应该成为嘲笑的素材。严肃话语的主题应该是善和美德。柏拉图表明，喜剧诗人错就错在嘲弄好人和好观念。至于《公民大会妇女》，我们现代人会觉得它是从同情的立场来表现共产观念的。但不管我们怎么想，柏拉图从这部戏剧中看到的却是对新观念的毫不隐讳的嘲笑。

---

① 除了452a—d那段话（上文已经引用过）提到“喜剧”和“滑稽可笑”之外，第五卷的以下地方也提到过“嘲笑”、“可笑”、“讥笑”：γελᾶν（451b2，457b1，b3），γέλως（451a1，473c7），ἐκγελᾶν（473c8），γελοῖς（454c6，c7，456d11，457b2，463e1），καταγέλαστος（455c8，476a9）。这样一再重复既使滑稽主题化，又使它成了一个令人困惑的问题。

② [译按]王晓朝译文。《柏拉图全集》第二卷，前揭，页432。

在上面那段话中柏拉图批驳喜剧家们；但另一方面，阿里斯托芬和旧喜剧的其他诗人也是怀着敌视的态度来刻画苏格拉底的。在这些喜剧中，好人的思想不为剧作家所了解，反而遭到他们嘲弄。柏拉图对话中对哲人的界定非常明晰，其中有一条，苏格拉底坚持认为：在非哲人的眼里哲人显得"滑稽可笑"。苏格拉底的这个看法进一步证明了好人的确遭到剧作家们的嘲弄。我们已经看到，在《高尔吉亚》里，卡利克勒斯斯把苏格拉底刻画为滑稽人物，把他的哲学实践看成荒谬的东西。同样的主题（topos）也出现于《王制》中：在洞穴寓言的结束处（516e－517a），苏格拉底评论道，回到黑暗洞穴里的哲人，因为经历过灿烂的光明，暂时什么也看不见。他的情形不可避免会被一直囚禁于洞穴里的囚徒所误解。苏格拉底在517a说道："难道他不会招来讥笑吗（γέλωτ' ἂν παράσχοι）？那些囚徒难道不会说他上去走了一趟以后就把眼睛弄坏了，因此连产生上去的念头都是不值得的吗？"①在518a－b，苏格拉底说明了对于这种情况人们该如何正确地做出反应："聪明人"会意识到，无论是从黑暗来到光明还是从光明进入黑暗，视力都会产生眩晕。因此，如果他遇到某个人的灵魂视力产生眩晕，"他不会不假思索地嘲笑（γελῷ）"，而是首先弄明白这个人正在经受这两种影响中的哪一种；如果是后者，他会说这个人很幸福而不是可笑。

在《泰阿泰德》里，在对哲人的界定中，这种相互批判的主题的作用尤为突出。有一段话，苏格拉底一开始就说："我现在仍像从前那样经常感到奇怪，在哲学研究中花费了大量时间的人为什么一上法庭辩护就显得荒唐可笑"（γελοῖοι ... ῥήτορες，

① ［译按］王晓朝译文。《柏拉图全集》第二卷，前揭，页513。

172c)。[①] 苏格拉底想起泰勒斯 [②]的一件轶闻:一个色雷斯仆人嘲笑泰勒斯只顾出神地望着天空却跌落到下水道坑里。苏格拉底声称“任何人献身于哲学就得准备接受这样的嘲笑”(174a—b),[③]因为“所有人都会与那位女仆一道嘲笑他”(γελοῖος,174c);[④]哲人做事不灵巧,“他的笨拙使他显得格外愚蠢”;[⑤]哲人不黯世事,“就像个大傻瓜”(174c—d)。[⑥] 另一方面,哲人也觉得普通大众很可笑。[⑦]他遭到嘲笑,有一部分原因的确是他先笑普通大众(174c8—d1;175b)。但是,就像在《高尔吉亚》里一样,柏拉图却扭转局面,改被动为主动,使那些嘲笑哲人的普通大众陷入尴尬的境地。正如苏格拉底在 175b—d 所言,普通人一旦被迫进入哲学的竞技场,被迫回答哲人们所关心的问题时,他就会“结结巴巴”,“招来嘲笑”(γέλωτα ... παρέχει, d4—5)。[⑧]

显然,柏拉图着意澄清有关“滑稽可笑”的记录。虽然柏拉图在《王制》里的确包含了喜剧的潜台词,但他却补充了怎样处理这个素材的说明。[⑨]因为他不仅邀请读者对滑稽事物的本质

---

① [译按]王晓朝译文。《柏拉图全集》第二卷,前揭,页 695。

② [译按]泰勒斯(624? —546?),古希腊哲学家,数学家,天文学家,希腊“七贤”之一。

③ [译按]王晓朝译文。《柏拉图全集》第二卷,前揭,页 697。

④ 同上。

⑤ 同上。

⑥ 同上。

⑦ 在 174d—175b 苏格拉底详细地说明了哲人是如何嘲笑普通大众的。

⑧ [译按]王晓朝译文。《柏拉图全集》第二卷,前揭,页 698。

⑨ 参见 Saxonhouse 1978。她认为柏拉图在《王制》里别有用心地创制了一个可笑而又丑陋的城邦(柏拉图无非“就是要在个体的灵魂深处建立起正义,以此对立于政治统一体永远实现不了的那种正义”[p. 889])。根据这种论点,柏拉图使用阿里斯托芬的喜剧素材时不曾作任何变动:他要他的理想国(Callipolis)和《公民大会妇女》里描写的那个城邦一样滑稽可笑。但 Saxonhouse 没有想到第五卷有一段话是批驳喜剧的(452a—e),也没有考虑过《王制》中一再提到的表面上可笑和真正可笑的东西之间的对立性。

进行深入的思考,还明确表示干讽刺这行的人经常把它搞错了。苏格拉底在457b说道,嘲笑好事情的人是在"'采摘不熟之果',自己不智,反笑人愚,他们其实并不知道自己在笑什么,在做什么。"①这样一来,喜剧诗人以及那些鼓动和模仿这类讽刺手法的人都遭到批驳和矫正。矫正喜剧诗人?我们或许会报之一笑:喜剧家难道会以真实甚或准确为目的?他们这样做的动机有几分?在以下的部分里我们将会看到,旧喜剧的确声称要为民众提供宝贵的意见和建议。喜剧家作为社会批评家,在民主自由的框架内,从权威的立场对社会进行批评,得到的反应通常都是"严肃"的。

二

迄今为止,我们已经讨论了柏拉图对喜剧中"滑稽"或幽默一面的反应。很多段落都证明,柏拉图批评喜剧家,说他们对滑稽的性质不甚了了就乱写一气。但是,有迹象表明,柏拉图想好好地利用喜剧的幽默功能:在参与对话的众多人物中,就拿游叙弗伦、伊翁、希庇阿斯和阿尔喀比亚德来说吧,他们和喜剧中的滑稽角色有不少共同之处。很多学者已经发现柏拉图对话(尤其《会饮》)包含"喜剧"成分。② 举一个比较极端的例子——莎克森豪斯(Saxonhouse),她认为《王制》里建立的那座政治殿堂,其用意就是要让它看起来滑稽可笑。③ 她辩驳道:"它在阿里斯托

① [译按]王晓朝译文。《柏拉图全集》第二卷,前揭,页439。

② 参见Greene1920,Bacon 1959,Bloom 1968:380—2各处,Clay 1975,Saxonhouse 1978,Woodruff 1982a:尤其是100—3,Brock 1990,Arieti 1991:第7章各处。

③ Saxonhouse 1978. Saxonhouse在很多方面都追随Bloom(1968:380—2各处)。

芬的喜剧里很可笑,在柏拉图的对话里难道就不可笑?"[①]这话表明,莎克森豪斯是在解决一个问题,即一个对话或对话的一部分是否可以说成是滑稽或可笑的。学者们对莎克森豪斯关于《王制》的喜剧性解读赞同与否暂且不论,但很多学者在讨论柏拉图和喜剧的关系时,在基本的方法论假设上都与其一致:柏拉图得益于喜剧的程度要根据他对话中包含的滑稽、幽默或可笑的素材而定。

依我之见,这种假设性方法有赖于一种广为认同且跨越历史时空的观念:喜剧就是搞笑的。但柏拉图不是和一般的喜剧相关,而是一种异乎寻常的文学类型——旧喜剧,这就使问题变得很棘手。我们已经看到,旧喜剧的确滑稽,的确可笑,柏拉图在他的对话中也的确谈到这种文学类型的这个方面。但是,旧喜剧不同于其他喜剧类型,它包含了不少具有严肃的社会性和政治性主题的东西。正如多佛(Dover)所说:

> 从公元前 440/439 年到 437/436 年,法律禁止喜剧进行讽刺,这一事实表明喜剧并非一直被看作家庭轻松娱乐剧。我们阅读阿里斯托芬,不可能不意识到有些段落并不是为娱乐而创作的。[②]

---

① Saxonhouse 1978:891。

② Dover 1968b:129。如果"锡罗科斯(Syrocosius)法令"确有其实(大约颁布于公元前 415/416 年,禁止喜剧指名道姓地谩骂个人),就进一步证明了喜剧给雅典的社会事务和政治事务的确造成过重大影响。Halliwell(1984c)却认为这道法令不过是注释家的凭空想象。Sommerstein 1986 与 Halliwell 的观点相反,他辩驳说这道法令的确存在,但并非禁止任何人都不能被点名讽刺;相反,它只允许讽刺那些砍断赫耳墨斯石柱([译按]作路碑或界碑,上刻有天神赫耳墨斯的头像)以及亵渎神秘事物、犯了不虔敬之罪的人。Atkinson 1992 与 Sommerstein 1986 的观点相同。

根据亨德森的观点，喜剧诗人把自己看作：

> 民众之声，应该评说重大问题，应该力求影响民众对这些问题的看法。在其他场合，这些问题正在被或可能会被介绍给选民，比如，在悲剧比赛中由参赛者介绍，在集会中由演讲者介绍，在法庭上由诉讼人介绍。①

喜剧所代表的“民众之声”，其本质是什么？这种“声音”在歌队的主唱段里表现得最为清楚，因为歌队代表“诗人”说话，对重大政治问题提出批评和建议。但诗人还可以通过演员和剧情来表达自己的批评和评论。下面引用的阿里斯托芬可以用来说明喜剧的“民众之声”：

> 狄开奥波利斯：诸位观众，请你们不要见怪，我这样一个叫化子，不揣冒昧，要当着雅典人在喜剧里谈论政事，要知道喜剧也懂得是非黑白啊。我要说的可能会骇人听闻，但却是真情实理（τὸ γὰρ δίκαιον οἶδε καὶ πρυγῳδία. | Ἐγὼ δὲ λέξω δεινὰ μέν, δίκαια δέ）。克勒翁啊现在再也不能诬告我当着外邦人诽谤我们的城邦（τὴν πόλιν κακῶς λέγω）：因为这一次喜剧竞赛是在勒奈亚节里举行的，就只有我们自己在场，外邦人还没有前来。（《阿卡奈人》，496—505）
>
> 歌队：我们的歌队导演人说你们应当多多酬谢他呢，因为多亏他规劝了你们不要上外邦人的当，不要听阿谀的话，不要当受人摆布的傻瓜……有一天波斯国王就问起这个诗人经常讽刺的究竟是哪一个城邦；他说谁听取了他的劝诫，

① J. Henderson 1990：271—2。

谁就会变得聪明强大，会在战争中必胜无疑。(《阿卡奈人》，633—5;647—51)①

歌队：德谟斯(Demos，民众)，你的权力真正大，你像个君主人人怕，可是呀，也容易叫人牵着耍。你喜欢戴高帽子，受欺受骗，老是张着嘴望着那些演说家，你并不是没有头脑，只是不知想到哪里去了。(《骑士》，1111—20)②

歌队：神圣歌队的责任啊，就是要为城邦提出好的建议，为它指引方向……[引者按：接下来是长篇大论，既有谴责，又有赞美和建议]……但是，就在此时此刻，你们这些愚蠢的人，依然意志不坚，左摇右摆，再一次利用好人。(《蛙》，686—7;734—5)

普罗塔戈拉：你们这些雅典民众，必须对所有这些事情负责。你们从公众的钱包里拿到薪水，却不思回报，却总想中饱私囊。(《公民大会妇女》，205—7)

这些选段表明，喜剧的显著特点就是代表一种声音，一种敢于批驳、敢于惩戒雅典人的声音。喜剧家不同于别的演说家：演说家对民众又逢迎又欺骗，喜剧却“讲解”何为“正义”、何为“真理”，从而达到“教化”民众的目的。

很多学者一再强调，喜剧这种“公众之声”，未必只是在表现诗人自己的看法。③ 因为我们不能把这些段落从它们所在的语境中抽离出来；如果我们这样做了，说它们表达的观点超越

---

① [译按]该两段为罗念生译文。《古希腊喜剧选》，人民文学出版社 1998，页 397—8，386—7。

② [译按]罗念生译文。《阿里斯托芬喜剧集》，人民文学出版社 1954，页 139。

③ 参见：例如 Carriere 1979 各处，Bowie1982，Goldhill 1991：ch. 3。

了虚构,是“诗人的声音”,那未免过于牵强。正如保威(Bowie)所说,“从剧外看剧情,加以讽刺,‘这样的阿里斯托芬’,这样的社会评论家,是不存在的。……主唱段中他表述的‘个人’观点无异于剧情的缩影;他既是一个文学构建成分,又是主角。”①根据这种论点,戏剧是喜剧家们虚构的,单从戏剧无法了解创作这个剧本的诗人的真实想法。即便把诗人的“个人陈述”也看作文学构建成分,我们可能还是会认为,颂出这些陈述的“声音”,其用意在于某种严肃的事情。诚然,阐释者断言一项陈述是严肃的或滑稽的,其断言总是带有主观性;毋庸置疑,雅典民众对同一种东西,人与人的反应会各不相同。正如金山(Goldhill)声称,这种类型的戏剧有一种倾向,其严肃的一面和滑稽的一面,“彼此的地位会相互影响”。② 但是,事实依然是:喜剧里少不了谩骂,谩骂是它的众多声音之一种;即使在喜剧的环境里,骂就是骂,一看便知。罗森(Rosen)在《旧喜剧和抑扬格韵式传统》中写道:

> 雅典喜剧诗人知道爱奥尼亚抑扬格的诗性特征别具一格,也清楚这些特征适合于他们的文学类型。他们知道这一点,也反应出他们认识到其创作的戏剧中的讽刺和敌对成分其实来自于一种冲动,这种冲动和那种抑扬格的诽谤(ψόγος)中的冲动根本上相似。③

一出喜剧的某一段文字里究竟有多少的严肃成分,向来说

---

① Bowie 1982:40。

② Goldhill 1991:222。

③ R. Rosen 1988:37. 还可参见 Koster 1980:72—6,J. Henderson 1991:17—19。

不清楚。但毫无疑问，谩骂却是少不了的，而且一看便知。[①]

当然，喜剧和谩骂之间的关系，古代的很多作家（包括喜剧家[②]）都已经证实了。亚里士多德在《诗学》中说喜剧起源于讽刺格的四双音部抑扬格诗体（1448b－1449a），在《修辞学》中把喜剧家说成是搬弄是非的人（κακολόγοι，1384b10），在《政治学》里把喜剧归类为秽亵表演（1336b4，b20－3）。在《政治学》的一段话中，亚里士多德表示，在一个好的国家里，秽亵表演没有容身之地，只有“法律允许嘲笑”的宗教活动例外。表演“讽刺格的抑扬格诗和喜剧”是狄俄尼索斯酒神节活动的一部分，因而是允许的，但亚里士多德又规定：年轻人不得观看这类表演。在《尼各马科伦理学》中，亚里士多德更倾向于“新”喜剧，因为新喜剧借助于暗讽而不“明骂”；他还说，“喜剧中的玩笑（σκῶμμα）是一种言语嘲骂（λοιδόρημα），立法者禁止某些言语嘲骂；或许，他们也该禁止某些类型的玩笑”（1128a23－31）。显然，亚里士多德对待喜剧嘲讽的态度很严肃，否则，他不会贸然提出建议，要把喜剧玩笑置于法律的约束之下。

---

① 旧喜剧是否具有任何严肃意义，学者们一直争论不休。有些人认为喜剧性讽刺是“严肃”的，因为它明明白白地涉及了具有政治意义的成分，它还可能表示喜剧诗人对某些政治因素的信奉，持这种观点的包括 Ste. Croix 1972：231－44，355－71，Carriere 1979：尤其是 41－50，对此绝对有发言权的 R. Rosen 1988，J. Henderson 1990 和 1993，Edward 1991 和 1993，等等。另外一些学者则认为喜剧讽刺没有任何严肃意义，如 Gomme 1938，Bowie 1982 和 1993，Halliwell 1984b 和 1993，Reckford 1987：尤其是 443－51，475－82，Heath 1987。即便他们觉得喜剧提出的积极建议并非是“严肃”的，但也不能就此推导出喜剧提出的批评就不严肃（至少在一定程度上并非不严肃），认识到这一点很重要。正如 J. Henderson 1991：12 所示，喜剧这种文学类型的出现，与其说是为了传播对社会和政治问题有“积极启示的言论”，还不如说是为了散布“消极的批评，以粗俗滑稽的方式揭露社会”。

② 有关喜剧对自身谩骂话语的反思，有人曾加以讨论，参见 Edwards 1991。

老寡头(Old Oligarch)①也证明了喜剧就等于谩骂这种说法，他曾毫不含糊地抱怨喜剧家的谩骂被政治化了：

(雅典人)不允许喜剧家骂民众，所以人们听不到有人说他们的坏话。但是，如果有人想骂某一个人，却是允许的。因为大家知道，在喜剧中遭到攻击的一般不是普通平民，而是腰缠万贯、出生高贵或大权在握的人物。也有少数几个可怜老百姓遭到攻击的，但都是因为他们蝇营狗苟，总想凌驾于民众之上。这样的人物遭到辱骂，大家是不会生气的。(2.18)

当然不能把老寡头的话看作立场中立的时事报道。这提醒我们：对喜剧家们的责难是在一个特殊的社会政治语境中进行的，至少有一些人在严肃地对待这种责难。②

有一点应该强调，喜剧家并不是唯一在公开场合运用谩骂言辞的雅典人。因为演说家和政治家对民众的批评，很多都和喜剧家的批评是一样的。这样的批评有：今人难望古人之项背，坏人当官手握重权，喜听阿谀逢迎之言，轻信他人，缺乏主见，被蛊惑家的政治谎言牵着鼻子走，如此等等，不一而足。③ 喜剧家

① [中译编者按]老寡头是(托名)色诺芬的著作《雅典人的政制》(*Constitution of the Athenians*)中的叙述人，下段引文即为《雅典人的政制》第 2 节第 18 段。

② 老寡头是如何评说喜剧的，有关方面的研究参见 Carriere 1979：44－5 和 J. Henderson 1990。

③ Dover 1974：23－33 分析了喜剧和演说术都用过的主题和其他一些要素。演说家运用责难性语言，有关于此的简明讨论，参见 Ober1989：318－24。有关演说家德摩斯梯尼对蛊惑家和民众的批评的讨论，参见 Montgomery1983：尤其 20－8；Montgomery 还注意到德摩斯梯尼的责难和阿里斯托芬的责难之间的相似和相异之处(27－8)。

与演说家和政治家之间的相似之处非常突出，但是也应该留意喜剧语言和辩论语言之间的差异。对演说家作出的批评言论，欧波（Ober）有如下评论：

> 尽管每一种批评都有自己的特殊语境，并且都意图使演讲者本人光彩夺目、使对手无地自容，但有一条线索明明白白地贯穿了各种由头的责难：演说家“攻击”人们，不外乎说他们连自己订立的目标都没有达到。[1]

如果只看这条线索，置这些言说发生的语境而不顾，演说术和喜剧就没什么两样。如果认真研究演说术和喜剧发生的语境，它们之间的差异便一清二楚。有一点尤其明显：演说家必须具备一种感召力，能够说服人们在某些问题上支持他；他的谩骂之辞必然为这个目的服务。喜剧的情况要复杂一些。喜剧家们相互竞赛，他们必须讨好民众，否则就不能胜出，得不到奖。他们和演说家不一样：演说家要劝导人们，要人们马上拿出实际行动；喜剧家不用这么做，他们企图邀请民众仔仔细细地自我检讨，对民主政府及其公民可能误入之歧途进行反思。为了这样的目的，在酒神节上，喜剧家批驳雅典民众，其自由度就比演说家要大，涉及的问题也要广泛得多。简言之，喜剧使柏拉图受益非浅，这样的教益，他是不可能从雅典其他任何社会批评家那里获得的。

三

柏拉图在《法义》里明确讨论了喜剧性批评。在第十一卷中

---

① Ober 1989：320。

讨论到有关“辱骂”(κακηγορία)的规定时,那位雅典人一开始就郑重声明,要制定一条关于骂人的法律,即“无人可以谩骂他人”(934e)。[①] 但当谈到喜剧中出现的辱骂问题时,他的立场变了:

> (在玛格涅西亚的立法中),我们要不要依据是说玩笑的还是当真的(τῷ παίζειν καὶ μή)来把喜剧分为两类?或者,我们是不是该允许一个人可以没有敌意地(ἄνευ θυμοῦ)开开玩笑,但如果他不仅当真还言辞激烈(συντεταμένῳ δὲ καὶ μετά θυμοῦ),那就要禁止他?(935d—e)

这个雅典人自己回答了这个问题。一方面,那些讽刺公民的喜剧家和诗人“都要禁止,不管是借助词语还是借助姿势,也无论是否出于敌意”(935e)。他们可以嘲笑没有公民资格的人,但有一点要注意:“那些早已经得到许可创作针对个人的讽刺作品的人可以相互讽刺,但不得认真,不能有敌意。”(936a)那么,谁被允许写喜剧呢?第八卷中,那位雅典人讨论了兼及赞美和责难的戏剧创作,从而阐明:

> 并非人人都可进行这类创作。首先,必须年过半百;虽精于诗艺和音乐却无杰出之行为者不得从事这类创作。在城邦里品行优秀、受人尊敬且功勋卓著者,任凭他们的诗为人们咏唱吧,即便他们不善诗艺也没关系。(829c—d)[②]

---

① [译按]王晓朝译文。《柏拉图全集》第三卷,前揭,页701。

② [译按]这是根据原书里的英译转译的。王晓朝的中译和原书提供的英译差池过大,读者不妨对照把王晓朝的译文和英译对照一番:“Not everyone may write these kinds of compositions. First, the person must be more than fifty years old, and those who are skilled in poetry and music but have done no (转下页)

只有品行优秀者方可创作喜剧，也许只有他们才会正确地运用讽刺之术吧。即便是他们创作的喜剧，也要呈交负责教育的官员，由他来判断这是“玩笑性”讽刺还是充满“敌意”的讽刺(936a—b)。

这些段落都表明，柏拉图看见了喜剧严肃的一面。喜剧批评在一个好城邦中的作用，显然他有过仔细思考。但是，他的对话却表明，在民主雅典这样一个坏城邦里，喜剧批评的作用不大。柏拉图一定认为，他对严肃和滑稽既然如此了解，就有发言权，就可以对它们肆意评说。于是，他大肆攻击他的同胞以及整个城邦。需着重说明的是，在每一篇对话中，柏拉图都运用了某种谩骂形式。然而，我们这里关注的却是基于喜剧亚文本的那些对话，因为，问题的症结就在于柏拉图对喜剧素材的重新利用，及其文本的这种跨文类性(intergeneric)的特点。

我要谈一谈欧波利斯(Eupolis)的《马屁精》(*Flatterers*，*Kolakes*)，就是在公元前421年的酒神节上得了一等奖的那部喜剧，它为柏拉图的对话提供了魅力无可抗拒的亚文本。学者们早就注意到，这部喜剧的背景和主题与柏拉图的《普罗塔戈拉》完全相同。① 欧波利斯的喜剧表现的是富翁卡里亚(Callias)家里的一帮马屁精，其中就包括普罗塔戈拉，他可能在剧中有不少台词(《马屁精》157，158 PCG)。②《普罗塔戈拉》也是以卡里亚的

(接上页注②)fine or illustrious deed will not be allowed. But all those who are good and esteemed in the city, being the craftsmen of fine deeds — let their poems be sung, even if they possess no skill in poetry. 创作这类的诗歌并非每个人都要承担的任务。首先，作者必须不小于五十岁；其次，他一定不能是那些已经在文学和音乐方面有充分才干的人之一，而是一个尚未获得高尚和杰出表现的人。但是，那些人品高尚、拥有公众荣誉的人创作的诗歌是可以歌唱的，哪怕这个作品并不具有真正音乐的性质。”(《柏拉图全集》第三卷，前揭，页587。)

① 参见 Wilamowitz 1920. I:140，Norwood 1932:190，Arieti 1991:ch. 7。

② 在这个剧中，凯瑞德姆(Chaerephon)也被说成是卡里亚的马屁精，但从现存的剧本的断章残片中，找不出任何证据说明他有台词。

家为背景的,“歌队”是一群智术师及其追随者。虽然很容易看出《普罗塔戈拉》的喜剧特色,但是剧本《马屁精》很不完整,现存片断太少,不可能从互文角度来分析这篇对话。也许,我们唯一能够确定的细节是:柏拉图让欧波利斯喜剧里的那群马屁精又重新粉墨登场了。正如苏格拉底所描述的,这群智术师在卡里亚的家里“跳舞”:

> 我很高兴地望着这群歌队(τοῦτον τὸν χορόν),发现他们小心谨慎地留意不让自己的脚步超到普罗塔戈拉的前面。当普罗塔戈拉和那些在他左右的人转身的时候,后边的听众马上分开,让出路来,秩序井然,每一次都像是画一个圆圈,重新在后面占据他们各自的位置。真是美妙极了!(315b)①

在这里,很明显,柏拉图是在暗示欧波利斯喜剧里的那群马屁精,尤其是暗示普罗塔戈拉曾是一个喜剧角色。请注意,在柏拉图演绎的版本里,普罗塔戈拉既是阿谀奉承的对象,又是这群阿谀奉承者的领队(当然也是成员之一)。柏拉图可能是在利用这个喜剧亚文本来暗示自己身边的智术师“歌队”,把他们刻画成一群马屁精。毫无疑问,溜须拍马是《普罗塔戈拉》中一个极为重要的主题。正如卡森(Carson)所示,柏拉图谴责普罗塔戈拉和西蒙尼德斯(Simonides),说他们是在推销赞美或供应赞美。②

有关柏拉图对《马屁精》的重写,我们得出的任何结论都必然是猜测,但是如果说柏拉图觉得这部喜剧和他从事的工作正

---

① [译按]王晓朝译文。《柏拉图全集》(第一卷),前揭,页435。

② Carson 1992:122各处。参见《泰阿泰德》161e,苏格拉底阐明他的“人是万物的尺度”的学说时,说普罗塔戈拉是在“迎合大众”(δημούμενον)。

对胃口，却不无道理。他不仅没有修正这部喜剧的有些内容，似乎反而利用了其中对智术师的责难。但柏拉图的重写也并非嘲弄性模仿，因为喜剧里面的谩骂“声音”，到了柏拉图的对话里，已被赋予了充分的语义自主性（semantic autonomy）。

在《高尔吉亚》里也能找到类似的喜剧性谩骂。卡利克勒斯和苏格拉底说彼此都“滑稽可笑”，而且，这篇对话与喜剧的关系远不止于这两个人物。譬如，在462d—463c，苏格拉底把修辞学归类为“奉承”之列，并进行了详细解说；他说这样的界定可能是对智术师和演说家所从事的职业的“大加嘲弄”（διακωμῳδεῖν，462e7）。显然，这并不是说他对修辞学的描述令人捧腹。事实上，《高尔吉亚》几乎没有什么令人发噱的东西。毋宁说，这篇对话邀请读者去寻找其中的喜剧性指责和谩骂，而且，这也并非难事。

《高尔吉亚》运用的大量比喻，都可以直接在旧喜剧里找到，尤其是在阿里斯托芬的《骑士》里。[①] 比如，苏格拉底说（481d—e）卡利克勒斯是雅典民众的爱人（*erastes*），[②]“情人”无论说了什么，他都不会对抗；苏格拉底还说，如果雅典民众不同意卡利克勒斯的某项提议，卡利克勒斯就“改变立场，专捡民众想听的说”。这使人想到了《骑士》里对德摩斯（Demos，被人格化的雅典民众）和他的两个爱人——皮革贩帕佛拉工（Paphlagon）和腊肠贩——的生动形象的刻画。帕佛拉工代表雅典政客克勒翁（Cleon），既是德摩斯的仆人又是他的爱人，他“奉承主人，摆尾

---

① 此为Brock之观察（1990:48—9）。

② ［译按］这是一个同性恋的比喻。在古希腊，同性恋被认为是纯洁的，爱侣由被称之为“爱人”（*Erastes*）的中年男性长者和被称之为“情人”（*Eromenous*）的年轻少年组成。爱人是主动方。爱人在情人的成长过程中付出心血，情人则以情回报。爱情一词，仅指存在于男子间的同性恋，女人只是生育工具。

巴，恭维他，用‘皮屑’哄骗他”①（47－8）；他让德摩斯酒饱饭足（譬如 51－7；715），声称是他的爱人（732）。剧情围绕腊肠贩与帕佛拉工之间的争宠而展开。腊肠贩宣称自己是帕佛拉工的“情敌”（733，*anterastes*），为了超过帕佛拉工，他更加肆无忌惮地奉承德摩斯，还说要更隆重地宴请他，让他享受更加丰盛的酒宴（他乃经营腊肠的一介商人，安能一无所求）。

这类主题，很多都重现于《高尔吉亚》中。在《骑士》732 行，当帕佛拉工宣称自己“关爱”（φιλῶ）德摩斯、是德摩斯的“爱人”（ἐραστής）时，阿里斯托芬运用了表示爱情和情欲的词汇。在《高尔吉亚》中，也有类似的词汇，诸如 φιλά［爱情］、ἔρως［情欲］、χάρις［欢爱］（暗含性爱得到的满足感）。当然，在政治圈内使用情爱语言，并非阿里斯托芬一人。这样的例子不胜枚举。② 政治家伯里克利在葬礼演讲上，就说雅典人必须成为他们城邦的爱人（*erastai*）（修昔底德 2.43.1）。但是，只有旧喜剧家才把民众人格化，才把民众刻画成了性爱的直接对象。③ 罗斯维尔（Rothwell）如此评论道：

> 伯里克利的“祖国之爱”是爱的一种比喻用法，似乎没有矫揉造作之嫌，反而显得恰如其分，但阿里斯托芬用的却

---

① ［译按］罗念生译文。《阿里斯托芬喜剧集》，前揭，页 93。

② 雅典政治话语中关于情爱的讨论，参见 Connor［1971］/1992：96－8，Arrowsmith 1973 和 Rothwell 1990：37－43。修昔底德对情爱的讨论，参见 Cornford 1907：ch. 12。

③ 欧波利斯（346 *PCG*）把民众刻画为性爱对象。欧波利斯（227 *PCG*，346 *PCG*）、戏剧家柏拉图（Plato Comicus，201 *PCG*）把民众人格化了。请注意，在阿里斯托芬的《骑士》（43）里，德摩斯（即民众）被描写成“耳朵有点‘聋’”，同样的形象在欧波利斯的《城邦》（*Cities*，227 PCG）也有。柏拉图则把民众比作“耳朵有点聋，眼睛不怎么好使”的船长（《王制》488a－b）。

是这个词的本义。阿里斯托芬有自己的一套归谬法，通过把克勒翁刻画成企图诱惑德摩斯的同性恋爱人(*erastes*)，把德摩斯刻画成了他的情人(*eromenos*)。①

在《高尔吉亚》里，苏格拉底首先宣称卡利克勒斯为民众的"爱人"，然后指出："如果你们想要讨得雅典人的喜欢，并在城邦中行使大权，那么，你们必须尽可能变得和雅典人一样"(513a)。② 在513b—c，苏格拉底又说：

> 如果你想与雅典的各个区结成真正的友谊，那么你一定不能只做一名模仿者，而要有一种天然的相似性……因此，无论是谁使你与他相似，都会使你成为仁慈的政治家和你想要成为的修辞家，在这两种情况下，你都能在对人的品性有吸引力的话中得到快乐，但你也会厌恶对其他人有吸引力的话语。③

后来，当卡利克勒斯还不肯放弃自己的互相矛盾的立场观点时，苏格拉底一针见血地指出："那是因为你对雅典各区的热爱留驻在你的灵魂中，因此仍在对我进行抗拒。"(513c)④尽管苏

① Rothwell 1990:40。

② [译按]王晓朝译文。《柏拉图全集》第一卷，前揭，页408。

③ [译按]王晓朝译文。《柏拉图全集》第一卷，前揭，页408。王晓朝把Athenian *demos*译成"雅典的各个区"，但是根据原书提供的英译的上下文和*demos*的斜体字体，应该表示雅典民众。最后一句也难以理解。若根据原书提供的英译"For each man rejoices when he hears words that match his character, and is vexed by an alien character"，意思应该为：因为每个人都喜欢听合自己脾气的话，反感和自己的脾气大相径庭的人说的话。

④ 王晓朝译文。《柏拉图全集》第一卷，前揭，页408。"雅典的各区"似乎应该是"雅典民众"。

格拉底很生气，卡利克勒斯仍然表现出一副想讨好他人的样子，有一句话经常挂在他的嘴边，那就是他想使他的同伴“感到满意”（χαρίζεσθαι，501c8，513e1，514a4，516b4）。

当然，在《骑士》里，为了诱惑德摩斯，奉承的作用非常关键。讽刺贯穿了阿里斯托芬这部喜剧的始终：一方面，它讽刺那些为了个人利益而拍民众马屁的雅典政客，另一方面，它也讽刺意图赋予那些政客权利的民众：政客们只要表现出或仅仅是宣称要为民众服务，民众就急于授予这些人以权利。这样一来，谁是主人，谁是奴隶？有一次，德摩斯称自己不会被溜须拍马的政客们所欺骗，因为他有“漏票管”，是他在控制他们（1141—50）。另一次，腊肠贩向德摩斯解释说他完全被政客们花言巧语的爱的誓言所愚弄了（1340—5）。总的说来，这是一种相互制约的关系，因为任何一方都不能真正支配对方。非常类似的民主“统治”的场景也出现在了《高尔吉亚》中。这篇对话完全是围绕着苏格拉底对修辞学的定义，他把修辞学看作是一种程序（knack），能产生“满足和快乐”（ἐμπειρία … χάριτός τινος καὶ ἡδονῆς ἀπεργασίας，462c），简言之，是一种“奉承”之术（κολακεία，463b1等）。苏格拉底认为，这种奉承性的话语以一种非常有害的方式在民主政体里运作。因为修辞学家要在这样的政体里拥有权力，就必须满足民众的愿望。因此，他成了这群乌合之众的奴隶，根本不可能拥有权力，根本不可能随心所欲。民众也没有真正地被赋予权力，因为他们为修辞学家华而不实的奉承和虚与委蛇的诺言所左右。双方对善好都一无所知，双方都承诺要满足对方的欲望，为了得到对方的承诺，彼此都沦为了奴隶。

我们已经看到，在《骑士》里，政客为民众提供的服务被比喻成了提供食物。在714—18处，帕佛拉工和腊肠贩之间有一场交锋，贯穿全剧的利用食物和宴席来打的比方，从这里可见一斑：

> 腊肠贩：你把德摩斯完全当作你一个人的。
>
> 帕佛拉工：因为我知道他喜欢吃什么东西（ψωμίζεται）。
>
> 腊肠贩：你就像奶妈一样不好好地喂（σιτίζεις）他。你嚼一嚼（ἐασώμενος），只吐一点到他的嘴里，你自己却吞下（κατέσπακας）了他的三倍。①

《高尔吉亚》也一再强调修辞学家是如何得到快乐的，也大肆地利用宴席的比喻。比如，卡利克勒斯曾表示，像塞米斯托克勒（Themistocles）、喀蒙（Cimon）、米尔提亚德（Miltiades）和伯里克利这些人，都是“城邦里正直高尚的公民”②，苏格拉底在 518b—c 回应了卡利克勒斯的看法：

> 就好比说我问你有谁在体育领域内已经被证明是一名身体的好教练，或者现在有这样的好教练，你应当最严肃地回答说，面包师赛亚里翁、写了那本西西里的烹调书的米赛库斯、开饭馆的萨拉姆布斯，他们证明自己为身体提供了很好的服务，一个提供了面包，第二个提供了美味的菜肴，第三个提供了美酒。如果我现在对你说，喂，你这个家伙对体育一无所知，那么你可能会十分恼火。你对我大谈特谈那些为我们提供事物，满足我们欲望的仆人，但却提不出很好的或有力的观点来。这些人也许会赢得那些暴食者的赞扬，也会使人身体发胖（ἐμπλήσαντες καὶ παχύναντες），但他们

---

① ［译按］罗念生译文。《阿里斯托芬喜剧集》，前揭，页 121－122。

② 这里的引语是苏格拉底说的；他在 518a－b 对卡利克勒在 503c 说的话作了概述。

最终会剥夺人们先前拥有的肌肉。(518b—c)[①]

在这里,"用港口、船坞、城墙、税收以及类似的垃圾喂养我们的城邦"(519a)的政治家们,被比作专门提供不利于健康并使人发胖的食物的厨师和酒馆老板。这个比喻使人联想到苏格拉底,他在462d—465e把修辞学和美食烹饪等同起来(又参见500e—501c)。苏格拉底有一个著名的假设,里面也出现了同样的形象:如果他被拖上法庭,他就像一个受到厨师指控的医生,面对的又是一支由稚童组成的陪审团(464d,521e—522a)。

柏拉图在《高尔吉亚》里把修辞学家和政客刻画成爱人、马屁精、厨师,从而对他们"大加嘲弄"。他运用了许多喜剧里运用的主题以支撑自己对雅典的批评,这些主题在他的对话中一看便知。显然,柏拉图并非在修正喜剧或作诙谐的模仿,他只是在利用喜剧的"批评之声"。《高尔吉亚》借用了喜剧手法,但里面并没有多少幽默的东西。在其他对话中,如《普罗塔戈拉》和《会饮》,[②]柏拉图在运用喜剧手法时,则既辛辣讽刺又幽默调侃。

四

我一直在力图表明,喜剧为柏拉图提供了多种可能性。这

---

① [译按]王晓朝译文。《柏拉图全集》第一卷,前揭,页415—6。这里也有一句与原书中的英译有严重分歧,请对照:"you speak of servants and men who cater to the appetites, but who have no proper understanding of these things ... 你对我大谈特谈那些为我们提供事物,满足我们欲望的仆人,但却提不出很好的或有力的观点来。"按照英译,意思因为:"……但这些人对这些事情的理解完全不正确。"

② 我不曾考察过《会饮》中的喜剧方面,因为其他人的有关研究已经非常详细,参见Bacon 1959,Clay 1975,Patterson 1982。

种文学类型现存的残篇断简也能证明这一点。[①] 虽然柏拉图反对喜剧家盲目地嘲笑,但他却很聪明,善借他山之石,把喜剧的"批评之声"用到了自己的戏剧性对话中。请注意,喜剧和对话这两种文学类型都说自己敢于道出真相,都称自己具有权威性。说得更准确一些,两种文学类型有一个共同特征,就是宣称有一副能说出真相的"嗓子"。不妨比较下面两段话,一段来自阿里斯托芬的《阿卡奈人》,另一段来自柏拉图的《高尔吉亚》:

> 歌队长:可是你们决不可把他放弃,因为他会不断在喜剧里发扬真理,支持正义(ὡς κωμῳδήσει τὰ δίκαια)。他说他要给你们许多教训,把你们引上幸福之路:他并不拍马屁,献贿赂,行诈骗,耍无赖,他并不天花乱坠害得你们眼花缭乱,他是用最好的教训来教育你们(ἀλλὰ τὰ βέλιστα διδάσκων)。(《阿卡奈人》,655—8)[②]

> 苏格拉底:我认为我是从事真正的政治技艺的少数雅典人之一,但我不说自己是唯一的一个,现在这些人中间只有我一个人在实践政治家的才能。我在任何场合讲话不是为了博得欢心(πρὸς χάριν),我的宗旨是最优秀,而不是最快乐。[③] (521d—e)

在亨德森看来,喜剧诗人"声称会提出在别的的地方听不到的好的建议:他们说的话都是为了城邦的利益,不像其他那些能

① David 1984:41—2 和 Brock 1990 都注意到在其他别的许多地方柏拉图也提到喜剧。

② [译按]罗念生译文。《古希腊喜剧选》,前揭,页 386—7。

③ [译按]王晓朝译文。《柏拉图全集》第一卷,前揭,页 419。

讨好民众的人”。[①] 这样的豪言壮语，在这个对话中，柏拉图一直都在让他的“哲人”讲着，一点都不含糊。

不过，这种比较过于简单，掩盖了喜剧和柏拉图对话之间的关键差别。上引的第一段话很幽默，第二段话非常直白，除此之外，歌队与苏格拉底或喜剧类型与对话体，他们在雅典城邦中的位置完全不一样。柏拉图的哲人其实是一个脱离城邦社会机体的局外人，而旧喜剧的作家们都是从雅典内部的民主体制出发来发表看法的。亨德森对阿里斯托芬就有这样的评论：

> 他从不攻击民主政治体制，也从不置疑民众统治固有的正确性。民主政治体制或民众的统治是祖先留下的神圣遗产，是不容喜剧性或其他大众性批评的。[②]

喜剧作家以“面向公民之公民”的身份讲话；在各种公民节日上，喜剧代表为大家认可的权威之“声”，既避免了“违法的可能性”，又超越了“自由的限度”。在柏拉图的眼里，正是因为喜剧和民众之间的这种相互通融关系，使它丧失了讲出事实的资格。因为喜剧的立场并非都公正无私：为了拿到头奖，它要讨好民众，因而不可能做到公正。当然，喜剧家在责难雅典人时，有时也能击中要害。但是他们缺乏必要的知识，立场又非“局外人”，因而他们不可能随心所欲，也不可能都实事求是。

现在看一看旧喜剧和柏拉图对话之间的最后一个交叉点

---

① J. Henderson 1990：312。

② 同上，310。

(我认为也是最关键的):混合或多元文学类型。[①] 说得更准确一点,喜剧家们和柏拉图都经常把“异己”(alien)的话语形式融入自己的戏剧中。此外,旧喜剧和柏拉图的对话中包含其他话语形式,其目的就是要搞出一台“大众之声的竞赛”——在民主雅典的社会和政治生活中,“大众之声的竞赛”是一个非常突出的特征。[②] 的确,在喜剧和柏拉图对话这两种文学类型中,“竞赛”本身,以及一种或多种势均力敌的声音,经常受到“诚实”的批评。诗人、政客以及其他自称为智慧人士的话语都“包含”在喜剧或柏拉图的对话中,其目的就是为了使之遭到嘲笑或批评。我的观点是:正是旧喜剧为柏拉图提供了一个模式,他可以借此模式戏剧化地反映雅典的“大众之声的竞赛”,并加以批评,他还可以借此模式把竞赛中的那种全新的、享有特权的“声音”利用起来。[③] 在这一时期,这种复音现象只有喜剧和柏拉图的对话

---

① 还请留意旧喜剧和柏拉图对话之间存在的其他几种形式上的相似性:戏剧结构;避免“高雅”语言或只做诙谐模仿;聚焦于当时的世界;把“真实”人物戏剧化(而非宣扬神话人物)。这些特征,连同多元文类类型,正是 Bakhtin(1981:21—6;1984:106—22)所认定的古典(比如希腊的和拉丁的)“半严肃半诙谐”的文学类型所特有的;这种文学类型正是“小说的真正前身”(1981:22)。学者们已经注意到,尽管 Bakhtin 没有把阿里斯托芬列入他的“半严肃半诙谐”的作家名单内,但阿里斯托芬的喜剧符合 Bakhtin 有关这种文学类型的所有条件(Suarez 1987,Platter 1993)。近期有关阿里斯托芬在 Bakhtin 的“荒诞文类”(和“半严肃半诙谐”的文学类型的外延不同)中之地位的讨论,参见 Edwards 1993 和 Platter 1993。

② “大众之声的竞赛”这个概念是 Goldhill 创立的(1991:176)。又参见 Foley 1993:130。Foley 认为,阿里斯托芬利用不同文学类型之间的差别来界定自己的喜剧;的确,喜剧刻意违反悲剧的限制,这成了它自我辩护的根据,也成了它声称言论自由、真理和正义的根据所在。

③ 应该强调的是,柏拉图倾向于赋予一个“哲人”的声音以特权,高高凌驾于其他声音之上(由于柏拉图的各篇对话在批评或接纳“异己”文类上的程度有别,研究者一般不在这方面进行概括性归纳)。在这种做法上,他远远地超过了其他喜剧诗人。

中才有，在其他文学类型中都不存在。[①] 当然，任何一种文学类型中都存在着作家们的相互影响，这没什么特别，但是，很多不同类型的话语形式都集中在一个“异己的”文本中，这的确罕见。这段时期内出现了那么多新的文体类型，有鉴于此，柏拉图的对话和喜剧的联系就显得尤为引人注目。

旧喜剧的特征就是复音现象，在我看来，正是旧喜剧为柏拉图的“混合性”文本提供了一个范式。但是，柏拉图极力让复音这一形式结构远离了它原来的旧喜剧文类，也远离了这一文类在雅典民主制中所占据的那种优先位置。柏拉图的复音音乐，远远地奏响在民主雅典的社会、政治和文化事务的边界之外。

（胥　瑾　译）

引用文献

Adam, J. (1902) ed. and comm., *The Republic of Plato*. 2vols. Cambridge.

Arieti, J. A. (1991) *Interpreting Plato. The Dialogues as Drama*. Savage, Maryland.

Arnott, G. (1972) "From Aristophanes to Menander," G&R 2 nd ser. 19: 65—80.

Arrowsmith, W. (1973) "Aristophanes' *Bird*: the fantasy politics of *Eros*," Arion n. s. 1: 119—67.

Atkinson, J. E. (1992) "Curbing the comedians: Cleon versus Aristophanes and Syracosius' decree," *CQ* n. s. 42: 56—64.

Bacon, H. (1959) "Socrates crowned," *Virginia Quarterly Review* 35:

① 可能历史学家希罗多德是个例外，但希罗多德著作中包含的不同“声音”针对的并非是雅典“大众之声的竞赛”。

415—30.

Bakhtin, M. M. (1981) *The Dialogic Imagination*, trans. C. Emerson and M. Holquist. Austin.

(1984) *Problems of Dostoevsky' s Poetics*, trans. C. Emerson. Minneapolis.

Bloom, A. (1986) *The Republic of Plato*. New York.

Bowie, A. (1982) "The parabasis in Aristophanes: prolegomena, *Acharnians*," *CQ*32:27—40.

Brock, R. (1990) "Plato and comedy," in E. M. Craik, ed., *Owls to Athens. Essays on Classical Subjects Presented to Sir Kenneth Dover*, 39—49. Oxford.

Carrière, J. C. (1979) *Le carnaval et la politique*. Paris.

Carson, A. (1992) "How not to read a poem: unmixing Simonides from *Protagoras*," CP87: 110—30.

Clay, D. (1975) "The tragic and comic poet of the *Symposium*," Arion 2: 238—61.

(1994) "The origins of the Socratic dialogue," in P. A. Vander Waerdt, ed., *The Socratic Movement*, 23—47. Ithaca.

Connor, W. R. ([1971]/1992) *The New Politicians of Fifth — Century Athens*. Repr. Indianapolis.

Cooper, L. (1922) *An Aristotelian Theory of Comedy*. New York.

Cornford, F. M. (1907) *Thucydides Mythistoricus*. London.

David, E. (1984) *Aristophanes and Athenian Society of the Early Fourth Century B. C.* Leiden.

Dover, K. J. (1968b) "Greek comedy," in *Fifty Years (and Twelve) of Classical Scholarship*, 123—56. New York.

(1974) *Greek Popular Morality in the Time of Plato and Aristotle*. Oxford.

Esaterling, P. E. (1993) "The end of an era? Tragedy in the early fourth century," in A. H. Sommerstein, S. Halliwell, J. Henderson, and B. Zimmermann, edd., *Tragedy, Comedy and the Polis*, 559—69. Bari.

Edwards, A. T. (1991) "Aristophanes' comic poetics: τρύξ, scatology, σκῶμμα," *TAPA* 121: 157—79.

(1993) "Historicizing the popular grotesque: Bakhtin's *Rabelais* and Attic Old Comedy," in R. Scodel, ed., *Theater and Society in the Classical World*, 89—118. Ann Arbor, Michigan.

England, E. B. (1921) ed. and comm., *The Laws of Plato*, 2 vols. Manchester.

Foley, H. (1993) "Tragedy and politics in Aristophanes' *Acharnians*," in R. Scodel, ed., *Theater and Society in the Classical World*, 119—38. Ann Arbor, Michigan.

Goldhill, S. (1991) *The Poet's Voice. Essays on Poetics and Greek Literature*. Cambridge.

Greene, W. C. (1920) "The spirit of comedy in Plato," *HSCP* 31: 63—123.

Halliwell, S. (1984b) "Aristophanic satire," in C. Rawson (with J. Mezciems), ed., *English Satire and the Satiric Tradition*, 6—20. Oxford.

(1984c) "Ancient interpretations of ὀνομαστὶ κωμῳδεῖν in Aristophanes," CQ 34: 83—8.

Henderson, J. (1990) "The *dēmos* and comic competition," in J. J. Wenkler and F. I. Zeitlin, edd., *Nothing to do with Dionysos? Athenian Drama in its Social Context*, 271—313. Princeton.

(1991) *The Maculate Muse: Obscene Language in Attic Comedy*. Repr. New York.

(1993) "Comic hero versus political élite," in A. H. Sommerstein, S. Halliwell, J. Henderson, and B. Zimmermann, edd. *Tragedy, Com-*

edy and the Polis, 307—20. Bari.

Koster, S. (1980) *Die Invektive in der griechischen und römischen Literatur* (Beiträge zur klassischen Philologie vol. 99). Meisenheim am Glan.

Mader, M. (1977) *Das Problem des Lachens und der Komödie bei Platon* (Tübinger Beiträge zur Altertumswissenschaft, vol. 47). Stuttgart.

Montgomery, H. (1983) *The Way to Chaeronea: Foreign Policy, Decision Making and Political Influence in Demosthenes' Speeches*. Bergen.

Nightingale, A. W. (1993b) "Writing/reading a sacred text: a literary interpretation of Plato's *Laws*," *CP* 88: 279—300.

Norwood, G. (1932) *Greek Comedy*. Boston.

Ober, J. (1989) *Mass and Elite in Democratic Athens. Rhetoric, Ideology, and the Power of the People*. Princeton.

Patterson, R. (1982) "The Platonic art of comedy and tragedy," *Philosophy and Literature* 6: 76—93.

Platter, C. (1993) "The univited guest: Aristophanes in Bakhtin's 'History of Laughter'," *Arethusa* 26: 201—16.

Reckford, K. J. (1987) *Aristophanes' Old — and — New Comedy*. Chapel Hill.

Rosen, R. M. (1988) *Old Comedy and the Iambographic Tradition* (American Classical Studies vol. 19). Atlanta.

Rothwell, K. S., Jr. (1990) *Politics and Persuasion in Aristophanes' Ecclesiazusae*. Leiden.

Saxonhouse, A. W. (1978) "Comedy in Callipolis: animal imagery in the Republic," *American Political Science Review* 72: 888—901.

Sommerstein, A. H. (1986) "The decree of Syrakosios," *CQ* 36:101—8.

Su˘rez, J. (1987) "Old Comedy within Bakhtinian theory: an unintentional omission," *CB* 63: 105—11.

Taplin, O. (1983) "Tragedy and trugedy," *CQ*33: 331—3.

(1993) *Comic Angels and other Approaches to Greek Drama through VasePaintings*. Oxford.

Ussher, R. G. (1973) *Aristophanes. Ecclesiazusae*. Oxford.

Webster, T. B. L. (1954) "Fourth Century Tragedy and the *Poetics*," *Hermes* 82: 294—308.

(1970) *Studies in Later Greek Comedy*, 2nd ed. New York.

Wilamowitz — Moellendorff, U. Von. (1920) *Platon*, 2 vols. Berlin.

Woodruff, P. (1982a) *Plato. Hippias Major*. Indianapolis.

重审诗与哲学之争

柏拉图论诗和修辞

格里斯渥德(Charles Griswold)

柏拉图对诗和修辞的讨论范围广泛而且极具影响。与其他许多例子一样,他为后来的传统设下了诸多议题。然而,在理解柏拉图关于诗和修辞任何一个论题的论述时,我们都面临着极大的哲学挑战和解释挑战。而且,一开始我们并不清楚,为什么柏拉图将这两个论题如此紧密地联系在一起(他暗示诗是一种修辞)。柏拉图当然知道事关重大的东西正悬而待决,正如从"哲学与诗之间存在着一场古老的争论"(《王制》,607b5-6)这一说法中可以清楚见到的那样。在柏拉图的对话中,这一争论以及相关的哲学与修辞之争,相当于两种整全性世界观的冲突——一种是哲学的,一种是诗或修辞的。这些争论争的是什么?柏拉图说的"诗"和"修辞"是什么意思?本文的目的即打算分析柏拉图在四篇对话中对诗和修辞的讨论:《伊翁》、《王制》、《高尔吉亚》、《斐德若》。或许吊诡的是,柏拉图又因其著作自身的诗性、修辞性品质而知名,下文亦将讨论这一事实。

一、引 言

> 一首好的诗，有助于改变宇宙的外观和意义，有助于深化每个人对自己和他周围世界的认识。
>
> ——狄兰·托马斯(Dylan Thomas)①

当我们考虑一个哲人关于诗的论述时，想到的是某种美学论文式的东西。至少，我们期望有对“诗”之特征、对各种诗(史诗、悲剧诗、抒情诗、喜剧诗等等)的区别的严格检讨，期望严格检讨诗在哪种意义上相关或不相关于再现、模仿、表现——即古希腊“*mimesis*”一词可能有的所有内涵——还有虚构。这些复杂的术语自身也需要仔细界定。同样，关于诗和其他艺术形式、尤其音乐和绘画之间的差异，也宜有敏锐而系统的论述，正如这些论述也应该反映出通过口头来传达的诗(如果我们把表演、上演的戏剧包括进来)和通过书写来交流的诗之间的关系。亚里士多德的《诗学》就是一部沿着这些线索对诗进行哲学探索的早期经典。

柏拉图对诗的广泛讨论与这些期望相抵触。他没有就此主题写一篇论文——实际上他从未写过论文，而是将自己的思想范囿于“戏剧性”对话之中，这些对话自身就是用诗的方式来塑造的——他提供给我们的论述都蜿蜒曲折，不具体系——即便是在同一篇对话中，而且，往往在看似奇特的方向上旁出斜枝，

① 自〈论诗〉(On Poetry)，见其《一天早上很早》(*Quite Early One Morning*, New York: New Directions, 1954)，页 192—193。

比如延伸到关于诗败坏自我的讨论，据说这种败坏是诗带给其听众的。不过，柏拉图清晰地认为，在他对诗的评述中有些东西非常重要，其重要性远远超出了以一种表面上令人合意的哲学方式来获得关于该论题的种种细节这一限制。在柏拉图最著名的一篇对话的最后部分，一个最著名的段落宣称"哲学与诗之间存在着一场古老的争论"(《王制》,607b5－6)，为了证明这一点，柏拉图引用了几句来源不明但措词激烈的辩驳之语，大概都是反对哲人的诗人们所说的——比如指控对手是一条"对这主人狂吠的爱叫的狗"，是"痴人瞎扯中的大人物"。① 实际上，《王制》最后一卷大部分都在攻击诗，而且毫无疑问，在柏拉图所有作品中，诗与哲学之争都是一个沿续始终的主题。

这一争论的范围——尤其在《王制》中——也暗示，对柏拉图来说，性命攸关的是两种我们或许可称为整全性世界观之间的冲突，而且，看来这里伦理学、政治学、形上学、神学、知识学上的重大问题都性命攸关。通过对听他说话的人说"当你遇见赞颂荷马的人，听到他们说荷马是希腊的教育者，在管理人们生活和教育方面，我们应当学写他，我们应当按照他的教导来安排我们的全部生活"(606e1－5)，柏拉图引入了关于这一争论的一个著名说法。赞扬荷马的人视荷马为智慧的源泉。柏拉图同意荷马是希腊实际的教育者，而且还立即说荷马是"最好的诗人和第一个悲剧诗人"。柏拉图是在让自己成为他所认为的整套总体观念——其同时代的而非柏拉图自己的总体观念、整套"生活哲

① 除非注明，我采用布鲁姆(A. Bloom)的《王制》英译(New York：Basic Books，1968)。这里，柏拉图笔下的苏格拉底所征引的作者身份不明，尽管这些语句似乎来自抒情诗和喜剧(也许都来自喜剧)。这让人感到奇怪，因为我们期望苏格拉底会好好指认其明确的对手，大概就是他一直在攻击的那些主要类型的诗的作者们(悲剧和史诗)

学"——的反对者,这一总体观念已为荷马(及其追随者们)所成功推行。既然荷马塑造了时代的通行文化,柏拉图就是在反对他所认为的通行文化。不仅如此:这一争论并非仅仅关乎哲学与荷马,而是关乎哲学与诗。在柏拉图眼中的是所有的"诗",他认为诗的影响普遍深入,而且常常有害,诗关于自然和神圣的假设都是错误的。柏拉图的说话对象不仅是荷马的狂热者,也是荷马所为之事、所传达之物的狂热者。这一批评是一个超越历史的批评。看来,是柏拉图第一个以如此横扫千钧之势清楚阐明了这一争论。[①] 值得注意的是,在《申辩》(23e)中,苏格拉底的指控者据说也包括诗人,米利都就是他们的代表。

不容易理解的是,柏拉图说的诗是指什么意思,诗为什么是个敌对者,诗的危险是来自其形式、内容还是两者兼有,柏拉图在其描述中所关心的东西或关联是否很多都处于持续发展中。关于这些问题中的第三个:他的批评能用在比如莎士比亚的悲剧上吗?或者用于孔明斯(E. E. Cummings)抑或艾略特(T. S. Eliot)的诗?柏拉图并不(或首先不)认为诗是写来默读的文本,这一事实让问题变得更复杂了,诗在柏拉图心目中是通常在剧院中体验的那种诵读或表演。而且,在苏格拉底和柏拉图进行其探索时,诗的影响力远远超过柏拉图所称呼的"哲学"。由于柏拉图对"哲学"的辩护极为成功,人们很容易忘记,在他那个时

---

① 柏拉图这一判断打击面之大是史无前例的,关于这一点可参 A. Nightingale,《对话中的文类:柏拉图与哲学的建构》(*Genres in Dialogue: Plato and the Construct of Philosophy*, Cambridge: Cambridge University Press, 1995),页65。柏拉图是否也是最后一个看清了哲学与诗之间深刻而全面之冲突的大哲人,是一个有趣的问题。当然,柏拉图最好的学生亚里士多德在这点上并没有追随他。那时以来的很多哲人都假设,在把握真实的时候,哲学无疑优越于诗。应该注意的是,柏拉图的一些哲学前辈,如克塞诺芬尼、恩培多克勒及赫拉克利特,都的确对诗人做出了严厉批评(当然包括荷马和荷西俄德)。

代，柏拉图是在为一种（从历史的角度看）新颖的提案辩护，而他的四周都回响着关于这些提案的相应价值（实际上是关于“哲学”意味着什么）的争论。反之，在今天这个巨大的商业社会、自由社会中，诗似乎处于相对边缘的位置，尽管诗人们仍不乏积极的努力，比如晚近美国的民族诗人品斯基（Laureate Robert Pinsky），同时，各种媒体——比如电视、录像、电影，各种文学形式比如小说，还有各种信息系统比如互联网——都在发挥着巨大影响，而柏拉图对这些一无所知。现代社会中的影视演员们享有的那种地位和财富，是古代世界无法想象的。那么，柏拉图的批评也随着诗一起边缘化了吗？

尽管柏拉图对诗的批评刺耳而（在某些方面）直率，但他不仅持续地深化其感兴趣的议题，而且通过很多方式拓展其辩论——最明显的就是通过用一种经过恰当界定后自身就可称为诗的方式来书写哲学。由此，“诗与哲学之争”不仅名扬天下，亦引人深思：它争的是什么？

如果我们转向这里思考的第二个主题即修辞，我们就发现一开始甚至更加迷惑。哲人们需要对修辞说些什么？一般而言，对哲人们来说这不太需要。像所有具有反思能力的人一样，哲人们不喜欢通常所实践的那种修辞，他们哀叹公共演说衰退成了纯粹的劝说和煽动，而且大多认为出于细致分析和论证的缘故得避免修辞。“修辞”倾向于一种非常否定性的含义，而且极大程度上意味着“纯粹的修辞”。作为一种学术研究对象，修辞主题似乎留给了英语教授们，他们的专业就是在漫长的手册历史中研究劝说之类的技艺。结果，哲人们尤其现代性中的哲人们，就对修辞几乎无话可说。对比来看，亚里士多德为修辞贡献了一本书，柏拉图则与修辞——或经常所称的智术、尽管这两者不是一回事——反复作斗争。我们想起，苏格拉底被判处死刑部分原因就是因为他被怀疑是一个智术师，一个聪明的修辞家，让言词扭来扭去，让更弱的论证变得更强，而且会为了钱教给他人相关的技艺。① 柏拉图反对智术师的辩论如此有说服力，以至于连同一种针对智术师的业已建立而且不断持续的流行敌意（一种也反讽性地针对苏格拉底的敌意），我们就将“智术师”用作了一个责骂性的术语，如同“纯粹的修辞家”一样。在柏拉图的对话中，无遗存在着哲学与修辞和智术的持续论争，而且，这一争论也不仅名扬天下，亦引人深思：它争的是什么？

这问题也是惊人的困难。不容易理解的是，为什么修辞这个论题对柏拉图来说如此重要，这一论争中的根本问题是什么，以及修辞是否总是一件坏事。我们的确承认有值得赞扬的修辞案例——比如伯里克利的葬礼演说，林肯的盖茨堡演讲（Gettysburg Address），或者丘吉尔二战期间那些非凡的讲辞。这些都是修辞，但它们是纯粹的修辞甚或是智术吗？再说，柏拉图笔下的苏格拉底不也常常用修辞甚至智术的方式对他的谈话者们说话么（人们怀疑《王制》卷一中他针对特拉绪马库斯的某些论证就已经落入了后一范畴，而他的对话者们有时也说觉得他在对他们玩某种言词伎俩）。何况，在修辞这一术语的重要意义上，柏拉图的对话自身不也是修辞吗？

这些论述还提出了另外一个问题。无论诗和修辞的论题多么有趣，我们在读柏拉图时为什么要将它们合在一起？今天，少有人会想象在诗和修辞之间存在一种有趣的关联。把伟大的诗

---

① 参柏拉图《申辩》18b－c，19c。在 19e 苏格拉底列了一些智术师的名字——高尔吉亚、普罗狄科、希庇阿斯（三人都出现在柏拉图的对话中，其中两人的名字还被用作对话的标题）——并且否认他有他们贩卖的那些知识。我注意到，在指古希腊一种确定职业的时候，有些学者把“智术师（Sophist）”一词及其同源词大写，这种习惯我这里不沿用，以免产生混淆，也避免给人这样一种印象，似乎存在着一种确定的或界定清晰的“智术”派。

人想象成“修辞家”似乎很奇怪，而且多数（通俗的）修辞家看来也不懂关于诗的首要事情。然而是柏拉图自己将这两者紧密联系起来的：在《高尔吉亚》502c，他将诗的特征归为一种修辞。因此，柏拉图为我们提供了将这两个论题合起来探究的保证。诗和修辞之间的这种关联当然是有争议的，下文会对此予以讨论。

十分清楚，我们的论题范围庞大，而且实际上几乎柏拉图的每篇对话都与其中一个或更多问题相关。眼下这篇文章将仅限于讨论四篇对话：《伊翁》、《王制》、《高尔吉亚》、《斐德若》。我将依次讨论，并在文章最后一部分简要审视柏拉图自己的写作中著名的诗性、修辞性纬度问题。

我将寻求这四篇对话之间的联系，尽管我并不认为选择这四篇对话就呈现出了一幅诗与修辞完全统一的图景（事实上即便考虑《王制》自身也不可能做出这种宣称）。我不会理会柏拉图的哪篇对话写于哪个时候这种问题，也不会管那些关于柏拉图的观点从“早期”到“晚期”“发展”的可能性假设。这是一种解释性（或如有时叫的那样：一种“解释学的”）假设，柏拉图的每一个解读者都必然相信某些解释性假设。关于哪种假设最好的争论持续不断，但这与眼下的讨论关系不大。① 这里说说与本文的讨论有关的假设就够了。

“苏格拉底”的身份富有争议，我们没有历史上的苏格拉底的著作，只有很多其他作者的著作，在这样或那样的意义上——

---

① 关于这些解释性论题的进一步讨论，参 J. Annas 及 C. Rowe 编，《柏拉图古今新视角》（*New Perspectives on Plato, Modern and Ancient*, Harvard: Harvard University Press, 2002）；R. Blondell，《柏拉图对话中的人物表演》（*The Play of Character in Plato's Dialogues*, Cambridge: Cambridge University Press, 2002）；C. Griswold 编，《柏拉图式的写作与柏拉图式的阅读》（*Platonic Writings, Platonic Readings*, Pennsylvania State University Press, 2002）。这些著作所附的文献进一步提供了大量的相关资源。

而且这些意义都很不相同——这些著作要么是关于他的，要么是创造性地运用了他的名字及其故事的方方面面。在提及苏格拉底时，我仅仅指柏拉图所表现的那个人物，就目前的目的而言不涉及柏拉图描述的任何历史准确性问题。进而言之，柏拉图放到他笔下苏格拉底口中的那些看法，不一定就是柏拉图自己赞同的，它们可能是也可能不是柏拉图的。既然柏拉图没有写一篇出自自己声音的论文，告诉我们他的看法是什么，那么就不可能肯定地知道哪种看法是他所赞同的（至少在他创作的这些作品的基础上）。在好些情况下（其中一种情况本文最后部分会加以审视），看来理由清楚的是，柏拉图不可能无条件地赞同他笔下的苏格拉底所认同的那些观点。但在牢牢记住这些原则的同时，有时我也会（正如我已经）说柏拉图提出了这样或那样的观点。因为，作为对话中所有论述和戏剧的作者，柏拉图事实上的确提出了这些观点，而且有时说是柏拉图在倡导这样那样的立场（比如存在诗与哲学的古老论争这一立场），也更方便，更简捷。

二、《伊　翁》

伊翁是一个得奖的职业诗歌诵读者——一个诵诗人（rhapsode）——尤其诵读荷马的诗。[①] 尽管他带着必要的确信和情感述说那些诗行，但他并不在对那些部分进行表演这个意义上“模仿”述说的那些主题（当然荷马也不为舞台写作）。伊翁是一个表演

① 不知道伊翁是否柏拉图的文学虚构。柏拉图对话中的对话者有时是历史人物（其主张很少被看成是柏拉图的发明），有时不是，甚至就在同一篇对话中（如伊翁的情况可能就是这样，我们知道苏格拉底的确是存在的）。《伊翁》的所有引文取自 P. Woodruff 的译文，见 J. M. Cooper 及 D. S. Hutchinson 编，《柏拉图全集》（*Plato: Complete Works*，Indianapolis：Hackett，1997）。

者,但不是一个(舞台)演员。伊翁被描绘为极能让《伊利亚特》和《奥德赛》起死回生,让它们的戏剧情节和他的听众勾联起来,让听众们立即置身其中。我们可以说,伊翁"代表"或"表现"了荷马史诗中的人物、情节和叙述,由此在某种意义上既和他述说的主题合而为一,也引领他的听众和这些主题合而为一。正如他在以其名字命名的对话中所说的:如果他做得好,他会发现自己在诵读哀伤诗句的时候潸然泪下,也希望看到他的听众和他一起落泪(535b1－e6)。感谢伊翁超强的叙述能力,他和听众都在某种程度上被传送到了源初的场景中(正如苏格拉底所说,伊翁"超出了自己",在这些激情时刻觉得自己处在了他正描绘的场景之中,535b7－c3)。

但伊翁认为自己能干的事情还很多,因为他也宣称是一个解释荷马意思的行家。他是一个卓越的"解释者"(exegete,531a7)或阐释者(interpreter),这一宣称尤其让苏格拉底兴趣盎然。苏格拉底不让伊翁实际展示其作为一个诵诗人的技巧,而是坚持让伊翁就其所宣称拥有的那些能力来交换意见。这是典型的苏格拉底的方法,他强迫他的对话者就其信念(commitments)和生活方式做出解释。诵诗人同时作为诵读者和解释者,这在今天并没有恰切的类似者。但是,《伊翁》的含义是宽广的,尽管伊翁自己不是一个诗人,他却拥有与诗人一样重要的特性。

苏格拉底最初提问的刺探性很有启发。从根本上看,他试图表明伊翁信奉的几个论题相互并不融洽,除非引入一个更特殊、更具补救性的假设。伊翁宣称他是一位一流的荷马解说者,而且只是关于荷马的一流解说者,如果涉及其他诗人(如荷西俄德)则其兴趣和能力都丧失了(531a3－4,532b8－c2,533c4－8),他还宣称,那些主题荷马比其他诗人讨论得都更好(531d4－11,532a6－8)。或许有理由视伊翁为一位《王制》卷十提及的那种荷马的“赞颂者”。注意，苏格拉底干的事首先是让伊翁同意很多宣称都是他伊翁自己做出的，这一点或许看来很明显，这也是苏格拉底质询的首要条件，是苏格拉底作为一个哲人所做的那类事的突出特征。

如果伊翁是荷马诗的一位解释者或解说者，他当然一定懂得这位诗人说的是什么，不然他就无法解释诗人的思想。苏格拉底一开始就提出了这看来理所当然的一点(530c1－5)，伊翁也愉快地接受了。但是，如果伊翁懂得诗人荷马关于某物说的是什么，而且断定关于某物诗人荷马说得最好，他一定就处在一个评价其他诗人关于这些主题之断言的位置上。比如，关于战争是如何发动的，荷马谈了很多，作为一个宣称荷马美妙地谈论了这一主题(在得乎其上的意义上)的荷马解释者，伊翁必定就处在一个解释荷马如何得乎其上、而比荷西俄德则如何得乎其下的位置上，正如一系列简单推论所表明的那样。如果你能够依据知识(531e10)挑出关于一个主题的好的言说者，你也能够挑出一个坏的言说者，既然前者的前提是你拥有关于相应主题的知识。但是，这似乎就与伊翁宣称的他只能解说荷马、不能解说其他诗人相矛盾了。

让我们概括一下，因为苏格拉底采取的这些步骤对于他对诗的批评来说如此重要(值得注意的是在几个关节处，苏格拉底都把他的结论从史诗普遍化到酒神颂诗、赞美诗、抑扬体诗及抒情诗上，533e5－534a7，534b7－c7)。要解释好荷马，我们必须懂得荷马说了什么；而要做到这一点、要证明荷马说得至高无上地好这一判断，我们就必须懂得荷马所说的那些主题(正如我们会评判比如某人关于健康的断言)。进言之，荷马自己必定很好地懂得他所谈论的东西。作为阐释者或评价者，我们就在宣称自己是专家，在判断一个专家的(在这里就是荷马的)断言，正如似乎我们是一个医药检查团的成员，在考虑一个专业应用问题。所以，作为阐释者，我们是在为荷马之于某某某的教诲的真实性做判断；由此，我们就是在假设，荷马试图讲述关于某某某的真实。考虑到荷马讨论的都是属人和属神生活的中心问题(531c1－d1)，看来荷马就是在宣称他拥有智慧，考虑到诵诗人的无限赞美，我们也必定在宣称拥有智慧(532d6－e1)。但智慧宣称是一个有矛盾的宣称(诗人们互不认同，如苏格拉底指出的那样)，而且为了在诗人间做出裁定，也为了证明我们对其相应价值的评价，我们必须让自己对技艺上和哲学上的广博讨论都持开放态度。技艺上，因为关于比如战争这类主题，人们应当向将军请教荷马的相应描述是否正确；哲学上，因为评价整全的方法("苏格拉底方法")和阐释者、诗人关于真实的整全性断言，都是对柏拉图而言哲学真正要全力关注的东西。

从这里到下述结论只有一步之遥：无论伊翁还是荷马都不能维持其知识宣称，由此也不能维持诗是好而且美的作品这一断言。荷马大段大段地发表着关于那些特殊的 techne [技术](技艺或技巧)领地、特殊的知识领域的主题的断言，但是，无论诵诗人还是荷马，都不具备所有这些(或实际上任何)专门领域的知识(带兵打仗、制造战车、医学、航海、农业、渔业、马术、养牛、弹琴、纺织，等等)。伊翁宣称多亏通过研究荷马他懂得了一个将军(比如)该说什么话(540d5)，由此他试图有所反抗。但既然他已经同意这会涉及到拥有带兵打仗的技艺(541e2，*techne kai episteme*)，他的宣称显然难有辩护余地，苏格拉底也指责伊翁已难以实现其"拥有关于荷马的完美知识"(542a1)这一声言了。

这样，伊翁、延伸开去还有荷马，就面临着一系列滋味不太好受的选择：

A，他们可以继续为的确懂得其言语所涉的种种主题这一宣称辩护——在拥有相关的 *techne kai episteme*[技术和知识]这一意义上,即完全精通这些主题所涉的东西。但如果真要为这一宣称做辩护,他们就有责任接受相关专家的审查。

B,他们可以承认他们其实不懂在谈论什么。这一承认可以有几种理解:

B1,人们实际上是说,尽管缺乏技术知识(关于这样那样手艺或技巧的知识),但他们拥有关于属人事物的知识——某种比如关乎人性,关乎人的生活走向何处,关乎(比如)德性和幸福的关系,以及德性和幸福的本质是什么。关于这一点还可以补充如下宣称,即诗人及其解释者们懂得宇宙和神的知识。在《王制》中,苏格拉底实际上沿着这些线索给了他们拥有整全性知识的宣称,然后一一攻击,试图表明诗人们其实在所有重要问题上都得乎其下。

B2,或者,他们可以承认关于他们所歌唱的任何主题,他们并没有技术性或非技术性的知识;毋宁说,他们拥有的是创造关于那些主题的美妙、有说服力、动人的画面的技能(*techne*)。所以,当伊翁宣称荷马美妙地谈论着某物时,他只是说荷马在一种修辞意义上美妙地谈论着,尽管他(荷马)并不一定懂得他所谈论的东西。延伸开去,诗人(按照这一解释)也会做出关于他自己的同样宣称。这似乎会让他们降级为修辞家,而这实际上正是苏格拉底在《高尔吉亚》中所认为的,而且这还有一个进一步的附带条件,即:大众通常运用的修辞甚至不是一种 *techne* [技术]。无论是教育所有希腊人,还是提升某一个听众,作为纯粹修辞的诗都不是给人希望、值得信任的东西。B2 大概不是一个诗人或其诵诗人会急于采纳的立场。

B3,伊翁可以承认他对荷马所说的主题一无所知,收回他是一个有知识的解释者这一宣称,但仍然坚持荷马自己懂得他所谈论的东西。不过，这样伊翁就有责任接受他是如何知道所有这一切的质疑，而且无论如何，在最好的情况下都会把苏格拉底的攻击转移到真正的靶子——荷马身上。

B4，在《伊翁》中，苏格拉底看来提供了一个更令人愉快的选择，这在《斐德若》(245a)中也有反映，这就是前文体到过的那个"特殊的、具有补救性的假设"。这一假设是说伊翁诵读(以及荷马创作)靠的不是知识，而是神圣的灵感。他不知道他在说什么，但却能够美妙地言说或创作，这都得感谢神。他们就像酒神的崇拜者一样心智顿失(534b4－6)。我们或可称之为创造性的疯狂，他们与其他乞灵于缪斯的艺人一样都享有这种疯狂：舞者、歌者、先知和预言家(534b7－d1)。苏格拉底猜这一点就可以解释为什么伊翁只能美妙地诵读荷马；他仅仅在那个区域得到了神圣的灵感，而且这也是他说荷马比其他诗人要好的全部含义。伊翁缺乏证据来证明一个比较性评论看起来是什么样的，他只是如实报告说，多亏神所做的，他被荷马的魔力"附体"了。进言之，一个诗人并非一个有知识的人，而是一种神圣火光的传递者，他成了一种"轻盈之物，长了翅膀，变得神圣了"(534b3－4)。这一火光是神点燃的，并通过诗人传递给诵诗人，再传递给听众。用苏格拉底那令人难忘的比喻来说，神和诗人、诵诗人及听众的关系，就像由一块磁石吸附而成的一个链条，在最初那种神圣磁力的作用下，每一个环节都牢牢地吸附着下一个(535e7－536b4)。

这个比喻有助于回答一个重要问题：如果我们对诗人们的创作感到很享受，为什么我们应该关心他们是否知道自己在谈论什么？苏格拉底的回答是，作为灵感链条上的最后一环，我们能深深地受到诗的影响。我们这些"观众"在诵读面前也在某种程度上心智顿失，哭着笑着，进到叙述中的场景，好像忘记了我们真正的自我和生活(534b2－d9)。在《伊翁》中苏格拉底没有进一步解释这一影响是如何发生的——就这一点我们会转向《王制》——但重要的是它的确发生了。听众似乎被这种经验所改变,暂时身不由己。或许,这一经验让他们不能无动于衷,因为他们对引起他们悲伤和欢笑的东西的理解,看来会被这一强有力的经验所塑造,从孩童时期以来,他们大概就反复经历着这种经验。或许他们也开始相信——正如伊翁、可能还有诗人那样——由于和神的联系,他们"懂得"了某些东西,比如如何打仗、为何打仗,爱的忠诚意味着什么,或者,诸神的特点是什么。如果高妙的诗让我们无动于衷,或无论如何我们都还持守着自我,这一切就没什么大不了的。柏拉图的批评正依赖于诗能够而且的确在塑造灵魂这一假设。

"神圣的灵感"这一提法为伊翁(暗中也为荷马)解决了一些问题,但同时也把其他问题搁置起来了。其中一个是对话最后几行所暗示的,当时苏格拉底为伊翁提供了一个选择:要么就做人,并由此为不公正地逃避那些关于其智慧之本质的问题负责;要么就接受"神圣"这一称号,由此认同灵感这一提法。伊翁选择了后者,理由是它"更可爱"。自然,这一选择容易走向的就是傲慢。要混淆属神的疯狂和属人的疯狂(借用来自《斐德若》244a5—245c4 的一个区分)是多么容易啊!而且,并非所有输给伊翁的那些竞争者都可以同样被提升到神圣的位置。相反,苏格拉底自己在《申辩》中就说,他仅仅知道自己的无知,他的"智慧"是属人而非属神的。① 最终,既然诗人及其诵诗人们提出了关于事

① 回想在《申辩》中,苏格拉底讲述道,为了揭示德尔菲神谕的含义(它宣布没有人比苏格拉底更聪明),他询问了三种人:政治家、诗人、手艺人。诗人不能回答他对他们诗的含义提出的问题——旁观者还做得好些!——由此似乎可以推断,诗人的工作对智慧的依赖没有对灵感的依赖那么多(《申辩》22b—c)。自然,诗人们对苏格拉底感到恼怒,并推动了对他的指控(《申辩》23e)。

物之所是和应该是的看法，也试图劝说听众相信这些看法，他们就暗中做出了拥有智慧和权威的声言，对此声言他们不能逃避责任。对柏拉图来说，这意味着他们必须要做出解释。强迫他们为自己给出解释，并检视这一解释的有效性，正是哲学的使命。这意味着要求诗人和诵诗人在哲学的领地上来从事哲学，正如伊翁有些不情愿地做的一样。这一要求的合法性自身就是一个争论点，也是哲学与诗之争的一个方面。①

三、《王制》卷二、三、十

1. 《王制》卷二

为了回应格劳孔和阿德曼托斯带给苏格拉底的著名挑战，必须界定正义。苏格拉底建议说，如果首先从一个城邦来看正义，这个任务或许要容易一些，在城邦中正义是“大写的字”。这个策略被接受以后，首先要在言辞中创建城邦。结果，哲学护卫者统治城邦，下一个问题就关乎其教育了（376e2）。《王制》对诗的批评乃出于对“言辞城邦”中的哲人-护卫者之恰当教育（从其童年开始）的一种考虑。由此，批评的语境是《王制》的特殊计划的语境，这一语境提出的一个问题是：不管“言辞中的城邦”是否可能或可欲，这一批评是不是都有效。

卷二极为关注公民的恰当教育，以配合创造一个模范城邦这一计划。提供了那天的统治故事的那个“神话制作者”

① 伽达默尔问道：“尽管柏拉图使我们确信的是相反的东西，但他不能公正地对待诗人和诗艺这一点难道不是对诗人与哲人之古老竞争的一种表达吗？”参〈柏拉图与诗人〉（“Plato and the Poets”），见其《对话和辩证法》（*Dialogue and Dialectic*，trans. P C. Smith，New Haven：Yale University Press，1980），页 46。

(377b11),就像画家一样(377e2)制作着关于英雄和诸神的图画,而且其实是关于神与神、神与英雄之间关系的图画。一开始,诗(挑出来的是荷马和荷西俄德的诗,不过批评并不仅限于他们)在苏格拉底看来似乎包含的不仅仅是谬误,而是被视为好的行为榜样的谬误。诗被当作教育性并由此广义的政治性文本;对一个青年人阶层的“劝说”(378c7)在这里是关键问题。青年人不能很好判断孰真孰假;由于早年接受的见解总是根深蒂固不易改变,就有必要确保他们听到的仅仅是鼓励真正德性的故事(378d6—e3)。这种教育动机当然不仅限于《王制》所特殊处理的“言辞中的城邦”。所以在这个意义上,尽管卷二等对诗的批评是在这一特殊语境中形成的,但它并不局限于这一语境。

进一步看,苏格拉底瞄准了几首特别有影响的诗的内容,他针对这内容进行的论辩在这里并不依赖于创造“最好城邦”这个计划。他的第一个靶子是他所谓的诗人们的“神学”(379a5—6)。不管是史诗、抒情诗还是悲剧诗,也不管有没有韵律(379a8—9,380c1—2),对神的描绘都必须正确,就是说,神是不变的,神是而且只是好的原因,神不施暴,而且“言行既单纯又真实”,因为“神不会改变自己,也不会白日送兆、夜间入梦,玩这些把戏来欺骗世人”(382e8—11)。因为,“神中间没有一个说谎的诗人”(382d9)。一句话,正确构想中的诸神,非常像《王制》后来卷六至卷七中苏格拉底要说的“理形”(Ideas)。极为明显,公元前4、5世纪流行于希腊的占统治地位的世界观——也是所有不能满足苏格拉底这种特别责难的神学观——的“神学”基础,肯定被抛弃了。这一批评范围之大令人咋舌。

沿着这个思路,苏格拉底还谈到了另一要点,即,不应该允许诗人们说,那些为其过错而受罚的人很悲惨,毋宁,他们必须说通过受(正义的)惩罚,坏人们从神那里得到了好处(380b2—6)。苏格拉底开始攻击坏人猖狂而好人遭殃这种说法。于是,宇宙是以支持德性的方式来构造的。苏格拉底试图推翻的就是我们可以称之为"悲剧性"世界观的东西(注意在卷十中他称荷马为悲剧的"领袖",598d8)。

2. 《王制》卷三

卷三中苏格拉底的论证有相当扩展。现在直接关注的是在青年人的灵魂中激励德性的诗。勇敢和节制是这里首先考虑的两种德性,诗的灵魂性、伦理性影响现在得到了仔细审查。对冥府的所有描述都必须删掉,因为对必须变得不怕面对死亡的人来说,它既不真实又有害无益。在这里,死不是最坏的事,对那些哀号、悲叹着他们之不幸的著名人物或(所谓的)好人的描述,也都必须删掉(或至少将它们归给不重要的女人和坏人,387e9—388a3)。诗人绝不能"模仿"(388c3)处于痛苦或极端情感(包括狂欢)中的神或人,因为强壮的灵魂不会被任何情感所压倒,更不用说任何身体欲望了。也不能让神和人遭受精神上的冲突(391c)。对"悲剧性"世界观的拒绝变得明显了:诗人和文人都不许说"许多幸福的人不正义,正义的人却很悲惨,只要不被抓住,行不义是更可取的,而正义却是别人的好处、自己的损失",任何要宣扬这些主题——不管用不用诗的方式——的人,都必须说相反的话(392a13—b6)。通过如此广泛地扩展相关的话语范围,苏格拉底实际上制定了针对所有劝说性话语——即针对他在其他场合所说的"修辞"——的要求,并将诗视为这些劝说性话语的一部分。

在谈完了内容问题后,苏格拉底转向了故事讲述者或诗人(苏格拉底再次将这两者结合起来)的"风格"("*Lexis*"[语词],392c6)

或者说“形式”问题。这样，苏格拉底在谈话中制造了新的方向。这一问题结果在伦理上具有深刻的重要性，因为它关注诗是以什么方式影响灵魂的。可以说，到目前为止，这一机制仍然昧暗不明，现在它稍微清楚些了。用诗来讲故事的人通过某种叙述（*diegesis*）来传达思想，这叙述要么是“单纯性的”（*haplos*），要么是“模仿性的”（即通过“*mimesis*”来完成）。*Mimesis* 这个概念在《伊翁》中没有，现在占据了中心位置。当诗人用自己的声音说话，这种叙述就是“单纯性的”，当他通过一个人物来说话，好像把自己藏在了一个文字创造物的面具背后，这种叙述就是“模仿性的”。这时诗人就把自己比作了人物，尽量让听众相信是人物在说话。有些诗（喜剧和悲剧都被体到了）完全靠模仿来进行，另外一些完全靠单纯性叙述（酒神颂被提来为例），而史诗则并用两种叙述形式。

继这一分类方案之后，就是反对模仿的一个论辩。最初的论题是，每个人都只可能仅仅干好一件事情。那么，没有人可以干好模仿一件以上的事情这一工作（比如，一个演员不可能是一个诵诗人、一个喜剧诗人不可能是一个悲剧诗人，如果所有事都干得很好的话）。模仿自身就是一种行为，因此，一个人不可能既很好地模仿某件事（比如当将军），又实际上从事这件事（394e－395b）。当然，这个问题其实并没有得到很好的证明。无论如何，最好的灵魂（在这里就是言辞城邦中的护卫者）都不应当模仿任何事情。

而且，要是他们模仿的话，一切注意力都必须集中于最后要让他们变得更高贵，而不是更低劣。为什么？如果“从年轻时起就不断进行”模仿，他们“在身体、声音、思想上都会习惯成自然”（395d1－3）。与单纯性叙述不同，模仿对灵魂有特别的危害，因为作为叙述的言说者，我们可能会接受叙述中的文字性角色的性格特征。角色的虚构性似乎被遗忘了，通过表演某个角色，我们践行着那个角色，然后开始（在"真正的生活"中）按照那个人物会有的行动方式来行动。我们实际上并未将自己视为那个虚构的人物，毋宁说，通过"模仿"，演员表演出来的那些反应、情感、思想的"范本"或模式，在我们身上得到了体现。在将自己投入（尤其习惯性地）某个角色之中，与被这一角色塑造之间，并不存在严密的界限；在此意义上，台上台下发生的事情之间并无牢固的边界。反之，苏格拉底认为，一个单纯的叙述则保持了叙述者和被叙述者之间的距离。

在走向对音乐和体育的批评之前，苏格拉底总结了这部分对诗的批评，规定一个用所有风格来模仿一切事情（不分好坏）的诗人，不得进入美好城邦。① 不过，一个更加"简朴"的诗人和讲故事的人是允许的，因为他的模仿只限于正派的人（当他不得不模仿的时候，不过这大概极少发生），由此以同样的音调和节奏说着更为恰当的话，正确地表现着神、英雄、德性，以及卷二所讨论的其他事物的本性（390a8—b4）。②

对模仿诗的这种批评把相当多的读者都打懵了，以致于艺术检控的合法性问题都被暂时撇在了一边。这一批评看来并不区分诗人、诵读者和听众，没有给听众观看性距离，留给作者与其表现的人物之间的距离也很小。在他们谈论或思考诗句的时

---

① 在卷三中音乐得到了评价和规导，并且苏格拉底不断地比较诗和绘画。这提出了一个问题，是否要把对诗的批评扩展到所有"美的艺术"上。无论答案怎样都很清楚的是，言词性的诗产生的危害最大，这大概是因为诗的媒介是我们的表达首先要依靠的，我们也通过这一媒介来塑造灵魂和世界。

② 应当注意，苏格拉底顺便也允许护卫者"出于游戏"可以模仿一些没有价值的人物（396d3—e2），就是说，或许用和这些人物开开玩笑的方式，但无论如何都不真正认同这些人物或真正受他们影响（被他们战胜或塑造）。不过，在《王制》和其他地方，柏拉图自己都在模仿"坏"人。

候，所有人都变成了诗的言说者或表演者；言说诗并如其所是地呈现诗，据说对一个人的性情有实实在在的影响。

3. 《王制》卷十

卷二对诗的批评专注于被理解为表现的模仿；根本的观点是，诗人们错误地表现了他们所写之主题（例如诸神）的本质。诗人们并没有制作出其种种主题的真实形象（likeness）。卷三的焦点转移到了被一个评述者理解为"扮演"的模仿上；通过体现被模仿的人物而参与"模仿"，被看作是一种败坏，所有模仿诗都是这样，除了极少数例外。①

奇怪的是，苏格拉底在卷十中回到了对诗的批评；更奇怪的是，他不仅说错了早前讨论的结论的特点（在 595a5 他宣称所有的模仿诗都要禁止，但 398a1－b4 说只禁止部分），还用非常不同的术语重新进行了批评。部分原因在于卷十和卷二、三之间的讨论已经引入了"形式理论"（theory of Forms），引入了对灵魂的本性更为精细的分析，以及对哲学本性的详细描述。新的批评最后导致了那一著名说法：哲学与诗之间存在着一场古老的争论。

卷十始于重新断定诗人们的一个主要缺陷：他们的产品"危害听众的思想"。通过接下来说的影像（image），如今这一点和下述断言（602b6－8 重复了这一断言）的发展有了关联：诗人们不知道他们在说些什么。苏格拉底设想说，有床和桌子的形式（或理形），其制造者是神；有对床和桌子的形式的模仿，这是工匠（比如木匠）看着这形式（好比看着蓝图一样）制造出来的；第三，还有针对工匠产品的模仿者，他们（比如画家）是在生成世界中创造

① 这里提到的评述者指 D. Clay，参其《柏拉图问题》（*Platonic Questions*，Pennsylvania State University Press，2000），页 118，120。

这些对象的一种影像。这一三分方案(tripartite schema)给解读者们提出了很多问题。① 自然,苏格拉底不只是在字面上说诗人描绘着关于床和桌子的言词图画。随后这个方案就得到了详细阐述,以便用城邦中那些制造意见的人(首先是立法者、教育者和军事指挥)来替换工匠,用"所有这些美的悲剧的领袖和教师"(595b10—c2)——也就是荷马——来替换画家。诗人因此就"与本性离了三层"或"与王者和真实离了三层"(597e3—4,6—7)。

我们且来注意这一方案的一个含义,这是苏格拉底特别关注的。诗人不懂他们所谈论的论题的本源(即其论题所关涉的真实);对此事实他们显得一无所知;甚至更糟的是,正如风格逼真的绘画可以骗过天真观众的眼睛使其相信模仿就是本源一样,那些领悟着诗的人也对诗信以为真。模仿现在有了"赝品"的含义。② 由于并未准备好验证诗人的知识是真是假,听众就对诗人们充满说服力地陈述的那些关于"一切技艺、一切与美德和邪恶相关的人事和神事"的整全图景(598b—e),照单全收。现在,根本要点就是我们所熟悉的了:"如果一个好的诗人想要正确描述事物,他必须拥有知识。"(598e3—5)就算撇开所有与技艺和手艺(比如医学这门 *technai*)相关的东西不管,专门来看最大、最紧要的事——首先即对社会的治理和对人的教育——荷马也完全经不起审视(599c—600e)。所有那些"长于制作的人"(*tous poietikous*),以及这个希腊的教育者和悲剧诗人的领袖,都被描绘为

① 对其中一些问题的讨论,参 C. Griswold,《柏拉图〈王制〉中的理形和对诗的批评》("The Ideas and the Criticism of Poetry in Plato's Republic"),见 *Journal of the History of Philosophy* 19(1981),页 135—150。

② 这是 J. A. Urmson 的看法,参其〈柏拉图与诗人〉("Plato and the Poets"),见 R. Kraut 编,《柏拉图〈王制〉论集》(*Plato's Republic: Critical Essays*, Lanham:Rowman and Littlefield,1997),页 233。

“模仿德性的幻影、模仿自己制作的其他东西的幻影的人”(600e4—6)。

除了他们自己对真实无知之外,是什么支配着他们用以观看这个生成世界的偏狭视角?苏格拉底暗示,他们迎合听众,迎合多数人(*hoi polloi*,602b3—4)。这就把他们和修辞家联系了起来,如苏格拉底在《高尔吉亚》中形容他们的一样。同时,他们利用了我们身上那个多数人都受其支配的部分;这里,苏格拉底试图运用卷三以来提出的灵魂论探讨来说明问题。随后的讨论详细阐述这些问题的方式值得注意。

在宣称“诗与哲学的争论”之前,苏格拉底以一个例子开始了对诗的最后一步批评,即人的极大痛苦,特别是丧子之痛(603e3—5)。对这样的灾难,一个高尚的人应该如何应对呢?他会和痛苦作斗争,尽最大可能抑制住它,不让人看到自己痛苦的样子,他会为当众出丑感到羞耻,并会尽可能“保持冷静”,因为他知道,“人世生活中的事没有什么值得过于认真的”(604c2)。痛苦状态妨碍了理性的指导,后者要求我们在碰上不幸的时候必须尽可能不受影响,保持自身灵魂的和谐(603e—604e)。苏格拉底如此勾勒了高尚、美好之人的性格:“这是一种节制而安静的性格,几乎一成不变,它既不容易模仿,模仿起来也不容易理解,尤其对那些节日里涌到剧场来的一大群杂七杂八的人来说。”(604e)这或许就是苏格拉底对自己的一个勾勒,而柏拉图则用笔模仿出来了。①

相反,悲剧模仿者则长于描绘人们处于痛苦中但并不试图用哲学方式来应对时的内心冲突。既然悲剧模仿者的听众是由那些自己也处于同样状况中的人所组成的,所以,模仿者和听众

① 这是 D. Clay 的看法,见《柏拉图问题》,前揭,页 146。

就被困锁进了一种相互加强的人类境况图景中。他们都成了自己身上投向非理性或反理性的那部分的俘虏；都对内在冲突的境况最为着迷。诗人“唤醒灵魂的这个部分，而且对它进行滋养灌溉”，制造出一种紊乱失序的灵魂秩序或灵魂法度（*politeia*，605b7－8；比较这里的用语和《王制》卷九结束段落中的用语）。在诗人的图画中陶醉狂欢的灵魂的“幼稚”部分，不能把现实和真实区分开，说实话，它不假思索就赋予了诗人权威。看戏的人纵情于诗人的戏剧中。

接下来是另一个值得注意的段落：“请听我说。当我们听荷马或某个悲剧诗人模仿某个英雄受苦，长时间地悲叹或吟唱，捶打自己的胸膛，你知道，这时即使是我们中最优秀的人物也会喜欢它，同情而热切地听着，听入了迷。我们会称赞，一个能用这种手段最有力地打动我们情感的诗人是一个优秀的诗人。”（605c10－d5）所以，诗带来的危害是巨大的，诗所召唤的东西甚至最优秀——最具哲学品性——的人也易受影响，诗把我们带入一种梦幻般的、毫无反思能力的状态中，我们在其中迷失于一种又一种的情感（首要的是悲痛、忧伤、愤怒、怨恨）。

正如一个评论者所恰当指出的，“一方面，诗助长灵魂中的冲突；另一方面，诗又让我们对此冲突毫无意识，因为我们灵魂的非理性部分难以听到理性的矫正。这就是为什么诗对剧院中杂七杂八的乌合之众和我们中间最优秀的人一样具有感召力的原因——它都用悸动的节奏敲打我们的胸膛。然而，如果说诗直接述诸灵魂的低下部分，那么，诗也必定来自这个地方。”①进言之，希腊诗人描绘的诸神画像，实乃灵魂那骚乱不安、冲撞不

① J. Lear，《〈王制〉内外》（“Inside and outside the Republic”），见其《开放的心智》（*Open Minded*，Cambridge：Harvard University Press，1999），页 240。

已的低下部分的一种投影(projection),这一投影又反过来给了灵魂的这个部分更大的支持和力量。

所以担心的就是,在通过与戏剧合而为一、设身处地体验种种情感的时候,我们放弃了受理性规导的更好情感,并在“真正的”生活中成了那些情感的俘虏。在灵魂论的意义上,戏剧提供着我们今天称为“角色模本”的东西。苏格拉底的要点不是说我们认为戏剧自身是真实的,好像我们不能把台上台下发生的事分开一样,而是说“对他人痛苦的欣赏必定会影响到自己”。为什么?“因为在那些场合养肥了的怜悯之情,到我们自己痛苦的时候就不容易被制服了。”(606b)[①]这一点也适用于喜剧。在喜剧模仿中听惯了羞耻的事,就不再对它们感到羞耻了,而且其实开始欣赏起来(606c)。[②] 很明显,苏格拉底是在否定审美“快感”(606b4)可以独立于诗的伦理效果。稍微冒点脱离时代背景的危险(既然柏拉图没有一个对应于我们

① G.R. F. Ferrari的发现很有帮助:“诗人会述诸我们身上驻足于人类境况的特殊滋味的东西,而非述诸我们化小这一滋味的能力;毕竟,模仿这种方式既需保持生动性,亦擅长于此。这样,保持生动性就内在倾向于提升特殊的东西、聚焦于危机。”而且,“柏拉图认为,危险不在于由模仿的声音或外观所引起的那些短暂的情感震动,而在于一种更深层的恐惧,情感震动不过是这一恐惧的一种外在表现而已——这一恐惧可能影响我们整个一生……因为,在看到孩子离开母亲或恋人们失去幸福的机会时,我心潮澎湃,不仅为人物,更为表演让我得以进入的那种人类境况:我为孩子不得不离开母亲事情本该如此而潸然泪下。”参其〈柏拉图与诗〉(“Plato and Poetry”),见 G. A. Kennedy 编,《剑桥文学批评史》卷一(*Cambridge History of Literary Criticism*, vol. 1, Cambridge: Cambridge University Press, 1989),页 134,140。

② 悲剧在卷十中被提到了 6 次(595b4,597e6,598e8,602b9,605c11,607a3;亦参595c1),喜剧则在同一个段落中(606c2—9)被提到了 2 次(没有引用任何喜剧作家)。悲剧明显是苏格拉底批评诗时的主要靶子,但不是唯一的靶子。因为,荷马被视为悲剧的源头,是这一批评最重要的靶子,而且,因为荷马写的是“史诗”,所以这里“悲剧”的含义不仅仅是一种文学形式。苏格拉底的真正靶子是“悲剧性的生活观”。

的"美学"的术语)，可以说，苏格拉底并不认为美学与伦理学是分离的。他并不把关于美和关于好的知识分开。我们在舞台上表现悲痛时得到的快感——这原是被表现的人身上的快感(而且对其的表现不只是在舞台上或一首诗中)——仿佛会变成我们在生活中表达悲痛时的快感。这不仅仅是一种伦理效果，对柏拉图来说，这也是一种坏的伦理效果。这些都是柏拉图与亚里士多德及那时以来许多思想家所不同的地方。[①] 柏拉图认定——尽管他没有如我们所期望的那样就灵魂的机制给出详细说明——从孩童时期开始，模仿就在塑造我们的想象和幻想以及我们无意识或半意识的画面和情感，并由此塑造我们的性格，尤其我们天性中他认为倾向于非理性或反理性的那部分性格。

诗人们有助于使我们当中最好的人成为灵魂低下部分的奴隶，正因如此，必须把他们赶出任何一个企望自由和美德的共同体。声名卓著抑或声名狼籍的是，柏拉图拒绝共私之间的极大分离，拒绝一个人的德性和他人的约束之间的极大分离。发生在剧院中、你的家庭中、你想象的生活中的事，都是联系在一起的。不受哲学约束的诗，既危害灵魂，也危害共同体。[②]

4. 《王制》小结

卷十的论证涵盖了所有形式的"诗"，无论悲剧诗、喜剧诗、

① 柏拉图拒绝将审美和伦理分开，在更深层次上，这一点可联系于他拒绝认为可以将美和好分开。就是说，柏拉图的这种看法可能基于一种形而上学观念。

② Ferrari 再次说得不错："诗人有一种完全属于自己的技能：不是理解，而是捕捉人类生活的外观、样子和感觉。然而，正如这只是或毋宁说应该是一种影像(在柏拉图看来)那样，对求得它的本源这一目的来说，影像制作这种技艺注定只能是寻求真实这一技艺的帮手。也就是说，诗本身是不能信任的，不过，作为对哲学护卫者的保护，诗的才能可能派上用场。"见〈柏拉图与诗〉，前揭，页 108。

抒情诗，无论有无韵律；实际上，早先关于模仿诗和叙述诗的区分在这里也显得无关紧要了。但结论并没有变："我们一定不能太认真地把诗当成一种以真实为依据的正经事物看待。我们还要警告诗的听众，当心诗对灵魂秩序的不良影响，要他们必须听从我们提出的对诗的看法。"(608a6－b2)打击面如此之大的一个结论，当然有种种前题，其中之一，即存在着"真实"这种东西，而形式或理形理论则是这种看法的部分形而上学基础。诗人的特点是宣称真实，说实话，这事实上——与表面现象相反——与诗人那些没有证据的想象性投影没什么两样，后者的稳固性是靠诗人博得听众欢呼声的能力建立起来的。因此，诗人就是那些修辞家，他们可以说是在向尽可能大的市场兜售自己的产品，希望收获名望和影响。

关于理形、制品和模仿者这一三分方案，涉及制作的份量并不亚于模仿。制作是贯穿于这一方案三个层面的一条线索。理形据说也是制作出来的，即使这完全与《王制》早先(也与柏拉图其他所有对话)关于理形是永恒的这一学说相矛盾。可以说，这暗示诗人是制作者(亦参599a2－3，那里说诗人"制造外观")，他们活动在一个遍布制作的世界中。柏拉图用的"诗"这个希腊词来自制作(*poiein*)这个动词，《会饮》中苏格拉底对此事实有所论述。[①] 制作发生在生成世界中，也为生成世界做贡献。相反，柏拉图笔下的哲人则致力于追求已经"超出这里"的真实，它独立于生成精神和生成世界。哲人的努力与发现而非制作相关。如此对比似乎有些轻率，因为诗人也反映着他们使其听众(想要)感觉或

① 《会饮》205b8－c2。那里苏格拉底说："就拿这个例子来讲吧。你知道，'诗'其实五花八门；因为，凡从没有到制作出什么东西来，统统叫诗；所以，凡依赖技艺制作出成品都是诗，所有这方面的行家都叫诗人。"采A. Nehamas及P. Woodruff英译，见《柏拉图全集》，前揭。

相信的东西——他们是在表现及表达的意义上进行“模仿”——而哲人也制作言辞(如苏格拉底自己所说),也进行模仿。[①]然而,这一区分暗示着一种有趣的可能,即:在柏拉图看来,诗与哲学之争最终关涉的是制作和发现哪个更具优先性的问题。制作/发现的区分延伸出一系列我们碰到过的区分:想象与理性,情感与原则,生成与存在,制品和形式,影像和本源。

在《王制》中,苏格拉底从未提到过诗人关于灵感的声言,事实上,在苏格拉底谈及《伊利亚特》开篇时的段落中(392e2－393a5),这一声言明显被忽略了。苏格拉底在这里暗中否定了这一声言的可靠性。考虑到苏格拉底的神作为理形这一概念,灵感这种宣称就不可能是真的,因为理形并不开口说话,遑论说出荷马、荷西俄德及其追随者们所叙述的那些事情了。结果,诗人知道他们在说些什么这一表面现象其实也是诗人自己捏造出来的,这与《伊翁》将诗的特征归于来自灵感的无知并不矛盾。

《王制》对诗的批评超出了建立言辞中的正义城邦这一计划吗?在讨论卷二时我已做了肯定性暗示。卷三和卷十对诗的关注也会超出对话的当下计划,如果这些关注无论如何都有意义的话,即便柏拉图点名的靶子当然取自他自己的时代。有人认为,从那时以来许多广受尊重的诗人,也都宣称诗人有言说真实的权威。[②] 也有人说,关于诗对听众之影响的争论仍在持续,只是今天严格来讲已经没有那么多诗人了,但“大众媒体”中其他类型的影像制作者们,却成了罪魁祸首。在对诸如暴力的影响、

---

① 见《王制》500e－501c(参484c－d),那里将作为国家建立者的哲人和画家作比较。值得注意的是,在500c2－7我们得知,作为国家建立者的哲人“模仿”形式,并尽可能使自己像那些形式。

② 见Urmson,〈柏拉图与诗人〉,前揭,页231－233,作者在这里开列了一份惊人的引语清单,包括本文开头引用的Dylan Thomas的诗句。

妇女的堕落、对性的公然描述这些问题的种种争论中，回响着柏拉图对艺术的伦理、社会影响的担忧。至少在这些情况下，我们仍然保留柏拉图对“审美距离”这一观念的怀疑。①

四、《高尔吉亚》

《高尔吉亚》是柏拉图言辞最为激烈的对话之一，因为人物间的交流时时充满着恼怒，充满着互不妥协的争端、大量的误解，以及尖刻的修辞。在这些方面，它甚至超过了《普罗塔戈拉》这部描绘苏格拉底与颇有声望的同名智术师敌对性会面的对话。② 在《高尔吉亚》中，哲学与修辞之争显得是一场令人不快的争斗。

这场争斗争的是什么？苏格拉底请高尔吉亚对他所做的事进行界定，就是说，对修辞进行界定。而且，苏格拉底希望高尔吉亚的界定有助于区分修辞话语和哲学话语：前者制造关于赞扬和职责的言辞，后者则通过一来一往的讨论（*dialegesthai*，448d10）回答问题，尽力达到一个简明的定义，并意在理解所讨论的论题。哲人乐于被反驳，如果这导致更好的理解的话；智

---

① 参 A. Nehamas，〈柏拉图与大众媒体〉（“Plato and the Mass Media”），见其《本真的德性：论柏拉图和苏格拉底》（*The Virtues of Authenticity: Essays on Plato and Socrates*，Princeton：Princeton University Press，1999），页 279－299。在页 287 他断言，“当代对电视的大部分批评依赖于一种道德上的否定，这与公元前 4 世纪时柏拉图对史诗和悲剧的攻击是一样的”。

② 关于对《普罗塔哥拉》中的修辞及其含义的分析，见笔者〈全赖你自己的声音：柏拉图《普罗塔哥拉》中一场没有结局的道德观念论战〉（“Relying on Your Own Voice：An Unsettled Rivalry of Moral Ideals in Plato's Protagoras”）一文，载 *Review of Metaphysics* 53（1999），页 533－557。《高尔吉亚》我用的是《柏拉图全集》（前揭）中 D. Zeyl 的译文，只是我会用“修辞（rhetoric）”一词代替“演说（orator）”一词。

慧——而非名望——才是目标(457e—458a)。

这连续不断的挑战迫使高尔吉亚不断改换其观点,从认为修辞关乎言词,到认为修辞行为及其效果仅仅在言词中,也仅仅通过言词发生(与手工性技艺不同),再到认为修辞的对象是人所关怀的最大者,即自由。修辞为"人类自身带来自由,同时,也为每个人带来在自己的城邦中对他人的掌控"(452d6—8)。这种自由是由说服他人听从自己命令的能力而产生的一种权力;"修辞是说服的一种产生者。修辞所有的活动都与此有关,这就是修辞的大概"(453a2—3)。但是,确切而言,说服关涉的是什么?高尔吉亚回答说:关涉正义与不义之事(454b7)。然而可以肯定,有两种说服,一种仅仅灌输信念,另一种产生知识;修辞只关心前者。这一看法与对诗的批评的类似性已经清楚了;在两种情况下,苏格拉底都想表明言说者说的不是真实,都没有为听众传达知识。如已经注意到的,苏格拉底将诗(他提到了酒神颂诗和悲剧诗)归为修辞中的一类。诗的目标是让观众感到满足和愉悦,或者换句话说,诗就是一种迎合。去掉节奏和音律,你得到的就是针对群众的纯粹文辞。诗是一种公共演说,就是这样(502a6—c12)。

修辞家是在其听众的灵魂中制造信念的人(453a3—4)。要是没有这种技能——这里高尔吉亚开始长篇大论、能言善辩地吹嘘起来——其他技艺(比如医术)就无法有效地工作(456bff)。修辞是一种整全性技艺。但高尔吉亚给出了一个重大限定,结果导致了自己的垮台:修辞不能用来反对任何人,比拳击术更不能。尽管修辞家教别人要正当运用这一技艺,但它总被学生乱用。随后是一个更具破坏性的承认:修辞家懂得正义、不义及其他道德品质是什么,如果学生不懂的话,就把这些教给他们(460a)。用苏格拉底的话说,从这里可以推出,真正的修辞家是一个哲人,而这事实上正是苏格拉底在《斐德若》中所采取的立场。但高尔吉亚不是一个哲人,事实上也不懂得——不能说明——那些道德品质。这样,高尔吉亚的技艺让他看起来——在无知者眼中——拥有关于那些论题的知识,然后因势利导地说服那些无知者(459d—e)。但这并非高尔吉亚愿意承认的事;实际上他自己同意的是,既然修辞家懂得什么是正义,他就必定是一个正义之人,由此也行正义之事(460b—c)。高尔吉亚被揪住了矛盾的尾巴:他声称一个获得了修辞技艺的学生可能会做不义之事,但现在又声称修辞家不会行不义。

对高尔吉亚的学生波鲁斯(Polus)来说,这一切简直无法忍受,他的愤怒介入标志着对话第二个、也是言辞更为激烈的一个阶段的开始(461b3)。一个新的要点出现了,它与如下宣称是一致的:修辞家不懂知识,也不传达知识,就是说,修辞不是一种技艺或手艺(*techne*),而仅仅是一种窍门(*empeiria*,或经验)。苏格拉底补充说,修辞的目的是产生满足感。为了论证这一点,苏格拉底拿出了一个惊人的方案,这一方案在对身体的关心和对灵魂的关心之间做出了区分。医术和体育的确关心身体,烹饪术和美容术则看来是,其实不是。政治是关心灵魂的技艺;正义和立法是其两个分枝,对正义和立法的模仿就是修辞和智术。正如医术对应于烹饪术,所以正义对应于修辞;正如体育对应于美容术,所以立法对应于智术。真正的关心形式是着眼于"好"的技艺(*technai*),错误的关心形式是着眼于快感的窍门(464b—465d)。让我们注意,修辞和智术在这里是紧密结盟的;苏格拉底注意到,它们有区别,但又有紧密联系,而且常常被人们混为一谈(465c)。无论是在柏拉图的讨论中,还是在历史上,这两者的明确区别是什么都不大清楚。这里,苏格拉底意在将其论辩都运用于两者,认为两者实际上都(可以说)是一种服务于说服的窍门，由无知的人来说服无知的人，目的在于在听者身上制造快感，也为讲者带来权力的快感。

苏格拉底随后和波鲁斯的论辩复杂而冗长，要点在于关注权力和正义的关系。对波鲁斯来说，拥有权力而且成功掌控权力的人是幸福的。对苏格拉底而言，一个人只有（道德上）好才幸福，一个不义或邪恶的人是不幸的——犯了过错又逃脱惩罚的人，尤其如此。波鲁斯觉得这种立场“荒谬绝伦”（473a1），并试图让苏格拉底向在场的人拉选票以确证这一点。总之，柏拉图暗示，修辞和智术都紧密联系于以下这些实质性主张：道德真实和幸福生活无关，道德事物具有习传性和相对性，苏格拉底所坚持的寻求真实（区别于意见或投票结果）这类探询无关紧要。苏格拉底则在一路论证他最有名的一些主张，比如下述这种看法：“行不义的人总是比受不义的人更悲惨，逃脱惩罚的人总是比接受惩罚的人更悲惨”（479e3－6）。如果这些看法有效，那么修辞有什么用？苏格拉底总结道，对那些希望不去危害自己、也不危害他人的人来说，修辞完全没用。由于被系到了逻辑的死结上，波鲁斯败下阵来。

这一切又让对话中的另一个对话者无法忍受，这就是卡里克勒斯（Callicles）。《高尔吉亚》的修辞达到了它言辞最为激烈的阶段。展现在我们面前的卡里克勒斯，是一个毫不留情、无视规则、头脑清醒、讲求实际的人物。说实话，他在自然和习俗之间做出了著名的区分，提出了《王制》卷一、卷二的读者都熟悉的一个主张：“但我认为，自然自身彰显出，更好更有能力的人比更差更无能力的人享有更大的份额，这是正义的。自然表明这在很多地方都是如此；在其他动物中间，在所有人的城邦和族群中间，自然都表明，这就是正义所决定做的事：高等的统治低等的，并且享有更大的份额。”（483c8－d6）这就是“自然法”（483e3，或许这是西方哲学中这一著名短语的首次出现)。习俗谈论正义和公平的方式是,不要拿超出你的份额,不要追求你个人最大的利益——这些完全是弱者试图奴役强者的方式。修辞技艺就是为了赋予自然性强者统治自然性弱者的权力。

卡里克勒斯的著名抨击包含着对哲学的一种指控,认为哲学是一种幼稚的职业,如果过了年轻时代还去追求的话,就会妨碍对权力的男子气式的追求,助长对现实政治世界如何运作的可鄙无知,并且让拥有哲学的人变得女里女气、软弱无力。他举的例子不是别人,正是苏格拉底:哲学会(他预言般地说)让苏格拉底陷入无助之地,他会被人控告的。面对多数人的愚蠢时的那种无助,既不光彩,又让人可怜(486a—c)。相反,拥有权力会意味着什么呢?卡里克勒斯的意思很清楚:权力是实现无论你什么欲望的能力。权力即自由,自由即特权(492a—c)。能够为所欲为,就是实现快感这一意义上的一种成就。修辞是走向这一终点的手段。

如此理解的修辞与哲学之争,最终提出了一系列根本问题。"修辞"在这里被用来建构一种整全的世界观。修辞与哲学的争论是整体性的,并涉及到自然的本性(the nature of nature)问题,客观道德准则的存在问题,幸福和德性的关系(如果有的话)问题,理性的本性和限度问题,理性在人生活中的价值(可理解为对客观目的的理性追求)问题,灵魂或自我的本性问题,以及在正确和错误的快感之间是否存在差别的问题,即快感是否好的问题。

令人惊异的是,尽管苏格拉底想用自己的哲学对话方式来和"修辞性的"言辞制造进行比较,但实际上这两者间的区别是颇为模糊的。苏格拉底也开始长篇大论,时时听来充满修辞,而且用一个神话来做结语。卡里克勒斯提出了一种实质性立场(基于自然和习俗的一种区分),并为其辩护。修辞文类的这些全力侵犯、从苏格拉底的立场看也是性命攸关的终极性哲学问题,关乎一个人应当如何生活(500c)。被理解为追求权力和荣誉的"政治"生活,高于哲学生活吗?

这篇对话的读者会对其中提供的论证是否有效而产生分歧,但在今天,无论是在学术语境还是非学术语境中,这一争论的要点都仍然和柏拉图的时代并无二致。① 即使诗在这里被视为修辞的一种类型,仍然有很多著作会表明,在《王制》中看到的诗所信奉的那些实质性主张,与在《高尔吉亚》中看到的修辞所信奉的那些实质性主张,没什么两样。

所有修辞都是坏的吗?我们是否要——实际上,我们是否能——完全避免修辞?甚至在高尔吉亚中,如我们所见,也存在着灌输信念的修辞和灌输知识的修辞之间的区别;而且后来,对话提到了一种高贵的修辞,尽管运用这种修辞的人还找不到例子(503a—b)。关于这种区别,《斐德若》提供了更详细的解释。

五、《斐德若》

《斐德若》的读者们常常觉得纳闷,这篇对话是怎样联成一个整体的。乍眼一看,前"半部分"关乎爱,后半部分关乎修辞。但稍微细读就会发现,任何一种如此简单的特征归纳都会产生误导,因为,前半部分也关乎修辞,只是方式多有不同。首先,对话前半部分明显包含着对修辞的反思,例如,苏格拉底开创了我们会称之为话语的"形式"和"内容"之间的区分(235a)。更进一步看,这部分包含了三篇讲辞,至少首篇("吕西阿斯的讲辞")就是

① 一个有趣的讨论可参 D. Roochnik,〈斯坦利·费什和古老的修辞与哲学之争〉("Stanley Fish and the Old Quarrel between Rhetoric and Philosophy"),载 *Critical Review* 5(1991),页 225—246。

一篇修辞八股(rhetorical set-piece)。其他两篇也是修辞,而且是用来努力劝说一位年轻的情人(beloved)的。这三篇都被柏拉图合理地视为修辞上的杰作,只不过理由各有不同。第一篇是对吕西阿斯(一位名望极大的演说家和演讲辞作家)风格的一次杰出戏仿。第二篇保留了同样的虚构框架(第一篇是一位"无爱之人"向一位"情人"的悖理而夸张的讲话),发展了这一框架(无爱之人转变成了一位隐秘的有爱之人),并且以一种令人难忘、哲学上给人启迪的方式深化了论题。第三篇(被称为"认错辞"或悔改辞)则包含着一些所有希腊文学中最为美丽、最有力量的形象语言。这篇修辞几乎是以神话形式表现出来的一篇寓言,讲述了真正的爱的故事,灵魂在属人世界和属神世界中游历的故事。就是说,这篇伟大的认错辞的修辞明显是"诗"。对眼下的目的来说尤为值得注意的是这一事实,即:灵感主题在对话前半部分被反复诉及,诗的灵感得到了明确讨论。①

因此,在《斐德若》中诗的主题和修辞主题交织在了一起。初看上去,似乎修辞和诗都获得了同等重要的地位,至少相对于它们在《伊翁》、《王制》、《高尔吉亚》中的地位来说。我首先关注修辞,再转向诗的问题,尽管这两个主题在这篇对话中密不可分。

1. 《斐德若》中的修辞

这篇对话的后"半部分"并没有主题性地讨论爱的本性,无论篇幅大小,不过,实际上它的确提议说,由对智慧的爱——哲

① S. Scully 注意到,苏格拉底的第二篇讲辞是"柏拉图笔下所有讲辞中唯一一篇言说者向缪斯召唤的"。见其《〈斐德若〉译注疏》(*Plato's Phaedrus, trans. with notes, glossary, appendices, Interpretative Essay, and Introduction*, *Newburyport*, MA: Focus Philosophical Library, 2003),页 15 注 39。

学——激发出来的言语，是真正的修辞。随着一位“爱言辞的人”(228c1－2)和另一位之间的谈话的发展，对话第一部分的三篇修辞性讲辞，从其修辞上是笨拙还是高妙这一角度得到了审视。诗再一次被归为一种言辞制作(258b3)，而且极为重要的是苏格拉底宣布，“可耻的倒不是说得、写得不好，真正可耻的是说得、写得可耻或邪乎”(258d4－5)。[①] 说和写都很自然，本身并不可耻，那么，是什么让言辞制作值得尊敬的呢？

对这一关键问题的回答为此问题做出了最有名的贡献之一。苏格拉底认为，在根本上，那些想要说得好、说得高贵的人，一定知道他所要讨论的主题的真实。《高尔吉亚》中波鲁斯和卡里克勒斯所坚持的那种理论是错误的(参《斐德若》259e4－260a4)。为了让这一打击面极大的主张更站得住脚，苏格拉底论辩说，修辞是一门“技艺”(*techne*)，而不仅仅是一种不讲技巧的实践(相当于《高尔吉亚》中所责备的那种“窍门”)。但如何来表明它毕竟是一门技艺呢？很多主张修辞的人都被提到、评论了，对希腊修辞史感兴趣的读者也都正确地发现这些段落非常有价值。但我们得知，那些已有的修辞手册提供的不过是关于真正的修辞技艺的“初步知识”，而非真正的修辞技艺本身(269b7－8)。

许多修辞家都高妙而成功地误导了他们的听众，而且苏格拉底认为——或许有点难以置信——要误导别人，自己就不能受误导。[②] 一篇高妙的讲辞通过其结构来展示其高妙之处，这种讲辞——由于在最高的情况下它体现着真实——回应或反映

---

① 《斐德若》我用的是《柏拉图全集》(前揭)中 A. Nehamas 及 P. Woodruff 的译文。

② 相反，柏拉图用一系列区分来总结智术师，意在将其分离出来，并进行描述。这些区分包括，区别一个不懂真实但以为自己懂的言说者，与一个(正确地)怀疑他不懂真实但向其听众假装懂的言说者。后者即智术师，是一种“不诚实且无知的”真实的模仿者；这一讨论假设智术师拥有一种技艺(*techne*)。

着论题自身的自然性区分。这种讲辞不仅要连贯一致,其结构还要反映出论题自身的自然性组织方式。用这时开始不断反复出现的、苏格拉底最有名的形象语言之一来说,一篇好的文章应该展示出一个生命体的有机统一性,“有自己的身体,头和脚样样不缺,有腰身也有四肢,相互之间及与整体之间都协调一致”(264c1—5)。如果只是看上去像是不可能真正达到这个目标的,想要达到这个目标,一篇言辞的统一性必须反映出其论题的统一性。

在这一点上,我们或许想问问听众;毕竟,修辞家是在试图说服某些人相信某些事。言说者会不会知道事情的真实,知道如何在一篇文章中高妙地体现它,却未能说服任何人呢?说服的失败,会不会反映出言说者缺乏完整的修辞技艺?实际上,苏格拉底回应这些问题的方式,是假定成功的言说者必定也知道人的灵魂的本性,要不然他的技艺就只是“窍门”(仍然是来自《高尔吉亚》的语词)而已,并非“技艺”(*techne*,270b6)。

正如一个专业医生必定懂得人的身体和医学知识——这些是分不开的——所以,专业的言说者也必定懂得人的灵魂和灵魂的知识。读者马上就会想起,《斐德若》前半部分那篇伟大的讲辞(认错辞),谈的是宇宙背景下的灵魂——灵魂的本性,灵魂在人世和神世中的游历,灵魂的渴望、渴望的对象,灵魂的失败及其后果,都是这个故事的一部分。因此不必奇怪的是,在界定修辞技艺的时候,苏格拉底现在说,我们不能“对灵魂的本性有严格的理解,如果不理解世界作为一个整体的本性的话”(270c1—2)。以这种方式理解修辞的结果如今变得清楚了:要拥有修辞技艺,必须是一个哲人。真正的修辞是哲学话语。

但是,在听众问题上情况又如何呢?“灵魂”不是一篇修辞话语的言说对象。苏格拉底回答说,高妙的修辞家一定也懂得灵魂有哪些类型，懂得哪类言辞对哪类人“起作用”，而且也能识别出某种情况下说出来的言辞是哪种类型。可以说，最后那个要求是一个实践问题，一个现场判断问题。对真正的修辞技艺——苏格拉底也称之为“辩证法的技艺”(276e5－6)——的诸多要求，其实是相当高的(277b5－c6 对此有概述)。

如果听众懂哲学，或者其中有哲人，那么真正的、高妙的、懂哲学的辩证法家如何对听众发言呢？《斐德若》没有正面回答这个问题，不过给了我们一些线索。这些线索是通过神话——通过一种“诗”，如果你愿意的话——带来的，而且这些线索有助于我们理解一个哲人总体上希望避免哪类话语，这就是写下来的话语。按照忒伍特和塔穆斯(Theuth and Thamus)神话引发的思考，写下来的文字并不最适合用作传达真实的工具，因为它不能回答对它的提问；在被问及的时候只能自己重复自己；它倾向于用作者的权威来替代读者探询真实的开放心智；而且，它不加区别地到处流传，落到不能够理解它的人手中。很要紧的是，写下来的文字有碍于真正的“回忆”(*anamnesis*，249c1)这个对话中的“认错辞”大段而且(大部分)用诗的方式所描述的过程，通过回忆，潜在于灵魂中的知识在一问一答中就被引出来了(274d－275b)。书写是一种笨拙的手段，因此与哲学交流的潜在效能并不匹配，“苏格拉底对话”这种哲学交流才最能引领哲学心智走向真实。这种令人向往的修辞是“一种用知识写在听者灵魂中的话语；它可以为自己辩护，也懂得该对谁开口，对谁沉默”(276a5—7)。辩证法性质的言辞伴随着知识，在被质疑的时候可以为自己辩护，也在自己的听众身上生产知识(276e4－277a4)。当然，所有这一切都提出了一个关于柏拉图对话之地位的问题，因为，它们自身就是写下来的；下面我们会简要回到这个问题上来。

修辞是一种“通过言辞”引领灵魂的技艺(261a8)。通俗的修辞不是一种技艺,只是一种说服的窍门。高妙的修辞需要哲学;不过,哲学需要修辞吗?哲学话语——比如“苏格拉底对话”这种典范——为什么必须得与修辞发生关联?《斐德若》指向的有趣想法是,所有话语都是修辞性的,即便说话的人仅仅是在试图传达真实——实际上,真实的修辞就是传达真实的技艺(注意277e5－278b4处话语讨论的广阔涉及面)。无论何时、无论何地,只要说话,就有修辞(261d10－e4及其前后)。即便你不能肯定什么是真实,即便你是独自通过一些东西在思考——就是说自己和自己在内心对话——话语和说服都是在的。[①] 当然,哲人会质疑下述这种主张,即认为自己应该说服别人相信些什么;不过,《斐德若》暗示,这种质疑也是达到有保证的说服之过程的一部分,而且难免把一方面哲人的“说服能力”与另一方面其主张的真实性(或谬误性)混合起来。无论如何,说服都是避免不了的,所以,修辞也避免不了——当然,有保证的说服与无保证的说服之间的区别问题也避免不了。自我欺骗的可能性一直存在(正如苏格拉底在这里暗示并在《克拉底鲁》428d所注意到的)。自我欺骗是哲人首要担心的一个问题;它也总是一个“通过言辞引领灵魂”的问题,甚至在灵魂自我引领(或用对话先前在245e的一个说法:自我驱动)的情况下也是如此。[②]

从《斐德若》来看,《高尔吉亚》的那种看法也很清楚了:(通

---

① 在《智术师》(263e)和《泰阿泰德》(189e)中,柏拉图将思考定义为灵魂和自己的对话。

② 关于这一点的进一步讨论,包括自我欺骗问题如何基于《斐德若》的“认错辞”这篇讲辞,参C. Griswold,《柏拉图〈斐德若〉中的自我认识》(*Self-knowledge in Plato's Phaedrus*,Pennsylvania State University Press,1996),页172－173,199。

俗的)修辞与哲学——或如我们可以说的那样:非哲学性修辞与哲学性修辞——之间的斗争,是一场不同的整全性总体观念之间的斗争。《斐德若》中的"伟大讲辞"或认错辞,阐明了哲学性修辞(或简言之、哲学)方案建基其上的那些观点的特征和范围。这篇讲辞明显收回了一种不支持那些观点的总体观念;日常修辞运作在一种非常不同的道德、形而上学、灵魂论及知识论世界中。一个有趣的事实是,柏拉图运用了某些诗的元素(比如神话、寓言、比喻、形象)来描绘这些总体观念之间的冲突。

2. 《斐德若》中的诵诗人、灵感和诗

诗自身就是一种说服性话语或修辞,这一点已经提到过了。所以读到下面这里就不用吃惊:苏格拉底对诵诗人提出了指控,理由是他们诵读那些言辞时"既不质疑也不解释",这些言辞"仅仅用于制造信念"(277e8—9)。这一点回响着《伊翁》中的指控,说诵诗人不知道他们说的是什么。但是,又如何来理解激发出诗人和诵诗人灵感的那一依据(rationale)呢?

灵感在《斐德若》中被提到了无数次。几乎从对话一开始(228b),灵感和其他提到的种种概念——酒神的癫狂、疯狂、迷狂——就被反复运用,与斐德若所谓的对吕西阿斯的文本来了灵感的背诵(234d1—6)联系在一起,也激发了苏格拉底两次发言的灵感(237a7—b1,262d2—6,263d1—3)。这些地方无一例外都不太严肃,甚至有时还很搞笑。更为严肃的是区分日常的疯狂和神圣的疯狂,为更高级的神圣疯狂做辩护——苏格拉底的第二篇讲辞正为此而着手。特别是,苏格拉底着手表明,爱或爱欲的疯狂"是诸神赋予我们的,为了让我们获得最大的幸运"(245b4—6)。这一点首先是注意到三种疯狂已经被接受的情况下才得出来的:预言家的疯狂,某种洁净性或净化性的宗教仪式的疯狂,

以及由缪斯所赋予的第三种疯狂，这种疯狂让其拥有者走向诗(244c—245a)。如已注意到的，这开始显得在为某种(受灵感激发的)诗恢复声誉。

然而，当苏格拉底稍后为各种生活方式划分等级的时候，诗人(和那些与 *mimesis* 有任何关系的人一道)在九等中低居第六，位于喜欢理财持家的人、买卖人、医生和预言家之后(248e1—2)！诗人仅仅位于体力劳动者、智术师、僭主之前。哲人位居第一，同时，划分等级的标准涉及到关于真实的知识水平，这些知识关涉于灵魂能够懂得的那些理形或形式。这种生活方式的高低秩序，简直难说是在为诗人恢复声誉。《斐德若》悄然地维持着对诗的批评，也(不那么悄然地)维持着对修辞的批评。

六、作为修辞和诗的柏拉图对话

柏拉图基于书写是一种有缺陷的修辞形式这一理由而对书写提出的批评，本身就是写出来的。当然，他笔下的苏格拉底并不知道自己是在一个写下来的对话这一语境中“言谈着”；不过，读者马上就感觉到了这个困惑。这一批评适用于对话自身么？如果不，对话是完全逃脱了批评，还是部分满足这一批评(比“活生生的”谈话要低一级，但不会受到苏格拉底的全力攻击)？学者们对这些著名问题争论不休。①

一般都同意，柏拉图完善——或许甚至发明——了一种新的话语形式。柏拉图的对话是一种新型的修辞，很难相信，它完全没有反映出柏拉图笔下苏格拉底口中的书写批评所做出的回

① 关于一些讨论和参考文献，参 C. Griswold，《柏拉图〈斐德若〉中的自我认识》，前揭，第6章。

应——是否成功是另外一个问题。

柏拉图非凡的哲学修辞整合了诗的元素。最明显的是，他的对话性戏剧，具有若干与多数悲剧和喜剧相同的形式特征（例如，运用作者性反讽，情节、场景的重要性，单个人物角色，以及剧中人物之间的相互作用）。没有一个叫“柏拉图”的人物在他的文本中说了半个字。他的作品也讲述了许多神话故事，作品中那些形象的语言、比喻、寓言，以及借用的音律和节奏，闪亮而耀眼。事实上，当在《王制》中建立言辞中的城邦时，苏格拉底就称自己是一个讲故事（神话）的人（376d9—10，501e4—5）。在很多意义上，都可以说对话是虚构的作品；没有一篇是如柏拉图所展示的那样实际发生过的，有几篇对话根本就不可能发生，有些对话则包含着从未存在过的人物。这些对话都是想象中的言谈，是对某些种类的哲学谈话的模仿。无疑，对话吁请读者在各种各样的人物身上发现他（她）自己，在此意义上与人物达成共识，即便同时也关注着那些论证、交流和言辞。柏拉图的解读者们常常提到其著作的“文学”维度，或者干脆将他的著作视为一种哲学性的文学类型。正是这些使柏拉图挪用了诗的元素的东西，再次成了人们长久聚讼纷纭的对象。①

这里，提及下述这点就足够了：柏拉图关于对诗和修辞的批评的最终看法，并没有在对话中说出来，而是体现在了他使之臻于完善的对话这一书写形式之中。

（张文涛 译）

① 关于一些讨论和参考文献，参前面注 5 中提到的著作。

古老的纷争：
《王制》卷十中苏格拉底对诗的批评

辛奈柯(Herman L. Sinaiko)

柏拉图的对话尤其《王制》对艺术和诗的讨论，是西方哲学传统中对艺术和诗最古老的系统处理。美学和诗学这些我们所理解的哲学分支，始于这些讨论。然而，《王制》关于艺术所表达的意见，所发展的立场，受到了每一个思考过这些东西的重要哲学家的拒绝和批判，少有例外。如今，大量的学术文献都在解释柏拉图可能怎样持有着这些看法。简单地说，柏拉图似乎拒绝所有的艺术和诗，认为它们不真实，具有道德上的腐蚀性——这是一个让从亚里士多德一直到现在的无数哲学家、艺术家、批评家和普通读者都极为反感的立场。但是，柏拉图对艺术和诗的拒绝颇为吊诡，因为，他自己就是一个完美的艺术家；《王制》这篇包含着对诗之批评的对话，本身就是一首杰出的诗。

我的目的就是对这些流言和吊诡作出解释。更具体而言，我将审视《王制》卷十中的两个紧密相关的部分：整篇对话以之结束的伊尔神话(the myth of Er)，以及出现于数页之前的对诗的批评。

一、伊尔神话

苏格拉底讲述了伊尔神话,作为他同格劳孔、阿德曼托斯以及待在克法洛斯家里的其他人之间讨论的收尾。神话叙述了一位叫伊尔的人的经历,他死于一场战斗,却在十二天后重新活了过来,其时,他的身体正躺在火葬的柴堆上。伊尔的故事可分为三个部分:死后灵魂的审判、宇宙的图景以及灵魂对来世生活的选择。

在神话的第一部分,伊尔描述了一幅在一个"神秘的地方"发生着的场景,在那里,所有刚死不久的灵魂前来接受审判。那些一辈子安分守己的灵魂得到了在天堂过一千年幸福日子的奖赏;而那些为非作歹者则被罚受一千年地狱生活的折磨。此外,新近死者不断地到来、受审和离开,也有其他灵魂潮流般地鱼贯而至,这些灵魂要么结束了一千年天上或地下的留居,要么还从未生为一个活物的身体。这些别的灵魂与新近死者的灵魂汇聚在一起,有几天的时间互相交流经验,直到他们开始上路。

离开时,灵魂必须穿过一个口子,在那里,任何"罪不容赦"者将不被允许出去。这些罪大恶极的灵魂,大多数在前世曾是僭主,一些可怕的生灵抓住他们并将之扔进地狱的深渊,大概他们要遭受永恒的折磨吧。神话的这一部分与基督教的最后审判有着惊人的相似性。我谈及这一相似性只是要提醒一点:柏拉图生活的年代比耶稣早四个多世纪,虽然基督教可能与柏拉图有千丝万缕的联系,但柏拉图可是与基督教了无干系。

神话第二部分描述了灵魂五天的旅程,行程结束时他们来到一个地方,在此被特许观看一幅复杂的宇宙图景。伊尔对时空宇宙的描述颇令人困惑,他将之比作一个结构复杂的纺锤体,不同厚度和颜色的同心球体以不同的速度旋转着。我不准备讨论球体之间数字关系的意义——部分因为这太技术化了，但主要原因是我个人并不十分确定它们所具有的意义。对那些感兴趣的人，我想推荐布卢姆堡夫（R. S. Brumbaugh）在其《柏拉图的数学想象》一书中所作的分析。布卢姆堡夫对神话这一部分的解释可能对也可能错，但他坚持数学细节的意义，这一点无疑是对的。稍后我将更多地谈到神话这部分的一般性意义。

神话的第三即最后部分，也是整个《王制》的结论部分，描述了灵魂选择来世想过的生活的过程。一开始，他们拈阄决定选择的顺序。然后，他们一个接一个地游荡于放在地上的难以计数的小纸片之间，每一片儿都写上了整个一生的生活。当每位都自由地选择了一种生活后，三位命运女神就认可他们的选择。此后的行程是穿过一片干涸而荒芜的平原，勒塞或者奥布里翁，接着每一个灵魂将喝忘川之水。在灵魂到达最初审判地后的第十二天午夜，当他们全都睡着以后，一声惊雷伴随着地动天摇，如同流星四射一般，灵魂被抛起并撒向他们命定出生的时间和地点。伊尔说，他突然醒过来，并发现自己躺在黎明的火葬柴堆上。苏格拉底告诫格劳孔要严肃看待这个故事，并就此结束了对话。

关于这个故事，我想提三个问题：为什么它竟出现在一个对话当中，而且，更有甚者，为什么它位于一个对话的结尾？这故事到底在讲什么？还有，为什么要用神话形式来讲？虽然每一问题都与整个神话有关，在探究它们时我还是要强调故事的几个部分各有不同。

神话结束时，伊尔在黎明的火葬柴堆上醒来，而对话也在稍后结束，当时苏格拉底告诉格劳孔，如果他们全都相信他所说的，“咱们就能得到救度”。不难想象，这伙待在克法洛斯家里的讨论者们,在结束了漫长的对话之后,站起来,伸伸懒腰,就又各干其事去了。

当初,苏格拉底与格劳孔来到克法洛斯的家里,许诺将一起吃晚饭并观看马背上的火炬接力赛——火炬从一只手传到另一只手——以消磨夜晚的时光。实际上,他们从未坐下来吃晚饭,也从未去看火炬接力赛,但在卷一的谈话中他们享用了一份无与伦比的三道菜的盛宴,而他们有幸目睹、并与格劳孔和阿德曼托斯这两位从头至尾参与对话的有才华的年轻人一样,参与了一次更有竞争性的对话。

我们既知《王制》这部作品的长度,那么,设想讨论经历了一整夜并不牵强,而且与伊尔神话一样,对话也在黎明时结束了,这或明或暗地意味着,对话与伊尔神话之间存在某种对应关系。《王制》在傍晚、白昼的尽头开场,终结于下一天的开始;同样,神话开始于一个人生命的终结,结束于一个人来世生命的开端。

在对话的开端和结尾之间还有另一特别的关联。《王制》开始于一次远足,格劳孔和苏格拉底前往比雷埃夫斯港观看一个宗教节日。关于正义的讨论发端于苏格拉底同老人克法洛斯的简短交谈。这个宗教节日是居民用来庆祝他们所信仰的神灵和世界的。当克法洛斯离开有关正义的讨论去参加宗教仪式,他就远离了对知识的寻求,重新回到了世俗信仰的领域。富有戏剧性的说法是,《王制》开篇的几页强烈地暗示出,在业已被接受的民众信仰与由哲人的活动所体现的对真理的不倦追问之间,存在着敌对性的紧张。这一点正是柏拉图著作的一般主题。

柏拉图是一位极其出色的哲人,更是一位出色的艺术家,他只是间接地通过戏剧性场景就在《王制》中提出了如此重要的问题。这样,在卷五中,苏格拉底借反对人们的信念或意见这种形象来定义他的哲人。事实上,苏格拉底定义的是他自己的生活方式，而这恰与《王制》中由克法洛斯最生动地体现的生活类型相对。尽管对话一开始，苏格拉底与克法洛斯相互之间显得十分友好和敬重，但在根本上他们并不是一路人。

至于他们之间差异的更重要的证明，可以想一下也在卷五加以讨论的自相矛盾的第二次浪潮。当苏格拉底解释他所谓一个正义城邦的卫士需要共享他们的妇人和孩子这一说法的含义时，他清楚地指出妇人和孩子是私有财产的范例。他真正要论证的是卫士放弃私有财产的状况，因为拥有财产与对卫士完全的公正与和睦的要求不一致。坦率地说，苏格拉底是在断言金钱与正义实乃水火不容——只能二中取一。

苏格拉底并非对话中第一个谈论正义与财产之关系的人。正义问题在卷一就提出来了，当时苏格拉底问克法洛斯，在他看来拥有万贯家财最大的好处是什么？克法洛斯的回答有些惊人。他说，钱财能使人正直。这与卷五中苏格拉底自己对钱财与正义之关系的解释截然相反。要是我们只有《王制》的前五卷，当看到在由苏格拉底和克法洛斯所代表的两种生活方式之间的深刻对立后，我们可能就会认为自己发现了关于柏拉图的哲学概念以及这一概念与世俗意见之关系的极有意义的东西。这可能意义重大，但仅仅是半个真理。从整个《王制》来看，我们知道在伊尔神话中，苏格拉底讲的那个故事的第一部分，与克法洛斯在卷一中说起一个老人在面对死亡的恐惧时所说的那个人死后的故事，惊人地相似。从卷二到卷九，苏格拉底对正义的探究看来基本上拒斥了克法洛斯所坚持的每样东西。但恰恰在卷十的结尾，苏格拉底又部分地回到了克法洛斯的立场，证实了老人信仰的主要部分，即个体生命死后的审判伴随着奖赏和惩罚。

毫无疑问，《王制》是曾经写就的书中最为非传统、甚至是反传统的著作。然而，从卷二到卷九对正义所作的根本的和非传统的分析,却是由开头和结尾那些看来恰恰证实了著作主体部分所拒斥的信仰的段落所构成。那么,这里就是对如下这类问题的基本回答,即:为什么伊尔神话出现在《王制》中,并且刚好在结尾时出现。

根据卷一以及其后从卷二到卷九对正义的探讨,可以把克法洛斯看成是正派、世俗但狭隘而固执的正义观的典型。克法洛斯及其所代表的一切都需要被拒绝和超越,假如正义的真正本质能够确证的话。此外,卷一作为一个整体已然完整。克法洛斯、玻勒马库斯以及特拉叙马库斯的正义概念都已得到展示,但却不足以澄清正义的本质。直到卷二,当格劳孔和阿德曼托斯挑战苏格拉底,迫使他对正义的内在价值提出充分的辩护,严肃的讨论才得以开始。苏格拉底在卷二到卷九中回应了挑战。在卷九结束时,两个聪明的年轻人都表示愿意接受苏格拉底的解释,即正义的生活比不义的生活具有根本的优越性。

然而,《王制》没有在卷九结束;它继续在卷十中重新审视诗,接着讨论了灵魂的不朽,最后是伊尔神话。若卷十可以看成是全书主体论辩部分一个附录,是对前述九卷仍待处理之问题的一个总括的话,一个必然的推断就是,柏拉图是一个草率马虎的作者,他无力将自己想说的每样东西都放到主体论辩部分中去。

某种更世故的观点认为,卷十类似于卷一,后者附有与克法洛斯、玻勒马库斯以及特拉叙马库斯之间的简短讨论,其中与正义有关的全方位问题对读者而言并不陌生。依据任何一种关于正义的结论,卷一都是不充分的,但作为讨论正义的一个引言,它则几乎完美无缺。那么与卷一作比,卷十可以看作是《王制》的结论。它不是要完成正式的论证——卷九已经完成了;而是要完成关于正义的讨论,并处理那些确实未曾作为论证的一个部分、但对于完整理解正义又必不可少的论题。

由于苏格拉底在卷二到卷九中对正义之于不义的内在优越性所做的论述,并未穷尽正义的主题,他坚持把讨论延伸到卷十的结论部分。这些要求进一步讨论的主题是什么?我相信,它们在卷一中已经被发现,因为那正是正义问题首次被探讨的地方。在克法洛斯与伊尔神话之间,对话的开头与结尾之间那种诗的和戏剧的关系,暗示了克法洛斯包含正义某些因素的论述在卷二到卷九中未得到充分地处理,因而需要进一步做些解释。

苏格拉底在卷一中迅速驳倒了克法洛斯的正义观,即"诚实和有债必还"(331c)。《王制》的主要卷次都把克法洛斯的整个生活方式视为最可能与正当的生活方式相对立者,那么,在克法洛斯的论述中,是什么导致苏格拉底在伊尔神话中重新考虑这位老人的观点?

首先是克法洛斯正义概念的位置。玻勒马库斯把正义定义为"帮助朋友和打击敌人"(332d),这样他就把正义放进了人际关系的领域。相反,特拉叙马库斯把正义定义为"强者的利益"(338c)。当他解释他以为的强者统治弱者服从时,很明显,他认为正义首先是一个政治规则。在《王制》的主体部分,苏格拉底对这两种正义向度给予了高度重视——人际的和政治的。

尽管重要,这两种正义向度却都是派生的,两者都没有触及问题的核心。在最深刻的意义上,正如苏格拉底在卷二到卷九中详加解释的那样,正义首先是一个个体灵魂的内在品质问题。卷一的三个对话者中,唯有克法洛斯看到并说出了正义最有意义的部分。在《王制》的主体论证中,已有某些迹象表明克法洛斯不是可以随便打发掉的。克法洛斯可能固执己见并且头脑混乱,他的整个生活方式可能与苏格拉底及其年轻友人的哲学努力背道而驰,但是,他简短的论述却比玻勒马库斯或特拉叙马库斯更接近正义的真实特征。三人当中,唯有克法洛斯说到了个体的人,而不是个体的人与其他正义或不义的个人、或与共同体的关系。从《王制》前面九卷看,克法洛斯都显得含混暧昧。他无望地陷入错误,在关于正义的严肃讨论能够发生之前,已不得不离开了。但正如苏格拉底洞察到的那样,他比对话中的任何一个人都更接近真理。

克法洛斯在卷一的论述中的第二个主题,在第二到九卷中并未给予应得的说明。作为一位行将就木的老人,克法洛斯深切地关怀死后将要发生的事情。更普通的说法是,克法洛斯关怀人的命运——人类整个生命的意义和价值。但在另一意义上,克法洛斯对知识漠不关心。面对其不日将至的死亡,他没有时间坐下来谈论生命的意义——这是年轻人的专利。克法洛斯面对他自己必死的残酷事实,这个事实要求的是行动,而非言辞。因此,克法洛斯一离开谈话现场,几乎立刻就回到献祭的地方去了。

苏格拉底与其他人则留下来谈了个通宵。黎明时分,苏格拉底以伊尔神话结束了谈话。事实上,苏格拉底告诉格劳孔和其他人,老克法洛斯是对的。不管他们喜不喜欢,他们都有一个命运。总有一天,每个人都将为自己生活的正义或不义而受到判决。要为这一刻作准备,仅仅谈论正义是不够的;所有人都需要过一种正义的生活。

如果我们把神话当作一个关于人的命运的陈述,一个在结束了有关正义本质的漫长而复杂的分析后做出的陈述,或许如苏格拉底所言,“咱们也能得到救度”。但是,关于人的命运,神话明确告诉我们的究竟是什么?在灵魂的经历中有两个重大时刻,分别是带有奖惩的死后审判,和对来世生活的选择。第一个时刻灵魂完全是被动的。显然,这里并没有一个正规的法律程序，灵魂可藉之为自己辩护、乞求减轻对他们的判决，或者完全逃避惩罚。每一个人看来都按照一种非个人的、客观的标准接受审判。那被考虑在内的是灵魂死时的状况，一种为灵魂的整个在世生活所决定的状况。相反，除了在机运中存在某些暧昧不明的因素外，对来世生活的选择则几乎完全自由。只是在选择做出以后，当命运女神认可了灵魂的抉择，必然性才开始登场。

独立于故事中两个重大时刻——对过去的不可避免的审判以及对未来的自由选择——是一段特别的情节，其中伊尔描述了一幅宇宙图景。为什么这一图景被包含在神话中，它的目的是什么？它与神话的基本主题、人类命运的主题有何关联？在尝试对这些问题做简略回答之前，我需要先给出三点说明。

第一个与从神话到克法洛斯的关系有关。我认为，在死后审判的场景中，苏格拉底回到了克法洛斯的立场，并证实了老人对人类命运之现实性的信念。然而，克法洛斯自己仅仅关心人类命运的一个部分——即只关心审判及其随后的奖赏或惩罚。当苏格拉底将神话继续讲到最终审判之后时，他似乎暗示克法洛斯的命运观念是狭隘和片面的。当伊尔离开审判地，启程前往他看到宇宙图景和观看灵魂选择来世生活的地方时，神话把握到的命运面相完全超出了克法洛斯的视野。

如果在神话与《王制》之间存在平行关系，如我先前所说，我们就必须在对话的主体部分找到与神话后两部分相对应者。与对话一样，神话在带有死后审判故事的世俗意见领域中开场。如对话一样，神话很快就离开了这个领域。这种平行意味着，人类命运的一个方面——最后审判以及对在世行为的报偿，对那些有信仰或者相信世俗意见的人是可见的；但人类命运的另外一面，或许是更加重要的一面，则只有那些从事哲学的人才能够洞悉。

我要说的第二点是宇宙的图景,由于对神话的现代讨论常常是一种错误的解释,这一点变得必不可少。虽然没有文本的支持,一些现代注释者仍然会说,伊尔看到的不是宇宙,而是一个运转中的度量模型。这种特殊误读的理由是,伊尔描述了一系列旋转的同心光簇,似乎他是在从上面向下俯视宇宙,现代注释者说,这是不可能的,因为神话中的宇宙是由一系列同心球体组成。如果伊尔观看它们,他将只能看到最外面球体的外表面,因此他描述的必定是一个剖面模型,有几分像透明的自动机械的运转模型,能够在科技展览会或电视广告上看到。对伊尔宇宙图景的这种解读,产生了一种越出文段的粗疏且拘泥于字面的意义。但我们会很快看到,这种解读是通过破坏神话的意义来达到的。

这就引出了有关伊尔所目历的第三点说明。如果我把伊尔的叙说看成一幅物理宇宙的图景不错的话,整个叙说都需要解释。只要略加思索就能够明白,伊尔的描绘,不管是宇宙还是宇宙的模型,都不能按苏格拉底陈述的字面意思来理解。伊尔和神话中的其他形象都不是活着的人,有身体又有灵魂。他们是未被赋形的灵魂。即使我们暂时把对未赋形灵魂的怀疑放在一边,显而易见的是,就算他们存在,也不能像我们那样观看、聆听和叙说。倘若伊尔以及其他灵魂“看到”了宇宙,他们也不是用肉眼而必是用灵魂之眼来看的。神话所用的语词根本上都是隐喻,它借用平常意义上的经验语言来描述既不平常也不可感的经验。

在对话中,这已不是苏格拉底首次用经验意义的语言描述根本上非感觉性的事情。我想谈谈卷六结尾处和卷七开始时的太阳喻。这个太阳喻有三个部分:太阳与善之间的相似、分线图和洞穴比喻。苏格拉底的语言在所有这三个部分都是隐喻性的。善的理念在任何字面的意义上都与太阳毫无相似之处，通过几何图形充分描绘的现实结构也是如此，灵魂的教育也并不与从黑暗的洞穴到外面的阳光之下的行程有真正的相似之处。

太阳喻中字面的和感觉的术语需要转译为非感觉的、理智的概念；没有人会认真地按照字面来把握它。同样，整个伊尔神话都需要这种转译。太阳喻使用隐喻性语言，这样，倘若我们说伊尔以灵魂之眼看到了宇宙的话，再明显的矛盾也消失了。神话中的不一致并非苏格拉底无力构思一个连贯故事的明证，而恰恰体现了他为指明理解神话的正途所做的深谋远虑的安排。

此刻，我想我们有了充分的准备来尝试回答为什么宇宙图景被纳入神话这一问题。紧接着这个图景的是对来世生活的选择。它设置了一个舞台，并为那个选择提供了背景。物理的世界——宇宙——是灵魂选择过来世生活的场所。但当他们做选择时，却并不在宇宙中；他们置身其外，向里观看。

置身于宇宙之外意味着什么？宇宙毕竟是一个完全属于时空的世界。宇宙之外可能并没有真正的所在。在这里，太阳喻仍然具有启发性，因为它基于存在与生成之间的区分。处于宇宙之外并不是在另外的地方，而是在另外的领域、存在的领域。通过把伊尔的宇宙描述纳入神话，苏格拉底讲清了如下事实：每一个灵魂对来世想要过的生活的选择，并非发生在特定的时间和地点，而是全然发生在时空之外。选择发生于存在领域，而非生成领域。

撇开这个超时间选择的枝节与暗示不管，对伊尔宇宙图景的全面理解，以及这一图景与灵魂对来世生活的选择之间的关系，在我看来，似乎都有赖于对太阳喻的先在理解。正是在这个比喻当中，苏格拉底清楚地阐明了存在与生成的概念以及它们的相互关系。然而,我们万不可假定,太阳喻陈述了苏格拉底最终的形而上学原则,而伊尔神话不过是这一原则在人类命运问题上的运用而已。

苏格拉底引入太阳喻,主要是为了帮助格劳孔和阿德曼托斯确立判定正义与不义生活各自功过的根据。在《王制》的论证中,太阳喻是苏格拉底对第一原则所做的主要阐述,也是整个论证结构的中心。从卷二到卷九,正是苏格拉底不仅详细阐释了正义以及正义城邦的本质,而且逐步把他的对话人引向了第一原则,即统治整个现实的原则。

苏格拉底在卷六结尾和卷七开头叙述了那些第一原则后,往下的讨论就主要是那些原则在与正义相关的诸多问题上的应用了。卷九的讨论成功地得出了如下结论:当依据上述原则对比僭主的生活与哲学的生活时,哲学生活固有的优越性不言自明。这样,在太阳喻中对第一原则的阐明就足以应对格劳孔和阿德曼托斯的挑战了,可是没有理由假定它也足以解决克法洛斯提出的人类命运的大问题。

相反,我想指出,伊尔神话暗示了有必要重思太阳喻中给出的对这些原则的阐明。太阳喻和伊尔神话对存在和生成的解释出于不同的视角。在太阳喻中,总是从生成的视角来看存在。对善的理念的描述依据与太阳的类比。分线下面两截可感事物之间的关系则被用于阐释上面两截纯粹理智的事物之间的关系。洞穴喻中,人的整个一生被看作从无知迈向有知——即从生成到存在。另一方面,在伊尔神话中,视角正好颠倒过来了:未赋形的灵魂从存在的视角看生成。如果视角的差异尚可互相补足的话,它们之间却仍有至关紧要的差别。对纯粹理智的问题,知识的问题来说,太阳喻所提供的视角已经足够了。

卷二中,格劳孔和阿德曼托斯明确说过,他们是品行端正的青年，没有过不义生活的打算。他们意欲从苏格拉底那里得到的是，在知识上确证他们的观念，正义地生活是好的。因此，在选择的时刻，那一刻我们每个人决定我们自己的命运更好或更糟，意见和信仰都不再管用；我们需要的乃是确定的知识。这把我带到了神话的第三也就是最后部分的描述：灵魂如何选择未来的生活。

除了决定选择次序、凭靠运气摇出的签儿而外，每个灵魂选择任何一种生活都完全自主。这种自由给他自己带来的负担；因为每个灵魂都随愿地自主抉择，他也就要为自己的抉择负全责。

苏格拉底强调偶然因素的真实性，但他似乎又故意弱化其意义。伊尔讲述了第一个选择的灵魂，他最幸运，却做出了可能是最糟糕的选择：选了一个命定要吞噬自己孩子的僭主生活。奥德修斯，他的签是最后一个，算最不幸的了，选择了寂寂无名的生活。据已知的人世本相，这倒可能是最好的选择，因为它为奥德修斯的来世提供了过哲学生活的机会。

从伊尔的阐述来看，似乎每个人在他或她的生命开始之前，已经预先注定了某个特别的命运。这看来就是神话想要讲述的东西，但神话的这个部分，也包括其他部分，一些细节仍需解释。在宇宙之外的背景中发生的选择意味着，人对生活的选择并非发生在某个特定的时间中，而是超时间的，是完全在时间之外做出的选择。那么，这一选择也并非严格地发生在出生前。像伊尔那样将之作为出生前的事情来谈论不过是隐喻的说法。可要是选择并不出现于任何给定的时间，那它什么时候发生？答案就是，作为永恒的选择，它存在于一切时间中。

我们生命中的每一刻，照神话说，都是一个我们自由地决定我们自身命运的抉择时刻。的确，我们是受限于时间的生灵。

我们在某个特定的时刻出生,活过有限的时间,然后死去。但我们生存的时间性维度并非我们生存的全部维度。我们生活在生成的领域中,但在根本上,我们的生命指向存在的领域。我们时时刻刻为我们想过的那类生活所做的选择,决定了我们的存在,而非生成。在五分钟里,或者明天,或者明年,或者在属于我们生存之时间维度的终结点上,会有什么发生在我们身上呢?发生在我们身上的不是一种简单的个人选择。根据神话,我们所选择的、自主选择的,是我们将要成为哪种类型的人。

我们整个一生都在不断地做出选择。我们所做的每一个选择——而我们在生命的每一时刻都在选择——决定着那向我们开放的下一时刻的可能性范围。克法洛斯自由地离开讨论现场为的是参加祭献,这样就隔断了他聆听苏格拉底如下解说的可能性:太阳喻中呈现的存在之本质以及伊尔神话中呈现的对人类命运的最后陈述。其他人留下来谈论、倾听和学习。在另一些事情上他们了解到,克法洛斯在对命运的关怀上是对的。但克法洛斯隐而不显,甚或不易察觉的对哲学的拒斥,也使他与那条至少能够让人们期望理智地抉择其命运的道路擦身而过。

我想提出的最后一个问题与神话的形式有关。要是我在上述相当粗略的解释中刚好触及过这一点,那么我想可以顺理成章地问,为什么苏格拉底不直截了当地说出他对人类命运的所思所想。他为什么选择用一个神话来隐喻地表达自己?如果有人不是对神话而是对太阳喻提出这个问题,就会看到对这个问题的部分回答。

通过太阳喻表达的存在概念是被隐喻地说出来的,因为除此而外别无他法。理念领域永恒不变,但生成领域中,万事万物变动不居、转瞬即逝。所有短暂、变易的事物都是永恒理念的影像或映象。它们乃指向理念之路标。

语言——我们用来与他人交流的字词、声音和概念——比我们这生成世界中任何其他的东西更加短暂和易变。语言可以用来指出另一个永恒存在的世界，却无法逐字逐句地表达其本质。这样，根据苏格拉底的存在概念，有关事物最终本质的谈论都不可能是字面上的，最好的情况下也必定具有隐喻性。但这种特性并非言谈所独有——一切生成都是存在的隐喻。

苏格拉底理智诚实的标志就在于，他从未试图把对存在显而易见的字面解说指给对话者以欺蒙他们。但仍不清楚的是，为什么对伊尔神话体现出的人类状况的理解要通过神话或诗的形式来表达。因而，要充分领会伊尔神话，我们就得把其哲学内容与其诗的形式放在一起考虑。既然苏格拉底自己开始讲伊尔神话时，已在卷十开头对诗做了系统批评，看来我们理所当然地要考虑考虑那些较早的段落。

二、对诗的批评

《王制》卷五、六、七提出了哲学的本性和对护卫者进行充分哲学教育的要求，在这三卷宏大的离题之后，苏格拉底在卷八和卷九转向了正义城邦和正义个人由于政治性和个体性的不义而导致的逐渐衰退。到卷九末尾，他已经描述了不义的种种形式，给出了三个清楚的论证，每一个都似乎确凿地证明了，僭政、不义的终极形式，内在地比正义低等。

在这里，苏格拉底已经成功地回应了格劳孔和阿德曼托斯在卷二开始时提出的挑战。读者们设想，对话在这里就要结束了，可令人吃惊的是，对话又开始了新的一卷。苏格拉底这样来开始第十卷：他出人意料地宣称，他和他的对话者们在前面完全正确地描述了美好城邦的组织方式——尤其是卷二和卷三就诗方面进行的讨论。进而,苏格拉底对诗给出了一种新的批评,这种批评甚至比他在前面所做的更激烈。

卷二和卷三的论述以如下发现作结:诗太具重要性,所以不能将其留在诗人手中,而且,荷马和其他传统诗人的诗中那些惹人不快的段落需要仔细审查,以便适宜于年轻人的正当教育。在卷十中,苏格拉底可没这么温和了。他说,所有模仿诗都具有欺骗性和腐蚀性,都应该在正义城邦中禁止。接下来是一段关于灵魂不死的简短且远不充分的论证。苏格拉底最后以讲述伊尔神话作结。结果,人死以后,正义的生活会获得报偿,不义的生活会得到惩罚,好人会享受到天上的喜乐,坏人则会遭受地狱中火和硫磺的折磨。

因此,卷十对诗的讨论似乎是在主要的论证完成之后武断地附加到对话上的,随后跟着一个关于灵魂不死的难以服人的论证,以及一个关于死后的神话,这个神话似乎削弱了卷二至卷九的整个论证。如果我们也像根据人所在的群体来判断人一样对论证进行判断,那么,卷十对诗的攻击就不是非常有说服力。

但是,在我们否弃苏格拉底的论证之前,且更切近地看看他对诗都说了些什么。这部分可分为三个段落。首先是对模仿之本质的分析,主要基于卷六中分线比喻所发展出来的理念理论。苏格拉底说,原初的事物、真正的事物——即理念——是神造的。工匠(人)复制了理念,这种模仿物又转而被艺术家所复制。在这第一部分论证中,艺术家是作为模仿物的生产者出现的,这是一种类似其他工匠的工匠,只不过有个重要区别:从木料中造出床的木匠模仿的是神所造的真实、真正的床,但是,艺术家模仿的是木匠所造的床。艺术家造的床不能实实在在地供人睡觉,他只是生产出了木匠的床的外观。于是,该受责备的并非艺术的模仿特性,而是它双重地远离了真实。艺术家创造幻象。

苏格拉底从艺术作品转到它们的制造者，谈到了下面这种说法，说诗人和艺术家“知道一切技艺，知道一切与善恶有关的人事，还知道神事。须知，一般人是这样想的：一个优秀的诗人要正确地描述事物，就必须用知识去创造，否则是不行的”(598e)。苏格拉底认为，如果诗人真的知道所有的技艺和人事，他就会自己生产出范例来，而非仅仅赞颂别人做的事。毕竟，他说，人们把什么发明归给了荷马？他是哪一个城邦的立法者？他打赢了哪一仗？如果他知道人们声称他知道的那些东西，那么，在他的一生中，人们就该抢着要他住在他们的城邦中，而不是让他在希腊到处游荡，无家可归。

苏格拉底问道，就算荷马有技艺，他到底有什么技艺呢。苏格拉底认为，对每一个对象来说都有三种不同的技艺：使用者的技艺，制造者的技艺，模仿者的技艺。比如，骑马的人知道马缰及如何使用它，这就是他的技艺。制造马缰的人并不拥有第一手知识，但在骑马的人给与他相关信息和指导的基础上，他足以知道如何制造马缰。他关于马缰的知识是第二手的，如果正确称呼，这就是意见。最后，还有艺术家，他模仿马缰制造者制造的马缰。他并不具备马缰制造者的“意见”，遑论骑马人的“知识”。事实上，关于马缰，模仿者不知道任何有意义的东西，除了马缰的外观。

在将艺术家完全归为无知者后，苏格拉底将注意力转到了听众上，探问艺术对他们产生的影响。这里，他依靠的是卷二、三、四所提出的关于灵魂三分的论析。他说，艺术述诸灵魂最低下的部分：激情，而激情的统治者是快乐和痛苦；而且，艺术之所以述诸我们身上这一卑贱的部分，乃因为它首先处理的就是本质上充满激情的人物和事件。一个有理性的人如果遭受了可怕的不幸，不会抽泣，不会哀嚎；他会控制自己的激情，在节制和得体中忍受自己的痛苦。然而,悲剧英雄不是有理性的人,他们捶打自己的胸膛,公开宣布自己的不幸,而一个审慎的人是耻于这样做的。不过,艺术不仅仅述诸我们灵魂的这些低下、激情的部分。苏格拉底认为,观看艺术作品,在想象中纵容我们脆弱的灵魂,我们就以牺牲灵魂更高、更有理性的部分为代价,强化了这些激情。结果,当面临需要自控、节制和审慎的场合时,我们就会发现很难自制,如果我们没有如此纵容,则要容易得多。

在全然拒绝了诗之后,苏格拉底总结了他的论述。到目前为止,他一直显得怒气冲冲、咄咄逼人,其口吻不容质疑,貌似神圣。奇怪的是,在总结时他忽然变成了退守者,充满辩护意味,语气也不那么肯定了。他说:

> 我们的申辩是:既然诗的特点是这样,我们当初把诗逐出我们的国家的确是有充分理由的。是论证的结果要求我们这样做。为了防止它怪我们简单粗暴,让我们再告诉它:哲学和诗的争吵古已有之……然而我们仍然申明:如果为娱乐而写作的诗歌和戏剧能有理由证明,一个管理良好的城邦需要它们,我们会很高兴接纳它们。因为我们自己也能感觉到它对我们的诱惑力。但是,背弃看来是真理的东西是有罪的。我的朋友,你说是这样吗?你自己没有感觉到它的诱惑力吗,尤其是当荷马本人在对你进行蛊惑的时候?(607b—d)

从这里我们可以得出什么结论?在深思熟虑、专制武断地重新引入诗的主题,从各种可能的角度攻击它卑劣可鄙之后,结果苏格拉底却暗中承认自己既简单又粗暴。他承认,就个人而言他并非不喜欢诗;是论证迫使他说那些诋毁之辞的。他也不相信自己的论证很有说服力。苏格拉底既愿意聆听任何反对之辞，也邀请那些不同意他立场的人站到前面来。

我们就站到前面来吧——不是为诗辩护，而是来问问苏格拉底。下面就是我们会向他提出的问题：苏格拉底，我们都糊涂了。我们认为你在卷九表明了正义本身就比不义好时，对话就结束了。就算你不得不继续讨论，为什么还要麻烦地拾起一个已经在卷二、三中讨论得相当长的论题？如果你打算重新思考一个前面处理过的主题，诗当然是一个奇怪的选择，因为前面对话中还有其他很多触及过但没有得到如此充分处理的题目，值得进一步考虑。但是，就算你必须再次谈论诗，你肯定应该说得更有道理，更让人信服吧？如果你觉得是在被迫说出那些关于诗的令人不快之辞，为什么你在自己论述的结尾又如此清楚地暗示，你自己并不相信这些言辞，关于诗可以说的还很多呢？如果哲学与诗之间真的有一场纷争，你肯定可以向我们比你已经做过的那样更充分地描述这场纷争。

我想，这就是要向苏格拉底讨教的一些问题。让我们从第一个、也是最大的一个问题开始：《王制》将一般而言卷十、具体而言关于诗的第二次讨论包含在内的根本原因是什么。要回答这个问题，我们必须简要回顾一下卷九。就在这卷末尾，在为正义讨论作结的时候，格劳孔对苏格拉底说："我知道合意的城邦你是指的我们在言辞中建立起来的那个城邦。但是我想这种城邦在地上是找不到的。"(592a)苏格拉底回答说："或许天上有它的一个原型，让凡是希望看见它的人能看到自己在那里定居下来。至于它是现在存在还是将来才能存在，都没关系。"(592b)这样一说，苏格拉底就坦白地承认了，他和他的对话者们一直在描述的完美城邦在这个世界上并不存在，也永远不可能存在——但不能实际存在其实无所谓。

如果正义城邦不存在、也不可能存在于这个世界,为什么苏格拉底和他的朋友们整个晚上都在谈论建立和维护这个城邦所要运用的各种机制和手段呢?苏格拉底间接作了解释。在卷十对诗的讨论过程中,苏格拉底反驳了艺术家是有智慧的人、不仅懂得也可以干任何事情这种声言,他说:“那么,如果一个人既能造被模仿的东西,又能造影像,你认为他真会热心献身于制造影像的工作,并以此作为自己最高的生活目标吗?”(599a)格劳孔回答说,“我不这样看”,苏格拉底继续说道:“我认为,如果他对自己模仿的事物真有知识的话,一定宁可献身于真的东西而不愿献身于模仿。他会热心于制造许多出色的真制品,留下来作为自己身后的纪念。他会宁愿成为一个受人歌颂的英雄,而不是一个歌颂英雄的诗人。”(599b)

苏格拉底语含蔑视明白无疑。但是,难道苏格拉底自己不就几乎完全处在了他所鄙视的诗人的位置上么?他不正是花了整晚时间在格劳孔和阿德曼托斯面前对正义城邦和正义的人大唱赞歌吗?[像苏格拉底问荷马一样,我们可以问,]苏格拉底建立起的城邦在哪里,订下的制度在哪里?或许,比起所有曾经生活过的人,苏格拉底花时间做得更多的是言谈,而非行动。但你们或许会反对,认为不能指责苏格拉底没能建立起正义的城邦,因为在这个世界上那种城邦只能存在于言辞中。我的观点准确地说是这样的:在和格劳孔及阿德曼托斯漫长的谈话过程中,在《王制》的整个谈话过程中,苏格拉底已经变成了一个诗人。

由此,卷十对诗的讨论反过来映照着卷二至卷九关于正义的整个讨论,并将这一讨论置于其恰切的语境中。不过,发现苏格拉底在关于正义的漫长讨论过程中已经变成了一个诗人,这并不解决问题;实际上,这还提出了一大堆未曾料到的困难。现在,我们得说应该将苏格拉底对诗、诗人、诗的影响的那些反对之辞，运用到他自己关于正义的诗性描述上吗？当然不可能。首先，苏格拉底小心翼翼，没有犯下他指责的荷马及其他诗人所犯的那些错误。他没有生产模仿的模仿。他所描绘的城邦不是对任何地上城邦的模仿，而是在言辞中对理念城邦的模仿，像木匠所模仿的理念之床一样，这理念城邦才是唯一真实的城邦。

其次，对诗的讨论证实了苏格拉底的智慧声言，尽管此点不能过于强调。格劳孔和阿德曼托斯要求苏格拉底拿出一个充分的论证，来为正义内在于不义的优越性做辩护，而苏格拉底也令人满意地做到了。我并不是说，苏格拉底对正义的辩护充分得完美无暇。一步一步地，苏格拉底逐渐发展出他关于正义城邦和正义个人的观念，格劳孔和阿德曼托斯完全有在任何一点上反对或不同意他的自由。如我们所知，在谈话过程中，他们也多次运用了这种反对的权利。每一次，苏格拉底都赢得了挑战，每一次，苏格拉底都能够向他们表明，他的观点是合理的。在《王制》中也有很多地方，格劳孔和阿德曼托斯本来可以反驳苏格拉底的，然而没有。苏格拉底自己表明了，他愿意接受任何批评和审视，他自己就对别人来来回回进行这种批评和审视，以便检验他们观念的有效性。因此，在这个意义上，苏格拉底声称有智慧，就与传统诗人所做的那种声言不同——他的声言是有效的。

最后，苏格拉底的诗产生的效果，恰恰与荷马及其他悲剧诗人的诗相反。苏格拉底没有述诸我们灵魂中的低下部分，我们的激情。从头至尾，他述诸我们的理性。进言之，通过让我们感到震惊和气愤，苏格拉底试图让我们参与到积极的理性思考中。这样，如果想要和他一起对话，我们就得有意识地压制自己更低的情感，在心智上达到苏格拉底的要求。敏锐阅读《王制》的结果，恰恰与敏锐阅读《伊利亚特》或《俄狄浦斯王》的结果相反。在苏格拉底看来，读了《伊利亚特》或悲剧之后，我们情感更强烈、理性更弱小了,但读了《王制》后,我们控制情感、运用理性的能力得到了极大锻炼。无论我们最后同不同意苏格拉底,情况都的确如此。

于是,问苏格拉底为什么在卷十重新引入诗的主题,其结果首先就是发现,苏格拉底在卷二至卷九关于正义的漫长谈论中,自己已经成了一个诗人。我们也发现,作为一个诗人,苏格拉底避开了传统诗人失足其中的那些陷阱。即便是诗人,他也不是一个像荷马那样无知而不负责任的诗人。苏格拉底是一个哲学诗人,他试图用言辞模仿的,不是这个生成世界中变动不居、瞬然而逝的事物,而是另一个存在世界中永恒不变、可以理知的事物。

但是,如果苏格拉底结果是个诗人,而且是个好诗人,他的哲人、而且是好哲人的身份,现在就有些问题了。因为显而易见的事实是,苏格拉底在卷十中关于诗的解释并不涵盖他自己这个例子。照他的说法,所有的诗都是坏的。没有好诗,也不可能有好诗,或有智慧的诗人。

苏格拉底只有以失去对他来说必定更有意义的作为一个哲人的声望为代价,来赢得他作为一个诗人的声望么?如我们现在可以料定的那样,答案也是否定的。这个装样子、要滑头的人,不得不让我们想起他攻击诗时的最后评论。当时他承认,他对诗是有些简单和粗暴了。他也承认,他提出的论证不能让自己信服,而且诗对他还产生了极大的吸引力。在我们最初看到时如此令人困惑的这一评论,现在开始变得有意义了。

应该说,卷十对诗的攻击并非无懈可击,不是因为它不对,而是因为它只有部分真理。现在我们看到,看上去是对所有诗的攻击,其实只是对某一部分诗的攻击。苏格拉底自己在卷二至卷九作为一个诗人的表演,迫使我们修正他关于诗的那些表面结论。现在,似乎存在两类互相对立的诗——一类是古老的、传统的、坏的诗,由荷马最充分地体现着,一类是新兴的、哲学的、好的诗,由苏格拉底的谈话、当然更由柏拉图的对话最充分地体现着。

从这点来看,我们的所有问题似乎都迎刃而解了。我们知道了为什么对诗的攻击被包含在了卷十中。我们看到,攻击诗时的论证与其结论性陈述在语调上的矛盾,也被化解了。我们已经抵达了一个关于诗的看似连贯一致的立足之地。但我们又遇到了一个新的问题,这绝对是迄今为止遇到过的最有意义、也最困难的一个问题。我指的是诗和哲学的真正关系这个问题。

你们会想起来,苏格拉底在他的总结性陈述中说,在诗和哲学之间有一个古老的纷争。这一评论如今需要修正,以便与我们如今对诗的新理解一致。或许,这一纷争并非存在于两种不同的活动、诗与哲学之间,而是存在于同一种活动——诗——的两个部分之间。这个纷争不存在于哲人苏格拉底和诗人荷马之间,而存在于苏格拉底这个好诗人或哲学诗人,与荷马这个坏诗人或无知诗人之间。

这一结论意味着,诗和哲学的真正关系实际上是《王制》的谈话过程中关于两者几乎所有明白说出来的东西的反面。《王制》一直假设的是,哲学、对智慧的追求,是一个无所不包、涵盖一切的词语。诗,与其他任何有意义的人类活动一样,要么可以被吸纳进哲学中,也就是说变得让人以哲学方式来尊敬,要么就被打发掉了。但现在,似乎不是哲学、而是诗成了统领性的词语,哲学不是一种独特的活动,而是一个限定性词语。一个人可以是哲学诗人,也可以是非哲学诗人,但这种选择是唯一的。这个结论动摇了《王制》整个论证的根基,甚至更令人震惊的是,这意味着苏格拉底已经暗中——当然不是公然地——站到了敌人一方。他和荷马都是同一技艺的践行者。他和荷马的纷争不在于模仿诗是否应该写,而在于应该怎样写。

如果你们认为我们高估了那个最后评论中的情况,你们不妨想想第二次讨论诗的上下文。它从卷十开端而来,不仅反映、照亮了卷二至卷九关于正义的整个讨论,更是那结束卷十和整篇《王制》的伊尔神话的准备、引言和理由。我已经讨论了神话的上下文,为了眼下的目的,有些东西需要稍许重复。首先,这个神话是《王制》中苏格拉底关于人之命运的意义和本性的最后陈述。这样,它就是苏格拉底正义论述的真正结尾。其次,这个神话远未削弱苏格拉底前面关于正义内在地比不义更好这一论证,反之,它重新陈述、重新肯定、重新强调了这个论证。它或许只是个故事,但它并不因此就比《王制》其他明显更具论证性的部分缺少哲学性质。再次,对诗与哲学之争也最重要的是,讲述神话意味着苏格拉底暗中承认,如果他要谈论对他而言最重要的事物,他说的方式必须是用一个神话——也就是说,一个故事。但是,讲故事毕竟是传统诗人的传统行为。在卷十开始讨论诗时,苏格拉底已暗中承认,在前面和格劳孔及阿德曼托斯的谈话过程中,他已经是一个诗人了——当然是一个哲学诗人,但仍然是诗人。在卷十结尾,当他讲述伊尔神话时,他进一步暗中承认了与荷马的亲缘关系。

如我前面所认为的那样,伊尔神话是从存在视角来讲述的。在讲述者这方,它意味着一种关于实在之本质的整全知识。然而,正如我们已见到,拥有这种知识超出了人的能力。最高、最好的生活类型是哲学,是对智慧的欲望和寻求。但是,寻求智慧是一回事,拥有智慧是另一回事。太阳喻清楚表明,没有人曾经拥有过关于善的全部而完美的知识。由是,所有人都必然生活在意见中。所以,最后可以公正地说,苏格拉底尽管比老克法洛斯更有智慧，但他们二人的差别只在程度，不在类别。

苏格拉底用一个神话来给出他对命运的描述，是因为他的描述终究只具可能性，他并不知道真相是否如此。这并不是说，在讲神话时苏格拉底放弃了哲学。如我试图论述的，神话的内容是对每个个人寻求智慧之有效性的一种肯定。只不过，这种神话性的肯定仅仅是种意见。苏格拉底相信，哲学、对智慧的寻求，是有效的。但由于他自己就无知，如他自己常常承认的，所以他难以肯定这种有效性。

为了充分陈述他的信念，苏格拉底求助于想象性的诗这一传统手段。在谈论诗时，他大加批判，言辞轻蔑。但在谈论对自己而言最重要的东西时，他向诗人致以了最高的礼赞。苏格拉底讲述了伊尔神话，由此自己成了一个传统诗人。这一结局实在奇特，而且具有用诗的方式来看的正当性：苏格拉底，这位简单而粗暴的传统诗的批评者，变成了一位传统诗人。

但是，就算伊尔神话是一件诗的作品，苏格拉底也可以轻易地在说他成了一个传统诗人这种指控前如此为自己辩护：他承认这种指控，但他讲这个故事意在表达一种哲学论点。不过，一旦如此承认，秘密就泄漏了。如果把苏格拉底讲的故事视为哲学真理的一种诗性表达，为什么不能说传统诗人也是如此呢？如果身为哲人的苏格拉底能够声称自己是一个传统诗人，荷马不也可以仿此声称么？如果苏格拉底能在自己的故事中将传统诗和哲学那些难以调和的因素明显统一起来，我们能够肯定荷马就做不到么？要回答这些问题，我们必须回到苏格拉底对诗人声称拥有智慧的攻击。

注意，我们的分析又变了。我们是从哲学与诗的明显敌对开始的。审视苏格拉底在卷二至卷九中的行为使得我们重新表述了这种敌对。诗与哲学的纷争，结果是苏格拉底制作的哲学诗与荷马这些诗人制作的非哲学的传统诗之间的纷争。对伊尔神话的简要回顾迫使我们再次做出修改,认为这一纷争是苏格拉底这种拥有智慧或至少热爱智慧的传统诗人,与荷马这种无知的传统诗人之间的纷争。

如果问荷马是否如苏格拉底说自己无知那样无知,我们问的就不是苏格拉底,而是传统诗人。我们已经问了苏格拉底这个哲人是否一个诗人,如果是,他是哪种诗人。我们发现,他是一个诗人,而且事实上是一位像荷马一样的传统诗人。现在,我们必须看看另一方。我们必须问问,荷马这个诗人,是否一个哲人,如果是,又是哪种哲人。

苏格拉底攻击荷马的智慧,首先说的就是,这种智慧是假冒的。苏格拉底对格劳孔说:

> 我们必须考察悲剧诗人及其领袖荷马了,因为我们听到有人说,悲剧家知道一切技艺,知道一切与善恶有关的人事,还知道一切神事。须知,一般人是这样想的:一个优秀的诗人要正确地描述事物,就必须用知识去创造,否则是不行的。(598e)

这种智慧声言不是诗人们自己说的,而是其他人代表他们说的。我几乎能够听见荷马在说:“我可以在敌人面前保护自己,但把我从朋友的手中救出来吧!”我们且问:荷马,或任何一个严肃的诗人,会声称完全理解他们所写的事物吗?这是一个意味深长的问题,因为答案完全依赖于如何理解“诗人所写的事物”这话的意思。苏格拉底表面上是在最头脑简单地解释这句话。如果荷马写特洛伊战争,这就意味着荷马声称拥有关于军事战略战术的全部知识,如果他写奥德修斯航行归家,他就声称懂得航海术。既然《伊利亚特》和《奥德赛》几乎涵盖了人之行为的全部范围，荷马就在声称自己是个全才。正如苏格拉底仔细表明的那样，这种声称非常荒谬。

但是，荷马声称过有这么多智慧么？荷马，或者任何一个诗人，声称过完全懂得这样那样的人的技术活动么？军事战略或航海技术是他的主题吗？不是。那么，诗人声称自己理解的是什么呢？或者更客观地说，诗人在诗中处理的主题是什么？在接下来谈论诗之效果的论述部分，苏格拉底自己提供了答案。他对格劳孔说："诗的模仿术模仿被迫或自愿行为着的人，这些人在行为中想着自己做得好还是不好，而且从头到尾，他们不是感到痛苦，就是感到快乐。此外还有什么别的吗？"(603c)格劳孔回答说，"再无其他了"。这里，我想，就是对诗人声称懂得什么的一个充分说明。诗人理解人的行动，激情，想法，这些东西并非与技术性活动有关，它们自身就是属于人的现象。

荷马并没有声称懂得或描述了当将领的技艺。但是，想要知道在一个愚蠢、无能、自私的将领手下服役是什么滋味，我们可以读读《伊利亚特》卷一中荷马关于阿喀琉斯如何回应阿伽门农的描述。荷马或许没有充分弄懂面对面交锋的技巧。但是，欲知在一场快要结束的战争中面对一个可恶的敌人意味着什么，我们只需看看荷马对阿喀琉斯和赫克托尔间这一高潮之战的描述就够了。人的行动和情感，正是诗人在诗中所处理的，由此也正是诗人声称所理解的。

如此声称有道理吗？表面上看，道理似乎很充分，尤其对伟大诗人来说。事实上，这正是检测一个诗人是否伟大的标准。苏格拉底承认他被荷马深深打动了，看来这暗示他也接受这种声言。因此，关于那些属人现象的属人意义，我们都同意如下这点，即诗人的知识声言和智慧声言是有道理的，道理就在于我们给了他们的模仿物以当即的情感认同。

这种声言的程度有多大?诗人智慧的意义有多大?通过对阿喀琉斯和布里塞伊斯(Briseis)的描写,荷马清楚地表明,比如,他理解对一个男人来说被迫和自己心爱的女人分离意味着什么。通过描写阿喀琉斯对帕特洛克罗斯(Patroklos)的悼念,荷马表明自己懂得失去亲爱的朋友是什么感受。通过描写阿喀琉斯和赫克托尔之战,荷马展示了恨一个人并竭力复仇是什么意思。

不过最终,《伊利亚特》不是关于生活中这些各方面琐细而真实的花絮的大集合,它是关于阿喀琉斯之愤怒的一个完整故事,这个故事始于他和阿伽门农的一个小小争吵,中间经过多方面的发展,终于这个高潮性时刻:在赫克托尔的尸首旁,阿喀琉斯和普里阿摩斯迎头相遇,最终,阿喀琉斯的愤怒得到了净化。但《伊利亚特》甚至不仅止于此。作为其愤怒和从希腊联军中退出的结果,阿喀琉斯被迫思考自己生活的意义。他的愤怒并非一种不可改变的情感。随着情势的发展和深入,他情感上的反应也在发展和深入。

在最深层次上,阿喀琉斯的愤怒指向的是他自己有限、必死的境况。他愤怒,因为他是人,因为所有人都得死。当他的愤怒在和普里阿摩斯相遇得到净化的时候,这愤怒也就在所有层次上都得到了净化。他不再愤怒特洛伊人,不再愤怒阿伽门农,不再愤怒赫克托尔,最重要的是,不再愤怒自己是人。他接受了自己近在眼前、不可避免的一死,对死亡和自己他都心宁气和了。于是,作为一个整体,通过我们给与这个故事之属人意义的这种情感认同,《伊利亚特》所声言的绝不可小视——《伊利亚特》声称讲述的是关于人类境况之意义的真理,所以,荷马由此声称懂得人的命运。

准确而言,关于人的命运,荷马到底说了什么?简单而有些不公正地说，荷马通过这个故事声称他讲述的是，人是一种受时间束缚、有前定命运的生物。人被降生到这个世界上，活有限的时间，然后死去，不复存在。对于必有一死及任何降临到我们头上的事情，我们几乎都无能为力。人有智慧，但这智慧无法超越出我们人的境况。我们无法掌控自己的命运，但我们可能在这一充分意识的基础上建立起人真正的尊严，这是荷马提供的唯一安慰。荷马对生活的描绘尽管无法令人安适，却极为高贵。

由此，《伊利亚特》为我们展现了人类生活的一幕深刻的悲剧性图景，这幕图景让我们直接从自身生活中体验到的那些属人的现象有了意义，甚或提升了这一意义。这幕图景就是荷马在《伊利亚特》中所传达的。它就是荷马声称拥有智慧的真正基础。在阅读《伊利亚特》时，正是这幕图景深深打动了我们。

现在，我们可以公平地问苏格拉底，他是否敢说这幕图景仅仅是个幻想，荷马是否完全缺乏智慧，荷马的智慧是否只可能具有腐蚀性。苏格拉底的回答在不断回响：是。在伊尔神话中达到高潮的整部《王制》，就是反驳荷马的一次里程碑式的努力。

荷马的错误在于认为自己拥有全部智慧。尽管人是时间之物，被动地出生，有限地生活，最终会死去，但在苏格拉底看来，人并不是命运已经完全定好、完全受时间束缚的生物。相反，人或许生活在时间领域、生成领域中，但人生活及命运的意义可以被定向到一个超时间的实在领域中。苏格拉底认为，这个实在领域包括存在，也包括生成，而且，正是每个人与存在的关联决定着他生活的意义。

决定人之命运的，不是时间性的事件序列，而是人的灵魂从无知到知识、从生成到存在的超时间运动。作为自然性生物，一个人很可能只是此世洪流中一个无助而被动的小卒，但每个人都可以自由选择是过一种猪一般无知的生活，还是努力理解自己真实的本性。既然最终唯一紧要的事是一个人相对而言无知还是有知,在此意义上,每个人都决定着自己的命运。在苏格拉底看来,不是面对必然之死时对人的无能的那种高贵接受,而是哲学、对真正智慧的这种欲望和寻求,才是人最高的可能性。

这就是苏格拉底对荷马的回答。伊尔神话给出了它最尖锐的陈述,但要完整理解苏格拉底的立场,需要将《王制》作为一个整体来把握。从苏格拉底的角度看,荷马的图景、其固有的全部真理性和高贵性,都不过幻象而已,因为,荷马不知道理性,不知道人的灵魂中占统治地位并朝向存在的这个部分。荷马这一无知是深刻的,因为他认为时间领域、生成领域是唯一的实在领域。最终,荷马之所以具有极大的腐蚀性,就在于他为自己的观念创制了如此非凡而有力的例证。如果在情感上信服于荷马,我们就相当程度上否定了哲学,我们就和他一起肯定了,生成而非存在,才是终极实在。

否定存在这一实在领域、坚持生成便是一切的,不止荷马一人。智术师,这整个思想流派,都鼓吹这种看法,《王制》中的特拉叙马库斯只是一个立场不那么强硬的代表而已。欲理解这一立场具有的全部力量,我们必须转向其最好的发言人——传统诗人,最终,转向第一位也是最伟大的一位智术师——荷马。智术、对生成这一终极实在的肯定,只有在模仿诗、在展现一种时间性事件序列并声称这一序列具有意义的故事中,才可能获得其全部应得之物。只是在模仿诗中,智术的这种基本前提才筑构到了结构性论证的程度。

我们已完成了整个循环。可以说,有苏格拉底,实际上才有一场哲学与诗的古老纷争,现在有,将来也会有。如今清楚的是,这一纷争的基础并非微不足道、无中生有,更不荒谬,它触及到了诗和哲学两者的核心。然而颇为独特的是,这一纷争是单方面的，因为诗人们对此并无兴趣，他们忽视哲学的存在，眼见为实地忙于其展现人之实在的事业。另一方面，哲人没有也不可能忽视诗人的存在，除非在哲学的努力要冒风险的时候，因为，诗人是哲人最大的敌人。如果哲学这一生活方式要有任何意义，就必须战胜诗人。

正如苏格拉底和柏拉图意识到的，诗人那方对人类经验的描述极有份量。他们描绘的实在领域对每个人都具有即刻性的说服力，然而，哲学却必须不断地为赢得其说服力而奋斗，甚至是对哲人自己的说服力。进而言之，诗人声称拥有智慧，哲人只声称在寻求智慧——哲人承认自己的无知。真正的哲人甚至承认，要是自己不变成诗人，他甚至无法试图获得其说服力。

如果哲学在深思熟虑后挑起与诗的纷争，其原因是，它知道自己的对手在各方面都更有利。因此，哲学不能没有荷马及其他诗人，因为诗人以其巨大的力量展现了使哲学成为可能而且必要的那些永恒的问题。于是，我们如此来回应苏格拉底关于站到前面来为诗辩护、为正义城邦接纳诗而辩护的呼请：我们承认，苏格拉底对诗的指控有效，但还得加上一句，没有诗，哲学自身即便不是完全不可能，也会变得微不足道。

（罗晓颖 译）

解决诗与哲学的古老纷争：柏拉图的奥德赛

德内恩(Patrick J. Deneen)

言辞，纵差以千里，亦有关联。

——托马斯·曼(Thomas Mann)

奥德修斯的漫游从伊萨卡岛(Ithaca)出发不久后，似乎就在那里结束了，但特瑞西阿斯(Tiresias)预言，奥德修斯会继续漫游，而且可能会在远离伊萨卡岛，远离他的家和城邦的地方，默默地死去(11.121－137)。后来，对奥德修斯政治品性的众多解释，都暗中关注着他的命运，尤其关注他是否会成为一个政治统治者，还是一个漫游者。奥德修斯真的厌倦了伊萨卡岛，厌倦了他的家乡与家庭吗？(可以想象，对一个既看过地上的事物、也看过地下的事物，并且如此热情地生活过的人来说，那种了无生气的家政生活会很快失去魅力。)毋宁说，他的远离只是为了去践行那个神谕？最终，只是为了保证，他和他的家人既与诸神、也与他人拥有永久的和平？奥德修斯究竟是政治的还是反政治的？不论他作为其中的哪一种身份，倘若都被看作人类所钦佩的一种象征，那么，政治哲学的含义又是什么呢？

对柏拉图来说，奥德修斯的政治品性与原初的哲学品性

(protophilosophic qualities),使他成为了新的哲人概念富有吸引力的楷模,这些品性尤其表现于:他关注政治共同体中正义的建构;他接受种种限制(尤其是最根本的限制,人终有一死);在《王制》(*Republic*)中,[①]他具有非凡的能力,让他的灵魂依循苏格拉底描述的道路。进言之,这两个版本的奥德修斯——一个是人类共同体中还乡(*nostos*)的追寻者与正义的保卫者,另一个是周游四海的探索者——之间的张力,反映着在哲人与城邦的关系中出现的张力。奥德修斯正确地摆脱了那时雅典人中盛行的荷马语境——颂扬战争伦理,在奥德修斯这里,柏拉图找到了一个适合于众多特质的恰当人选,这些特质既暗示着哲人内在的高贵,也显示着哲人的种种局限。在《王制》中奥德修斯不断出现,且常常是在赞赏性的口吻中,这既让许多对诗和模仿的攻击变得含混,也让这些攻击更为深入,并且,它最终暗示着,哲人对城邦的统治有根本局限,因为,作为诗的产物、诗的生产者,以及充满怀疑的公民,奥德修斯在"伊尔神话"(Myth of Er)中得到了提升,因为,他选择了一种私人的灵魂,只关心自己的事务。

一、写作与阅读

倘若《王制》的重要部分是致力于对诗的批评,致力于诗对

---

① [译按]本文柏拉图对话引文的中译,参用了刘小枫译《柏拉图的〈会饮〉》(北京:华夏,2003);刘小枫译《斐德若》(未刊稿);郭斌和、张竹明译《理想国》(商务,2002);王晓朝译《柏拉图全集》(北京:人民,2002—2003);杨绛译《斐多》(沈阳:辽宁人民,2000);水建馥译《古希腊散文选》(北京:人民文学,2000);朱光潜译《文艺对话录》(北京:人民文学,2000)等译文。如果中译与英文有原则性差异,则引文的中译由译者按所引的英文译出。《伊利亚特》引文的中译,参用了罗念生、王焕生的中译本《伊利亚特》,北京:人民文学,2003;《奥德赛》引文的中译,参用了王焕生的中译本《奥德赛》,北京:人民文学,2003。

政治影响的批评，那么，在某种程度上而言，对其文本的任何分析都必须要先行反思柏拉图的写作方式，即对话。柏拉图的对话起伏不定，变化多端，颇难理解；但凡严肃解释其作品的人，都注意到了解释的种种困难。柏拉图的教诲隐藏在对话形式里，且通过一个历史人物苏格拉底之口，在不同的场合，面对不同的听众，亦有不同的强调。柏拉图的教诲几乎无从领略。

在《斐德若》中，柏拉图暗示要采用一种隐晦的（elliptical）写作方式，主要原因之一便是，隐晦的写作方式包含着一种对普通写作非同寻常的谴责：

> 斐德若，你应知道，作品与图画一样，也有许多与它类似的奇特之处。画家的作品放在你面前就好像活的一样，但若有人向它们提问，那么它们会板着庄严的脸孔，一言不发；成文言词也一样，你以为它们在说着什么，似乎有些知觉，但若你向它们讨教，要它们把文中所说的意思再说明白一些，那么它们只能用老一套来回答你。当某件事情一旦被文字写下来，无论写成什么样，就到处流传，传到能懂它的人手里，也传到与它无关的人手里。它不知道应该对谁说话，也不知道不应该对谁说话。如果受到不公平的指责和攻击，它总是要它的作者来救援，自己却无力为自己辩护，也无力保卫自己。（275d—e）①

作品最终由冷冰冰的文字构成，宛如一幅画上的图案，它身处一个固定的形式，甚至超越作者的死亡，但当它被一个活生生

① Plato，*Republic*（《王制》），trans. G. M. A. Grube，见 *Complete Works*（《柏拉图全集》），John M. Cooper（ed），Indianapolis，IN：Hackett，1977。所有柏拉图著作的引文都放在正文中，使用通行的边码。

的观众追问时，它就特别容易遭受曲解。因此，苏格拉底对斐德若总结道，假如一个人必须写作，他就应该“用对自己有所帮助的智性言辞(intelligent words)”(276e)去实践一种写作方式。这样的写作体现为“辩证法”，柏拉图践行的就是这种极度晦涩的(opaque)写作形式。

如下的批评表面上直接易懂：活着的人能够回应问难和曲解，但是离开与死去的人就不能了。柏拉图似乎把这个普普通通的立论，藏入埃及人发明文字的动人故事(274c—275b)，换言之，他把这一论争藏入散漫的谈话方式中，从而设法避免无法辩护的境况。可是在不久后，柏拉图把这幅画面变得复杂起来，他的谴责不仅针对成文言辞，而且延及口头言辞，甚至包括语言的一切中介。对于史诗的种种吟诵，柏拉图也予以谴责，因为，若是没有机会提问与教导，这样的传布会荡摇人的心灵(277e)。史诗的吟诵者——古代诗歌的传播者(表演者回忆荷马的作品，并且在节日与竞赛中深情、生动地表演)，由于他们刻板的表演，也就如无法辩护的成文言词，没什么教育性，并且还易遭受曲解。正是因为诗史吟诵者们只是逐字逐句地重复荷马的言辞，所以，诗史中任何谣传的教诲都要受到质疑。

同样，作品本身不能因为自己无法辩护而遭受指责，相反，语言的本质就是，当语言离开嘴唇进入耳朵时，或者当文字从笔杆中溜出跃入眼睛时，误解就随之而生。①文字的接受与阐释，

① 关于人类语言传递真理的困境，可参《斐德若》中飞马与双轮战车的神话(246a—257b，尤参247c)。在可能是伪作的 *Sevevth Letter*(《第七封信》)中，柏拉图举出了一个更为生动的例子：“进言之，由于语言的弱点……[一个人务必]要同样多地关注对每一客体的具体性解释，这正如对其本质的关注一样。就此而言，没有一个有理智的人会如此大胆地用言辞来表达他最深层的思考，尤其是用一种不可更改的形式——比如成文辞句——来表达”(342e—343a，trans. Glen R. Morrow)。

永远无法捕获作者与讲说者本来的意思。那些企图传达真正教诲的哲人，却受制于他们所用的语言，所以他们必须去践行一种特殊的写作方式。一个人应去模仿敏于时令的(sensible)农夫，“在适当时候照看他撒播的种子”(276b)。非哲学性的教师(non-philosophical teachers)由于忽略和漠视他们的听众，结果，非常容易传递荒谬的教诲。

通过对荷马的教诲，以及对演说家、抒情诗人、政治权威的教诲所做的细致深入的反思，柏拉图对斐德若的总结非常值得注意：

> 你现在可以去告诉吕西阿斯(Lysias)，我们俩沿着河边走，一直走到仙女们的圣地这儿，高兴得要传个话，首先传给吕西阿斯和其他所有写讲辞的人，其次传给荷马和所有那些写诗的人，不管这些诗是用来朗诵还是歌唱，再次传给梭伦(Solon)和其他以法律之名写政治文章的人——就是说，如果你们的作品都是依据真理的知识写就，在受到指责时能为自己辩护，能证明自己的文章并非毫无价值，那么你们就不应当使用这类文章类型的名字，而应当使用一个能够表明你们高尚追求的名字。(278b—d)

那些传统权威，不管是诗的还是政治的，之所以受到尊重，一方面是因为它们很古老，另一方面是因为它们似乎包含着一种真正的教诲。但是，这些权威一定要能够对自己流传于世的言词做出解释，只有如此行事的这种人，才能正确地被称为“热爱智慧的人，即哲人”(278d)。

在《申辩》中，柏拉图检省了雅典社会内三种权威的来源——政治家、诗人和艺术家，通过揭晓苏格拉底并不是最有智慧的人(21b—22e),他试图弄清一个人是否可以在事实上检测出德尔斐神谕的错误。政治家与艺术家被揭露并不拥有智慧:政治家在表面上是睿智的;而艺术家只拥有一种确切的知识,一种技艺(*techne*),然而这只是一种不完整的艺术,不能被抬高至包含着囊括万物的智慧(21c—e;22c—e)。在政治家与艺术家两者之间,诗人被巧妙地检省,诗人似乎不可思议地拥有智慧;但是,苏格拉底也观测到,诗人除了那诗意的、赋有灵感的文字外,无法运用语言阐明真理(21a—c)。因此,与真正的教诲相比,诗人拥有一个奇特的位置:诗人做到了柏拉图要求的一半,懂得他们在给智慧与真理一种形式;可是他们在阐明抑或辩护其文字时(柏拉图的另一半要求)却失败了。所以说,诗人是三类权威来源中最危险的一类;诗人拥有的知识是片面的,因此就容易误传、误用。

由此,诗传递的智慧要尽可能地去质疑,因为它可能含有一种真理,而这种真理不易通过语言传递,换言之,几乎在所有用诗作媒介的事例中,都有误传,而包含在诗中的真理可能还毫不沾边。由于诗易被误解,故大多数情况下,诗似乎都在教授明显的谬误。在《申辩》中,苏格拉底对诗人的艺术做了一个重要的比较:

> 关注诗人,我很快意识到他们写诗(*poiein*)不是源于智慧,而是源于某种天性(*phusis*)或灵感(*enthousiazontes* ①),正如占卜者与先知的情形。诗人也宣讲许多美妙的事物,然而却对自己所宣讲的一无所知。(22b;强调为引者所加)②

① 来自动词 *enthousiazontes*,其字面意思是"有个内在的神"。

② Plato, *Plato's Apology of Socrates*(《柏拉图的苏格拉底〈申辩〉》), trans. Thomas G. West, Ithaca, NY: Cornell University Press, 1979。

对诗人的艺术与先知、神谕者的艺术所作的比较，由于发生在对一个神谕的真理性的检省之中，因此极为令人震惊。故而，表面上轻视诗人智慧，可在同时，也包含了对他们那种知识的认可，因为，正是在苏格拉底证明诗人的智慧应受质疑的行为中，他也证明，神谕的神秘宣称具有真理性。[①]苏格拉底的追问形式也是一种解释形式，由于手边没有神谕来为自己的文字"辩护"，他必须设法通过对话和提问去阐释神谕中的神秘意义。如果诗人的艺术源于同样的源泉——神圣的灵感，那么，苏格拉底同时也就向我们暗示，至少，诗必须像神谕智慧那样遵从这种解释形式。

将诗人比作先知和神喻授予者，就让我们开始区分柏拉图谴责诗时的常见靶子——诗人与史诗吟诵者。就雅典人而言，诗人与史诗吟诵者是一样的：伟大的史诗吟诵者让诗人的诗篇适应自己起伏的声音和变化的节奏，有些声音和节奏引

---

① 苏格拉底在《斐德若》中做出了明确的表达："第三种着魔和疯狂来自缪斯们。当缪斯碰触到一个善感、纯净的灵魂，这种灵魂就会摇荡，酒神般地振奋起来，感发于歌咏和其他诗作，颂扬先辈们数不尽的功业，从而教化后代。若是没有这种缪斯们的疯狂，无论谁去敲诗歌的大门，自信地以为仅凭自己手艺娴熟就可成为真正的诗人，那么，他自己和他的诗作都只会是半吊子的，与出于疯狂的诗相比，他那明智的诗黯然失色。"(245a)

Helmut Flashar 指出，在政治语境的言说中，由于诗起源于神灵赋体（*enthousiasmos*），柏拉图并没有明显地去谴责与驱逐诗的创作："现在极为引人注目的是，虽然在《王制》中对诗人的狂热只字未提，但我们仍然无法由此设想一个与《伊翁》和《斐德若》相矛盾的看法，抑或柏拉图思想中的一个变化，因为下面的事实并不允许我们这样做：即使在《高尔吉亚》和《法义》第二卷中，也就是说，在柏拉图必定总是批判的地方，也没有明确地提到狂热。"[中译编者按：此段引文为德文，蒙顾丽玲君译出]见氏著，《作为柏拉图哲学之见证的对话〈伊翁〉》（*Der Dialog Ion als Zeugnis Plaonnischer*, Berlin: Akademie－Verlag, 1958），页 107。

关于柏拉图的神灵赋体和哲人依靠"理性灵感"(reasoned inspiration)的问题，一个较好的一般性处理，可参 Robert Edgar Carter，"Plato and Inspiration"（〈柏拉图与灵感〉），*Journal of the History of Philosophy* 5，1967，页 118。

发恐惧，有些则唤起怜悯。当然，史诗吟诵者也担任了伟大诗歌（特别是对荷马与赫西俄德[①]的诗）的领衔解释者的角色。如果说，依循苏格拉底的类比，我们能把诗人比作神谕者，那么，在这种情况下，作为神谕解释者的苏格拉底，就有着与史诗解释者同等的地位。苏格拉底承担起解释神谕诗人言辞之真理的任务，这些言辞惑人而晦涩。在某种意义上，苏格拉底在《申辩》中向我们展示了进入史诗吟诵艺术（rhapsodic art）的哲学路径。

苏格拉底在别处也证明，即使最完美的史诗吟诵者也无力对诗歌做出恰当的解释。在《伊翁》（*Ion*）中，苏格拉底向以弗所（Ephesus）的伊翁讨教关于诗歌吟诵的艺术，他摆出一副天真的样子，扮成一个要从伟大导师那里获得启示的无知发问者（苏格拉底惯用的姿态）。[②] 他如此称赞伊翁的艺术：

> 必须熟悉许多杰出的诗人，尤其是荷马这种最伟大、最神圣的诗人。**你必须要彻底搞懂他的思想，而不是仅仅熟韵他的诗句。**……如果一个人不能理解诗人的言辞，那么他决不可能成为一个优秀的史诗吟诵者。**史诗吟诵者必须要向听众解释诗歌的思想**，如果他不理解诗歌的思想，那么

① Allan Bloom, *Giant and Dwarfs*（《巨人与侏儒》），New York：Simon & Schuster，1990，页 125。在《王制》600d，苏格拉底特意把荷马、赫西俄德与史诗吟诵者作了一番对比。

② 长久以来，《伊翁》这篇对话一直未受到重视，其原因是它的主题明显不够份量，姑且不谈它是所谓的伪作。A. E. Taylor 的评论颇具代表性：“关于诗的灵感的本质问题，在这个短篇对话中几乎什么也没有说”，见氏著，*Plato: The man and His Work*（《柏拉图其人其作》），New York：Meridian Books，1956，38 页。在讨论《伊翁》主题的不多的著作中，Allan Bloom 的《巨人与侏儒》一书中关于《伊翁》的论文最具启发性。

他是干不好这一行的。(530b—c;强调为引者所加)[①]

表面上,上面这些话是在称赞伊翁,可实际上,苏格拉底是在从那时的史诗吟诵者身上提炼理想的诗歌吟诵艺术。伊翁声称自己能成为完美的史诗吟诵者,根本是源于他既能记住诗歌,又能用自己的禀赋表演其诗句以及它们的特性,然而依据苏格拉底的观点,这些离完美的诗歌吟诵还差得远。与伊翁眼中的完美史诗吟诵者相比,一个(真正)的史诗吟诵者不但要弄清诗人的思想,而且还能对他的听众充分地解释那些思想。此外,这两方面的要求,也可以从《斐德若》中看到:如果诗人的著作中包含着真理,那么一个史诗吟诵者不但能够领悟它,而且更重要的还在于他能够用一种非诗的、哲学的、辩证的语言传递这些思想。但是,如果史诗吟诵者只是靠死记硬背来表演诗篇,而不是沉浸于与诗人言辞的沟通中,那么他们与诗歌的亲切关系,就其对领悟诗篇的真理而言并无多大帮助,也就只相当于一个初习者所拥有的水平。[②]

诗人的作品没有被理解,这一观点在《伊翁》与《申辩》间有着明显的一致性,可是它却潜伏了一个新的难题。假如神谕也是源自神圣的启示,[③]并且在《申辩》中,作为神谕"解谜者"的苏格拉底也探索和得到了神谕潜在的真理,那么,人类的"艺术"似乎也被包含在解释的行为中,只不过,这种艺术必须采纳《斐德

---

① Plato,*Ion*,trans. Allan Bloom,见 Allan Bloom,《巨人与侏儒》,前揭,页 124—37。

② 在《申辩》中,柏拉图对诗人也有同样的看法:"先生们,此刻我犹豫着是否要为你们讲出真相,但是我还得讲出来。或许可以这样说,几乎所有在场的人都能比做诗的人更好地解释诗。"(22b)关于"诗歌吟诵的练习纯粹是对诗的记忆"这一问题,可参 Eric A. Havelock,*Preface to Plato*(《柏拉图引论》),Cambridge,MA:Harvard University Press,1963,页 44—49。

③ 与《伊翁》对比,见 534d。

若》中苏格拉底所描绘的对话与辩证方法。诗的神圣源泉根本上讲也是一种真理的源泉，否则，这一神圣源泉就会"拿走（诗人的）才智（*nous*），然后把他们用作诸神的神谕者与占卜者的仆从"（534d）。完全逐字逐句地复述诗人的言辞，并不能获悉诸神的最终旨意。一个人，要么得如苏格拉底对待德尔斐神谕一样，用人类的话语固执地探究神圣的言辞，要么就得如在《王制》中那样，对诗人进行彻底谴责。[①]

二、改造诸神

《王制》卷二卷三中对诗的谴责有两方面的原因，首先，诗对诸神的描绘"荒诞无稽"，其次，诗对英雄的描绘"不堪入目"（337e）。苏格拉底驱除引人生厌的诗作，先是驱除关于诸神的诗，接着便是关于英雄的诗。诸神，本质上优越于人，或者说，诸神是人类举止的楷模。因此，重塑诸神、重述诸神故事，就必须

① 在柏拉图的《法义》中，雅典陌生人最终指出了哲学与诗的一致性："回顾你我从早晨一直进行到现在的这场讨论，真的让我相信，没有神灵的指引，我们什么也不会谈起。我觉得我们谈话的各个层面都宛如一类诗……我认为不可能再向执法官与教育官提出一个更好的楷模，抑或说执法官与教育官在吩咐教师们去教给学生后，还能希望学生们去做得比这些更好。"（见 *The Laws of Plato*, trans. Thomas L. Pangle, University of Chicago Press, 1980, 811c—e 。）

Eric Voegelin 强调了上述这段话在《法义》结构中的中心地位："从早晨开始讨论，而此刻——在这个讨论进程中间（可以确切的获得证实，这一段的行文也差不多就是《法义》篇幅中的中间部位），雅典陌生人开始意识到，在神灵的确保下，'他们这种密织的讨论'已变得'非常像一首诗'，结果，他创造了一种神圣的诗歌形式，这种形式是最适合担当新型城邦中神圣艺术的楷模，艺术在其神明中永葆青春。"Voeglin 总结道："神灵那里，开端与终结之路的延伸，成了一首诗关注的中心，这首诗受神圣灵感的启发，创作于柏拉图的生命最为衰竭之时，它标志着精神历程的终结与开端。"（Voeglin, *Plato*（《柏拉图》）, Baton Rouge: Louisiana State University Press, 1966, 页 41）。

先于对人性的重估。古格斯(Gyges)的故事暗示，不仅人类自身持有的、具有隐身性能的魔戒会给城邦带来危险，而且一些超自然的存在物在对自我乐趣的追逐中，常常也不知不觉地破坏人类的种种准则。①当然，格劳孔(Glaucon)与阿得曼托斯(Adeimantus)对正义的挑战也不单是对人性的一次检省，他们追问苏格拉底，为什么希腊人宁愿去做人而不愿做神？这一问题就是，人类是否应把正义作为生活的根本准则。

格劳孔在对不义的论辩中提出，许多神的不义的例子都是由诗的权威所给予的。格氏的看法促发了他的兄弟阿得曼托斯对诗人最早的控诉(363e－365a)，进而，阿得曼托斯作了一个极端且渎神的推测：

> 假定没有神，或者有神而神不关心人间事务，那么为何我们还要为自己的败坏而担忧呢？假定有神，神又确实关心我们，然而我们所知道的关于神的一切又都是从律法(习俗②)和诗人们描绘的神的起源里得来的，在这里我们获悉，诸如祭祀、祷告以及奉献祭品的活动，就可以把神说服或收买过来。由此，对诗人们的话，要么全信，要么全不信。(365d－365e)③

---

① Seth Benardete 有类似的结论：诸神也是古格斯的原型。见氏著，*Socrate's Second sailing: On Platolic Republic*(《苏格拉底的第二次航行：论柏拉图的〈王制〉》)，University of Chicago Press，1989，页 41。

② *Nomoi* [习俗]在此处或别处也可以作“*convention*”(习俗)讲。

③ Plato，*The Republic of Plato*，2d ed.，Allan Bloom，New York：Basic，1991。阿得曼托斯谈到的诡辩信念通常都归因于克里蒂亚(Critias)，即诸神的起源可以追随到人们开始秘密犯罪的时代，据此“聪明而机灵的人营造了凡人对神明的畏惧之情，并且，还可能创设了令邪恶之人感到畏惧的若干方式”。见 Diels，*Ancilla to the Pre — Socratic Philosophers*(《前苏格拉底哲人指南》)，trans. Kathleen Freeman，Cambridge，MA：Harvard University Press1948，页 158。

阿得曼托斯的古怪推论是：要么相信诸神不存在，要么相信诸神只存在于习俗中、由此也就存在于人类的起源中。随便哪种情形，脱离了人的构想，诸神就不会存在。阿得曼托斯把无神论者与虔诚的人并在一起：双方都不信诸神，因此，彼此都清楚假设性的天谴观念（supposedly divine strictures）的习俗性起源。但无论哪种情形，由于承认了诸神的习俗性起源，诗关于诸神的教诲就是，诸神允许人类去行不义且又能免于受罚。

苏格拉底在考虑城邦护卫者如何获得完美的教育时（377e—383c），重申了阿得曼托斯对诸神的谴责，虽然他对阿氏的观点有所接纳，但做了细微审慎的修正。苏格拉底反对诗的原由与阿得曼托斯相似，即在正义问题上，年青人的教育脱离德性，可是他们的解决方案大相径庭。苏格拉底提出，既不能完全否认诸神的存在，也不能认为习俗是诸神存在的唯一根源，相反，他提议通过改变习俗，使得诸神的真实存在变得更加具有接受性，哪怕能多些微乎其微的接受性也好。同时，苏格拉底承认诸神在大众信仰中的习俗性，不过，通过迫使阿得曼托斯按诸神应有的样子对其予以估量，苏格拉底将其保持在一种理想的形式（ideal form）中。尤其是，荷马、赫西俄德所讲述的关于诸神的传说故事，都必须得到修订，甚或完全删除。说苏格拉底有几乎否弃所有希腊神话的如此主张，并非夸大之辞，因为诸神的起源恰恰首先源于这些诗人的著作而存在。

奇怪的是，苏格拉底从未声称这些诗人诗中的描绘是虚假（false），只是说它们“无法接受”。事实上，苏格拉底删削诗章所遵从的原则是：若是培育德性的诗，就保留，否则就删除；在这里，诗被删与否，与真实和虚假问题无关。[①]有个地方苏格拉底说：

> 倘若我们希望我们城邦未来的护卫者，把勾心斗角、权谋诡计引以为耻的话，就决不能让他们听到诸神之间明争暗斗的故事，因为这决不是真的……。(378b)

苏格拉底断定荷马所讲的故事荒谬绝伦，然而，他却仍旧依循自己的原则审视荷马的作品，继而指出，“倘若”（或“如果”）护卫者们按神的不义之举去行事，那么，这些关于诸神的传说就不是真的。由此，诸神故事的真实与否并不重要，重要的是它们到底产生了什么影响。同样，由于故事最初要讲给小孩听，所以，会启迪年长听众的任何“隐秘意义”(hidden sense)，都要同样予以拒绝(378d—e)。苏格拉底留下了这种可能性：可以允许成年听众听诗的时候对这些“隐秘意义”加以注意。

如伊萨卡岛上的普通居民一样，在所有事情中，人类都必须按照诸神好像是正义的这一信念来行动，以免让人的信念在一个正义而普遍的秩序中变得没有基础。比起荷马来，柏拉图似乎要激进得多。柏拉图建议，就改造诸神而言，人类务必自觉主动、热忱积极，不仅仅是要让诸神始终如一地遵从正义，而且还要去依据正义的法则——甚至可把真理撇在一边——来重塑神

---

① Elliot Bartky 声称：“即使苏格拉底断定荷马关于诸神的教诲是荒谬的，也不能表明自己对诸神的教诲就更具有真理性，尽管他的教诲在其灵魂与城邦的教育方面更正确。”见氏著，“Plato and the Politics of Aristotle's *Poetics*”(〈柏拉图和亚里士多德《诗学》中的政治学〉)，见 *The Review of Politics* 55，1993，页 599。Bartky 使用的 *false* 一词，对此我颇有疑虑，因为就一般而言，在理解苏格拉底的立场问题上，*false* 一词意义重大。可对比《王制》中苏格拉底对古老事物模棱两可的姿态，382d；亦参《法义》，663 d。

性的言行。结果，就算诸神还会受到人类的信奉，他们也得先去屈从人类的正义法则。这正如阿得曼托斯的看法：一个根植于习俗的诸神形象，要么被顶礼膜拜，要么就被嗤之以鼻。柏拉图采用了奥德修斯式的解决方案，却带来了哲学性结局：诸神将符合人对正义的期望，但人有行动的优先权，如今，人通过哲学掌控着神性，不允许在向缪斯女神乞灵时让诸神掌控着信仰。如果重塑诸神意味着人类独自承揽起政治性正义的创建，那么可以肯定，诸如灵感这类事——譬如诗人们的情况——就不是源自于缪斯女神，而仅仅来自哲学。

结果，对诸神的描绘成了一种最适当者，即便不是最冷酷者。虽然诸神不会再有不义之举，不会再有彼此间的明争暗斗，不会再被那暗暗欢喜的祭祀供品弄得摇摆不定、混淆是非，也不会再喜欢化作人形来测试人的道德状况，但是，苏格拉底从未暗示，诸神会积极地因为正义和不义来奖赏或惩罚人。格劳孔和阿得曼托斯信服这番话，正义不会因为它能获得神的奖赏或带来神的惩罚而被举荐。伯拉德特（Seth Benardete）如此评这些新神：

> 这些神对友爱无所驻心，正如他们对敌视一样。他们如此地成了自足性的模范，以至于不再是有关怀心的模范了。事实上，由于苏格拉底假设性地赋予他们一种意志，只是为了否定他们运用这一意志的可能性，那么，要不要让这些神有生命，都还不清楚。或许，他们是美丽但无形的塑像。①

---

① Seth Benardete，《苏格拉底的第二次航行》，前揭，页64。

教育，包括惩罚与奖赏，将完全是人类的事务。在理论中呈现的诸神，或许可以作为卓越与美德的典范，然而在实际中，他们的行为对人性既不会产生影响，也不会有任何含意。在最终的决断中，苏格拉底把他的指控改换了靶子：在其对诗的第一次改造中，不是诗人要被驱逐，毋宁是诸神。

三、解释英雄主义

改造诸神后，《王制》卷三对诗的第二次改造关注的是对英雄、或者说非凡之人的改造。英雄与诸神的主要区别可归于人终有一死的根本事实。因此，通过讨论最为根本的哲学主题——人终有一死，苏格拉底便不失时机地着手塑造举止得体的公民，这些公民与冥府中的阿喀琉斯（Achilles）不同，他们害怕的绝非是死亡，而是遭受奴役，进言之，如能造就一种哲人式的灵魂，人生最大的恐惧必定被克服。获得哲学态度的一个必要条件是，全面而有意识地面对死亡。正如沃格林（Eric Voeglin）所说："从死的层面看，对柏拉图来说，习哲学之人的生就是在为死做准备，哲人的灵魂是向死而去的灵魂……而且，当哲人作为真理的化身时，这实则意味着哲人宁愿追随威严高贵、纯粹健全的死，而不愿苟安于鼠目寸光、蝇头微利的生。"①成人怕死多是起源于孩童时代诸神故事的影响，由此，为了消除对死亡的恐惧，"孩子与成人" 都得要受到引导（387）。同样，因为成人更为成熟的心智缘故，诗对英雄的处理必须在某些方面更为复杂；这些故事中可能存在着"隐秘意义"（参 378d），在对诸神的更为直白

---

① Eric Voeglin，*The New Science of Politics: An Introduction*（《新政治科学引论》），Chicago：University of Chicago Press，1952，页 65－66；亦参 Voeglin，《柏拉图》，前揭，页 10。亦参《斐多》64a、67e 中，苏格拉底对哲学与死的直接联系。

的处理中则不会找到这些意义。特别是，在删削荷马所描绘的亡灵生活这一奇怪做法中，得出一种隐秘意义是难以避免的。

《王制》卷三中，苏格拉底驱除荷马的方式，即便不有失公正，也非比寻常。正如伽达默尔（Gadamer）所说，柏拉图反对诗，最根本的原因之一在于诗隶属于公认的权威，从而容易招致自身被滥引滥用（如伊翁的例子）：

> 由于希腊世界中口头言辞占据着统治地位，因此，一种出自于信条和格言语境的诗的表述，未带有诗人对其含意进行界定和限制的整体意图，就从耳朵进入了灵魂。①

看来，这种实践构成了《斐德若》中苏格拉底反对自身无法做辩护的成文言词的基础。同样，对成文言词被用作脱离了具体语境的权威信条的担心，暗示柏拉图是有意采用了谈话方式，把他的论点放入其他人物的伪装中，由此让概括一种“柏拉图哲学”的做法变得极为困难。②

---

① Hans-Georg Gadamer, *Dialogue and Dialectic: Eight Hermeneutical Studies on Plato*（《对话与辩证法：关于柏拉图的八篇诠释学论文》），trans. P. Christopher Smith, New Haven, CT: Yale University Press, 1980，页 47。

② 罗森（Stanley Rosen）写道：“非常清楚的是，柏拉图是在践行“隐微术”（esotericism）。任何从柏拉图作品里的对话性与诗化的表达中汲取柏氏的理论观点和“论辩”的人，都只不过在研究这些理论前提的影像，而非是柏拉图本身。这样说并非意味着在柏拉图那里或在哲学中没有争辩，而是说一个人必须既是诗人又是哲人，才能认清柏拉图到底在论辩什么东西。就像荷马既是、又不是阿喀琉斯、奥德修斯、海伦（Helen）以及安德洛马契（Andromache），柏拉图既是、又不是苏格拉底、阿尔西比亚德（Achilles）、普罗塔戈拉（Protagoras）以及狄俄蒂玛（Diotima）。”见氏著，*The Quarrel between Philosophy and Poetry: Studies in Ancient Thought*（《诗与哲学之争：古代思想研究》），New York: Routledge, 1988，页 11。［译按］此处中译参照了张辉的译文，见罗森，《诗与哲学之争》，张辉译，北京：华夏出版社，2004，页 20—21。

但是，这的确就是《王制》卷三中荷马的诗在苏格拉底手中得到的处理方式。苏格拉底引用令人生厌的段落时，不但脱离它们的语境，扭曲它们的意思，甚至还建议将它们删除，可实际上这些被引用的段落中是蕴含道德启示的。苏格拉底的方式如此蛮横无礼，以至于会迫使我们去检查他对原始文本所做的无道德性的这种谴责。正如施特劳斯(Leo Strauss)所发现的：

> 苏格拉底扭转我们的注意力，让我们更为密切地关注诗的来源，即便他声称要将诗人从他的城邦中驱逐出去，在此意义上，苏格拉底几乎的确是在邀请我们重新审查那些他打算删除的段落。苏格拉底实施了一种古老的策略：若要唤起对某些段落的注意，就去引用它们，哪怕同时对其予以谴责。①

苏格拉底这种做法意味着，他发起了一种对诗的新的解释方式。这种方式促使细心的读者重新燃起对古典文本的激情，哪怕读者在刚开始读到苏格拉底的意思时不同意他的话。

就促使重读荷马的文本而言，最为明显的地方莫过于苏格拉底所嫌恶的那一系列关于冥府生活的描写了(386c—387b)，可以说，这七处引自于荷马的诗个个特色鲜明，虽说并未指明它们是引自《伊利亚特》还是《奥德赛》，然而它们之间的对应顺序却值得关注。最开始的、中间的和末尾处的引文都源自《奥德赛》，

---

① Leo Strauss, *Persecution and the Art of Writing*(《迫害与写作艺术》), Chicago: University of Chicago Press, 1952, 页 24—25。

而这之间的两个中间部位来自《伊利亚特》。[①]我们先来集中关注几处源自《奥德赛》的引文。第一处应被删除的引文是阿喀琉斯在冥府中的著名道白，他向奥德修斯如此悲叹：

> 我宁愿为他人耕种田地，被雇受役使，
> 纵然他无祖传地产，家财微薄度日难，
> 也不想统治即使所有故去者的亡灵。
>
> （11.488—491；386c）

阿喀琉斯这一独特的道白会引发《伊利亚特》和《奥德赛》在对他解释上的冲突。导致阿喀琉斯决定与赫克托尔开战的一切缘由中，找不出恰当合理的一条，而且依据诗中的暗示，阿喀琉斯的开战很可能是源于他的愤怒，而非对短暂易逝、辉煌显赫之人生的尊奉。在冥府里受到审察（sifting）的亡灵中，阿喀琉斯常没完没了地为自己莽撞的行动而啜泣，他宁愿遭受奴役也不愿意受死，毋庸质疑，这样的情绪在《王制》中肯定会被驱逐。但是，删除这些诗句，就抹杀了阿喀琉斯与奥德修斯之间的戏剧性和实质性差异。通过强调阿喀琉斯宁愿遭受奴役的这种低劣性，苏格拉底实际上要让人注意的是去质疑那些英雄的威望，而不是删除英雄们口中发出的言辞。由于苏格拉底会再次引用这一段落，在《王制》卷七的洞穴比喻中，令人惊异地将其运用于那

---

① 布鲁姆（Allan Bloom）对这七处引文的判断不正确，他说："几乎就只是中间的那处引用才与阿喀琉斯有着或多或少的联系"，见氏著，《〈王制〉注疏》（"Interpretive Essay", *The Republic of Plato*），2d ed.，trans. Allan Bloom, New York：Basic，1991，页 354。实际上，来自《伊利亚特》的四处（2、3、5、6）引文里，只有第 5 处不涉及阿喀琉斯，代之的却是远离自己肉体的帕特罗克洛斯（Patroclus）的灵魂。来自《奥德赛》的引文中，第 1 处是关于阿喀琉斯在冥府中的著名言辞，第 4 处与第 7 处则分别涉及到特瑞西阿斯和已归西的求婚人。

些走出洞穴而不愿重返洞穴的哲人身上，所以，这些诗句具有启发性意义的一面就得到了暗示。[①]此外，苏格拉底在《申辩》中还会改头换面地采用这些诗句（38d—e）。

同样，七处引用的最后一处（当中的那处引文我最后才关注，它可谓最关键）所描绘的并非是阿喀琉斯的亡灵，而是那批被打入地狱的求婚人，他们的命运令人恐惧：

> 有如成群的蝙蝠在空旷的洞穴深处
> 啾啾飞鸣，当其中有一只离开岩壁，
> 脱离串链，其他的立即纷乱地飞起；
> 众神灵也这样啾啾随行，救助之神
> 赫尔墨斯引领他们沿着雾蒙的途径。（24.6—10；387a）

这一场景中的灵魂不再是"英雄"的亡灵，相反，他们是《奥德赛》中典型的恶徒，这群家伙要毁坏或者说妄图毁坏奥德修斯以及他的家庭，其行为真是十恶不赦、令人发指。然而，颇为费解的是，在引用这一段后，苏格拉底立即陈述了他要删除这些诗节的理由："就正派人而言……死并非一件可怕之事"，而且，他不应该嚎啕痛哭，"好像碰到了一件可怕的事情似的"（387d）。然而，这一处的引文并不涉及"正派人"，诚然，这群求婚人是作为绅士来抚育的，但却展示了贵族阶层蔑视正义的最坏品性。由此以来，苏格拉底删削这节诗的原由，也就根本无法与上下文保持一致了。

凭着其他几处引文的效果，七处引用的中间这一处被得以

① 见516d：这似乎是正面地重引阿喀琉斯的言词，不过却是用于潜在的哲学王身上，关于这一问题本文后面将予以讨论。

强调，当然，它呈现了一个在冥府中与众不同的灵魂的存在："只有他拥有领悟力[*nous*]；其他人则成为飘忽的魂影。"（10.495；386d）这里引文所指的对象，当然是特瑞西阿斯；而拜会特瑞西阿斯，则是奥德修斯行至冥府的目的。依据荷马，冥府中唯有特瑞西阿斯保有了"领悟力"（understanding）或"智力"[*nous*]。然而，许多其他亡灵也与奥德修斯发生了交谈，而且，特瑞西阿斯要作预言也必须如其他亡灵一般，先要在阴森恐怖的祭奠仪式中吮吸到牲血，然后才能把自己僵死的亡灵唤醒（11.95－99）。由此，在冥府中，特瑞西阿斯智力的初始状态与其他亡灵并无差异，可一旦被"激活"之后，他就恢复了智慧。当然，特瑞西阿斯恢复的结果与其他亡灵一样，都是成为以前的自己：就阿喀琉斯而言，依然是狂燥暴怒、忧愤不平；就特瑞西阿斯而言，依旧是深思远虑、智慧非凡。布鲁姆虽说恰当注意到了一个人的凡人特性的恢复，但他似乎又忘了，苏格拉底很明显想要删除这一段落，由此在某种意义上，就删除了对凡人生命中的智慧的推荐。①然而，所引这一段，既负面地评论了"飘忽灵魂"的亡灵生活，更值得关注的是，又正面地提及了特瑞西阿斯智慧的保持，通过如此引用，苏格拉底使得布鲁姆这样的注疏者得以从这一段落中抽绎出一种正面教诲，尽管对那些更易于惧怕关于其死亡恐惧的表面教诲的人来说，这一段落是个负面性例子。从这些得到有意审查的段落的意义中，苏格拉底最终在卷十的伊尔神话中得以发展出一种对亡灵生活更为积极的描绘，在这个神话中，一个人前生的智慧——或由此智慧的匮乏——便告知着

① 布鲁姆说："《王制》卷三开始的七处引文中，中间那一处涉及特瑞西阿斯。特瑞西阿斯不但生时智慧聪明，就是死后在冥府中也是唯一拥有谨慎与智慧的亡灵。或许，甚至荷马也在暗示智慧能让一个人摆脱冥府中的辛酸苦楚。"见《〈王制〉注疏》，前揭，页357。

他关于来生的选择。①

依据《王制》卷三中苏格拉底对源自《奥德赛》引文的奇特的保留，下面的推论得到了进一步证实：《王制》前几卷中，苏格拉底着手从《奥德赛》中得出一个不易理解、积极正面的教训（elusive positive lesson）。在被建议删去的荷马诗篇中，有一段源自《奥德赛》，它是一位被誉为"最有智慧之人"（指奥德修斯）称赞人生中最大福分的一席话：

> 个个挨次安座，面前的餐桌摆满了
> 各式食品肴馔，司酒把调好的蜜酒
> 从调缸舀出给各人的酒杯一一斟满。
>
> （9.8—10；390 a—b）

苏格拉底指责这一段落会刺激护卫者的情欲，与护卫者的节制品性相悖，这一节制品性必须被灌注到不节制、不健康的政制中去。可是，苏格拉底的这一有选择性的引用，仍带有几分欺骗性：所引之文与其说是在称赞肴馔美酒，不如说是在称赞友谊情怀，因为紧贴这一段的前文便是：

> 能听到这样的歌人吟唱真是太幸运，
> 他的歌声娓娓动听，如神明们吟咏。
> 所有人沉浸在一片怡人的欢乐里，
> 我想没有什么比此情此景更悦人，

① 颇为值得关注的是，《王制》卷十的伊尔神话中再次有这样的描绘：一个人生时的毒辣邪恶与品行端庄，在其死后会得到相应的严厉惩罚与令人羡慕的回报。不过，这些叙述不会被一并删除，这或许暗示了人死后的灵魂世界是古代故事的根基。

欢宴者会聚王宫，挨次而坐，把歌咏聆听。(9.3—8)

苏格拉底挑拣删去的内容时，为何就略过了这些诗句而只把注意力投入到肴馔美酒中？最初，我们或许会为此糊涂感到惊异，但这却是在暗示，对于聆听诗行中的颂赞之辞，苏格拉底是暗地里接受认可的。苏格拉底暗暗地保留友爱情谊的场景描写，甚至，诸如此类的场景也让人想起《王制》中的两个地方。第一处是在《王制》卷二中，描绘健康城邦或“猪的城邦”(格劳孔的评语)的结尾处：

他们用大麦片、小麦粉当粮食，煮粥，做成糕点，烙成薄饼，放在苇叶或者干净的叶子上。他们斜躺在铺着紫杉和桃金娘叶子的小床上，跟儿女们欢宴畅饮，头戴花冠，高唱颂神的赞美诗。满门团聚，其乐融融。(372b)

如果说，苏格拉底主张删去荷马作品中对丰盛的肴馔美酒予以描绘的华丽辞藻，那么显而易见，他自己《王制》中的类似片断也应删去。而且，这里还明明白白地摆出了这样一个情况：第一个城邦中，那些单纯简单之人在高唱颂神的赞美诗时，就颂诗的来源而言，他们缺少一个中介环节——这里没有诗人。①不过，苏格拉底从《奥德赛》中删去的诗句不是对诗人颂歌的称赞，而是对肴馔美酒的称赞。所以，这里隐含的意思是，就算酒肉丰盛、醇香缭绕的宴饮场面不允许出现在第二个城邦中，然而城邦却给诗人留出了位置。正如苏格拉底列举诗的方方面面都应拒

① 直到第二个城邦、“发烧的”城邦随着格劳孔对第一个城邦的反对被建立起来，诗人和史诗吟诵者才明确获准进入城邦(373b)。

绝一样，他其实也暗示了，诗人的歌颂是第二个城邦中人神之间的沟通中介，因为，第一个城邦中人神之间的直接沟通已不复存在了。①

依据《奥德赛》中那些应删除的、过分渲染酒食香醇的场景描写所引出的暗示，《王制》中第二处引人注意的场景描写，则是《王制》本身的框架性讨论（framing discussion），即苏格拉底与年轻人间的对话。由于有一个晚宴的承诺（328a），苏格拉底和他们聚集在了一起，然而整个晚间，他们什么也没有吃，只是在热情地交谈。尽管最初的对话带有强迫性，甚至还被无耻的特拉叙马库斯（Thrasymachus）粗暴打断，但随后的对话还是会使人联想《奥德赛》中的对话，只是，哲人对正义的赞颂，取代了（《奥德赛》中）诗人对诸神的歌咏。②在这场谈论中，诗人戴上哲人的面具获允返回第二个城邦，或者说，哲人在创建城邦时发现，诗很

---

① 伯纳德特据《王制》的另一段落（389c5）也得出了类似看法，其要点是相同的："通过忽略这些诗句，诗人毫不犹豫被驱逐了，但由于同样一个缘由，诗人又被获许留下来。"见氏著，《苏格拉底的第二次航行》，前揭，页68。

② Martha C. Nussbaum 与 J. Peter Euben 都对柏拉图作品中对话的意义与对话本身间始终如一的相互作用尤为敏感，其实在这两者间，根本就没有什么"内容"与"形式"的区分，尽管在表面上它们看似有所差别。尤参 Nussbaum，*The Fragility of Goodness: Luck and Ethics in Greek Tragedy and Philosophy*（《善的脆弱性：古希腊悲剧和哲学中的机运与伦理》），Cambridge，U. K.：Cambridge University Press，1986，"interlude 1"；亦参 Euben，*The Tragedy of Political Theory: The Road Not Taken*（《政治理论的悲剧：一条未被采取的路》），Princeton，NJ：Princeton university Press，1990，第8章。

在另一类情况中，Paul Friedl¯nder 靠突出内容，消除了不少形式与内容的张力，他说："因而，这种争斗从根本上说，是模仿了柏拉图自己的内在冲突，模仿了诗人与哲人之间的冲突，由此，不断地练就与自身的冲突、与他人的冲突——这实际上只是一种警惕审慎的形式。"见 Friedl¯nder，*Plato: An Introduction*（《柏拉图引论》），trans. Hans Meyerhoff，Princeton，NJ：Princeton university Press，1969，页124。当然，按我的看法，则是哲人与诗人彼此监守得过于紧密了。

有用处。由此可见，无论是建构城邦的行动，还是《王制》中的谈话内容，也都应接受苏格拉底自己删减原则的质疑；由此出现了一个悖论，可正是这一悖论的出现才成功地唤起了人们对苏格拉底“审查”诗句的奇特之处——与最初简单地拒绝它们相比——有更多的关注。

这种怀疑，被随后要删除的、引自《奥德赛》的诗句进一步证实了：

> 任何死亡对于不幸的凡人都可憎，
> 饥饿使死亡的命运降临却尤为不幸。(12.342;390b)

在迄今的引用中，这是脱离上下文最为突出的例子之一，苏格拉底似乎在暗示，在《奥德赛》个案中主要说的是人对饥饿的诅咒性言辞。然而，讲这话的人却不是奥德修斯，而是地位仅在他之下的欧律洛科斯(Eurylochus)，即那个鼓动同伴违背奥德修斯和太阳神的诫令，食用太阳神的牧群的家伙。由于欧律洛科斯的怂恿煽动，同伴们都违背了奥德修斯的告诫，结果所有从特洛伊归来、企图返回家乡的伊萨卡人中，唯有奥德修斯拒绝饮食神牛，尽管他也饥肠辘辘。①太阳神迫不急待地施行了他的报复：摧毁了奥德修斯最后的船只，把船上的人都葬入了大海，除了这个没有吞食他牧群的人：奥德修斯。苏格拉底建议删去这

---

① 参 Darrell Dobbs,“Reckless Rationalism and Heroic Reverence in Homer's *Odyssey*”(〈荷马《奥德赛》中草率的理性主义与英雄崇拜〉)，见 *American Political Science Review* 81,1987 年，页 491—508。Darrell Dobbs 对这一部分做了详细深入的分析。欧律洛科斯用了“理性抉择”的论辩方式去劝说同伴同意食用牧群，而奥德修斯却用了一种更为人性、更为人道的方式——正如他决定离开自己的受禁地卡吕普索(Calypso)女神的岛一样——因而，他保住了性命。

一段，确实显得有些蛮横无理，因为整个上下文都分明是在教导：饥渴至死并非最惨的死亡方式，而且在必要时，一个审慎、虔敬、智慧的人会忍饥挨饿。苏格拉底论辩的意思与他选择删除的措词不相符合；结果，苏格拉底揭露了自己的心思：他认可《奥德赛》的教诲。

依最末一处的引用可知，苏格拉底对《奥德赛》的认可态度从委婉含蓄最终转至了明白畅晓。起初，他拒绝加入阿得曼托斯的提议——讨论哪些诗节能积极用于护卫者的教育，这是因为他们都不是作为“诗人”而是作为“城邦的缔造者”在这里发言的(379a)。但是，我们看到一旦《奥德赛》被引用时，苏格拉底就管不住自己的嘴，进而还举了一个诗也能被接纳称赞的例子：

> 至于一些名人受侮辱而能克制忍受的言行，这些倒是值得让年轻人看看听听的，例如：
>
> 他捶背叩心自责自己：“我的心呀，忍耐吧，更坏的事情不都忍耐过了吗。”(20.17—18;390d)

上述之例是苏格拉底讨论诗的教育时所提出的、诗具有正面教育性的唯一一例(他陈述的意图与所举之例不相违背)，因而，德性(virtue)的重要性在这里被予以强调。德性，通常则指节制(moderation)，在《王制》卷四中，苏格拉底立即就对它加以强调(只有节制与正义的品性才为城邦中的各个阶层所分有，虽说在某种程度上，正义是分有节制的一个结果[432a])，并且，节制还将被揭示为最重要的哲学品性之一。苏格拉底也将引自《奥德赛》的这一单独段落，视作荷马作品中倡导忍耐品性的一个正面例子，但是，对它的引用也只是被简单作为“该看看听听”的诗例之一(颇具反讽意味的是，这里赞扬的又是奥德修斯的不露原形和沉默隐忍[invisibility and silence])。实际上,苏格拉底暗中推荐的是整部《奥德赛》自身,是这部关于那个忍耐而审慎的卓越英雄的史诗。尽管源自《奥德赛》中的第一处引文暗示苏格拉底指责《伊利亚特》,但这最后一处暗示,《奥德赛》将会得到保留。①

伴随着对诸神和古代英雄的重塑,苏格拉底得出的结论是,只让"人类"留存下来,言辞中的城邦只关注这些更为谦卑的生命。②就算苏格拉底按理把诸神"驱逐"出了城邦,不过,要把英雄驱逐出去而非简单地重新评价,这一点却并不明显。苏格拉底保留了奥德修斯的自责以及类似的段落(390b)。之后,在讨论护卫者必须自控和节制时,苏格拉底把奥德修斯的自责用作激情被更高的理性所驯服的例子,从而再次重申了对这一段落的保留(441b)。由于只留存人类,同时奥德修斯又是凭着他的明智与自我克制而被得以保留的,所以苏格拉底暗示,在某种意义上,奥德修斯的身份虽是被降低了一级,即从英雄降为凡人,但这样做却显露出苏格拉底对奥德修斯的德性的敬重。反之,阿喀琉斯的神性不仅让他的性情起伏无常,而且还会让城邦危机四伏,可奥德修斯就不同了,他认同自己的人性,这不仅让他成为一名潜在的城邦护卫者,或许,还会让他成就为一个潜在的哲人。

忍耐,是哲人突出的一种品性。苏格拉底的忍耐精神在战

---

① 伯纳德特得出了一个类似结论:阿喀琉斯无论行为还是言谈,都得不到苏格拉底的赏识;奥德修斯却不过是在暗中曾经得到过称赞。苏格拉底对荷马诗的删削,数量并不多,但却出自《伊利亚特》,故而显得极为关键。见氏著,《苏格拉底的第二次航行》,前揭,页65。

② Iris Murdoch 在 *The Fire and the Sun: Why Plato Banished the Artists*(《火与太阳:柏拉图为何禁止艺术家》,Oxford, U. K.: Clarendon Press, 1977,页74)中,讨论了这一问题:为什么柏拉图优先选择的是好人而不是英雄。

场上声名远播。[①]忍耐这一哲学品性也反映在苏格拉底对强制威压的忍耐中——正是这一强制威压促使对话发生，更反映在他对雅典主流公民对他的指控、甚至判他死刑的忍耐中。如果说，苏格拉底从各个层面将一种忍耐精神与哲学等同起来——因为忍耐精神既不需要强力也不需要漂亮，只需要一个坚定的灵魂——那么实际上，他不过是想说明，长期处于忍耐中的奥德修斯是拥有哲学品性的。[②]苏格拉底看似要删掉一些诗的内容，却又成功地让这些被删掉的部分重新获得了更为细微精妙的启迪作用，这些引文在脱离其语境时，或许应予以反对，但如果带着对荷马更为辩证性的理解来阅读，它们就暗示了诗与哲学——确切地说，是与一种哲学形式的诗——之间一种更具创生性的伙伴性关系（a more productive partnership）。

四、阿喀琉斯与奥德修斯

《王制》前几卷中，即使柏拉图或许只是在暗中为保留、乃至重塑奥德修斯式的英雄主义而倾其心力，但阿喀琉斯的遭遇就没这般幸运了。在批评荷马的英雄主义时，奥德修斯的名字从未被公然提及过，[③]即使苏格拉底把他特有的美德用作积极正面的例子时，情况也是如此；但在另一方面，阿喀琉斯的品性却

---

① 见《会饮》，219e—221c。

② 对奥德修斯克制精神的钦佩之情，会因承认下列事实而减弱：奥德修斯之所以忍受着那群求婚人的凌辱，是为了要在合适的时候彻底地狂泄内心的仇恨。后文会讨论复仇性目标与哲学性路径之间的张力。

③ 事实上，奥德修斯的名字在《王制》中仅出现过两次，两次中也仅有一次是专门提到的（见620c、伊尔神话中，他的出现将在后文详加讨论）。另一次发生在《王制》卷一苏格拉底与玻勒马库斯（Polemarchus）对正义的讨论中，见334b。在这儿，苏格拉底依据诗人西蒙尼得（Simonides）对正义的界定，把正义之（转下页）

被公开点名抨击。苏格拉底在责难了对英雄们害怕死亡、撒谎拐骗、缺乏节制的描绘后，便开始批评英雄们对钱财的贪图，可最终只是单单谴责起阿喀琉斯来：

> 但是为了荷马，我不愿说这类事情是阿喀琉斯做的。如有别人说，我也不愿相信。否则就不虔敬。我也不愿意相信阿喀琉斯对阿波罗神说的话：
>
> 射神，最最恶毒的神明，你期骗了我。
>
> 倘若有可能，这笔账我定要跟你清算；①
>
> 还有，关于他怎样对河神凶暴无礼，准备争吵……这许多无稽之谈，我们都是不相信的。至于拖了赫克托尔（Hector）的尸首绕帕特罗克洛斯（Patroclus）的坟墓疾走，并将俘虏杀死放在自己朋友的火葬堆上，这些事我们也不能信以为真。我们不能让年轻人相信阿喀琉斯——女神和佩莱斯（Peleus）（素以自我克制闻名，且是主神宙斯之孙）的儿子，由最有智慧的赫戎（Chiron）扶养成人——这个英雄的性格竟如此混乱，他的内心竟有两种毛病：贪婪钱财，对神和人的傲慢蔑视。（391a—c）

阿喀琉斯最初受到谴责，毋庸质疑，是因为他贪婪钱财，但

（接上页注③）人比喻为偷窃盗贼之徒："因为荷马欣赏奥德修斯的外公奥托吕科斯（Autolycus），说他在"偷窃和发假誓"方面，简直盖世无双。所以，正义似乎是一种偷窃的技艺。"据 W. B. Stanford，奥托吕科斯负责给奥德修斯取了这个名子，并且，为奥德修斯的欺骗品性树立了榜样，见氏著，*The Ulysses Theme*（《尤利西斯主题》），Oxford，U. K.：Basil Blackwell，1963，第1章。因此，值得关注的是，苏格拉底谴责诗人称赞偷窃和撒谎的行为时，是把奥德修斯的外公而非奥德修斯本人，作为一个诡计行使者这种反面教材的。

① 这两行引文出自《伊利亚特》XXII. 15，20。我引用的是布鲁姆的译文。

随后对他的谴责一下子就深入到他对神、人的憎恶与蔑视问题上，于是，阿喀琉斯遭受到了更残酷无情的斥责。

然则，苏格拉底对阿喀琉斯无比严厉的斥责，其实最不切实际、有失公允，因为最初，苏格拉底只是详细证明了阿喀琉斯是一个贪图钱财的家伙。苏格拉底给出推论阿喀琉斯品性的例子中，第一个例子是，阿喀琉斯接受阿伽门农的礼品后就返回了战斗（390e；*Il.* IX. 515－526；XIX. 185－221），第二个例子是，阿喀琉斯收了钱财后，便欣然放还了赫克托尔的遗体（390e；*Il.* XXIV. 594）。用这两个例子来谴责阿喀琉斯，着实令人吃惊，因为这两个例子与苏格拉底希望传达的意思并不相符。在《伊利亚特》卷九中，阿喀琉斯实际上拒绝了阿伽门农让大使呈上的礼品，他接受礼品其实已是帕特罗克洛斯死后的事情，这时礼品已显得无关紧要了。[①]同样，阿喀琉斯也只是在收到宙斯“首先归还遗体、接受礼品”的命令后（*Il.* XXIV. 64－76），才接受普里阿摩斯（Priam）赎取赫克托尔遗体的礼品，并认为这笔赎金（bounty）“并非不值得”。在这两处例子中，钱财在阿喀琉斯眼里都无关紧要，这就首先证实了，阿喀琉斯其实并不看重财富，[②]相反，他的行事的动机，首先是激情，尤其是愤怒。

就算对阿喀琉斯的谴责经不起验证，人们也可能会推断苏格拉底这种奇怪做法的种种可能性原因。比如：钱财并非古时英雄内心

---

① 礼品在阿喀琉斯的眼中算不了什么，这是千真万确的，他说：最高贵的阿特柔斯之子阿伽门农，士兵的统帅，把礼物取来或留在你那里，这全由你决定。现在我们应该考虑出战的事情（XIX. 146－148）。阿喀琉斯讲了这番话后，奥德修斯马上就规劝他，说他这样没有为战士们的肚皮考虑考虑。

② 参 James M. Redfield, *Nature and Culture in Iliad: The Tragedy of Hector*（《伊利亚特中的自然与文化：赫克托尔的悲剧》），Chicago：University of Chicago Press，1975，页208。不过，布鲁姆正确指出：更深入地看，在《伊利亚特》中，阿喀琉斯对财产的关注促发了他最初的行事，因为，“为了自己的财产被统帅拿走的缘故，他确实给他的朋友和同胞带来了灾祸。这样的人，会成为正被构建的好政制中的一个穷公民（a poor citizen）”，在财产方面，特别地匮缺。见《〈王制〉注疏》，前揭，页356。

的渴慕,荣誉才是他们发自心灵深处的希冀;钱币,财产,只不过荣誉附带之物,本身并无真正价值。或许,苏格拉底把他意欲慎重批评的同时代之人的品性,归因于古代的诗人。不过,就苏格拉底对阿喀琉斯的误导性谴责而言,较之于上述第二个谴责(他"对神和人的傲慢蔑视"),恰恰上述第一个谴责(阿喀琉斯所谓的贪图钱财)的含义其实已暗含了很好的解释。突然滑入到第一个例子主旨中去的第二个例子,实际上是迄今为止苏格拉底对英雄精神(heroic code)的所有批评中最为辛辣严峻的一次,这一批评真正深入到了阿喀琉斯品性的本质之中。他拒绝参与特洛伊平原上的战斗,对神、人皆不服从,然而,也正是由于有这些抗拒自然与神的限制的特点,阿喀琉斯的英雄品性才得到了根本体现,当然,这也导致柏拉图时代的雅典人对他的英雄个性普遍地膜拜。通过对阿喀琉斯最为极端的批评——尽管并无证据——苏格拉底开始解除对这个英雄的古代崇拜,继而,这个英雄被苏格拉底揭示成了他的对立面、对立者。

谴责阿喀琉斯与提升奥德修斯,是《王制》中的两种动势,这两种动势也显著体现在《申辩》里苏格拉底在雅典民众面前的演说中。依据布朗(Eva Brann)之说,在许多方面,构成《申辩》一文的论辩与陈述,与其说是苏格拉底的"辩护"(defense),不如说是对雅典人的"冒犯"(offense)。[①]苏格拉格声称自己像"忒提斯(Thetis)的儿子"阿喀琉斯,这实为其辩护之中最为极端的冒犯之辞。在其演说中,一位假想的对话者问苏格拉底是否意识到,选择哲学就意味着踏上了一条危险重重的路,苏格拉底回答说:

按你的说法,死在特洛伊的英雄是微不足道的,尤其是忒

① Eva Brann,"The Offense of Socrates:A Re-reading of Plato's *Apology*"(《苏格拉底的冒犯:重读柏拉图的〈申辩〉》),见 *Interpretation* 7,1978,页1-21。

提斯之子。如果你还记得的话，他不愿受辱，因此轻视生命危险，不听他的神母对他的警告，迫不及待地想要杀死赫克托尔；我记得神母的警告是这样的：孩儿啊，如果你要为你的战友帕特罗克洛斯之死进行报复，要杀死赫克托尔，那么你死期将至。“赫克托尔一死，你命定的死期也便来临。”听到这个警告，他轻视死亡和危险，更加担心自己会卑鄙地活着而不能为他的朋友复仇。他说：“在我惩罚了那个干了不义之事的人后，就让我立即死吧，我是决不会徒然地呆坐在船舶前，成为大地的负担的。”你真的认为阿喀琉斯不考虑死亡和危险？[①]（28b—d）

苏格拉底把自己与英雄阿喀琉斯进行对比，确实在陪审团中惹起了阵阵非议，正如魏斯特（Thomas West）所说：

苏格拉底把自己与阿喀琉斯相互对比，的确显得滑稽荒唐、不伦不类。站在审判员面前的是一位将被处死的、七

---

① 此处苏格拉底别有用心地误引荷马的作品。原文是这样的：

那就让我立即死吧……
现在我既然不会再返回亲爱的家园，
我没能救助帕特罗克洛斯，没能救助
许多其他的被神样的赫克托尔杀死的人，
却徒然坐在船舶前，成为大地的负担。（18.98，101—104）

这里，阿喀琉斯既没提到“惩罚”，也没提到赫克托尔干的不义之事，苏格拉底的假定不符合原文。参 Thomas G. West 的评述，见氏著，“Interpretation”，*Plato's Apology Of Socrates*（《〈申辩〉释义》），NY：Cornell University Press，页59—60，注 79，以及页 155—56。亦参 Euben，《政治学说的悲剧》，前揭，页 219，注 33，页 225—26；Seth Benardete，“Some Misquotations of Homer in Plato”（〈柏拉图对荷马作品的一些误引〉），*Phronesis* 8，1963，页 173—78。通过使阿喀琉斯首先去关注自己反对赫克托尔的正当性（苏格拉底所做的不寻常的改变），而不是单纯地为帕特罗克洛斯复仇，苏格拉底有效地“教化”了阿喀琉斯。参 West，《〈申辩〉释义》，前揭，页 156。

> 十来岁的糟老头子，可阿喀琉斯却青春焕发、英姿飒爽，而且在战场上有着无与匹敌的身手与勇气。①

如此，苏格拉底傲慢无礼的演说的确令人无比震惊：他的表现是不逊于阿喀琉斯式英雄主义的苏格拉底式英雄主义。

苏格拉底自称有阿喀琉斯一样的光环则是极为不妥的，甚至可以说，这样的对比会给苏格拉底招来危险。阿喀琉斯轻视死亡，是在好友帕特罗克洛斯的死后，但直到那时，他都表现了对战士生活和英雄生活有相当矛盾的心理。阿喀琉斯其实宁愿过"平凡的生活，享足天年"，并且他也被告知，要是能从特洛伊海岸抽身而去，这种生活就会实现。②但就另一角度来看，苏格拉底在援引阿喀琉斯的同时，也指出了自己在服兵役期间的卓越表现，诚然，他不如阿喀琉斯，不是英雄，但他会永远坚守自己的岗位(28e)，而这一点却是他与阿喀琉斯的本质差别。此外，苏格拉底所参与的战争，与赢得了胜利的特洛伊大战，简直没法相提并论，而且依据修昔底德的记录，他打的每一场仗，要么彻底失败，要么只是个小小的胜利。然而，与阿喀琉斯抗击敌人时的凶狠不同，苏格拉底是在战争撤退时的行为中，更多地展现了身为一个战士所应具有的伟大美德。③同样，苏格拉底亦清楚地展现出了阿喀琉斯所缺乏的、服从军令的品质，尤其是要服从于一支民主政制下的军队，这是身为战士与公民的根本职

---

① 见 West，《〈申辩〉释义》，前揭，页 154。

② *Iliad* 9.410—429。

③ Thucydides, *The Peloponnesian war*(《伯罗奔尼撒战争史》), trans. Thomas Hobbes, ed. David Grene, Chicago: University of Chicago, 1989，详见其中所述的波提狄亚(Potideia)战役(1.56—65)、安菲波里斯(Amiphipolis)战役(5.6—10)以及狄里昂(Delium)战役(4.90—101)。苏格拉底效力于军务，以及在一次撤退中的模范行事，在《会饮》(220d—221b)与《拉克斯》(*Laches*)(189b)中都被提到了。亦参 West 对上述战役与苏格拉底哲学追求的关系的探讨，详见 West，《〈申辩〉释义》，前揭，页 162—163。

责。在这里，苏格拉底最初对比中的滑稽可笑——尽管他根本不能和阿喀琉斯的高贵相比——便出现了转折。阿喀琉斯的胆小怯懦（尤其体现于害怕死亡）、图谋虚荣以及作战争中的残酷手段，比起苏格拉底沉着冷静的威严来，实在是相形见绌。因此，在某种意义上，阿喀琉斯在上述对比中得到了提升，同时，通过倒转观众的期待，苏格拉格开始对阿喀琉斯的传统威望进行微妙而公开的重估。

从对阿喀琉斯的整个描绘，尤其如《奥德赛》中所描绘的、他在地府中对死亡的诅咒来看，苏格拉底向雅典陪审员提的这个关于阿喀琉斯的修辞性问题——"你们真的认为阿喀琉斯不考虑死亡和危险？"——就完全是反讽性的。当然，这一论断与对《申辩》的主流解释大为不同，因为多数《申辩》解释都认为，苏格拉底与阿喀琉斯的密切关联，体现了他对阿喀琉斯的认同。[1]在这些解释中，最引人注目的要算欧本（J. Peter Euben）的《政治理论的悲剧》一书了，在此书中，欧本全面而细致地处理了古希腊

---

[1] 如 Werner Jaeger, *Paideia: The Ideals of Greek Culture*（《教化：希腊文化的理念》），trans. Gilbert Highet, 3 Vols., New York: Oxford University Press, 1945，卷 1，页 262；Charles Segal, "'The Myth Was Saved': Reflection on Homer and the Mythology of Plato's *Republic*"（《"神话得到了保存"：对荷马与柏拉图〈王制〉神话的反省》），*Hermes* 106，1978，页 320－21；以及 West，《〈申辩〉释义》，前揭，页 160。总之，这些解释者都强调了苏格拉底选择死与阿喀琉斯在帕特罗克洛斯死后那看上去的坚决性这两者间的相似性。Diskin Clay 在对这一反复出现的、既适合苏格拉底又适合阿喀琉斯的"杂合之人"（mule）（或杂合的种类[mixed breed]）的形象做了睿智而可信的解读后，在苏格拉底与阿喀琉斯之间也得出了一种正面性的等同关系，见氏著，"*Socrates' Mulishness and Heroism*"（〈苏格拉底的杂合性与英雄主义〉），*Phronesis* 17，1972，页 53－60。我们可以如此应对：尽管苏格拉底把自己比作一个杂合之人，然而阿喀琉斯的确有"一半的血统"（half-breed）是源自神明。因此，要不是因为阿喀琉斯不断受到微妙的指控，再一次将其两者予以对比就是可笑的。布鲁姆在对《申辩》简明扼要的探讨中，提出了一种值得注意的非一般的理解方式，他认为："苏格拉底之死以及他的死所透露的神秘力量，都是一种新的英雄范式，必定会代替阿喀琉斯这种英雄范式"，见《王制》注疏，前揭，页 358。

的悲剧与政治的问题。欧本在讨论《申辩》时，试图让苏格拉底对阿喀琉斯的密切关联与苏格拉底对阿喀琉斯的“批评与改造”保持一种张力。但实际上，这些企图却又暗示，无论阿喀琉斯得到了怎样的改造，苏格拉底最终仍将他“继续作为”令人敬重的楷模。[①]这一点尤其通过联系两人对待死的态度得到了确定：“与阿喀琉斯一样，就算死的命运，他（苏格拉底）亦坦然接受”。[②]不过，如此解读会引起这样的疑问：当苏格拉底又一次含沙射影地将自己与阿喀琉斯相互对比时，明显针对的是阿喀琉斯的缺点。面对死刑，苏格拉底回应了阿喀琉斯的著名言辞，在《王制》中，这一言辞已被苏格拉底严令禁止了（386c）：

> 但是，我被处死的原因，不是不知该如何演说，而是不知该如何无耻、如何懦弱……我也不认为自己由于面临危险而必须做些奴性的事情，我对我这样的辩护并不后悔。我宁愿做这种辩护而死，不愿做另外一种辩护而生（38 d—e）。

苏格拉底倒转了阿喀琉斯对死亡的诅咒：冥府中的阿喀琉斯悲泣呜咽，宁愿受奴役也不愿死（11.488—11.491）；可苏格拉底完全相反，宁愿求死，也不屈就于这个城邦，身受奴役。同时，通过拒绝阿喀琉斯在《奥德赛》中关于生死选择的最终立场，苏格拉底也让我们注意到了阿喀琉斯那极不光彩的言辞。《王制》正是要删除这类言辞，因为它们对公民教养毫无价值。可如今，苏格拉底又在雅典民众前面极为隐晦地引用它们。苏格拉底所启示的是，这些段落并非一定要被彻底清除掉，而是应该由哲人来

---

① Euben，《政治理论的悲剧》，前揭，页 218。

② 同上，页 216。

细心审慎、富有教益地运用，哲人搜寻着将这些负面的例子用作正面的教诲。

欧本那样的解释者要面临的问题是，如何将苏格拉底的前后行为统一起来：苏格拉底先是盛赞阿喀琉斯对死的选择，随后又力揭阿喀琉性的奴性劣根。欧本在一个脚注中处理了这个问题，他说：

> 苏格拉底也谴责了围绕阿喀琉斯而形成的好战尚武的种种传统。颇有意思的是，在《申辩》中，苏格拉底在他最后一次演说的最后一部分里，又再次类比了自己与阿喀琉斯。然而，仅仅是《奥德赛》中的阿喀琉斯，仅仅是在《奥德赛》的某一段里，最伟大的希腊英雄才宁愿做一个耕种土地的农奴而不愿统治亡灵（11.488—11.491）。这正如萨里斯（Sallis）所恰当指出的（*Being and logos*［《存在与逻各斯》］，页62—63）：此处的阿喀琉斯降低了自己的英雄身姿，以此来“表达他对荷马英雄世界的怀疑”。①

为了保持苏格拉底和阿喀琉斯之间的联系，欧本断言，必定是阿喀琉斯以忽略其先前对战争的矛盾心理为代价，“降低了自己的英雄身姿”。但是，阿喀琉斯在《伊利亚特》中的行动表明，他从一开始就从未彻底坚守英雄精神：如果说，最初他决心撤离战争是缘于阿伽门农对英雄精神的破坏，那么，在卷九中，当阿伽门农的使节出现时，阿喀琉斯已有如此决断：倘若结局就是死亡，那么靠英雄精神来生活还不够。由此而知，是苏格拉底降低了阿喀琉斯的英雄身姿，而且他实际上启示我们，关于这一修辞

① Euben，《政治理论的悲剧》，前揭，页220，注34。

性问题——“你们真的认为阿喀琉斯不考虑死亡和危险？”——的答案，自始自终都不得不是：“不”。[①]通过拒绝认可冥府中阿喀琉斯的悲叹，苏格拉底否决了阿喀琉斯的立场，同时，又额外认可了奥德修斯的立场——英雄奥德修斯同样选择了长久地生活，但当死亡来临时，并不拒绝死亡。从一开始而非仅在临近结束时，阿喀琉斯都被拒绝作为一个如何去过哲学生活的例子。阿喀琉斯的品性，自始自终都过于受到爱欲（*eros*）、喜恋（love）、忧惧（apprehension）、忿怒以及奴性的驱使，以至于与哲学品性没有可比性。

《申辩》除了含蓄地对比阿喀琉斯与奥德修斯面对死亡的不同外，结尾也可谓意义重大，在这里，通过让苏格拉底提到那些他渴望在冥界中与其会面的灵魂的名字，柏拉图进一步提升了奥德修斯。正如施特劳斯所指出的，《申辩》中有两列名单：一列是出席法庭的苏格拉底的朋友（33d－34a），另一列是冥界中享有盛誉的亡灵（40e－41c）。在所有柏拉图对话中，柏拉图的名字只出现过三次，其中一次就出现在这里的第一列名单中。柏拉图列在第一列名单中的倒数第二位，奥德修斯也列在第二列名单中的倒数第二位。[②]虽说这种比较具有启发性，可在开始时又让人迷惑不解。如果说，在整篇《申辩》中，苏格拉底都被塑造成了取代传统英雄的新英雄，那么，我

---

① 这里我赞同 Michael Brint 的理解，他看到了苏格拉底与阿喀琉斯密切关联中的种种疑问，并总结道：“此处苏格拉底是在有意识地改换对英雄习俗的荷马式理解。”然而，Brint 在这里并没有把他的洞见拓展到对苏格拉底与奥德修斯之关系的探究上。见 Michael Brint，*Tragedy and Denial: The Politics of Difference in Western Political Thought*（《悲剧与否定：西方政治思想中的差异政治学》），San Francisco：Westview，1991，页 18。

② Leo Strauss，*Studies in Platonic Political Philosophy*（《柏拉图式政治哲学研究》），Chicago：University of Chicago Press，1983，页 53。

们不禁会期待将柏拉图(或者说柏拉图将自己)与荷马进行对比。柏拉图是希腊的新诗人，由此，也是希腊的新教育者，苏格拉底则是他主要的英雄人物。[①]但是，荷马与赫西俄德毕竟出现在第二列名单的中央位置，这暗示，他们的确重要，但这与柏拉图并无明显联系。

柏拉图实际像奥德修斯，因为他也选择了讲述自己故事的方式，即在某种意义上，变成一个诗人。柏拉图在写对话时，依据一个真实的苏格拉底创作了"苏格拉底"这个人物，这很像奥德修斯，他在创作诗时，也将自己作为了诗中的主角"奥德修斯"。如果说柏拉图批评过苏格拉底对书写的拒绝，那么，这在此处或许可找到：奥德修斯对费埃克斯人(Phaiacians)所讲的故事不仅富有教益，还让他安全归家，有机会重建家乡的政治秩序。虽然政治哲人明白，一切政体都有缺陷，都注定了衰朽的命运，但是，在某种程度上，他们仍试图创造一种永世长存、恒久不变的政体。[②]在给费埃克斯人讲述其长长的故事时，奥德修斯展示了，诗——包括在言辞中绘出城邦——如何是神恩赐给人的另一种不朽的形式。

在柏拉图的《王制》中，"言辞中的城邦"的成长，似乎有意要与早期希腊文学中另一个想象性的"城邦"——奥德修斯在"山羊岛"上所设想的城邦——遥遥相对。奥德修斯明白，在那里，政治生活若要健全发展，种种实用技艺则显得迫切紧要，而这势必会导致细密的劳动分工。通过比较，库克洛普斯人的社会生活，更全面地体现出由苏格拉底和阿得曼托斯所勾勒的第一城邦——"最低必要条件城邦"(the city of utmost

---

① West,《〈申辩〉释义》,前揭,页157。

② 《会饮》中,第俄提玛描述了凡人所感受到的"造就"某种不朽的这种冲动(206c—207c)。

necessity)——的基本特征(369d－371e)。在那里,劳动分工才刚刚起步(库克洛普斯人似乎不懂建造房屋,因为他们住在山洞中,也不会烧煮烹饪,因为这些家伙只知道啃吃生食,但是,他们好像掌握了一些养羊的经验[参 370a－b]);他们不懂造船技艺,对外贸易一片空白(参 370e);这里不存在货币(参 371b),没有劳动者(参 371e),礼法也没诞生,甚至几人合在一起瞎扯故事的情形都还没有,更不要说什么离家(*oikos*)联络友谊的情况了(参 372b)。总之,库克洛普斯人似乎只达到了"猪的城邦"的状态。① 奥德修斯对那个杳无人迹、遥遥对着库克洛普斯海岸的小岛之缺乏发展所表示的惊讶,至少可视为格劳孔的反感行为的一个先例,在听到那个"最低必要条件城邦"没有"调味品"后,格劳孔对其表示了反感(372c－d)。与格劳孔的内心渴望一样,奥德修斯也不愿过那种"简单粗糙"的生活,过这种生活意味着,要么与卡吕普索(Calypso)一起不朽,要么在以洛托斯花为食的岛(the island of the Lotus－eaters)上过着不问世事的生活(这个岛某种程度上像苏格拉底和阿德曼托斯所建立起来的第一个城邦,"健康"城邦)。奥德修斯不讨厌的东西包括渴望物质、关注政治、倾心哲学,这些东西则被格劳孔与苏格拉底结合起来,用于构建第二个城邦、"发烧的"城邦,由此来探究正义的本质,而正义的本质,正是柏拉图讲述苏格拉底故事时,永久关切着的问题。

最后,我们还应该记起,在奥德修斯激烈的复仇中,只有极少人得到了饶恕(22.344－380),其中一位便是诗人:所以,

---

① 对比《法义》对第一城邦起源的描绘,在那里,它明显与库克洛普斯人的前政治社会(prepolitical society)进行对比,679d－680e,尤其 680b。

通过写下苏格拉底的遭遇，也使“神话得到了保存”。[①]在这里，柏拉图几乎就将哲学与奥德修斯联系起来了，不过，在伊尔神话这一《王制》的结尾部分中，他会更肯定地暗示这一关联。

五、新诗：伊尔神话

前面，我们检省了柏拉图对古代诗作的重新评价，尤其是柏拉图对阿喀琉斯与《伊利亚特》的贬损，以及对奥德修斯与《奥德赛》的推崇。这一检省即便有说服力，但还留下了一个主要问题有待回答：为何奥德修斯就值得我们推崇，甚至还被看作是有哲学气质（philosophic disposition）的先驱者？苏格拉底细微然而却深思熟虑地试图重估荷马史诗，试图将《奥德赛》及其英雄提升到《伊利亚特》及其英雄之上，上述这一结论，不仅仅是对柏拉图重新评价诗这一态度的简要概括，更将我们引至一个范围更广的解释性结论上，一个关于《王制》推崇哲人的结论。就理解《王制》中“洞穴”所具有的启发意义而言，上述结论有助于改变传统的思想路径——《王制》中的“洞穴”不仅包括卷七中提到的洞穴比喻中的那个洞穴，也指伊尔神话中的冥府场景，因为我们发现，一个新的奥德修斯被两次突出地赋予了特征，正如在《奥德赛》中他常常探寻洞穴一样。

---

① 《王制》卷十中（621b），苏格拉底用“神话得到了保存”这一措词来描述伊尔在火葬柴堆上的重生，由此，伊尔所窥见的冥界生活才得以保存传留。柏拉图用同样的技法使得自己对苏格拉底的缅怀记念得到了同样的保存。关于苏格拉底与柏拉图之间的不同之处所蕴含的深远含义，可参 Leo Socrates，*The City and Man*（《城邦与人》），Chicago：University of Chicago Press，1964，页 52－53。亦参 Mary P. Nichols，“The *Republic*'s Two Alternatives：Philosopher-Kings and Socrates”（〈《王制》中的两种选择：哲人王与苏格拉底〉），*Political Theory* 12，1984，页 270－71。

正如沃格林以其习惯性的敏感指出柏拉图思想中的神话与反复出现的东西那样，《王制》中的三次下降与上升是彼此相关的：（一）最初是苏格拉底下降，去到比雷埃夫斯港（“我下到”——*katebēn*——这是《王制》的第一句话）；（二）洞穴比喻中哲人的上升与下降；（三）最后，伊尔的下降与上升。[①]在这些上升与下降中，贯穿着一个共同的形象，它要么是冥府，要么是没有光、没有生命的深洞，在《王制》卷三中，当苏格拉底重塑英雄的勇气时，有意要删除关于这一深洞的描写。沃格林承认，下降与上升的主题是柏拉图针对古希腊文学中最为闻名的冥府之旅所做的一个有意回应：

> 然而，首先我们要记起的是，荷马让他的奥德修斯告知佩涅洛佩：“在我当年前往（*katebēn*）冥府居所的那一天，为同伴们探听回归的路程，也为我自己”（23.252—253），并且，奥德修斯在这里还获知，还有无穷无尽的艰难困苦等着他去一一历尽。（23.249—250）[②]

倘若《王制》的一切下降，都旨在回应奥德修斯下降到冥府，那么，出现在以伊尔命名的神话中的奥德修斯，其下降则显得意义重大。若联系于前面卷七中的洞穴神话，那么，奥德修斯在伊尔神话中的下降既是解释前述形象的关键，同时，我亦将证明，它也是解释《王制》中种种建议忠告为何具有最终的有效性的关键。《王制》末尾部分的神话，最终明确地告诉我们，如何去理解凡人和哲人的上升与下降这一隐喻的表面用意和真正用意。不

① Voeglin，《柏拉图》，前揭，页52—62。
② 同上，页53。

过，与柏拉图一样，这里我们从结尾开始，对柏拉图说，苏格拉底的死同时标志着哲学的上升与下降。

柏拉图作品里的所有神话中，伊尔神话可能是最匪夷所思的，它与《王制》前面一系列论辩冲突很大。卷十在开篇之际就明确陈述要对诗予以驱逐，因为诗具有模仿本性，也就是说，远离于真实本身（595a—608b）。然而，卷十却近乎荒谬地结束于一首独特的诗——一个被人（伊尔）目睹、由苏格拉底重述的关于来生的神话（整部《王制》都是苏格拉底向一个没有被提及名字的听众叙述出来的，历时一天［327a］）。最后，苏格拉底明确地承认，他并非对所有诗都一并驱逐，因为，关于"言辞中的城邦"的故事，以及对正义的探求，必须终结于他自己关于来生的哲学诗中。①

所谓伊尔神话，是由据说出身于潘菲里亚族（Pamphylia）的伊尔所讲的故事。伊尔在一次战斗中被杀身死，十二天后为他举行了葬礼，可当他被放入火葬堆时，竟复活了。复活后，伊尔讲述了自己在"另一个世界"所看到的情景（614b）。伊尔神话的令人惊异之处在于，在《王制》花了相当篇幅来删削荷马的诗、包括卷十前面部分对诗的全面性攻击后，这个神话却包含了特别针对着《奥德赛》的几处富有启示的、赞誉性的暗示。苏格拉底开始讲述伊尔故事时，提到了奥德修斯给费埃克斯人讲述的关于他自己返乡旅程的故事（《奥德赛》卷九至十二），这故事中就谈到了他下降到冥府的经历（《奥德赛》卷十一）。最后一次、也是最

① 甚至在依据认识论基础对诗予以彻底谴责（categorical condemnation）后，苏格拉底亦承认："只许可诸如歌颂神明、赞美好人的颂诗进入我们的城邦。"（607a）布鲁姆在发现柏拉图最终接受了一些形式的诗后，注释道："不是要统统删除诗，而是要对诗予以改造。卷十的开篇就伴随着对荷马诗的批评，但结尾处却有苏格拉底范例性的诗"，见氏著，《〈王制〉注疏》，前揭，页427。

有意义地提及《奥德赛》，是在描述灵魂选择来生生活时，这在奥德修斯的灵魂做选择时达到高潮，只有奥德修斯的灵魂才真正按审慎、明智、反思的方式来进行选择的。关于这一点，后文会有详尽深入的讨论。

较早提到奥德修斯的地方，是在神话的开始处，当时，苏格拉底并不打算向格劳孔讲述“一个阿尔刻诺斯的故事”（a story of Alcinous）（614b），因为奥德修斯的故事尽人皆知。[①]苏格拉底这一声称，其意思并不清楚，但至少他是不打算娓娓细述一个漫长的故事。[②]更为重要的是，与奥德修斯所讲的关于冥府的故事不同，苏格拉底的故事并没有刻画独断暴戾的惩罚和铺天盖地的悲惨，相反，他的故事只关注正义生活与不义生活应得的赏罚。苏格拉底不会去重复那些古老的、关于来生的荷马式神话，相反，他是在创造一套全新的神话，以更好地与他刚刚讲述的哲学生活法则保持一致。

进而，还有一种更令人感兴趣的可能性：《王制》卷三中，苏格拉底将“高贵的谎言”（Noble lie）与“腓尼基人（Phoenician）的传说”相比时（414c），可能是在再次谈及言辞中的城邦这一建构性神话；可如今（既然在《卷十》中苏格拉底已不打算讲“一个阿尔刻诺斯的故事”，因此这就不会是一个关于费埃克斯人的故事），这后面的伊尔神话却不再含有谎言。在格劳孔抨击那个“猪的城邦”后，先前那个高贵的谎言就试图劝服多数人进入第二个城邦，以便让他们具有相同的起源，同时，这一谎言还为下述情况奠定了神圣的正当性：人与人不同，这不同来自先天的不同禀赋，和受到的不同教育。伊尔神话的讲述紧跟这一故事形式，然而，它关注的不

① 布鲁姆，《〈王制〉注疏》，前揭，页471；注13。

② 同上。

是人的诞生与城邦的起源，而是每一个凡人的死亡和来生。在最后时刻，所有人都是平等的：与拥有共同的出生一样，他们最终都会面对共同的死亡命运。[①]不过，现在他们的差异将依据其前生的行迹而被区别开来，如果说，先前“高贵的谎言”旨在说明人的差异是上天注定的，那么，伊尔神话则表明，个体来生的差别只是我们自己选择的结果。这里不再需要谎言：人的差异与不平既非神圣的天赐，也非无法改变的事实，只是人的选择。正如神话中所说的：“不是神决定你们的命运，是你们自己选择命运……过错由选择者自己负责，与神无涉。”(617e)

如果说，“高贵的谎言”暗示，我们的不平等有一种神圣起源，人自身的努力无法改变现状，那么，伊尔神话则有相反暗示：我们的差异归根结底只是我们自己选择的结果，由此，这一差异可以得到铲除或重塑。进言之，虽说我们在冥府的选择受自己前世生活习性的影响，然而我们是站在同一个平台上来选择来世生活的本性的。这正如那个“发言人”(*prophētēs*)所宣称的，可供选择的生活“模式”的数目比在场灵魂的数目要多得多，因此从理论上讲，我们所有人都同样有做出明智选择的可能(618c)。从根本上讲，我们并无什么差别，彼此都平等，因为，要是我们能获得“辨别善恶生活的知识与能力，并且随时随地选取尽可能善的生活”(618c)，那么，即便其前世生活习性有污垢，也能做出明智的选择。

后面的这个“高贵的谎言”，以及某程度上的诸神与新真理的无关性，实际与前面讨论诗时得出的结论——与其说是驱逐诗人，不如说是更要驱逐诸神——遥相呼应。关于“与诸神无涉”，苏格拉底明确揭示，诸神不会再如荷马所做的那样，对凡人

---

① 因此，伊尔来自潘菲里亚族，是一个属于“所有部落”的男子。

的生活施加其武断的意志。正如《王制》卷二中的描绘一样，诸神轻灵地住在天上，对人的行为没有直接影响。而且，如《奥德赛》的结尾所暗示的那样，人会主动控制诸神的道德（因为，就《王制》而言，我们会决定哪一种诗体神学[poetic theology]对城邦有益），而不是相反。但是，那些选择了可怕命运的人，把过失归咎于其他原因，比如“偶然，神灵，等等”，却不怨他们自己（619c）。不义，甚至是自己所为的不义，只要受到指责，仍然会求助于诸神的存在；这种做法是在模仿《奥德赛》开始时宙斯的抱怨（1.32—43）：人总是把自己的命运选择有失公允地归咎于天神。诸神的存在，若只是为了身受平白无辜的谴责，那么终究对不义、而非正义，更为必要。

伊尔描述，那些愿意来世做人的灵魂在选择了自己满意的生活后，每一个选择都将受命运三女神批准，接着，这些灵魂便开始上路，“历经了可怕的闷热，走过勒特（Lethe）平原”。勒特（*Lēthē*），这遗忘之平原，席卷着热气，使人极度口渴，“他们全部被要求喝规定数量的（遗忘之）水，而其中一些没有智慧（prudence）帮助的人便饮过了量。当然，一喝这水，他们便忘记了一切。”由于喝了遗忘之水——再生之前必不可少的一步——每个灵魂将其选择生活的一切动因，都抛到了九霄云外，这使得每个灵魂每次都受制于其所选择的生活的习性，而永远都不会得益于从前的生活所获得的知识。正如阿娜斯（Julia Annas）所发现的，由于“我们被假设忘掉了前世的一切……，对于恒古永存的宇宙模式来说，所有个体的行为都没有差异，由此，还会用得着沮丧吗？”①因此，从上述阿娜斯的观点、而非从我们拥有至高

① Julia Annas, *An Introduction to Plato's Republic*（《〈王制〉引论》），Oxford，U. K.：Oxford University Press，1981。Annas 依据伊尔神话的“粗鄙”（vulgarity）而将其视为“一种令人痛苦的震撼”（a painful shock）的标志，页 349。

的选择权这一角度出发，那么，神话似乎在暗示：我们以前的所有生活都不会有什么教益，除了有刚刚渡过的这一轮人生的习性，但事实上，这一习性或许让我们不可能充分地反省那些决定着我们生活道路的重要选择。

上述结论还忽略了一个重要细节：在勒特平原上，审慎能让我们只喝规定数量的遗忘之水，有了审慎（*phronesis*），喝水数量就绝不会超过应有的标准。同样，审慎让我们依据前世的生活做出对来生有利的选择，或许可以说，审慎亦在阻止我们对前世的遗忘，由此，审慎的灵魂记住了多少，相应地，那些不审慎或与此相当的“大大咧咧”的灵魂，就会忘记多少。审慎的灵魂能够记住更多前世所有的东西，特别是，审慎还能让灵魂做到仅仅只喝正确分配的规定数量的水。①

控制自身口渴的能力，尤其是在身处“极热”时对口渴的控制，就不仅仅是指审慎了。在《王制》之初，苏格拉底就已暗示：一个人能控制住过量饮水的冲动，这不单单是一种审慎，更意味着，这个灵魂的内在秩序井然有条，这样的灵魂，暗示了一种哲学生活的可能。在《王制》卷四，当讨论到一个秩序井然的灵魂是否可以同他们所创建的“言辞中的城邦”相互对比时，苏格拉底声称：

假定一个人的灵魂与城邦的建制有同等的构架形式，

① Bruce Lincoln 是极少数能够注意灵魂中饮水过量与自我节制间的差异的学者之一，Lincoln 写道：“要是一个人特别能持守自我的原则，同时也知晓饮了这邪门河水之后会招来的后果，那么，他就能克制住大量饮水的欲望。对于柏拉图来说，只有哲人才有这样的知识与节制品质……，（因而），一些禀赋极高的个体就能逆转，或者说，至少能减低河水的效用，而且，这些人还能身携丰富大量的知识从冥府中归来。”见氏著，“Waters of Memory，Waters of forgetfulness”（〈记忆之水，遗忘之水〉），见 *Fabula* 23，1982，页 21。

那么就可以说，两者亦有相同的情感层面，如此可断定，在两者内具有同样的(美德的)名称。(435b—c)

由此，苏格拉底总结道，灵魂与“言辞中的城邦”有相同的统治秩序，“计算”(calculating)部分统治着欲望和非理性部分。为了论证这一观点，在接下来的对话中，苏格拉底对格劳孔给出了自己的论述，从后面伊尔神话中的种种细节来看，这些论述非常具有启发性：

那么，就渴而言，我们说渴是灵魂对饮料的欲望，这里所涉及的除了饮料外，我们还提到过什么别的没有？我们有没有指明，例如口渴是……关于任何特殊饮料的[一种欲望]？假设渴同时伴有热，那么欲望便会要求冷的饮料……，如果渴得利害，要求的饮料也就会多，如果渴的程度小，要求的饮料也就会少……(437d—e)。因此，渴的灵魂，如果仅渴而已，它所想要的就没有别的，仅是饮料，它就极为想要这个并力求得到它……如果一个人在渴的时候，心灵上有一个东西把他拉开，不让他饮，就好像把一个口渴了去喝水的牲畜拉回来，那么这样东西一定是与渴不同的另一样东西……。(439b)这岂不表明，灵魂中有一种东西在吩咐他们喝水，有另一种东西在禁止他们渴水，而且是禁止他们喝水的那个东西支配着吩咐他们喝水的那个东西？(439c)

在苏格拉底看来，与欲望“不同的东西” 是“计算”(*logismos*)，当它在灵魂中占据足够的优势时，就能统领欲念与欲望(439d)。“意气”(spiritedness)则被视为与“理智”一体的形式，是

“理智”的“辅助”阶层。尽管苏格拉底在前面的卷二、三中大肆攻击诗，可在此却求助于诗的权威，以便进一步证明，“计算”能制约欲望：

> [考虑]我们在其他早些地方(390d)引用过的荷马的证词，
>
> 他捶打胸部，内心自责这样说：
>
> 心啊，忍耐吧……(*Od.* 20.17—18)
>
> 现在你该明白了，因为在这行诗里，荷马分明认为判断好坏的理智是一个东西，它在责备那个失去理性管教的愤怒器官，而这也表明，那失去理性管教的愤怒器官是另外一样东西。(441b—c)

苏格拉底早先时候引用这些诗句，是为了举例说明有一类诗也可以被允许进入正义城邦，这既暗示了诗不会被完全驱逐，也暗示着，要给以警惕反思的荷马文本，其实亦有教育启发意义，这里就是奥德修斯能控制自身欲念的一个例子(390d)。在引用《奥德赛》前讨论口渴的语境中，从灵魂在死后的勒特平原上抵制口渴的自我控制的重要性来看，所有人之中，奥德修斯的例子最为著名，在返乡旅程中，他典范性的几次抵制了食物的诱惑，尤其在以洛托斯花为食的忘忧岛上，以及在因饥饿而招致海难的瑟壬里斯(Thrinicia)岛上。

进而，《王制》卷四中，苏格拉底引用他所称赞的荷马诗句，也是为了与下面这个时刻遥相呼应：当奥德修斯漫游回乡后，睡卧在自家地板上，这时，他听到了那些求婚人与不忠女侍们的亲热嬉戏，他怒火中烧，很想冲上去杀了这群污秽之人，但是，他控制住了自己的忿怒，因为他想起了自己曾有过的类似情景——

那时，他竭力忍耐要杀库克洛普斯的冲动，理智告诉他，要是真的杀了这个凶残家伙，他和同伴们必将葬身洞穴，因为他们根本就无法弄开封住洞穴的石门。实际上，*logismos*［计算，理性］的统治与 *phronesis*［审慎］相联：计算在审慎的辅助下工作（比如在奥德修斯这两个例子中，稍后他就会成功复仇），而审慎也会因理智的帮助得到巩固。一个人不仅要清楚行事的方式，更要知晓什么时候行事、怎样行事。就此而言，苏格拉底在伊尔神话中给我们举了一个确切的例子，一个运用 *nous*［理智］或理性来进行选择的灵魂。

在到达勒特平原之前，伊尔亲眼目睹了最后一个出来选择命运的竟是奥德修斯的灵魂，因为他抓阄的结果是拿到了最后一号（当然这纯属偶然）。奥德修斯的选择和其他灵魂一样，源于自己前生的习性：

> 奥德修斯对前生劳役的记忆，治愈了他对荣誉的热爱；他花了很多时间各处走走，想找一种只须关心自己事务的私人生活。他好不容易发现了这个模式。它落在一个角落里，没有受到别人注意。他找到它时说，即使抽到第一号，也同样会乐意地选择这个生活模式。（620c）

很明显，苏格拉底意在让我们钦佩奥德修斯为来生做出的选择。“发言人”（*prophētēs*）告诫过灵魂，在挑选时不要粗率莽撞：

> 即使是最后一个选择也没有关系，只要他的选择是明智的、他的生活是努力的，那么，他就仍然有机会选到自己满意的生活，而非邪恶污秽的那类生活……最后一个选择

的也不要灰心。（619b）

发言人"预言般"的宣称，其实已预见了奥德修斯灵魂的选择，就算奥德修斯由于抓阄的偶然性成了最后一个选择者，也依然能够寻到当身为第一个选择者时所要选择的灵魂。奥德修斯的灵魂"花了很长时间"来寻找（620c），由此可见，比起第一个选择者——他粗率地挑选了僭主生活，却没有看到其中还包含着吃自己孩子"等等可怕的命运在内"（619b）——来说，奥德修斯的灵魂明显审慎得多。要是我们留意到，在这些灵魂中，奥德修斯灵魂的选择也一样是仅仅源于自己前生的习性，那么我们就会疑惑，奥德修斯选择的独特生活，何以让人敬佩呢？苏格拉底并没有明确地说，奥德修斯的灵魂选择了哲人生活，或者说，他的选择将导致一个正义的、言辞中的城邦的真正创建。相反，一个简单的事实是，奥德修斯选择了"一个只关心自己事务的私人"这种生活，以图唤起我们的敬佩之情。就算奥德修斯灵魂选择的方式因其非凡的反省意识而闻名，然而其选择本身仍然让人困惑不解。

许多伊尔神话的评论者都未在此驻足反思奥德修斯灵魂所选的独特生活受人敬佩的根据与理由。①极少数反思了奥德修斯灵魂之独特选择的根据的评论者，尽管一致认为这一选择的根据值得关注，然而，在到底是什么根据这一问题上，却又众说

① 伊尔神话的大多数评论，甚至没有特别讨论奥德修斯的灵魂对生活选择的问题。在关于《王制》一系列冗长的评论中，下述著作对奥德修斯灵魂的选择问题都没有给与明确讨论：Annas，《柏拉图〈王制〉的引论》，前揭，页 349－53；C. D. C. Reeve，*Philosopher — Kings: The Argument of Plato's* Republic（《哲人王：柏拉图〈王制〉的论辩》），Princeton：University Press，1988，页 263－64；Daryl H. Rice，*A Guide to Plato's* Republic（《柏拉图〈王制〉导读》），Oxford，U. K.：Oxford University Press，1998，页 116－17。据我所知，那些直接针对（转下页）

纷纭。①比如，伯纳德特就声称，"奥德修斯的种种经历"可能暗示他能"摆脱自身的习性"的可能性，但他却总结说，奥德修斯的灵魂并没有暗示这种可能性——一个人能选择苏格拉底生活："苏格拉底自己似乎从来没有成为过奥德修斯，他自己说过，他的精灵(*daimonion*)可能是唯一的(496c,4—5)。"②但另一方面，布鲁姆暗示，奥德修斯灵魂的选择的确预示了随后的一种化身成人，不仅化作一个哲人，而且化作苏格拉底："聪明睿智的航海者奥德修斯，[在伊尔神话中]进一步被提升了。他所需要的一切，就是让其对荣誉(一种意气形式)的热爱得到疗治，然后能过上无名(obscure)但却幸福的苏格拉底式生活。"③总之，几种关注奥德修斯灵魂对生活的选择这一内容的《王制》解释，尽管都认为奥

(接上页注①)伊尔神话的较为简短的研究，也没有专门讨论过奥德修斯灵魂的选择问题，如：Irwin C. Lieb，"Philosophy as Spiritual Formation：Plato's Myth of Er"(〈作为精神形式的哲学：柏拉图的伊尔神话〉)，见 *International Philosophical Quarterly* 3，1963，页 271—85；Hilda Richardson，"The Myth of Er(Plato，Republic)"(《柏拉图〈王制〉中的伊尔神话》)，见 *The Classical Quarterly* 20，1926 年，页 113—133；Griet Shils，"Plato's Myth of Er：The Light and the Spindle"(〈柏拉图的伊尔神话：光与纺锤〉)，见 *L'Antiquité Classique* 62，1993，页 101—114。甚至 Thayer，虽然他在处理伊尔神话时，对灵魂选择来世生活的种种暗示的分析，堪称精微细密、广征博引，但让人惋惜的是，他仍然没有反思奥德修斯灵魂的独特选择，详参 H. S. Thayer，"The Myth of Er"(〈伊尔神话〉)，见 *History of Philosophy Quarterly* 5，1988 年，页 369—384。其他研究者，比如 Annas，Reeve，以及 Lieb，虽说都强调了神话里那有待解释的选择本身的重要性，也都对导致奥德修斯著名选择的原因缺乏任何分析。

① Jocob Howland 注意到，奥德修斯灵魂的选择令人钦佩，他进而声称，这个神话是要让我们"以鼓舞人生、动人心弦的奥德修斯灵魂的例子为榜样"，而非让我们去检省，在奥德修斯所选择的生活中，究竟是什么性质促发了我们的钦佩之情。见氏著，*The Republic：The Odyssey of Philosophy*(《〈王制〉：哲学的奥德赛》，New York：Twayne Publishers，1993，页 159。

② 伯纳德特，《苏格拉底的第二次航行》，前揭，页 229。

③ 布鲁姆，《〈王制〉注疏》，前揭，页 436。

德修斯灵魂的选择值得推崇，却没有仔细思考这一推崇的原因何在。

然而，做"一个只关心自己事务的私人"这种人生选择引起我们钦佩的原因，的确不易理解(620c)。布鲁姆认为这种选择是在暗示苏格拉底的生活。但是，就算做一个"私人"(private man)(尤指不热衷于政治事务)的选择会获得美誉，然要我们从柏拉图对苏格拉底种种行事的描绘中，得出苏格拉底只是一个"关心自己事务"的人这一结论，恐怕又太勉强了。因此，上述困难很大程度上就决定于人们如何解释"只关心自己事务的私人"(*bion andros idiōtou apragmonos*，620c)这一说法。奥德修斯对自己来世的审慎选择，似乎暗示他要彻底反叛自己的过去，彻底反叛自己那为人所知的禀性。①在诗史《奥德赛》的很多地方，奥德修斯都非一个私人，甚至在远离伊萨卡岛后，他也仍旧是那儿的君王；而且，奥德修斯亦非"只关心自己的事务"。只关心自己的事务，就要求自己不"做一个好事之人"(*polupragmonein*)，当然，从字面意思看，则是不要"做很多事情"(参433d)。奥德修斯这个"有很多法子"("many ways"[*polutropos*])的人，是那种做很多事情的人的最高典范。事实上，在《奥德赛》开篇之际，我们就获知，他"见识过不少种族的城邦和他们的思想"(*pollon d' anthropon iden astea kai noon egno* [1. 3])。因此，奥德修斯既非一个私人，也非不"做很多事情"，但在死后，当他从各式各样的人生中挑选自己的来生时，却又选择了相反的生活。

事实上，要对"只关心自己的事务"做深入透彻的理解，就得回顾《王制》卷四中靠前的谈话。"只关心自己的事务"被用来界定正义的本质：每个阶层的人只做自己的事而不兼做其他阶层

---

① 对此，伯纳德特有不同看法："奥德修斯放弃了政治生活，但并没有放弃别的一切"，见氏著，《苏格拉底的第二次航行》，前揭，页228。

的事。由此，护卫者负责统治，辅助者负责安全，手艺人与工人负责生产。在这里，城邦被化约为一个放大了的灵魂来看待（368c—369a），在《王制》卷四中，苏格拉底继续说道：

> 那么，格劳孔，我认为我们以什么为根据承认国家是正义的，我们也将以同样的根据承认个人是正义的……但我们可别忘了，国家的正义在于三种人在国家里各做各的事……因此我们必须记住，如果我们每人内在的各种品质在自身内各起各的作用，那么他就也是正义的，也就是说，各人只做份内事。（441d—e）

进而，苏格拉底总结道：

> 可实际上，正义确是如我们所描述的这种东西。然而它不是指外在的“各做各的事”，而是关涉内在的东西，即它只和人本身有关，只和个人自己的事情有关。这就是说，正义的人不许可自己灵魂里的各个部分相互干涉，起别的部分的作用。他应当安排好真正自己的事情，首先达到自己主宰自己，自身内秩序井然，对自己友善。他将自己心灵的这三个部分合在一起加以协调，就如将音阶中的高音、低音、中音加以协调一样。（443c—d）

奥德修斯宁愿让自己的人生“只关心自己的事务”，这首先就意味着他更愿意做一个正义的人。正义之人的灵魂秩序井然，各自“只做份内的事”，并由此命令“计算部分起统领作用，因为它是智慧的，是为整个心灵的利益而谋划的，而且，意气不但要服从它，还要协助它”（441d）。因为做僭主这种诱惑力对任何人来说都显得太强大了，除了对一个私人（想想第一个灵魂对僭主生活的挑选[619b]）之外。奥德修斯的灵魂选择去做“一个只关心自己事务的私人”，或许是因为他已知道，唯有如此，自己的灵魂才会继续保持井然的秩序，甚或成为一个正义的灵魂。

在《王制》其他地方，苏格拉底亦用不同方式来描述这只关心自己（*apragmonon*）之私人的生活。在卷六中，他描绘了哲人——这时哲人已被提议为言辞中的正义城邦的统治者——的反应，哲人为了保卫自己，从“多数人的疯狂”中抽身而退：

> 这极少数真正的哲人就好像孤身一人落入猛兽群中，既不愿意参与作恶，又不能单枪匹马地抗拒所有人的野蛮行径，在这种情况下他一事无成，无法以任何方式为朋友或城邦做好事，在他能这样做之前就已英年早逝了。由于上述原因，哲人都保持沉默，独善其身，就好像在狂风暴雨或风沙满天之时避于矮墙之下，目睹他人干尽不法之事，而他只求洁身自好，终生无过，最后怀着善良的愿望和美好的期待含笑而终。(496d—e)

这里对“只关心自己的事务”的私人的描述，远远超出了卷四中的说法，它不仅包含着前面对一个灵魂秩序井然、由此乃正义的人的界定，更拓展了对这样一种哲人——他完全避免忙碌，也就是说，置身于其他人的事务之外——的界定。由此可见，“只关心自己的事务”包含着内在与外在两层涵义，从内在看，哲人灵魂的各个部分“只做自己份内的事”（由此暗示或许唯有哲人才可能拥有真正正义的灵魂）；从外在看，通过远离于他人的暴力，哲人希求安然渡过风暴般的政治气候(polity)。不过，在奥德修斯灵魂的选择这一语境中，尚不太清楚的是，苏格拉底是否意在让我们将伊尔神话理解为对下述这种人的生活的推荐，这种人的灵魂从内在看井然有序，或者，用风暴中的哲人的例子来说，这种人置身于他所生活其中的政治气候之外。

看来，奥德修斯灵魂的选择导致了几种特殊的生活道路，如果接受前面的几种界定，这些生活道路就是可能的。正如伯纳德特所暗示的，或许，我们应该将奥德修斯灵魂的选择理解为如同下述这样一个人的选择，他是一个前哲人性的私人(prephilosophic private person)，拥有卷四描述的那种井然有序的灵魂，这个人不去统治，但看来也不太可能会特别去追求苏格拉底那种哲学生活。或许我们也可以这样理解，奥德修斯来生将成为一个成熟的(full－blown)哲人，但出于对其生活和哲学的担心，他会不肯加入到他的社会中去，由此，就更像卷七洞穴比喻中描绘的哲人了。不过，或许布鲁姆的理解是对的，他认为，伊尔故事给我们带来了这样的结论：奥德修斯来生的生活将成为苏格拉底的生活，也就是说，这样一个私人的生活，他的灵魂井然有序，即便会“做许多事”，也不会谋求公职(seek public office)。伊尔神话以及那些描述了一个人可以“只关心自己事务”的不同方法的段落，让我们可以得出上述任何一个结论，但并未为我们提供证据证明这些情况中哪种最为可能。

事实上，伊尔神话最终所要的就是这种不确定性。从某种意义上讲，这一神话与我们接下来要谈到的现代哲人罗尔斯(John Rawls)笔下的“无知之幕”(the veil of ignorance)，就情节梗概而言，确有表面上的相似之处。①在罗尔斯看来，唯有在“一种纯

① John Rawls，*A theory of Justice*(《正义论》)，Cambridge，MA：Harvard University Press，1971，第3章，尤参页136－42。罗尔斯笔下的“无知之幕”与伊尔神话的比较，乍一见虽显得牵强附会，但它们针对人生选择来说，都提供了一种神话形式。关于对罗尔斯笔下“幕布”的诗的特质、神话特质的分析，可参George Armstrong Kelly，“Veils：The Poetics of John Rawls”(〈幕布：罗尔斯的诗学〉)，见*Journal of the History of Ideas* 57，1996年，页343－64页。[译按]《正义论》的中译参用了何怀宏、何包钢、廖申白先生的译文(罗尔斯，《正义论》，何怀宏、何包钢、廖申白译，北京，中国社会科学出版社，2003)。

粹假想的状态”中，在一种对自己的境况知之甚少的个体性思想实验中，正义社会的尺度准则才方可获得。①罗尔斯如此描述这种实验，当个体处在一种“无知之幕”后面，他们就具有一种“原初状态”(original position)。由于我们对自己将要生于其中的社会知之甚少，由于在幕布(the veil)之外，个人在实际的财富、贫穷、天资、教育、优势以及劣势方面具有种种可能性差异，因而，当一个人在选择所属的社会模式时，就一定会挑选自己希望进入的那一类。②伊尔神话中的灵魂被给与了一种相似的选择，尽管在这个选择中，灵魂没有试图安排他们将生活于其中的社会，但是，在这个选择中，灵魂被要求来选择一种生活“模式”，一旦重生，他们就必须过这种生活。尽管这些灵魂或多或少都对自己的生活“范本”有所了解，但他们对自己的家庭、社会或政治气候，几乎都一无所知，由此，他们恰恰代表着罗尔斯的“无知之幕”的反面。

当然，对生活的选择必然与某一类型的社会相关。例如第一个灵魂，他挑了一种僭主生活，这就需要有一种这个灵魂会生活于其中的专制的、不义的政治制度。这个灵魂的选择纯粹出于习性，没有对僭主生活带有的很多恶做必要的反思，以此来避免其恶，实际上，这个选择代表了对这个灵魂来说生活可能性的

---

① Rawls，《正义论》，前揭，页120。

② 处于一种无知之幕的身后，我们无法获悉下面的一切情况：“首先，没有人知道他在社会中的地位，他的阶级出身，他也不知道他的天生资质和自然能力的程度，不知道他的理智与力量等情形。其次，也没人知道他的善的观念，他的合理生活计划的特殊性，甚至不知道他的心理特征：如讨厌冒险、乐观和悲观的气质。再次，我认为各个政党对自身所处的社会境况亦无明确的认识。”人们所知晓的特征则是：“然而，以下情况被看作是理所当然的：他们知道有关人类社会的一般事实，他们理解政治事务和经济理论原则，知道社会组织的基础和人的心理学法则。”见Rawls，《正义论》，前揭，页137。

狭窄化。由于这个灵魂的选择缺乏审慎,所以,接下来即便开始新的生活,他也不会有践行审慎的机会。但是,对大部分灵魂来说,发言人(*prophētēs*)似乎暗示,灵魂们仅仅会选择生活的"模式"。正如郝兰德(Jacob Howland)所注意到的,某种生活模式的存在,"其实已暗示,在某种意义上,尽管每个人的生活都与其他所有人不同,但在根本上,个人的生活并非独一无二。"①实际上,就算每个人的灵魂最初都要为选择去过的生活负责,但他所选择的生活又会反过来管制最初选择这一生活的灵魂的秩序。正如"发言人"所说,"一个灵魂的秩序并不在它们[即生活模式]中,因为,根据所选择的生活,一个灵魂必然会变得不同"(618b)。每种生活会不同地、或许令人惊异地反作用于选择了这一生活的灵魂,潜在地重新安排灵魂的秩序,以便在死后,当下一次又要抓阄的时候,有可能做出一种不同的选择。

与罗尔斯不同,柏拉图似乎在暗示,比其对我们会生活于其中的那种社会来说,我们可以对自己会过的那种生活产生更多的影响。当苏格拉底暂停下来为格劳孔解释伊尔故事的意义时,如此总结道:

> 亲爱的格劳孔,这个时刻对人来说似乎是极大的冒险。这就是为什么我们每个人都宁可轻视别的学习而应当首先关心寻师访友,请他们指导我们辨别善的生活和恶的生活,随时随地选取尽可能最善的生活的缘故。我们应当对我们所讨论的这一切加以计算,估价它们(或一起或分别地)对善的生活的影响;了解美貌而又贫困或富裕,或美貌结合着的各种心灵习惯,它们对善或恶有什么影响;了解出身贵贱、

① Jacob Howland,《〈王制〉:哲学的奥德赛》,前揭,页156。

> 社会地位、职位高低、体质强弱、思想敏捷或迟钝，以及一切诸如此类先天的或习得的心灵习惯——彼此联系着——又有什么影响。考虑了所有这一切之后，一个人就能让目光注视着自己灵魂的本性，把能使灵魂的本性更不义的生活命名为较恶的生活，把能使灵魂的本性更正义的生活命名为较善的生活，因而能在较善的生活和较恶的生活之间，做出合乎理性的选择。（618b—e）

在罗尔斯看来，要获得正义，就需要对既指引人生方向、又成为人生目标的那些实质性特质（substantive qualities）彻底无知；苏格拉底的看法与此相反，他认为，我们首先要关注的恰恰是，这些特质如何让我们在正义与不义之间分辨善的生活与恶的生活。通过暗示，“无知之幕”或许允许我们想象一个正义社会需要什么样的准则，但却剥夺了我们最必要的工具，在首先欲求过一种正义的生活或欲求一种正义的社会时，我们就需要这样的工具。

进言之，柏拉图似乎暗示，灵魂做选择的部分基础必定是这种期望，即：他会出生在一种恶的政治制度中，但同时不放弃一种“公平的希望”（*kalēs elpidos*），希望自己出生在一个好的城邦中。在每个灵魂做选择的时候，都得准备像哲人那样，生活在“野兽群”中，“栖身于短墙之下”，躲避狂风暴雨的肆行（496a—e）。同时，苏格拉底承认，尽管以这样的方式来保护自己，成就会“不是最小”，但是“也不算最大”（497a）。在苏格拉底看来，“要不是碰巧生活在一个合适的国度里，一个哲人是不可能有最大成就的，因为只有在一个合适的国家里，哲人本身才能得到充分成长，进而才可以保卫自己的和公共的利益”（497a）。由此，哲人既不在所有事件中一味“保持缄默，只关心自己的事务”，也不试图在一切情况下都仍然做一个私人，但是，只有在这些情况下，哲人的哲学才可能“对己对人都无所贡献”(496d)。

最有意义的是，奥德修斯灵魂的选择反映出了他的审慎，正是这一审慎让他在《王制》卷二卷三对诗的讨论中大受赞扬，继而让他在勒特平原能够抵制干渴。奥德修斯的灵魂选择了一种会让自己的灵魂保持井然有序的生活，而非不明智地选择了这样一种灵魂，要么秩序混乱，要么过于期望自己的生活会展开于其中的境遇。奥德修斯在来生到底会成为一个哲人、一个“做许多事”的人，还是一个苏格拉底，这在很大程度上取决于他将出生在一个什么样的境遇中。正如当奥德修斯抵返家乡时，装扮成一个乞丐，这时的他似乎就成了一个只关心自己事务的“私人”，但这时他只是在等待时机，一旦时机来临，他便会对己对人都带来益处。实际上，奥德修斯仍然选择了做一个“有很多法子”的人，但这是一个无论何种情形下灵魂都会保持正义秩序的人。

基于伊尔神话中的证据，最终我们可以猜测，是哪种特殊的劳役治愈了奥德修斯对荣誉的热爱。苏格拉底在这点上对奥德修斯的个性(character)做了很多暗示，尤其提到了那些最为确保奥德修斯与人性的联系的“劳役”。尤其值得注意的是，在伊尔所提到的所有人类灵魂中，唯独奥德修斯的灵魂既保持了原有的人的形式，也保持了性别。我们又想起了在基尔克(Crice)的岛上，奥德修斯借助诸神及其对本性的知识(knowledge of nature)的帮助，得以避免了被魔化成一只猪的危险(与猪的城邦中的阿德曼托斯不同)。奥德修斯对本性的知识让他保持了人的形式；由此，他制服了那种对大多数其他人的灵魂发号施令的兽性。同样，奥德修斯对人类有限性的认识，以及对他的家与人民毫不动摇的忠贞，使他回绝了卡吕普索向他提供的长生不老。奥德修斯是这样的一个人，对他面前的兽性和神性都予以拒绝——只做人。同时，奥德修斯对人类灵魂中的兽性与神性的探寻，使他最终成为古代英雄中最懂哲学、最有智慧的一个；这样，奥德修斯就为下一个灵魂、几乎肯定是一个正义的灵魂、而且很可能是一个哲人的灵魂，准备了道路。

起初，捶胸叩心、克制隐忍的奥德修斯，是被选作一个好诗中的范例，明显要保留在正义城邦中(390d)。但是，我们却必须记起，奥德修斯之所以遏制怒火，只是为了在不久的将来，即接下来的一天，更为肆意地发泄心中的怨愤。奥德修斯的克制，终究是为了要在一个因自己的离开而被造成的不义社会中，发泄暴力。而且，一旦发泄，就很难克制了；是宙斯与雅典娜联手才止住了他对城邦民众的屠杀。苏格拉底对奥德修斯的克制的赞同，也提示了这一克制的目的——所以，在《申辩》中，苏格拉底也采取了在将来某天会试图复仇的这样一个人的伪装(38c—39d;尤参 39c)。但是，哲人灵魂的选择最终也暗示，对有智慧的人来说，暴力不会是一种武器选择，有智慧的人的武器，是时间流逝之外的真理，这个武器不那么野蛮，亦不会立竿见影，但是，也不需要诸神的干涉调解来止息暴行，像使用暴力时那样。①

要不是伊尔神话一直在暗示奥德修斯明显的卓越，那么，《王制》前面卷二、卷三以及卷十中对诗的攻击就会让我们对提升奥德修斯感到无所适从。因为奥德修斯的选择揭示了其智慧、审慎的深

---

① 正如 West 所指出的，苏格拉底自己并不会对那些判他死刑的人复仇，但却表示有人会对他的死忿忿不平，“会为苏格拉底复仇的人中，有追随其生活方式者，也有发扬其反省精神、拒绝雅典人和其他人者。不过，苏格拉底死后，情形会不同，他的追随者由于年少，会比苏格拉底更暴躁(harsher)。因此，苏格拉底承认自己某种程度上的温和(gentleness)。”见 West，《〈申辩〉释义》，前揭，页 226；《申辩》39c—d。但是，这种暴躁不会明显地成为暴力，毋宁，它将通过柏拉图这个作家对雅典人之背信弃义的永恒化，以诗的方式得到暗示性的展示。

度，指示着哲人的道路，而且，他的选择还征示着，荷马史诗最终得到了保留，只不过，从此会按苏格拉底从头到尾所教的方法来阅读。通过试图删除种种段落，甚至谴责将人的情感误导去认同那些没有价值之人物(性格)的模仿，柏拉图展示了其种种提议的不可能性，但同时，又指示了一种对英雄主义的新的界定，这种英雄主义诉诸于人灵魂中的人性因素，而非兽性因素、神性因素。伊尔神话对奥德修斯的提升，最终指点我们回到荷马的旧的史诗，在这里来寻求我们或许可以在这里发现的、柏拉图已经告诉了我们的东西。

六、哲人的选择：上升抑或下降

奥德修斯的灵魂所选择的来生，是一种潜在的哲人生活，可再一反思，他的选择又涉及到哲人与城邦的关系问题。《奥德赛》与《王制》的结构有相当的一致之处。在《奥德赛》中，唯有在奥德修斯讲述了他下到冥府的行程(卷十一)后——这是已经发生了的，我们才会明白他拒绝永生(卷五)的真正含义。与此相似，在《王制》中，卷十里奥德修斯灵魂的选择，对卷七里哲人是否会选择再次下降到洞穴，也可谓意义重大。

《王制》卷七的比喻，描绘了哲人从虚假的影像、洞穴的黑暗到太阳所象征的辉煌真理的痛苦上升(514a—521b)。[①]最近，有一场围绕洞穴意义的重大争论，其关注中心问题是，当哲人一旦达到洞穴上面光明的真理之地时，是否还会选择回到下面的世界；

---

① 对于洞穴比喻的一些更为突出的解释，下述文献有好的概述：Edward Andrew，"Descent to the Cave"(〈下降到洞穴〉)，见 *The Review of politics* 45，1983，页510—12；Zdravko Planinc，*Plato's Political Philosophy：Prudence in the* Republic *and the* Laws(《柏拉图的政治哲学：〈王制〉与〈法义〉中的审慎》)，Columbia：University of Missouri Press，1991，页31—51。

继而，就算洞穴中的“公民”可以被劝服来听从哲人的领导，哲人是否会屈尊自己去统治。对这些问题的回答，取决于如何解释《王制》中给出的解决方案：要是哲人拒绝下降，那么，用哲人王的方案来解决正义问题，最终是不可能的，由此，《王制》是一部关于“城邦之局限”①的著作；与此相反，要是哲人愿意下降，则至少还有把“言辞中的城邦”变为现实的可能性。②

洞穴形象(image)是《王制》中下降与上升的中心形象，它出现在最初苏格拉底下降到比雷埃夫斯港和最后伊尔下降到冥府之间。重要的是，洞穴形象颠倒了其他两次上升的行动：不是一开始就身在上面、接着下降、然后再次上升，相反，洞穴比喻从下面开始，随后描绘哲人的上升，然后埋下哲人可能再次下降的伏笔。洞穴比喻并非描绘人的生、死、重生的一种积极行动，毋宁，它描绘的是洞穴中令人恐怖的死一般的存在，是由上升所给予的真正的生活，是向冥府的不情愿下降。由此，布鲁姆与其他人反对所谓哲人要求再次下降的这种说法，就几乎不足为怪了：

> 的确……潜在的哲人既是被逼着出洞穴，也是被逼着返回的。但一旦回去，他们才意识到，出来是多么美好。他们再也想不出一条回去的理由了，而且，逼着他们回去据说是对城邦有利，而非对哲人有利。就算他们认为还是返回为好，他们也成不了好的统治者。只有出了洞穴，他们才明

---

① 施特劳斯与布鲁姆都使用了这一用语，参施特劳斯，《城邦与人》，前揭，页138；布鲁姆，《〈王制〉注疏》，前揭，页408。

② 哲人将拒绝再次下降，这一观点是由施特劳斯提出的，布鲁姆翻译的《王制》所附的疏解，则将这一观点变得通行起来。依据这二人的看法，言辞中的城邦终归是“违背自然”(against nature)的，这不仅因为它完全忽略人各自的身体差异与不同的性情喜好，从而让人成了一种抽象的人，而且，还因为它以城邦为由，去牺牲哲人自己的幸福(*eudaimonia*)。参施特劳斯，《城邦与人》，前(转下页)

> 白，美好城邦（kallipolis）是洞穴，不，是冥府，待在里面就好比成了一个影子（shade）。①（516d；521c；比较 386c）

冥府阴湿而寒冷，所以，无论如何避免下降到死亡，都显然是对任何人来说最好的事情。

布鲁姆的看法尽管易于理解，但明显主要依据于格劳孔的看法，而非苏格拉底。是格劳孔反对逼着哲人再次下降，苏格拉底则为哲人再次下降的必要性进行辩护：

> “因此，我们作为国家创建者的职责”，我［苏格拉底］说，“就是要迫使本性最好者去研究我们前面说的最大的东西，

（接上页注③）揭，页 127；布鲁姆，《〈王制〉注疏》，前揭，页 408。言辞中的城邦，最终被证明不能让城邦中的成员感到满意，尤其不能让哲人感到满意，由此，对正义问题的解决方案就完全成了一种反讽，它让人看到的是这一沮丧的结论：对不完美、有局限的人类来说，不可能有完美的正义。

前些年有一场有趣且富启发性的争论，在这场争论中，霍尔（Dale Hall）批评上述观点是错误的。霍尔认为，由于城邦的“自然性”（naturalness），哲人为了充分实现其作为一个人的存在，也会下降到洞穴。在霍尔的一系列看法中，其中一个看法——“The *Republic* and the‘Limits of Politics’”（〈《王制》与“政治学的局限”〉），见 *Political Theory* 5，1977，页 293－313——就十分醒目地同施特劳斯和布鲁姆对哲人幸福的主要看法大为抵触：“一个灵魂和谐的柏拉图式的正义个人，会为他人的利益人而行动。”霍尔的结论是，哲人选择再次下降到洞穴，这并非由于一种突发的、对人性的普遍化的爱，霍尔的主题是，哲人本性上应该在城邦得到完全的实现，这些结论和主题都是布鲁姆所反对的。

不过，布鲁姆与霍尔都指出，培育（*training*）问题是理解哲人与城邦关系的核心。对于霍尔来说，培育灵魂或城邦理性部分的必要性，使得哲人必然要为他人的利益而博爱性地行动；对布鲁姆来说，培育的必要性表明，哲人为城邦的利益而统治，最终违背了哲人的本性，因为这种培育种植了错误的欲望。最完美的城邦可不可能实现，取决于哲人是自己选择下降，还是必须被迫下降。对霍尔来说，哲人自愿下降的事实证明“言辞中的城邦”是可以实现的；而对布鲁姆来说，哲人的不情愿暗示，言辞中的城邦终究不可能实现。

① Allan Bloom，“Response to Hall”（〈答复霍尔〉），*Political Theory* 5，1977，页 317。

去看善(good)，并上升到那个高度；不过，等他们到了那里并且已经看够了时，我们就一定不能允许他们做现在允许的事了。”

“什么事？”

“继续呆在那里，”我说，“不愿再下到那些囚徒中去，和他们同劳苦、共荣誉，不管这是更轻松还是更严肃。”

“什么？”他说，“我们要不正义地对待他们，让他们在可能过上好生活的时候，过一种更坏的生活？”

“我的朋友，你又忘了，”我说，“我们的立法不是为了城邦某个阶层的特殊幸福，而是为了造就整个城邦的幸福。通过劝说与强制，让全体公民和谐友好，让他们把各自能向集体提供的利益让大家分享。城邦造就这样的人，其目的当然不是让他们随心所欲、各行其是，相反，是用他们把城邦团结在一起。”(519c—520a)

如今，格劳孔关心的是个人的幸福——正如他最先反对“猪的城邦”时那样，他为哲人面对的强制提供了一种常识性的反对意见(a commonsense objection)。

不过，认同格劳孔的反对意见也并非没有理由，因为苏格拉底自己也暗示，哲人会意欲呆在上面。苏格拉底在如此论辩时，非比寻常、招人眼目地引用了古代的诗，来将哲人和阿喀琉斯作对比。哲人不愿再次下降，这让人想起冥府中阿喀琉斯对奥德修斯叙述的诗行——恰恰就是这些诗，《王制》卷三中苏格拉底主张要删去(386c)。苏格拉底问格劳孔，哲人一旦获得自由，是宁愿成为倍受尊敬的、对洞穴中的种种形象知识渊博的人呢，还是“与此相反，像荷马所说的那样，‘宁愿活在人世上做一个穷人的奴隶，受苦受难’，也不愿和囚徒们有共同意见，再过他们那种生活”（516d）呢？哲人一旦脱离洞穴，对命运的期望就与死去的阿喀琉斯一样：宁愿遭受奴役也不愿去死。同一个陈述，起初由于不适合护卫者的教育被苏格拉底拒绝了，后来又被《申辩》中站在法庭上的苏格拉底拒绝了，但如今，这个陈述被视为适合于一个拒绝再次下降的哲人的回应。

这里，苏格拉底的哲人，一个阿喀琉斯式的人物，当然会拒绝重新进入洞穴，因为他害怕死于洞穴的人之手，宁愿在上面过安宁的生活；与地上的奴隶一样，生活在阳光中，不管条件如何，都好过地下的黑暗。[①]这里的这副哲人肖像，将一种完全缺乏人的关怀、甚至缺乏人的哲学肖像，推向了极致。柏拉图显然试图消灭所有的特殊性，这导致了一个纯粹抽象的城邦，在这个城邦中，任何来自家庭、朋友、最后甚至政治的个体满足（*personal* satisfaction），都不可能了。基于完美知识来实施的哲人统治，看来完全是非人的（inhuman），这一统治由数学和对形式的知识来推动，而数学和形式知识都不允许在人类个体间做出区分。用尼科尔斯（Mary Nichols）的话说：“关于绝对确定性和控制性的僭政性动机，最后导致的是无上的

---

① 我赞同 Jacob Howland 的说法：洞穴富含着奥德修斯之下降的形象和回响，见氏著，《〈王制〉：哲学的奥德赛》，前揭，页 150－60。苏格拉底不仅通过重述阿喀琉斯在冥府中的著名哀叹来比较了哲人和阿喀琉斯，还将一个身在洞外的哲人的满足，与一个已经进入“福岛”（519c）的哲人的满足，作了比较。在《会饮》中，斐德若注意到阿喀琉斯生活在闲逸之地（179e——这儿他被称为“忒提斯之子”[“son of Thetis”]）。不过，此处所指的进入福岛生活的人，也可能是指墨涅拉奥斯（Menelaus），因为他是荷马笔下的英雄中，唯一被许诺生活于乐土（Elysian fields）者。任何这种对墨涅拉奥斯的暗示，都会附带揭示哲人的非人性（inhumanity）。

恐怖。”①

正如《申辩》中的情形，苏格拉底一开始（这里代表哲人）将自己等同于阿喀琉斯，只是为了显出这一认同和他自己的距离。如果回想苏格拉底最初下降到比雷埃夫斯港，通过比较我们发现，他的这一历程完全是心甘情愿的：试图教导年青的君子格劳孔。苏格拉底这一运动与洞穴中哲人的运动不同，是从下降到上升；他的运动恰恰是那种拒绝下降的哲人的对立面。②在洞穴比喻中，这两类哲人相互对立的行动也暗示了苏格拉底的另一种认同。准确地说，是谁最先让洞穴中的囚徒获得自由，随后又是谁迫使囚徒在获得自由后返回洞穴，这些问题既无人提出，也无人回答。但是《王制》自身的框架故事给了我们一个线索：苏格拉底在教导那群青年以前，必定是首先下到比雷埃夫斯港的。尽管在《王制》第一卷中，苏格拉底似乎是被玻勒马库斯“拽住不放”或者说被强行留住的，但到了最后，实际上是苏格拉底为他们解脱了意见的束缚。或许首先因为下降到比雷埃夫斯港（这种情形下是自愿的）来教给其他人他亲眼见到了的真理，苏格拉底最终更像将洞穴中的囚徒解放出来的那个神秘人物，或许，苏格拉底还不是独自一人。苏格拉底下降到比雷埃夫斯港，在这一情形下试图教导一个青年、结果教导了一群青年，这就证明，苏格拉底的下降本身乃是洞穴比喻中那个哲人所展示的不情愿下降的对

---

① Nichols，〈《王制》中的两种选择：哲人王与苏格拉底〉，前揭，页 265；亦参 Sheldon S. Wolin，*Politics and Vision: Continuity and Innovation in Western Political Thought*（《政治和幻象：西方政治思想中的承续与革新》），Boston: Little, Brown，1960，第 2 章。

② 关于这里对《王制》卷七中的“哲人”与苏格拉底的区分，我主要依赖于 Mary P. Nichols 那非常诱人的论证（见〈《王制》中的两种选择：哲人王与苏格拉底〉一文）。

立面。

这些种种上升和下降之间的相似性不仅引人注目，而且其中还有很多东西没有得到探索。这些上升和下降间的相似性可概括于下图：

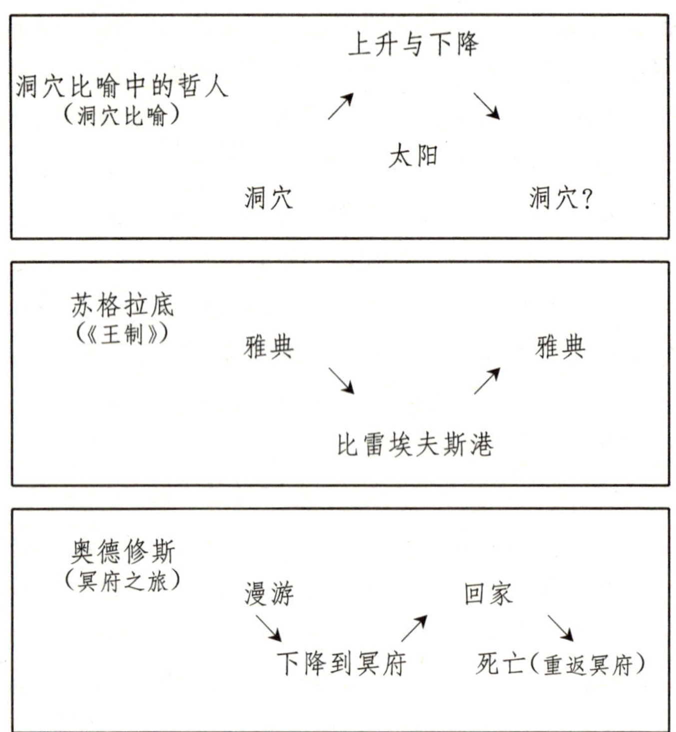

苏格拉底的下降与哲人的上升，模仿了奥德修斯来去冥府的几次上升与下降。像苏格拉底一样，奥德修斯最初是下降（一个是去比雷埃夫斯港，一个是去冥府），然后才是再次上升；像哲人一样，奥德修斯既上升又下降（一个是从冥府上升并下降到冥府，一个是从洞穴上升并下降到洞穴）。奥德修斯的运动含纳了上升与下降的两种版本。进言之，由于混合着洞穴哲人的种种动机——这一哲人的上升和下降都是被迫的，也混合着苏格拉底的种种动机——苏格拉底自由地离去和回返(在不再被迫呆在中间状态以后)，所以，奥德修斯的旅程既包含着被迫，也包含着选择。最初，奥德修斯听了基尔克的话后，为求问于智慧的特瑞西阿斯而被迫下到冥府，但后来，通过最终拒绝神女卡吕普索给予的永生，他选择了再次下到冥府。不过，一旦被迫使之后，奥德修斯也没有表现出在面临下降时，拒绝下降的倾向。由此，奥德修斯更像是苏格拉底的一个榜样，正如阿喀琉斯显得更像是那个洞穴"哲人"的榜样。

另外一个有趣的事实是，在每一种情况中，每一个人物各自的最后运动——要么上升要么下降——都仍然是含蓄或未言明的，但都能从前一个行动中推论出来。在《王制》中，苏格拉底并未返回雅典，但我们知道，他最后会成功地"上升"。同样，在《奥德赛》的文本中，奥德修斯没有死，没去冥府，但特瑞西阿斯预言了他死后就会下到冥府。尽管苏格拉底对格劳孔作了那些论辩，但我们无法确定，(洞穴)哲人到底是自愿还是被迫返回洞穴的，虽然有大量证据表明，他将是"被迫"的。真正的哲人会受外在力量的迫使，还是会受其内在人性要求的迫使，回答这个问题或许最好参考其他两种运动：由于与他人的关联，或者他们自身的爱欲，苏格拉底和奥德修斯最终都下降了。①

奥德修斯离开卡吕普索的岛屿，不仅因为他了解自身的种种局限，了解他从属于人类，也因为他的还乡欲望。我们只能猜测，苏格拉底和格劳孔一起下降到比雷埃夫斯港的动机，很像《克力同》中他拒绝以流放为代价来挽留生命一样，其动机最终

---

① 关于爱欲促使下降的问题，尤参 Andrew，〈下降到洞穴〉，前揭。

很可能是相同的。[①]格劳孔以自我为中心,为原子主义式的幸福感到焦虑,他认为哲人的逃离不仅令人欢快,而且是迟早之事。与古格斯的隐身一样,哲人获得了完美的解放。如果说,苏格拉底是那个把囚徒从洞穴中释放出来的无名者,那么,其中一名囚徒就是格劳孔。现在,格苏孔尝试到了哲学热望的高度,就急于要一举摆脱人类的局限:他的灵魂仍然渴望着一种僭政形式,只不过现在是哲学的僭政,是哲学所许诺的绝对知识、总体知识。苏格拉底或许听任了格劳孔的局限,这些局限使格劳孔处于一个护卫者而非一个哲人的境地,现在,苏格拉底试图将格劳孔带回洞穴,但是,由于意识到他现在面临的理解困难——格劳孔有着阿喀琉斯式的反应,对(洞穴)上面的生活满怀热忱,苏格拉底试图来抑制格劳孔,就像奥德修斯试图通过让阿喀琉斯回想其凡人与生俱来的权利和胃的需要来抑制他那样(*Il.* XIX,216—237)。在劝说不可能的时候,必须迫使有僭政倾向的哲人返回。[②]最终必须强迫这个哲人再次下降,这揭晓出这个人的道德性的贫乏:完全只顾自己、自我满足,在有些方面,他很像帐篷中的阿喀琉斯——一个拒人千里、孤芳自赏、甚至没有人性的

---

① 色诺芬(Xenophon)在 *Memorabilia*(《回忆苏格拉底》)卷三第六章中说,苏格拉底([译按]此处原文是柏拉图,应是原著者 Deneen 的笔误,可参吴永泉中译本《回忆苏格拉底》,北京商务,2001,页 105)仅仅是为了"柏拉图,格劳孔的儿子([译按]此格劳孔是后面那个格劳孔的长辈,非同一人)以及卡尔米德(Charmides)"的缘故,才对格劳孔感兴趣的,这个说法也证明,苏格拉底关心朋友,即便格劳孔还不算他的朋友。或许,在《王制》谈话的尾声,格劳孔就确实成了苏格拉底的朋友([译按]可参《回忆苏格拉底》中译本页 105—110,以及页 105 上的注释 1)。

② 或许柏拉图暗示,在洞穴上面的那个哲人并非真正的哲人,倒像是阿里斯托芬在《云》中描绘的那个讽刺性形象。在苏格拉底看来,哲学的前题是承认无知:哲学的"品性是其探问没有完成,也不可完成"(布鲁姆《〈王制〉注疏》,前揭,页 409)。洞穴比喻不仅关乎政治的局限,也关乎哲学的局限。

生物。

在看了苏格拉底和奥德修斯的例子后，即便真正的哲人倾向于自愿回返洞穴，但是，这里并无任何迹象表明，他回返的动机是博爱。相反，苏格拉底式的哲人事实上寻求的是自我满足；但是，(与他人的)一致性和属人的条件，将这一满足和其他人——不仅是其他哲人，还有学生和朋友这些潜在的哲人——的存在联系起来。哲人下降受爱欲促动、甚至强迫，这一爱欲是对哲学和辩证法的爱，哲学是通过这种爱来追寻的——但是，这种爱既特殊又自私。[①]柏拉图对话本身、包括《王制》中的证据都暗示，苏格拉底的哲学只有在与他人的言谈、观点相互交流中才得以发生，而且，这一哲学最终出自于苏格拉底对教诲的关注，教诲他们一个人(应该)关注什么。[②]

即使苏格拉底式(或奥德修斯式)的哲人选择了再次下降，霍尔的问题还在：哲人会冒着生命危险去统治洞穴中的居民吗？苏格拉底承认，哲人再次下降会有极大危险。即便留在洞穴中的人接受这个再次下降的人，这也没有带来哲人统治的乐观前景：

> 如果这个时候那些终生监禁的囚徒要和他一道评价洞

---

① 参《高尔吉亚》481d—482a。在这里，苏格拉底指出，此刻他最大的爱，同时是阿尔喀比亚德和哲学。尽管比起哲学来，阿尔喀比亚德显得飘浮不定、“反复无常”，但这两者没有被描绘成对立面，而成为了互补者。

② 正如 Andrew 有说服力的看法，同样的爱欲不仅促使苏格拉底下到比雷埃夫斯港，也促使他整个进入哲学生活：“因为他是一位真正愿意为爱而献出生命的爱人(lover)，他就是释放洞穴囚徒的那个人”，参 Andrew，〈下降到洞穴〉，前揭，页522。关于对话与哲学的不可消解的联系与张力，可参 Euben，《政治理论的悲剧》，前揭，页264—69。亦参 Gerald M. Mara，*Socrates' Discursive Democracy: Logos and Ergon in Platonic Political Philosophy*(《苏格拉底的话语民主：柏拉图政治哲学中的逻各斯与行动》)，Albany：SUNY Press，1977，第四、第六章。

> 中的影像，而这个时候他的视力还很模糊，还来不及适应黑暗，因为重新习惯黑暗也需要一段不短的时间，那么他难道不会招来嘲笑吗？那些囚徒难道不会说他上去了一趟以后就把眼睛弄坏了，因此连产生上去的念头都是不值得的吗？要是那些囚徒有可能抓住这个想要解救他们、把他们带出洞穴的人，他们难道不会杀了他吗？(516e—517a)

苏格拉底于是有力地谴责了这个哲人违背洞穴居民的意志、明目张胆进行统治从而找死的做法；格劳孔的抵触情绪，以及反对这一解决办法而对不义的指责，也就可以理解了(520e)。与阿喀琉斯一样，格劳孔也不想去统治囚徒，而宁愿过一种居于洞穴之上、与政治没有瓜葛的生活，尤其是在看到由于哲人很可能死于洞穴居民之手、从而统治的前景变得黯淡的时候。

通过指出哲人需要一段时间来重新适应洞穴中的光线，苏格拉底给出了一个关于哲人应当如何回返的线索：要是哲人公然暴露身份，那些仍然待在洞穴中的人就渴望杀掉他，所以，他必须要在他们面前伪装起来，直到他的双眼调试好了，与洞穴居民讲话时能够用他们的话语、以适合于他们更低的理解层次方式。再一次，苏格拉底式的哲人形象成了奥德修斯式的：奥德修斯与阿伽门农不一样，阿伽门农还乡时大肆张扬，完全不顾及在他离开后，他自己以及那些留在家中的人身上所发生的变化，结果，刚一返乡就惨遭杀害；奥德修斯返乡时乔装打扮，难能可贵的是还装成了一个可怜兮兮的乞丐。在他宣布自己的身份之前，他要摸清伊萨卡岛的具体情况，虽然历经了重重困难，但唯有如此，城邦政治秩序的重建才有可能。苏格拉底也是这类四处漫游的乞讨者，他装成一副无知的模样，四处从那些假定聪明的雅典人那里寻求智慧。[1]事实上，在暗示哲人从上面回来后公开进行统治的提议站不住脚之后，苏格拉底考虑到了哲人不去统治，并提示了真正哲人的另一种角色：

> 只有当你能为你们未来的统治者找到一种比统治国家更好的生活方式时，你才可能有一个管理得好的国家。因为，只有在这种国家里才能有真正富有的人来统治。当然他们不是富有黄金，而是富有幸福所必需的那种善的和审慎的生活。如果未来的统治者是一些个人福利匮乏的乞丐，那么，当他们投身公务时，他们想到的就是要从中攫取自己的好处，如果国家由这种人统治，就不会有好的管理。因为，当统治权成了争夺对象时，这种自相残杀的争夺往往同时既毁了国家也毁了统治者自己。(520e—521c)

看来，苏格拉底否定了可能有另外一种生活道路存在——这种生活道路允许存在"管理完好的国家"成为现实，通过这一否定，苏格拉底事实上描述了另外一种选择。现在，界定"富人"是依据"善的、审慎的生活"，而不是物质财富有多少；同样，"乞丐"的特征在于其放纵欲望，而未必在于其贫穷。在这种定义上，苏格拉底和奥德修斯如今都是"富人"，而雅典或伊萨卡岛的统治者现在则是"乞丐"了。苏格拉底和奥德修斯的乞丐伪装，藏住了他们实在的财富；这样，他们在城邦中生存下来，直到时机来临——如果来的话——其统治德性可以公之于众，而无性命之忧。死，在正当的时候是不用回避的，但如果可能的话，也

---

① 《王制》开场就突出了苏格拉底的贫困，当时，有钱的年轻人都许诺为苏格拉底付钱，来劝特拉叙马库斯继续往下讲(337d)。与伊翁一样，特拉叙马库斯讲话的目的也是为了钱财。

不用提前去接受。

奥德修斯敢自暴身份，乃因他有女神及同样可称“富人”（实际上物质匮乏）的牧猪奴、牧牛奴的帮助，所有这些人都帮他向“贫穷的”（即贪婪的）求婚人复仇。但是，若没有诸神的帮助，奥德修斯自己最终根本无法重建政治统治，甚或终止接二连三的暴力。在试图用非哲学的方式来统治时，奥德修斯几乎毁掉了城邦。另一方面，苏格拉底直到法庭判他有罪时，才揭露了自己的身份。这样，他才张狂无礼地请求在公共会堂的餐桌上为他设置一个位置，来作为对他的“惩罚”（《申辩》，36d—37a）。苏格拉底由是声称，比起奥林匹亚赛会上的胜利者，他自己更配享有这种奖赏，因为“他只给你们表面的幸福，而我却让你们真正幸福”（36d—e）。哲人王的另一种选择，是其财富为一个“幸福人”之财富的这种富人，与这种富人一样，苏格拉底揭示了，他的生活是一个乞丐的生活，一个私人的生活——一种让他通过伪装得以在城邦中生活了七十载的私人生活——这一生活紧密联系于他让其他人“变得幸福”的努力。苏格拉底的生活，雅典城内这个私人的生活，替代了洞穴中哲人王这一站不住脚的生活，替代了那种没有足够爱欲的（洞穴）上面的奴隶生活。

在伊尔神话中，奥德修斯只是在死后“对荣誉的爱”得到治愈后，才可能选择做一个私人，只关心自己的事务。没有乞丐这一伪装，他最终就不能重建伊萨卡岛的正义秩序，这种无能表明，通过复仇行动之英雄精神展现出来的对权力和荣誉的迷恋，如今威胁着他自己的城邦。事实上，柏拉图通过不断提到冥府中阿喀琉斯的哀叹，已经影射了奥德修斯对荣誉的热爱。阿喀琉斯宁愿在地上做一个奴隶，也不愿在地下当王，奥德修斯称颂他在死者中的地位，从而引发了阿喀琉斯的哀叹：

阿喀琉斯，过去未来无人比你更幸运，
你生时我们阿尔戈斯人敬你如神明，
现在你在这里又威武地统治着众亡灵，
阿喀琉斯啊，你纵然辞世也不应该伤心。

(11.482—486)

一开始是奥德修斯发现了阿喀琉斯在冥府中的威严，他说得如此动心，以至于激起了阿喀琉斯伤心亡灵的愤然反驳。因此，让人诧异的是，阿喀琉斯的反驳倒是给奥德修斯对荣誉的热爱上了一课，给了他这种教诲：仅仅为统治而进行的统治，像这时对亡灵的统治，其自身是不可欲的。所以，我们发现，即使删除了《王制》卷三阿喀琉斯这著名的话(386c)——这是第一个不符合英雄身份的——它们也还会在卷七中被作为一个正面的范例，再次得到引用，当然这并非由于其认同奴役、惧怕死亡，而是由于其对不计代价地追求荣誉和统治地位的拒绝。这就是阿喀琉斯的亡灵给与奥德修斯的启发；因此，阿喀琉斯的话一下子又重新获得了会拒绝统治、但会接受死亡的苏格拉底的赏识。在伊尔神话中，奥德修斯的灵魂选择做只关心自己事务的私人，乃获灵于"对前生种种辛劳的记忆"(620c)：这些辛劳中，最突出、最频频得到暗示的，就是这次和阿喀琉斯在冥府中的最后相会。对荣誉的爱得到治愈后，奥德修斯就不会急于脱去乞丐的装束，也不会立即给自己的城邦带来暴力。通过一种更具哲学性的自我反思、而非诸神那变幻无常的指令，如今，奥德修斯的意气(*thumos*)会得到内在的驯服。

根据苏格拉底对《奥赛德》的引证，我们可以得出如下结论：一方面，苏格拉底让哲人当王的这一临时性解决方案充满反讽，这一方案旨在揭示"政治的种种局限"。但是，另一方面，通过将哲人的上升和下降与奥德修斯面对死亡的坦然自若相提并论，洞穴比喻看来也暗示了哲人这一方的某种责任，暗示了哲人回返城邦的一种最终意愿，尽管现在是在一种伪装中——伪装成一个“乞丐”，其财富最终可以用来让洞穴居民变得不仅“看来”更好，而且“就是”更好。

苏格拉底指出了《王制》卷七描绘的纯粹哲学模式有内在缺陷，其极致是前面的三个悖论浪潮，同时，柏拉图也指出了苏格拉底式哲学模式的缺陷。苏格拉底过于纠缠在城邦的特殊性、其公民的特殊性上了：苏格拉底的哲学被束缚在了他个人性地与之交谈的那些个体上。作为一个哲学写作者，柏拉图不仅通过对话形式保留了这一特殊性，也通过展现一种固定不变的文本，暗示了一种更一体化的可能性。柏拉图从头到尾提醒我们，要小心对待他的书页，要用伊翁缺乏的那种敏锐能力，来获得对其哲学的解读。尽管最终站在苏格拉底再次下降、接受死亡这一边，柏拉图也承认，在哲学探求中，不朽有一席之地，不是洞穴上面，而是写在洞穴的墙上，这探求一直走在通往太阳之出口的路上，但也走在回来的路上。像奥德修斯一样，当听到一个好故事时，柏拉图也知道如何来讲述。

（刘麒麟 译　张文涛 校）

图书在版编目（CIP）数据

戏剧诗人柏拉图 / 戈登等著；张文涛选编；刘麒麟，黄莎等译. --2 版.
上海：华东师范大学出版社，2011.7
ISBN 978-7-5617-8564-5

I. ①戏… II. ①戈… ②张… ③刘… ④黄… III. ①柏拉图（前 427~前 347）—哲学思想—研究 IV. ①B502.232

中国版本图书馆 CIP 数据核字(2011)第 072027 号

华东师范大学出版社六点分社

企划人 倪为国

戏剧诗人柏拉图

戈登 等著

张文涛 选编 刘麒麟 黄莎 等译

统　　筹　储德天
责任编辑　审校部编辑工作组
特约编辑　何家炜
封面设计　储　平
责任制作　肖梅兰

出版发行　华东师范大学出版社
社　　址　上海市中山北路 3663 号　邮编 200062
网　　址　www.ecnupress.com.cn
电　　话　021-60821666　行政传真　021-62572105
客服电话　021-62865537（兼传真）
门市（邮购）电话　021-62869887　地址　上海市中山北路 3663 号华东师范大学校内先锋路口
网　　店　http://ecnup.taobao.com/

印 刷 者　上海景条印刷有限公司
开　　本　890 x 1240　1/32
印　　张　19.875
字　　数　460 千字
版　　次　2011 年 7 月第 2 版
印　　次　2011 年 7 月第 1 次
书　　号　ISBN 978-7-5617-8564-5/B·629
定　　价　49.80 元

出 版 人　朱杰人

(如发现本版图书有印订质量问题，请寄回本社客服中心调换或电话 021-62865537 联系)